internet development

www.have-it.net
contact@have-it.net

Reguläre Ausdrücke

Reguläre Ausdrücke

Jeffrey E. F. Friedl

Deutsche Übersetzung von
Andreas Karrer

Cambridge · Köln · Paris · Sebastopol · Tokyo

Kommentare und Fragen können Sie gerne an uns richten:
O'Reilly Verlag
Balthasarstraße 81
50670 Köln
Tel.: 0221/9731600
Fax: 0221/973160-15
E-Mail: kommentar@oreilly.de

Copyright der deutschen Ausgabe:
© 1998 by O'Reilly Verlag
1. Auflage 1998

Die Originalausgabe erschien 1997 unter dem Titel
Mastering Regular Expressions im Verlag O'Reilly & Associates, Inc.

Die Deutsche Bibliothek - CIP - Einheitsaufnahme

Friedl, Jeffrey E. F.:
Reguläre Ausdrücke / Jeffrey E. F. Friedl . [Übers. und dt. Bearb.: Andreas Karrer]. -
1. Aufl. - Köln : O'Reilly, 1998
    Engl. Ausg. u.d.T.: Friedl, Jeffrey E. F.: Mastering regular expressions
    ISBN 3-930673-62-2

Übersetzung und deutsche Bearbeitung: Andreas Karrer, Zürich
Lektorat: Michael Gerth, Köln
Satz: Hajo Passon, Berlin
Umschlaggestaltung: Edie Freedman & Hanna Dyer, Boston
Produktion: TYPisch Müller, München
Belichtung, Druck und buchbinderische Verarbeitung: Druckerei Kösel, Kempten

ISBN 3-930673-62-2

Dieses Buch ist auf 100% chlorfrei gebleichtem Papier gedruckt.

Inhalt

Vorwort von Jeffrey Friedl zur deutschen Übersetzung   *xv*

Vorwort   *xvii*

1: Einführung in reguläre Ausdrücke   *1*

Probleme aus der Praxis lösen   2

Reguläre Ausdrücke als Programmiersprache   3

    Die Analogie zu Dateinamen   4

    Die Analogie zu natürlichen Sprachen   4

Reguläre Ausdrücke als Denkweise   5

    Textdateien durchsuchen: Egrep   6

Metazeichen bei Egrep   7

    Zeilenanfang und Zeilenende   8

    Zeichenklassen   8

    Auf irgendein Zeichen prüfen: der Punkt   11

    Alternation   11

    Wortgrenzen   13

    Kurze Rekapitulation   15

    Optionale Elemente   16

    Andere Quantifier: Repetition   16

    Groß- und Kleinschreibung ignorieren   18

    Klammern und Rückwärtsreferenzen   19

    Ausbrecher!   21

Erweiterung der Fundamente   21

    Linguistisches Divertissement   21

    Das Ziel eines regulären Ausdrucks   22

    Weitere Beispiele   22

    Reguläre Ausdrücke: Terminologie   24

    Den Status Quo verbessern   27

Zusammenfassung 29

Persönliche Einsprengsel 30

2: *Erweiterte einführende Beispiele*   *33*

Zu den Beispielen 34

     Eine kleine Einführung in Perl 35

Mustererkennung mit regulären Ausdrücken 36

     Mehr Praxisnähe 38

     Seiteneffekte bei erfolgreicher Mustererkennung 38

     Verschachtelte reguläre Ausdrücke 42

     Rekapitulation 45

Mit regulären Ausdrücken Text verändern 47

     Automatisiertes Editieren von Dateien 49

     Ein kleines Mail-Programm 50

     Verdoppelte Wörter, nochmals 57

3: *Features und Geschmacksrichtungen*   *63*

Ein Spaziergang durch die Landschaft der regulären Ausdrücke 64

     Grep, und wie es die Welt sah 64

     The Times They Are a-Changin' 66

Kurzer Überblick 67

     POSIX 68

Wartung und Pflege von regulären Ausdrücken 71

     Eine Regex identifizieren 71

     Eine erkannte Regex anwenden 71

     Reguläre Ausdrücke in anderen Programmen 72

     Wartung und Pflege: Zusammenfassung 75

Motoren und Zierleisten 75

     Chrom und Styling 75

     Motoren und Fahrer 76

Übliche Metazeichen 76

     »Abkürzungs«-Metazeichen 76

     Strings als reguläre Ausdrücke 80

     Zeichenklassen-Kürzel, Punkt und Zeichenklassen 82

     Anker 86

     Gruppieren und Einfangen 87

     Quantifier 88

     Alternation 89

Führer durch die Kapitel für Fortgeschrittene 89

     Programmspezifische Informationen 90

4: *Wie Regex-Maschinen arbeiten* 91

Motor anlassen! 91
    Zwei Arten von Motoren 91
    Kalifornische Abgasvorschriften 92
    Typen von Regex-Maschinen 92
    Aus der Abteilung für Redundanz-Abteilung 94

Grundlegendes zum Matching 95
    Zu den Beispielen 95
    Regel 1: Der früheste Treffer gewinnt 95
    Das »Getriebe« schaltet zum nächsten Zeichen 96
    Bestandteile der Regex-Maschine 97
    Regel 2: Manche Metazeichen sind gierig 98

Regex-gesteuerte und textgesteuerte Maschinen 102
    NFA-Maschine: Regex-gesteuert 102
    DFA-Maschine: Textgesteuert 103
    Die Geheimnisse des Lebens werden aufgedeckt 105

Backtracking 106
    Eine bröcklige Analogie 106
    Zwei wichtige Punkte zum Backtracking 107
    Gespeicherte Zustände 108
    Backtracking und Gier 110

Mehr Gieriges 112
    Probleme gierigen Verhaltens 112
    Mehrbuchstabige »Anführungszeichen« 113
    Genügsamkeit? 114
    Gieriges Verhalten bevorzugt immer ein Matching 115
    Ist die Alternation gierig? 116
    Verwendung von nicht-gieriger Alternation 117
    Gierige Alternation im größeren Zusammenhang 118
    Zeichenklassen und Alternation 119

NFA, DFA und POSIX 120
    Der »längste früheste Treffer« 120
    POSIX und der »längste früheste Treffer« 121
    Geschwindigkeit und Effizienz 122
    DFA und NFA im Vergleich 123

Regex-Methoden aus der Praxis 125
    Mitwirkende Faktoren 126
    Genau formulieren 126
    Schwieriges und Unmögliches 130

Ungewollte Matchings vermeiden 131

Eingefaßten Text erkennen 133

Erwartete Daten und Annahmen 136

Weitere gierige Beispiele 136

Zusammenfassung 140

Zusammenfassung – Mechanismus eines Matchings 140

Praktische Auswirkungen des Mechanismus eines Matchings 141

5: *Reguläre Ausdrücke gekonnt schreiben*   *143*

Ein ernüchterndes Beispiel 144

Eine einfache Änderung – Schokoladenseite zuerst 145

Gieriges Verhalten nur lokal zulassen 145

Zurück zur Realität 148

Backtracking global betrachtet 149

Überstunden für den POSIX-NFA 151

Mehr Arbeit bei einem Fehlschlag 151

Einschränkendere Formulierung 151

Alternationen können teuer sein 152

Ein starker Auftritt 153

Auswirkung von Klammern 154

Interne Optimierungen 158

»Erstes Zeichen«-Optimierung 158

Test auf simple Strings 159

Einfache Repetition 159

Unnötige kleine Quantifier 160

Längenerkennung 161

Frühes Erkennen des längsten Treffers 161

Erkennen, was eigentlich gefragt ist 161

String- und Zeilenanker 162

Kompilations-Caching 162

Maschinentyp ermitteln 164

DFA oder NFA? 164

Traditioneller NFA oder POSIX-NFA? 165

Die Schleife aufbrechen 166

Methode 1: Eine Regex aus früheren Erfahrungen aufbauen 166

Ein Rezept zum Aufbrechen von Schleifen 168

Methode 2: Die kritische Schleife im größeren Zusammenhang 170

Methode 3: Ein Internet-Hostname in Anführungszeichen 171

Beobachtungen 172

C-Kommentare aufbrechen 172

    Augenschmerzen 173

    Ein naiver Ansatz 173

    Die C-Schleife aufbrechen 175

Die frei fließende Regex 177

    Eine helfende Hand führt die Maschine 177

    Eine gut geführte Regex ist eine schnelle Regex 178

    Zusammenfassung 180

Denken! 181

    Irrungen und Wirrungen bei Optimierungen 181

6: *Programmspezifische Informationen*   *185*

Fragen, die man stellen sollte 185

    Etwas so Einfaches wie Grep. 186

    In diesem Kapitel 187

Awk 188

    Unterschiede zwischen Awk-Varianten 188

    Regex-Funktionen und -Operatoren bei Awk 191

Tcl 192

    Operanden bei Tcls Regex 192

    Reguläre Ausdrücke in Tcl 193

    Regex-Optimierungen bei Tcl 195

GNU Emacs 195

    Emacs Strings als reguläre Ausdrücke 197

    Geschmacksrichtung von Emacs' Regex 197

    Resultate eines Matchings bei Emacs 199

    Benchmarking in Emacs 201

    Optimierungen bei Emacs 202

7: *Reguläre Ausdrücke in Perl*   *203*

The Perl Way 205

    Reguläre Ausdrücke als Teil der Programmiersprache 205

    Perls größte Stärken 206

    Perls größte Schwächen 207

    Das Huhn oder das Ei, und The Perl Way 208

    Einführendes Beispiel: CSV Text 208

    Reguläre Ausdrücke und The Perl Way 211

    Geschichtliches zu Perl 212

Perliges über Regex 213
    Kontext bei Ausdrücken 214
    Dynamisches Scoping: Auswirkungen auf die Mustererkennung 215
    Durch das Matching gesteuerte Spezial-Variablen 221
    Interpolation von Variablen in Strings 223
Perls Regex-Geschmacksrichtung 229
    Quantifier – gierige und genügsame 229
    Gruppieren 231
    String-Anker 236
    Der Anker für mehrfaches Matching 240
    Wort-Anker 244
    Abkürzungszeichen und andere Metazeichen 246
    Zeichenklassen 248
    Textmodifikationen »unterwegs«: Lügengeschichten 250
Der Match-Operator 251
    Begrenzungszeichen für den Regex-Operanden 251
    Modifier des Match-Operators 253
    Der Suchstring-Operand 255
    Andere Seiteneffekte des Match-Operators 256
    Rückgabewert des Match-Operators 256
    Einflüsse von außen auf den Match-Operator 259
Der Substitutions-Operator 260
    Der Ersatztext-Operand 260
    Der /e-Modifier 261
    Kontext und Rückgabewert 263
    Der /g-Modifier mit einer Regex, die auf »gar nichts« passen kann 264
Der Split-Operator 264
    Grundlegendes zu split 264
    Komplexes Splitting 266
    Der Match-Operand bei komplexen Formen von split 267
    split im skalaren Kontext 269
    Der Match-Operand mit einfangenden Klammern 269
Effizienz in Perl 270
    »Viele Wege führen zum Ziel« 271
    Effizienz bei der Kompilation und der /o-Modifier 272
    Das asoziale $& und seine Kumpane 279
    Leistungseinbuße durch den /i-Modifier 283
    Effizienz bei der Substitution 287
    Benchmarks 290

Debug-Informationen zu regulären Ausdrücken 291

Die »study«-Funktion 293

Das Puzzle zusammensetzen 295

Leerzeichen am Anfang und am Ende entfernen 296

Große Zahlen in Dreiergruppen aufteilen 297

Kommentare aus C-Programmen entfernen 298

Prüfen einer E-Mail-Adresse 300

Abschließende Bemerkungen 311

Anmerkungen zu Perl4 312

A: Online-Informationen   317

B: Die E-Mail-Regex   321

Index   325

Tabellen

1-1 Zusammenfassung der bisher aufgetretenen Metazeichen 15
1-2 Zusammenfassung der Quantifier »Repetitions-Metazeichen« 18
1-3 Zusammenfassung: Metazeichen bei Egrep 29

3-1 Summarischer Überblick über die Geschmacksrichtungen einiger Programme 67
3-2 POSIX Regex-Varianten 69
3-3 Einige Programme und unterstützte Abkürzungen für Metazeichen 77
3-4 String- und Zeilenanker, Zusammenspiel mit Newlines 86

4-1 Einige Programme und ihre Regex-Maschinentypen 94

5-1 Effizienz bei einem traditionellen NFA 147
5-2 Schleife aufbrechen: Beispiele 167
5-3 Schleife aufbrechen: Komponenten für C-Kommentare 176

6-1 Geschmacksrichtungen von einigen häufig benutzten Programmen 186
6-2 Einige grep-Programme unter der Lupe 187
6-3 Einige Awk-Implementierungen genauer betrachtet 189
6-4 Geschmacksrichtung des NFA von Tcl 193
6-5 Grundlegende Suchfunktionen von GNU Emacs 196
6-6 String-Metazeichen bei GNU Emacs 197
6-7 Geschmacksrichtung von Emacs' NFA 198
6-8 Emacs' Syntaxklassen 199

7-1 Elemente von regulären Ausdrücken in Perl, Überblick 206
7-2 Elemente von Perls Regex-Sprache, Überblick 207
7-3 Die Bedeutung von `local` 216
7-4 Quantifier in Perl (gierige und genügsame) 229
7-5 Suchmodi im Zusammenhang mit Newlines 237
7-6 String-/Zeilenanker und Punkt in verschiedenen Modi 240
7-7 Regex-Abkürzungszeichen und andere Metazeichen 246

7-8   Textmodifikationen »unterwegs« bei Strings und Regex-Operanden 250

7-9   Beispiele zu m/…/g und Regex, die leere Treffer zulassen 254

7-10 Unartige Module in der Standardbibliothek (die $_ usw. benutzen) 283

7-11 Eine einigermaßen formale Syntax für E-Mail-Adressen 301

Vorwort von Jeffrey Friedl zur deutschen Übersetzung

Von dem einen Jahr Deutschunterricht in der High School ist mir vor allem eines in Erinnerung geblieben: wieviel Englisch ich da gelernt habe. Wir haben die deutsche Grammatik von Grund auf gelernt, und erst dann begriff ich den Unterschied zwischen »who« und »whom« im Englischen. Jahre später habe ich einen Freund aus Linz auf die gleiche Art verblüfft, nur umgekehrt, als ich ihm erklärte, daß im Deutschen die Höflichkeitsform und die dritte Person Plural gleich gebildet werden – »Sie sind/sie sind«. Für ihn war das ganz einfach so, er hat sich diese Eigenheit nie überlegt und hat die zwei Formen nie verglichen.

So ist es wohl mit vielem: Oft sieht ein unvoreingenommener Betrachter Dinge, die ein Experte nicht sieht, oder der ungewohnte Blickwinkel verhilft dem Experten zu neuen Erkenntnissen.

Ich habe über Jahre technische Lehrbücher benutzt. Manchmal, bei einem wirklich schlecht geschriebenen Buch, habe ich mich darüber geärgert, wie wenig Arbeit sich der Autor mit seinem »Werk« gemacht hat. Seltener habe ich gestaunt über die viele Arbeit, die hinter einem gut geschriebenen Buch stecken mußte. Aber meistens habe ich mir gar nichts zu Büchern gedacht. Das hat sich geändert, als ich mich mit dem Gedanken anfreundete, selbst ein Buch zu schreiben. Plötzlich erfaßte ich die Menge der Arbeit, die zu einem (gut geschriebenen?) Buch nötig ist. Ich habe mir große Mühe gegeben, ein fehlerfreies Buch zu schreiben – aber das ist natürlich ein Ding der Unmöglichkeit. Ich habe den Text so oft gelesen, daß ich ihn nicht mehr sehen konnte – mein Bruder Steve hat einen besonders peinlichen Grammatikfehler in kaum fünf Minuten gefunden, und mein Bruder Mike fand in genauso kurzer Zeit einen Rechtschreibfehler.

Wochen vergingen, und meine Leser haben mit ihrem unvoreingenommenen Blick hier und dort Fehler entdeckt. Als die deutsche Übersetzung begonnen wurde, waren auch die beseitigt, die noch im ersten Druck vorhanden waren.

Und doch: Wer ein Buch liest, um es zu übersetzen, liest ganz anders, auf einer anderen Ebene als ein normaler Leser. Andreas hat etliche kleine (und einige nicht so kleine) Fehler gefunden und korrigiert. Ich habe die Errata-Liste (siehe Anhang A) immer auf dem neuesten Stand gehalten und habe sie bei jedem Nachdruck der amerikanischen Ausgabe eingearbeitet. Aber auch seit dem letzten Nachdruck haben Andreas und andere Fehler gefunden: Wenn die deutsche Ausgabe erscheint, ist sie die korrekteste Version des Buches. (Immerhin, nicht *alle* Korrekturen von Andreas wurden in die deutsche Ausgabe aufgenommen – er hat auch mein *Englisch* korrigiert!)

Andreas hat mich auch darauf hingewiesen, daß viele der Beispiele in meinem Buch sehr auf die englischen oder amerikanischen Gegebenheiten ausgerichtet sind. Die Beispiele haben ohnehin schon viel Mühe gemacht: Es war für mich sehr schwierig, Beispiele zu finden, die leicht verständlich und doch praxisnah, aber nicht zu stark auf Unix bezogen sind. Auf kulturelle Eigenheiten habe ich nicht auch noch geachtet. Das ist nur recht und billig, aber es hat die Arbeit des Übersetzers erschwert. An manchen Stellen werden Sie an den deutschen Sprachraum angepaßte Beispiele finden – die sind von Andreas.

Ein anderer Gesichtspunkt ist der, wie ein Leser das Buch wohl verwenden wird. Ich bin mit japanischen Zeichensätzen und deren Problemen sehr vertraut, und doch befaßt sich der größte Teil des Buches mit normalen ASCII-Zeichen, wie sie der typische amerikanische Leser benutzt. Dagegen habe ich nicht allzuviel Erfahrung mit Latin-1 und ähnlichen Zeichensätzen, an denen deutsche Leser zweifellos interessiert sind, aber die Grundlagen dazu sind im Buch erwähnt. Diese grundlegenden Methoden sind überall anwendbar, sei es in ASCII oder irgendeinem anderen Encoding.

Ich habe nur zwei Jahre Deutsch gelernt, aber es hat mir bei Reisen nach Deutschland und Österreich viel geholfen (zumindest, bis ich begonnen habe, Japanisch zu lernen). Ich hatte zwar Unterricht in Englisch, Spanisch, Deutsch und Französisch, aber sprechen kann ich nur Englisch und Japanisch. Ein bißchen Deutsch ist übriggeblieben, und ich bin gespannt, ob ich in Andreas' Übersetzung Fehler finde. Ich bezweifle das zwar, aber so würde sich der Kreis schließen. Das erinnert mich auch an meine eigenen Wurzeln – alle vier Großeltern meines Vaters zogen aus einem Dorf in der Nähe Münchens in die USA. Ich habe das Dorf 1989 besucht, und obwohl ich keine Verwandten fand, wurde ich doch wie jemand behandelt, der zur Familie gehört. Und im Telefonbuch gab es eine Menge Friedls.

Im Deutschunterricht in der High School war »oft und gern« einer meiner Lieblingsausdrücke. Ich habe auf meinen Europareisen kaum Verwendung dafür gefunden, aber jetzt ergibt sich eine: Ich hoffe, daß Sie das Buch schätzen und daß Sie es »oft und gern« zur Hand nehmen.

Jeffrey
Santa Clara, Kalifornien, USA
August 1997

Vorwort

In diesem Buch geht es um ein mächtiges Werkzeug mit dem Namen »Reguläre Ausdrücke«.

Sie werden lernen, wie man mit regulären Ausdrücken Probleme lösen kann und wie man alles aus den Programmen herausholt, die reguläre Ausdrücke verwenden. Nicht nur das: In diesem Buch geht es darum, wie man reguläre Ausdrücke *meisterhaft* verwendet.

Wenn Sie einen Computer benutzen, profitieren Sie dauernd von regulären Ausdrücken, auch wenn Ihnen das gar nicht bewußt ist. Ob Sie eine Suchmaschine im World Wide Web benutzen, Ihren Editor, ein Textverarbeitungssystem, Konfigurationsdateien oder System-Befehle – oft gibt es einen »Experten-Modus«, der reguläre Ausdrücke benutzt. Programmiersprachen wie Awk, Elisp, Expect, Perl, Python und Tcl haben Unterstützung für reguläre Ausdrücke eingebaut, bei vielen dieser Werkzeuge sind die regulären Ausdrücke das eigentliche Herz der Sprache. Bibliotheksroutinen für reguläre Ausdrücke sind für fast alle anderen Sprachen verfügbar. Als Java aufkam, gab es zum Beispiel sehr schnell eine frei verfügbare Klassenbibliothek für reguläre Ausdrücke. Reguläre Ausdrücke gibt es in Texteditoren und Entwicklungsumgebungen wie *vi*, Delphi, Emacs, Brief, Visual C++, Nisus Writer und vielen, vielen anderen. Reguläre Ausdrücke sind sehr verbreitet.

Dafür gibt es gute Gründe: Reguläre Ausdrücke sind äußerst ausdrucksstark. Auf der untersten Ebene beschreibt ein regulärer Ausdruck ein Textstück. Man kann damit etwa Benutzereingaben überprüfen oder große Datenmengen durchsieben. Auf einer höheren Ebene lassen sich Daten mit regulären Ausdrücken meistern, kontrollieren: Die Daten arbeiten für Sie. Meisterschaft im Umgang mit regulären Ausdrücken bedeutet Meisterschaft im Umgang mit Daten.

Warum ich dieses Buch geschrieben habe

Aufgrund der leichten Verfügbarkeit, der großen Verbreitung und der Mächtigkeit von regulären Ausdrücken sollte man denken, daß sie überall in vollem Ausmaß eingesetzt würden. Man könnte auch denken, daß sie gut dokumentiert wären, mit Leitfaden für Anfänger und Handbüchern für Experten, die das letzte aus ihnen herausholen wollen.

Es ist traurig, aber so ist es eben nicht. Es gibt zwar genügend Dokumentationen zu regulären Ausdrücken, und es gibt sie seit langer Zeit – meine erste Anleitung zu regulären Ausdrücken habe ich 1981 gelesen. Das Problem scheint mir, daß die traditionellen Anleitungen sich zu sehr auf die angesprochene unterste Ebene beschränkt haben. Man kann sich beliebig lange damit befassen, wie Farben auf der Leinwand haften, oder mit der Wissenschaft der Farbenlehre – ein guter Maler wird man deswegen nicht. In der Malerei, in jeder Kunstrichtung, muß der menschliche Aspekt einbezogen werden, damit eine gültige Aussage herauskommt. Reguläre Ausdrücke scheinen vielleicht kalte, wissenschaftliche Gebilde zu sein, ein krudes Gemisch von Zeichen und Symbolen; aber ich glaube fest daran, daß es Wesen aus der rechten Gehirnhälfte sind. Sie können durchaus ein Gebiet für Kreativität sein, für brillantes Programmieren, für elegante Lösungen.

Ich habe kein Talent für das, was man gemeinhin Kunst nennt. Ich bin in Kyoto zwar oft in Karaoke-Bars gegangen, aber ich mache fehlendes Talent vor allem durch Lautstärke wett. Ich habe aber durchaus ein künstlerisches Gefühl, wenn ich eine besonders elegante Lösung für ein vertracktes Problem gefunden habe. Weil das eine der wenigen Adern in mir ist, in denen Künstlerblut fließt, habe ich so etwas wie eine Leidenschaft für reguläre Ausdrücke entwickelt. Ziel dieses Buches ist es, etwas von dieser Leidenschaft weiterzugeben.

Zielpublikum

Das Buch soll jeden ansprechen, der die Möglichkeit hat, reguläre Ausdrücke zu benutzen. Gerade wenn Sie die volle Kraft noch nicht begreifen, die den regulären Ausdrücken innewohnt, kann dieses Buch Ihnen eine ganz neue Welt eröffnen. Viele der Werkzeuge und Programmiersprachen, die hier behandelt werden, sind für viele Systeme frei erhältlich, sei es MacOS, DOS/Windows, Unix, VMS oder ein anderes System. Anhang A gibt Hinweise, wie man sich solche Programme beschafft.

Benutzer von GNU Emacs oder *vi*, von Sprachen wie Perl, Tcl, Python oder *awk* finden hier eine Fülle von Einzelheiten, Tips, Hinweisen und *Einsichten* in das Thema. Den gebotenen Detailreichtum und Tiefgang findet man sonst schlicht nirgends.

Reguläre Ausdrücke sind ein Konzept – eines, das auf verschiedenste Weise in vielen Programmen (in viel mehr Programmen als in diesem Buch beschrieben) verwirklicht worden ist. Wenn Sie die generelle Idee verstehen, ist es nur ein kleiner Schritt zur Beherrschung einer spezifischen Implementierung. Das Buch konzentriert sich auf dieses Konzept, und das meiste an Wissen in den Beispielen geht über die verwendete Sprache hinaus.

Wie man dieses Buch lesen soll

Das Buch ist zum Teil Leitfaden, zum Teil Handbuch und zu einem anderen Teil eine Erzählung; je nachdem, wie Sie das Buch benutzen. Leute mit Erfahrung mit regulären Ausdrücken werden gleich zu den Kapiteln weiterblättern wollen, die sich mit ihrem Lieblingswerkzeug befassen. Ich möchte davon abraten.

Dieses Buch als Erzählung

Man profitiert am meisten von diesem Buch, wenn man es zuerst als Erzählung liest. Nach meiner Erfahrung führen gewisse Gewohnheiten und eine bestimmte Art des Denkens viel leichter zum richtigen Verständnis. Das entwickelt sich über etliche Seiten, man kann das nicht durch ein paar Einträge aus einer Tabelle absorbieren.

Hier ein kleines Quiz: Definieren Sie das Wort »zwischen«. Natürlich dürfen Sie das Wort selbst (oder »dazwischen«, »zwischendrin« usw.) nicht benutzen. Haben Sie eine gute Definition? Nein? Schwierig! Zum Glück wissen wir alle, was »zwischen« bedeutet, denn die meisten von uns hätten ihre liebe Mühe damit, das Wort jemandem zu erklären, der es nicht kennt. Es steht ein einfaches Konzept dahinter, das aber sehr schwierig zu beschreiben ist.

In einem gewissen Sinn geht es mit den regulären Ausdrücken ganz ähnlich. Das Konzept der regulären Ausdrücke ist so schwierig auch wieder nicht, aber die Erklärungen zu den Einzelheiten tendieren dazu, sehr kompliziert zu werden. Ich habe mir eine Geschichte und eine Art des Denkens zurechtgelegt, die mit Kapitel 1 beginnt, und ich hoffe, daß Sie dort mit dem Lesen beginnen. Manche der Beschreibungen *sind* kompliziert, also verzweifeln Sie nicht, wenn etwas nach dem ersten Durchlesen nicht klar ist. Erfahrung kommt nicht über Nacht, es vergeht eine gewisse Zeit, bis das Konzept klar wird.

Dieses Buch als Handbuch

Das Buch erzählt eine Geschichte, aber eine mit vielen Einzelheiten. Nachdem Sie die Erzählung gelesen und einen Überblick gewonnen haben, ist das Buch auch als Referenzwerk zu verwenden. Ich habe überall Querverweise eingestreut und harte Arbeit investiert, um den Index so nützlich wie möglich zu machen. (Verweise werden meist mit einem »☞« und einer Seitenzahl dargestellt.)

Ohne die Erzählung kann das Buch nicht sinnvoll als Handbuch benutzt werden. Wenn Sie die Erzählung nicht kennen, werden Sie eine große Tabelle wie die auf Seite 186 anschauen und glauben, daß darin die ganze Information enthalten wäre. Aber ein großer Teil des Grundwissens ist nicht in den Tabellen enthalten, sondern nur in der Geschichte dazu. Wenn Sie die Erzählung und damit den Hintergrund kennen, kommt Ihnen angesichts einer Tabelle das Relevante in den Sinn, oder Sie wissen, was Sie nachschlagen müssen.

Der Aufbau des Buches

Die sieben Kapitel des Buches können in drei große Abschnitte unterteilt werden, mit zwei Anhängen am Schluß. Hier ein kleiner Überblick:

Die Einführung
Kapitel 1 führt in die Konzepte von regulären Ausdrücken ein.
Kapitel 2 wendet reguläre Ausdrücke auf Probleme der Textverarbeitung an.
Kapitel 3 gibt einen Überblick auf Features und Werkzeuge und enthält einen kleinen geschichtlichen Abriß.

Die Details
Kapitel 4 erklärt im Detail, wie reguläre Ausdrücke funktionieren.
Kapitel 5 diskutiert Auswirkungen und Anwendungen dieser Details.

Einzelne Programme und Werkzeuge
Kapitel 6 betrachtet einige bekannte Programme.
Kapitel 7 beschreibt alles, was mit Perl und regulären Ausdrücken zu tun hat.

Anhänge
Anhang A nennt Bezugsquellen vieler der im Buch behandelten Programme.
Anhang B ist ein Listing eines Programms, das in Kapitel 7 entwickelt wird.

Die Einführung

Die Einführung befördert den absoluten Anfänger zu jemandem, der weiß, worum es geht. Leser, die einige Erfahrung mit regulären Ausdrücken besitzen, werden sie nur überfliegen, aber besonders Kapitel 3 empfehle ich auch den wirklichen Experten.

- Kapitel 1, *Einführung in reguläre Ausdrücke*, wendet sich an die absoluten Anfänger. Ich benutze das weitverbreitete Programm *egrep*, um Ideen und Begriffe einzuführen, und zeige meine Art, wie man in regulären Ausdrücken *denkt*, um eine gemeinsame Basis für die späteren Kapitel vorzubereiten. Auch Leser mit Erfahrung sollten das Kapitel mindestens durchkämmen.

- Kapitel 2, *Erweiterte einführende Beispiele*, behandelt Textverarbeitung mit einer Programmiersprache, die reguläre Ausdrücke unterstützt. Die zusätzlichen Beispiele bilden die Grundlage für die weitergehende Behandlung in den späteren Kapiteln, und sie illustrieren die Gedankengänge, die hinter dem eigentlichen Schreiben regulärer Ausdrücke stehen. Damit sich ein Gefühl entwickelt, wie man »sich regulär ausdrückt«, werden ein nicht-triviales Problem behandelt und Lösungen dafür gleich in zwei Programmiersprachen angeboten, die reguläre Ausdrücke unterstützen.

- Kapitel 3, *Features und Geschmacksrichtungen*, gibt einen Überblick auf das weite Feld der regulären Ausdrücke, wie man sie in heutigen Programmierwerkzeugen vorfindet. Aus der turbulenten Geschichte der regulären Ausdrücke wird verständlich, warum sich die heutigen Geschmacksrichtungen unterscheiden. Das Kapitel gibt auch Einblicke in die Evolution regulärer Ausdrücke und der damit verknüpften Programme. Am Ende des Kapitels finden Sie einen »Führer durch die Kapitel für

Fortgeschrittene«. Dieser dient als Straßenkarte, um aus dem folgenden Material das meiste herauszuschöpfen.

Die Details

Wenn die Grundlagen verstanden sind, wird es Zeit, sich um das *wie* und das *warum* zu kümmern. »Gib einem Menschen einen Fisch, und er wird einmal satt werden. Zeige ihm, wie man Fische fängt, und er wird nie mehr Hunger leiden«. Ganz so wie in dieser kleinen Parabel kann man Gelerntes nur dann immer und überall anwenden, wenn ein wirkliches Verständnis von regulären Ausdrücken vorhanden ist. Dieses wirkliche Verstehen beginnt mit

- Kapitel 4, *Wie Regex-Maschinen arbeiten*, legt einen schnelleren Gang ein und stößt zum Kern dieses Buches vor. Die interne Arbeitsweise von Maschinen, die reguläre Ausdrücke bearbeiten, wird unter dem Gesichtspunkt der Praxis vorgestellt. Diese internen Einzelheiten zu verstehen, ist ein großer Schritt zur Meisterschaft im Gebrauch von regulären Ausdrücken.

- Kapitel 5, *Reguläre Ausdrücke gekonnt schreiben*, betrachtet die Auswirkungen der Implementierung von regulären Ausdrücken in Werkzeugen wie Perl, *sed*, *grep*, Tcl, Python, Expect, Emacs und anderen. Das Wissen aus Kapitel 4 wird hier dafür genutzt, aus einem bestimmten Werkzeug das letzte herauszuholen und seine Unzulänglichkeiten zu umschiffen.

Einzelne Programme und Werkzeuge

Mit dem Wissen aus den Kapiteln 4 und 5 gibt es zu den meisten Programmen nur noch wenig zu erläutern. Für *die* Ausnahme habe ich dennoch ein ganzes Kapitel reserviert: die Programmiersprache Perl. Aber bei jeder Implementierung *gibt* es Unterschiede und andere wichtige Faktoren, die berücksichtigt werden sollten.

- Kapitel 6, *Programmspezifische Informationen*, behandelt Eigenheiten von einzelnen Programmen. Die Unterschiede und die Charakteristika werden von Implementierung zu Implementierung hervorgehoben. Als Beispiele werden *awk*, Tcl und GNU Emacs ausführlicher als in den anderen Kapiteln behandelt.

- Kapitel 7, *Reguläre Ausdrücke in Perl*, befaßt sich sehr genau mit den regulären Ausdrücken in Perl, der wahrscheinlich am stärksten auf reguläre Ausdrücke zugeschnittenen Sprache, die heute benutzt wird. Es gibt zwar nur drei Operatoren, die sich mit regulären Ausdrücken abgeben, diese kennen jedoch eine Vielzahl von Optionen und Spezialfällen, die fast alle Wünsche zur Programmierung mit regulären Ausdrücken befriedigen. Der Reichtum an Möglichkeiten erlaubt es geübten Programmierern, einen Gedanken sehr schnell in ein Programm umzusetzen, er ist aber auch ein veritables Minenfeld für Ungeübte. Das Kapitel räumt einen Weg durch dieses Feld frei.

Typographische Konventionen

Wenn komplexe Textverarbeitung eingehend behandelt wird, ist es wichtig, sich genau auszudrücken. Ein Leerzeichen zuviel oder zuwenig kann da einen entscheidenden Unterschied ausmachen, deshalb benutze ich in diesem Buch die folgenden Konventionen:

- Ein regulärer Ausdruck erscheint normalerweise ⌈so⌋. Die feinen Ecken bedeuten »Das ist ein regulärer Ausdruck«. Literaler Text, also Text, der nicht wie eine Variable für etwas anderes steht, erscheint im allgemeinen ›so‹. Manchmal, wenn keine Verwechslungsgefahr besteht, verzichte ich auch auf die Ecken oder die Anführungszeichen. Programmstücke und Listings werden in ihrer natürlichen Form wiedergegeben, ohne Ecken und Anführungszeichen.

- Ohne besondere Vorkehrungen ist es kaum möglich herauszufinden, wie viele Leerzeichen in »a   b« vorhanden sind. Wenn Leerzeichen in regulären Ausdrücken oder manchmal auch in literalem Text vorkommen, verwende ich daher das Symbol ›•‹. So ist klar, daß ›a•••b‹ exakt vier Leerzeichen enthält.

  Ich benutze außerdem »sichtbare« Zeichen für Newline und das Tabulatorzeichen. Hier im Überblick:

  > •   Ein Leerzeichen
  > ⓣ   Ein Tabulator-Zeichen
  > ⓝ   Ein Newline-Zeichen

- Ich benutze Unterstreichungen und grau unterlegte Zeichen, um bestimmte Teile von regulären Ausdrücken oder literalem Text hervorzuheben. Zum Beispiel:

  > Weil ⌈<u>ding</u>⌋ im Satz ›Dies•bedingt,•daß•das•Ding•an•sich···‹ eben nicht das Wort ›Ding‹ erkennt, ...

  In diesem Fall zeigt der unterstrichene Text den Treffer des regulären Ausdrucks an. Ein anderes Beispiel:

  > Damit wir ⌈Subject|Date⌋ wirklich verwenden können, wird es in Klammern eingefaßt und ein Doppelpunkt und ein Leerzeichen angefügt: ⌈<u>(</u>Subject|Date<u>): •</u>⌋.

  Hier zeigen die unterstrichenen Zeichen die Teile an, die eben dazugefügt worden sind.

- In regulären Ausdrücken und literalem Text verwende ich ein besonderes Auslassungszeichen. Zum Beispiel bezeichnet [···] ein Paar eckiger Klammern mit nicht genau bekanntem Inhalt, aber [...] ist ein Klammerpaar, das drei literale Punkte enthält.

Übungsaufgaben

Manchmal, und vor allem in den einführenden Kapiteln, stelle ich Aufgaben, um die Wichtigkeit des behandelten Stoffes zu unterstreichen. Die Aufgaben sind nicht bloß Lückenfüller; ich möchte gern, daß Sie sich damit beschäftigen. Damit ihre Funktion nicht verwässert wird, sind es nur wenige im ganzen Buch. Es sind auch Selbsttests: Wenn die Beantwortung länger dauert, sollte der entsprechende Abschnitt noch einmal vorgenommen werden.

Damit Sie sich wirklich etwas zu den Aufgaben überlegen, habe ich die Antworten ein bißchen versteckt. Antworten zu einer mit ❖ markierten Frage finden Sie auf der jeweils nächsten geraden Seite, Sie müssen also nur das Blatt wenden. So stolpern Sie nicht aus Versehen über die Auflösung, und sie ist doch sofort greifbar.

Persönliche Anmerkungen und Dank

Meine Mutter hat mir einmal gesagt, daß sie kaum glauben kann, daß sie Vater geheiratet hat. Sie sagte, bei der Heirat hätten sie *geglaubt*, daß sie sich liebten. Das sei gar nichts gewesen verglichen mit der Tiefe der gemeinsamen Erfahrung von gut dreißig Jahren. Wenn sie gewußt hätten, was auf sie zukommt, hätten sie ihre damalige Beziehung vielleicht als nicht genügend gut erachtet.

Die Analogie mag etwas melodramatisch sein, aber vor ein paar Jahren *glaubte* ich wirklich, reguläre Ausdrücke zu verstehen. Ich hatte sie über Jahre benutzt, mit *awk*, *sed* und Perl programmiert, und ich hatte ein komplettes Paket für reguläre Ausdrücke geschrieben, das japanischen Text unterstützt. Ich wußte nichts von der Theorie dahinter – ich hatte mir alles selbst zurechtgelegt. Immerhin wußte ich so viel, daß ich in der Perl-Newsgruppe als lokaler Experte für reguläre Ausdrücke galt. Einige meiner Artikel hatte ich einem Freund weitergereicht, Jack Halpern (春遍雀來), der dabei war, Perl zu lernen. Er hat mehrfach vorgeschlagen, daß ich ein Buch darüber schreiben sollte, aber ich habe das nie ernsthaft in Erwägung gezogen. Jack hat selbst mehr als ein Dutzend Bücher geschrieben, und wenn so jemand das vorschlägt, klingt es so, als ob Carl Lewis sagt: »Einfach weit springen!« Jaja, der hat leicht reden.

Dann, Ende Juni 1994, hat auch unser gemeinsamer Freund Ken Lunde (小林剣) vorgeschlagen, daß ich ein Buch schreiben sollte. Auch Ken ist Buchautor (*Understanding Japanese Information Processing*, O'Reilly & Associates), und die Verbindung zu O'Reilly war zu verlockend, um sie links liegen zu lassen. Ich wurde mit Andy Oram bekannt gemacht, der mein Lektor wurde, und unter seiner Anleitung begann das Projekt, Gestalt anzunehmen.

Ich habe bald gemerkt, wie wenig ich wußte.

Es war mir klar, daß ich über mehr zu schreiben hatte als nur über die kleine Welt der paar Werkzeuge, die ich benutzte; also dachte ich, daß ich ein bißchen Zeit in das größere Umfeld investieren sollte. Damit begann, was sich als gut zweijährige Odyssee herausstellen sollte. Allein um die Geschmacksrichtung der regulären Ausdrücke eines bestimmten Programms zu ermitteln, habe ich ein Shell-Skript geschrieben, das am Ende

60 000 Zeilen lang war. Ich habe Dutzende und nochmal Dutzende von Programmen getestet. Ich habe etliche Programmfehler den jeweiligen Autoren mitgeteilt (viele von diesen wurden daraufhin behoben). Als ich mich einmal über die Arbeit beschwerte, hat das Ken Lunde sehr schön ausgedrückt: »Du machst die Forschungsarbeit, damit sie deine Leser nicht machen müssen.« Das war mein Leitbild bei diesem Buch.

Ursprünglich hatte ich damit gerechnet, daß das Projekt allerhöchstens ein Jahr in Anspruch nehmen würde. Mann, lag ich daneben. Neben dem Erarbeiten von Grundlagen – meine Schuld – gingen ein paar Monate verloren, weil durch das Erdbeben von Kobe die Prioritäten anders gesetzt werden mußten. Außerdem geht nichts über Erfahrung: Ich habe zwei Versionen dieses Buchs geschrieben und sie wieder weggeworfen, bis ich etwas hatte, das ich als publikationswürdig erachtete. Ich habe auch herausgefunden, daß ein großer Unterschied zwischen einem hingeworfenen Usenet-Artikel und dem Schreiben eines Buchs besteht. Es dauerte fast zweieinhalb Jahre.

Leute, die mir geholfen haben

Bei meinen Nachforschungen konnte ich von vielen Leuten Wertvolles erfahren – das war ein großer Glücksfall. Zu Anfang hat mir Tom Wood von Cygnus Systems über die verschiedenen Arten die Augen geöffnet, wie man eine Maschine bauen kann, die reguläre Ausdrücke erkennt. Vern Paxson (der Autor von *flex*) und Henry Spencer (*der* Guru für reguläre Ausdrücke) waren ebenfalls eine große Hilfe.

Für die Aufklärung der Geschichte der regulären Ausdrücke vor dem Computerzeitalter bin ich Robert Constable und Anil Nerode zu Dank verpflichtet. Für die Einblicke in die frühe Zeit der Computergeschichte danke ich Brian Kernighan (einer der Schöpfer von *awk*, der Sprache C und Unix selbst) Ken Thompson (Autor von *ed* und auch einer der Väter von Unix), Michael Lesk (Autor von *lex*), James Gosling (Autor der ersten Unix-Version von Emacs, die auch die erste war, die reguläre Ausdrücke unterstützte), Richard Stallman (der ursprüngliche Autor von Emacs, der heute GNU Emacs betreut), Larry Wall (Autor von *rn*, *patch* und Perl), Mark Biggar (Perls Onkel mütterlicherseits) und Don Libes (Autor des Buches *Life with Unix*, nebst anderen).

Viele Leute haben mit ihrer Kritik dafür gesorgt, daß meine Fehler Ihnen nicht vor die Augen kommen. Die erste Anlaufstelle war mein Lektor, Andy Oram, der unermüdlich daraufhin gearbeitet hat, daß das Projekt läuft und die Richtung stimmt. Die sehr eingehenden Korrekturen zu frühen Manuskripten von Jack Halpern bewirkten, daß Sie diese nicht sehen müssen. In den letzten Monaten vor der Fertigstellung hat William F. Maton unzählige Stunden dafür geopfert, *etliche* Versionen der einzelnen Kapitel zu rezensieren. (Eine detaillierte Kritik eines Manuskriptes ist schon viel – William hat viel mehr getan, als erwartet werden kann.)

Ken Lundes Korrekturen waren unglaublich detailliert und haben viel dazu beigetragen, das Englisch zu verbessern. (Der offizielle Korrektor der späteren Version war Steve Kleinedler, von ihm habe ich mehr Englisch gelernt als in zwölf Jahren Schule.) Wayne Berke hat 25 Seiten detailreiche und sachkundige Kommentare geschrieben; deren Einarbeitung hat Wochen gedauert, hat aber substantiell zum Resultat beigetragen. Die Kommentare von Tom Christiansen zeigten, daß sich seine Fähigkeiten nicht nur auf

Computer beschränken, sondern durchaus auch auf Linguistisches: Auch von ihm habe ich einiges über die englische Sprache gelernt. Er hat nicht nur die Sprache verbessert, um Computer ging es auch. Unseren Diskussionen hat sich dann Larry Wall hinzugesellt, der einige meiner Perl-Fehler entdeckt hat. Mike Stok, Jon Orwant und Henry Spencer haben mit detaillierten Kritiken geholfen (insbesondere Henry möchte ich für das Klarstellen meiner falschen Auffassungen über die zugrundeliegende Theorie danken). Auch von Mike Chachich und Tim O'Reilly habe ich wertvolles Feedback erhalten.

Kritik von Experten ist die eine Seite, aber bei einem Buch, das auch ein Lehrbuch sein soll, ist es auch wichtig, Rückmeldungen von Lernenden zu bekommen. Jack Halpern hat mir bei den frühen Manuskripten geholfen, Norris Couch und Paul Beard haben die späten Versionen getestet. Ihre hilfreichen Kommentare haben es mir erlaubt, einige Lücken zu schließen.

Fehler, die möglicherweise verbleiben

Trotz der Arbeit all dieser Leute und trotz meiner besten Anstrengungen gibt es wahrscheinlich noch immer Fehler in diesem Buch. Bitte beachten Sie, daß keiner der genannten Kritiker das letzte Manuskript gesehen hat, und daß ich manchmal mit den Korrekturen eines Kritikers nicht einverstanden war. Es ist ohne weiteres möglich, daß sich Fehler danach eingeschlichen haben; verbleibende Fehler gehen allein auf mein Konto. Wenn Sie einen Fehler finden, zögern Sie nicht, ihn mir anzuzeigen. Im Anhang A sind Kontaktadressen zu finden.

Ebenfalls im Anhang A findet sich der URL zur Errata-Seite auf dem World Wide Web. Ich hoffe, daß sie nur kurz sein wird.

Weitere Dankadressen

Eine Anzahl von Personen haben durch ihre logistische Arbeit dieses Buch möglich gemacht. Ken Lunde von Adobe Systems hat eigens Zeichen und Schriftsätze für die typographischen Merkwürdigkeiten geschaffen. Die japanischen Zeichen entstammen der Schrift *Heisei Mincho W3* von Adobe Systems, die koreanischen Zeichen der Schrift *Munhwa* des koreanischen Ministeriums für Kultur und Sport.

Ich habe viele, *viele* Stunden mit den Abbildungen zugebracht. Sie waren ganz schön. Dann hat Chris Reilley die Arbeit übernommen und den Abbildungen Stil verpaßt. Fast jede Abbildung trägt seine Handschrift.

Ich danke meinem Arbeitgeber, Omron Corporation (オムロン株式会社) und im besonderen 増田清 (Keith Masuda) und 高崎敬雄 (Yukio Takasaki) für ihre Unterstützung und Aufmunterung zu diesem Projekt. Der Zugang zu einem 900-dpi-Drucker hat die speziellen Druckzeichen in diesem Buch ermöglicht.

Herzlicher Dank geht an 青山健治 (Kenji Aoyama): Die Maus meines ThinkPads ging kaputt, als ich gerade die Endversion des Manuskripts bearbeitete. In einem Akt von Selbstlosigkeit, der mit der Weggabe des Erstgeborenen zu vergleichen ist, lieh er mir sein ThinkPad, bis IBM nach Wochen meines repariert hatte. Danke!

Zukünftiges

Ich habe an diesem Buch so lange gearbeitet, daß ich mir kaum mehr vorstellen kann, wie das ist: Einfach zurücklehnen, sich einen faulen Tag gönnen und kein schlechtes Gewissen dabei haben. Ich werde mir einige der kleineren Freuden des Lebens leisten (gefaltete Wäsche, gefüllter Eisschrank, aufgeräumter Arbeitstisch), an ein paar Wochenenden mit dem Motorrad gemütlich durch die Berge fahren und einen schönen, langen Urlaub nehmen.

Das wird sicher schön, aber es gibt zur Zeit einige Aufregung in der Welt der regulären Ausdrücke, also werde ich nicht zu lange ausruhen. Im Moment gibt es bei Perl und bei Python Diskussionen darüber, ob und wie die Maschine zur Verarbeitung von regulären Ausdrücken umgestaltet werden soll. Meine Web-Seite (siehe Anhang A) wird das Neueste dazu berichten.

Anmerkungen des Übersetzers

Die deutsche Ausgabe erscheint mehr als ein halbes Jahr nach der amerikanischen. Die Übersetzung hält sich an den Text des ersten amerikanischen Nachdrucks vom März 1997, außerdem wurden die bis zum 7. September 1997 bekannten Errata (siehe Anhang A) eingearbeitet. In der Zwischenzeit wurden, nicht zuletzt wegen diesem Buch, bei einigen der besprochenen Programme Fehler beseitigt, insbesondere bei *gawk* und bei Perl:

gawk – Die getestete Version war 3.0.0, eine Null-Version, von der Mängel zu erwarten waren. Alle ab Seite 189 aufgeführten Mängel wurden von Arnold Robbins spätestens in Version 3.0.3 auf die eine oder andere Art behoben, umgekehrt hat Arnold Robbins einige Mängel in diesem Buch entdeckt.

Perl – In Version 5.004 wurden folgende für reguläre Ausdrücke relevante Fehler korrigiert und Neuerungen eingeführt:

- Die Leistungseinbuße durch das Kopieren beim Gebrauch des /i-Modifiers (☞ 283) wurde behoben.

- In bezug auf das Thema von Tabelle 7-9 auf Seite 254 verhält sich Perl 5.004 wie Perl 4.036, nämlich konsistent. Die Tabelle muß als historische Fehlentwicklung angesehen werden.

- Die Unterstützung von Locales wurde erweitert: Mit Version 5.004 werden Locales nur dann beachtet, wenn das mit `use locale` explizit gewünscht wird. Sonst bedeutet etwa das Metazeichen \w immer genau dasselbe wie [a-zA-Z0-9_], anders als im Text beschrieben (☞ 247). Genaueres findet man in der neuen Manpage »perllocale«.

- Die meisten der in Tabelle 7-10 auf Seite 283 als »unartig« bezeichneten Module sind in Perl 5.004 »brav«. Unartig sind nur noch: `English`, `Getopt::Long`, `newgetopt.pl` und das neue Modul `Pod::Html`.

- Mit dem neuen Modifier /c (für *continue*) wird `pos` nach einem erfolglosen Matching mit /g nicht mehr auf den Anfang des Suchstrings zurückgesetzt (☞ 258).

Ich habe die meisten der längeren Programmabschnitte noch einmal getestet, dabei wurde in den Entwicklerversionen von Perl 5.003 ein Fehler entdeckt, der ganz knapp vor dem Erscheinen von Perl 5.004 noch behoben werden konnte. Mit diesem Fehler würde das Beispiel mit den verdoppelten Wörtern ganz zu Anfang von Kapitel 2 nicht korrekt laufen.

Im Gegensatz zum Original (siehe Kolophon) wurde die deutsche Version vollständig in LaTeX geschrieben; die typographischen Merkwürdigkeiten wurden mit dem PSTricks-Paket realisiert. Die Programmstücke und Tabellen wurden aus der Originalversion ins LaTeX-Format konvertiert, dazu dienten Perl-Programme, die ideale Beispiele zu diesem Buch abgäben.

Die Produktion eines Buches ist seit jeher arbeitsteilig: Verdanken möchte ich die Arbeit von Michael Gerth vom Verlag O'Reilly, der das Projekt organisiert hat und mich angeworben und ermuntert hat. Er hat sich oft über meine Helvetismen amüsiert, Friederike Daenecke, die Korrektorin, hat allfällig verbliebene korrigiert und etwelche ›ß‹ eingefügt, die *ispell* nicht kannte. Manches mag im Vergleich zum Schreibstil norddeutscher Nachrichtenmagazine ungewohnt tönen, das ist beabsichtigt. Matthias Neeracher, Perl-Experte und Autor von MacPerl, hat Teile des Manuskripts probegelesen. Margrit Müller hat die Abbildungen überarbeitet und die Herstellung geleitet, und Hajo Passon besorgte den Satz.

Danken möchte ich dem Institut für Elektronik der ETH Zürich für die Benutzung einer Sun SPARCstation 10 und dem Departement für Elektrotechnik der ETH für den Zugang zu einem 1200-dpi-Drucker für Testausdrucke.

Andreas Karrer
Zürich, im September 1997

In diesem Kapitel:

- *Probleme aus der Praxis lösen*
- *Reguläre Ausdrücke als Programmiersprache*
- *Reguläre Ausdrücke als Denkweise*
- *Metazeichen bei Egrep*
- *Erweiterung der Fundamente*
- *Persönliche Einsprengsel*

1

Einführung in Reguläre Ausdrücke

Hier ein Szenario: Ihr Chef in der Dokumentationsabteilung will ein Programm, das verdoppelte Wörter in einem Text aufspürt. Solche Verdoppelungen (wie »das das«) entstehen häufig bei Texten, die mehrfach überarbeitet werden. Ihre Aufgabe ist es, eine Lösung zu finden, die

- mehrere Dateien überprüft, jede Zeile mit verdoppelten Wörtern herausschreibt, die Verdoppelungen (mittels ANSI-Escape-Sequenzen) hervorhebt, und bei jeder Zeile den Dateinamen angibt,

- auch dann korrekt arbeitet, wenn das eine Wort am Ende einer Zeile und das verdoppelte am Anfang der nächsten Zeile steht,

- Groß- und Kleinschreibung wie bei ›Das das...‹ ignoriert sowie beliebige Mengen von *Whitespace* (Leerschlag, Tabulator, Zeilenende usw.) zwischen den Wörtern zuläßt,

- auch Wörter findet, die durch HTML-Tags (neben Whitespace) getrennt sind. HTML-Tags werden in Web-Seiten benutzt, um beispielsweise ein Wort fett gedruckt hervorzuheben: ›...das ist <B>sehr</B> sehr wichtig...‹.

Eine ganz hübsche Liste von Anforderungen! Aber das Problem muß gelöst werden, und es ist ein Problem aus der Praxis. Ich habe ein solches Programm auf den Text dieses Buches angewandt und war erstaunt über die Menge der Verdoppelungen. Es gibt natürlich viele Programmiersprachen, mit denen sich die Aufgabe lösen läßt, aber eine, die reguläre Ausdrücke kennt, macht die Lösung entschieden einfacher.

Reguläre Ausdrücke sind ein mächtiges, flexibles und effizientes Mittel, um Texte zu bearbeiten. Reguläre Ausdrücke im engeren Sinne sind eine generelle Notation zur

Beschreibung von Textmustern, beinahe wie eine kleine Programmiersprache zum Prüfen und zum Manipulieren von Texten. Mit den zusätzlichen Mitteln eines bestimmten Programmierwerkzeugs können reguläre Ausdrücke benutzt werden, um alle Arten von Text zu erweitern, zu reduzieren, und in jeder Art zu mißhandeln. Es kann sich um einfache Dinge handeln wie die Suchfunktion eines Text-Editors, oder um komplexe wie eine ganze Textverarbeitungssprache. Dieses Buch zeigt, wie reguläre Ausdrücke produktivitätssteigernd eingesetzt werden können. Es zeigt, wie man in regulären Ausdrücken *denkt* und so ihr volles Potential einsetzen kann.

Wie wir im nächsten Kapitel sehen werden, kann ein vollstandiges Programm zur Lösung der gestellten Aufgabe aus einigen wenigen Zeilen Perl oder Python (oder anderen) bestehen – beides Programmiersprachen, die reguläre Ausdrücke unterstützen. Mit einer einzigen »Suche-und-Ersetze«-Anweisung können verdoppelte Wörter gefunden und hervorgehoben werden. Mit einer weiteren solchen Anweisung werden alle Zeilen weggelassen, die keine Verdoppelungen enthalten, so daß nur die interessanten Zeilen übrigbleiben. Mit einer dritten Anweisung wird zu jeder Zeile der Name der Datei ausgegeben, aus der die Zeile stammt.

Die Programmiersprache (Perl, Python oder was immer) stellt das Umfeld bereit, aber die wirkliche Kraft kommt aus den regulären Ausdrücken. Indem Sie mit diesem Potential umgehen lernen, werden Sie lernen, reguläre Ausdrücke für Ihre eigenen Zwecke zu verwenden, um Text zu durchsuchen, hervorzuheben, und uninteressanten Text wegzulassen. Sie werden Ihre regulären Ausdrücke mit den Konstrukten der Programmiersprache kombinieren und den zu bearbeitenden Text damit manipulieren – ob es sich nun um Escape-Sequenzen, das Weglassen oder das Ändern von Text handelt.

Probleme aus der Praxis lösen

Wenn Sie mit regulären Ausdrücken umgehen können, kennen Sie Lösungsmöglichkeiten, die Sie vordem vielleicht gar nicht erahnen konnten. Ich benutze reguläre Ausdrücke jeden Tag mehrfach, um kleine und größere Probleme zu lösen (und oft sind es kleine Probleme, die ohne das Instrument der regulären Ausdrücke zu großen Problemen würden). Bei einen spezifischen Beispiel einer solchen Lösung, die ein großes Problem angeht, ist der Gewinn offensichtlich. Nicht so offensichtlich ist die Art, wie reguläre Ausdrücke »uninteressante« Probleme lösen können. Mit »uninteressanten« Problemen meine ich solche, deren Lösung sich nicht zum Erzählen von tollen Anekdoten eignet, die aber das Weiterarbeiten unmöglich machen, bis sie gelöst sind. Für mich ist das Einsparen einer Stunde stupider, repetitiver Arbeit schon irgendwie aufregend und damit interessant.

Ein einfaches Beispiel: Bei einer Anzahl von Dateien (genauer: etwa 70 Dateien, aus denen dieses Buch entstand) mußte überprüft werden, ob der String ›SetSize‹ genauso oft (oder genauso selten) vorkommt wie ›ResetSize‹. Groß- und Kleinschreibung war dabei irrelevant (also zählt ›setSIZE‹ genau so wie ›SetSize‹). 32 000 Zeilen von Hand durchzukämmen kommt natürlich nicht in Frage. Auch die normale »Suche Wort«-Funktion eines Text-Editors ist bei der gegebenen Anzahl von Dateien viel zu umständlich.

Reguläre Ausdrücke als Helfer in der Not! Mit einer *einzigen* kurzen Befehlszeile konnte ich alle Dateien durchforsten und bestätigen, was ich überprüfen wollte. Zeitaufwand: Vielleicht 15 Sekunden, um den Befehl zu tippen, und weitere 2 Sekunden für die tatsächliche Rechenzeit. Ha! (Wenn Sie an der Lösung interessiert sind, die ich benutzt habe, blättern Sie vor zur Seite 34.)

Ein anderes Beispiel: Vor ein paar Tagen half ich einem Freund, Jack, bei einem Problem im Zusammenhang mit E-Mail auf einer Maschine, die nur über eine langsame Modemleitung zugänglich war. Ich sollte ihm ein Inhaltsverzeichnis aller Meldungen senden – das waren sehr viele. Auch wenn es nicht so viele Meldungen gewesen wären, wäre das Zusammenstellen der Überschriften eine mühsame und monotone Arbeit gewesen. Außerdem hätte ich dabei den Text der Meldungen gesehen, der mich nun wirklich nichts angeht.

Wiederum reguläre Ausdrücke als Nothelfer! Mit einem simplen Befehl (ich benutzte das Suchwerkzeug *egrep*; vgl. später in diesem Kapitel) konnte ich die `From:`- und `Subject:`-Zeilen aus jeder Meldung extrahieren. Um *egrep* zu instruieren, welche Arten von Zeilen ich sehen wollte (und welche nicht), benutzte ich den regulären Ausdruck ⌜`^(From|Subject):`•⌟. Als Jack diese Liste hatte, fragte er mich nach einer bestimmten (5 000 Zeilen langen!) Meldung. Auch hier wäre das Benutzen eines Editors oder eines E-Mail-Programms zum Herausfiltern dieser Meldung eher umständlich gewesen. Ich benutzte ein anderes Werkzeug (dieses Mal *sed*) und wieder einen regulären Ausdruck, der genau die gesuchte Meldung aus der großen Datei herausnahm. Auf diese Art konnte ich die gewünschte Meldung schnell und einfach abschicken.

Uns beiden Zeit und Mühsal einzusparen, war nicht besonders »interessant«, aber sicher interessanter, als mit einem Text-Editor eine Stunde Zeit zu verschwenden. Hätte ich nichts über reguläre Ausdrücke gewußt, wäre mir aber gar keine Alternative eingefallen. Die Geschichte illustriert, wie man mit regulären Ausdrücken arbeiten kann, um Dinge zu tun, die man sich sonst gar nicht ausdenken könnte. Wenn Sie gelernt haben, mit regulären Ausdrücken umzugehen, werden Sie sich fragen, wie Sie vordem ohne sie ausgekommen sind.

Meisterschaft im Umgang mit regulären Ausdrücken ist eine kaum zu überschätzende Fertigkeit. Dieses Buch liefert die Informationen, um diese Fertigkeit zu erlangen, und ich hoffe, daß es auch die Motivation dafür gibt, dies zu tun.

Reguläre Ausdrücke als Programmiersprache

Wenn Sie noch nie mit regulären Ausdrücken gearbeitet haben, werden Sie den regulären Ausdruck ⌜`^(From|Subject):`•⌟ aus dem letzten Beispiel nicht verstehen; aber es ist nichts Magisches daran. Zudem: es ist nichts Magisches hinter der Magie. Ein Magier tut einfach Dinge, die für die Nicht-Eingeweihten im Publikum unmöglich oder widernatürlich *aussehen*. Wenn Sie gelernt haben, wie man eine Spielkarte in der Hand hält, so daß es aussieht, als ob die Hand leer wäre, haben Sie »magische Fähigkeiten« – es braucht nur Übung dazu. Es ist wie mit einer Fremdsprache – wenn man die Grundlagen beherrscht, tönt sie nicht mehr wie völlig unverständliche Lautäußerungen.

Die Analogie zu Dateinamen

Wenn Sie sich für den Kauf dieses Buches entschieden haben, haben Sie wahrscheinlich eine Vorstellung davon, was ein »regulärer Ausdruck« eigentlich ist. Aber auch, wenn Sie keine solche haben, kennen Sie fast ganz sicher das zugrundeliegende Konzept.

Sie wissen, daß *report.txt* einen Namen für eine ganz bestimmte Datei darstellt. Wenn Sie auch nur ein klein wenig Erfahrung mit Unix oder DOS/Windows haben, wissen Sie, daß das Muster »*.txt« dazu benutzt wird, um mehrere Dateien auszuwählen. Bei solchen Mustern (genannt *Dateiglobs* oder *Wildcards*) gibt es einige wenige Zeichen[1], die eine spezielle Bedeutung haben. Das Sternchen steht für »irgendwelche Zeichen«, und das Fragezeichen steht für »irgendein Zeichen«. Mit »*.txt« beginnen wir mit »irgendwas« *** und enden mit dem Literal `.txt`, also haben wir ein Muster, das aussagt: »Wähle die Dateien, deren Namen mit irgendwas beginnen und mit .txt aufhören«.

Die meisten Systeme kennen noch zusätzliche Spezialzeichen, aber im allgemeinen ist die Ausdruckskraft solcher Dateiglobs doch recht begrenzt. Das ist kaum von Nachteil, weil auch der Umfang des Problems (eine bequeme Art, Gruppen von Dateien zu bezeichnen) doch recht limitiert ist, auf ordinäre Dateinamen eben.

Die Behandlung von beliebigen Texten ist dagegen ein ungleich komplexeres Problem. Prosa, Poesie, Programm-Listings, Memos, Lyrik, HTML, Artikel, Tabellen, Buchmanuskripte (wie dieses), Wörterlisten; die Aufzählung ist unvollständig. Für eine bestimmte Untergruppe, wie eben das Auswählen von Dateien, läßt sich ohne weiteres ein spezialisiertes Werkzeug entwickeln. Über die Jahre hat sich jedoch eine generalisierte Sprache entwickelt, die genügend mächtig und ausdrucksstark ist für eine große Variationsbreite von Verwendungszwecken. Jedes Programm implementiert und benutzt diese Muster in etwas unterschiedlicher Weise, aber alle fallen unter den Begriff »reguläre Ausdrücke«.

Die Analogie zu natürlichen Sprachen

Reguläre Ausdrücke sind aus zwei Typen von Zeichen aufgebaut. Die Spezialzeichen (wie das * aus der Dateinamen-Analogie) heißen *Metazeichen*, alle anderen Buchstaben sind *Literale*. Bei regulären Ausdrücken geht die Verwendung von Metazeichen weit über den Bereich von Dateiglobs hinaus. Muster von Dateinamen können mit wenigen Metazeichen behandelt werden, aber die »Programmiersprache« der regulären Ausdrücke erfordert viele und ausdrucksstarke Metazeichen.

Es kann helfen, reguläre Ausdrücke als eigene Sprache zu betrachten, wobei den Literalen die Rolle der Wörter zukommt und den Metazeichen die Rolle der Grammatik. Wörter werden nach den Regeln der Grammatik so kombiniert, daß der resultierende Satz oder Ausdruck einen Sinn ergibt. Im E-Mail-Beispiel habe ich `^(From|Subject):*` benutzt, um Zeilen zu finden, die mit ›From: ‹ oder ›Subject: ‹ beginnen. Die Metazeichen sind hier unterstrichen, und wir kommen bald zur Erklärung der Bedeutung dieser Zeichen.

---

1 Der Ausdruck »Zeichen« ist im Computer-Umfeld ziemlich ungenau definiert. Hier meint er etwa dasselbe wie »Byte«. Siehe auch »Reguläre Ausdrücke: Terminologie« weiter hinten in diesem Kapitel (☞ 24).

Wie beim Erlernen jeder neuen Sprache fühlt man sich auch bei regulären Ausdrücken zunächst mal etwas ratlos. Darum sehen sie auch wie Magie aus, wenn man nur wenig davon versteht, und wie völliger Buchstabensalat für jemanden, der gar nichts davon versteht. Ganz ähnlich wie 正規表現は簡単だよ!² für einen Japanisch-Schüler schnell verständlich ist, wird Ihnen der reguläre Ausdruck

```
s!<emphasis>([0-9]+(\.[0-9]+){3})</emphasis>!<inet>$1</inet>!
```

bald kristallklar sein.

Dieses Beispiel kommt aus der Produktion dieses Buches und stammt von meinem Lektor. Ich hatte irrtümlich das Tag `<emphasis>` benutzt, um Internet-Adressen zu markieren (IP-Adressen bestehen aus Ziffern und Punkten, wie etwa `198.112.208.25`). Das Skript benutzt den Substitutionsoperator von Perl mit dem regulären Ausdruck

```
<emphasis>([0-9]+(\.[0-9]+){3})</emphasis>
```

um diese falschen Tags durch das korrekte `<inet>` zu ersetzen, und läßt dabei andere `<emphasis>` so, wie sie sind. Später werden wir genau diese Anwendung im Detail besprechen, damit Sie die entsprechenden Methoden woanders anwenden können.

Das Ziel dieses Buches

Die Wahrscheinlichkeit, daß *Sie* jemals `<emphasis>` durch `<inet>` ersetzen müssen ist klein, aber es ist sehr wahrscheinlich, daß das Problem »Ersetze *dies* durch *das*« auch bei Ihnen auftritt. Das Ziel dieses Buches ist es nicht, fertige Lösungen für spezifische Probleme zu geben, sondern vielmehr zu zeigen, wie man in regulären Ausdrücken *denkt*, so daß Sie sie anwenden können, wenn immer ein so geartetes Problem auftaucht.

Reguläre Ausdrücke als Denkweise

Wie wir bald sehen werden, sind reguläre Ausdrücke aus kleinen Bausteinen aufgebaut. Jeder Baustein ist für sich allein recht einfach, aber weil man diese Bausteine auf unendlich viele Arten zusammensetzen kann, braucht man einige Erfahrung, um zum gewünschten Resultat zu kommen.

Um nicht falsch verstanden zu werden – reguläre Ausdrücke sind nicht schwierig zu erlernen oder zu gebrauchen. Am Ende dieses Kapitels können Sie bereits sehr nützliche Ausdrücke schmieden, auch wenn dies Ihr erster Kontakt mit regulären Ausdrücken ist.

---

2 »Reguläre Ausdrücke sind einfach!« Ein humoristischer Kommentar dazu: Wie in Kapitel 3 erklärt, kommt der Terminus *regulärer Ausdruck* ursprünglich aus der formalen Algebra. Wenn mich jemand fragt, wovon denn das Buch handle, dann ergibt die Antwort »Reguläre Ausdrücke« meist fragende Gesichter bei Leuten, die nicht häufig mit Computern umgehen. Das japanische Wort für regulären Ausdruck, 正規表現, bedeutet auch für den Durchschnittsjapaner ähnlich wenig wie das deutsche Gegenstück, aber von Japanern ernte ich etwas mehr als nur einen verständnislosen Blick. Im Japanischen wird nämlich »regulär« fast genau gleich ausgesprochen wie ein anderes, wesentlich häufigeres Wort, ein medizinischer Ausdruck für Fortpflanzungsorgane. Man kann sich ausmalen, was für Vorstellungen dabei wach werden...

Trotzdem hilft natürlich wie bei allen Fertigkeiten die Erfahrung. Mit dieser Erfahrung kann man das eigene Denken so lenken, daß eine Lösung mit regulären Ausdrücken wie von selbst erscheint. Das läßt sich nur schwer direkt beschreiben, aber mit Beispielen kann der Vorgang leicht illustriert werden. In diesem Kapitel werde ich einige Konzepte zu regulären Ausdrücken einführen. Nicht mit zuviel Tiefe: es geht darum, ein Fundament für den Rest des Buches zu legen, auf dem die wichtigen Seitenaspekte aufbauen können, bevor wir uns zu tief in Details verstricken.

Manche Beispiele mögen lächerlich erscheinen (sie *sind* oft lächerlich), aber sie veranschaulichen die Art von Problemen, die man sehr oft vor sich hat – nur erkennen Sie die Probleme vielleicht noch nicht. Machen Sie sich keine Sorgen, wenn Ihnen nicht der hinterste und letzte Punkt einleuchtet. Nehmen Sie den Grundgedanken jeder Lektion mit und lassen Sie ihn einwirken. Das ist das Ziel dieses Kapitels.

Wenn Sie Erfahrungen mit regulären Ausdrücken haben

Wenn Ihnen reguläre Ausdrücke schon einigermaßen bekannt sind, bietet Ihnen die Übersicht in diesem Kapitel nicht viel Neues. Mindestens überfliegen sollten Sie es trotzdem. Auch wenn Ihnen die Bedeutung der Metazeichen bekannt ist, kann die Herangehensweise an reguläre Ausdrücke neu sein.

Es ist ein Unterschied, ob Sie einem Instrument Töne entlocken, oder ob Sie ein Instrument wirklich spielen können. Genauso gibt es einen Unterschied zwischen dem Verstehen von regulären Ausdrücken und dem *wirklichen Verstehen* von regulären Ausdrücken. Manche der Schritte in diesem Kapitel präsentieren, was Sie schon kennen, vielleicht aber in einer neuen Art, und die kann der Weg zum *wirklichen Verständnis* von regulären Ausdrücken sein.

Textdateien durchsuchen: Egrep

Textstücke zu suchen, ist die einfachste Anwendung von regulären Ausdrücken – viele Texteditoren und Textverarbeitungssysteme erlauben es, ein Dokument nach regulären Ausdrücken zu durchsuchen. *egrep* ist noch einfacher.[3] Man gibt *egrep* einen regulären Ausdruck sowie ein paar Namen von Dateien, die durchsucht werden sollen. *egrep* wendet den regulären Ausdruck auf jede Zeile jeder Datei an, und schreibt die Zeilen heraus, für die der reguläre Ausdruck zutrifft.

Um zum E-Mail-Beispiel zurückzukommen: der Befehl, den ich benutzte, ist in Abbildung 1-1 dargestellt. *egrep* betrachtet das erste Argument als den regulären Ausdruck und alle weiteren Argumente als Datei(en), in denen gesucht werden soll. Beachten Sie, daß die Hochkommas in Abbildung 1-1 *nicht* zum regulären Ausdruck gehören; sie

---

3 *egrep* ist ein frei verfügbares Programm für eine Anzahl von Systemen, mindestens für DOS, MacOS, Windows, Unix usw. (Anhang A gibt Informationen darüber, wie und von wo man *egrep* bekommt). Manche werden eher mit *grep* vertraut sein, das in vieler Hinsicht ähnlich ist. In »Ein Spaziergang durch die Landschaft der regulären Ausdrücke« in Kapitel 3 wird erklärt, warum ich mit *egrep* beginne (☞ 64).

werden von meiner Shell verlangt.[4] Wenn ich *egrep* benutze, kleide ich den regulären Ausdruck fast ausnahmslos in solche Hochkommas ein.

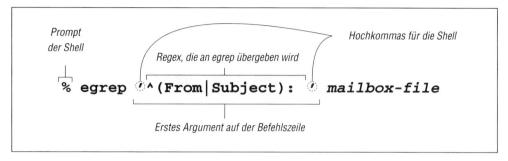

Abbildung 1-1: Aufruf von Egrep auf der Kommandozeile

Wenn Ihr regulärer Ausdruck nicht eines des Dutzend Metazeichen benutzt, die *egrep* versteht, dann wird aus dem Befehl eine simple Suche nach Zeichenketten. Wenn zum Beispiel in einer Datei nach ⌈ding⌋ gesucht wird, gibt *egrep* alle Zeilen aus, die die vier Zeichen d·i·n·g hintereinander enthalten. Das geschieht auch dann, wenn diese Zeichen in einem Wort wie etwa bedingen enthalten sind. Auch wenn die Zeile nicht das *Wort* ding enthält, genügt die Sequenz d·i·n·g, damit der reguläre Ausdruck zutrifft. Das ist alles, wonach gesucht wird, und wenn es gefunden wird, gibt *egrep* die Zeile aus. Der springende Punkt ist der, daß die Suche nach regulären Ausdrücken nicht auf »Wörtern« basiert – *egrep* kennt wohl Bytes und Zeilen innerhalb von Dateien, weiß aber nicht, was im Deutschen (oder in irgendeiner anderen Sprache) ein Wort, einen Satz, einen Abschnitt oder irgendein höheres Konzept ausmacht.[5]

Metazeichen bei Egrep

Wir beginnen mit einigen von *egrep*s Metazeichen, um die Möglichkeiten dieses Werkzeugs auszuloten. Es gibt verschiedene Arten von Metazeichen, die auch verschiedene Rollen einnehmen. Ich werde diese nur kurz mit ein paar Beispielen behandeln; die erschöpfende Beschreibung folgt in späteren Kapiteln. Vor Beginn stellen Sie bitte sicher, daß Sie die hier verwendeten typographischen Konventionen kennen (Seite xxii).

---

4   Die Shell ist der Teil des Systems, der eingegebene Befehle liest und dadurch verlangte Programme ausführt. Bei der von mir benutzten Shell dienen Hochkommas dazu, Argumente für ein Programm einzuschließen. Der Shell wird damit gesagt, den Inhalt der Argumente nicht anzurühren; zum Beispiel sollen Dateiglobs wie *.txt nicht expandiert werden. Dagegen soll der Inhalt der Hochkommas unverändert an *egrep* übergeben werden, das ihn als regulären Ausdruck interpretieren wird. DOS- und COMMAND.COM-Benutzer verwenden wahrscheinlich mit Vorteil Anführungszeichen (»Gänsefüßchen«) statt Hochkommas.

5   *egrep* liest eine Datei Zeile für Zeile und überprüft bei jeder Zeile, ob der reguläre Ausdruck paßt – falls ja, wird die Zeile ausgegeben. Keine dieser Phasen unternimmt auch nur einen leisen Versuch, etwas wie menschliches Verständnis von Textbausteinen wie eben von Wörtern und Sätzen nachzuvollziehen. Ich habe lange nach Worten gesucht, um dies auszudrücken, bis ich die exakt passende Formulierung »höheres Konzept« im Buch *sed & awk* von Dale Dougherty gefunden habe.

Zeilenanfang und Zeilenende

Wahrscheinlich am einfachsten zu verstehen sind die Metazeichen ⌜^⌝ (*Zirkumflex*) und ⌜$⌝ (*Dollar*), die für den Anfang resp. das Ende der zu prüfenden Zeile stehen. Wie wir gesehen haben, findet der reguläre Ausdruck ⌜ding⌝ die Zeichen d·i·n·g irgendwo auf der Zeile, aber ⌜^ding⌝ findet die Zeichen d·i·n·g nur dann, wenn sie am Anfang der Zeile stehen. Analog paßt der reguläre Ausdruck ⌜ding$⌝ nur am Ende der Zeile, wenn zum Beispiel eine Zeile mit Unding endet. Weil Zirkumflex und Dollar den regulären Ausdruck am Anfang oder am Ende der Zeile festmachen, nennt man sie *Zeilenanker* oder einfach *Anker*.

Machen Sie es sich zur Gewohnheit, reguläre Ausdrücke in einem wörtlichen Sinn zu interpretieren. Lesen Sie nicht:

> ⌜^ding⌝ paßt für eine Zeile mit ding am Anfang

sondern eher:

> ⌜^ding⌝ paßt auf einen Zeilenanfang, unmittelbar gefolgt von d, unmittelbar gefolgt von i, unmittelbar gefolgt von n, unmittelbar gefolgt von g.

Das kommt zwar auf dasselbe heraus, aber die wörtliche Lesart erlaubt es, einen neuen Ausdruck besser zu verstehen. Wie würden Sie ⌜^ding$⌝, ⌜^$⌝ oder ganz einfach ⌜^⌝ allein lesen? ❖ Für die Auflösung bitte umblättern.

Das Zirkumflex und das Dollarzeichen sind insofern speziell, als sie eine *Position* in der Zeile beschreiben und nicht ein Zeichen selbst. Es gibt natürlich einige Möglichkeiten, um auf wirkliche Zeichen in der Zeile zu prüfen. Neben Literalen, die für das Zeichen selbst stehen, gibt es einige andere Metazeichen, die in den nächsten Abschnitten behandelt werden.

Zeichenklassen

Eines von mehreren Zeichen erkennen

Nehmen wir an, Sie wollen nach dem String »Birma« suchen, aber auch »Burma«[6] zulassen. Die Konstruktion ⌜[...]⌝, meist *Zeichenklasse* genannt, ermöglicht es, eine Liste von Zeichen anzugeben, nach denen gesucht werden soll: ⌜B[iu]rma⌝. Wörtlich bedeutet das: Suche nach B, gefolgt von einem i oder einem u, gefolgt von r, einem m und danach einem a. Ich bin ziemlich schlecht in der Rechtschreibung, daher benutze ich oft reguläre Ausdrücke, um Wörter zu finden, die ich immer wieder falsch schreibe. Einer meiner häufigen Fehler ist ⌜sep[ea]r[ea]te⌝, weil ich mich nie daran erinnern kann, ob das Wort nun »seperate«, »separate«, »separete«, oder wie auch immer geschrieben wird.

Oder vielleicht wollen Sie die Groß- oder Kleinschreibung eines Wortes zulassen: ⌜[Rr]ot⌝. Das paßt noch immer auch auf Zeilen, bei denen der String rot oder Rot als Teil eines Wortes vorkommt, etwa in Protest. Ich reite etwas auf diesem Punkt herum,

---

6 Das ist die in der Schweiz und die im Englischen übliche Schreibweise.

weil meine Erfahrung zeigt, daß dies bei Neulingen ein Stolperstein ist. Wenn wir ein paar weitere Metazeichen kennen, werde ich erneut darauf zurückkommen.

Die Liste in den eckigen Klammern kann beliebig viele Zeichen enthalten. Zum Beispiel erkennt ⌈[123456]⌉ irgendeine der angegebenen Ziffern. Diese Zeichenklasse kann als Teil von ⌈<H[123456]>⌉ (erkennt <H1>, <H2> <H3> usw.) nützlich sein, wenn es darum geht, HTML-Tags zu prüfen.

Innerhalb einer Zeichenklasse gibt das *Zeichenklassen-Metazeichen* ›-‹ (*Bindestrich*) einen Bereich von Zeichen an: ⌈<H[1-6]>⌉ bedeutet exakt dasselbe wie das vorherige Beispiel. ⌈[0-9]⌉ und ⌈[a-z]⌉ sind übliche Abkürzungen für Ziffern bzw. Kleinbuchstaben. Mehrfache Bereiche sind zugelassen, ⌈[0123456789abcdefABCDEF]⌉ kann also kürzer so geschrieben werden: ⌈[0-9a-fA-F]⌉. Diese zwei Bereiche werden oft gebraucht, wenn man mit hexadezimalen Zahlen arbeitet. Bereiche können auch mit Literalen kombiniert werden: ⌈[0-9A-Z_!.?]⌉ paßt auf Ziffern, Großbuchstaben, den Unterstrich, Ausrufezeichen, Punkt oder Fragezeichen.

Beachten Sie, daß der Bindestrich nur innerhalb einer Zeichenklasse ein Metazeichen ist – außerhalb dieser ist er ein normaler Bindestrich. Sogar innerhalb einer Zeichenklasse ist er nicht immer ein Metazeichen. Falls der Bindestrich das erste Zeichen innerhalb der Klasse ist, kann er ja schlecht einen Bereich angeben; er wird dann als Literal behandelt.

Zeichenklassen haben ihre eigene Miniatur-Sprache. Die Regeln, welche Zeichen als Metazeichen gelten (und was deren Funktion ist), sind inner- und außerhalb von Zeichenklassen verschieden.

Weitere Beispiele dazu folgen in Kürze.

Negierte Zeichenklassen

Wenn man ⌈[^...]⌉ statt ⌈[...]⌉, benutzt, paßt die Klasse auf alle Zeichen, die *nicht* unter den angegebenen Zeichen sind. Zum Beispiel erkennt ⌈[^1-6]⌉ alle Zeichen *außer* 1 bis 6. Das Zirkumflex als erstes Zeichen in der Klasse »negiert« also die Liste – statt alle erwünschten Zeichen aufzulisten, gibt man die unerwünschten an.

Sicher ist Ihnen aufgefallen, daß das Zeichen ^ dasselbe Zirkumflex ist wie das, das gerade vorhin noch »Zeilenanfang« bedeutete. Das Zeichen ist dasselbe, aber die Bedeutung ist völlig verschieden. Das ist ganz ähnlich wie etwa beim deutschen Wort »Hahn«, das je nach Zusammenhang zwei völlig unterschiedliche Dinge bezeichnen kann (den Mann der Henne, oder ein Ventil bei Rohrleitungen). Wir haben schon ein anderes Zeichen gesehen, den Bindestrich, das innerhalb einer Zeichenklasse einen Bereich angibt, und auch da nur, wenn es nicht das erste Zeichen der Klasse ist. ^ fungiert als Anker außerhalb von Zeichenklassen, und als Klassen-Metazeichen innerhalb einer Klasse, aber da auch nur, wenn es unmittelbar auf die öffnende eckige Klammer folgt (sonst ist es innerhalb von Klassen kein Spezialzeichen).

Hier ein Beispiel mit einer englischen Wörterliste. Wie im Deutschen folgt auch im Englischen auf ein q meistens ein u. Wenn wir also nach Wörtern suchen, die ein q, danach aber etwas anderes als ein u enthalten – und das als regulären Ausdruck

---

Wie liest man `^ding$`, `^$` *und* `^`?

❖ *Auflösung zum Problem von Seite 8.*

`^ding$`

> **Wörtlich:** Paßt, wenn die Zeile einen Anfang hat (was natürlich alle Zeilen haben), gefolgt von d·i·n·g, und dann unmittelbar das Zeilenende folgt.
>
> **Effekt:** Zeilen werden erkannt, wenn sie nur ding und nichts anderes enthalten, also keine zusätzlichen Wörter, Wortzwischenräume, Interpunktion usw.

`^$` **Wörtlich:** Paßt, wenn die Zeile einen Anfang hat, auf den unmittelbar das Zeilenende folgt.

> **Effekt:** Leerzeilen werden erkannt (nur *wirkliche* Leerzeilen, auch Leerzeichen auf der Zeile sind nicht erlaubt).

`^` **Wörtlich:** Paßt, wenn die Zeile einen Anfang hat.

> ***Kein*** **Effekt!** Da jede Zeile einen Zeilenbeginn hat, wird dieser reguläre Ausdruck immer passen – auch bei Leerzeilen!

---

formulieren, dann erhalten wir `q[^u]`. Ich habe meine Wörterliste abgesucht und fast keine Ausnahmen gefunden! Und von den wenigen, die ich fand, kannte ich einige nicht:

```
% egrep 'q[^u]' word.list
Iraqi
Iraqian
miqra
qasida
qintar
qoph
zaqqum
%
```

Zwei bekannte Wörter allerdings fehlten: »Qantas«, die australische Fluggesellschaft, und »Iraq« (engl. Schreibweise für Irak). Beide sind zwar in meiner Wörterliste, aber sie wurden nicht ausgegeben. Warum? ❖ Auf der nächsten Doppelseite finden Sie die Antwort.

Eine negierte Zeichenklasse bedeutet also: »Gefordert ist ein Zeichen, das nicht in der Liste vorkommt« und nicht etwa: »Ein Zeichen aus der Liste darf nicht vorkommen«. Das sieht auf den ersten Blick gleich aus, aber das Beispiel mit Iraq zeigt den subtilen Unterschied. Negierte Klassen soll man am besten als Abkürzungen für normale Klassen ansehen, die alle Zeichen enthalten *außer* denen, die in den eckigen Klammern angegeben sind.

Auf irgendein Zeichen prüfen: der Punkt

Das Metazeichen ⌐.⌐, *Punkt*, ist eine Abkürzung für die Zeichenklasse, die alle möglichen Zeichen enthält. Es ist häufig praktisch, wenn man ein »irgendwas hier« als Platzhalter in einem regulären Ausdruck braucht. Wenn zum Beispiel nach einem Datum gesucht werden soll, das wie 07/04/76, 07-04-76 oder gar wie 07.04.76[7] aussehen kann, kann man einen expliziten regulären Ausdruck formulieren und als Trennzeichen explizit nur ›/‹, ›-‹, und ›.‹ zwischen den Zahlen zulassen: ⌐07[-./]04[-./]76⌐. Man kann aber kürzer auch einfach ⌐07.04.76⌐ verwenden.

Gleich ein paar Dinge können hier unklar sein. Zunächst sind die Punkte in ⌐07[-./]04[-./]76⌐ *keine* Metazeichen, weil sie in einer Zeichenklasse vorkommen (nochmals: die Liste der Metazeichen und deren Bedeutung ist inner- und außerhalb von Zeichenklassen verschieden). Auch die Bindestriche sind hier keine Metazeichen, obwohl sie innerhalb von Zeichenklassen meist einen Bereich angeben. Wie erwähnt verliert ein Bindestrich als erstes Zeichen einer Zeichenklasse seine Spezialfunktion.

Dagegen sind die Punkte in ⌐07.04.76⌐ *tatsächlich* Metazeichen, die für irgendein Zeichen stehen, also auch für Schrägstrich, Bindestrich oder Punkt, die Zeichen, die wir erwarten. Es ist aber wichtig, sich klarzumachen, daß der Punkt für *jedes* beliebige Zeichen stehen kann; der reguläre Ausdruck kann also auch bei ›Losnummer: 19 207304 7639‹. passen.

⌐07[-./]04[-./]76⌐ ist präziser, aber auch mühsamer zu schreiben und zu lesen. ⌐07.04.76⌐ ist einfacher lesbar, aber wenig spezifisch. Was soll man nun benutzen? Das hängt in hohem Maß von den zu untersuchenden Daten ab, oder wenigstens von Ihren Annahmen, wie diese aussehen. Sie müssen die Balance finden zwischen Ihrem (Vor-)Wissen über den zu untersuchenden Text, und der Notwendigkeit, den regulären Ausdruck sehr exakt zu formulieren. Wenn Sie wissen, daß in Ihren Daten außer Datumsangaben keine anderen Zahlen (wie Telefonnummern) vorkommen, können Sie getrost ⌐07.04.76⌐ verwenden.

Alternation

Auf einen von mehreren Unterausdrücken prüfen

Ein sehr praktisches Metazeichen ist ⌐|⌐, das »oder« bedeutet. Es erlaubt, mehrere reguläre Ausdrücke zu einem einzigen Ausdruck zu kombinieren, der dann zutrifft, wenn einer der Unterausdrücke paßt. Wenn zum Beispiel ⌐Bob⌐ und ⌐Robert⌐ zwei separate reguläre Ausdrücke sind, dann ist ⌐Bob|Robert⌐ ein regulärer Ausdruck, der beide enthält und dann paßt, wenn zu einem der Ausdrücke ein Treffer gefunden wird. Wenn reguläre Ausdrücke in dieser Art kombiniert werden, heißen die Unterausdrücke *Alternativen*.

---

7 Man sollte Daten *nie* so angeben, weil einerseits solche Datumsangaben im englischen und im deutschen Sprachraum verschieden interpretiert werden; und andererseits wegen dem bekannten Jahr-2000-Problem. (Anm. d. Ü.)

Warum findet ⌈**q[^u]**⌋ ›*Qantas*‹ *und* ›*Iraq*‹ *nicht?*

❖ *Auflösung zum Problem von Seite 10.*

Qantas wird nicht gefunden, weil der reguläre Ausdruck nach einem Kleinbuchstaben q verlangt, das Q in Qantas ist aber ein Großbuchstabe. Hätten wir ⌈Q[^u]⌋ verwendet, wäre Qantas wohl gefunden worden, dafür alle anderen Wörter nicht, weil sie kein großes Q enthalten. Der reguläre Ausdruck ⌈[Qq][^u]⌋ dagegen hätte alle gefunden.

Das Problem mit Iraq ist schon fast eine Fangfrage. Der reguläre Ausdruck verlangt nach einem q, gefolgt von *einem Zeichen*, das kein u sein darf. Nun entfernt aber *egrep* alle Zeilenende-Zeichen, bevor es reguläre Ausdrücke prüft, (ein Detail, das ich verschwiegen habe, Sorry!) und so gibt es nach dem q *überhaupt kein* Zeichen, das irgendwie in den regulären Ausdruck passen könnte. Sicher kommt nach dem q kein u, aber es kommt auch kein Nicht-u!

Grämen Sie sich nicht wegen der Fangfrage.[a]

Wenn nun *egrep* das Zeilenende-Zeichen nicht abschneiden würde (andere Programme tun das nicht), oder wenn auf das Wort Iraq ein anderes Wort, oder auch nur ein Leerzeichen folgte, dann wäre das Wort gefunden worden. Manchmal ist es wichtig, die letzten Feinheiten eines Programms zu kennen, aber bei diesem Beispiel geht es mir nur darum zu zeigen, daß *eine Zeichenklasse, auch wenn sie negiert ist, ein Zeichen braucht, damit sie paßt.*

---

a   In der vierten Klasse sollte ich einmal in einem mündlichen Buchstabierwettbewerb das Wort »miss« (verfehlen) buchstabieren. Ich antwortete m·i·s·s. Aber die Lehrerin, Miss Smith, sagte, daß M·i·s·s mit einem großen M gemeint wäre, und daß ich nach einem Beispielsatz hätte fragen müssen. Ein traumatischer Moment im Leben eines Knaben. Nach diesem Erlebnis mochte ich Miss Smith nicht mehr, und stehe seitdem mit der Ortografie auf Krigsfus.

Wenn wir zu unserem ⌈B[iu]rma⌋-Beispiel zurückgehen, können wir dies auch ⌈Birma|Burma⌋ schreiben, oder sogar ⌈B(i|u)rma⌋. Im letzteren Fall dienen die Klammern dazu, die Alternativen örtlich zu beschränken. (Damit haben wir mit den runden Klammern zwei weitere Metazeichen kennengelernt).

Der reguläre Ausdruck ohne Klammern, ⌈Bi|urma⌋, würde nur ⌈Bi⌋, oder ⌈urma⌋ bedeuten, was überhaupt nicht das Gewünschte wäre. Die Alternativen reichen weit, aber nicht weiter als die einfassenden Klammern. Ein anderes Beispiel ist ⌈(First|1st)·[Ss]treet⌋. Da sowohl ⌈First⌋ als auch ⌈1st⌋ mit einem ⌈st⌋ enden, kann man dies zu ⌈(Fir|1)st·[Ss]treet⌋ verkürzen, aber das läßt sich nicht so gut lesen. Machen Sie sich die Mühe zu verstehen, daß beide Möglichkeiten dasselbe bedeuten.

Obwohl die Beispiele ⌈B[iu]rma⌋ und ⌈B(i|u)rma⌋ das nahelegen könnten, sind Zeichen-klassen und Alternationen ganz und gar nicht dasselbe. Eine Zeichenklasse repräsentiert genau ein Zeichen im zu untersuchenden Text. Bei einer Alternation kann dagegen jede Alternative ein ausgewachsener regulärer Ausdruck sein. Zeichenklassen sind so etwas wie Mini-Sprachen innerhalb von regulären Ausdrücken (mit ihrer eigenen Auffassung darüber, was Metazeichen sind), während die Alternation Teil der »eigentlichen« Sprache der regulären Ausdrücke ist. Beide haben ihren Platz und beide sind sehr nützlich.

Etwas Vorsicht ist bei der Verwendung der Anker ^ und $ geboten. Man vergleiche ⌈^From|Subject|Date: •⌋ und ⌈^(From|Subject|Date) •⌋. Beide erinnern an unser E-Mail-Beispiel, aber sie verhalten sich ganz unterschiedlich. Der erste Ausdruck besteht aus drei Alternativen und wird dann passen, wenn »⌈^From⌋ oder ⌈Subject⌋ oder ⌈Date: •⌋« gefunden wird – nicht besonders nützlich. Wir wollen, daß das Zirkumflex am Anfang und das ⌈: •⌋ am Ende bei allen drei Alternativen vorkommt. Mit den Klammern können wir die Alternation »beschränken«:

⌈^(From|Subject|Date): •⌋

Damit wird gefunden:

1) Zeilenanfang, gefolgt von F·r·o·m, gefolgt von ›: •‹

oder *2)* Zeilenanfang, gefolgt von S·u·b·j·e·c·t, gefolgt von ›: •‹

oder *3)* Zeilenanfang, gefolgt von D·a·t·e, gefolgt von ›: •‹

Wie man sieht, findet die Alternation nur innerhalb der Klammern statt: Das erlaubt uns, die gesamte Alternation in ⌈^...: •⌋ zu setzen. Damit findet der reguläre Ausdruck wirklich:

⌈^(From): •⌋   oder   ⌈^(Subject): •⌋   oder   ⌈^(Date): •⌋

Etwas weniger umständlich ausgedrückt: Gefunden werden Zeilen, die mit ›From: •‹, ›Subject: •‹ oder ›Date: •‹, beginnen; und das ist es, was wir wollen, wenn wir relevante Informationen aus einer E-Mail-Datei extrahieren möchten.

Als Beispiel:

```
% egrep '^(From|Subject|Date): ' mailbox
From: elvis@tabloid.org (The King)
Subject: be seein' ya around
Date: Thu, 31 Oct 96 11:04:13
From: The Prez <president@whitehouse.gov>
Date: Tue, 5 Nov 1996 8:36:24
Subject: now, about your vote...
    ...
```

Wortgrenzen

Häufig entsteht das Problem, daß ein regulärer Ausdruck ein gewünschtes Wort als Teil eines anderen, nicht gewünschten Wortes findet. Wir haben das bei ding innerhalb von bedingen und bei rot innerhalb von Protest gesehen. Obwohl ich gesagt habe, daß *egrep* im allgemeinen nichts von übergeordneten Konzepten wie Wörtern weiß, gibt es doch Versionen von *egrep*, die ein rudimentäres Verständnis dafür haben: Sie können Wortgrenzen erkennen (wo ein Wort beginnt und wo es aufhört).

Dafür benutzt man die (etwas merkwürdig aussehenden) *Metasequenzen* ⌜\<⌟ und ⌜\>⌟, falls Ihr *egrep* diese unterstützt (nicht alle Versionen tun das). Das sind Anker wie ⌜^⌟ und ⌜$⌟, nur daß sie sich auf Wortanfänge und Wortenden beziehen statt auf Zeilenanfänge und -enden. Genau wie die Anker Zirkumflex und Dollar »verbrauchen« sie keine Zeichen. Der Ausdruck ⌜\<ding\>⌟ besagt wörtlich: »Finde eine Position an einem Wortanfang, unmittelbar gefolgt von d·i·n·g, gefolgt von einer Position am Ende eines Wortes«. Verständlicher ausgedrückt: »Finde das Wort ding«. Mit ⌜\<ding⌟ bzw. ⌜ding\>⌟ könnte man nach Wörtern suchen, die mit ding beginnen oder enden.

Beachten Sie, daß ⌜<⌟ und ⌜>⌟ für sich keine Metazeichen sind. Erst wenn davor ein Backslash steht, wird die *Sequenz* zu etwas Besonderem. Darum nennt man sie »Metasequenzen«. Die besondere Interpretation dieser Sequenzen oder Zeichen ist wichtig, nicht die Tatsache, daß manche aus einem Zeichen und andere aus mehreren bestehen; daher verwende ich die zwei Meta-Begriffe meist als Synonyme.

Wie erwähnt, beherrschen nicht alle *egrep*-Programme die Wortgrenzen-Metazeichen, und auch die, die es tun, haben nicht plötzlich ein magisches Verständnis für die deutsche (oder englische) Sprache. Ein »Wortanfang« im Sinne von *egrep* ist einfach eine Position, an der eine Serie von alphanumerischen Zeichen beginnt. Ein »Wortende« wird an der Position gefunden, wo eine solche Serie endet. Abbildung 1-2 markiert solche Positionen an einer Beispielzeile.

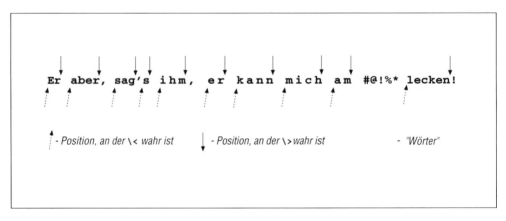

Abbildung 1-2: Anfang und Ende von »Wort«-Positionen im Götz-Zitat

Die Wortanfänge (im Sinne von *egrep*) sind mit nach oben gerichteten Pfeilen markiert; die Wortenden mit Pfeilen nach unten. Wie man sieht, sollte »Wortanfang und -ende« präziser formuliert werden mit »Anfang und Ende einer alphanumerischen Zeichensequenz«, aber das ist dann vielleicht doch etwas *zu* geschraubt.

Kurze Rekapitulation

Tabelle 1-1: Zusammenfassung der bisher aufgetretenen Metazeichen

Metazeichen	Name	Bedeutung
.	*Punkt*	irgendein Zeichen
[...]	*Zeichenklasse*	irgendein Zeichen aus der Liste
[^...]	*negierte Zeichenklasse*	irgendein Zeichen nicht aus der Liste
^	*Zirkumflex, »Hütchen«*	die Position am Zeilenanfang
$	*Dollar*	die Position am Zeilenende
\<	*Backslash Kleiner-als*	die Position am Wortanfang[†]
\>	*Backslash Größer-als*	die Position am Wortende[†] [†] *nicht von allen egrep-Versionen unterstützt*
|	*»oder«, »Pipe«*	trennt Alternativen in Alternationen
(...)	*(runde) Klammern*	beschränken die Reichweite von ⌜|⌟ (weitere Bedeutungen später)

Tabelle 1-1 faßt die Metazeichen zusammen, die wir bisher kennengelernt haben. Zusätzlich zur Tabelle sollten Sie sich folgendes merken:

- Die Regeln, was ein Metazeichen ausmacht (und was es exakt bedeutet) sind inner- und außerhalb von Zeichenklassen unterschiedlich. Zum Beispiel ist ein Punkt außerhalb einer Zeichenklasse ein Metazeichen, aber nicht innerhalb. Umgekehrt ist der Bindestrich innerhalb einer Klasse ein Metazeichen, aber nicht außerhalb. Das Zirkumflex hat eine spezielle Bedeutung außerhalb, und eine andere, ebenfalls spezielle Bedeutung als erstes Zeichen innerhalb einer Zeichenklasse.

- Alternationen und Zeichenklassen sind nicht dasselbe. Die Klasse ⌜[abc]⌟ und die Alternation ⌜(a|b|c)⌟ bedeuten im Endeffekt dasselbe, aber diese Ähnlichkeit gilt nicht generell. Eine Zeichenklasse erkennt exakt ein Zeichen, egal wie lang oder wie kurz die Liste der möglichen Zeichen ist. Eine Alternation dagegen kann beliebig lange Alternativen besitzen, und die Alternativen brauchen keinerlei Verwandtschaft untereinander zu haben: ⌜\<(1●000●000|eine●Million|tausend●Tausender)\>⌟. Alternationen können nicht wie Zeichenklassen negiert werden.

- Eine negierte Zeichenklasse ist einfach eine Notation für eine normale Klasse, die alle außer den aufgelisteten Zeichen enthält. ⌜[^x]⌟ bedeutet nicht »paßt, falls kein x vorkommt«, sondern eher: »paßt auf ein Zeichen, das kein x ist«. Der Unterschied scheint minimal, ist aber wichtig. Die erste, falsche, Interpretation würde eine Leerzeile erkennen, die in Wirklichkeit nicht auf den regulären Ausdruck ⌜[^x]⌟ paßt.

Damit kann man schon ganz hübsche Sachen machen, aber so richtig geht es erst mit den *optionalen* und *zählenden* Elementen zur Sache.

Optionale Elemente

Wenn wir fast identische Wörter wie `Marlen` und `Maren` vergleichen, sehen wir, daß sie sich nur in dem einmal fehlenden `l` unterscheiden. Der reguläre Ausdruck ⌈`Marl?en`⌋ paßt auf beide. Das Metazeichen ⌈`?`⌋ (*Fragezeichen*) bedeutet *optional*. Das Fragezeichen wird hinter das zu untersuchende Zeichen gesetzt. Wenn das Zeichen im zu prüfenden Text vorkommt, ist das okay, wenn es fehlt, paßt der reguläre Ausdruck auch.

Das Fragezeichen bezieht sich – im Unterschied zu den bisher behandelten Metazeichen – nur auf das unmittelbar vorausgehende Element. ⌈`Marl?en`⌋ wird daher so interpretiert: »Erst ⌈`M`⌋, dann ein ⌈`a`⌋, dann ein ⌈`r`⌋, dann ein ⌈`l?`⌋, dann ein ⌈`e`⌋, und schließlich ein ⌈`n`⌋.«

Das Fragment ⌈`l?`⌋ wird immer passen: Manchmal wird es ein tatsächliches `l` im Text erkennen, und manchmal nicht. Der Punkt bei optionalen Elementen ist der, daß der reguläre Ausdruck »funktioniert«, ob das Element nun paßt oder nicht. Das bedeutet überhaupt nicht, daß ein regulärer Ausdruck mit einem `?` immer passen würde. So würde beim Text ›`Marlon`‹ sowohl ⌈`Mar`⌋ als auch ⌈`l?`⌋ gefunden, aber das `o` danach verhindert, daß der ganze reguläre Ausdruck den Text erkennt.

Ein anderes Beispiel: Wie findet man die verschiedenen Schreibweisen für den 4. Juli, den amerikanischen Nationalfeiertag? Geschrieben wird das »`July 4th`«, »`July fourth`« oder auch nur »`Jul 4`«. Wir könnten natürlich alle Kombinationen explizit aufzählen, und erhielten: ⌈`(July|Jul) ● (fourth|4th|4)`⌋, aber lassen Sie mich andere Möglichkeiten darlegen, die dasselbe aussagen.

Zunächst können wir ⌈`(July|Jul)`⌋ zu ⌈`(Jul`**`y?`**`)`⌋ vereinfachen. Ist Ihnen klar, warum das aufs gleiche hinausläuft? Das Entfernen des ⌈`|`⌋ bedeutet auch, daß die Klammern nicht mehr gebraucht werden. Sie zu belassen, würde zwar nichts schaden, aber ⌈`July?`⌋, ist ohne Klammern schon deutlich lesbarer. Also haben wir jetzt ⌈`July? ● (fourth|4th|4)`⌋.

Auch im zweiten Teil läßt sich ⌈`4th|4`⌋ zu ⌈`4(th)?`⌋ vereinfachen. Wie man sieht, kann sich das ⌈`?`⌋ auch auf einen geklammerten Ausdruck beziehen. Innerhalb der Klammern kann es so kompliziert zugehen wie nur denkbar, aber von außen gesehen ist die ganze Klammer eine Einheit. Dies ist einer der häufigeren Verwendungszwecke für runde Klammern: Gruppen bilden für das ⌈`?`⌋-Metazeichen (und für andere, ähnliche, die ich nächstens vorstelle).

Unser Ausdruck sieht nun so aus: ⌈`July? ● (fourth|4(th)?)`⌋. Obwohl hier ziemlich viele Metazeichen und sogar verschachtelte Klammern auftreten, ist das Ganze noch gut lesbar und nicht schwierig zu dechiffrieren. Diese Besprechung von zwei eigentlich simplen Beispielen ist recht lang geworden, aber im Vorbeigehen haben wir angrenzende Gebiete gestreift, die viel zum Verständnis von regulären Ausdrücken beitragen – vielleicht auch nur unbewußt. Es ist einfacher, gute Angewohnheiten zu lernen, als sich schlechte später abzugewöhnen.

Andere Quantifier: Repetition

Eine ähnliche Funktion wie das Fragezeichen haben ⌈`+`⌋ (*Plus*) und ⌈`*`⌋ (Sternchen, oder der Kürze halber einfach *Stern*). Das Metazeichen ⌈`+`⌋ bedeutet »ein oder mehr des unmittelbar Vorausgehenden«, und `*` bedeutet »eine beliebige Anzahl, inklusive Null, des unmittelbar Vorausgehenden«. Mit anderen Worten bedeutet `…*`: »Versuche das Vorausgehende so häufig wie möglich zu erkennen, aber es ist auch gut, wenn es gar nicht gefunden wird«. Die Variante mit dem Pluszeichen, `…+`, ist insofern ähnlich, als auch hier versucht wird, so viele Zeichen wie möglich zu erkennen, allerdings muß hier das vorausgehende Zeichen mindestens einmal vorkommen. Die drei Metazeichen Fragezeichen, Plus und Stern nennen wir *Quantifier*, weil sie sich auf die Anzahl, das Quantum, der vorausgehenden Zeichen beziehen.

Wie bei `…?` wird das Element `…*` immer passen, die Frage ist nur, wie viele Zeichen des zu prüfenden Textes damit erkannt werden. Im Gegensatz dazu muß bei `…+` das vorausgehende Zeichen mindestens einmal im Text wirklich vorkommen.

Ein einfaches Beispiel zum Stern-Quantifier ist ` *`. Die Kombination mit dem Leerzeichen läßt eine beliebige Anzahl Leerzeichen zu (` ?` ließe maximal einen Leerschlag zu). Wir können das benutzen, um das `<H[1-6]>`-Beispiel von Seite 9 flexibler zu formulieren. Die HTML-Spezifikation[8] besagt, daß Leerzeichen unmittelbar vor dem schließenden > erlaubt sind, wie in `<H3 >` und `<H4   >`. Wenn wir in unseren regulären Ausdruck ` *` da einsetzen, wo Leerzeichen erlaubt (aber nicht vorgeschrieben) sind, erhalten wir `<H[1-6] *>`. Der Ausdruck erkennt noch immer `<H1>`, weil die Leerzeichen nicht erzwungen werden, ist aber flexibler, weil er auch die anderen Varianten erkennt.

Als weiteres HTML-Tag betrachten wir eines, das von Netscapes World Wide Web-Browser *Navigator* unterstützt wird. Das Tag `<HR SIZE=14>` spezifiziert einen 14 Pixel dicken horizontalen Balken (»Horizontal Rule«). Wie beim `<H3>`-Beispiel vorhin sind auch hier Leerzeichen vor der schließenden spitzen Klammer zulässig. Außerdem sind Leerzeichen links und rechts vom Gleichheitszeichen erlaubt. Mindestens ein Leerzeichen muß zwischen `HR` und `SIZE` stehen, mehrere sind erlaubt. Für diese letzte Forderung könnten wir ` *` schreiben, aber wir werden ` +` benutzen. Das Plus fordert mindestens einen Leerschlag, erlaubt aber mehrere. Ist klar, warum das dasselbe erkennt wie ` *`? Das ergibt den regulären Ausdruck `<HR +SIZE *= *14 *>`.

Damit ist unser regulärer Ausdruck flexibler in bezug auf Leerzeichen, aber noch immer etwas stur bezüglich der Dicke des Balkens. Statt nur Tags mit einer ganz bestimmten Dicke (14) möchten wir Balken jeder Dicke finden. Dazu ersetzen wir `14` durch einen Ausdruck, der eine beliebige Zahl beschreibt. Nun, eine Zahl besteht aus einer oder mehreren Ziffern, und eine Ziffer läßt sich mit `[0-9]` beschreiben. »Eine oder mehrere« können wir mit dem Plus ausdrücken. Also ersetzen wir `14` durch `[0-9]+`. Wie man sieht, ist eine Zeichenklasse eine »Einheit«, der direkt ein Plus, ein Fragezeichen usw. nachgestellt werden kann, ohne daß man sie in runde Klammern einfassen muß.

Damit erhalten wir `<HR +SIZE *= *[0-9]+ *>` – schon ganz schön kompliziert! Der reguläre Ausdruck sieht vor allem deshalb ungewohnt aus, weil sich die meisten Quantifier auf das vorhergehende Leerzeichen beziehen, und unsere Augen sind darauf

---

8 Falls Sie mit HTML nicht vertraut sind, macht das fast gar nichts. Ich benutze HTML als typisches Beispiel aus der Praxis, und ich erläutere dazu soviel, wie zum Verständnis der regulären Ausdrücke nötig ist. HTML-Experten werden mehr Subtilitäten in den Beispielen entdecken, aber um solche Details geht es in dieser Einführung noch nicht.

konditioniert, leeren Raum in Texten gesondert zu behandeln. Da muß man beim Lesen von regulären Ausdrücken etwas umtrainieren, weil bei regulären Ausdrücken das Leerzeichen keine besondere Bedeutung hat. Es ist nicht konzeptionell verschieden von, sagen wir mal, j oder 4.

Das Beispiel ist aber noch nicht ausgekostet. Navigator versteht nicht nur diese spezielle Form des HR-Tags, sondern natürlich auch die Standard-Form, die keine Dickenangabe zuläßt und einfach so aussieht: <HR> (zusätzliche Leerzeichen vor dem > sind wie immer erlaubt) Wie sieht ein regulärer Ausdruck aus, der beide Formen zuläßt? Tip: Wichtig ist es, zu verstehen, daß der Teil mit der Größenangabe *optional* ist. ❖ Auf der nächsten Doppelseite finden Sie die Antwort.

Die Antwort zur vorhergehenden Aufgabe verdient einige Beachtung. Sie zeigt, wie die Quantifier Fragezeichen, Stern und Plus zusammenspielen und wie sie in der Praxis benutzt werden. Tabelle 1-2 faßt ihre Bedeutungen zusammen. Jeder Quantifier fordert eine minimale Anzahl Treffer, damit der reguläre Ausdruck paßt, und eine maximale Anzahl Versuche. Bei manchen ist das Minimum Null, bei manchen ist das Maximum unendlich.

Tabelle 1-2: Zusammenfassung der Quantifier »Repetitions-Metazeichen«

	Minimum	Maximum	Bedeutung
?	Null	1	Einmal erlaubt, keinmal möglich (*kein- oder einmal*)
*	Null	kein Limit	Jede Anzahl (auch Null) erlaubt (*kein-, ein- oder mehrmals*)
+	1	kein Limit	Einmal erlaubt, mehrfach möglich (*ein- oder mehrmals*)

Explizites Minimum und Maximum: Intervalle

Manche *egrep*-Versionen unterstützen eine Metasequenz, mit der man Zahlen für das erlaubte Minimum und Maximum angeben kann: ⌜...{*min, max*}⌟. Dies ist der *Intervall-* Quantifier. Zum Beispiel findet ⌜...{3,12}⌟ bis zu zwölf Dinge der vorher angegebenen Art, aber es müssen mindestens drei vorhanden sein. Mit dieser Notation bedeutet {0,1} nichts anderes als das Fragezeichen.

Nur wenige Versionen von *egrep* kennen diese Notation, aber viele der gewichtigeren Programme kennen sie. Ich werde sie daher erst im Kapitel 3 genauer behandeln, wenn wir das breite Spektrum von Metazeichen anschauen, das heutige Werkzeuge anbieten.

Groß- und Kleinschreibung ignorieren

Bei HTML-Tags ist die Großschreibung, die wir bisher benutzt haben, nicht zwingend vorgeschrieben; <h3> und <Hr•Size=26> sind durchaus erlaubt. Den Ausdruck ⌜H[1-6]•*>⌟ zu modifizieren ist einfach: wir ersetzen das ⌜H⌟ durch ⌜[Hh]⌟. Aber bei den längeren ⌜HR⌟ und ⌜SIZE⌟ wird das schnell mühsam. Natürlich kann man ⌜[Hh][Rr]⌟ und ⌜[Ss][Ii][Zz][Ee]⌟ schreiben, aber einfacher ist es, *egrep* mitzuteilen, daß wir grundsätzlich am Unterschied zwischen Groß- und Kleinbuchstaben nicht interessiert sind.

Das ist nicht Teil der Sprache der regulären Ausdrücke, aber es ist ein Feature, das von vielen Werkzeugen unterstützt wird, so auch von *egrep*. Das -i sagt *egrep*, daß es Groß- und Kleinbuchstaben als identisch ansehen soll. Das -i steht vor dem regulären Ausdruck in der Kommandozeile:

```
% egrep -i '<HR( +SIZE *= *[0-9]+)? *>' datei
```

In späteren Kapiteln werden wir das entsprechende Feature bei anderen Werkzeugen oft benutzen.

Klammern und Rückwärtsreferenzen

Bis jetzt haben wir Klammern auf zwei Arten verwendet: um den Geltungsbereich von | einzuschränken, und um Gruppen zu bilden, auf die wir Quantifier anwenden können. Ich möchte hier eine dritte Verwendung anführen, die zwar bei *egrep* häufig nicht verwendet werden kann (immerhin unterstützt die weitverbreitete GNU-Version von *egrep* diese), die aber bei anderen Werkzeugen sehr oft gebraucht wird.

Klammern können sich an den Text »erinnern«, der auf den Unterausdruck gepaßt hat, den sie einschließen. Wir werden dieses Feature für eine erste Lösung des Problems mit den verdoppelten Wörtern zu Anfang dieses Kapitels benutzen. Wenn uns das das zu suchende verdoppelte Wort schon bekannt ist (wie »das« weiter vorne in diesem Satz – haben Sie's gemerkt?), dann können wir explizit danach suchen: ⌈das•das⌋. In diesem Fall würden wir (nehmen wir an, wir benutzen die -i-Option) auch das•Dasein finden. Das ließe sich mit einem *egrep* vermeiden, das ⌈\<…\>⌋ kennt: ⌈\<das•das\>⌋. Wir könnten auch ⌈•+⌋ statt dem Leerzeichen benutzen.

Auf diese Art nach allen möglichen verdoppelten Wörtern zu suchen, wäre allerdings unmöglich. Nachdem wir ein Wort gefunden haben, wäre es schön, wenn wir irgendwie ausdrücken könnten: »Und jetzt suche dasselbe Wort nochmals!«. Falls ihr *egrep Rückwärtsreferenzen* unterstützt, können Sie das. Rückwärtsreferenzen sind eine Möglichkeit, nochmals nach dem gleichen Text zu suchen, der weiter vorne im regulären Ausdruck schon einmal gefunden wurde – ohne daß der Text explizit bekannt sein muß.

Wir beginnen mit ⌈\<das•+das\>⌋ und ersetzen das erste ⌈das⌋ durch einen regulären Ausdruck, der auf ein beliebiges Wort paßt, sagen wir mal ⌈[A-Za-z]+⌋. Diesen klammern wir ein – aus Gründen, die bald klar werden. Außerdem ersetzen wir das zweite ›das‹ durch die neue Metasequenz ⌈\1⌋. Das ergibt ⌈\<([A-Za-z]+)•+\1\>⌋.

Werkzeuge, die Rückwärtsreferenzen unterstützen, »erinnern« sich an den Text, der auf einen Unterausdruck innerhalb eines Klammerpaares gepaßt hat, und die Metasequenz ⌈\1⌋ repräsentiert genau diesen Text weiter hinten im regulären Ausdruck.

Auch mit mehreren Klammerpaaren geht das, und man kann natürlich ⌈\1⌋, ⌈\2⌋, ⌈\3⌋ usw. benutzen, um auf den Text aus dem ersten, zweiten, dritten usw. Klammerpaar zurückzugreifen. Beim Numerieren von Klammerpaaren zählt man die öffnenden Klammern von links nach rechts.

Bei unserem ›das•das‹-Beispiel paßt der Unterausdruck ⌈[A-Za-z]+⌋ auf das erste das. Der Unterausdruck ist eingeklammert, damit wird dieses ›das‹ durch das Metazeichen ⌈\1⌋

Einen Unterausdruck optional machen

❖ *Auflösung zum Problem von Seite 18.*

In diesem Fall ist mit »optional« gemeint: Einmal erlaubt, aber nicht Bedingung. Daher werden wir ⌈?⌋ benutzen. Weil das optionale Element mehr als ein einzelnes Zeichen umfaßt, werden wir es in Klammern setzen müssen: ⌈(…)?⌋. In unseren regulären Ausdruck eingesetzt, ergibt das.

⌈`<HR(•+SIZE•*=•*[0-9]+)?•*>`⌋

Beachten Sie, daß das letzte ⌈•*⌋ außerhalb von ⌈(…)?⌋ steht. Damit erreichen wir, daß auch Texte wie `<HR•>` erkannt werden. Stünde es innerhalb der Klammern, würden Leerzeichen vor dem > nur dann erkannt, wenn eine explizite Dickenangabe vorkommt.

---

zugänglich. Falls das darauffolgende ⌈•+⌋ gefunden wird, wird nicht nach irgendeinem Wort gesucht, sondern nach dem Wort, das in ⌈\1⌋ aufbewahrt ist. Wenn dieses zweite, gleiche Wort gefunden wird, wird mit ⌈\>⌋ noch auf ein Wortende getestet (damit nicht Wortteile wie bei das•Dasein gefunden werden). Nur wenn auch dieser Test wahr ist, paßt der ganze reguläre Ausdruck. Einen regulären Ausdruck, der der Problemstellung immer gerecht wird, können wir sowieso nicht finden, weil es ja durchaus Sätze gibt, in denen verdoppelte Wörter (wie »der« in diesem) korrekt sind. Wenn die verdächtigen Zeilen ausgegeben werden, sieht man sehr schnell, wo etwas nicht stimmt.

Als ich dieses Beispiel entworfen habe, habe ich es natürlich ausprobiert, und zwar an dem Text dieses Buches, den ich bis dahin geschrieben hatte. (Ich verwendete eine *egrep*-Version, die sowohl ⌈\<…\>⌋ als auch Rückwärtsreferenzen beherrscht.) Um den Test noch etwas nützlicher zu machen, damit ›Das•das‹ auch gefunden würde, habe ich die erwähnte -i-Option angegeben, um Groß- und Kleinschreibung zu ignorieren.

```
% egrep -i '\<([a-z]+) +\1\>' datei...
```

Es ist mir ein bißchen peinlich, aber ich habe vierzehn falsche Paare von ›verdoppelten•verdoppelten‹ Wörtern gefunden!

So nützlich dieser reguläre Ausdruck ist, so wichtig ist es auch, seine Limitationen zu kennen. Weil *egrep* jede Zeile für sich allein anschaut, ist es nicht möglich, verdoppelte Wörter zu finden, die sich über zwei Zeilen verteilen (eines am Ende der ersten, das verdoppelte am Anfang der nächsten Zeile). Gerade diese sind aber besonders unauffällig. Um auch diesen Fall zu behandeln, braucht es mächtigere Instrumente als *egrep*; wir werden im nächsten Kapitel solche kennenlernen.

Ausbrecher!

Einen wichtigen Punkt habe ich noch nicht angesprochen: wie man nach einem Zeichen sucht, das normalerweise in einem regulären Ausdruck als Metazeichen interpretiert würde. Wenn ich zum Beispiel nach einem Internet-Hostnamen wie `ega.att.com` mit ⌈`ega.att.com`⌋ suchte, fände der reguläre Ausdruck auch Sachen wie `megawatt•computing`. Wie wir wissen, ist ⌈`.`⌋ ein Metazeichen, das auf jedes Zeichen paßt.

Die Metasequenz, um nach einem wirklichen Punkt zu suchen, ist ein Punkt mit einem Backslash davor: ⌈`ega\.att\.com`⌋. Der Backslash wird in diesem Zusammenhang auch *Escape* (Ausbruch) genannt, weil aus der üblichen Bedeutung ausgebrochen wird. Dies funktioniert mit allen Metazeichen außerhalb von Zeichenklassen. Wenn vor einem Metazeichen ein Backslash steht, verliert es seine besondere Bedeutung und wird zu einem Literal. Wenn Sie wollen, können Sie die Sequenz »Backslash-Metazeichen« als weitere Metasequenz ansehen, die das ursprüngliche Literal erzeugt. Es funktioniert so oder so.

Ein anderes Beispiel: ⌈`\([a-zA-Z]+\)`⌋ kann benutzt werden, um nach einem eingeklammerten Wort zu suchen, etwa ›(sehr)‹. Die Backslashes in den Sequenzen ⌈`\(`⌋ und ⌈`\)`⌋ nehmen den Klammern ihre spezielle Bedeutung, und der reguläre Ausdruck sucht im Text nach literalen runden Klammern.

Vor einem Nicht-Metazeichen kann ein Backslash Verschiedenes bewirken; das hängt vom verwendeten Werkzeug oder sogar von dessen Version ab. Wie wir gesehen haben, behandeln manche Versionen von *egrep* die Sequenzen ⌈`\<`⌋, ⌈`\>`⌋, ⌈`\1`⌋ usw. als Metasequenzen, andere nicht. Wir werden mehr davon in späteren Kapiteln sehen.

Erweiterung der Fundamente

Ich hoffe, die Beispiele und Erläuterungen bis jetzt haben eine solide Basis für das Verständnis von regulären Ausdrücken gelegt. Aber es muß gesagt sein, daß wir noch nirgends wirklich in die Tiefe der Materie vorgedrungen sind. Es gibt noch viel zu lernen!

Linguistisches Divertissement

Ich habe eine Anzahl Features erwähnt, die fast jedes *egrep* kennt. Aber es gibt mehr davon, und nicht jede Version unterstützt alle diese.

Unglücklicherweise unterscheidet sich die Sprache der regulären Ausdruck hier in keiner Weise von natürlichen Sprachen: Es gibt die verschiedensten Dialekte, von Akzenten und Unterschieden in der Betonung gar nicht zu reden. Es macht fast den Eindruck, als ob jedes neue Programm, das reguläre Ausdrücke unterstützt, seine eigenen »Verbesserungen« anbringt. Natürlich ist das Gebiet im Fluß, aber über die Jahre hat sich eine breite Palette von Geschmacksrichtungen ausgebildet. Wir werden etliche davon kennenlernen.

Das Ziel eines regulären Ausdrucks

Global gesehen paßt ein regulärer Ausdruck entweder auf ein Stück Text (bei *egrep*: eine Zeile), oder er paßt eben nicht. Wenn Sie einen regulären Ausdruck zusammenstellen, müssen Sie sich dieses Seilziehen zwischen »passen« und »nicht passen« öfter vergegenwärtigen.

egrep kümmert sich nicht darum, *wo* auf einer Zeile ein Muster gefunden wird: wenn es irgendwo auf der Zeile vorkommt, wird die Zeile ausgegeben. Bei anderen Programmen kann das sehr wohl eine Rolle spielen. Falls der zu prüfende Text etwa so aussieht

```
...Postleitzahl 50670. Bitte 4.50 DM in Briefmarken für Rückporto...
```

und Sie nur nach Zeilen mit Ziffern suchen: ⌜[0-9]+⌟, dann kann es Ihnen egal sein, welche der Zahlen einen Treffer erzeugt. Wenn Sie dagegen die gefundenen Zahlen *weiterverarbeiten* wollen (sie in eine Datei schreiben, zu der Zahl etwas addieren usw.), dann ist es ziemlich wichtig, *welche* der Zahlen einen Treffer bewirkt. Schließlich spielt es schon eine Rolle, ob sie für 50 670 DM oder für 4.50 DM Briefmarken kaufen.

Weitere Beispiele

Wie bei jeder Sprache ist Übung *sehr wichtig*. Daher bringe ich hier ein paar Beispiele, die Suchmuster für häufige Konstrukte behandeln.

Beim Konstruieren von regulären Ausdrücken ist das Finden von Mustern die halbe Miete. Die andere Hälfte ist natürlich das Vermeiden von unerwünschten Treffern. Beides ist wichtig, aber für den Moment will ich das Augenmerk auf die erste Hälfte lenken. Wir werden die Beispiele nicht bis ins letzte Detail ausloten, weil es vor allem darum geht, Übung im Umgang mit regulären Ausdrücken zu erlangen.

Variablennamen

Viele Programmiersprachen haben *Bezeichner* (für Variablen und ähnliches), die aus alphanumerischen Zeichen und dem Unterstrich zusammengesetzt sind, die aber nicht mit einer Ziffer beginnen dürfen, also ⌜[a-zA-Z_][a-zA-Z_0-9]*⌟. Die erste Zeichenklasse ergibt ein Muster für den ersten Buchstaben, die zweite (mit dem zugehörigen Stern) für die restlichen Zeichen des Bezeichners. Falls ein Limit für die Länge der Bezeichner besteht (oft 32), und falls unser Werkzeug die ⌜{*min*, *max*}⌟-Notation versteht, kann der Stern durch ⌜{0,31}⌟ ersetzt werden (dieses Konstrukt, das Intervall, wurde kurz auf Seite 18 erwähnt).

Ein String in Anführungszeichen

Eine einfache Lösung könnte sein: ⌜"[^"]*"⌟

Die Anführungszeichen zu Anfang und Ende des Ausdrucks müssen so im Text erscheinen. Dazwischen darf alles vorkommen... außer ein weiteres Anführungszeichen! Also benutzen wir die negierte Zeichenklasse ⌜[^"]⌟ und einen Stern, der besagt, daß es von diesen Nicht-Anführungszeichen beliebig viele geben darf.

Eine weitergehende (und komplizierttere) Definition eines Strings in Anführungszeichen erlaubt solche Gänsefüßchen auch im Innern des Strings, allerdings müssen diese dann durch einen vorangestellten Backslash geschützt sein; etwa `"^•oder•\"Hütchen\"•oder•Zirkumflex"`. Wir werden in Kapitel 4 und 5 auf diese schwierigere Interpretation zurückkommen, wenn wir untersuchen, wie das Pattern-Matching genau vor sich geht.

Heller und Pfennig

Für gebrochene Geldbeträge (wir nehmen hier Dollars und Cents) ist ein Ansatz:
⌈`\$[0-9]+(\.[0-9][0-9])?`⌋

Von außen nach innen vorgehend, ist dies zunächst einmal ein regulärer Ausdruck aus drei Teilen: ⌈`\$`⌋ und ⌈`...+`⌋ und ⌈`(...)?`⌋. Salopp übersetzt etwa: »Ein Dollarzeichen, ein Dingsda oder ein paar davon, und am Schluß vielleicht ein anderes Dingsda«. In diesem Fall ist das erste »Dingsda« eine Ziffer (mehrere Ziffern ergeben eine Zahl), und das »andere Dingsda« ist die Kombination von einem Dezimalpunkt und zwei Ziffern.

Der Ansatz ist aus mehreren Gründen etwas naiv. Mit *egrep* interessiert uns im allgemeinen nur, ob ein Dollar-Betrag auf der Zeile vorkommt, ob er nun Cent-Beträge enthält, ist irrelevant: Die Zeile wird auf jeden Fall ausgegeben. Falls wir aber an Zeilen interessiert sind, die nichts außer diesem Dollar-Betrag enthalten, würden wir den regulären Ausdruck in ⌈`^...$`⌋ einkleiden. In diesem Fall sind die optionalen Cent-Beträge sehr wohl wichtig, weil sie zwischen dem ganzen Dollar-Betrag und dem Zeilenende vorkommen können – oder auch nicht.

Eine Art von Dollarbeträgen erkennt unser regulärer Ausdruck nicht: ›`$.49`‹. Um dieses Problem zu lösen, ist man versucht, das Plus durch einen Stern zu ersetzen – aber das geht schief. Warum? Das lasse ich erst einmal offen, bis wir uns im Kapitel 4 erneut mit dem Problem befassen (☞ 131).

Amerikanische Uhrzeiten wie »9:17 am« oder »12:30 pm«

Das Problem »Amerikanische Uhrzeiten erkennen«[9] kann man von salopp bis sehr strikt behandeln. Ein Ausdruck wie

⌈`[0-9]?[0-9]:[0-9][0-9]•(am|pm)`⌋

erkennt sowohl `9:17•am` als auch `12:30•pm`, aber er erlaubt auch Unsinniges wie `99:99•pm`.

Wenn wir die Stundenzahl anschauen, stellen wir fest, daß die erste Zahl eine 1 sein muß, wenn die Stundenzahl zweistellig ist. Aber ⌈`1?[0-9]`⌋ erlaubt noch immer eine Stundenzahl von 19 (und auch 0), also ist es vielleicht gescheiter, den Stunden-Teil in

---

9 US-Amerikaner haben große Mühe mit dem Konzept, daß ein Tag 24 Stunden haben könnte. Sie bevorzugen allermeist die Zwölfstunden-Notation, und setzen ein »am« (manchmal »a.m.« oder nur »a«, *ante meridiem*, vormittags) oder ein »pm« (*post meridiem*, nachmittags) dahinter. Fast völlig unfaßbar sind dem Amerikaner Null-Uhrzeiten wie `0.13` oder `12.59`, er wird dafür »12:13 pm« und »12:59 am« schreiben, obwohl `12.59` entschieden nicht mehr zum Vormittag gehört. (Anm. d. Ü.)

zwei Alternativen aufzuteilen: ⌜1[012]⌝ für zweistellige Stundenzahlen und ⌜[1-9]⌝ für einstellige. Daraus resultiert ⌜(1[012]|[1-9])⌝ .

Der Minuten-Teil ist einfacher. Die erste Ziffer muß ⌜[0-5]⌝ sein, die zweite Ziffer können wir bei ⌜[0-9]⌝ belassen. Wenn wir alles zusammensetzen, ergibt sich ⌜(1[012]|[1-9]):[0-5][0-9] • (am|pm)⌝. Wie erweitert man das für das anderswo übliche 24-Stunden-Schema, mit Stundenzahlen von 0 bis 23? Als zusätzliche Erschwernis sollen hier mit Null beginnende Stundenzahlen wie 09:59 erlaubt sein.

❖ Versuchen Sie, Ihre eigene Lösung zu finden, bevor Sie auf der nächsten Doppelseite meine anschauen.

Reguläre Ausdrücke: Terminologie

»Regex«

Wie Ihnen zweifellos aufgefallen ist, wird die dauernde Wiederholung der vollen Bezeichnung »regulärer Ausdruck« auf die Dauer ermüdend. Ich benutze dafür normalerweise »Regex«, kurz für das englische *»regular expression«*. Manchmal spreche ich davon, einen Gedanken ins »Regexische« zu übersetzen, oder benutze gar »regexifizieren«.[10] Die Bezeichnung »Regex-Maschine« oder einfach »Maschine« benutze ich für das Programm, das die eigentliche Arbeit des Pattern-Matchings verrichtet.

»Pattern-Matching«

Wenn ich von einem *Pattern-Matching* oder von einem *Treffer* rede, dann meine ich, daß die Regex-Maschine einen passenden String in dem zu untersuchenden Text gefunden hat. Genau gesprochen, paßt die Regex ⌜i⌝ nicht auf den String ding, sie paßt nur auf das i im Text ding. Dies mehr der Vollständigkeit halber; es bestehen hierzu kaum Verständnisschwierigkeiten.

»Metazeichen«

Ob ein Zeichen ein Metazeichen (oder eine Metasequenz, ich benutze beides unterschiedslos) ist oder nicht, hängt davon ab, wo genau in der Regex das Zeichen vorkommt. Beispielsweise ist ⌜*⌝ ein Metazeichen, aber nur außerhalb von Zeichenklassen, und nur, wenn es nicht durch einen vorangestellten Backslash geschützt ist. Ein »Escape« ist ein durch einen vorangestellten Backslash geschütztes Zeichen – meistens. In ⌜*⌝ bilden Stern und Backslash ein Escape, aber nicht in ⌜*⌝ (der erste Backslash schützt hier den zweiten vor seiner üblichen Interpretation), obwohl der Stern beide Male ein vorangestelltes Escape besitzt.

Aufgrund der verschiedenen Regex-Dialekte kann ein Zeichen einmal als Metazeichen auftreten und ein andermal nicht. Kapitel 3 zeigt das im Detail.

---

10 Sie werden anderswo auch »Regexp« antreffen. Ich befürworte die radikale Tilgung dieses unaussprechlichen Monstrums aus der Sprache.

»Geschmacksrichtungen«

Wie schon angedeutet, benutzen die verschiedenen Werkzeuge reguläre Ausdrücke für sehr unterschiedliche Dinge, und die unterstützten Metazeichen können sehr verschieden sein. Ein Programm kennt vielleicht dieses oder jenes Zeichen nicht, ein anderes hat ein besonderes Feature eingebaut. Als Beispiel dienen hier wiederum die Wortgrenzen: Manche Versionen von *egrep* unterstützen die \<…\>-Notation dafür. Andere unterscheiden nicht zwischen Wortanfang und Wortende, sondern kennen nur ein Metazeichen, ⌈\b⌉, für »Wortgrenze«. Noch andere kennen alle drei, und natürlich gibt es auch solche, die keines dieser Metazeichen kennen.

Ich benutze den Begriff »Geschmacksrichtung«, um die Summe dieser kleineren Implementierungs-Unterschiede zu bezeichnen. In der Analogie zu natürlichen Sprachen entspräche dies dem Dialekt eines Sprechers. Oberflächlich betrachtet geht es nur darum, ob bestimmte Metazeichen unterstützt sind oder nicht, aber es steckt viel mehr dahinter. Auch wenn zwei Programme die ⌈\<…\>⌉-Metazeichen kennen, können sie noch immer verschiedene Vorstellungen darüber haben, was denn nun ein Wort ausmacht. Das wird wichtig, wenn ein Programm wirklich *benutzt* und nicht nur evaluiert wird. Diese Art von »Unterschieden hinter den Kulissen« sind das Hauptthema von Kapitel 4.

»Geschmacksrichtung« meint aber nicht das gleiche wie »Werkzeug« oder »Programm«. So wie zwei Personen den gleichen Dialekt sprechen können, gibt es völlig unterschiedliche Programme, die die gleiche Geschmacksrichtung von regulären Ausdrücken haben. Umgekehrt gibt es verschiedene Programme gleichen Namens (und mit gleichem Zweck), die subtil unterschiedlichen Geschmacksrichtungen angehören (manchmal sind die Unterschiede auch gar nicht so subtil).

»Unterausdruck«

Die Bezeichnung *Unterausdruck* meint zunächst einfach einen Teil eines größeren regulären Ausdrucks, meistens aber etwas spezifischer einen geklammerten Teil, oder eine Alternative innerhalb einer Alternation. Zum Beispiel ist ⌈Subject|Date⌉ ein Unterausdruck von ⌈^(Subject|Date):•⌉. Innerhalb von jenem sind die Alternativen ⌈Subject⌉ und ⌈Date⌉ ebenso Unterausdrücke.

Dagegen ist etwas wie ⌈1-6⌉ nicht ein Unterausdruck von ⌈H[1-6]•*⌉, weil das ⌈1-6⌉ Teil einer »Einheit«, einer Zeichenklasse ist, die man nicht weiter in Teile zerlegen kann. Umgekehrt sind ⌈H⌉, ⌈[1-6]⌉ und ⌈•*⌉ sehr wohl Unterausdrücke des Originals.

Die Quantifier (Stern, Plus, Fragezeichen) beziehen sich immer auf den unmittelbar vorausgehenden Unterausdruck. Deswegen kontrolliert das + in ⌈vertip+t⌉ nur das ⌈p⌉, und nicht etwa ⌈vertip⌉ oder ⌈ip⌉. Wenn dem Quantifier unmittelbar ein geklammerter Unterausdruck vorangeht, dann bezieht er sich natürlich auf diesen ganzen Unterausdruck, ungeachtet dessen, wie komplex er aufgebaut ist.

»Zeichen«

Wie in einer Fußnote kurz erwähnt, kann *Zeichen* in der Informatik sehr Verschiedenes bedeuten. Was für ein Zeichen ein bestimmtes Byte darstellt, ist weitgehend Interpretationssache. Ein Byte mit einem bestimmten Wert hat dagegen immer diesen Wert, ganz

Die Uhrzeit-Regex für das 24-Stunden-Schema erweitern

❖ *Auflösung zum Problem von Seite 24.*

Es gibt natürlich viele korrekte Antworten; bei dieser hier wird die gleiche Logik wie vorhin verfolgt. Diesmal teile ich die Aufgabe in drei Teile auf: einen für die Morgenstunden von 00 bis 09 (die führenden Nullen sind hier optional), einen für die Tagesstunden von 10 bis 19, und einen für die Nachtstunden von 20 bis 23. Schritt für Schritt in die Sprache der regulären Ausdrücken übersetzt: `0?[0-9]|1[0-9]|2[0-3]` .

Die ersten zwei Alternativen können wir zu einer einzigen zusammenfassen und erhalten das kürzere: `[01]?[0-9]|2[0-3]`. Warum das so ist, ist vielleicht nicht auf den ersten Blick klar. Die Abbildung mag helfen, und sie zeigt auch eine andere Möglichkeit, das Problem anzugehen. Die schattierten Gruppen umfassen jeweils Zahlen, die sich mit einem Teil einer Alternation (einer Alternative) beschreiben lassen.

egal in welchem Kontext. Welches *Zeichen* damit dargestellt werden soll, hängt vom verwendeten Zeichensatz ab. Zwei Bytes mit den (dezimalen) Werten 64 und 53 repräsentieren die Zeichen »@« und »5«, wenn sie als ASCII-Zeichen aufgefaßt werden, aber etwas völlig anderes, wenn als Zeichensatz EBCDIC verwendet wird (dann sind es das Leerzeichen und das <TRN>-Zeichen, was immer das sein mag).

Wenn aber die zwei Bytes als JIS-Zeichen (ISO-2022-JP) aufgefaßt werden, bilden sie nur ein einziges Zeichen, 正 (das Sie im Abschnitt »Die Analogie zu natürlichen Sprachen« auf Seite 5 gesehen haben). Um im EUC-JP-Zeichensatz das Zeichen 正 darzustellen, braucht es wiederum zwei ganz andere Bytes. Diese zwei Bytes, im *Latin-1*-Zeichensatz (ISO-8859-1) dargestellt, ergeben die zwei Zeichen »À*μ*«; oder das eine koreanische Zeichen 힊 im Unicode-Zeichensatz (aber nur in dem ab Version 2.0, bitteschön).[11]

---

11 Das Standardwerk über Multibyte-Zeichensätze ist *Understanding Japanese Information Processing* von Ken Lunde, auch bei O'Reilly & Associates (Japanischer Titel: 日本語情報処理). Bei Drucklegung dieses Buches war Ken an der Arbeit zur zweiten Auflage mit dem Arbeitstitel *Understanding CJKV Information Processing*. Das CJKV steht für *Chinesisch, Japanisch, Koreanisch* und *Vietnamesisch*, alles Sprachen, die Multibyte-Zeichensätze erfordern.

Sie sehen, was ich meine. Regex-Werkzeuge behandeln ihre Daten generell als Ansammlung von Bytes, und kümmern sich kaum um deren Interpretation als Schriftzeichen. Wenn nach ⌈Àμ⌋ gesucht wird, werden die meisten Programme ㄸ finden, falls das Resultat in EUC-JP dargestellt wird, oder 앏, wenn Unicode benutzt wird.

Diese Probleme sind sehr wichtig (und ungleich komplexer, als ich sie hier dargestellt habe) für Leute, die mit Daten in Unicode oder einem anderen Multibyte-Zeichensatz zu tun haben. Für die meisten Leser der deutschen Ausgabe (und besonders des englischen Originals) sind sie allerdings weitgehend irrelevant; und so benutze ich »Byte« und »Zeichen« als Synonyme.[12]

Den Status Quo verbessern

Wenn man sich ernsthaft mit ihnen befaßt, sind reguläre Ausdrücke nicht besonders schwierig. Aber wenn man mit Benutzern von Regex-Programmen spricht, wird man oft Leute finden, die »ein bißchen was davon« verstehen, sich aber nicht sicher genug im Umgang damit fühlen, um reguläre Ausdrücke für komplexe Aufgaben einzusetzen oder sie in nicht so häufig benutzten Programmen zu gebrauchen.

Die traditionelle Dokumentation zu regulären Ausdrücken besteht oft nur aus einer kurzen Beschreibung von ein, zwei Metazeichen, gefolgt von einer Tabelle der restlichen. Man sieht Beispiele wie ⌈a*((ab)*|b*)⌋ und sinnlose Beispieldaten wie ›a▪xxx▪ce▪xxxxx▪ci▪xxx▪d‹ ohne Bezug zur Praxis. Meist bleiben die subtilen, aber wichtigen Punkte unerwähnt; oder es wird behauptet, die Geschmacksrichtung sei dieselbe wie in einem anderen, bekannten Programm, ohne die Unterschiede anzugeben, die fast unvermeidlicherweise vorhanden sind. Diesem Zustand muß abgeholfen werden.

Nun bilde ich mir nicht ein, daß dieses einführende Kapitel diese Lücke füllt. Es setzt nur das Fundament, auf dem der Rest des Buches aufbaut. Es mag ambitiös klingen, aber ich hoffe, daß das ganze Buch die Lücke füllt. Vielleicht gerade wegen der traditionell schlechten Dokumentation fühle ich mich verpflichtet, die Dinge bis ins Detail zu beschreiben. Ich möchte, daß Sie das volle Potential der regulären Ausdrücke ausschöpfen können, und daß Sie reguläre Ausdrücke wirklich, *wirklich* verstehen.

Das ist gleichzeitig gut und schlecht.

Gut ist es, weil Sie dabei lernen, in regulären Ausdrücken zu *denken*. Sie werden sehen, auf welche Besonderheiten und Unterschiede man bei Programmen verschiedener Geschmacksrichtungen gefaßt sein muß. Sie werden sich auch mit regulären Ausdrücken von einer faden, unvollständigen Geschmacksrichtung ausdrücken können. Wenn Sie mit einem komplexen Ausdruck konfrontiert werden, können Sie nachvollziehen, wie dieser Ausdruck vom Programm verarbeitet wird, und Sie können den Ausdruck auf die gleiche Art analysieren. Kurz: es wird Ihnen ein leichtes sein, die volle Kraft von regulären Ausdrücken auszunutzen.

---

12 Die vergleichsweise trivialen Probleme, die sich mit Umlauten im Deutschen ergeben, werden in Kapitel 3 angesprochen. (Anm. d. Ü.)

Leider ist der Lernaufwand mit dieser Methode nicht gering:

- *Wie reguläre Ausdrücke benutzt werden* – Die meisten Programme benutzen reguläre Ausdrücke in weitergehender Art, als wir das bei *egrep* gesehen haben. Bevor wir uns um die Details kümmern, müssen wir sehen, wie und wo reguläre Ausdrücke eingesetzt werden. Damit befaßt sich das nächste Kapitel.

- *Features von regulären Ausdrücken* – Die richtige Auswahl des Programmierwerkzeugs für ein bestimmtes Problem ist oft sehr wichtig und spart Zeit. Ich will mich daher in diesem Buch nicht auf ein einziges Programm beschränken. Nun haben aber verschiedene Programme (und oft sogar verschiedene Versionen desselben Programms) unterschiedliche Features und Metazeichen. Wir müssen uns daher einen Überblick verschaffen, bevor wir diese Features verwenden. Das passiert im Kapitel 3.

- *Wie reguläre Ausdrücke wirklich arbeiten* – Um aus nützlichen (und oft komplizierten) regulären Ausdrücken zu lernen, muß man verstehen, wie reguläre Ausdrücke von Programmen abgearbeitet werden. Wir werden sehen, daß es eine Rolle spielt, in welcher Reihenfolge bestimmte Metazeichen geprüft werden. Reguläre Ausdrücke können auf verschiedene Arten implementiert werden, und diese Arten tun manchmal verschiedene Dinge mit dem gleichen Ausdruck. Wir werden uns diesen dicken Brocken in Kapitel 4 und 5 vornehmen.

Dieser letzte Teil ist der wichtigste, aber auch der am schwierigsten zu behandelnde. Die Diskussion ist leider manchmal etwas trocken, und man muß sich schon etwas in das Thema verbeißen, bevor wir zum spannenden Teil kommen – zum Lösen von Problemen aus der Praxis. Aber das Verstehen der Arbeitsweise der Regex-Maschine ist der Schlüssel zum *wirklichen Verstehen* von regulären Ausdrücken.

Sie werden einwenden, daß man nicht zu verstehen braucht, wie ein Auto funktioniert, um damit fahren zu können. Das mag stimmen, aber Autofahren ist eine schlechte Analogie zu regulären Ausdrücken. Mein Ziel ist es, zu zeigen, wie man Probleme mit regulären Ausdrücken löst. Die bessere Analogie ist die zum Konstruieren eines Autos. Und dafür sollte man vielleicht schon wissen, wie ein Auto funktioniert.

Kapitel 2 entspricht etwa ein paar weiteren Fahrstunden. Kapitel 3 befaßt sich mit Karosserie, Lack und Pflege von regulären Ausdrücken; und in Kapitel 4 schauen wir den Motor von regulären Ausdrücken an. Außerdem gibt Kapitel 3 einen kleinen historischen Überblick über die Geschichte des »Fahrens« mit regulären Ausdrücken, damit wir sehen, warum die Dinge heute so sind, wie sie sind. Kapitel 5 befaßt sich mit der Leistungssteigerung von Motoren; wir werden dabei bestimmte Marken und Modelle genau ansehen. Besonders in Kapitel 4 und 5 werden wir einige Zeit »unter dem Auto liegen«, da ist es vielleicht ganz angebracht, Arbeitskleidung zu tragen und Putzfäden zur Hand zu haben.

Tabelle 1-3: Zusammenfassung: Metazeichen bei Egrep

	Metazeichen	Paßt auf
— Dinge, die auf einzelne Zeichen passen —		
.	*Punkt*	Irgendein Zeichen
[...]	*Zeichenklasse*	Eines der Zeichen aus der Liste
[^...]	*negierte Zeichenklasse*	Irgendein Zeichen *nicht* aus der Liste
\ *Zeichen*	*Escape*	Wenn *Zeichen* ein Metazeichen ist, oder wenn die Kombination mit Backslash nicht ein neues Metazeichen ergibt: das Literal *Zeichen*
— Dinge, die »zählen«; Quantifier —		
?	*Fragezeichen*	Einmal erlaubt, aber optional
*	*Stern*	Jede Anzahl erlaubt, auch Null
+	*Plus*	Mindestens eins, mehr erlaubt
{*min, max*}	*Expliziter Bereich*[†]	*min* gefordert, bis und mit *max* erlaubt
— Dinge, die auf Positionen passen—		
^	*Zirkumflex*	Paßt auf Zeilenanfang
$	*Dollar*	Paßt auf Zeilenende
\<	*Wortgrenze*[†]	Paßt auf die Position am Wortanfang
\>	*Wortgrenze*[†]	Paßt auf die Position am Wortende
— Anderes —		
|	Alternation	Paßt auf mindestens eine der Alternativen
(...)	*Klammern*	Beschränkt Geltungsbereich von Alternationen; gruppiert Dinge für nachfolgende Quantifier; »merkt sich Text« für Rückwärtsreferenzen
\1, \2, ...	*Rückwärtsreferenzen*[†]	Paßt auf Text, der im ersten, zweiten usw. Paar von Klammern vorkam.
[†] *nicht von allen* egrep-*Versionen unterstützt*		

Zusammenfassung

Tabelle 1-3 faßt die *egrep*-Metazeichen zusammen, die wir in diesem Kapitel angetroffen haben. Außerdem sind folgende Punkte wichtig:

- Nicht alle Programme namens *egrep* sind gleich. Die unterstützten Metazeichen und deren Bedeutung kann verschieden sein – vgl. die lokale Dokumentation.

- Drei Gründe für das Setzen von (runden) Klammern sind: Gruppieren, »sich merken« von Sub-Matches, Limitieren des Bereichs von Alternationen.

- Zeichenklassen sind speziell: Die Regeln, was ein Metazeichen ausmacht und was nicht, sind darin völlig anders.

- Alternationen und Zeichenklassen sind fundamental verschieden; nur in pathologisch einfachen Situationen kann deren *Wirkung* dieselbe sein.

- Eine negierte Zeichenklasse braucht noch immer ein Zeichen im Suchraum, damit sie paßt; sie ist noch immer eine »positive Behauptung«. Die Aufzählung wird negiert, daher muß das passende Zeichen eines sein, das *nicht* in der Liste vorkommt.

- Die -i-Option bewirkt, daß Groß- und Kleinbuchstaben als identisch angesehen werden.

- Es gibt drei Arten von Escapes (Zeichen mit einem Backslash davor):

    1. Die Kombination von `\` mit einem Metazeichen ist eine Metasequenz, die das ursprüngliche Literal ergibt (zum Beispiel ergibt `\*` einen literalen Stern).

    2. Die Kombination von `\` und bestimmten Nicht-Metazeichen erzeugt ein Metazeichen, dessen Bedeutung vom verwendeten Programm abhängt (zum Beispiel bedeutet `\<` oft »Wortanfang«).

    3. Die Kombination von `\` und einem anderen Zeichen ergibt einfach das Zeichen selbst (d. h. der Backslash wird ignoriert).

    Nochmal: Innerhalb einer Zeichenklasse ist ein Backslash ein ganz normales Zeichen und leitet *nicht* ein Escape ein.

- Dinge, die mit einem Fragezeichen oder dem Stern quantifiziert werden, brauchen gar kein Zeichen im Suchtext, damit die Behauptung erfüllt ist. Sie passen *immer*, auch wenn sie auf »kein Zeichen« passen.

Persönliche Einsprengsel

Das Problem der verdoppelten Wörter zu Beginn des Kapitels mag einschüchtern, aber reguläre Ausdrücke sind so mächtig, daß wir einen großen Teil des Problems mit einem so limitierten Werkzeug wie *egrep* lösen konnten; schon hier im ersten Kapitel. Ich würde ganz gerne hier ein paar verblüffende oder lustige Beispiele anbringen, gerade, weil ich so ausdrücklich auf die Tatsache hingewiesen habe, daß noch viel mehr dahinter steckt. Ich befürchte, daß jemand, der all die Warnungen gelesen hat, aber noch kaum mit regulären Ausdrücken vertraut ist, sich langsam fragt: »Was soll das alles?«

Kürzlich haben meine Brüder versucht, ein paar Freunden *Schaffkopf* beizubringen, ein Kartenspiel, das in unserer Familie seit Generationen gespielt wird. Schaffkopf ist viel spannender, als es auf den ersten Blick scheint, aber die Regeln sind nicht ganz leicht zu erlernen. Nach etwa einer halben Stunde meinte meine Schwägerin Liz, normalerweise eine sehr geduldige Person: »Warum spielen wir nicht einfach Rummy[13]?«. Trotzdem wurde weitergespielt, und zwar bis tief in die Nacht hinein. Nachdem die erste, schwierige Lernphase überwunden war, genügte die aufkommende Begeisterung, um bei der Sache zu bleiben. Meine Brüder wußten, daß sich der Lernaufwand lohnt, aber es brauchte seine Zeit, um Liz und die anderen Schaffkopf-Neulinge auf den Geschmack zu bringen.

---

13 Eine sehr einfache Variante von Poker oder Rommé.

Es mag seine Zeit dauern, um sich in der Welt der regulären Ausdrücke zu akklimatisieren. Bevor man die Begeisterung spürt, kann einem das alles etwas zu akademisch vorkommen. Falls dem so ist, hoffe ich sehr, daß *Sie* dem Verlangen, »Rummy zu spielen«, widerstehen können. Wenn Sie mit regulären Ausdrücken spielen können, wenn Sie deren Kraft ausnützen können, dann wird Ihnen der anfängliche Lernaufwand vernachlässigbar erscheinen.

In diesem Kapitel:
- Zu den Beispielen
- Mustererkennung mit regulären Ausdrücken
- Mit regulären Ausdrücken Text verändern

2

Erweiterte einführende Beispiele

Sie erinnern sich an das Problem der verdoppelten Wörter aus Kapitel 1? Ich hatte gesagt, daß in einer Sprache wie Perl eine komplette Lösung in einigen wenigen Zeilen realisierbar wäre. Eine solche Lösung kann etwa so aussehen:

```
$/ = ".\n";
while (<>) {
  next if !s/\b([a-z]+)((\s|<[^>]+>)+)(\1\b)/\e[7m$1\e[m$2\e[7m$4\e[m/ig;
  s/^([^\e]*\n)+//mg;      # Nicht markierte Zeilen löschen.
  s/^/$ARGV: /mg;          # Dateinamen voranstellen.
  print;
}
```

Jawohl, das ist das *ganze* Programm.

Ich nehme nicht an, daß Sie das verstehen (*noch* nicht!). Ich wollte nur ein Beispiel zeigen, das über die Möglichkeiten von *egrep* hinausgeht, und auch Ihren Appetit auf ernsthafte Applikationen von regulären Ausdrücken wecken. Die wichtigen Teile des Programms sind die drei regulären Ausdrücke:

```
\b([a-z]+)((\s|<[^>]+>)+)(\1\b)
^([^\e]*\n)+
^
```

Dieses letzte ⌈^⌉ ist sicher ziemlich klar, aber die anderen Ausdrücke sind mit unserem nur an *egrep* geschulten Wissen noch nicht verständlich (⌈\b⌉ allerdings wurde auf Seite 25 kurz als *Wortgrenze* erwähnt). Das liegt daran, daß die Geschmacksrichtung von Perls regulären Ausdrücken nicht die gleiche ist wie die von *egrep*. Manche Metazeichen sind anders, vor allem hat Perl viel mehr davon. In diesem Kapitel werden wir viele Beispiele dazu sehen.

Zu den Beispielen

Mit Perl können reguläre Ausdrücke auf wesentlich komplexere Arten als mit *egrep* eingesetzt werden. Die Beispiele in Perl werden einerseits einfach mehr reguläre Ausdrücke zeigen, aber wichtiger ist, daß diese Ausdrücke in einem ganz anderen Kontext benutzt werden als bei *egrep*. Gleichzeitig lernen wir eine ähnliche (aber eben doch verschiedene) Geschmacksrichtung von regulären Ausdrücken kennen.

Das Kapitel behandelt ein paar typische Probleme – zum Beispiel, wie man Benutzereingaben validiert oder wie man mit E-Mail-Headerzeilen umgeht – und wandert dabei durch die Landschaft der regulären Ausdrücke. Wir werden etwas über Perl erfahren und einiges über die Art der Gedankengänge, wie man reguläre Ausdrücke zusammenstellt. Auf unserer kleinen Reise werden wir außerdem etliche Abstecher zu anderen wichtigen Orten machen.

An Perl ist in diesem Zusammenhang ist nichts Besonderes. Ich hätte ebenso eine der anderen modernen Sprachen (Tcl, Python oder sogar das *elisp* von GNU Emacs) nehmen können. Ich habe Perl gewählt, weil es am stärksten auf reguläre Ausdrücke ausgerichtet und mit ihnen verzahnt ist und weil es vielleicht am einfachsten erhältlich ist. Außerdem hat Perl einige äußerst kompakte Konstrukte zur Behandlung von Daten, die vieles vom unvermeidlichen »Drumherum« sehr stark vereinfachen; und wir wollen uns ja auf die regulären Ausdrücke konzentrieren. Um einmal so ein Konstrukt zu demonstrieren, rufe ich das Beispiel mit `ResetSize/SetSize` von Seite 2 in Erinnerung. Ich hatte Perl benutzt, und zwar folgende Zeile:

```
% perl -One 'print "$ARGV\n" if s/ResetSize//ig != s/SetSize//ig' *
```

(Das brauchen Sie jetzt wirklich nicht zu verstehen. Ich wollte nur sicherstellen, daß Sie von der Kürze der Lösung beeindruckt sind.)

Ich mag Perl, aber es ist auch wichtig, daß wir uns nicht zu stark in diese Programmiersprache verstricken. Das Kapitel konzentriert sich schließlich auf *reguläre Ausdrücke*. Oder, wie ein Informatik-Professor in der Erstsemester-Vorlesung sagte: »Sie werden hier Informatik-Konzepte lernen, aber wir werden trotzdem Pascal dazu benutzen.« (Pascal ist eine traditionelle Programmiersprache, die ursprünglich für Lehrzwecke entwickelt wurde.)[1]

Weil dieses Kapitel keine Kenntnisse von Perl voraussetzt, werde ich soviel über Perl erläutern, daß die Beispiele verständlich werden. (In Kapitel 7, in dem es um die kniffligen Details von Perl geht, wird allerdings einiges Wissen über Perl vorausgesetzt.) Auch wenn Sie einige Programmiererfahrung aus anderen Sprachen haben, wird Ihnen Perl zunächst sehr merkwürdig vorkommen, weil es sehr kompakt ist und wenige

---

1   Diese Analogie verdanke ich William F. Maton bzw. seinem Professor.

Zeichen sehr viel Bedeutung tragen. Die Beispiele benutzen daher nicht die kniffligsten Konstrukte von Perl. Sie sind deswegen aber nicht »schlecht«, nur weil sie nicht immer so formuliert sind, wie das ein erfahrener Perl-Programmierer tun würde. Ich habe versucht, die Beispiele in einer Form zu schreiben, daß sie beinahe wie Pseudo-Code aussehen, aber immer noch als Perl-Programme lauffähig sind. Aber wir *werden* ein paar spektakuläre Anwendungen von regulären Ausdrücken sehen.

Eine kleine Einführung in Perl

Perl ist eine sehr leistungsfähige interaktive Skript-Sprache, die von Larry Wall in den späten 80er Jahren entwickelt wurde. Viele Ideen in Perl stammen aus anderen Sprachen. Die Art, wie mit Text und mit regulären Ausdrücken umgegangen wird, stammt aus *awk* und *sed*, beides selbst Sprachen, die mit »traditionellen« Programmiersprachen wie C oder Pascal wenig gemeinsam haben. Perl gibt es für viele Systeme: DOS/Windows, MacOS, OS/2, VMS, natürlich Unix und andere. Es hat eine Neigung zum Verarbeiten von Text und wird besonders häufig zur CGI-Programmierung im World Wide Web eingesetzt (CGI-Programme sind solche, die dynamisch Web-Seiten erzeugen). Anhang A gibt Hinweise, wie Sie Perl für Ihr System erhalten. Zur Drucklegung war Perl 5.003 die aktuelle Version, aber die Beispiele in diesem Kapitel sind so geschrieben, daß sie unter jeder Version ab 4.036 laufen.[2]

Wir beginnen mit einem einfachen Problem:

```
$celsius = 30;
$fahrenheit = ($celsius * 9 / 5) + 32;   # Fahrenheit berechnen
print "$celsius C ist $fahrenheit F.\n"; # beide Temperaturen ausgeben
```

Wenn dieses Programm ausgeführt wird, gibt es aus:

```
30 C ist 86 F.
```

Einfache Variablen wie `$fahrenheit` und `$celsius` beginnen immer mit einem Dollarzeichen und können Zahlen oder beliebige Mengen von Text enthalten (in diesem Beispiel nur Zahlen). Kommentare beginnen mit einem # und reichen bis ans Ende der Zeile. Wenn Sie traditionelle Sprachen wie C oder Pascal kennen, ist es besonders erstaunlich, daß Variablen zwischen Anführungszeichen mitten in Strings auftreten dürfen. Innerhalb des Strings `"$celsius C ist $fahrenheit F.\n"` wird jede Variable durch ihren Wert ersetzt (die Variable wird »interpoliert«, heißt das im Perl-Jargon). Das `\n` ist das Zeilenende-Zeichen Newline.

---

2 Obwohl die Programme auch mit älteren Versionen lauffähig sind, empfehle ich *nachdrücklich*, Perl 5.002 oder eine neuere Version zu benutzen. Insbesondere empfehle ich, die *veraltete* 4.036-Version nur dann zu benutzen, wenn es einen wirklich triftigen Grund dafür gibt. (Während der Übersetzung ins Deutsche ist Perl 5.004 zur aktuellen Version geworden. Anm. d. Ü.)

Die Kontrollstrukturen sehen ähnlich aus wie in anderen üblichen Sprachen:

```
$celsius = 20;
while ($celsius <= 45)
{
  $fahrenheit = ($celsius * 9 / 5) + 32;      # Fahrenheit berechnen
  print "$celsius C ist $fahrenheit F.\n";
  $celsius = $celsius + 5;
}
```

Der von `while` kontrollierte Teil wird so lange ausgeführt, wie die Bedingung (in diesem Fall: **$celsius <= 45**) wahr ist. Wenn wir das in eine Datei namens *temps* schreiben, können wir das Programm direkt von der Kommandozeile aus ausführen:

```
% perl -w temps
20 C ist 68 F.
25 C ist 77 F.
30 C ist 86 F.
35 C ist 95 F.
40 C ist 104 F.
45 C ist 113 F.
```

Die –w-Option ist weder nötig noch hat sie direkt etwas mit regulären Ausdrücken zu tun. Sie teilt Perl mit, das Programm genauer zu prüfen, und bei fragwürdigen Dingen eine Warnung auszugeben. Fragwürdig ist beispielsweise die Verwendung von nicht initialisierten Variablen – Variablen brauchen in Perl nicht deklariert zu werden. Die Option steht hier vor allem, weil es eine gute Gewohnheit ist, sie immer zu benutzen.

Mustererkennung mit regulären Ausdrücken

In Perl werden reguläre Ausdrücke auf mannigfache Weise benutzt. Im einfachsten Fall wird getestet, ob der Text in einer bestimmten Variablen auf einen regulären Ausdruck paßt. Das folgende Programmstück prüft den String in der Variable $eingabe und gibt aus, ob darin nur Ziffern vorkommen.

```
if ($eingabe =~ m/^[0-9]+$/) {
    print "nur Ziffern\n";
} else {
    print "nicht nur Ziffern\n";
}
```

Die erste Zeile sieht zunächst merkwürdig aus. Der reguläre Ausdruck ist `^[0-9]+$`, und das umgebende m/.../ sagt Perl, was damit zu tun ist. Das m (für »Matching«) ist der *Mustererkennungs-Operator*, die Slashes begrenzen den regulären Ausdruck. Das =~ verknüpft den regulären Ausdruck mit dem zu prüfenden Text, in diesem Fall, dem Inhalt der Variablen $eingabe.

Verwechseln Sie nicht =~ mit = oder ==, das sind ganz unterschiedliche Dinge. Der Operator == vergleicht zwei Zahlen (für *String*-Vergleiche muß eq benutzt werden, wie wir bald sehen werden). Der Operator = wird benutzt, um einer Variablen einen Wert zuzuweisen, hier **$celsius = 20**. Dagegen verknüpft =~ einen regulären Ausdruck mit dem String, der abgesucht werden soll (in diesem Fall ist m/^[0-9]+$/ das Suchmuster, das auf $eingabe angewendet wird). Man kann den Operator als »paßt auf« lesen,

```
if ($eingabe =~ m/^[0-9]+$/) {
```

heißt dann:

falls der Text in der Variablen $eingabe auf ⌐^[0-9]+$⌐ paßt, dann …

Das Resultat von **$eingabe =~ m/^[0-9]+$/** ist *wahr*, wenn ⌐^[0-9]+$⌐ im String $eingabe gefunden wird, sonst ist es *falsch*. Die if-Anweisung testet diesen Wahrheitswert und entscheidet, welche Nachricht ausgegeben werden soll.

Ein Test auf **$eingabe =~ m/[0-9]+/** (wie vorhin, aber ohne die einfassenden Zirkumflex und Dollar) wäre wahr, wenn $eingabe an irgendeiner Stelle mindestens eine Ziffer enthielte. Das ⌐^...$⌐ stellt sicher, daß $eingabe *nur* Ziffern enthält.

Jetzt kombinieren wir die letzten zwei Beispiele. Wir fragen den Benutzer nach einer Zahl, lesen diesen Wert ein und überprüfen mit einem regulären Ausdruck, ob es sich nur um Ziffern handelt. Wenn dem so ist, berechnen wir zur eingegebenen Celsius-Zahl die Temperatur in Fahrenheit, sonst geben wir eine Fehlermeldung aus.

```
print "Geben Sie eine Temperatur in Celsius ein:\n";
$celsius = <STDIN>;                        # liest eine Eingabe-Zeile
chop($celsius);                            # entfernt das Newline von $celsius

if ($celsius =~ m/^[0-9]+$/) {
    $fahrenheit = ($celsius * 9 / 5) + 32;    # Fahrenheit berechnen
    print "$celsius C = $fahrenheit F\n";
} else {
    print "Zahl erwartet, nicht \"$celsius\".\n";
}
```

In der letzten print-Anweisung mußten die zwei Anführungszeichen um $celsius mit einem Backslash geschützt werden. Das ist ein ganz ähnlicher Vorgang wie beim Schützen von Metazeichen in einem regulären Ausdruck. Im Abschnitt »Massenhaft Metazeichen« (☞ 43) wird das genauer diskutiert.

Wenn wir dieses Programm in eine Datei *c2f* schreiben, können wir es ausführen:

```
% perl -w c2f
Geben Sie eine Temperatur in Celsius ein:
 22
22 C = 71.599999999999994316 F
```

Hoppla. Der simple print-Operator in Perl ist offenbar für Fließkommazahlen nicht sehr geeignet. Ich will darauf nicht näher eingehen und sage nur, daß es mit printf (»print formatted«) besser geht (`printf` entspricht dem `printf` von C oder dem `format` von Tcl, *elisp* oder Python):

```
printf "%.2f C = %.2f F\n", $celsius, $fahrenheit;
```

Dabei ändern sich die Werte der Variablen nicht, sondern nur die Art, wie diese Werte ausgegeben werden:

```
Geben Sie eine Temperatur in Celsius ein:
  22
22.00 C = 71.60 F
```

Viel besser.

Mehr Praxisnähe

Es wäre ganz nützlich, auch negative und gebrochene Temperaturen zuzulassen. Die eigentliche Berechnung ist unproblematisch – Perl macht bei Zahlen meist keinen Unterschied zwischen natürlichen, ganzen und Fließkommazahlen. Der reguläre Ausdruck allerdings muß angepaßt werden. Wir können vorne ein ⌈`-?`⌋ einfügen, um das Minus-Vorzeichen zu erlauben. Wir können ebenso ⌈`[-+]?`⌋ schreiben – ein Pluszeichen stört nicht.

Für die Nachkommastellen geben wir ⌈`(\.[0-9]*)?`⌋ an. Der Punkt mit dem Escape paßt auf einen literalen Punkt, den Punkt der Fließkommadarstellung. ⌈`\.[0-9]*`⌋ paßt also auf einen Punkt, gefolgt von einer beliebigen Anzahl von Ziffern. Weil ⌈`\.[0-9]*`⌋ durch ⌈`(…)?`⌋ eingeklammert ist, ist es optional (das ist etwas anderes als ⌈`\.?[0-9]*`⌋, das auch dann passen würde, wenn kein Punkt vorhanden ist).

Alles zusammengesetzt ergibt:

```
if ($celsius =~ m/^[-+]?[0-9]+(\.[0-9]*)?$/) {
```

Das läßt Eingaben wie `32`, `-3.723` und `+98.6` zu. Nicht ganz perfekt, denn Zahlen ohne Ziffern vor dem Dezimalpunkt (wie `.357`) sind nicht zugelassen, `0.357` dagegen schon, darum lassen wir es dabei bewenden. Das Problem, Fließkommazahlen zu erkennen, hat aber ein paar ganz verzwickte Seitenaspekte, die ich im Kapitel 4 (☞ 131) genauer diskutiere.

Seiteneffekte bei erfolgreicher Mustererkennung

Erweitern wir das Programm, so daß der Benutzer Fahrenheit oder Celsius eingeben kann. Er muß dazu ein `C` oder ein `F` nach der Temperatur angeben. Damit unser regulärer Ausdruck das versteht, hängen wir einfach ein ⌈`[CF]`⌋ an; doch nun müssen wir den Rest des Programms so anpassen, daß erkannt wird, ob Fahrenheit oder Celsius eingegeben worden ist und die jeweils andere Temperatur berechnet wird.

Wie viele Sprachen, die mit regulären Ausdrücken arbeiten, hat Perl eine Reihe von speziellen Variablen, die sich auf den Text beziehen, der zu den Angaben innerhalb von

Klammern einer Regex gepaßt hat. Im ersten Kapitel hatten wir gesehen, daß manche Versionen von *egrep* die Metazeichen ⌐\1⌐, ⌐\2⌐, ⌐\3⌐ usw. innerhalb der Regex unterstützen. Auch Perl unterstützt diese, und Perl hat zusätzlich Variablen, mit denen man nach einer erfolgreichen Mustererkennung von außerhalb des regulären Ausdrucks auf diese Werte zugreifen kann. Diese Variablen heißen $1, $2, $3 usw. So merkwürdig sie aussehen, es *sind* Variablen, die Namen sind hier einfach Zahlen. Perl setzt diese, wenn ein regulärer Ausdruck erfolgreich gepaßt hat. Nochmal: das Metazeichen ⌐\1⌐ wird innerhalb eines regulären Ausdrucks benutzt, um auf Text zuzugreifen, der früher im gleichen regulären Ausdruck erkannt wurde; die Variable $1 dagegen wird *außerhalb* der Regex, nach dem Matching, für den gleichen Zweck benutzt.

Damit wir uns auf die Neuerungen konzentrieren und unser Beispiel übersichtlich halten, verzichte ich vorübergehend auf den Teil, der sich mit Nachkommastellen befaßt. Um den Gebrauch von $1 zu illustrieren, vergleichen wir

```
$celsius =~ m/^[-+]?[0-9]+[CF]$/ und
$celsius =~ m/^([-+]?[0-9]+)([CF])$/
```

Ändern die zusätzlichen Klammern die Bedeutung des regulären Ausdrucks? Nun, dazu müssen wir überprüfen, ob die Klammern

* für den Stern oder andere Quantifier Gruppen bilden?

* Alternativen (⌐|⌐) begrenzen?

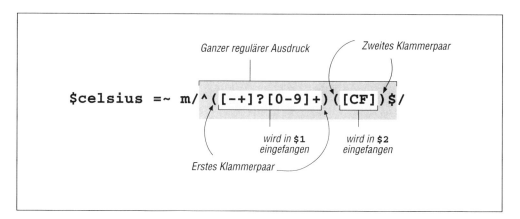

Abbildung 2-1: Mit Klammern Text-Teile auffangen

Die Antwort ist in beiden Fällen nein, und damit erkennen die zwei regulären Ausdrücke dasselbe. Die zweite hat deshalb Klammern, weil diese sich auf »interessante« Teile des untersuchten Strings beziehen. Wie Abbildung 2-1 zeigt, wird $1 die eingegebene Zahl enthalten und $2 den eingegebenen Buchstaben, C oder F. Das Flußdiagramm in Abbildung 2-2 zeigt, wie wir nach der Mustererkennung fortfahren müssen.

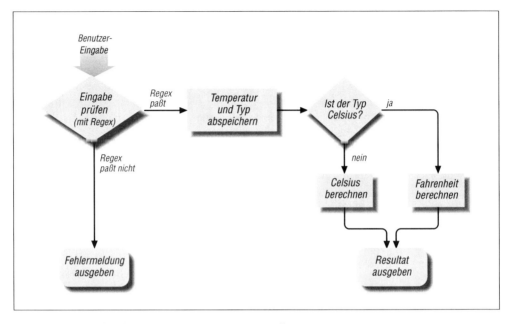

Abbildung 2-2: Flußdiagramm Temperatur-Umwandlung

```
print "Geben Sie eine Temperatur ein (z.B. 32F, 100C):\n";
$eingabe = <STDIN>;        # liest eine Eingabe-Zeile
chop($eingabe);            # entfernt das Newline von $eingabe


if ($eingabe =~ m/^([-+]?[0-9]+)([CF])$/)
{
    # Mustererkennung war erfolgreich. $1 ist die Zahl, $2 ist "C" oder "F".
    $EingabeZahl = $1;  # in benannte Variablen kopieren, damit...
    $typ         = $2;  # ...der Rest des Programms lesbarer wird.


    if ($typ eq "C") {  # >eq< vergleicht zwei Strings
        # Eingabe war in Celsius, also Fahrenheit berechnen
        $celsius = $EingabeZahl;
        $fahrenheit = ($celsius * 9 / 5) + 32;
    } else {
        # Muß ein "F" sein, also Celsius berechnen
        $fahrenheit = $EingabeZahl;
        $celsius = ($fahrenheit - 32) * 5 / 9;
    }
    # hier haben wir beide Temperaturen, Resultat ausgeben:
    printf "%.2f C = %.2f F\n", $celsius, $fahrenheit;
} else {
    # Regex paßt nicht: Warnung ausgeben.
    print "Zahl + C oder F erwartet, nicht \"$eingabe\".\n";
}
```

Wenn die Datei mit dem Programm auf der vorherigen Seite *konvert* heißt, wird es wie folgt benutzt:

```
% perl -w konvert
Geben Sie eine Temperatur ein (z.B. 32F, 100C):
39F
3.89 C = 39.00 F
% perl -w konvert
Geben Sie eine Temperatur ein (z.B. 32F, 100C):
39C
39.00 C = 102.20 F
% perl -w konvert
Geben Sie eine Temperatur ein (z.B. 32F, 100C):
oops
Zahl + C oder F erwartet, nicht "oops".
```

Negierte Mustererkennung

Die Logik unseres Programmes ist etwa wie folgt:

```
if ( Bedingung ) {
    ⋮
  ... VIEL CODE, wenn die Bedingung wahr ist ...
    ⋮
} else {
  ... ganz wenig, wenn die Bedingung falsch ist ...
}
```

Jeder, der etwas von strukturierter Programmierung versteht, weiß (oder sollte wissen) daß es besser ist, die kurze Verzweigung einer `if`-Anweisung als erste zu behandeln. Damit bleibt das `else` nahe beim `if`, was viel lesbarer ist.

Um das zu erreichen, müssen wir die Bedingung ins Gegenteil verkehren. Der Teil »Regex paßt nicht« ist der kurze Teil, also wollen wir, daß die Bedingung wahr ist, wenn das Muster nicht erkannt wird. Eine Möglichkeit ist, statt =~ den umgekehrten Operator !~ zu benutzen:

```
$eingabe !~ m/^([-+]?[0-9]+)([CF])$/
```

Sowohl der reguläre Ausdruck als auch der String sind gleich. Der einzige Unterschied ist der, daß jetzt das Resultat der ganzen Kombination *falsch* ist, wenn der String *paßt*, und *wahr* im umgekehrten Fall. $1, $2 usw. werden auch hier nur gesetzt, wenn das Muster erkannt wird. Also sieht dieser Programmteil jetzt so aus:

```
if ($eingabe !~ m/^([-+]?[0-9]+)([CF])$/) {
    print "Zahl + C oder F erwartet, nicht \"$eingabe\".\n";
} else {
    # Mustererkennung war erfolgreich. $1 ist die Zahl, $2 ist "C" oder "F".
    ⋮
}
```

Verschachtelte reguläre Ausdrücke

Bei Programmiersprachen wie Perl können reguläre Ausdrücke eng mit dem Rest des Programms verzahnt werden. Als Beispiel bringen wir drei weitere Verbesserungen in unserem Programm an: Fließkommazahlen sollen wie vorher erlaubt sein, dazu aber auch Kleinbuchstaben c und f, und zwischen der Zahl und dem Buchstaben sollen Leerzeichen zulässig sein. Damit sind Eingaben wie ›98.6•f‹ möglich.

Der Fließkomma-Teil ist bekannt; wir fügen ⌈(\.[0-9]*)?⌉ in den Ausdruck ein:

```
if ($eingabe =~ m/^([-+]?[0-9]+(\.[0-9]*)?)([CF])$/)
```

Der Teil kommt also *innerhalb* des ersten Klammerpaares zu liegen. Da wir den gefundenen Text aus diesem ersten Paar für die Temperatur-Berechnung brauchen, müssen wir sicherstellen, daß die Ziffern nach dem Dezimalpunkt auch dazugehören. Das neue Klammerpaar brauchen wir eigentlich nur zur Gruppierung für das nachfolgende Fragezeichen, trotzdem wird der dazu passende Text in einer Variablen aufgehoben. Die öffnende Klammer dieses Paares ist die zweite (von links), daher wird der Text in $2 abgelegt. Abbildung 2-3 illustriert das.

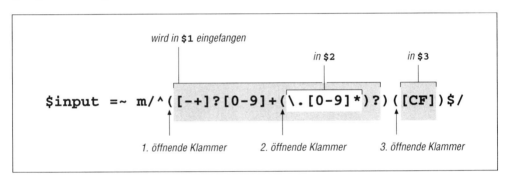

Abbildung 2-3: Verschachtelte Klammern

Das Hinzufügen eines Klammerpaares in den regulären Ausdruck ändert die Bedeutung von ⌈[CF]⌉ nicht direkt, aber indirekt schon, weil jetzt die umgebenden Klammern zum dritten Klammerpaar des gesamten Ausdrucks geworden sind. Drittes Paar – das bedeutet, daß wir im Programm bei der Zuweisung zu $typ das $2 in $3 ändern müssen.

Das Zulassen von Leerzeichen ist nichts Besonderes. Wir wissen, daß einem Leerzeichen im regulären Ausdruck genau ein Leerzeichen im String entsprechen muß, wenn wir also mit ⌈•*⌉ beliebig viele Leerzeichen zulassen (aber nicht fordern), erhalten wir:

```
if ($eingabe =~ m/^([-+]?[0-9]+(\.[0-9]*)?) *([CF])$/)
```

Das ist schon recht flexibel, aber da wir unser Programm praxistauglich machen wollen, brauchen wir einen regulären Ausdruck, der jede Art von *Whitespace* zuläßt. Tabulatorzeichen (kurz *Tabs*) werden üblicherweise zum Whitespace gezählt. ⌈⊡*⌉ allein würde normale Leerzeichen nicht zulassen, also brauchen wir eine Zeichenklasse, die Tabs und Leerzeichen enthält: ⌈[•🅜]*⌋. Kurze Frage: Wie unterscheidet sich dies grundsätzlich von ⌈(•*|🅜*)⌋? ❖ Die Antwort finden Sie auf der folgenden Doppelseite.

In diesem Buch sind Leerzeichen und Tabs wegen der typographischen Kennzeichnung als • und 🅜 leicht zu erkennen. Auf dem Bildschirm sieht das unglücklicherweise anders aus. Wenn Sie irgendwo [   ]* sehen, können Sie vermuten, daß es sich um ein Leerzeichen und um ein Tab handelt, aber sicher sein können Sie nur durch Nachprüfen. Perl bietet dafür das Metazeichen ⌈\t⌋. Es erkennt nichts anderes als ein Tab. Sein einziger Vorteil ist der, daß es nicht wie eine Anzahl Leerzeichen aussieht, darum benutze ich es in meinen Beispielen. Damit wird aus ⌈[•🅜]*⌋ der Ausdruck ⌈[•\t]*⌋.

Ein paar andere »Abkürzungen«, Metazeichen, die das Leben erleichtern, sind ⌈\n⌋ (Newline), ⌈\f⌋ (ASCII Formfeed) und ⌈\b⌋ (Backspace). *Aber hallo!* Eben war ⌈\b⌋ noch das Metazeichen für Wortgrenze. *Was ist denn nun?* Nun, es ist in der Tat beides!

Massenhaft Metazeichen

Wir hatten \n schon früher gesehen, dann aber innerhalb von Strings, nicht von regulären Ausdrücken. In Perl haben Strings in Anführungszeichen ihre eigenen Metazeichen, und diese sind von denen der *regulären Ausdrücke* grundsätzlich verschieden.

Immerhin gibt es einige Metazeichen, die in Strings und in regulären Ausdrücken vergleichbare Aufgaben erfüllen. So kann man das String-Metazeichen \t benutzen, um ein Tab in einen String zu bekommen, und man kann das gleich aussehende Regex-Metazeichen ⌈\t⌋ in regulären Ausdrücken benutzen, um nach einem Tab zu suchen.

So angenehm diese Ähnlichkeit ist, kann ich kaum genug betonen, daß es sich um zwei verschiedene Arten von Metazeichen handelt. Bei einem einfachen Zeichen wie \t mag das nicht allzu wichtig sein, aber wir werden später sehen, wenn wir etliche andere Sprachen und Werkzeuge behandeln, daß es sehr wichtig ist zu wissen, mit welcher Art von Metazeichen wir es zu tun haben.

Wir haben nämlich auch schon Metazeichen-Konflikte kennengelernt. In Kapitel 1, bei *egrep*, hatten wir unseren regulären Ausdruck grundsätzlich in Hochkommas eingeschlossen. Die ganze Befehlszeile wird zunächst von der Shell interpretiert, und die Shell hat ihre eigenen Metazeichen. Zum Beispiel ist für die Shell das Leerzeichen ein Metazeichen, das Befehle von Argumenten und die Argumente untereinander trennt. Bei vielen Shells dienen Hochkommas dazu, zwischen den Hochkommas keinerlei Interpretation von Metazeichen vorzunehmen (bei DOS sind das Anführungszeichen).

Mit den Hochkommas war es uns möglich, reguläre Ausdrücke mit Leerzeichen zu formulieren. Ohne die Hochkommas hätte die Shell die Leerzeichen als Metazeichen aufgefaßt und sie selber interpretiert, statt sie unbesehen an *egrep* weiterzugeben, das sie auf *seine* Art als Metazeichen auffassen kann. Viele Shells kennen die Metazeichen $, *, ? usw., Zeichen, die wir auch in regulären Ausdrücken brauchen.

Nun hat diese Diskussion von Shell-Metazeichen und den String-Metazeichen in Perl wenig mit regulären Ausdrücken direkt zu tun, aber sehr viel mit dem *Gebrauch* von regulären Ausdrücken in realen Situationen. Im Verlauf dieses Buches werden wir viele und manchmal komplexe Sachverhalte vorfinden, wo wir auf Metazeichen

---

Was unterscheidet ⌈[•⒯ᴬᴮ]*⌋ *von* ⌈(•*|⒯ᴬᴮ*)⌋ *?*

❖ *Auflösung zum Problem von Seite 43.*

⌈(•*|⒯ᴬᴮ*)⌋ erlaubt entweder ⌈•*⌋ oder ⌈⒯ᴬᴮ*⌋ damit ein Treffer erzielt wird, also entweder Leerzeichen (oder gar nichts) oder Tabs (oder gar nichts). Es erlaubt aber keine *Kombination* von Leerzeichen und Tabs.

⌈[•⒯ᴬᴮ]*⌋ bedeutet eine beliebige Anzahl von ⌈[•⒯ᴬᴮ]⌋. Ein String wie •⒯ᴬᴮ•• paßt darauf dreimal, einmal mit dem Tab und zweimal mit dem Leerzeichen.

Dagegen hat ⌈[•⒯ᴬᴮ]*⌋ in der Tat dieselbe Wirkung wie ⌈(•|⒯ᴬᴮ)*⌋, aber wir werden in Kapitel 4 sehen, warum die Zeichenklasse meist wesentlich effizienter ist.

---

aus unterschiedlichen Quellen Rücksicht nehmen müssen, diese aber auch für unsere Zwecke ausnützen können.

Und nun zurück zum ⌈\b⌋: Das bezieht sich schon auf reguläre Ausdrücke. In Perls Regex bezeichnet es normalerweise eine Wortgrenze, aber in Zeichenklassen steht es für das Backspace-Zeichen. Da Zeichenklassen immer auf einzelne Zeichen passen, ist es nicht sinnvoll, in diesem Zusammenhang von Wortgrenzen zu reden. Perl kann daher das \b für einen anderen Zweck benutzen. Die Warnung aus dem ersten Kapitel über die »eigene Sprache« von Zeichenklassen im Vergleich zu regulären Ausdrücken gilt auch für Perl (und jede andere Regex-Geschmacksrichtung).

»Whitespace« mit **\s**

Bei der Diskussion von Whitespace haben wir mit ⌈[•\t]*⌋ aufgehört. Das ist schön und gut, aber Perl hat auch dafür eine eigene Abkürzung. Während ⌈\t⌋ das Metazeichen für einen literalen Tab ist, steht ⌈\s⌋ für eine ganze Zeichenklasse, die auf irgendein »weißes«, nicht druckendes Zeichen paßt. Das sind Leerzeichen, Tab, Newline, Formfeed und ein paar andere mehr. In unserem Beispiel spielen Newline und Formfeed keine Rolle, und ⌈\s*⌋ ist einfacher zu tippen als ⌈[•\t]*⌋. Nach kurzer Zeit gewöhnt man sich daran, und es ist auch in komplizierten Ausdrücken leicht lesbar.

Unsere Bedingung sieht nun so aus:

```
$eingabe =~ m/ ^([-+]?[0-9]+(\.[0-9]*)?)\s*([CF])$/
```

Als Letztes wollen wir auch Kleinbuchstaben zulassen. Wir erweitern einfach die Zeichenklasse: ⌈[CFcf]⌋. Es gibt aber auch eine andere Möglichkeit:

```
$eingabe =~ m/ ^([-+]?[0-9]+(\.[0-9]*)?)\s*([CF])$/i
```

Das i nach dem m/…/ ist ein *Modifier*, der Perl instruiert, bei der gesamten Mustererkennung Klein- und Großbuchstaben als gleich zu betrachten. Das i gehört nicht zum regulären Ausdruck, sondern zum m/…/-Konstrukt, mit dem man Perl mitteilt, *was* mit *welchem* regulären Ausdruck zu tun ist. »Der i-Modifier« ist etwas holprig, deshalb wird oft einfach »/i« benutzt (auch wenn kein zusätzlicher Slash zu schreiben ist). Wir werden mehr Modifier kennenlernen, etwa das /g später in diesem Kapitel.

Und so läuft unser neues Programm:

```
% perl -w konvert
Geben Sie eine Temperatur ein (z.B. 32F, 100C):
32 f
0.00 C = 32.00 F
% perl -w konvert
Geben Sie eine Temperatur ein (z.B. 32F, 100C):
50 c
10.00 C = 50.00 F
```

Oha! Ist aufgefallen, wie trotz des c die zweite Temperatur als 50° Fahrenheit interpretiert wurde? Wenn Sie die Programm-Logik anschauen, finden Sie den Grund? Der relevante Teil des Programms sieht so aus:

```
if ($eingabe =~ m/^([-+]?[0-9]+(\.[0-9]*)?)\s*([CF])$/i)
{
    ⋮
    $typ = $3;              # $typ statt $3 für bessere Lesbarkeit

    if ($typ eq "C") {  # ›eq‹ vergleicht zwei Strings
    ⋮
    } else {
    ⋮
```

Wir hatten zwar die Regex geändert, so daß Kleinbuchstaben zulässig sind, nicht aber den Rest des Programms. Wenn $typ nicht genau ein C ist, wird angenommen, daß Fahrenheit eingegeben wurde. Da aber auch ein kleines c für Celsius stehen kann, müssen wir das Überprüfen von $typ anpassen:[3]

```
if ($typ eq "C" or $typ eq "c") {
```

Nun läuft's. Diese Beispiele zeigen, wie eng reguläre Ausdrücke mit dem Rest des Programms verschränkt sein können.

Die Prüfung auf c oder C könnte man auch mit einer Regex bewerkstelligen. Wie würden Sie das tun? ❖ Die Antwort finden Sie auf der nächsten Seite.

Rekapitulation

Obwohl wir uns in diesem Kapitel vor allem mit Perl befaßt haben, gibt es einige Punkte mit Bezug auf reguläre Ausdrücke zusammenzufassen:

- Die regulären Ausdrücke von Perl sind verschieden von denjenigen von *egrep*; die meisten Werkzeuge haben ihre eigene Geschmacksrichtung von regulären Ausdrücken. Die von Perl scheinen zu einem ähnlichen Grund-Typ wie jene von *egrep* zu gehören, aber Perl hat einen viel reicheren Vorrat von Metazeichen.

---

3 Bei älteren Versionen von Perl muß || statt **or** benutzt werden.

Eine Möglichkeit, eine Variable auf einen einzelnen Buchstaben zu prüfen

❖ *Auflösung zum Problem von Seite 45.*

Das Prüfen auf c oder C kann mit **$typ =~ m/^[cC]$/** durchgeführt werden. Da wir bereits wissen, daß $typ nur genau ein Zeichen enthält, kann in diesem Fall sogar auf die Anker ⌈^...$⌋ verzichtet werden. Außerdem könnten wir **$typ =~ m/c/i** schreiben und dem /i einen Teil der Arbeit überlassen.

Da das direkte Vergleichen mit c und C recht einfach ist, scheint hier der Gebrauch eines regulären Ausdrucks weit übertrieben. Wenn wir allerdings auf das ganze Wort »celsius« in irgendeiner Schreibweise, etwa celsius, Celsius, CeLsIuS usw. (128 Möglichkeiten!) prüfen müßten, böte sich die Lösung mit regulären Ausdrücken schon eher an.

Wenn Sie mehr über Perl lernen, werden Sie auch noch bessere Varianten finden, so wie zum Beispiel **lc($typ) eq "celsius"**.

- In Perl wird eine Regex mit dem Konstrukt **$variable =~ m/.../** auf einen String angewandt. Das m steht für »Match«-Operator, und die Slashes dienen zur Begrenzung des regulären Ausdrucks, sind aber nicht Teil davon. Der Operator liefert als Resultat »wahr« oder »falsch«.

- Metazeichen – Zeichen, die auf spezielle Weise interpretiert werden – gibt es nicht nur bei regulären Ausdrücken. Wie bei den Strings mit Anführungszeichen bei Shells besprochen, kommt es vor, daß mehrere Instanzen um die Interpretation der gleichen Zeichen wetteifern. Das Wissen um die Metazeichen der verschiedenen Kontexte (Shell, Regex, String u. A.) wird wichtig, wenn diese mit Perl, Tcl, GNU Emacs, *awk*, Python oder anderen modernen Skript-Sprachen zusammenarbeiten sollen.

- Bei Perl gibt es unter anderem folgende Abkürzungen bei regulären Ausdrücken (manche davon wurden noch nicht vorgestellt):

\t	Ein Tabulatorzeichen (Tab)
\n	Ein Newline
\r	Carriage-Return
\s	»weiße Zeichen«, Whitespace (Leerzeichen, Tab, Newline, Formfeed usw.)
\S	Jedes Zeichen, das nicht zu ⌈\s⌋ gehört
\w	⌈[a-zA-Z0-9_]⌋ (praktisch ist \w+, w als Merkhilfe für »Wort«)
\W	Jedes Zeichen, das nicht zu ⌈\w⌋ gehört, also ⌈[^a-zA-Z0-9_]⌋
\d	⌈[0-9]⌋, also eine Ziffer (»digit«)
\D	Jedes Zeichen, das nicht zu ⌈\d⌋ gehört, also ⌈[^0-9]⌋

- Mit dem /i-Modifier werden Groß- und Kleinbuchstaben als äquivalent angesehen. Obwohl meist »/i« geschrieben, wird nur das »i« an den schließenden Begrenzer angehängt.

- Wenn eine Mustererkennung erfolgreich ist, wird für jedes im regulären Ausdruck vorkommende Klammerpaar die entsprechende Variable $1, $2, $3 usw. gesetzt. Diese erhalten den Text, der auf den jeweiligen Unterausdruck in den Klammern gepaßt hat. Unterausdrücke werden von links nach rechts nach ihren öffnenden Klammern mit 1 anfangend numeriert. Unterausdrücke können verschachtelt werden wie in ⌜(Vereinigte●Staaten(●von●Amerika)?)⌟ .

  Auch wenn Klammern aus anderen Gründen (etwa um Gruppen für Quantifier zu bilden) gesetzt werden, werden die numerierten Variablen $1 usw. gesetzt. Umgekehrt werden Klammern oft nur gesetzt, weil man an der entsprechenden numerierten Variablen interessiert ist. Auf diese Weise kann man reguläre Ausdrücke benutzen, um interessierende Informationen aus einem String herauszupflücken.

Mit regulären Ausdrücken Text verändern

Bis jetzt haben sich die Beispiele auf das Finden von Text beschränkt, und eben auf das Herauspflücken von Informationen aus dem untersuchten String. Jetzt betrachten wir die *Substitution*, oder das *Suchen-und-Ersetzen*, ein Regex-Feature, das Perl und viele der Regex-Werkzeuge unterstützen.

Wie wir gesehen haben, versucht **$var =~** m/*Regex*/, den regulären Ausdruck auf den Text in der Variablen anzuwenden, und gibt »wahr« oder »falsch« zurück. Das ähnliche Konstrukt **$var =~** s/*Regex*/*Ersatztext*/ geht einen Schritt weiter: Wenn die Regex wahr ist, dann wird der Teil des Strings in $var, der auf den regulären Ausdruck gepaßt hat, durch *Ersatztext* ersetzt. Die Regex ist die gleiche wie bei m/···/, aber »Ersatz« (zwischen dem mittleren und dem letzten Slash) wird auf dieselbe Art behandelt wie Strings in Anführungszeichen. Das bedeutet, daß man darin Variablen benutzen kann (inklusive die hier besonders nützlichen $1, $2 usw., damit kann man auf eben gefundene Teilstrings zurückgreifen).

Also wird bei **$var =~** s/···/···/ der Wert der Variablen verändert, sofern der reguläre Ausdruck paßt. Wenn zum Beispiel $var den Text Jeff●Friedl enthält und wir darauf

```
$var =~ s/Jeff/Jeffrey/;
```

anwenden, hat $var danach den Wert Jeffrey●Friedl. Wenn $var bereits Jeffrey●Friedl enthielte, bekämen wir nach diesem Programmstück schließlich Jeffreyrey●Friedl. Das ist ein Fall für Wortgrenzen-Metazeichen! In Kapitel 1 haben wir gesehen, daß manche Versionen von *egrep* ⌜\<⌟ und ⌜\>⌟ als *Wortanfang*- und *Wortende*-Metazeichen unterstützen. Perl dagegen hat das eine Zeichen ⌜\b⌟ für beides:

```
$var =~ s/\bJeff\b/Jeffrey/;
```

Eine etwas trickreiche Frage: Wie bei `m/…/` sind auch bei `s/…/…/` Modifier wie `/i` zulässig. Was wird in diesem Fall durch die Substitution

```
$var =~ s/\bJeff\b/Jeff/i;
```

bewirkt? ❖ Die Auflösung finden Sie auf der nächsten Doppelseite.

Zum Gebrauch von Variablen im Ersatz-Text betrachten wir ein nicht ganz ernst gemeintes Beispiel. Ich stelle mir ein Programm zur Produktion von Serienbriefen vor, das den folgenden Schema-Text benutzt:

```
Lieber <VORNAME>,
Sie haben einen <PLUNDER> gewonnen! Gratis!
Die ganze Familie <NACHNAME> freut sich über den <PLUNDER>!
Ja, <ARMLEUCHTER>, Sie Glücklicher! Beantworten Sie nur .....
```

Um dies für einen bestimmten Adressaten zu bearbeiten, würde das Programm Daten brauchen:

```
$vorn = 'Tom';
$nachn = 'Cruise';
$wunderpreis = '100% echten faux diamond';
```

und dann das Schema ausfüllen:

```
$brief =~ s/<VORNAME>/$vorn/g;
$brief =~ s/<NACHNAME>/$nachn/g;
$brief =~ s/<ARMLEUCHTER>/$vorn $nachn/g;
$brief =~ s/<PLUNDER>/wunderbaren $wunderpreis/g;
```

Der reguläre Ausdruck in jeder Substitution sucht nach einer bestimmten Marke, und ersetzt diese mit dem gewünschten Text, falls sie gefunden wird. In den ersten zwei Fällen ist das genau der Wert jeweils einer Variable (das ist dasselbe, als ob ein String in Anführungszeichen nur gerade eine Variable enthält, etwa `"$vorn"`). Im dritten Fall wird der gefundene Text durch `"$vorn $nachn"` ersetzt, im vierten durch `"wunderbaren $wunderpreis"`. Wenn es nur um einen Brief ginge, würde man hier direkt den gewünschten Text einsetzen. Mit dieser Methode läßt sich der Vorgang automatisieren, indem die Namen zum Beispiel aus einer Datei eingelesen werden.

Der /g-Modifier (g für »global«) ist neu. Er bewirkt, daß `s/…/…/` nach einer erfolgreichen Substitution nach weiteren Treffern sucht (und weitere Ersetzungen vornimmt). Das wird gebraucht, wenn *alle* Vorkommnisse eines Musters ersetzt werden sollen.

Das Resultat ist voraussehbar, eine humoristische Variante eines Briefes, den ich so oder ähnlich schon viel zu oft gelesen habe:

```
Lieber Tom,
Sie haben einen 100% echten faux diamond gewonnen! Gratis!
Die ganze Familie Cruise freut sich über den wunderbaren 100% echten faux diamond!
Ja, Tom Cruise, Sie Glücklicher! Beantworten Sie nur .....
```

Ein anderes Problem hatte ich, als ich an einem Programm schrieb, das mit Aktienkursen umgehen mußte. Ich hatte Kurse wie »9.0500000037272« erhalten. Offensichtlich war 9.05 gemeint, aber wegen der nicht beliebig genauen internen Darstellung von Fließkommazahlen gibt Perl den Wert unter Umständen so aus. Normalerweise hätte ich einfach `printf` benutzt und nur zwei Nachkommastellen ausgegeben, wie wir das im Beispiel »Temperatur-Umwandlung« gemacht haben; doch hier ging das nicht. US-Aktienkurse werden oft als Brüche wie »12 $^1/_8$« angegeben.[4] In so einem Fall will man »12.125« und nicht nur zwei Stellen nach dem Dezimalpunkt.

Ich verfiel auf folgende Methode: »Die ersten zwei Nachkommastellen werden immer dargestellt, die dritte nur, wenn sie keine Null ist. Die restlichen Stellen werden abgeschnitten.« Damit bekommt man für 12.3750000000392 oder auch für das bereits schon richtige 12.375 die Zahl »12.375«; dagegen wird 37.500 auf »37.50« reduziert. Genau was ich wollte.

Wie würden wir das implementieren? Die Variable `$kurs` enthält den zu verarbeitenden String, also versuchen wir `$kurs =~ s/(\.\d\d[1-9]?)\d*/$1/`. Das ⌈`\.`⌋ am Anfang paßt auf den Dezimalpunkt, die folgenden ⌈`\d\d`⌋ auf die ersten zwei Ziffern nach dem Punkt. Das ⌈`[1-9]?`⌋ paßt nur, wenn die dritte Stelle keine Null ist. Was bisher erkannt wurde, soll erhalten bleiben, deshalb wird es eingeklammert, so daß es in der Variable `$1` aufgefangen wird. Wir werden dieses `$1` im Ersatz-Teil verwenden. Falls der reguläre Ausdruck nur auf gerade das Bisherige paßt, wird der ganze erkannte String durch genau denselben ersetzt – nicht sehr interessant. Nun hört aber unser regulärer Ausdruck nicht nach der Klammer auf. Wenn dieser Teil der Regex auch auf Zeichen im String paßt, werden diese nicht in `$1` abgelegt, kommen damit nicht in den Ersatzteil der Substitution und werden so gelöscht. In unserem Fall sind das alle zusätzlichen Ziffern, die auf das ⌈`\d*`⌋ am Ende der Regex passen.

Wir werden in Kapitel 4 auf dieses Beispiel zurückkommen, wenn wir analysieren, was genau hinter den Kulissen abläuft, wenn ein Muster erkannt wird. Bei Varianten zu diesem Beispiel gibt es einige interessante Punkte zu lernen.

Automatisiertes Editieren von Dateien

Bei einer sehr langsamen Netzverbindung quer über den Pazifik ist mir diese Anwendung untergekommen. Das Netz war wirklich sehr langsam, manchmal dauerte schon das Echo auf ein RETURN mehr als eine Minute. Ich mußte nur wenige Änderungen an einer Datei vornehmen, eigentlich nur überall `sysread` durch `read` ersetzen, um ein wichtiges Programm zum Laufen zu bringen. An simples Editieren mit einem Fullscreen-Editor war bei dieser Verbindung nicht zu denken.

Mit einer einzigen Zeile konnte ich alle nötigen Änderungen erledigen:

```
% perl -p -i -e 's/sysread/read/g' datei
```

---

4 Nach Erscheinen der amerikanischen Ausgabe hat die New Yorker Börse beschlossen, spätestens ab dem Jahr 2000 die Dezimaldarstellung einzuführen. Bis zu diesem »D-Day« sollen allerdings sogar Sechzehntel und nicht nur Achtel verwendet werden. (Anm. d. Ü.)

Was bewirkt $var =~ s/\bJeff\b/Jeff/i?

❖ *Auflösung zum Problem von Seite 48.*

Die Frage ist nur schwierig wegen der Art, wie sie gestellt wurde. Hätte ich `\bJEFF\b` oder `\bjeff\b` oder vielleicht `\bjEfF\b` als regulären Ausdruck angegeben, wären Sie sofort auf die Lösung gekommen. Wegen dem /i wird das Wort »Jeff« ohne Rücksicht auf Groß-/Kleinschreibung gefunden. Es wird dann durch ›Jeff‹ ersetzt, mit genau dieser Schreibweise. /i hat keinerlei Auswirkung auf den Ersatz-Text; andere Modifier, die wir in Kapitel 7 kennenlernen, schon.

Das läßt das Perl-Programm **s/sysread/read/g** ablaufen (Jawohl, das ist das ganze Programm – die -e-Option besagt, daß das ganze Programm als String auf der Befehlszeile folgt). Auch die Perl-Optionen -p und -i werden benutzt, und das Programm bearbeitet die Daten aus der angegebenen Datei. Kurz gesagt wendet diese Kombination von Optionen die Substitution auf jede Zeile in der Datei an; und die geänderte Datei überschreibt die alte.

Beachten Sie auch, daß kein expliziter String angegeben ist, auf den die Substitution wirken soll; das Konstrukt **$var =~** … fehlt. Mit den gegebenen Optionen wendet Perl das Programm auf jede Zeile an. Weil ich /g benutze, bin ich sicher, daß sysread auch dann ersetzt wird, wenn es mehrfach auf einer Zeile vorkommt.

Ich hätte statt nur einer auch mehrere Dateien angeben können. Perl hätte dann die Substitution auf jeder Zeile jeder der angegebenen Dateien vorgenommen. Auf diese Weise kann man mit einem einzigen Befehl sehr effizient eine große Anzahl von Dateien verändern.

Ein kleines Mail-Programm

Ein anderes Beispiel: Wir wollen auf eine E-Mail-Meldung antworten. Die Meldung ist in einer Datei vorhanden, und wir wollen in der Antwort den ursprünglichen Text in der üblichen Art »quoten«. Von den Header-Zeilen sollen alle uninteressanten gelöscht werden, und aus den restlichen soll ein neuer Header gebildet werden.

Die empfangene Meldung sieht so aus:

```
From elvis Thu Feb 29 11:15 1997
Received: from elvis@localhost by tabloid.org (6.2.12) id KA8CMY
Received: from tabloid.org by gateway.net.net (8.6.5/2) id N8XBK
Received: from gateway.net.net Thu Feb 29 11:16 1997
To: jfriedl@oreilly.com (Jeffrey Friedl)
From: elvis@tabloid.org (The King)
Date: Thu, Feb 29 1997 11:15
Message-Id: <1997022939939.KA8CMY@tabloid.org>
```

```
Subject: Be seein' ya around
Content-Type: text
Reply-To: elvis@hh.tabloid.org
X-Mailer: Madam Zelda's Psychic Orb [version 2.4 PL23]

Sorry I haven't been around lately. A few years back I checked
into that ole heartbreak hotel in the sky, ifyaknowwhatImean.
The Duke says "hi".
        Elvis
```

Im Header stehen ein paar interessante Informationen – in den Zeilen mit Datum, Betreff usw. – aber auch viel Irrelevantes, das gelöscht werden soll. Unser Skript soll *mkreply* heißen und soll die Datei *king.in* verarbeiten. Das Programm soll wie folgt aufgerufen werden:

```
% perl -w mkreply king.in > king.out
```

(Zur Erinnerung: Mit der Option -w gibt Perl zusätzliche Warnungen aus; ☞ 36.)

Die erzeugte Datei *king.out* soll etwa so aussehen:

```
To: elvis@hh.tabloid.org (The King)
From: jfriedl@oreilly.com (Jeffrey Friedl)
Subject: Re: Be seein' ya around

On Thu, Feb 29 1997 11:15 The King wrote:
|> Sorry I haven't been around lately. A few years back I checked
|> into that ole heartbreak hotel in the sky, ifyaknowwhatImean.
|> The Duke says "hi".
|>      Elvis
```

Analysieren wir das. Um einen neuen Header zu erzeugen, müssen wir die Adresse (hier elvis@hh.tabloid.org), den vollen Namen des Adressaten (The King), unsere eigene Adresse sowie den Betreff kennen. Für die erste Zeile der Antwort müssen wir auch das Datum der empfangenen Meldung haben.

Die Arbeit kann in drei Schritte aufgeteilt werden:

*   Relevante Informationen aus dem alten Header entnehmen
*   Den neuen Header herausschreiben
*   Die Meldung mit ›|>•‹ eingerückt herausschreiben

Ich greife etwas vor – wir können uns erst um das Verarbeiten von Daten kümmern, wenn wir wissen, wie Daten in ein Programm eingelesen werden. Perl macht das sehr einfach mit dem magischen »<>«-Operator. Dieses merkwürdige Konstrukt liefert die nächste Eingabezeile, wenn man es einer normalen $variable zuweist. Die Eingabezeile kommt aus den Dateien, die auf der Befehlszeile nach der Datei mit dem Perl-Skript angegeben werden; in diesem Falle von *king.in*.

Der zweibuchstabige <>-Operator von Perl soll nicht mit der Output-Umleitung
»> *dateiname*« der Shell oder mit den Perl-Operatoren größer-als/kleiner-als verwech-
selt werden. <> ist einfach Perls merkwürdige Variante einer `getline()`-Funktion.

Wenn alle Zeilen gelesen sind, gibt <> praktischerweise den undefinierten Wert (`undef`,
wird in einer Bedingung als »falsch« interpretiert) zurück. Mit folgender Phrase wird eine
Datei zeilenweise gelesen:

```
while ($zeile = <>) {
    ... verarbeite $zeile ...
}
```

Wir werden so etwas verwenden, aber das Problem verlangt, daß der Header und die
eigentliche Meldung separat behandelt werden. Der Header umfaßt alles bis zur ersten
Leerzeile, was danach kommt, ist der Text der Meldung. Um nur den Header zu lesen,
verwenden wir etwa:

```
# Header verarbeiten
while ($zeile = <>) {
    if ($zeile =~ m/^\s*$/) {
        last; # springt hinter das Ende der while-Schleife
    }
    ... Header-Zeile verarbeiten ...
}
... Rest der Meldung verarbeiten ...
    ⋮
```

Auf das Ende des Headers testen wir mit dem regulären Ausdruck: `^\s*$`. Dieser prüft,
ob der String einen Anfang hat (haben alle), ob darauf eine beliebige Menge Whitespace
folgt (solchen erwarten wir zwar nicht) und darauf das Ende des Strings erreicht wird.[5]
Der einfache Vergleich `$zeile eq ""` kann aus Gründen, die ich später erläutere, nicht
verwendet werden. Mit dem Schlüsselwort `last` wird aus der einschließenden `while`-
Schleife herausgesprungen. Damit ist die Verarbeitung der Header-Zeilen beendet.

Nun können wir nach dem Test auf eine Leerzeile mit den Header-Zeilen tun, was zu
tun ist. Wir wollen daraus Informationen wie das Datum und den Betreff entnehmen.

Um den Betreff herauszuholen, wenden wir eine Technik an, die uns noch öfter
begegnen wird:

```
if ($zeile =~ m/^Subject: (.*)/) {
    $subject = $1;
}
```

---

5 Ich benutze hier das Wort »String« statt »Zeile«, obwohl das in diesem Fall aufs gleiche hinausläuft. Mit
   Perl kann man nämlich einen regulären Ausdruck auch auf Strings anwenden, die mehrzeilige Texte
   enthalten. Die Anker Zirkumflex und Dollar beziehen sich (normalerweise) auf Anfang und Ende eines
   ganzen solchen Strings, und nicht auf die im String enthaltenen Zeilen (allgemeine Diskussion ☞ 86; Perl-
   spezifische Details ☞ 236). Wie gesagt, ist das hier nicht wichtig, weil wir *wissen*, daß $zeile immer nur
   exakt eine Zeile enthält.

Achtung bei ⌜.*⌟

Der Ausdruck ⌜.*⌟ wird häufig benutzt, wenn »beliebig viel von irgendwas« erlaubt sein soll. Der Punkt paßt auf jedes Zeichen (oder, wie in einigen Sprachen und auch in Perl: auf jedes Zeichen außer Newline und/oder Null) und der Stern läßt beliebig viele davon zu, erfordert aber keines. Das kann sehr nützlich sein.

Es gibt hier aber ein paar versteckte Fallen, die dem Benutzer dann gefährlich werden, wenn die Auswirkungen innerhalb größerer Ausdrücke nicht verstanden werden. Kapitel 4 behandelt dies in der Tiefe.

Hier wird versucht, einen String zu finden, der mit ›Subject:•‹ beginnt. Wenn soviel des regulären Ausdrucks paßt, muß der Rest ⌜.*⌟ auf alles passen, was weiter hinten in der Zeile folgt. Weil das ⌜.*⌟ in Klammern steht, können wir nachher $1 benutzen, um den Betreff weiter zu verwenden. In unserem Fall speichern wir den Text einfach in der Variable $subject. Wenn der reguläre Ausdruck nicht paßt (und das wird bei den meisten Zeilen so sein) und also »falsch« zurückgibt, ist auch die Bedingung unwahr, und die Variable $subject wird für eine solche Zeile nicht gesetzt.

Auf ähnliche Art testen wir Zeilen auf Date und Reply-To:

```
if ($zeile =~ m/^Date: (.*)/) {
    $datum = $1;
}
if ($zeile =~ m/^Reply-To: (.*)/) {
    $reply_adresse = $1;
}
```

Die From:-Zeile erfordert etwas mehr Arbeit. Zunächst wollen wir die Zeile, die mit ›From:‹ beginnt, nicht die kryptische ›From•‹-Zeile (ohne Doppelpunkt) am Anfang. Wir wollen:

```
From: elvis@tabloid.org (The King)
```

Diese enthält sowohl die Adresse als auch den vollen Namen des Absenders, und daraus wollen wir den Namen extrahieren.

⌜^From:•(\S+)⌟ paßt bis zur und auf die Adresse. Wie man erraten kann, paßt ⌜\S⌟ auf alles, was *nicht* Whitespace ist (☞ 46). Damit erkennt ⌜\S+⌟ Zeichen bis zum ersten »weißen« Zeichen (oder bis zum Ende des Strings). In unserem Fall ist das die Absenderadresse. Danach sind wir am vollen Namen interessiert, der in Klammern erscheint. Dazu müssen wir auf Klammern testen und benutzen ⌜\(···\)⌟ dazu (die zwei Backslashes werden benötigt, damit die Klammern ihre normale Metazeichen-Bedeutung verlieren). Innerhalb der Klammern sind wir an allem interessiert, außer an weiteren Klammern! Das wäre ⌜[^()]*⌟. (Wiederum: Metazeichen in Zeichenklassen sind verschieden von den »normalen« Regex-Metazeichen. Innerhalb einer Zeichenklasse sind Klammern nichts Spezielles und brauchen keinen Backslash.)

Alles zusammengesetzt ergibt:

`^From: (\S+) \(([^()]*)\)`.

Das sieht mit all den Klammern verwirrend aus, deshalb wird es in Abbildung 2-4 klarer dargestellt.

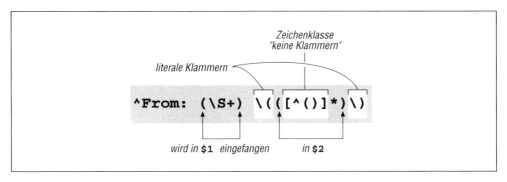

Abbildung 2-4: Verschachtelte Klammern; $1 und $2

Wenn die Regex aus Abbildung 2-4 paßt, haben wir den vollen Namen der Absenders in $2 und auch eine mögliche Rücksendeadresse in $1:

```
if ($zeile =~ m/^From: (\S+) \(([^()]*)\)/) {
    $reply_adresse = $1;
    $from_name = $2;
}
```

Weil nicht alle E-Mail-Meldungen eine `Reply-To`-Headerzeile besitzen, behalten wir $1 als provisorische Rücksendeadresse. Wenn später in der Datei doch eine `Reply-To`-Zeile auftaucht, werden wir $reply_adresse einfach mit dieser Adresse überschreiben. Das Programm sieht nun so aus:

```
while ($zeile = <>) {
    if ($zeile =~ /^\s*$/ ) {          # bei einer Leerzeile...
        last;                          # ...springen wir sofort aus der ›while‹-Schleife.
    }
    if ($zeile =~ m/^Subject: (.*)/) {
        $subject = $1;
    }
    if ($zeile =~ m/^Date: (.*)/) {
        $datum = $1;
    }
    if ($zeile =~ m/^Reply-To: (\S+)/) {
        $reply_adresse = $1;
    }
```

```
    if ($zeile =~ m/^From: (\S+) \(([^()]*)\)/) {
        $reply_adresse = $1;
        $from_name = $2;
    }
}
```

Jede Zeile aus dem Header wird mit jedem regulären Ausdruck verglichen, und wenn die Zeile paßt, wird eine entsprechende Variable gesetzt. Viele Zeilen werden auf keinen der regulären Ausdrücke passen und werden damit ignoriert.

Nach dieser `while`-Schleife können wir den neuen Header ausgeben:

```
print "To: $reply_adresse ($from_name)\n";
print "From: Jeffrey Friedl <jfriedl\@oreilly.com>\n";
print "Subject: Re: $subject\n";
print "\n" ; # Leerzeile trennt Header vom Text der Meldung.
```

Beachten Sie, daß auf der neuen `Subject`-Zeile ein ›`Re:` ‹ eingefügt wird, um anzuzeigen, daß es sich um eine Antwort handelt. Als einführende Zeile geben wir aus:

```
print "On $datum $from_name wrote:\n";
```

Die eigentliche Meldung lesen und schreiben wir Zeile für Zeile und fügen vorne jeweils ein ›`|>` ‹ ein:

```
while ($zeile = <>) {
    print "|> $zeile";
}
```

Wir brauchen hier kein Newline auszugeben, weil wir wissen, daß jede der gelesenen Zeilen ein solches bereits besitzt.

Auch das Einrücken und »Quoten« der Zeilen mit **print "|> $zeile"** ließe sich mit einem Regex-Konstrukt erledigen:

```
$zeile =~ s/^/|> /;
print $zeile;
```

Die Substitution sucht nach einem ⌈^⌉ und findet das (natürlich) am Anfang des Strings. Der reguläre Ausdruck ist zwar erfolgreich, »verbraucht« aber keine Zeichen im String; somit ersetzt die Substitution das »Nichts« am Anfang des Strings durch ›`|>` ‹ – anders ausgedrückt wird ›`|>` ‹ vorne angefügt. Das ist ein unziemlicher Mißbrauch von regulären Ausdrücken für einen banalen Zweck, doch wir werden etwas recht Ähnliches am Ende des Kapitels noch einmal sehen. (Genau genommen haben wir das bereits am Anfang des Kapitels schon gesehen, ich nehme aber nicht an, daß es da aufgefallen ist.)

Probleme aus der Praxis, praxistaugliche Lösungen

Wenn ich Probleme aus der Praxis behandle, müssen auch deren Limitationen aufgezeigt werden. Zunächst muß ich aber betonen, daß es hier darum geht, den Gebrauch von regulären Ausdrücken zu demonstrieren, und Perl macht das einfach. Der Perl-Code ist nicht unbedingt der effizienteste oder der eleganteste, aber ich hoffe, daß er dafür leicht verständlich ist. Ein »echtes« Perl-Programm für das eben behandelte Problem wäre vielleicht nur zwei Zeilen lang.[6]

Nun ist aber die reale Welt weit komplizierter, als wir uns das bei unserem simplen Beispiel gedacht haben. Eine `From:`-Zeile kann eine Reihe von verschiedenen Formaten haben, und unser Programm erkennt nur eins davon. Wenn es aber keine `From:`-Zeile erkennt, wird der Variablen `$from_name` nie etwas zugewiesen. Sie behält damit den undefinierten Wert (eine Art »kein Wert«-Wert), wenn wir sie ausgeben wollen. Eine Lösung wäre die Erweiterung der Regex, so daß alle möglichen Adreß/Namens-Formate erkannt werden; aber das ist ein bißchen viel für dieses Kapitel (sehen Sie am Ende von Kapitel 7 nach). Als ersten Schritt können wir aber folgenden Test einfügen, nachdem der Header eingelesen wurde und bevor der Text der Meldung ausgegeben wird:[7]

```
if (    not defined($reply_adresse)
     or not defined($from_name)
     or not defined($subject)
     or not defined($datum) )
{
    die "Kann nicht alle nötigen Informationen finden!\n";
}
```

Die `defined`-Funktion von Perl gibt an, ob die Variable im Argument einen gültigen Wert besitzt oder nicht; die (»stirb!«) gibt eine Fehlermeldung aus und beendet das Programm.

Ein anderer Punkt ist der, daß unser Programm annimmt, daß eine `From:`-Zeile vor der `Reply-To:`-Zeile auftritt, wenn beide vorhanden sind. Wenn die `From:`-Zeile später kommt, wird `$reply_adresse`, das bereits die korrekte Rückadresse enthält, mit einer vielleicht falschen Adresse überschrieben.

Die wirkliche Praxis

E-Mail-Meldungen werden von sehr vielen verschiedenen Programmen erstellt, und jedes hat seine eigene Vorstellung davon, wie korrekte Header-Zeilen aussehen müßten und wie die Standards zu interpretieren sind. Die Verarbeitung von E-Mail kann daher äußerst vertrackt sein. Ich bin auf dieses Problem gestoßen, als ich an einem Pascal-Programm arbeitete. Dabei ist mir klar geworden, daß die Behandlung dieses Problems ohne reguläre Ausdrücke *extrem* schwierig ist. So schwierig, daß es für mich einfacher

---

6 Das mag eine leichte Übertreibung sein. Das erste Perl-Programm am Anfang des Kapitels zeigt aber deutlich, daß man mit Perl eine ganze Menge Programm auf engsten Raum packen kann. Das liegt zum Teil an den sehr leistungsfähigen regulären Ausdrücken von Perl.

7 Das Programmstück benutzt Dinge, die erst ab Perl Version 5 erlaubt sind, und die ich benutze, um die Lesbarkeit zu verbessern. Benutzer von älteren Versionen müssen not durch ›!‹ und or durch ›||‹ ersetzen.

war, ein kleines Perl-artiges Regex-Paket für Pascal zu schreiben, als das Problem mit »nacktem« Pascal anzugehen. Ich hielt die Kraft und Flexibilität der regulären Ausdrücke für selbstverständlich, bis ich mit einer Welt konfrontiert wurde, in der es sie nicht gab! Es war kein schöner Anblick.

Verdoppelte Wörter, nochmals

Das Problem mit den verdoppelten Wörtern aus Kapitel 1 hat hoffentlich Ihren Appetit auf die Kraft von regulären Ausdrücken geweckt. Ich habe außerdem am Anfang dieses Kapitels ein paar wilde Zeilen Code aufgetischt, die ich die Lösung des Problems genannt habe. Jetzt, da Sie etwas Perl verstehen, können Sie hoffentlich die generelle Form verstehen – das <>, die drei s/…/…/ und das print. Es ist wahrscheinlich noch immer verwirrend. Wenn dies Ihr erster Kontakt mit Perl (und mit regulären Ausdrücken) ist, mag das Folgende etwas schwer verständlich sein.

Von nahem besehen, sind die regulären Ausdrücke gar nicht so kompliziert. Bevor wir das aber tun, ist es sinnvoll, die Problemstellung genauer zu umschreiben, und ein Beispiel der Ausgabe des fertigen Programms anzusehen:

```
% perl -w FindeDoppelt kap1.txt
kap1.txt: aufspürt. Solche Verdoppelungen (wie »das das«) entstehen
kap1.txt: und Kleinschreibung wie bei ›Das das...‹ ignoriert,
kap1.txt: fett gedruckt hervorzuheben: '...das ist <B>sehr</B>
kap1.txt:     sehr wichtig...'.
kap1.txt: Ausdrücken denkt; so daß Sie sie anwenden
kap1.txt: sehr verschieden sein. Ein Programm kennt
kap1.txt: kennt vielleicht dieses oder jenes Zeichen nicht,
   ⋮
```

Nun zum Programm. Dieses Mal benutze ich einige der schmucken Features aus modernem Perl, wie die »erweiterten« regulären Ausdrücke, die sich über mehrere Zeilen erstrecken können und Kommentare erlauben. Abgesehen davon ist das Beispiel auf der nächsten Seite identisch mit dem vom Anfang des Kapitels. Es werden einige Dinge benutzt, die wir noch nicht kennen. Ich werde diese kurz erläutern, muß aber für Details auf die Perl-Dokumentation (oder, wenn es sich um reguläre Ausdrücke handelt, auf Kapitel 7) verweisen. In der folgenden Beschreibung heißt »magisch« so etwas wie »wegen einem Perl-Feature, das Sie vielleicht noch nicht kennen«.

❶ Weil verdoppelte Wörter auf aufeinanderfolgenden Zeilen vorkommen können, scheitert eine Lösung, die wie im E-Mail-Beispiel Zeile für Zeile arbeitet. Wenn die Spezialvariable $/ (ja, das ist eine Variable) auf den angegebenen Wert gesetzt wird, dann liest <> nicht Zeilen, sondern (mehr oder weniger) ganze Abschnitte. Zurückgegeben wird immer noch ein String, der nun aber Newlines und damit mehrere logische Zeilen enthalten kann.

»Verdoppelte Wörter« in modernem Perl

```
$/ = ".\n";    ❶  # ein spezieller Einlese-Modus

while (<>)    ❷
{
    next unless s    ❸
    { # (Regex beginnt hier.)
        ### Ein Wort erkennen:
        \b                      # Wortanfang....
        ( [a-z]+ )              # Wort, setzt $1 (und \1).

        ### Whitespace und/oder <TAGS> dazwischen
        (                       # Zwischenraum in $2 speichern.
            (                   # (Drittes Klammerpaar gruppiert nur.)
                \s              # Whitespace (inkl. Newline, gut in diesem Fall).
            |                   # -oder-
                <[^>]+>         # etwas wie <TAG>.
            )+                  # Mindestens eins davon, aber auch mehr.
        )

        ### Und das gleiche Wort nochmal erkennen:
        (\1\b)                  # \b, damit nicht Wortteile erkannt werden. Setzt $4.

      # (Regex endet hier)
    }
    # Ersatz-String folgt hier, mit den Modifiern /i, /g und /x.
    "\e[7m$1\e[m$2\e[7m$4\e[m"igx;    ❹

    s/^([^\e]*\n)+//mg;    ❺    # Nicht markierte Zeilen löschen.
    s/^/$ARGV: /mg;        ❻    # Jeder Zeile Dateinamen voranstellen.
    print;
}
```

❷ Haben Sie bemerkt, daß der Wert von <> gar nicht einer Variablen zugewiesen wird? Wenn man <> im Bedingungsteil einer while-Anweisung auf diese Art benutzt, weist Perl das Eingelesene einer magischen Variablen[8] zu. Diese Variable wird auch für den String benutzt, der von s/.../.../ bearbeitet wird, und wird von dem print am Ende ausgegeben. Das Arbeiten mit diesen voreingestellten Variablen macht das Programm sehr übersichtlich, aber für Ungeübte auch schwerer verständlich. Ich empfehle, die ausführliche Form zu benutzen, bis man sich an die voreingestellten Werte gewöhnt hat.

❸ Das s auf dieser Zeile ist das vom Substitutionsoperator s/.../.../, der wesentlich flexibler ist, als wir ihn bisher benutzt haben. Ein wunderbares Feature ist, daß man nicht unbedingt drei Slashes benutzen muß, sondern daß fast jede Art von Begrenzungszeichen zulässig ist, so auch die Form s{*Regex*}"*Ersatztext*", die ich hier

---

8 Diese Variable heißt $_ (Jawohl, auch das ist eine Variable). $_ wird bei vielen Operatoren und Funktionen per Voreinstellung benutzt, wenn nicht explizit eine andere Variable angegeben wird.

benutze. Erst fast am Schluß bei ❹ taucht der /x-Modifier auf (»extended«). Mit /x darf man innerhalb der Regex (aber nicht innerhalb des Ersatz-Strings) Whitespace und auch Kommentare anbringen. Das gute Dutzend Zeilen im Regex-Teil der Substitution enthält mehrheitlich Kommentar. Zusammengezogen ist der »wirkliche« reguläre Ausdruck Byte für Byte der gleiche wie der am Anfang des Kapitels.

Mit dem **next unless**[9] vor der Substitution geht Perl zum nächsten Zyklus der while-Schleife, wenn der reguläre Ausdruck in der Substitution nichts gefunden hat und die Substitution keine Wirkung hatte. Wenn keine verdoppelten Wörter gefunden werden, brauchen wir uns nicht weiter mit dem eingelesenen String zu befassen und lesen den nächsten.

❹ Der Ersatz-String ist eigentlich nur "$1$2$4", mit einigen ANSI-Escape-Sequenzen dazwischen, die die gefundenen doppelten Wörter hervorheben, nicht aber, was dazwischen ist. Diese Sequenzen sind \e[7m (Anfang des Hervorhebens) und \e[m (Ende). \e ist Perls Abkürzung für das ASCII-ESC-Zeichen in Strings und regulären Ausdrücken, mit dem ANSI-Escape-Sequenzen beginnen.

Wenn wir die Klammerung der Regex genau anschauen, sehen wir, daß "$1$2$4" alle *Zeichen* enthält, die auf die Regex gepaßt haben. Damit ist die ganze Substitution bis auf das Hinzufügen der Escape-Sequenzen eigentlich nur ein (langsames) NOP, eine »Nicht-Operation«.

Wir wissen, daß $1 das gleiche enthält wie $4 (das ist ja der Sinn des Programms!), also könnte man im Ersatz-String zweimal $1 benutzen und auf das vierte Klammerpaar verzichten. Aber die zwei können sich bezüglich Groß- und Kleinschreibung unterscheiden, daher benutze ich beide.

❺ Nachdem die Substitution im String (der ja mehrere logische Zeilen enthalten kann) alle verdoppelten Wörter markiert hat, möchten wir die nicht mit einem ESC-Zeichen markierten logischen Zeilen entfernen; übrig bleiben die markierten Zeilen.[10] Der /m-Modifier in dieser und der nächsten Substitution bewirkt, daß Perl den abzusuchenden String (hier wieder die voreingestellte Variable $_) auf magische Weise so behandelt, als ob er mehrere logische Zeilen enthielte. Damit ändert sich die Bedeutung des Zirkumflex von »*String*-Anfang« zu »Anfang-einer-*logischen-Zeile*«, es kann damit mitten im String passen, wo eine logische Zeile beginnt. Der reguläre Ausdruck ⌐^([^\e]*\n)+⌐ findet Sequenzen von Zeichen außer ESC, die mit einem Newline enden. Die Substitution mit dieser Regex entfernt diese Sequenzen. Als Resultat bleiben die logischen Zeilen übrig, die mindestens ein ESC-Zeichen enthalten; mithin die logischen Zeilen, die verdoppelte Wörter enthalten.

❻ Die Variable $ARGV enthält auf ebenso magische Weise den Namen der Eingabe-Datei, von der zuletzt gelesen wurde. Zusammen mit /m und /g stellt diese Substitution jeder logischen Zeile im String diesen Dateinamen voran. Cool!

---

9 unless bedeutet in Perl dasselbe wie if !, läßt sich aber (zumindest für Englisch sprechende Mitmenschen) viel leichter lesen. (Anm. d. Ü.)

10 Hier wird angenommen, daß die Datei nicht schon von vornherein ASCII-ESC-Zeichen enthält. Wenn dem nicht so ist, werden Zeilen ohne doppelte Wörter fälschlich ausgegeben.

Am Schluß spuckt print aus, was im String übriggeblieben ist, mit Dateinamen und Escape-Sequenzen. Die while-Schleife wiederholt die ganze Verarbeitung mit allen Strings (es werden hier nicht Zeilen, sondern ganze Abschnitte gelesen) aus der Eingabedatei.

Es ist nichts Besonderes an Perl...

Wie ich am Anfang des Kapitels betont habe, dient Perl hier als Werkzeug, um Konzepte zu demonstrieren. Es ist ein sehr brauchbares Werkzeug, wie sich herausgestellt hat, aber ich will zeigen, daß sich das Problem ohne Schwierigkeiten auch in anderen Sprachen lösen läßt. In Kapitel 3 werden wir eine entsprechende Lösung mit GNU Emacs sehen. Als direkten Vergleich zum vorherigen Programm nun dasselbe in der Sprache Python auf dieser Seite. Auch wenn Sie noch nie eine Zeile Python gesehen haben, werden Sie den unterschiedlichen Ansatz bemerken, mit dem in Python mit regulären Ausdrücken umgegangen wird.

»Verdoppelte Wörter« in Python

```
import sys; import regex; import regsub

reg1 = regex.compile(          # Die drei benutzten Regex vorbereiten
        '\\b\([a-z]+\)\(\([\n\r\t\f\v ]\|<[^>]+>\)+\)\(\\1\\b\)',
        regex.casefold)
reg2 = regex.compile('^\([^\033]*\n\)+')
reg3 = regex.compile('^\(.\)')

for filename in sys.argv[1:]:        # für jede Datei.....
    try:
        file = open(filename)        # versuche, Datei zu öffnen
    except IOError, info:            # Fehlermeldung, wenn nicht...
        print '%s: %s' % (filename, info[1])
        continue                     # ...und dann zur nächsten Iteration

    data = file.read()      # Ganze Datei in ›data‹ einlesen, Regex anwenden
    data = regsub.gsub(reg1,  '\033[7m\\1\033[m\\2\033[7m\\4\033[m', data)
    data = regsub.gsub(reg2, '', data)
    data = regsub.gsub(reg3, filename + ': \\1', data)
    print data,             # alles ausgeben
```

Die meisten Unterschiede sind in der Art begründet, wie mit den Daten umgegangen wird. Perl wurde ursprünglich für diese Art von Textverarbeitung entwickelt und erledigt vieles auf magische Weise. Python ist viel »sauberer« insofern, als daß die Schnittstellen sehr konsistent sind. Der Preis dafür ist der, daß alltägliche Sachen wie das Öffnen von Dateien von Hand besorgt werden müssen.[11]

---

11 Das ist genau das, was Perl-Fans an Perl lieben und an Python bemängeln; und das, was Python-Liebhaber an Python lieben und bei Perl hassen.

Die Geschmacksrichtung von Pythons Regex ist in einem Aspekt sehr von der bei Perl oder *egrep* verschieden: Man benötigt eine Unmenge von Backslashes. Zum Beispiel ist ⌜(⌟ nicht ein Metazeichen – ⌜\(...\)⌟ wird für das Gruppieren und Extrahieren von Substrings gebraucht. Auch die Abkürzung \e für das ESC-Zeichen wird nicht unterstützt. Ich habe es direkt mit dem ASCII-Code (\033) eingegeben. Außer einem Detail bei ⌜^⌟, das ich sofort erkläre, sind diese Unterschiede ziemlich oberflächlicher Natur, und die regulären Ausdrücke funktionieren auf die gleiche Weise wie im Perl-Beispiel[12].

Ein anderer interessanter Punkt ist der, daß in Pythons `gsub` (»globale Substitution«, analog zu `s/.../.../` in Perl) das `\\1` in der Regex wie auch im Ersatz-String benutzt wird. Um von außerhalb der Substitution darauf zuzugreifen, hat Python eine dritte Notation, `regex.group(1)`. Sie werden sich erinnern: Perl benutzt ⌜\1⌟ innerhalb der Regex, und überall sonst `$1`. Gleiches Konzept, verschiedener Ansatz.

Ein nicht so oberflächlicher Unterschied mit Bezug zu regulären Ausdrücken ist der, daß Pythons ⌜^⌟ das letzte Newline am Schluß einer Datei als Zeilenbeginn ansieht. Das wirkt sich in unserem Beispiel so aus, daß eine zusätzliche Zeile `filename:` ausgegeben wird, wenn wir als dritte Regex die gleiche (⌜^⌟) wie in Perl verwendeten. Um den Unterschied zu umgehen, hatte ich einfach gefordert, daß die dritte Regex außer dem Zeilenbeginn noch nach einem weiteren Zeichen irgendwelcher Art verlangt, und daß die dritte Substitution dieses Zeichen wieder einfügt. Das einsame Newline am Ende der Eingabe-Datei paßt damit nicht mehr auf die modifizierte Regex.

---

12 Gut, ich gebe zu, daß es hier noch einen Unterschied geben *kann*. Das `\s` von Perl verläßt sich auf eine Funktion in der C-Bibliothek, um zu entscheiden, was ein »weißes« Zeichen sein soll und was nicht. In meiner Python-Regex sage ich dagegen explizit, was ich als Whitespace ansehe: ⌜[\n\r\t\f\v●]⌟.

In diesem Kapitel:

- **Ein Spaziergang durch die Landschaft der regulären Ausdrücke**
- **Kurzer Überblick**
- **Wartung und Pflege**
- **Motoren, Zierleisten**
- **Übliche Metazeichen**
- **Führer durch die Kapitel für Fortgeschrittene**

3

Features und Geschmacksrichtungen

Wir haben im Umgang mit zwei recht verschiedenen Werkzeugen (Perl und *egrep*) ein Gefühl für den Gebrauch von regulären Ausdrücken entwickelt, und man könnte denken, daß mit dieser Erfahrung reguläre Ausdrücke überall anwendbar wären. Ich hoffe, daß das Python-Beispiel am Ende des letzten Kapitels gezeigt hat, daß andere Werkzeuge reguläre Ausdrücke in *kraß* unterschiedlicher Weise darstellen und benutzen. Das ist nicht so tragisch, wie es zunächst aussieht, weil man sich sehr schnell an einen anderen Dialekt von regulären Ausdrücken gewöhnt, wenn man ein Werkzeug häufig benutzt; aber man muß sich der Unterschiede bewußt sein.

Das Ziel dieses Kapitels

Zunächst sei gesagt, was dieses Kapitel *nicht* ist: Es ist weder ein Nachschlagewerk für die feinen Charakteristika und Details aller möglichen Werkzeuge, noch werde ich für jedes der Werkzeuge ausführliche Beispiele diskutieren. Es ist auch nicht das Ziel, alle in der Welt der regulären Ausdrücke bekannten Metazeichen aufzulisten.

Das Ziel ist, eine globale Übersicht über die verschiedenen Dialekte von regulären Ausdrücken und über die Werkzeuge zu geben, in denen sie implementiert sind. Wenn Sie Höhlenbewohner sind und kaum Kontakt zu anderen haben, kann es Ihnen egal sein, ob es andere Werkzeuge gibt als die, die Sie benutzen, ob diese Werkzeuge nur Varianten sind oder ob sie sich anders verhalten. Das wird jedoch kaum der Fall sein, und daher ist es recht nützlich zu wissen, wie die heute verfügbaren Sprachen und Programme miteinander verwandt sind.

Es ist auch recht vorteilhaft, sich damit vertraut zu machen, wie verschiedene Werkzeuge das gleiche Problem behandeln; dieses Kapitel gibt einen Vorgeschmack darauf, die Hauptmahlzeit folgt in den späteren. Das Wissen um die verschiedenen Herangehensweisen hilft, sich schnell mit neuen Sprachen und Programmen zurechtzufinden; und nicht zuletzt hilft es, für ein bestimmtes Problem das richtige Werkzeug zu wählen.

Bevor wir ein sicheres Gefühl dafür hatten, was reguläre Ausdrücke überhaupt sind, hatte es wenig Sinn, viele verschiedene Geschmacksrichtungen auszuprobieren. Jetzt aber sollen reguläre Ausdrücke aus einer weiteren Perspektive betrachtet werden. Das ist wichtig, bevor wir uns in Kapitel 4 und den folgenden um die Details kümmern. (Der Abschnitt »Führer durch die Kapitel für Fortgeschrittene« auf Seite 89 beschreibt, wie da vorgegangen wird.)

Ein Spaziergang durch die Landschaft der regulären Ausdrücke

Ich möchte zunächst einen kleinen Abriß über die Evolution der regulären Ausdrücke und der damit verbundenen Programme präsentieren. Holen Sie sich eine Tasse (oder ein Glas) ihres Lieblingsgebräus und lehnen Sie sich zurück, wenn ich aus der manchmal verschlungenen Geschichte erzähle, die zu den heutigen regulären Ausdrücken geführt hat. Der Zweck ist einmal der, etwas Farbe ins Bild zu bringen, aber auch aufzuklären, warum die Dinge heute so sind, wie sie sind.

Grep, und wie es die Welt sah

Ich beginne mit *grep*, dem Ahnvater von *egrep* und dem wahrscheinlich bekanntesten Programm, das reguläre Ausdrücke benutzt. Auf Unix gibt es *grep* seit der Mitte der 70er Jahre, und es ist auf so ziemlich jedes moderne System portiert worden. Allein für DOS gibt es Dutzende von verschiedenen (und manchmal unglaublich verschiedenen) *grep*s.

Man sollte denken, daß ein so altes und weitverbreitetes Programm standardisiert worden wäre, aber das ist leider nicht der Fall. Das liegt eben an der historischen Entwicklung, deren frühe Pfade ich jetzt verfolge.

Die Zeit vor grep

Die Keime zu regulären Ausdrücken wurden in den frühen 40er Jahren von zwei Neurophysiologen angelegt. Warren McCulloch und Walter Pitts hatten Modelle dafür entwickelt, wie nach ihrer Meinung das Nervensystem auf der Ebene der Neuronen arbeitet.[1] Reguläre Ausdrücke wurden ein paar Jahre später Realität, als der Mathematiker Stephen Kleene für diese Modelle eine Algebra formulierte und diese *reguläre Mengen*

---

1 »A logical calculus of the ideas immanent in nervous activity«, zuerst erschienen in *Bulletin of Math. Biophysics* 5 (1943), Neuabdruck in *Embodiments of Mind* (MIT Press, 1965). Der Artikel beginnt mit einer interessanten Zusammenfassung darüber, wie Nervenzellen (Neuronen) funktionieren (wußten Sie, daß die Geschwindigkeit von Nervenimpulsen zwischen einem und 150 m/s variiert?). Dann aber besteht der Artikel fast nur aus Formeln, die für mich, im Wortsinn, griechisch aussehen.

nannte. Er entwarf auch eine einfache Notation dafür und nannte diese *Regular Expressions*, eben reguläre Ausdrücke.

In den 50er und 60er Jahren wurden reguläre Ausdrücke zu einem beliebten Forschungsgebiet in der theoretischen Mathematik. Robert Constable hat dazu einen guten Übersichtsartikel[2] für den mathematisch Interessierten veröffentlicht. Es gibt Hinweise auf frühere Arbeiten, aber die erste Veröffentlichung über den Gebrauch von regulären Ausdrücken im Zusammenhang mit Computern, die ich gefunden habe, ist der Artikel von Ken Thompson aus dem Jahr 1968, *Regular Expression Search Algorithm*[3], in dem er einen Compiler für reguläre Ausdrücke beschreibt, der Maschinencode für die IBM 7094 erzeugte. Diese Arbeit führte zu *qed*, einem Editor, der die Basis für den Unix-Editor *ed* abgab. Erstaunlicherweise waren die regulären Ausdrücke von *ed* nicht so mächtig wie die früheren von *qed*, aber sie waren die ersten, die von einer größeren Benutzergemeinde eingesetzt wurden und nicht nur Forschungsthema waren. *ed* hatte (und hat) einen Befehl, der Zeilen ausgibt, die auf einen regulären Ausdruck passen. Dieser Befehl, »g/*Regular Expression*/p«, bedeutete »Global Regular Expression Print«. Dieser *ed*-Befehl war so beliebt, daß ein eigenes Programm dafür geschrieben wurde, und damit war *grep* geboren.

Metazeichen bei grep

Die regulären Ausdrücke dieser frühen Programme waren sehr limitiert, auch im Vergleich zu *egrep*. Das Metazeichen * wurde unterstützt, aber weder + noch ? (das Fehlen des Fragezeichens ist ein besonders schwerwiegender Nachteil). Die Metazeichen zur Gruppierung waren `\(...\)`, normale Klammern waren Literale.[4] *grep* unterstützte Zeilenanker, aber nur in eingeschränkter Form. Wenn ^ am Anfang einer Regex vorkam, war es ein Metazeichen für den Zeilenanfang, wie in *egrep* oder Perl. Sonst aber war es ein normales Zeichen, ein literales Zirkumflex. Analog war $ nur als letztes Zeichen eines regulären Ausdrucks das Zeilenende-Metazeichen. Damit konnte man Dinge wie `end$|^start` nicht schreiben, was aber nicht weiter tragisch war, denn auch die Alternation wurde nicht unterstützt!

Die Art, wie Metazeichen untereinander zusammenspielen, ist auch wichtig. Die vielleicht ernsthafteste Einschränkung von *grep* war die, daß sich der Stern nicht auf eine geklammerte Gruppe beziehen konnte, sondern nur auf Literale, Zeichenklassen oder den Punkt. Damit waren die Klammern bei *grep* nur dazu nützlich, sich Text zu merken, der weiter vorne im regulären Ausdruck gepaßt hatte (wie etwa in `\([a-z]+\)•\1`, das verdoppelte Wörter findet); aber nicht für das Bilden von Gruppen im allgemeinen.

---

2   Robert L. Constable, »The Role of Finite Automata in the Development of Modern Computing Theory,« in *The Kleene Symposium*, hrsg. von Barwise, Keisler und Kunen (North-Holland Publishing Company, 1980), S. 61-83.

3   *Communications of the ACM*, Vol. 11, No. 6, Juni 1968.

4   Ein historisches Detail: *ed* (und damit *grep*) benutzt `\(...\)` statt Klammern ohne Backslash, weil Ken Thompson dachte, daß reguläre Ausdrücke vor allem im Zusammenhang mit C-Programmen benutzt würden, und daß dabei literale Klammern viel häufiger vorkommen würden als Rückwärtsreferenzen.

The Times They Are a-Changin'

Grep entwickelt sich

Obwohl es *grep* auf vielen modernen Systemen gibt, habe ich eben die Vergangenheitsform benutzt. Das bezog sich nämlich auf die ursprünglichen Versionen von *grep*, also 20 Jahre alte und ältere. Mit dem Fortschreiten der Entwicklung werden solche Programme oftmals überholt und erweitert, und *grep* ist da keine Ausnahme.

Dabei erhielt *grep* bei AT&T Bell Labs ein paar neue Merkmale, etwa die \{*min,max*\}-Notation (im Kapitel 1 erwähnt) vom *lex*-Programm. Außerdem wurde die –y-Option korrigiert, die bei frühen Versionen Groß- und Kleinschreibung ignorieren sollte, die aber nie zuverlässig funktioniert hat. Etwa zur selben Zeit fügten Leute in Berkeley Metazeichen für Wortgrenzen hinzu und benannten die –y-Option in –i um. Den Stern oder andere Quantifier konnte man leider noch immer nicht auf geklammerte Unterausdrücke anwenden.

Egrep entwickelt sich

Zu dieser Zeit schrieb Alfred Aho *egrep*, das ein wesentlich reicheres Spektrum von Metazeichen kannte; die meisten davon haben wir in Kapitel 1 kennengelernt. Wichtiger ist aber, daß er diese in einer völlig anderen (und im allgemeinen besseren) Art implementierte (Auf diese verschiedenen Methoden zur Implementierung von regulären Ausdrücken konzentrieren sich die nächsten zwei Kapitel). Plus und Fragezeichen wurden hinzugefügt, die sich nun auch auf Unterausdrücke beziehen konnten; damit erhielten die regulären Ausdrücke von *egrep* wesentlich größere Ausdruckskraft.

Auch die Alternation kam dazu, und die Zeilenanker wurden zu vollwertigen Metazeichen, so daß sie überall im regulären Ausdruck benutzt werden konnten. *egrep* hatte aber auch schwere Probleme – manchmal wurde ein Treffer gefunden, aber nicht ausgegeben – und manche der heute viel verwendeten Optionen waren noch nicht dabei. Trotzdem war es ein wesentlich brauchbareres Werkzeug.

Neue Spezies entstehen

Um dieselbe Zeit entwickelten sich auch Programme wie *awk*, *lex* und *sed* weiter, sie wuchsen jedoch oft in eine eigene Richtung. Oft haben Entwickler versucht, Features vom einen Programm in ein anderes einzubauen. Manchmal endete dies in einem Mißerfolg. Wenn zum Beispiel das Plus-Metazeichen zu den vorhandenen von *grep* hinzugefügt werden soll, kann nicht einfach + benutzt werden; es gibt viel zu viele Skripten, bei denen *grep* mit einem ›+‹ als literalem Zeichen benutzt wird. Dagegen ist »\+« nicht etwas, was ein *grep*-Benutzer häufig braucht, und kann deshalb als neues »Eins-oder-mehr«-Zeichen eingeführt werden, ohne daß Benutzer umlernen müssen.

Manchmal entstehen neue Fehler (»Bugs«), wenn in ein Programm neue Features eingebaut werden. Manchmal wird ein neues Feature wieder entfernt. Die Werkzeuge waren schlecht dokumentiert, und schon gar nicht die subtilen Punkte, die die Geschmacksrichtung von regulären Ausdrücken ausmachen. Viele der neu entstehenden Programme haben versucht, Bestehendes nachzuahmen, und dabei wurde jeweils fast unweiger-lich eine neue Geschmacksrichtung erfunden.

Wenn eine solche Änderung mehrfach stattfindet, gibt es eine große Konfusion (beson-ders, wenn man versucht, mit vielen oder allen Werkzeugen gleichzeitig zu arbeiten[5]). Der aufgewirbelte Staub setzte sich ein bißchen, als Henry Spencer 1986 ein Regex-Paket veröffentlichte. Dieses machte er frei verfügbar – zu der Zeit ein absolutes Novum – so daß es jeder in sein Programm einbauen konnte. Jedes Programm, das diese Biblio-thek benutzte (das waren und sind sehr viele), hatte automatisch die gleiche, konsisten-te Regex-Geschmacksrichtung (außer der Autor hätte sich die Mühe gemacht, das Paket zu verändern).

Kurzer Überblick

Die kleine Tabelle mit ein paar Eigenschaften einiger vielbenutzter Programme gibt einen Eindruck darüber, wie verschieden die Dialekte geworden sind. Die Tabelle 3-1 ist nur summarisch, es ist eine gekürzte und vereinfachte Version der Tabelle 6-1 auf Seite 186.

Tabelle 3-1: Summarischer Überblick über die Geschmacksrichtungen einiger Programme

Feature	Modernes *grep*	Modernes *egrep*	*awk*	GNU Emacs Version 19	Perl	Tcl	*vi*
*, ^, $, [⋯]	✓	✓	✓	✓	✓	✓	✓
? + |	\? \+ \\|	? + |	? + |	? + \\|	? + |	? + |	\? \+ •
Gruppenbildung	\(⋯\)	(⋯)	(⋯)	\(⋯\)	(⋯)	(⋯)	\(⋯\)
Wortgrenzen	•	\< \>	•	\< \> \b,\B	\b,\B	•	\< \>
\w, \W	•	✓	•	✓	✓	•	•
Rückwärtsreferenzen	✓	•	•	✓	✓	•	✓

Diese Art von Tabelle findet man oft in Büchern, um die Unterschiede zwischen den verschiedenen Programmen zu illustrieren. Aber sie zeigt nur die Spitze des Eisbergs – zu jedem angegebenen Feature gibt es ein Dutzend feine, aber wichtige Punkte, die nicht dargestellt sind. Unter anderem:

- Können der Stern und die anderen Quantifier auf Klammerausdrücke angewendet werden?

- Enthält die Zeichenklasse »Punkt« das Newline? Enthalten negierte Zeichenklassen das Newline? Wie steht's mit dem Nullzeichen?

- Sind Zeilenanker wirklich *Zeilen*anker, oder eher *Such-String*anker? Oder beides? Keins von beiden? Sind es vollwertige Metazeichen, oder sind sie nur an bestimmten Orten in regulären Ausdrücken zugelassen?

---

5 Wie zum Beispiel jemand, der ein Buch über reguläre Ausdrücke schreibt. Fragen Sie mich, ich kann ein Lied davon singen!

- Sind Escapes (mit Backslash) in Zeichenklassen erlaubt? Was ist sonst in Zeichen-klassen erlaubt und was ist verboten?

- Dürfen Klammern verschachtelt werden, und wenn, wie tief? Wie viele Klammer-paare sind im ganzen Ausdruck erlaubt?

- Sind oktale Escapes (wie \033) erlaubt? Wenn sie erlaubt sind, wie wird der Konflikt mit Rückwärtsreferenzen aufgelöst? Hexadezimale Escapes? Ist es *wirklich* die Regex-Maschine, die oktale oder hexadezimale Escapes zuläßt, oder ist es ein anderer Teil des Werkzeugs?

- Paßt ⌈\w⌋ nur genau auf alphanumerische Zeichen oder auch auf andere? (Alle drei Programme in Tabelle 3-1, die \w unterstützen, interpretieren dieses \w unterschiedlich!).

- Falls \n unterstützt wird, was genau bedeutet es? Gibt es andere »Abkürzungs«-Metazeichen?

Vieles muß also berücksichtigt werden, auch bei einer netten kleinen Übersicht wie Tabelle 3-1. Solange man sich der schmutzigen Wäsche hinter der sauberen Fassade bewußt ist, macht das keine großen Probleme. Behalten Sie, daß sich viele Programme von Hersteller zu Hersteller und auch von Version zu Version unterscheiden. In Tabelle 3-1, die ja nur einen Einblick gibt, habe ich mich auf die häufigsten Eigenschaften von neuen Versionen beschränkt. Die GNU-Versionen der meisten gängigen Programme unterstützen fast immer mehr, und sie sind zudem meist stabiler als andere.

Die semantischen Unterschiede darin, wie ein Programm versucht, einen regulären Aus-druck anzuwenden (oder mindestens, wie es von außen aussieht), sind ein *extrem wichtiger* Faktor, der sonst meist übersehen wird. Wenn man verstanden hat, daß ein regulärer Ausdruck aus *awk* wie ⌈(Jul|July)⌋ für GNU Emacs so umgeschrieben werden muß: ⌈\(Jul\|July\)⌋, dann ist man versucht zu glauben, daß alles andere gleich sei. Das ist nicht immer der Fall – es gibt durchaus Situationen, bei denen scheinbar gleichwertige Ausdrücke verschiedene Resultate erbringen (dies ist so ein Fall). Wie werden diesen wichtigen Punkt im nächsten Kapitel behandeln.

Natürlich ist es oft wichtiger, was ein bestimmtes Programm mit einem regulären Aus-druck überhaupt tun *kann*, als *wie* es das tut, oder welche Geschmacksrichtung es vertritt. Wenn Perls reguläre Ausdrücke schwächlicher wären als die von *egrep*, wäre die Flexibilität, mit der man reguläre Ausdrücke in Perl anwenden kann, noch immer ein Gewinn. Auch wenn Tabelle 3-1 interessante Einblicke bietet, kann man den *Nutzen* eines Programms nicht auf dieser Grundlage beurteilen. In Kapitel 6 behandle ich die Evaluierung der Geschmacksrichtung von regulären Ausdrücken verschiedener Werkzeuge genauer.

POSIX

POSIX, kurz für Portable Operating System Interface, ist ein Standard, dessen Ziel es ist, die Portabilität von Programmen zwischen verschiedenen Betriebssystemen sicherzustellen. Innerhalb dieses sehr ambitiösen Standards gibt es auch Spezifikationen für reguläre Ausdrücke und viele der traditionellen Programme, die sie benutzen.

POSIX ist ein Versuch, die Unordnung aufzuräumen, die zu Tabelle 3-1 geführt hat. Zu diesem Zweck destilliert POSIX aus den zig vorhandenen Varianten genau zwei Typen von regulären Ausdrücken heraus: *Basic Regular Expressions* (BREs, »Grundlegende reguläre Ausdrücke«) und *Extended Regular Expressions* (EREs, »Erweiterte reguläre Ausdrücke«). Voll POSIX-konforme Systeme müssen eines von beiden unterstützen, und nur wenige programmspezifische Erweiterungen sind zugelassen. Tabelle 3-2 stellt die Metazeichen der zwei POSIX-Varianten vor.

Tabelle 3-2: POSIX Regex-Varianten

Regex-Feature	BRE	ERE
Punkt, ^, \$, [···], [^···]	✓	✓
*, +, ?, {*min,max*}	*, •, •, {*min,max*}	*, +, ?, {*min,max*}
Gruppenbildung	\(···\)	(···)
Quantifier wirken auf Klammerausdrücke	✓	✓
Rückwärtsreferenzen	\1 bis \9	•
Alternation	•	✓

Diese Tabelle ist wie Tabelle 3-1 ziemlich oberflächlich. Zum Beispiel ist das Dollarzeichen bei BREs nur am Ende eines regulären Ausdrucks ein Metazeichen (oder, falls ein Programm diese Erweiterung zuläßt, auch nach einer geschlossenen Klammer). In EREs ist das Dollarzeichen überall außer in Zeichenklassen ein Metazeichen. Wir werden in diesem ganzen Kapitel auf solche Unterschiede stoßen.

Ich gebe zu, daß ich mit einigen Punkten von POSIX nicht besonders vertraut bin, weil ich noch nie mit einem Programm gearbeitet habe, das voll POSIX-konform ist. Es gibt dagegen einige Programme, die *Teile* des POSIX-Standards implementieren, und das auch auf Plattformen, die von Haus aus nicht POSIX-konform sind. Es kann sich daher auszahlen, etwas darüber zu wissen. Wir beginnen mit dem Begriff *Locale* aus POSIX.

POSIX-Locale

Ein Punkt in den POSIX-Standards ist das Konzept eines *Locale*. Das sind Einstellungen, mit denen ein System an die sprachlichen und kulturellen Konventionen einer bestimmten Umgebung angepaßt werden kann. Es geht hier um Dinge wie die Darstellung von Kalenderdaten, Uhrzeiten, Geldbeträgen, die Interpretation von Zeichen in der gewählten Kollationssequenz und anderes mehr. Damit wird eine Internationalisation der Programme angestrebt. Es handelt sich nicht um ein Regex-spezifisches Konzept, aber es hat Auswirkungen auch auf den Gebrauch von regulären Ausdrücken.

Wenn ich in einem Locale arbeite, das den *Latin-1*-Zeichensatz (ISO-8859-1) benutzt, dann werden Zeichen wie Ä und ä als »Buchstaben« (alphabetische Zeichen) behandelt, und Programme, die Groß- und Kleinschreibung ignorieren, betrachten diese zwei als identisch. Diese liegen außerhalb des ASCII-Bereichs[6] und würden von den meisten Programmen sonst als Binärdaten betrachtet.

⌈\w⌉, wird oft als Abkürzung für ein »Wort-Zeichen« benutzt (dasselbe wie ⌈[a-zA-Z0-9]⌉). Dies wird von POSIX nicht gefordert, aber es ist erlaubt. Wenn ⌈\w⌉ unterstützt wird, dann paßt es auf alle alphabetischen Zeichen, nicht nur auf die Buchstaben des englischen Alphabets.

Kollationssequenzen nach POSIX

Ein Locale kann *Kollationssequenzen* definieren und damit angeben, wie Zeichen oder Zeichenkombinationen beim Sortieren und ähnlichem behandelt werden sollen. Zum Beispiel wird im Spanischen das ll (etwa in *tortilla*) traditionell wie ein einziges Zeichen behandelt und im Alphabet zwischen l und m eingereiht, und im deutschen Alphabet kommt das ß zwischen s und t zu liegen, wird aber beim Sortieren wie die zwei Zeichen ss behandelt. Solche Regeln werden in Kollationssequenzen vereinbart, die beispielsweise span-ll oder eszet heißen könnten.

Also kann in einer Kollationssequenz eine Zeichenkombinationen als *ein* Zeichen gelten (wie beim span-ll). Das bedeutet, daß die Zeichenklasse [a-z] in ⌈torti[a-z]a⌉ auf das »Zwei-Zeichen«-Zeichen in tortilla paßt. Und weil ß zwischen s und t eingereiht wird, kommt es auch in der Zeichenklasse ⌈[a-z]⌉ vor.

Unterstützung für Locales – durch die Hintertür!

Locales können auch in Programmen eine Rolle spielen, die nicht für sich in Anspruch nehmen, POSIX-konform zu sein. Manchmal sogar, ohne daß der Programmierer das weiß! Die meisten Werkzeuge sind in C oder C++ geschrieben und benutzen Standardfunktionen, um festzustellen, ob ein Zeichen ein alphanumerischer Buchstabe, eine Ziffer oder was immer ist. Wenn ein solches Nicht-POSIX-Programm auf einem System übersetzt wird, dessen C-Bibliothek POSIX-konform ist, dann kann es sein, daß das Programm in gewissem Maß auf Locales achtet. Es kann aber auch sein, daß der Programmierer für die Groß-/Kleinbuchstaben-Umwandlung eine Bibliotheksfunktion benutzt hat, nicht aber, um \w zu unterstützen.[7]

Manche Programme unterstützen Locales explizit, aber oft nur in kleinem Ausmaß. Perl, Tcl und GNU Emacs sind dafür Beispiele. Perls \w und /i achten wie oben beschrieben auf Locales, aber der Punkt und Zeichenklassen-Bereiche wie ⌈[a-zA-Z]⌉ sind blind dafür. Weitere Beispiele dazu gibt es im Abschnitt »Übliche Metazeichen« (☞ 76).

---

6 Mit ASCII ist hier und im weiteren der ursprüngliche, nicht erweiterte, nicht abgewandelte 7-Bit-Zeichensatz gemeint, der keine Umlaute oder akzentuierte Zeichen enthält. (Anm. d. Ü.)

7 Der URL-Kodierer auf Seite 261 benutzt jetzt ⌈[^a-zA-Z0-9]⌉. In der ersten englischen Auflage dieses Buches war das ein ⌈\w⌉. Ein Freund von mir bekam Probleme damit und mit einigen Nicht-ASCII-Zeichen wie »à« und »é«. Er erwartete, daß diese Zeichen zu ⌈\w⌉ gehörten, für Perl gehörten sie im gewählten Locale zu ⌈\w⌉.

Wartung und Pflege von regulären Ausdrücken

Nahe verwandt mit regulären Ausdrücken ist die Art, wie diese von den verschiedenen Programmen syntaktisch verpackt werden. Jedem Programm muß man auf eine bestimmte Art sagen können: »He, hier ist eine Regex, und das soll damit gemacht werden«. *egrep* ist ein sehr einfacher Fall: die Regex wird in der Argumentenliste übergeben. Wenn hier wie im ersten Kapitel Hochkommas benutzt werden, dann nicht wegen *egrep* an sich, sondern um eine Interpretation der Metazeichen durch die Shell zu vermeiden. Wenn bei anderen Werkzeugen reguläre Ausdrücke in vielfältigerer Weise benutzt werden, müssen sie da auch aufwendiger verpackt werden, damit das System erkennt, was ein regulärer Ausdruck ist, und was mit ihm zu tun ist.

Dieser Abschnitt zeigt kurz auf, wie reguläre Ausdrücke in verschiedenen Programmen gehandhabt werden. Ich beginne wieder mit Perl, und vergleiche diese Art mit der von anderen Werkzeugen. Ich gehe nicht so sehr in die Tiefe; es geht hier nur darum, ein paar Schlüsselkonzepte anzusehen und ein Gefühl für die verschiedenen Herangehensweisen zu bekommen.

Eine Regex identifizieren

In den vorhergehenden Kapiteln haben wir uns mit Perl befaßt, einer ausgewachsenen Programmiersprache mit vielen Operatoren. Unter diesen braucht es natürlich eine bestimmte Syntax, um Perl mitzuteilen, daß hier ein regulärer Ausdruck benutzt wird. Das Konstrukt m/…/ bedeutet, daß hier mit einer Regex gesucht werden soll. Der Operator =~ verknüpft diese Regex-Suche mit dem abzusuchenden String (das m kann weggelassen werden, oder es können praktischerweise andere Symbole statt den Schrägstrichen benutzt werden). Die Schrägstriche gehören nicht zur Regex, sie dienen lediglich zu deren Begrenzung, damit die Regex innerhalb des Skripts erkannt wird. Das ist die angesprochene syntaktische Verpackung.

Eine erkannte Regex anwenden

Natürlich geht es bei regulären Ausdrücken um mehr als nur um das Finden von Textstücken. Der Substitutionsoperator von Perl, **$var =~ s/***Regex***/***Ersatztext***/**, ist dafür ein gutes Beispiel. Er sucht in der Variablen $var nach Text, der auf die Regex paßt, und ersetzt diesen Text mit dem aus dem Ersatz-String. Durch Anhängen von /g wird daraus ein »globales« Ersetzen. Das bedeutet, daß nach dem ersten Ersetzen der Rest des Strings nach weiteren Substitutionsmöglichkeiten abgesucht wird. Bei diesem »Suchen-und-Ersetzen« ist der Ersatz-String *kein* regulärer Ausdruck. Trotzdem hat er wie andere Konstrukte seine eigenen Metazeichen. Der Befehl

```
$var =~ s/[0-9]+/<CODE>$&<\/CODE>/g
```

verpackt jede Zahl in $var in <CODE>…</CODE>. Der Backslash schützt den Slash im Ersatzstring <CODE>$&<\/CODE>, weil ja Slashes auch als Begrenzer dienen. Die Perl-Variable $& enthält den Text, der zuletzt mit einem regulären Ausdruck gefunden wurde (in diesem Fall, mit ⌈[0-9]+⌋ aus dem ersten Teil des Befehls).

Man kann auch andere Begrenzer verwenden: Wenn wir das Ausrufezeichen statt dem sonst üblichen Schrägstrich benutzen, sieht das Beispiel so aus:

```
$var =~ s![0-9]+!<CODE>$&</CODE>!g
```

Jetzt ist der Backslash zum Schutz des / im Ersatz-String nicht mehr notwendig, der Slash ist nun nicht mehr Begrenzer und damit ein normales Zeichen.

Es ist wichtig, zu sehen, daß der reguläre Ausdruck in

```
$var =~ m/[0-9]+/;
$var =~ s/[0-9]+/a number/g;
$var =~ s![0-9]+!<CODE>$&</CODE>!g;
```

überall der gleiche ist. Der Unterschied ist das, was das Werkzeug, Perl, damit anstellt.

Reguläre Ausdrücke in anderen Programmen

Wie nicht anders zu erwarten, benutzen andere Programme unterschiedliche Notationen, um das gleiche zu bewirken. Wir werden hier ein paar andere Werkzeuge anschauen (die meisten davon außerdem genauer in Kapitel 6).

Awk

In *awk* wird mit /*regex*/ die aktuelle Eingabezeile abgesucht, und mit var ~ ... wird diese Regex auf Strings in Variablen angewendet. Man sieht, woher Perl seine =~-Notation hat – der Substitutionsoperator in Perl ist dagegen der von *sed*. Die frühen Versionen von *awk* hatten keinen Substitutions-Befehl mit regulären Ausdrücken, moderne Versionen kennen die sub(...)-Funktion. Der Befehl **sub(/flasch/, "falsch")** wendet die Regex ⌈flasch⌉ auf die aktuelle Zeile an und ersetzt das erstes Vorkommen darin durch falsch. Dies ist mit s/flasch/falsch/ in Perl vergleichbar.

Für mehrfaches Ersetzen innerhalb der Zeile benutzt *awk* keinen Modifier wie /g in Perl, sondern eine andere Funktion: **gsub(/flasch/, "falsch")**.

Tcl

Tcl verfolgt einen anderen Ansatz, der verwirrend aussehen mag, wenn man mit den Quoting-Konventionen von Tcl nicht vertraut ist (das macht aber nichts, es geht hier nur darum, verschiedene Arten des Einsatzes von regulären Ausdrücken zu illustrieren). Unser Tippfehler würde mit Tcl so korrigiert:

```
regsub flasch $var falsch newvar
```

Das prüft den String in der Variable var und ersetzt das erste Vorkommen von ⌈flasch⌉ durch falsch. Der geänderte String wird dann der Variablen newvar zugewiesen. Weder Regex noch der Ersatz-String benötigen Begrenzer, wenn man von den umgebenden Leerzeichen einmal absieht. Tcl erwartet die Regex als erstes Argument, den abzusuchenden String als zweites, den Ersatz-Text als drittes und die Ersatz-Variable als viertes (wenn einer der Ausdücke Leerzeichen enthält, muß er wie immer in Tcl in Hochkommas eingekleidet werden). Tcl unterstützt einige Optionen zu seinem `regsub`. So werden mit der Option `-all` alle statt nur ein Treffer ersetzt:

```
regsub -all flasch $var falsch newvar
```

Die `-nocase`-Option instruiert Tcl, beim Absuchen des Strings Groß- und Kleinbuchstaben gleichzubehandeln (wie die `-i`-Option von *egrep*, oder der `/i`-Modifier in Perl).

GNU Emacs

Der äußerst mächtige Text-Editor GNU Emacs (im weiteren nur »Emacs« genannt) benutzt *elisp* (Emacs Lisp) als eingebaute Programmiersprache. Emacs hat zahlreiche Funktionen, die mit regulären Ausdrücken zu tun haben. Die erste und wichtigste ist vielleicht `re-search-forward`, die einen String als Argument erwartet und diesen als regulären Ausdruck interpretiert. Emacs beginnt mit der Suche an der aktuellen Position; wenn ein Treffer gefunden wird, springt die Einfügemarke dahin, sonst bricht die Suche ab (das ist eine der Suchfunktionen von Emacs). Zum Beispiel sucht `(re-search-forward "main")` im der bearbeiteten Datei nach dem regulären Ausdruck ⌈main⌉, ausgehend von der aktuellen Stelle.

Wie die Tabelle 3-1 veranschaulicht, zeichnen sich die regulären Ausdrücke von Emacs durch eine große Menge von Backslashes aus. Der reguläre Ausdruck ⌈\<\([a-z]+\)\([\n●\t]\|<[^>]+>\)+\1\>⌉ sucht nach verdoppelten Wörtern (ähnlich wie der am Anfang des Kapitels). Diesen Ausdruck kann die Regex-Maschine von Emacs nicht direkt verarbeiten, weil sie die Metazeichen \t und \n nicht versteht. Diese Zeichen werden dagegen bei der Verarbeitung von Strings in Anführungszeichen interpretiert und als Literale an die Regex weitergegeben. Das ist ähnlich wie bei Tcl oder Python, aber ein Unterschied zu Perl oder *awk*. Es entsteht ein Problem, weil Backslashes von *elisp* innerhalb von Strings in Anführungszeichen speziell behandelt werden.

Bei *egrep* hatten wir die Regex fast immer in Anführungszeichen eingefaßt, damit Zeichen wie * und \ nicht von der Shell interpretiert werden. Bei Perl wird der reguläre Ausdruck direkt von den Operatoren m/*Regex*/ und s/*Regex*/*Ersatztext*/ interpretiert, also entsteht hier kein Konflikt zwischen Metazeichen (abgesehen natürlich vom Begrenzungszeichen, normalerweise dem Slash). Bei *elisp* ist das komplizierter. Weil der Backslash ein String-Metazeichen ist, muß er selbst durch einen weiteren Backslash geschützt werden (also \\), damit er bis zur Regex vordringt. Da in *elisp* an sich schon genügend Backslashes benutzt werden, sieht das Resultat oft aus wie ein Haufen verstreuter Zahnstocher. Hier ist eine kleine Funktion, die nach verdoppelten Wörtern sucht:

```
(defun FindNextDbl ()
  "suche verdoppeltes Wort. <...>-Tags werden ignoriert"   (interactive)
  (re-search-forward "\\<\\([a-z]+\\)\\([\n \t]\\|<[^>]+>\\)+\\1\\>")
)
```

Mit **(define-key global-map "\C-x\C-d" 'FindNextDbl)** wird diese Funktion mit der Tastensequenz »Control-x Control-d« verbunden. Damit kann man schnell nach dem nächsten verdoppelten Wort suchen.

Python

Python ist eine recht ambitiöse objektorientierte Programmiersprache, die sich in vielem vom bisher Gesehenen unterscheidet. Die Geschmacksrichtung seiner regulären Ausdrücke imitiert jene von Emacs. Das heißt – normalerweise! Denn in Python kann eben diese Geschmacksrichtung verändert werden. Sie sehen zu viele Emacs-artige Backslashes? Kein Problem. Damit werden Sie diese los:

```
regex.set_syntax( RE_NO_BK_PARENS | RE_NO_BK_VBAR )
```

Die zwei Konstanten geben an, daß für die Klammern (»parentheses«) zur Gruppenbildung und für den vertikalen Strich (|, »vertical bar«) kein Backslash benötigt wird. Sie können wohl erraten, welche Richtung ich bevorzuge!

Python ist objektorientiert, bis hin zu den regulären Ausdrücken. Man erzeugt ein »Regex-Objekt« und wendet Strings zur Mustererkennung oder für eine Substitution darauf an. In dem folgenden Programmstück benutze ich gemischte Groß-/Kleinschreibung für Variablen, um sie von Pythons Bibliotheksfunktionen zu unterscheiden. Außerdem benutze ich die normale Geschmacksrichtung, die mit den vielen Backslashes:

```
MyRegex = regex.compile("\([0-9]+\)");
    ⋮
MyChangedData = regsub.gsub(MyRegex, "<CODE>\\1</CODE>", MyData)
```

Der String mit den <CODE>-Tags ist der Ersatz-String, soviel läßt sich leicht erraten. In der Regex selbst benutzen alle Sprachen – Python, Perl, Tcl und Emacs – die Notation ⌈\1⌉ für Rückwärtsreferenzen, aber im Ersatz-String, wo bei Perl $1 gebraucht wird, benutzen alle anderen die gleiche \1-Notation.

Damit stellt sich die Frage, was denn sonst im Programm benutzt wird, um auf gefundene Unterausdrücke zuzugreifen (in Perl wird weiter $1 wie eine fast normale Variable benutzt). Im objektorientierten Python dient dazu das Regex-Objekt (`MyRegex` im Beispiel), das die Information über die letzte Mustererkennung aufbewahrt. Dem $1 von Perl entspricht `MyRegex.group(1)` bei Python (bei Tcl und Emacs sieht das nochmal anders aus; ☞ 195, 200).

Zur Abwechslung geht Python das Ignorieren von Groß- und Kleinschreibung ganz anders an. Man kann für jeden Buchstaben eine Regel angeben, wie er sich bei einem Vergleich verhalten soll. Eine Regel, daß Klein- und Großbuchstaben äquivalent sein sollen, entspricht dem üblichen Verhalten; aber das ist nur ein Spezialfall. Bei Applikationen für das World Wide Web wird typisch der *Latin-1*-Zeichensatz benutzt, und darin sind schon einige sehr merkwürdige Zeichen enthalten. Eine mögliche Regel wäre eine, die merkwürdige Zeichen einfach ignoriert. Oder eine Regel, die ¿ gleich behandelt wie das Fragezeichen, ¡ wie das Ausrufezeichen, oder ¢, ¤, £ und ¥ alle gleich wie $ ansieht. Kurz, man kann sich Zeichenklassen zusammenstellen, die man auf allen Ebenen benutzen kann. Phantastisch!

Wartung und Pflege: Zusammenfassung

Wie Sie sehen, gibt es eine große Bandbreite von Mechanismen und Möglichkeiten, reguläre Ausdrücke anzuwenden. Wenn Ihnen alle diese Sprachen neu sind, kann es an diesem Punkt sehr verwirrend sein. Doch keine Angst! Wenn es darum geht, sich in ein neues Programm einzuarbeiten, ist das eine einfache Sache, wenn man mit den Mechanismen vertraut ist.

Bei den späteren Beispielen ergibt sich die Schwierigkeit, daß die benutzten regulären Ausdrücke ja nicht im luftleeren Raum auftreten, sondern in einem Werkzeug benutzt werden und von bestimmten Eigenheiten dieses Werkzeugs abhängen. Um eine allgemeine Aussage zu machen, muß ich jedoch ein bestimmtes Werkzeug und damit eine spezielle Geschmacksrichtung wählen, um den regulären Ausdruck darzustellen. Ich halte mich dabei an die Sprachen mit Geschmacksrichtungen wie *egrep*, *awk* und Perl, die mit weniger Backslashes auskommen. Die Übersetzung in Ihre bevorzugtes Sprache ist einfach.

Motoren und Zierleisten

Es gibt einen entscheidenden Unterschied zwischen dem Aussehen eines Autos (oder, im meinem Fall, einem Motorrad) und seinem Motor. Ihr Nachbar wird Chrom und Lack begutachten, aber ein Mechaniker oder ein Autobastler interessiert sich für den Motor. Ist es ein Reihen-Vierzylinder? V-8? Diesel? Obenliegende Nockenwellen? Abgestimmte Auspuffanlage? Oder sind da nur ein paar Hamster in einer Tretmühle? Bei einem Rennwagen spielen diese Dinge eine Rolle und wirken sich auf die Fahreigenschaften aus. Vielleicht denken Sie, daß dies keine Rolle spielt, wenn das Auto nur für den Samstagseinkauf gebraucht wird, aber spätestens bei der Tankstelle kommt es schon darauf an, welche Art von Treibstoff Sie einfüllen. Fragen Sie jemanden, der mit einem kaputten Schraubendingsbumsflansch mitten in der Wüste liegengeblieben ist, ob Chrom und Zierleisten wichtig sind – Sie können die Antwort erraten. Und wenn der Ausdruck für das kaputte Teil eben »Schraubendingsbumsflansch« ist, dann ist die Chance, den Motor wieder zum Laufen zu bringen, wohl eher gering.

Bei regulären Ausdrücken gibt es zwei klar verschiedene Komponenten, die die Geschmacksrichtung bestimmen. Die eine wird im Rest dieses Kapitels behandelt, die andere im nächsten.

Chrom und Styling

Die gut sichtbaren Dinge bei regulären Ausdrücken sind die Metazeichen, die unterstützt werden. Wir haben gesehen, daß Perl einige kennt, die man bei *egrep* nicht findet. Immerhin kennen beide Metazeichen zum Erkennen von Wortgrenzen, sie benutzen aber andere Zeichen dafür und auch die Herangehensweise ist anders. Noch näher betrachtet, ist sogar das Konzept, was denn ein Wort ausmacht, bei den zwei Programmen ein anderes. Wie wir in diesem Kapitel sehen werden, gibt es reichlich von diesen Unterschieden in der äußeren Aufmachung.

Motoren und Fahrer

Wie genau ein Metazeichen definiert ist, und was es im Zusammenspiel mit anderen bewirkt, wenn es als Teil eines größeren Ausdrucks auftritt – diese Dinge sind *sehr* wichtig, auch wenn sie nicht unmittelbar sichtbar sind wie Art und Anzahl der unterstützten Metazeichen. Entscheidende Unterschiede im Aufbau von Regex-»Motoren« sind etwa:

- was genau erkannt wird
- wie schnell ein Treffer gefunden (oder nicht gefunden) wird
- die Information, die nach der Anwendung der Regex zur Verfügung steht (wie $1 usw. bei Perl)

Wenn Sie die Zuversicht haben wollen, auch komplexe Ausdrücke zu schreiben, die über die trivialen Beispiele hinausgehen, ist es wichtig, über diese Punkte Bescheid zu wissen. Das wird im nächsten Kapitel vertieft.

Übliche Metazeichen

Dieser Überblick über heute gebräuchliche Metazeichen erhebt keinen Anspruch auf Vollständigkeit. Nicht jedes Zeichen wird eingehend besprochen, es gibt auch kein Werkzeug, das alle diese Metazeichen kennt. Die meisten Zeichen kennen wir bereits aus den ersten zwei Kapiteln. Wenn Sie das hier zum ersten Mal sehen, genügt diagonales Lesen; Sie können sich noch immer um Details kümmern, wenn Sie sie brauchen.

Manche Werkzeuge besitzen eine reiche Auswahl von speziellen Zeichen (insbesondere Perl), und manche setzen sich hemmungslos über lang eingeführte Standards hinweg (wie ziemlich alles von Microsoft). Manche versuchen, sich an solche Standards zu halten, gehen aber davon ab, sobald es ein bestimmter Zweck verlangt. Ich kommentiere einzelne Werkzeuge, aber nur als Ausnahme. (In Kapitel 6 werden wir *awk*, Emacs und Tcl genauer anschauen, in Kapitel 7 Perl.) Hier geht es um verbreitete Metazeichen, deren Einsatz und mögliche Fallen dabei. Für alles weitere muß auf die Dokumentation des Werkzeugs verwiesen werden.

»Abkürzungs«-Metazeichen

Viele Programme kennen Abkürzungen für Kontrollzeichen, die sonst schwierig einzugeben wären und die außerdem vom Betriebssystem abhängen können:

\a Alarm (»beep«, ein Zeichen, das sich bei der Ausgabe akustisch bemerkbar macht). Normalerweise ASCII <BEL>, oktal 007.

\b Backspace.   Normalerweise ASCII <BS>, oktal 010. (Achtung: ⌐\b⌐ ist manchmal auch das Metazeichen für die Wortgrenze.)

\e Escape.   Normalerweise ASCII <ESC>, oktal 033.

\f Seitenvorschub (Formfeed).   Normalerweise ASCII <FF>, oktal 014.

\n **Zeilenvorschub** (Newline). Auf den meisten Systemen (insbesondere Unix und DOS/Windows) das Linefeed-Zeichen, ASCII <LF>, oktal 012. Unter MacOS ist das ASCII <CR>, oktal 015.

\r **Wagenrücklauf** (Carriage-Return). Normalerweise ASCII <CR>. Unter MacOS ist das ASCII <LF>.

\t **Tabulator** (Tab). Das normale, horizontale Tabulator-Zeichen. Normalerweise ASCII <HT>, oktal 011.

\v **Vertikaler Tabulator.**[8] Normalerweise ASCII <VT>, oktal 013.

Tabelle 3-3 führt einige dieser unterstützten Abkürzungen von ein paar bekannten Programmen auf, außerdem einiges, das später in diesem Kapitel erläutert wird.

Tabelle 3-3: Einige Programme und unterstützte Abkürzungen für Metazeichen

Programm	\b (Wortgrenzen)	\b (Backspace)	\a (Alarm)	\e (ASCII Escape)	\f (Formfeed)	\n (Newline)	\r (Carriage-Return)	\t (Tab)	\v (Vertikales Tab)	\oktal	\xhex	\d, \D	\w, \W	\s, \S	POSIX [:...:]
				Abkürzungen für Zeichen									für Klassen		
GNU *awk* Version 3.0.0	●	✓ₖ	✓ₖ	●	✓ₖ	✓ₖ	✓ₖ	✓ₖ	✓ₖ	✓ₖ▲	✓ₖ▲	●	✓	●	✓ₖ
GNU *sed* Version 2.05	●	●	●	●	●	✓	●	●	●	●	●	●	●	●	✓ₖ
Perl Version 5.003	✓	✓ₖ	✓ₖ	✓ₖ	✓ₖ	✓ₖ	✓ₖ	✓ₖ	●	✓ₖ	✓ₖ	✓ₖ	✓ₖ	✓ₖ	●
Tcl Version 7.5	●	✓✓	✓✓	●	✓✓	✓✓	✓✓	✓✓	✓✓	✓✓	✓✓	●	●	●	●
GNU *Emacs* Version 19.33	✓	✓✓	✓✓	✓✓	✓✓	✓✓	✓✓	✓✓	✓✓	✓✓	✓✓	●	✓	✚	✚
Python Version 1.4 *b1*	✓	✓✓	✓✓	●	✓✓	✓✓	✓✓	✓✓	✓✓	✓✓	✓✓	●	✓	●	●
flex Version 2.5.1	●	✓ₖ	✓ₖ	●	✓ₖ	✓ₖ	✓ₖ	✓ₖ	✓ₖ	✓ₖ	✓ₖ	●	●	●	✓ₖ
GNU *egrep* Version 2.0	✓	●	●	●	●	●	●	●	●	●	●	●	✓	●	●

✓ unterstützt   ✓✓ Pseudo-Unterstützung (☞ 80)   ✓ₖ auch in Klassen (☞ 83)
✓▲ siehe Text (☞ 79)   ✚ nicht unterstützt, dafür ähnliches Konstrukt (☞ 82)

Sind diese Zeichen maschinenabhängig?

Bei den meisten Werkzeugen (bei allen in diesem Buch besprochenen, bei denen ich den Programm-Quelltext überprüfen konnte) sind diese Abkürzungen für die Kontrollzeichen maschinenabhängig, oder, pedantischer, abhängig vom Compiler. Alle Programme in diesem Buch (deren Quelltext ich kenne) sind in C oder C++ geschrieben. Generell sind die bei regulären Ausdrücken benutzten Abkürzungen dieselben wie die

---

8 Der vertikale Tabulator ist ein Zeichen, das mit dem Verschwinden von Fernschreiber-Terminals wohl sehr an Bedeutung verloren hat.

in einem C-Programm. Welches Byte dafür eingesetzt wird, ist vom C-Compiler abhängig – die C-Standards überlassen diese Wahl dem Hersteller der Compiler.[9]

In der Praxis verhalten sich aber die C-Compiler für eine bestimmte Plattform in diesem Punkt alle gleich; damit wird diese Compiler-Abhängigkeit zur *Betriebssystem-Abhängigkeit*. Ebenso stellt es sich heraus, daß Unterschiede fast nur bei \n und \r bestehen – man kann davon ausgehen, daß \t überall dort ein ASCII-Tab liefert, wo ASCII oder eine erweiterte Variante davon benutzt wird (das sind so ziemlich alle Systeme, mit denen ich je zu tun hatte).

Wie wir aus der obigen Aufzählung erkennen, sind aber gerade \n und \r nicht standardisiert. Immerhin ist die Interpretation bei allen von der GNU-C-Distribution (die MacOS nicht enthält) unterstützten Systemen gleich (mit Ausnahme der IBM 370, die EBCDIC benutzt): \n ist ein Linefeed-Zeichen und \r ist ein Carriage-Return.

Nach meiner Erfahrung soll man immer \n benutzen, wenn man »eine neue Zeile« will, unabhängig von der Plattform. Wenn man für ein standardisiertes Protokoll wie HTTP[10] programmiert, ist es besser, die oktale Schreibweise, wie \012 oder was immer gefordert wird, zu verwenden (\012 ist ein *oktales Escape*).

Oktale Escapes – *Zahl*

Viele Implementierungen erlauben die dreiziffrige oktale (Basis 8) Notation, um ein Byte mit einem bestimmten ASCII-Code zu erzeugen. Zum Beispiel erkennt ⌈\015\012⌋ die ASCII CR/LF-Sequenz. Das ist ganz praktisch, da man diese Zeichen oft nicht vernünftig eingeben kann. In Perl ist ⌈\e⌋ für ASCII das ESC-Zeichen unterstützt, aber nicht in *awk*. Dagegen kennt *awk* oktale Escapes, und man kann den ASCII-Code für das Escape direkt eingeben: ⌈\033⌋.

»Ist 9 eine oktale Ziffer?« und andere Merkwürdigkeiten

Fehlerhafte Implementierungen sind immer wieder für Überraschungen gut. Außer bei sehr alten *lex*-Versionen scheint \0079 überall korrekt behandelt zu werden. Die oktale Darstellung eines Bytes kann höchstens drei Ziffern umfassen, damit entspricht \0079 zwei Bytes: dem Byte mit dem oktalen Wert 7, gefolgt vom Literal ›9‹. Was aber ist mit \079? Die meisten Programme merken, daß 9 keine oktale Ziffer ist und interpretieren das gleich wie \0079 oder \79. Aber *flex*, Tcl und die AT&T-Version von *awk* zum Beispiel behandeln 9 wie eine oktale Ziffer mit dem Wert \11! GNU *awk* gibt bei einer solchen »Zahl« einen fatalen Fehler aus.[11]

---

9 Vielen Dank an Hal Wine für die Aufklärung dieser Punkte.

10 Ich habe ein Perl-Programm geschrieben (`webget`, erhältlich über meine Home-Page, vgl. Anhang A), das die Seite zu einem bestimmten URL auf die lokale Maschine kopiert. Viele Leute meldeten mir Probleme damit und mit bestimmten Servern, bis ich davon abkam, mich auf korrekt formatierte HTTP-Antworten zu verlassen. Wie es sich herausstellt, senden viele Web-Server ein \n statt dem geforderten \015\012.

11 Die Version 3.0.0 von GNU *awk*, die zum Zeitpunkt des Druckes die aktuelle Version war, gibt einen fatalen Fehler aus. Wie bei vielen Programmfehlern, die ich in diesem Buch erwähne, wurde auch hier baldige Abhilfe versprochen.

Man muß sich auch fragen, was mit oktalen Werten wie \565 geschieht, die außerhalb des zulässigen Bereichs liegen (oktale 8-Bit-Zahlen liegen im Bereich \000 bis \377). Nun, etwa die Hälfte der Programme verwendet dafür automatisch eine interne Darstellung, die mehr als ein Byte umfaßt. So ein Wert kann in einem regulären Ausdruck nie passen. Die andere Hälfte entfernt die vorderen Bits, so daß in diesem Fall \165 herauskommt, was dem ASCII-›u‹ entspricht.

Hexadezimale Escapes – \x*Zahl*

Analog zu oktalen Escapes lassen bestimmte Programme hexadezimale (Basis 16) Escapes zu, indem man den Hex-Ziffern ein \x voranstellt. Die CR/LF-Sequenz sieht hier so aus: ⌜\x0D\x0A⌟. Die Probleme vom vorigen Abschnitt treten hier noch verschärft auf: Manche Programme erlauben nur zweistellige hexadezimale Zahlen, andere auch einstellige. Manche lassen sogar beliebig viele Stellen zu. Das kann bei Strings wie ⌜ora\x2Ecom⌟ zu Überraschungen führen, wenn das Programm dies als \x2ec erkennt, Sie aber \x2E gemeint haben.

Man könnte denken, daß dies kaum eine Rolle spielt, wenn man mit den Gegebenheiten eines bestimmten Programms vertraut ist. Leider gibt es aber derartige Unterschiede zwischen verschiedenen Versionen desselben Programms, so daß die Portabilität von solchen Ausdrücken eingeschränkt wird. Zum Beispiel lesen manche der von mir untersuchten Versionen von *awk* (GNU *awk* und MKS *awk*) so viele hexadezimale Ziffern wie möglich, andere (*mawk* und AT&T *awk*) maximal zwei.

Sind das literale Escapes?

Wenn solche Escapes unterstützt werden, möchte man annehmen, daß eine Zeichenklasse wie ⌜[+\055*/]⌟ genau die Zeichen Plus, Minus (055 ist der oktale ASCII-Code für den Bindestrich), Stern und den Schrägstrich enthält. Perl macht das so, und abgesehen davon die meisten Werkzeuge. Der Gedanke dahinter ist wohl der, daß jemand, der sich die Mühe macht und einen oktalen Code eingibt, wohl nicht will, daß dieses Zeichen als Metazeichen angesehen wird. Genau das tun aber bestimmte Implementierungen[12]: In einem ersten Durchgang wird das oktale Escape in ein literales Zeichen verwandelt, bevor der Regex-Teil des Programms zum Zuge kommt. Die Regex-Maschine sieht daher nur ›-‹, also genau das, was wahrscheinlich der Grund dafür war, daß überhaupt ein oktales Escape angegeben wurde. Als Resultat wird +-* als Bereich innerhalb einer Zeichenklasse behandelt. Diese manchmal überraschende Eigenschaft ist in Tabelle 3-3 mit einem ▲ markiert.

Von allen Regex-Maschinen, die ich genauer betrachtet habe, machen nur die von GNU und MKS *awk* wirklich zwei Durchgänge. Ich sage das, obwohl in der gleichen Situation auch Tcl, Emacs und Python \055 als Bereichs-Metazeichen ansehen; aber diese haben kein ▲. Warum denn das?

---

12 Für Hersteller, die POSIX-konform sein wollen, wird es hier schwierig: Der Standard ist in diesem Punkt nicht einfach zu verstehen. Paul Steinbach, zu der Zeit Produkt-Verantwortlicher bei Mortice Kern Systems, konnte mich davon überzeugen, daß die zweite Variante, so verdreht sie auch aussieht, die einzig korrekte Lesart des Standards ist.

Strings als reguläre Ausdrücke

Emacs, Tcl und Python[13] unterstützen nach Tabelle 3-3 die meisten der angegebenen Escapes. Warum steht da ein ✐? Nun, in Wirklichkeit können diese Regex-Maschinen überhaupt nichts mit diesen Escapes anfangen; auch nicht mit oktalen Escapes. Bei diesen Werkzeugen treten reguläre Ausdrücke typisch in quotierten Strings auf. Bevor die Maschine den regulären Ausdruck sieht, wird hier die normale String-Verarbeitung der Programmiersprache durchgeführt. Es ist diese String-Verarbeitung, die die mit ✐ markierten Escapes erkennt, nicht der Regex-Teil (wir kennen das schon von Emacs; siehe Seite 73).

Damit kann man in der Praxis meist das erreichen, was man will – daher erscheinen die Programme überhaupt in der Tabelle. Nur in bestimmten Situationen geht das schief, dann nämlich, wenn ein regulärer Ausdruck nicht als String im Programm vorhanden ist, sondern auf andere Art zustande kommt. Wenn zum Beispiel ein regulärer Ausdruck als Argument auf der Befehlszeile angegeben wird oder aus einer Initialisierungsdatei eingelesen wird, dann passiert genau diese String-Verarbeitung nicht. Die Maschine erhält dann die Regex in »roher« Form, ohne vorherige Expansion der Escapes durch die Programmiersprache. Aus diesem Grund kann man zum Beispiel in Emacs solche Escapes bei regulären Ausdrücken nicht direkt während des Editierens eingeben.

Was bedeutet das nun für Sie? Zumindest heißt es, daß sich diese Escapes, wie die mit ▲ markierten, in Metazeichen verwandeln können, ohne daß Sie es wollen. Wichtiger ist dies: Wenn es einen Konflikt zwischen String-Metazeichen und Regex-Metazeichen gibt, »gewinnt« die String-Verarbeitung, weil diese vorher geschieht. Wenn dies verhindert werden soll, muß ein Backslash vorangestellt werden.

⌈\b⌋ *als Backspace,* ⌈\b⌋ *als Wort-Anker*

Python und Emacs kennen zwei Arten von \b. Das ✐ gilt dann, wenn \b von der String-Verarbeitung behandelt wird und daraus ein Backspace wird. Die ✓-Version bezieht sich auf die Interpretation des \b durch die Regex-Maschine, als Metazeichen für eine Wortgrenze.[14] Damit man das zweite bekommt, muß im Programm \\b angegeben werden – die String-Verarbeitung verwandelt \\ in einen Backslash, und übrig bleibt \b für die Regex-Maschine. Wenn man in einem regulären Ausdruck einen literalen Backslash benötigt, wird es lustig: man muß dazu *vier* Backslashes im String angeben. Um die Regex ⌈\\⌋ zu erhalten, müssen beide Backslashes geschützt werden: damit erhalten wir \\\\.

In den Fällen bisher verhalten sich Python und Emacs gleich. Unterschiede ergeben sich allerdings, wenn ein Escape benutzt wird, das für die String-Verarbeitung keine besondere Bedeutung hat.

---

13 Perl ist von der Diskussion in diesem Abschnitt ausgenommen. Die spezielle Weise, in der Perl Strings in Anführungszeichen behandelt, wird in Kapitel 7 ab Seite 223 besprochen.

14 In Perl werden *auch* beide unterstützt, aber aus völlig anderen Gründen. Ein Metazeichen für eine Wortgrenze ist innerhalb einer Zeichenklasse nicht sinnvoll, deshalb wird \b von Perl da als Backspace interpretiert, nicht aber sonst in einem regulären Ausdruck.

Emacs entfernt den Backslash von unbekannten Escapes

Wenn Emacs eine unbekannte Backslash-Sequenz sieht, ignoriert er den Backslash und behandelt das Zeichen dahinter als Literal; das tun die meisten Pakete und Programme. Das bedeutet, daß ein Backslash immer verdoppelt werden muß, wenn er bis zur Regex-Maschine vordringen soll. Ein solches Beispiel haben wir auf Seite 73 gesehen. Hier ist ein weiteres:

```
"\"[^\\\"]*\\(\\\\\\(.\\|\n\\)[^\\\"]*\\)*\""
```

Puh. Verstehen Sie das auf den ersten Blick? Das ist nicht etwa ein konstruiertes Beispiel, sondern Code aus der Praxis, aber mir beginnen dabei die Augen zu flimmern.[15] Weil der Ausdruck so als String in einer *elisp*-Routine steht, wird die String-Verarbeitung von Emacs darauf angewandt. Bis zur Regex-Maschine dringt vor:

```
⌈"[^\"]*\(\\\(.\|◼\)[^\"]*\)*"⌋
```

Das ist etwas leichter verständlich. Aber es kann doch nützlich sein, den Ausdruck zum Vergleich so umzuschreiben, wie man ihn für *egrep* oder ähnliche Programme angeben würde:

```
⌈"[^\"]*\(\\(.|◼)[^\"]*\)*"⌋
```

Es ist eine Regex, die nach Strings in Anführungszeichen sucht. Eine Anmerkung: bei Emacs ist der Backslash innerhalb von Zeichenklassen *kein* Metazeichen. Bei *egrep* ist das genauso, aber nicht bei Perl, *lex* oder *awk*. Bei diesen müßte die Klasse [^\"] so geschrieben werden: [^\\"]. Ich greife etwas vor, denn wir werden diesem regulären Ausdruck in den nächsten Kapiteln noch begegnen. In Perl würde ich den Ausdruck so formulieren: ⌈(?s)"[^\\"]*(\\.[^\\"]*)*"⌋.

Python gibt unbekannte Escapes an die Regex-Maschine weiter

Python geht den umgekehrten Weg: Wenn bei der String-Verarbeitung ein unbekanntes Escape auftaucht, wird es unbehandelt an die Regex-Maschine weitergereicht. Die Regex-Maschine von Python benutzt für die ersten neun Rückwärtsreferenzen die Escapes ⌈\1⌋ bis ⌈\9⌋, danach aber ⌈\v10⌋ bis ⌈\v99⌋. Innerhalb von *Strings* ist bei Python \v ein Abkürzungs-Metazeichen für den vertikalen Tab. Um also auf den Text zuzugreifen, der vom zwölften Klammerpaar erkannt wurde, muß im String \\v12 angegeben werden. So weit, so gut; wie bei Emacs.

Die regulären Ausdrücke von Python unterstützen ⌈\w⌋ als Wortbestandteil-Metazeichen. In Strings hat aber \w keinerlei besondere Bedeutung. Weil Python unbekannte Escapes unbesehen an den Regex-Teil weitergibt, kann überall in Strings \w verwendet werden. Das reduziert die »Backslashitis«, an der Emacs krankt, aber es verhindert auch, daß in Python neue String-Escapes eingeführt werden können (für jemanden, der Konsistenz vor alles andere stellt, ist das allerdings ein positives Merkmal).

---

15 In der *elisp*-Bibliothek von Emacs *wimmelt es* von regulären Ausdrücken dieser Art. Dieses Beispiel stammt aus *hilit19.el*.

Zeichenklassen-Kürzel, Punkt und Zeichenklassen

Manche Programme haben praktische Kürzel für häufig gebrauchte Zeichenklassen:

\d **Ziffer**. Das gleiche wie ⌈[0-9]⌉ (d steht für »Digit«).

\D **Nicht-Ziffer**. Das gleiche wie ⌈[^0-9]⌉.

\w **Wort-Bestandteil**. Meist das gleiche wie ⌈[a-zA-Z0-9]⌉. Manchmal (insbesondere bei Perl, GNU *awk* und GNU *sed*) gehört auch der Underscore dazu. Das \w von Emacs kann seine Bedeutung dynamisch andern.

\W **Nicht-Wortzeichen**. Die Zeichenklasse, die alle Zeichen außer die von ⌈\w⌉ enthält.

\s **Whitespace-Zeichen**. Oft etwa ⌈[•\f\n\r\t\v]⌉.

\S **Nicht-Whitespace-Zeichen**. Die Zeichenklasse, die alle Zeichen außer die von ⌈\s⌉ enthält.

Diese sind auch in Tabelle 3-3 aufgeführt. Wie auf Seite 69 beschrieben, kann das Locale Einfluß auf manche dieser Abkürzungen haben. Ich weiß das mit Bestimmtheit von Tcl, Emacs und Perl. Es gibt sicher noch andere, die sich so verhalten – ich verweise hier auf die jeweilige Dokumentation. Auch wenn Sie keine Locales verwenden, müssen Sie aus Gründen der Portabilität vielleicht darauf Rücksicht nehmen.

Syntaxklassen bei Emacs

Bei GNU Emacs hat ⌈\s⌉ eine besondere und recht unübliche Bedeutung: Es leitet sogenannte »Syntaxklassen« ein. Zwei Beispiele:

\s*Zeichen* paßt auf Zeichen, die zur Emacs-Syntaxklasse *Zeichen* gehören.

\S*Zeichen* paßt auf Zeichen, die *nicht* zu dieser Syntaxklasse gehören.

So entspricht die Syntaxklasse ⌈\sw⌉ genau der üblicheren Zeichenklasse ⌈\w⌉ (Wortbestandteil), und ⌈\s-⌉ paßt auf Whitespace. Weil dies sehr ähnlich ist wie das ⌈\s⌉ bei Perl, ist es in Tabelle 3-3 mit einem ✢ markiert.

Diese Syntaxklassen sind insofern speziell, als daß sie modifiziert werden können. Man kann so angeben, welche Zeichen als Wort-Bestandteile auftreten dürfen. So kann sich Emacs auf die Programmiersprache einstellen, je nachdem, was für eine Datei man editiert. Weiteres dazu finden Sie in Kapitel 6, ab Seite 197.

(Fast) irgendein Zeichen – der Punkt

Bei manchen Werkzeugen ist der Punkt eine Abkürzung für die Zeichenklasse, die alle möglichen Zeichen enthält; bei manchen anderen jedoch alle möglichen Zeichen *außer das Newline*. Der Unterschied ist bei den Programmen wichtig, die es erlauben, reguläre Ausdrücke auf Variablen (oder Buffer, bei einem Editor) anzuwenden, die mehrere logische Zeilen enthalten.

Die ursprünglichen Regex-Programme unter Unix bearbeiteten ihre Texte Zeile für Zeile; damit erhob sich die Frage gar nicht, bis *sed* und *lex* entstanden. Bis dahin hatte sich informell der Teilausdruck ⌜.*⌟ als »und bis ans Ende der Zeile« etabliert, so daß das Miteinbeziehen des Newlines als »zu unhandlich«[16] erachtet wurde.

Damit repräsentierte der Punkt in den klassischen Werkzeugen die Zeichenklasse »alles, außer Newline«. Die meisten modernen Programme erlauben es, reguläre Ausdrücke auf mehrzeiligen Text anzuwenden; sie gehören etwa hälftig zum einen oder zum anderen Lager. Siehe auch das verwandte Problem »Zeilen-Anfang oder String-Anfang – Zirkumflex« auf Seite 86 und »Punkt oder negierte Zeichenklasse?« etwas weiter unten. Bei normalen Texten etwas weniger wichtig ist die Frage, ob das Nullzeichen (ein Byte mit dem Wert 0) auch zur Klasse »Punkt« gehört. POSIX verbietet dies.

Zeichenklassen – [...] und [^...]

Die wesentlichen Themen zu Zeichenklassen sind bereits besprochen, aber ich will noch einmal betonen, daß sich die Regeln für die Metazeichen abhängig davon ändern, ob sie in einer Zeichenklasse auftreten oder außerhalb. Von den Abkürzungen aus Tabelle 3-3 dürfen nur die in Zeichenklassen benutzt werden, die mit einem ✓ₖ markiert sind (die mit ✓ dürfen auch benutzt werden, mit den auf Seite 80 angesprochenen Einschränkungen).

In vielen Programmen werden innerhalb von Zeichenklassen nur diese drei Metazeichen unterstützt:

- Zirkumflex als erstes Zeichen (negiert die Zeichenklasse)
- eine schließende eckige Klammer (schließt die Klasse ab)
- der Bindestrich als Bereichszeichen (erlaubt 0-9 statt dem ausgeschriebenen 0123456789)

In Programmen, die nur gerade diese Metazeichen in Zeichenklassen zulassen, darf man auch \- oder \] nicht benutzen, um etwa einen literalen Bindestrich oder eine literale schließende eckige Klammer zu erhalten. Es gibt unterschiedliche Konventionen. Generell soll man Bindestrich oder Klammer als erste Zeichen in der Klasse angeben, um deren Interpretation als Metazeichen zu verhindern.

Im allgemeinen spielt sonst die Reihenfolge der Zeichen innerhalb einer Klasse keine Rolle, und ob Sie einen Bereich angeben oder alle Zeichen explizit ausschreiben, hat auf die Suchgeschwindigkeit keinen Einfluß (also ist [0-9] äquivalent zu [9081726354]).

Eine Zeichenklasse ist immer eine »positive Behauptung«. Dieser Ausdruck besagt, daß die Klasse in einem regulären Ausdruck immer auf ein Zeichen passen muß, damit die Mustererkennung erfolgreich ist. Das gilt auch für negierte Zeichenklassen, dabei ist das Zeichen, das passen muß, eines der *nicht* aufgelisteten Zeichen. Der korrekte Ausdruck für negierte Zeichenklasse wäre eigentlich »Zeichenklasse mit negierter Liste«.

Wenn Bereiche eingesetzt werden, ist es vernünftig, sich auf die häufig benutzten »natürlichen« Bereiche ⌜0-9⌟, ⌜a-z⌟ oder ⌜A-Z⌟ (oder Unterbereiche davon) zu beschränken. Auch wenn der verwendetet Zeichensatz klar ist und ein Bereich wie ⌜.-m⌟ genau das ist, was Sie brauchen, ist es oft doch besser, den Bereich auszuschreiben, weil dann klar

---

16 »too unwieldy«, nach den Worten von Ken Thompson, dem Autor von *ed*.

ersichtlich ist, was gemeint ist. Wenn man mit Binärdaten zu tun hat, ist allerdings ein Bereich wie `\x80-\xff` völlig angebracht.

Punkt oder negierte Zeichenklasse?

Wenn mit Programmen gearbeitet wird, die reguläre Ausdrücke auf mehrzeiligen Text anwenden können, muß berücksichtigt werden, daß der Punkt das Newline-Zeichen oft nicht enthält; eine negierte Zeichenklasse wie `[^"]` dagegen wohl. Das kann zu überraschenden Resultaten führen, wenn bei der Programmentwicklung etwa ein `".*"` in ein `"[^"]*"` geändert wird. Man muß das für das verwendete Werkzeug abklären. Die Tabelle 3-4 auf Seite 86 kann dabei helfen.

POSIX-Klammerausdrücke

Was wir hier Zeichenklasse nennen, heißt bei POSIX *Klammerausdruck*.[17] POSIX benutzt den Begriff »Zeichenklasse« für ein bestimmtes Feature *innerhalb* eines POSIX-Klammerausdrucks.

»Zeichenklassen« in POSIX-Klammerausdrücken

Eine Zeichenklasse nach POSIX-Terminologie ist eine spezielle Metasequenz, die in POSIX-Klammerausdrücken benutzt wird. Ein Beispiel wäre [:lower:], das auf jeden Kleinbuchstaben im gewählten Locale paßt (☞ 69). In einem englischen Locale, oder wenn kein Locale gesetzt ist, ist das mit a-z vergleichbar.

Diese ganze Sequenz ist nur *innerhalb* eines Klammerausdrucks zulässig, also ist `[[:lower:]]` die mit `a-z` vergleichbare Klasse. Das ist häßlich, aber es hat den Vorteil, daß die Klasse Zeichen wie ö, ñ usw. enthält, sofern diese im gewählten Locale als Kleinbuchstaben gelten.

Die vollständige Liste der von POSIX definierten Zeichenklassen hängt vom Locale ab, aber die folgenden sind meist unterstützt (und *müssen* bei voll POSIX-konformen Programmen unterstützt werden):

[:alnum:]	Alphabetische und numerische Zeichen
[:alpha:]	Alphabetische Zeichen
[:blank:]	Leerzeichen und Tabulator
[:cntrl:]	Kontrollzeichen
[:digit:]	Ziffern
[:graph:]	»schwarze« Zeichen (nicht: Leerzeichen, Tab, Kontrollzeichen usw.)
[:lower:]	Kleinbuchstaben
[:print:]	wie [:graph:], zusätzlich das Leerzeichen
[:punct:]	Interpunktionszeichen
[:space:]	»weiße« Zeichen ([:blank:], Newline, Carriage-Return usw.)
[:upper:]	Großbuchstaben
[:xdigit:]	Hexadezimale Ziffern (0-9a-fA-F).

---

17 Engl. »bracket expression«. Im allgemeinen verwendet dieses Buch »Zeichenklasse« und »POSIX-Klammerausdruck« synonym für das ganze Konstrukt. »POSIX-Zeichenklasse« bezieht sich dagegen auf die spezielle Art von Bereichen, wie sie hier besprochen werden.

Es kommt durchaus vor, daß Programme, die nicht für sich in Anspruch nehmen, POSIX-konform zu sein, diese Notation unterstützen. Ich weiß das sicher von *flex* und den GNU-Versionen von *awk*, *grep* und *sed* (merkwürdigerweise gehört GNU *egrep* nicht dazu).

»Zeichen-Äquivalente« in POSIX-Klammerausdrücken

In bestimmten Locales sind *Zeichen-Äquivalente* definiert. Diese dienen dazu, Zeichen für das alphabetische Sortieren als »gleich« zu erklären. Ein Locale kann beispielsweise eine Äquivalenz-Klasse namens ›n‹ definieren, die die Zeichen n und ñ enthält, oder eine namens ›a‹, gebildet aus a, ä, á und à. Mit einer ähnlichen Notation wie [:⋯:], aber diesmal mit ›=‹ statt dem Doppelpunkt können diese Äquivalenz-Klassen innerhalb eines POSIX-Klammerausdrucks benutzt werden: ⌜[[=n=][=a=]]⌟ paßt auf alle angegebenen akzentuierten Zeichen (und natürlich auf a und n).

Wenn ein Zeichen-Äquivalent mit einem einbuchstabigen Namen benutzt wird, das im Locale nicht definiert ist, wird statt dessen auf eben dieses Zeichen aus der gewählten Kollationssequenz zurückgegriffen. In jedem Locale sind die »normalen« Buchstaben als Kollationssequenzen enthalten – [.a.], [.b.], [.c.] usw. – daher wird aus ⌜[[=n=][=a=]]⌟ schlicht ⌜[na]⌟, wenn keine Zeichen-Äquivalente definiert sind.

POSIX-Klammerausdrücke und Kollationssequenzen

Wie auf Seite 70 kurz erwähnt wurde, kann in einem Locale eine bestimmte *Kollationssequenz* definiert sein, die unter anderem bestimmt, wie Zeichen sortiert werden sollen. Ein voll POSIX-konformes Programm muß eine Kollationssequenz, die ein mehrbuchstabiges Symbol (wie das span-ll im Beispiel) auf ein einziges logisches Zeichen abbildet, als ein einziges Zeichen behandeln. Damit erkennt auch etwas wie ⌜[^123]⌟ die ›ll‹-Sequenz.

Eine Kollationssequenz kann in einem POSIX-Klammerausdruck mit der Notation [.⋯.] benutzt werden. ⌜torti[[.span-ll.]]a⌟ findet damit den String tortilla. Eine Kollationssequenz erlaubt es, nach Zeichen zu suchen, die aus mehreren druckbaren Zeichen bestehen. Daneben entsteht hier die Situation, daß eine Zeichenklasse sich auf mehr als ein Zeichen beziehen kann.

Beim anderen Beispiel, eszet, dient die Kollationssequenz nur dazu, eine bestimmte Art des Sortierens vorzuschreiben – sie erzeugt nicht ein neues logisches Zeichen. Der Klammerausdruck [.eszet.] ist nur eine merkwürdige Art, ein ß zu schreiben; als ob das ß selbst nicht schon merkwürdig genug wäre.

Kollationssequenzen können sich auch auf Bereiche auswirken. Weil span-ll ein logisches Zeichen zwischen l und m erzeugt, enthält der Bereich a-z nun auch ›ll‹.

Anker

Die Anker-Metazeichen beziehen sich nicht auf eigentliche Zeichen, sondern auf *Positionen* im Text. Es gibt davon einige Varianten:

Zeilenanfang oder String-Anfang – Zirkumflex

Ursprünglich war die Bedeutung des Zirkumflex einfach »Zeilenanfang«, damit wurde der reguläre Ausdruck am Anfang des zu untersuchenden Strings *verankert*. Für Werkzeuge wie *ed* oder *grep*, die reguläre Ausdrücke immer nur auf eine Zeile anwenden, ergab sich hier kein Problem: die Zeile war immer auch »der zu untersuchende Text« und konnte keine logischen Zeilen enthalten. Andere Programme operieren nicht nur auf Zeilenbasis; der untersuchte String kann aus mehreren logischen Zeilen bestehen. Wenn das so ist, soll sich dann das Zirkumflex auf den Anfang einer solchen logischen Zeile beziehen oder auf den Anfang des ganzen Textes (was wir meist »den zu untersuchenden String« oder einfach »String« nennen)?

Die Antwort ist natürlich: »Kommt darauf an.« Bei einem Text-Editor wäre der String-Anfang der Beginn des ganzen Dokuments, und um diesen zu finden, braucht man im allgemeinen keine Regex-Suche. Bei Sprachen wie *sed*, *awk* und Tcl ist das anders, hier bezieht sich das Zirkumflex auf den Anfang des ganzen Textes, egal ob dieser nun aus genau einer Zeile, aus mehreren oder aus dem Inhalt einer ganzen Datei besteht. Perl verhält sich normalerweise auch so, aber man kann die Interpretation des Zirkumflex auf die andere Möglichkeit ändern. In Tabelle 3-4 wird das Verhalten des Zirkumflex und des Dollarzeichens in einigen gängigen Programmen dargestellt.

Oft ist diese Unterscheidung völlig irrelevant – fast alle der angegebenen Programme verarbeiten *normalerweise* Dateien Zeile für Zeile. Das Problem stellt sich erst, wenn man reguläre Ausdrücke auf Strings anwendet, die mehrere Zeilen enthalten.

Tabelle 3-4: String- und Zeilenanker, Zusammenspiel mit Newlines

Eigenschaft	*lex*	Tcl	*sed*	*awk*	Perl	Python	Emacs
^ paßt am Anfang des ganzen Strings	✓	✓	✓	✓	✓	✓	✓
^ paßt nach jedem Newline (also am Anfang von logischen Zeilen)	✓	•	•	•	•	✓	✓
$ paßt am Ende des ganzen Strings	•	✓	✓	✓	✓	✓	✓
$ paßt vor Newline am String-Ende	✓	•	•	•	✓	✓	✓
$ paßt vor jedem Newline (also am Anfang von logischen Zeilen)	✓	•	•	•	•	✓	✓
Punkt paßt auf Newline	•	✓	✓	✓	•	•	•
Negierte Klasse paßt auf Newline	✓	✓	✓	✓	✓	✓	✓
✓ : ja, aber nur, weil es vor *jedem* Newline paßt In Perl kann die Bedeutung von Punkt und Zeilenankern geändert werden (☞ 236)							

Wo innerhalb einer Regex ist das Zirkumflex ein Metazeichen?

Innerhalb von Zeichenklassen gelten andere Regeln, da sind sich alle Programme einig. Aber auch außerhalb von Klassen wird das ^ manchmal als Anker-Metazeichen und manchmal als Literal angeschaut. Bei den meisten Werkzeugen gilt es als Metazeichen, »wenn dies sinnvoll erscheint«, wie etwa nach einem ⌈(⌋ oder einem ⌈|⌋. Bei anderen ist es nur ganz am Anfang des regulären Ausdrucks ein Metazeichen. In diesen Fällen würde ich es nicht als »vollwertiges« Metazeichen betrachten.

Zeilenende oder String-Ende – Dollar

Das Dollarzeichen ist einerseits das genaue Gegenstück zum Zirkumflex, deshalb gilt die Diskussion über mehrzeilige Texte auch hier. Es ergibt sich aber ein zusätzliches Problem, wie Tabelle 3-4 zeigt. Bei manchen Implementierungen paßt der Dollar vor jedem Newline, bei anderen nur vor dem Ende des Strings. Bei manchen paßt er vor dem Ende des Strings *oder* vor dem Newline gerade vor dem String-Ende (Perl tut das normalerweise, kann sich aber auch so verhalten, daß der Dollar vor jedem Newline paßt). Bei wieder anderen (insbesondere *lex*) paßt der Dollar nur genau vor einem Newline und nirgends sonst, auch nicht vor dem String-Ende.

Wortgrenzen – \<...\> und \b, \B

Wie Zirkumflex und Dollar beziehen sich diese auf eine Position im String. Es gibt hier zwei Ansätze. Der eine benutzt ⌈\<⌋ und ⌈\>⌋, die auf Wortanfänge bzw. -enden passen. Der andere kennt ⌈\b⌋, welches sich auf eine Wortgrenze bezieht (entweder ein Wortanfang oder ein -ende) und ⌈\B⌋, das auf eine Position im Innern eines Wortes paßt (das kann manchmal erstaunlich nützlich sein).

Jedes Werkzeug hat seine eigene Vorstellung davon, welche Zeichen »Wortbestandteile« sein können, und bei denen, die POSIX-Locales (☞ 69) kennen, hängt dies zudem vom gewählten Locale ab. Wie auf Seite 82 gezeigt wurde, sind die Wortbestandteile auch bei Emacs keine fixen Werte, aber aus anderen Gründen. In jedem Fall testen diese Metazeichen nur auf bestimmte Kombinationen von aufeinanderfolgenden Zeichen; keine Regex-Maschine macht irgendwelche linguistischen Untersuchungen über den Text: Alle werden »NE14AD8« als Wort erkennen, nicht aber »M.I.T.«.

Gruppieren und Einfangen

(...) oder \(...\); \1, \2, \3, ...

Bisher habe ich das Augenmerk vor allem auf Klammern und weniger auf Rückwärtsreferenzen gerichtet. Diese werden von einer ganzen Anzahl von Programmen unterstützt. Wenn, dann bezieht sich ⌈\ *Zahl*⌋ auf den Text, der durch den Unterausdruck im *Zahl*ten Klammerpaar tatsächlich im String gefunden wurde (beim Numerieren von Klammerpaaren zählt man die öffnenden Klammern von links nach rechts). Meist ist für *Zahl* nur eine Ziffer zulässig (maximal \9), manche Programme erlauben auch mehrstellige Rückwärtsreferenzen.

Bei manchen Programmen kann man mit ⌈\1⌋, ⌈\2⌋ usw. von außerhalb der Regex auf den »eingefangenen« Text zugreifen. Bei manchen geht das nur im Ersatz-Text einer Substitution (meist auch mit \1, \2 usw., aber in diesem Fall handelt es sich um Metazeichen des Ersatz-Textes, nicht um Regex-Metazeichen). Bei anderen kann man von irgendwoher auf die gefundenen Substrings zugreifen, wie wir das mit $1 bei Perl und mit `MyRegex.group(1)` bei Python gesehen haben. Manche Werkzeuge liefern nicht nur den Text zurück, auf den ein Unterausdruck gepaßt hat, sondern auch die exakte Position dieses Textes im untersuchten String. Bei anspruchsvolleren Aufgaben kann das sehr nutzlich sein. Dieses Feature wird unter anderem von GNU Emacs, Tcl und Python unterstützt (bemerkenswert ist, daß Perl in dieser Aufzählung fehlt!).

Quantifier

Die Quantifier (Stern, Plus, Fragezeichen und die Intervalle – Metazeichen, die sich auf die *Quantität* der vorhergehenden Elemente beziehen) sind bereits breit diskutiert worden. Zu bemerken ist noch, daß in manchen Programmen ⌈\+⌋ und ⌈\?⌋ statt ⌈+⌋ und ⌈?⌋ verwendet werden. Bei manchen können sich Quantifier nicht auf Rückwärtsreferenzen beziehen, und bei manchen nicht auf geklammerte Ausdrücke.

Perl kennt eine ganz besondere Erweiterung zu den Quantifiern: die unschön aussehenden Quantifier *?, +?, ?? und {*min,max*}? (diese sind bei anderen Geschmacksrichtungen schlicht Fehler). Dies sind die *nicht-gierigen*[18] Versionen der bekannten Quantifier. Quantifier sind nämlich normalerweise »gierig«, das heißt, sie versuchen, soviel vom untersuchten String zu »fressen«, wie sie können. Perl benutzt normalerweise diese gierigen Quantifier, kennt aber auch die genügsamen, nicht-gierigen Versionen, die nur soviel »fressen«, wie sie müssen, aber so wenig, wie erlaubt ist. Das nächste Kapitel erläutert das im Detail.

Intervalle – *{min,max}* oder \ *{min,max**}*

Intervalle sind so etwas wie »zählende Quantifier«, weil Sie genau angeben, wie oft das vorhergehende Element mindestens vorkommen muß, und wie oft es maximal vorkommen darf. Wenn nur eine einzige Zahl angegeben ist wie in ⌈[a-z]{3}⌋ oder ⌈[a-z]\{3\}⌋ (von der Geschmacksrichtung abhängig), dann müssen genau so viele der Elemente vorkommen. Dieses Beispiel ist identisch mit ⌈[a-z][a-z][a-z]⌋, das letztere kann bei bestimmten Typen von Regex-Maschinen effizienter sein (☞ 160).

Eine Warnung: Benutzen Sie nicht so etwas wie ⌈X{0,0}⌋, um auszudrücken: »Hier darf kein X vorkommen«. ⌈X{0,0}⌋ ist tatsächlich ein sinnloser Ausdruck, er bedeutet etwa: »keine *Forderung* für ein ⌈X⌋ hier, und überhaupt, hier muß nach *gar nichts* gesucht werden«. Das hat die gleiche Wirkung, als ob gar kein ⌈X{0,0}⌋ angegeben wäre – wenn

---

18 Manchmal *minimales Matching* oder *faules Matching* (lazy matching) genannt (☞ 229).

im String ein x vorkommt, kann es immer noch von weiteren Elementen des regulären Ausdrucks gefunden werden; und damit wird die Absicht vereitelt.[19]

Da hier das nicht gewünschte Element ein einzelnes Zeichen ist, kann ⌈[^x]⌋ benutzt werden. Das fordert ein Zeichen, das kein x sein darf. Das kann für viele Zwecke genügen, aber es ist nicht ganz dasselbe wie »an dieser Stelle kein x«, weil eben ⌈[^x]⌋ für erfolgreiches Matching ein Zeichen benötigt. Die Forderung »kein x« benötigt aber kein Zeichen. Die einzige verbreitete Implementierung von regulären Ausdrücken, mit der man diese Forderung korrekt ausdrücken kann, ist die von Perl (☞ 232).

Alternation

Die Alternation erlaubt es, an einer bestimmten Stelle einen von mehreren Unterausdrücken zuzulassen. Die Unterausdrücke heißen *Alternativen*. Das Symbol ⌈|⌋ (vertikaler Strich) hat verschiedene Namen, es heißt manchmal *oder* oder *Bar*. Manche Geschmacksrichtungen verwenden dafür ⌈\|⌋.

Die Alternation ist immer ein »höheres« Konzept oder eines mit sehr niedrigem Vorrang. Das bedeutet, daß ⌈dies und|oder das⌋ dasselbe bewirkt wie ⌈(dies und)|(oder das)⌋, und nicht etwa ⌈dies (und|oder) das⌋, obwohl vermutlich letzteres gemeint war. Eine Ausnahme tritt bei *lex* und den Zeilenankern auf, die ich als »nicht vollwertig« bezeichnet habe. Diese sind nur an den Enden des regulären Ausdrucks zulässig, und sie haben einen noch niedrigeren Vorrang als die Alternation. In *lex* ist ⌈^dies|das$⌋ tatsächlich dasselbe wie ⌈^(dies|das)$⌋, und nicht etwa ⌈(^dies)|(das$)⌋ wie überall sonst.

Obwohl im POSIX-Standard, bei *lex* und den meisten *awk*-Versionen nicht zulässig, ist eine leere Alternative wie ⌈(dies|das|)⌋ durchaus etwas, das man sich sinnvollerweise ausdenken kann. Der leere Unterausdruck wird immer passen, damit ist dieses Beispiel äquivalent mit ⌈(dies|das)?⌋, das auch in den genannten Programmen erlaubt ist. Das ist die Theorie; in der Praxis verhalten sich die Ausdrücke verschieden. *awk*, *lex* und *egrep* gehören zu den wenigen Programmen, bei denen die Resultate identisch wären: Das ist im Kapitel 4 das Hauptthema. Auch wenn die zwei Ausdrücke dasselbe bewirkten und man damit auf einen davon verzichten könnte, bin ich doch der Ansicht, daß mit der ersten Variante der Gedanke »A, oder B oder gar nichts« klarer ausgedrückt werden kann. Larry Wall hat mir das einmal so erklärt: »Das ist dasselbe wie die Null im Zahlensystem.«

Führer durch die Kapitel für Fortgeschrittene

Jetzt haben wir einiges über Metazeichen, Geschmacksrichtungen, syntaktische Verpackungen usw. gehört; es ist an der Zeit, daß wir uns in die Details vertiefen, zum harten Kern vordringen, nachsehen, ob auch Fleisch am Knochen ist, oder wie immer Sie das nennen wollen. Das beginnt in Kapitel 4, *Wie Regex-Maschinen arbeiten*. Es gibt

---

19 Was ich hier über {0,0} sage, stimmt zwar, ist aber graue Theorie. In der Praxis verhalten sich die verschiedenen Programme schlimmer – beinahe zufällig! In vielen Programmen (mindestens GNU *awk*, GNU *grep* und ältere Perl-Versionen) wird offenbar {0,0} so behandelt, als ob es ein * wäre. In anderen (den meisten Versionen von *sed*, in manchen *grep*-Versionen) bedeutet es dasselbe wie ?. Verrückt!

verschiedene Möglichkeiten, eine Regex-Maschine zu bauen. Die Wahl hat Auswirkung darauf, *ob* ein regulärer Ausdruck paßt oder nicht, *welcher* String gefunden wird, und *wie lange* die Regex-Maschine dazu braucht. Wir werden alle Details beleuchten. Durch das Verständnis der Maschine wird als Nebenprodukt auch das Formulieren von komplexen regulären Ausdrücken einfacher.

Damit kommen wir zum Kapitel 5, *Reguläre Ausdrücke gekonnt schreiben.* Wer die innere Funktionsweise der Regex-Maschine kennt, kann für ein bestimmtes Problem und dessen Lösung die richtige Formulierung wählen und damit die Möglichkeiten der Maschine voll ausnutzen. Kapitel 5 zeigt auch einige böse Irrtümer im Umgang mit bekannten Regex-Geschmacksrichtungen auf – Irrtümer, die man umgekehrt zum eigenen Nutzen verwenden kann.

Die Kapitel 4 und 5 bilden den zentralen Teil dieses Buches, seine Essenz. Die ersten drei Kapitel haben dazu den Weg geebnet, und die abschließenden zwei Kapitel verwenden die Einsichten daraus. Es ist nicht unbedingt leichte Kost, aber ich habe viel Sorgfalt darauf verwendet, Formeln und mathematische Sprache zu vermeiden, die auf viele von uns nur abstoßend wirken. Wie mit jeder neuen Information braucht es eine gewisse Zeit, bis die neuen Konzepte richtig verstanden werden.

Programmspezifische Informationen

Die in den Kapitel 4 und 5 behandelten Konzepte und Methoden sind vom verwendeten Werkzeug unabhängig. Man muß vielleicht manche der Beispiele äußerlich verändern, damit sie in einem bestimmten Programm verwendet werden können, aber die Konzepte sind das Wichtige, nicht der Wortlaut der Beispiele.

Sprachen wie *awk*, Tcl, Python, *sed* und Emacs haben eine konsistente Art, mit regulären Ausdrücken umzugehen. Wenn man einmal verstanden hat, wie deren Regex-Maschine funktioniert (Kapitel 4 und 5), gibt es zur einzelnen Sprache nicht mehr sehr viel zu sagen; außer ein paar Kommentaren zum besonderen Stil und der Sonderausstattung einer bestimmten Sprache. Das wird in Kapitel 6 behandelt.

Das andere Extrem ist Perl und *The Perl Way.* Perl ist auf vielen verschiedenen Ebenen innig mit den regulären Ausdrücken verwoben. Das reiche und ausdrucksstarke Interface von Perl zu den regulären Ausdrücken hat viele Ecken und Ritzen, die es zu erforschen gilt. Für manche ist Perl der Rennwagen unter den Programmiersprachen, für andere ist es eher ein Spaß-Mobil. Die gleichen Features, die es einem Experten ermöglichen, Fermats letztes Theorem[20] in einem Einzeiler zu beweisen, können sich in der Hand des Ungeübten gegen ihn wenden. Aus diesem Grund werden in Kapitel 7 die regulären Ausdrücke von Perl mit dem Mikroskop betrachtet. Generelles zu Perl wird hier auch vermittelt, aber der wesentliche Fokus liegt auf den Eigenschaften von Perl, die mit regulären Ausdrücken zusammenhängen.

---

20 Ich übertreibe natürlich, aber wenn Sie es versuchen wollen, sehen Sie nach in:
   `http://www.yahoo.com/Science/Mathematics/Problems/Fermat_s_Last_Theorem/`

In diesem Kapitel:

- *Motor anlassen!*
- *Grundlegendes zum Matching*
- *Regex-gesteuerte und textgesteuerte Maschinen*
- *Backtracking*
- *Mehr Gieriges*
- *NFA, DFA und POSIX*
- *Regex-Methoden aus der Praxis*
- *Zusammenfassung*

4

Wie Regex-Maschinen arbeiten

Nachdem wir jetzt einige Erfahrungen gesammelt haben, wollen wir genauer anschauen, wie der Motor von regulären Ausdrücken eigentlich funktioniert. Hier kümmern wir uns nicht mehr um Lack und Politur wie in früheren Kapiteln. In diesem Kapitel geht es um die Maschine, den Antrieb, die Dinge, über die Mechaniker beim Bier fachsimpeln. Wir werden einige Zeit unter dem Auto liegen, und da ist es nicht zu vermeiden, daß man beim Herumexperimentieren dreckige Finger kriegt.

Motor anlassen!

Schauen wir mal, wie weit wir die Analogie zu Motoren treiben können. Der Zweck des Motors ist der, den Antrieb zu liefern, damit sich das Auto von Punkt A nach B bewegen kann. Der Motor leistet die Arbeit, damit Sie sich im Ledersitz entspannen und die Edelholz-Innenausstattung genießen können. Der Motor hat die Räder in Bewegung zu setzen, und wie er das macht, ist nicht von Interesse. Oder doch?

Zwei Arten von Motoren

Nun, warum nicht ein Elektromobil? Die gibt es schon lange, aber es gibt da technische Schwierigkeiten, und so haben sich Benzin- und Dieselautos durchgesetzt. Wenn Sie aber ein Elektro-Fahrzeug hätten, würden Sie den »Tank« wohl kaum mit Benzin füllen. Umgekehrt muß man beim Umgang mit Benzin mit Funken aufpassen. Ein Elektromotor läuft einfach, dagegen muß bei einem Verbrennungsmotor ab und zu etwas eingestellt werden. Kleine Dinge wie der Elektrodenabstand der Zündkerzen, der Luftfilter oder nur schon die Benzinmarke haben einen Einfluß auf die Leistung. Wenn die Wartung vernachlässigt wird, sinkt die Leistung, oder schlimmer: Der Motor läuft nicht mehr.

Nach welchem Prinzip der Motor auch funktioniert, was zählt, ist, daß er das Auto in Bewegung setzt. Sie müssen natürlich immer noch gasgeben, bremsen und steuern, aber das ist ein ganz anderes Thema.

Kalifornische Abgasvorschriften

Bringen wir eine neue Variable ins Spiel: Die kalifornischen Abgasvorschriften.[1] Manche Motoren erfüllen diese Abgasvorschriften, manche nicht. Es handelt sich nicht um wirklich unterschiedliche Motoren, es sind meist nur Varianten von bekannten Typen. Der Standard regelt nur, was aus dem Motor herauskommen darf, aber er sagt mit keinem Wort, wie diese Emissions-Grenzwerte zu erreichen seien. Damit haben wir vier Typen von Motoren: Elektrische, die die Grenzwerte einhalten, und solche, die sie nicht einhalten sowie Verbrennungsmotoren nach kalifornischer Gesetzgebung und solche, die diese Vorschriften nicht erfüllen.

Genauer besehen wird ein Elektromotor die Vorschriften ohne Probleme erfüllen – der Standard segnet die Dinge mehr oder weniger so ab, wie sie schon sind. Ein Verbrennungsmotor muß dagegen ziemlich stark angepaßt werden, Teile davon müssen vielleicht neu konzipiert werden, bis er die Normen erfüllt. Besitzer von Autos mit solchen Motoren müssen *sehr* genau darauf achten, was sie in den Tank einfüllen – die falsche Benzinart erzeugt recht schnell Probleme verschiedenster Art.

Auswirkungen von Standards

Bessere Emissions-Vorschriften sind sicher eine gute Sache, aber sie verlangen, daß sich der Fahrer an gewisse Regeln hält (nun ja, mindestens beim Tanken). Auswirkungen auf die Mehrheit der Amerikaner haben sie allerdings nicht, weil die anderen Bundesstaaten sich nicht um kalifornische Standards kümmern... noch nicht. Es ist wahrscheinlich eine Frage der Zeit.

Also können wir die vier Motorentypen in drei Klassen einteilen (zwei für Verbrennungsmotoren, eine für elektrische). Sie kennen die Unterschiede und wissen, daß alle Motoren letztlich dazu dienen, das Auto anzutreiben. Was Sie nicht wissen, ist, was das alles mit regulären Ausdrücken zu tun hat.

Mehr als Sie glauben.

Typen von Regex-Maschinen

Es gibt zwei fundamentale Typen von Regex-Maschinen: Eine namens DFA (der Elektromotor in unserer Analogie) und eine namens NFA (der Verbrennungsmotor).

---

1 Kalifornien kennt sehr weitgehende Abgasvorschriften. In den USA gibt es deswegen von vielen Automodellen eine »Kalifornien«- und eine »Nicht-Kalifornien«-Variante.

Details folgen bald, aber für den Moment sind das nur zwei Namen, wie Hans und Fritz. Oder Elektrisch und Benzin.

Beide Maschinen gibt es schon seit langer Zeit, aber analog zu Motoren wird der eine, der NFA-Typus, viel häufiger benutzt. Einen NFA unter der Haube haben Tcl, Perl, Python, GNU Emacs, *ed*, *sed*, *vi*, die meisten Versionen von *grep* und auch einige wenige *egrep*- und *awk*-Programme. Den DFA-Typus findet man in den allermeisten Versionen von *egrep* und *awk*, außerdem bei *lex* und *flex*. Tabelle 4-1 auf der nächsten Seite führt die verwendeten Typen für eine Anzahl von Programmen auf, die für eine Vielzahl von Betriebssystemen erhältlich sind. In der Tabelle steht *generisch* für die Version von den Programmen, bei denen sich eine Vielzahl von Ablegern aus einer relativ alten Urversion entwickelt hat. Wenn sich bekannte Ableger von der Urform unterscheiden, habe ich sie separat aufgeführt.[2]

Wie Kapitel 3 gezeigt hat, haben 20 Jahre Entwicklung sowohl bei DFAs als auch bei NFAs eine große Menge unnötiger Varianten erzeugt. Eine unangenehme Situation. Der POSIX-Standard entstand, um dem Zustand abzuhelfen, indem genau spezifiziert wurde, welche Metazeichen eine Maschine kennen muß, und welche Resultate sie liefern muß. Abgesehen von Details erfüllten DFAs (unsere Elektromotoren) diese Vorschriften bereits weitgehend, aber die Resultate, die traditionelle NFAs liefern, unterscheiden sich ziemlich deutlich von dem, was der Standard fordert. Für einen POSIX-konformen NFA sind recht weitgehende Anpassungen notwendig. Als Resultat können wir die Typen von Regex-Maschinen grob in drei Gruppen einteilen:

* DFA (POSIX oder nicht – auf jeden Fall ähnlich)
* Traditioneller NFA
* POSIX-NFA

POSIX hat über 70 Programme standardisiert, unter anderem solche, die schon immer reguläre Ausdrücke verwendeten: *awk*, *ed*, *egrep*, *expr*, *grep*, *lex*, und *sed*. Die meisten von diesen waren (und sind) in bezug auf ihre Regex-Fähigkeiten eher schwächlich, mit einem Moped vergleichbar. Sie sind so schwach, daß ich sie für die weitere Diskussion einfach weglasse. Das heißt nun nicht, daß die Programme nicht sehr nützlich sein können, aber Sie werden in diesem Buch kaum viel über *expr*, *ed* und *sed* finden. Um gerecht zu sein: Manche modernen Versionen dieser Programme haben eine neue Regex-Maschine erhalten, sozusagen einen Austauschmotor. Das passiert häufig mit *grep*, das sonst ein direkter Nachfahre von *sed*, *ed* und *expr* ist.

Dagegen hatten *egrep*, *awk* und *lex* normalerweise den elektrischen DFA-Antrieb; für diese hat der neue Standard nur den Status Quo bestätigt – keine radikalen Änderungen waren notwendig. Allerdings *gab* es benzinschluckende Versionen dieser Programme, die adaptiert werden mußten, wollten sie POSIX-konform sein. Die Verbrennungsmotoren, die die kalifornischen Abgasbestimmungen einhalten (POSIX-NFAs), sind zwar

---

2 Wo das aus den Kommentaren in den Quelltexten ersichtlich war, habe ich die dort gefundenen Autorennamen angegeben (oder, bei *generischen* Programmen, den Namen des Autors der Urversion). Sonst habe ich mich auf die Angaben in Libes' und Resslers Buch *Life With Unix* (Prentice Hall, 1989) verlassen.

Tabelle 4-1: Einige Programme und ihre Regex-Maschinentypen

Programm	(Ursprünglicher) **Autor**	Version	Regex-Maschine
awk	Aho, Weinberger, Kernighan	*generisch*	DFA
new *awk*	Brian Kernighan	*generisch*	DFA
GNU *awk*	Arnold Robbins	*neue*	DFA, etwas NFA
MKS *awk*	Mortice Kern Systems		POSIX-NFA
mawk	Mike Brennan	*alle*	POSIX-NFA
egrep	Alfred Aho	*generisch*	DFA
MKS *egrep*	Mortice Kern Systems		POSIX-NFA
GNU Emacs	Richard Stallman	*alle*	Trad. NFA (auch POSIX-NFA)
Expect	Don Libes	*alle*	Traditioneller NFA
expr	Dick Haight	*generisch*	Traditioneller NFA
grep	Ken Thompson	*generisch*	Traditioneller NFA
GNU *grep*	Mike Haertel	Version 2.0	DFA, etwas NFA
GNU *find*	GNU		Traditioneller NFA
lex	Mike Lesk	*generisch*	DFA
flex	Vern Paxson	*alle*	DFA
lex	Mortice Kern Systems		POSIX-NFA
more	Eric Schienbrood	*generisch*	Traditioneller NFA
less	Mark Nudelman		variabel (meist Trad. NFA)
Perl	Larry Wall	*alle*	Traditioneller NFA
Python	Guido van Rossum	*alle*	Traditioneller NFA
sed	Lee McMahon	*generisch*	Traditioneller NFA
Tcl	John Ousterhout	*alle*	Traditioneller NFA
vi	Bill Joy	*generisch*	Traditioneller NFA

fein raus, was ihre Emissionen angeht, aber sie sind durch die notwendigen Anpassungen sehr fragil geworden. Während sie früher auch mit leicht verschobenen Elektrodenabständen liefen, tolerieren sie jetzt kaum Abweichungen. Benzin, das früher gut genug war, produziert jetzt Klopfen im Motor. Aber solange man diese Motoren gut pflegt, laufen sie problemlos. Und sauber.

Aus der Abteilung für Redundanz-Abteilung

An diesem Punkt bitte ich Sie, die Analogie zu Automotoren am Anfang des Kapitels nochmal anzuschauen. Jeder Satz hat eine Verwandtschaft mit regulären Ausdrücken. Ein zweites Durchlesen gibt aber auch Anlaß zu Fragen. Was soll das heißen, daß ein elektrischer DFA »einfach läuft«? Was für Umstände beeinflussen einen Benzin-NFA? Wie warte ich einen NFA? Was muß ich bei einem emissionsarmen POSIX-NFA beachten? Was ist ein Motor, der nicht mehr läuft, in der Welt der regulären Ausdrücke? Und zuletzt – was ist das Gegenstück zum Edelholz-Armaturenbrett?

Grundlegendes zum Matching

Bevor wir zu den Unterschieden kommen, werden wir zunächst die Gemeinsamkeiten der verschiedenen Maschinen betrachten. Bestimmte Teile der Kraftübertragung sind überall gleich (oder verhalten sich gleich), und die folgenden Beispiele gelten für alle Motorentypen.

Zu den Beispielen

Dieses Kapitel setzt eine zwar durchschnittliche, aber doch voll funktionstüchtige Regex-Maschine voraus. Es kann deshalb sein, daß manche Beispiele mit einem bestimmten Werkzeug so nicht funktionieren, weil es vielleicht gewisse Konstrukte nicht unterstützt. In meinen Beispielen ist der Ölmeßstab links vom Ölfilter angeordnet, bei Ihrem Auto ist er vielleicht hinter dem Zündverteiler. Das Ziel ist das Verstehen der Konzepte, damit Sie mit Ihrem Regex-Paket umgehen lernen (und vielleicht Gefallen an den hier vorgestellten finden).

Ich werde auch hier in den meisten Beispielen Perl und seine Notation verwenden. Ab und zu zeige ich auch andere, um zu demonstrieren, daß die *Notation* nur Oberfläche ist und daß der besprochene Sachverhalt vom benutzen Werkzeug unabhängig ist. Um es kurz zu machen, ich nehme an, daß Sie Kapitel 3 gelesen haben oder dort nachschauen, wenn eine Konstruktion ungewohnt aussieht.

In diesem Kapitel geht es darum, wie die Regex-Maschine vorgeht, wenn sie versucht, ein Muster zu erkennen. Es wäre ganz nett, wenn sich dieses Vorgehen mit ein paar Eselsbrücken zusammenfassen ließe, die man anwenden könnte, ohne zu verstehen, was eigentlich vor sich geht. Leider geht das nicht. Sehr stark komprimiert bietet dieses Kapitel nur gerade zwei Regeln, die überall Gültigkeit haben:

1. Der früheste Treffer gewinnt.
2. Quantifier sind gierig.

Wir werden uns diese Regeln und ihre Auswirkungen genauer ansehen – und daneben noch einiges mehr. Fangen wir mit der ersten Regel an.

Regel 1: Der früheste Treffer gewinnt

Etwas ausführlicher lautet *die erste Regel bei regulären Ausdrücken*:

> *Der Treffer gewinnt, der am frühesten beginnt.*

Die Regel will sagen, daß ein Treffer, der früher in einem String beginnt, als besser eingeschätzt wird, als ein anderer, auch möglicher Treffer, der erst weiter rechts beginnt. Die Regel sagt nichts über die Länge des erkannten Textes aus, sondern besagt nur, daß unter allen möglichen Treffern der erkannt wird, der am weitesten links beginnt. Nun kann es ja auch sein, daß mehrere mögliche Treffer am selben Ort beginnen; die Regel sollte daher lauten: »*Einer* der Treffer gewinnt...«, aber das klingt merkwürdig.

Und so wird nach der Regel verfahren: Der erste Treffer wird ganz vorn (gerade vor der ersten Zeichen) im Such-String versucht. »Versucht« heißt, daß jede mögliche Kombination des (vielleicht komplizierten) regulären Ausdrucks hier ausprobiert wird. Wenn alle Permutationen durchgenommen sind und kein Treffer gefunden wurde, wird der ganze reguläre Ausdruck bei der nächsten möglichen Position angewandt, nämlich gerade vor dem zweiten Zeichen im String. Dieser vollständig neue Versuch wird bei jeder Position im String wiederholt, bis ein Treffer gefunden wird. Ein »nicht gefunden« wird nur genau dann zurückgeliefert, wenn alle Versuche an allen Positionen (bis hin zur Position gerade hinter dem letzten Zeichen) fehlschlagen.

Wenn wir ⌈ORA⌋ auf `ANORAK` anwenden, wird der erste Versuch am Anfang des Strings fehlschlagen (weil ⌈ORA⌋ nicht auf `ANO` paßt). Auch der zweite Versuch schlägt fehl (auch `NOR` paßt nicht). Der dritte Versuch ist dagegen erfolgreich, und die Regex-Maschine liefert das Resultat: A N `ORA` K.

Wenn Sie die Regel nicht kennen, können manche Resultate überraschen. Wenn zum Beispiel ⌈der⌋ im String

```
Das Federvieh war der Lebenszweck der Witwe Bolte
```

gesucht werden soll, wird der Treffer bei `Fe`der`vieh` gefunden, nicht erst beim Wort `der`. Das Wort `der` *könnte* ein Treffer sein, aber `Federvieh` erscheint früher im String, und so wird hier der Treffer gemeldet. Bei einem Programm wie *egrep* spielt das keine Rolle – *egrep* kümmert nur, *ob* es einen Treffer gibt, und nicht *wo* dieser auftritt. Bei anderen Applikationen, etwa beim Suchen-und-Ersetzen, spielt das sehr wohl eine Rolle.

Die Regex wird bei jeder Position *vollständig* ausprobiert. Wenn wir etwa nach ⌈Bolte|Leben|Feder|Witwe⌋ suchen, wird bei `Feder` ein Treffer gefunden:

```
Das Federvieh war der Lebenszweck der Witwe Bolte
```

und nicht bei `Bolte`, obwohl dieses Wort als erste Alternative auftritt. Klar, die Regex könnte auch auf `Bolte` und die anderen Wörter passen, aber weil das nicht die *frühesten* möglichen Treffer sind, werden sie nicht gefunden. Wie gesagt werden alle Permutationen der ganzen Regex durchgegangen, bevor das Spiel bei der nächsten Position wiederholt wird; in diesem Fall werden alle Alternativen – ⌈Bolte⌋, ⌈Leben⌋, ⌈Feder⌋ und ⌈Witwe⌋ – getestet, bevor im String weitergefahren wird.

Das »Getriebe« schaltet zum nächsten Zeichen

Diese Regel kann man sich ähnlich vorstellen wie das Getriebe eines Autos, das die Kraft des Motors an die Antriebsräder weitergibt. Ein automatisches Getriebe ist mit internen Optimierungen vergleichbar, die wir im nächsten Kapitel kennenlernen werden. Die eigentliche Arbeit leistet der Motor, indem er die Kurbelwelle dreht. Dem Getriebe kommt die Aufgabe zu, im jeweiligen Gang die Kraft auf den Antrieb weiterzuleiten.

Die Hauptaufgabe des Getriebes: Weiterschalten

Wenn die Regex-Maschine am Anfang des Strings keinen Treffer findet, schaltet das Getriebe in den nächsten Gang, zur nächsten Position im String und zur nächsten, zur nächsten usw. Normalerweise. Wenn nun zum Beispiel die Regex mit einem Zeilenanker beginnt, kann das Getriebe feststellen, daß jedes Weiterschalten unnütz ist, weil ein Treffer nur am Anfang des Strings möglich ist. Das ist ein Beispiel für die »Anker-Optimierung«, die wir im nächsten Kapitel diskutieren (☞ 162).

Bestandteile der Regex-Maschine

Ein Motor ist natürlich aus vielen Teilen aufgebaut. Man kann die Funktionsweise eines Motors nicht verstehen, wenn man nicht die wichtigsten Teile davon kennt. Bei regulären Ausdrücken sind diese Teile die verschiedenen Grundeinheiten – Literale, Quantifier (Stern, Fragezeichen etc.), Zeichenklassen, Klammern usw. Die Kombination dieser Teile, und wie sie von der Maschine verwendet werden, macht eine Regex zu dem, was sie ist; also muß unser Augenmerk auf die Art gerichtet sein, wie diese Teile zusammenpassen und wie sie miteinander zusammenspielen. Die einzelnen Teile sind:

Literale

Bei einem literalen Zeichen wie ⌜z⌟ oder ⌜!⌟ ist der Versuch, einen Treffer zu erzielen, einfach der: »Ist das Literal mit dem aktuellen Zeichen im String identisch?« Wenn die ganze Regex nur aus Literalen besteht, wie etwas ⌜usa⌟, wird das behandelt wie »⌜u⌟ und dann ⌜s⌟ und dann ⌜a⌟«. Wenn Groß- und Kleinbuchstaben gleich behandelt werden sollen, wenn also ⌜b⌟ auch auf B (oder umgekehrt) passen soll, wird es nur unwesentlich komplizierter.

Zeichenklassen, Punkt usw.

Mit einer Zeichenklasse einen Treffer zu finden, ist nicht viel schwieriger. Ganz egal, wie viele Zeichen eine Klasse umfaßt, sie paßt immer nur auf ein einzelnes Zeichen im String.[3] Die Zeichenklasse bildet eine Menge von Zeichen, die geprüft werden müssen. Entweder sind die möglichen Zeichen explizit aufgezählt oder, in einer negierten Klasse, die nicht möglichen Zeichen. Der Punkt ist nur eine Abkürzung für eine große Klasse, die alle Zeichen enthält (oder alle Zeichen ohne Newline und/oder Null, je nach Geschmacksrichtung). Das gleiche gilt für die Abkürzungen wie ⌜\w⌟, ⌜\W⌟, ⌜\d⌟, ⌜\D⌟, ⌜\s⌟, ⌜\S⌟ usw.

Anker

Manche der anderen Metazeichen sind ähnlich einfach zu behandeln, nur daß diese nicht mit Zeichen verglichen werden, sondern mit einer Position im String. Dazu gehören die Zeilen- und String-Enden Zirkumflex und Dollar sowie die Metazeichen für Wortgrenzen ⌜\<⌟, ⌜\b⌟ usw. Für diese ist der Test einfach, weil nur zwei nebeneinanderliegende Zeichen im String verglichen werden müssen.

---

3   Um genau zu sein, können POSIX-Kollationssequenzen auf mehrere Zeichen passen, wie wir im letzten Kapitel gesehen haben. Das ist wohl aber die Ausnahme.

Einfache Klammern

Bestimmte Arten von Klammern, die zum Einfangen von Unterausdrücken benutzt werden, haben einen Einfluß auf die Effizienz des Matchings (siehe Kapitel 5). Sonst aber tragen sie nichts zum Ablauf der Mustersuche bei.

Elektrische Klammern gibt es nicht

Ich wollte mich zunächst auf die Gemeinsamkeiten der Regex-Maschinen konzentrieren, kann es aber nicht lassen, eine Vorahnung auf Kommendes zu geben. »Einfangende« Klammern und damit Rückwärtsreferenzen sind mit Additiven im Kraftstoff vergleichbar – es gibt sie nur bei Verbrennungsmotoren, bei Elektromotoren sind sie völlig irrelevant; weil die ja kein Benzin verbrennen, brauchen sie auch keine Additive. Die Art, wie eine DFA-Maschine arbeitet, läßt Rückwärtsreferenzen auf einfangende Klammern einfach nicht zu.[4] Damit ist erklärt, warum Werkzeuge, die mit DFAs arbeiten, keine Dinge wie $1 kennen. *awk*, *lex* und *egrep* gehören zu dieser Gruppe.

Sie haben aber vielleicht gesehen, daß *egrep* in der GNU-Version *dennoch* Rückwärtsreferenzen zuläßt. Es kann das, weil es schlicht zwei Motoren unter der Haube hat! GNU *egrep* benutzt zunächst eine DFA-Maschine, um Muster zu finden. Wenn die einen Treffer gefunden hat, wird die NFA-Maschine darauf angesetzt, die Rückwärtsreferenzen versteht. Später in diesem Kapitel werden wir sehen, warum eine DFA-Maschine nicht mit Rückwärtsreferenzen umgehen kann, und warum überhaupt Leute mit derart eingeschränkten Maschinen arbeiten. (Sie hat bestimmte Vorteile, zum Beispiel findet sie Treffer sehr schnell).

Regel 2: Manche Metazeichen sind gierig

Bis hierhin war das Finden von Treffern recht einfach. Auch langweilig – man kann einfach nicht sehr viel ohne die Metazeichen wie Stern, Plus, Alternation usw. *machen*. Um diese zu verstehen, brauchen wir etwas mehr Hintergrundinformationen.

Zunächst müssen Sie wissen, daß die Quantifier (?, *, +, {*min,max*}) *gierig* sind. Wenn sich so ein Quantifier auf einen Unterausdruck wie das a in ⌈a?⌉, das ⌈(*expr*)⌉ in ⌈(*expr*)*⌉ oder das ⌈[0-9]⌉ in ⌈[0-9]+⌉ bezieht, dann gibt es eine Mindest- und eine Maximalgröße von Treffern, auf die dieser Unterausdruck passen kann. Das wurde schon in den letzten Kapiteln behandelt; neu erscheint hier *die zweite Regel bei regulären Ausdrücken*:

Teile von regulären Ausdrücken, die in variabler Anzahl vorkommen dürfen, versuchen immer, auf so viele Zeichen wie nur möglich zu passen. *Sie sind gierig.*

Mit anderen Worten: Die Quantifier begnügen sich mit der verlangten Mindestanzahl nur dann, *wenn es nicht anders geht*. Sonst versuchen sie, so viele Zeichen wie nur möglich zu »fressen« – bis zum erlaubten Maximum natürlich.

Nur wenn andere, spätere Teile der Regex dadurch nicht mehr passen könnten, geben sich Quantifier mit weniger zufrieden. In einem einfachen Beispiel: ⌈\<\w+e\>⌉ sucht

---

4   Es gibt immerhin Kombinationen der zwei Haupttypen, die versuchen, das Beste aus beiden Lagern zu kombinieren. Das wird im Kasten auf Seite 125 näher erläutert.

nach Wörtern, die auf e enden, wie etwa `Programme`. Das ⌜`\w+`⌟ allein würde ganz gerne das ganze Wort »fressen«, aber dann würde das e am Ende nicht mehr passen. Damit der komplette reguläre Ausdruck erfolgreich paßt, muß sich das ⌜`\w+`⌟ mit <u>Programm</u>e begnügen, nur dann paßt das ⌜`e\>`⌟ und damit die ganze Regex.

Es kann auch soweit kommen, daß der gierige Quantifier auf überhaupt nichts mehr paßt (sofern dies mit dem Stern, Fragezeichen oder `{0, max}`) zugelassen ist). Allerdings tritt dieser Fall nur ein, wenn das von späteren Teilen der Regex erzwungen wird. Von sich aus wird ein Quantifier immer versuchen, auf mehr Zeichen als die minimal geforderten zu passen; deshalb nennt man sie gierig.

Die Regel hat viele angenehme (manchmal aber auch lästige) Auswirkungen. Sie erklärt, warum zum Beispiel ⌜`[0-9]+`⌟ auf die ganze Zahl in `März•1998` paßt. Wenn die 1 einmal gefunden ist, hat das Plus sein minimales Plansoll erfüllt. Weil es aber gierig ist, versucht es, auf so viele Zeichen wie möglich zu passen, dies gelingt auch mit 998. Am Ende des Strings endet auch der Treffer, weil ⌜`[0-9]`⌟ nicht auf das String-Ende paßt.

Ein betreffendes Beispiel

Natürlich geht das auch mit anderen Dingen als nur mit Zahlen. Nehmen wir an, Sie haben eine Zeile aus einem E-Mail-Header und wollen überprüfen, ob es sich um die Betreffszeile handelt. Wie in einem früheren Kapitel benutzen Sie einfach ⌜`^Subject:•`⌟. Wenn Sie aber ⌜`^Subject:•(.*)`⌟ benutzen, können Sie später auf den Text des Betreffs zurückgreifen, indem Sie die vom benutzen Werkzeug gespeicherten Daten aus dem geklammerten Unterausdruck auswerten (zum Beispiel mit `$1` in Perl).[5] Bevor wir uns anschauen, warum das ⌜`.*`⌟ auf den ganzen Betreff paßt, muß klar sein, daß der reguläre Ausdruck als Ganzes bereits erfolgreich ist. ⌜`^Subject:•`⌟ wurde schon gefunden, und dahinter kommt nichts, was den Erfolg dieses Matchings noch gefährden könnte. ⌜`.*`⌟ wird *immer* passen, weil für den Stern auch das Resultat »nichts gefunden« ein erfolgreicher Treffer ist.

Warum ist denn das ⌜`.*`⌟ dabei, wenn es doch nichts zum Erfolg oder Mißerfolg des regulären Ausdrucks beiträgt? Wir wissen, daß der Stern gierig ist; er versucht, den Punkt auf so viele Zeichen wie möglich anzuwenden, und hier nutzen wir das aus, um `$1` »auszufüllen«. Die Klammern tragen nichts zur Logik dieses Pattern-Matchings bei. Wenn mit ⌜`.*`⌟ das String-Ende erreicht wird, bleibt nichts mehr übrig, auf das der Punkt passen könnte. Der Quantifier hört auf und überläßt das Feld weiteren Elementen aus dem regulären Ausdruck (auch wenn der Punkt auf nichts mehr paßt, könnte es sein, daß allenfalls weiter rechts noch Teile des regulären Ausdrucks auf etwas passen könnten). Da in diesem Fall aber keine weiteren Elemente auftreten, weiß die Regex-Maschine, daß ein Treffer gefunden wurde.

---

5 In diesem Beispiel wird das gierige Verhalten der Quantifier im Zusammenhang mit einfangenden Klammern beschrieben, daher gilt dies nur für NFA-Maschinen (nur NFAs unterstützen einfangende Klammern). Der Punkt, der sich auf die Gier bezieht, gilt allerdings für alle Arten von Maschinen.

Wenn die Variable $zeile den String ›Subject: Re: happy birthday‹ enthält, dann gibt das Perl-Programmstück

```
if ( $zeile =~ m/^Subject: (.*)/ ) {
    print "Betreff: $1\n";
}
```

folgendes aus: ›Betreff: Re: happy birthday‹.

Und hier als Illustration das gleiche in Tcl:

```
if [regexp "^Subject: (.*)" $zeile all exp1] {
    puts "Betreff: $exp1"
}
```

und in Python:

```
reg = regex.compile("Subject: \(.*\)")
if reg.match(zeile) > 0:
    print "Betreff:", reg.group(1)
```

Wie man sieht, behandelt jede Sprache reguläre Ausdrücke auf ihre eigene Art, das Konzept der Gier sowie das Resultat bleiben jedoch gleich.

Re: bei E-Mails

Um das Beispiel ein bißchen zu erweitern, nehmen wir uns das ›Re: •‹ vor, das von vielen E-Mail-Programmen auf der Betreff-Zeile eingesetzt wird. Wir wollen dieses ignorieren, wir sind nur am eigentlichen Betreff interessiert.

Wir können die Gier der Quantifier direkt in der Regex ausnützen. Betrachten wir ⌈^Subject: • (Re: •)?(.*)⌉, bei dem ein ⌈(Re: •)?⌉ vor dem ⌈(.*)⌉ eingefügt wurde. Beide Unterausdrücke sind gierig, aber das ⌈(Re: •)?⌉ ist es als erstes, es knabbert an ›Re: •‹, bevor ⌈.*⌉ nehmen muß, was übrigbleibt. Wir könnten auch gleich ⌈(Re: •)*⌉ nehmen – damit würden auch mehrere Re:, wie sie von manchen Programmen eingesetzt werden, gleich weggeputzt.

Die Klammern in ⌈(Re: •)?⌉ sind nur zum Gruppieren da, aber sie zählen immer noch als Klammerpaar. Damit werden die ursprünglichen Klammern, die das auffangen, was mit ⌈.*⌉ erkannt wird, zum zweiten Klammerpaar, und wir müssen im Programm $1 durch $2 ersetzen:

```
if ( $zeile =~ m/^Subject: (Re: )?(.*)/ ) {
    print "Betreff: $2\n";
}
```

Wir können das Vorhandensein eines `Re:` aber auch benutzen:

```
if ( $zeile =~ m/^Subject: (Re: )?(.*)/ ) {
    # Betreff-Zeile gefunden -- Ausgabe abhängig von $1
    if ($1 eq "Re: ") {
        print "Antwort auf: $2\n";
    } else {
        print "Betreff: $2\n";
    }
}
```

Auch wenn das Klammerpaar, das $1 ausfüllt, auf nichts paßt, füllt das zweite Klammerpaar den dort gefundenen Text noch immer in $2.

Als letztes schauen wir den gleichen Ausdruck mit leicht verschobenen Klammern an:

```
^Subject: ((Re: )?.*)
```

Klammerpaare werden immer nach Maßgabe der öffnenden Klammer von links gezählt. Damit wird ⌈Re: •⌉ zum zweiten Klammerpaar, das jetzt $2 beeinflußt, und die äußeren Klammern werden zu $1. Diesmal aber enthält $1 auch den Text ›Re: •‹, so dieser denn gefunden wurde (und natürlich auch den Rest der Betreff-Zeile). Das ist in diesem Beispiel nicht besonders nützlich, aber es könnte ja sein, daß Sie an der ganzen Betreff-Zeile interessiert sind und trotzdem wissen möchten, ob es sich um eine Antwort handelt.

Zu gierig

Zurück zur Vorstellung der über alle Maßen gefräßigen gierigen Quantifier. Wie sähe das aus, wenn wir ein zweites ⌈.*⌉ anfügten: ⌈^Subject: (.*).*⌉? Die Antwort ist einfach: Gar nichts ändert sich. Das erste ⌈.*⌉ (in den Klammern) ist so gierig, daß es bereits alle Zeichen des Betreff-Textes erkannt hat, und damit bleibt für das zweite ⌈.*⌉ nichts übrig, worauf es passen könnte. Das macht nichts aus, weil sich der Stern in harten Zeiten auch mit gar nichts zufrieden gibt. Wäre das zweite ⌈.*⌉ eingeklammert, würde das entsprechende $2 immer leer sein.

Bedeutet das nun, daß nach einem ⌈.*⌉ in einem regulären Ausdruck nie etwas passen kann? Nein, natürlich nicht. Spätere Elemente eines regulären Ausdrucks können durchaus Zeichen von gierigen Quantifiern zurückfordern, sozusagen Treffer aberkennen, wenn es dazu dient, daß die Regex als Ganzes erfolgreich passen kann.

Der Ausdruck ⌈^.*([0-9][0-9])⌉ erkennt die zwei letzten Ziffern im String, wo immer sie auftreten, und speichert sie in $1. So funktioniert das: Zunächst erkennt ⌈.*⌉ den ganzen String. Weil aber das folgende ⌈([0-9][0-9])⌉ *vorgeschrieben* ist, sagt es ungefähr: »Hallo, du hast zuviel genommen! Gib etwas zurück, damit ich auch eine Chance bekomme, auf Zeichen zu passen!«. Gierige Komponenten versuchen zunächst, soviel wie möglich für sich selber zu kriegen, sie beugen sich aber dem übergeordneten Ziel, nämlich dem, daß der ganze Ausdruck passen soll. Sie sind hartnäckig und tun das nur unter Zwang.

Wenn wir also ⌈^.*([0-9][0-9])⌉ auf den String ›etwa•20•Zeichen•lang‹ anwenden, erkennt ⌈.*⌉ wieder zunächst den ganzen String. Weil aber das erste ⌈[0-9]⌉ nach einer

Ziffer sucht, fordert es das ›g‹ (das letzte Zeichen, das erkannt wurde) zurück. Das paßt nicht, also muß ⌜.*⌝ ein weiteres Zeichen zurückgeben, das n in lang. Das wiederholt sich noch zwölfmal, bis mit der 4 eine Ziffer erkannt wird.

Damit ist wohl das erste ⌜[0-9]⌝ zufrieden, aber nicht das zweite. ⌜.*⌝ muß noch weitere Zeichen abgeben, damit der reguläre Ausdruck als Ganzes passen kann. Diesmal ist es die 2, die vom ersten ⌜[0-9]⌝ erkannt wird; die 4 wird für das zweite ⌜[0-9]⌝ freigegeben, der ganze Ausdruck paßt auf ›etwa•20•Zeichen···‹, und in $1 wird ›20‹ eingetragen.

Wer zuerst kommt, mahlt zuerst

Wir könnten versucht sein, den Ausdruck so abzuändern: ⌜^.*([0-9]+)⌝, daß nicht nur die letzten zwei Ziffern, sondern die ganze letzte Ziffernreihe im String erkannt würde. Das aber geht schief. Wie vorher muß zwar ⌜.*⌝ Zeichen zurückgeben, weil das folgende ⌜[0-9]+⌝ Zeichen erzwingt. Wie bei ›etwa•20•Zeichen···‹ bedeutet das »Un-Matching« bis zur 4, dann paßt ⌜[0-9]⌝.

Im Gegensatz zu vorher gibt es nun aber keine Elemente mehr, die passen *müssen*, also ist ⌜.*⌝ nicht gezwungen, weitere Zeichen (die 2) abzugeben. Wenn es das täte, wäre das nachfolgende ⌜[0-9]+⌝ sicher ein dankbarer Abnehmer, aber hier wird nach dem Prinzip »Wer zuerst kommt, mahlt zuerst« verfahren. Gierige Elemente sind auch geizig: wenn sie einmal etwas genommen haben, geben sie es nur unter Druck zurück, nicht aber, um nur nett zu anderen zu sein.

Falls das schwierig zu begreifen ist, vergleichen Sie ⌜[0-9]+⌝ mit ⌜[0-9]*⌝, von dem es nur einen Schritt entfernt ist. ⌜[0-9]*⌝ gehört zum selben Verein wie ⌜.*⌝. Wenn wir das in unserem Ausdruck ⌜^.*([0-9]+)⌝ ersetzen, erhalten wir ⌜^.*(.*)⌝, das dem Beispiel ⌜^Subject:•(.*).*⌝ von etwas weiter oben verdächtig ähnlich sieht.

Bis zu den letzten Details

Ich sollte hier einiges aufklären. Wendungen wie »das ⌜.*⌝ *muß abgeben...*« oder »⌜[0-9]⌝ *erzwingt...*« sind etwas irreführend. Ich habe diese Formulierungen benutzt, weil sie leicht verständlich sind, und weil das Resultat tatsächlich der Realität entspricht. Was aber wirklich hinter den Kulissen abläuft, hängt von der verwendeten Maschine ab, von DFA oder NFA. Also wird es langsam Zeit zu sehen, worum es sich hier eigentlich handelt.

Regex-gesteuerte und textgesteuerte Maschinen

Die zwei Typen von Maschinen stellen zwei fundamental verschiedene Arten dar, wie vorgegangen werden kann, wenn ein regulärer Ausdruck auf einen String angewandt wird. Ich nenne die benzinschluckende NFA-Maschine »regex-gesteuert« und die elektrische DFA-Maschine »textgesteuert«.

NFA-Maschine: Regex-gesteuert

Betrachten wir einen Weg, wie eine NFA-Maschine den regulären Ausdruck ⌜to(nite|knight|night)⌝ auf den Text ›···tonight···‹ anwendet. Die Maschine geht jedes Element des regulären Ausdrucks durch, beginnend mit dem ⌈t⌋, und vergleicht dieses Element mit dem »aktuellen Text« aus dem String. Wenn der Vergleich stimmt, geht die Maschine zum nächsten Element der Regex und wiederholt das, bis alle Komponenten passen; damit stimmt der reguläre Ausdruck als ganzes.

Im ⌈to(nite|knight|night)⌋-Beispiel ist die erste Komponente ein ⌈t⌋, das nicht paßt, bis im String ein t gefunden wird. Dann wird mit der nächsten Regex-Komponente weitergearbeitet, dem ⌈o⌋, und wenn für dieses ein Treffer gefunden wird, kommt das nächste Element an die Reihe. In diesem Fall ist das »nächste Element« ⌈(nite|knight|night)⌋, was einfach » ⌈nite⌋ oder ⌈knight⌋ oder ⌈night⌋« bedeutet. Mit drei Alternativen konfrontiert, versucht es die Maschine einfach mit jeder, der Reihe nach. Wir (mit hochentwickelten neuronalen Netzen zwischen den Ohren) sehen sofort, daß für tonight nur die dritte Alternative in Frage kommt. Die regex-gesteuerte Maschine – obwohl ihre Ahnen mit Neuronen zu tun hatten (☞ 64) – kann das nicht, bevor sie alle Alternativen durchprobiert hat.

Das Durchprobieren der drei Alternativen geht nach dem gleichen Schema vor sich: Jedes Element der Regex wird mit dem String verglichen – »Teste auf ⌈n⌋, dann auf ⌈i⌋, dann auf ⌈t⌋ und schließlich auf ⌈e⌋.« Wenn einer der Tests fehlschlägt (und er tut dies in diesem Fall), nimmt sich die Maschine die nächste Alternative vor. Die Maschine wird also von der Regex kontrolliert, sie geht die Regex Element für Element durch. Deshalb nenne ich diesen Typ »regex-gesteuert«.

Vorteile bei NFA-Maschinen: Die Regex hat die Kontrolle

Bei dieser Vorgehensweise wird jeder Unterausdruck fast unabhängig vom anderen durchgespielt – der einzige Zusammenhang ist die Nähe zu anderen Elementen, die ja irgendwie angeordnet sein müssen. Es ist also das »Layout« der Regex, das bestimmt, wie die Maschine die Regex durchläuft.

Weil die NFA-Maschine von der Regex kontrolliert wird, hat der Fahrer (der Autor des regulären Ausdrucks) einige Möglichkeiten, die Regex so zu gestalten, daß genau so gesucht wird, wie er sich das vorstellt (Kapitel 5 befaßt sich mit diesem Thema). Wie das gehen soll, ist im Moment ziemlich vage, es wird aber angesprochen, nachdem die Geheimnisse des Lebens aufgedeckt sind (auf Seite 105).

DFA-Maschine: Textgesteuert

Im Unterschied zu NFA-Maschinen gehen textgesteuerte den String durch und vergleichen jeden Buchstaben mit allen möglichen Treffern, »die gerade in Arbeit sind«. Beim tonight-Beispiel weiß diese Maschine sofort, nachdem sie das t gelesen hat, daß hier ein möglicher Treffer beginnt:

im String	in der Regex
nach ⋯t̲onight⋯	mögliche Treffer: ⌈t̲o(nite|knight|night)⌋

Nach jedem weiteren gelesenen Buchstaben wird die Liste der möglichen Treffer neu formuliert. Nach ein paar Schritten ist die Maschine in der Situation,

im String	in der Regex
nach ···tonight···	mögliche Treffer: ⌜to(nite|knight|night)⌟

daß nur noch zwei mögliche Treffer verfolgt werden müssen (die dritte Alternative, knight, ist nicht mehr möglich). Nach dem g muß sogar nur noch ein möglicher Treffer verfolgt werden. Wenn schließlich h und t eingelesen sind, weiß die Maschine, daß ein Treffer gefunden wurde und beendet die Suche, in diesem Fall mit Erfolg.

Ich nenne dieses Vorgehen »textgesteuert«, weil jedes vom String gelesene Zeichen die Maschine kontrolliert. Wie im Beispiel oben kann ein partieller Treffer der Anfang von einer ganzen Anzahl von möglichen Treffern sein. Von diesen Kandidaten scheiden immer mehr aus, wenn die Maschine neue Zeichen aus dem String einliest. Es gibt auch die Situation, bei der von einem solchen Kandidaten schon bekannt ist, daß er auf den ganzen Ausdruck paßt. Wenn bei ⌜to(···)?⌟ einer der provisorischen Treffer innerhalb der Klammern endet, ist das auch für den ganzen Ausdruck ein Treffer (‹to›, zum Beispiel). Dieser muß gespeichert werden, weil es sich herausstellen kann, daß mögliche längere Treffer sich als Sackgassen herausstellen.

Wenn ein Zeichen gelesen wird, das auf keinen der möglichen Treffer paßt, die »in Arbeit sind«, dann muß auf einen der abgespeicherten kurzen, aber vollständigen Treffer zurückgegriffen werden. Wenn es solche nicht gibt, gibt es zum aktuellen Startpunkt keinen Treffer, und die Maschine muß bei einem späteren Zeichen von vorne beginnen.

Andeutungen

Wenn Sie die zwei Maschinentypen aufgrund dessen vergleichen, was ich bisher erläutert habe, dann vermuten Sie wahrscheinlich, daß die DFA-Maschine im allgemeinen schneller ist. Die regex-gesteuerte NFA verbraucht viel zuviel Zeit, wenn sie alle die verschiedenen Alternativen in der Regex (drei in unserem Beispiel) mit dem gleichen Text vergleicht.

Diese Vermutung ist richtig. Während einem NFA-Matching wird ein und dasselbe Zeichen aus dem Suchstring von vielen verschiedenen Teilen der Maschine getestet, oder sogar vom gleichen Teil mehrmals. Auch wenn ein Unterausdruck einmal gepaßt hat, muß er wieder und wieder angewendet werden, weil er nur als Teil der gesamten Suchstrategie auftritt. Ein lokaler Unterausdruck kann passen oder auch nicht, die Maschine kann dieses Wissen erst auswerten, wenn sie ganz am Ende der Regex angekommen ist. (Wenn ich wüßte, wie ich in diesem Abschnitt den Satz »Das Spiel ist erst nach 90 Minuten vorbei« unterbrächte, würde ich es tun). Umgekehrt ist die DFA-Maschine *deterministisch* – jedes Zeichen aus dem Suchstring wird maximal einmal untersucht. Wenn es auf einen Teil der Regex paßt, dann ist zwar noch nicht bekannt, ob es zum endgültigen Treffer gehört (es kann auch zu einem Kandidaten gehören, der später rausfliegt); weil aber die Maschine alle provisorischen Treffer abspeichert, muß sich die Maschine später nie mehr mit diesem Zeichen befassen.

Die Geheimnisse des Lebens werden aufgedeckt

Die Winke mit dem Zaunpfahl aus dem letzten Abschnitt waren etwas sehr aufdringlich, so daß ich nun doch mit der Wahrheit herausrücken muß. Die zwei grundlegenden Typen von Regex-Maschinen haben die etwas hochtrabenden Namen *Nichtdeterministischer Finiter Automat*[6] (NFA) und *Deterministischer Finiter Automat* (DFA). Ich nehme an, Sie verstehen, warum ich bei »NFA« und »DFA« bleibe – wir werden diese Ausdrücke nie mehr in ausgeschriebener Form antreffen.[7]

Weil NFAs von der Regex her gesteuert werden, sind die Details darüber sehr wichtig, wie genau nach Treffern gesucht wird. Wie ich gesagt habe, kann der Autor des regulären Ausdrucks den Suchvorgang durch die Art, wie die Regex formuliert wird, beeinflussen. Beim `tonight`-Beispiel wäre vielleicht weniger Arbeit vertan worden, wenn die Regex anders, etwa ⌜`to(ni(ght|te)|knight)`⌝, ⌜`tonite|toknight|tonight`⌝ oder vielleicht ⌜`to(k?night|nite)`⌝ gelautet hätte. Zu jedem gegebenen String werden diese alle auf exakt den gleichen Text passen, aber die Maschine wird diesen Treffer auf ganz verschiedene Arten finden. Zu diesem Zeitpunkt wissen wir noch zu wenig, um diese Formulierungen gegeneinander abzuwägen, aber das wird sich ändern.

Mit DFAs ist es genau umgekehrt – weil die Maschine alle möglichen Treffer gleichzeitig verfolgt, spielen diese unterschiedlichen Formulierungen keine Rolle, solange sie alle auf die gleichen Texte passen. Es kann Hunderte von Wegen zum gleichen Ziel geben. Weil die DFA alle diese Wege speichert und sie gleichzeitig (auf fast magische Art) verfolgt, spielt es keine Rolle, welcher der Ausdrücke nun genau benutzt wird. Sogar so unterschiedlich aussehende reguläre Ausdrücke wie ⌜`abc`⌝ und ⌜`[aa-a](b|b{1}|b)c`⌝ sind für eine reine DFA ununterscheidbar.

Darauf läuft's hinaus...

Drei Dinge fallen mir zur Diskussion von DFA-Maschinen[8] ein:

- DFAs sind sehr schnell.
- Mustererkennung nach DFA-Art ist sehr konsistent.
- Darüber zu reden, wie DFAs ihr Matching erzielen, ist sehr langweilig.

(Ich werde gelegentlich alle drei Punkte näher erläutern.)

Im Gegensatz dazu gibt es zum regex-gesteuerten Vorgang der Mustererkennung bei NFAs sehr viel zu sagen. Bei NFAs kann man seine künstlerischen Neigungen viel mehr ausleben. Wenn eine Regex geschickt zusammengestellt ist, kann der Automat sehr

---

6 In der deutschen Literatur auch »endlicher Automat«. (Anm. d. Ü.)

7 Ich nehme an, ich sollte hier etwas Theoretisches erklären, wie es zu diesen Namen kommt... Wenn ich das könnte! Wie angedeutet, ist das Wort *deterministisch* sehr wichtig, aber die Theorie ist es nicht besonders, so lange wir die praktischen Auswirkungen verstehen. Am Ende des Kapitels werden Sie das verstehen. Einiges dazu steht im Kasten auf Seite 108.

8 »DFA-Maschine« ist eigentlich ein Pleonasmus, wie ISBN-Nummer, da ja das »A« für »Automat« steht, und das ist schon so etwas wie eine Maschine. Wir lösen das Dilemma, indem wir postulieren, daß sich »Automat« auf das abstrakte mathematische Modell bezieht und »DFA-Maschine« auf die Implementierung dieses Modells in einem realen Werkzeug wie *grep*. (Anm. d. Ü.)

effizient arbeiten; umgekehrt kann man durch ungeschickte Formulierung einer Regex die Maschine auch in große Schwierigkeiten bringen. Verbrennungsmotoren sind nicht die einzigen Maschinen, die absterben können. Um das zu verstehen, müssen wir zum zentralen Punkt von NFAs vorstoßen – zum *Backtracking*.

Backtracking

Das Wesentliche beim NFA-Matching ist dies: Die NFA-Maschine untersucht jeden Unterausdruck der Reihe nach. Wenn sie zwischen zwei Möglichkeiten entscheiden soll, wählt sie die eine, erinnert sich aber an die andere. Wenn die gewählte Richtung zum Ziel führt, ist das gut. Wenn aber mit dieser Wahl kein Treffer gefunden wird, weiß die Maschine, wohin sie zurückkehren muß, um andere Möglichkeiten auszuprobieren. Auf diese Art kann der Automat alle möglichen Permutationen der Regex durchspielen (oder wenigstens so viele, bis ein Treffer gefunden wird). Dieses »Zurückkehren zu Weggabelungen« nennt man *Backtracking*.

Eine bröcklige Analogie

Backtracking ist etwa wie das Zurücklassen von Brotbrocken an jeder Weggabelung. Wenn sich die gewählte Richtung als Sackgasse herausstellt, kann man den Weg zurückgehen, bis man Brotkrumen findet. Wenn auch dieser Weg eine Sackgasse ist, muß vielleicht weiter zurückgegangen werden, bis entweder der richtige Weg gefunden ist oder bis es keine Wege gibt, die noch nicht beschritten worden sind.

Es gibt mehrere Situationen, in denen die Regex-Maschine zwischen zwei oder mehr Möglichkeiten wählen muß – die Alternation im Beispiel ist eine. Bei einem Regex-Element wie ⌈x?⌋ muß die Maschine entscheiden, ob sie ⌈x⌋ testen will oder ob sie das auf später verschiebt. Bei ⌈x+⌋ hat sie keine Wahl, dieser Weg muß genommen werden – das Plus erfordert mindestens ein Zeichen, das paßt. Wenn aber ein erstes ⌈x⌋ gefunden wird, gibt es keine weitere Einschränkung mehr, und die Maschine muß entscheiden, ob jetzt nach einem zweiten ⌈x⌋ gesucht werden soll – und dann nach einem dritten, einem weiteren…usw. An jeder derartigen Entscheidungsstelle läßt die Maschine ein symbolisches Grimm'sches Brotbröcklein zurück, als Erinnerungsstütze, daß hier noch andere Optionen möglich sind.

Ein bröckliges Beispiel

Wir betrachten wieder unsere ⌈to(nite|knight|night)⌋-Regex, angewendet auf den String ›hot•tonic•tonight!‹ (etwas gesucht, aber ein gutes Beispiel). Zunächst wird versucht, ob die erste Komponente ⌈t⌋ auf den Anfang des Strings paßt. Sie paßt nicht auf h, damit schlägt auch der ganze reguläre Ausdruck an dieser Position fehl. Das »Getriebe« schaltet zum nächsten Zeichen, auch das paßt nicht, und zum dritten. Diesmal paßt zwar das ⌈t⌋, aber das folgende ⌈o⌋ nicht, und daher schlägt der ganze Versuch fehl.

Der Versuch, der irgendwann später bei ␣tonic␣ beginnt, ist interessanter. Nachdem das to erkannt wurde, hat die Maschine drei Alternativen vor sich. Sie wählt davon eine und merkt sich die Verzweigungsstelle, »läßt Brotkrumen zurück«, für den Fall, daß die gewählte Variante scheitert. Nehmen wir an, die Maschine wählt ⌜nite⌟. Dieser Unterausdruck zerfällt in »⌜n⌟ + ⌜i⌟ + ⌜t⌟ ...«, der bis zu ͙tonic͙ vorstößt. Anders als bei den vorherigen Fehlschlägen bestehen jetzt aber noch Alternativen; die Maschine muß nicht zum Anfang zurück und im String ein Zeichen weiterschalten. Sie wählt die nächste Alternative, sagen wir ⌜knight⌟, diese aber schlägt sofort fehl. Übrig bleibt die dritte, ⌜night⌟, aber auch die paßt irgendwann nicht mehr. Das war die letzte Möglichkeit, damit ist der ganze von ͙tonic͙ ausgehende Versuch fehlgeschlagen, und das Getriebe muß zum nächsten Zeichen weiterschalten.

Wenn die Maschine bei ͙tonight! angelangt ist, wird der neue Versuch wieder interessant. Diesmal paßt die ⌜night⌟-Alternative bis zum Ende des regulären Ausdrucks. Damit hat der ganze reguläre Ausdruck gepaßt, und die Maschine kann ein erfolgreiches Matching zurückgeben.

Zwei wichtige Punkte zum Backtracking

Die Idee hinter dem Backtracking ist recht einfach, aber in der Praxis gibt es einige Feinheiten, die wichtig sind. Nämlich: Was soll die Maschine zuerst wählen, wenn mehrere Möglichkeiten offenstehen? Und: Wenn Backtracking erzwungen wird, welche der gespeicherten Möglichkeiten soll dann versucht werden?

> In Situationen, bei denen eine Wahl bleibt zwischen »die Möglichkeit ausprobieren« und »die Möglichkeit nicht ausprobieren« – wie etwa bei Unterausdrücken mit einem Stern- oder Fragezeichen-Quantifier – wird die Maschine immer zunächst mit dem Versuch anfangen. Sie wird nur zurückkehren (und die Möglichkeit bleibenlassen), wenn dies zum Erreichen des übergeordneten Ziels notwendig ist, damit der reguläre Ausdruck als Ganzes paßt.

Diese Regel hat weitreichende Auswirkungen. Zunächst erklärt sie, warum Quantifier gierig sind, wenn auch nicht ganz vollständig. Um das zu verstehen, müssen wir wissen, welcher der (vielleicht sehr vielen) gespeicherten Wege beschritten wird, wenn Backtracking einsetzt. Einfach ausgedrückt:

> Wenn durch einen Fehlschlag Backtracking ausgelöst wird, wird die zuletzt gespeicherte Möglichkeit angesteuert. Das ist ein LIFO-Verhalten.

In der Brotbrocken-Analogie ist das sehr klar: Wenn sich ein Weg als Sackgasse herausstellt, geht man zurück bis zum letzten Brotkrümel, nicht weiter. Die übliche Analogie zu LIFOs ist ein Stapel, und auch diese stimmt. Zum Beispiel bei Tellern im Küchenschrank ist der zuletzt aufgestapelte Teller auch der, den man als ersten wieder herausnimmt.

NFA: *Theorie und Praxis*

Die Bedeutung von NFA in der Mathematik ist von dem, was in der Informatik NFA-Regex-Maschine genannt wird, etwas verschieden. Mathematisch gesehen sollten eine NFA und eine DFA exakt den gleichen Text erkennen, und sie sollten auch sonst die gleichen Eigenschaften haben. In der Praxis aber hat der Wunsch nach mehr Features und nach ausdruckskräftigeren regulären Ausdrücken zu einer deutlichen Unterscheidung geführt. Wir werden noch einige weitere sehen, aber der wichtigste Unterschied ist die Unterstützung oder Nicht-Unterstützung von Rückwärtsreferenzen.

Für den Programmierer ist es relativ einfach, in eine (mathematisch gesprochen) echte NFA-Maschine die Fähigkeit zum Erkennen von Rückwärtsreferenzen einzubauen. Die Art, wie eine DFA aufgebaut ist, verbietet den Gedanken daran, aber bei NFAs geht das leicht. Wenn das gemacht wird, hat man zwar ein wesentlich brauchbareres Werkzeug, aber mit dieser Veränderung ist die Maschine entschieden *nicht-regulär* geworden (für Mathematiker). Was heißt das für die Praxis? Nun, vielleicht sollte man die Maschinen nicht mehr NFA nennen, und man müßte grundsätzlich von ›nichtregulären Ausdrücken‹ sprechen, denn das beschreibt, mathematisch gesehen, die neue Situation. Niemand tut das, der Name »NFA« ist geblieben, auch wenn die Implementierung – für Mathematiker – gar keine NFA mehr ist.

Und was bedeutet das für Sie, die Benutzer von regulären Ausdrücken? Absolut gar nichts. Als Benutzer sind Sie nicht daran interessiert, ob die Maschine in der Mathematik nun als regulär, nichtregulär, unregulär, irregulär oder unkontrolliert bezeichnet wird. Wenn Ihnen klar ist, was Sie von der Maschine erwarten können (das wird in diesem Kapitel behandelt), wissen Sie alles, was es zum Gebrauch von regulären Ausdrücken zu wissen gibt.

Wer sich mehr für die theoretischen Aspekte von regulären Ausdrücken interessiert, sei auf das Kapitel 3 in Aho, Sethi und Ullman, *Compilers – Principles, Techniques, and Tools* (Addison-Wesley, 1986) verwiesen, das wegen der Illustration auf dem Cover auch das »Drachenbuch« genannt wird.

Gespeicherte Zustände

In der NFA-Terminologie heißen die Brotbrocken gespeicherte Zustände (*saved states*). Ein Zustand beschreibt eine Situation, von der aus ein neuer Versuch mit einer anderen Variante begonnen werden kann. Er enthält sowohl die Position im String als auch die in der Regex an einem Punkt, an dem eine noch nicht ausgewertete Möglichkeit beginnt. Weil das die Grundlage für das NFA-Matching bildet, erläutere ich dies nochmals ausführlicher mit anderen Beispielen. Wem die bisherige Diskussion genügt, der mag diese überspringen.

Ein Treffer ohne Backtracking

Wir betrachten ein einfaches Beispiel: ⌈ab?c⌉ wird auf abc angewandt. Nachdem das ⌈a⌉ am Anfang gefunden wurde, ist der *aktuelle Zustand* folgender:

im Text: ₍abc₎	in der Regex: ⌈ab?c⌉

Nun kommt in der Regex das ⌈b?⌋ an die Reihe, und die Maschine muß entscheiden, ob mit ⌈b⌋ ein Versuch gemacht werden soll. Weil das Fragezeichen gierig ist, wird dieser Versuch gestartet, nicht aber ohne den Zustand

| im Text: ›abc‹ | in der Regex: ⌈ab?c⌋ |

in der bisher leeren Liste von gespeicherten Zuständen abzulegen. Damit kann die Maschine später zu diesem Punkt gerade *hinter* dem ⌈b?⌋ zurückkehren, bzw. zum Punkt gerade vor dem b im String (mit anderen Worten, zum aktuellen Zustand). Das Resultat dieses Vorgehens ist das Überspringen des Fragezeichens.

Nachdem die Maschine hier Brotbröcklein zurückgelassen hat, wird auf das in der Regex folgende ⌈b⌋ getestet; der neue aktuelle Zustand sieht so aus:

| im Text: ›abc‹ | in der Regex: ⌈ab?c⌋ |

Auch das ⌈c⌋ am Ende paßt, und damit haben wir ein Matching des ganzen regulären Ausdrucks erreicht. Der eine gespeicherte Zustand wird nicht mehr benötigt und einfach weggeworfen.

Ein Treffer nach einem Backtracking

Wenn der zu prüfende String ›ac‹ ist, wäre bis zum Versuch mit ⌈b⌋ hier alles gleich. Dieses Mal wird aber kein b im String gefunden. Damit hat sich der begonnene Weg, der vom Versuch mit ⌈...?⌋ ausging, als Sackgasse herausgestellt. Da es gespeicherte Zustände gibt, bedeutet dieser »lokale Fehlschlag« nicht automatisch auch einen globalen. Die Maschine macht ein Backtracking, damit wird der zuletzt gespeicherte Zustand zum neuen aktuellen Zustand. In diesem Fall ist das der Zustand,

| im Text: ›ac‹ | in der Regex: ⌈ab?c⌋ |

der als noch nicht getesteter, möglicher Weg gespeichert wurde, bevor der Test mit ⌈b⌋ begonnen wurde. Dieses Mal paßt ⌈c⌋ auf c, und wir haben ein Matching des ganzen regulären Ausdrucks.

Ein Fehlschlag

Nun betrachten wir den gleichen Ausdruck, angewandt auf den String abX. Vor dem Versuch mit ⌈b⌋ wird wegen dem Fragezeichen der Zustand

| im Text: ›abX‹ | in der Regex: ⌈ab?c⌋ |

abgespeichert. Das ⌈b⌋ paßt, aber diese Straße führt später in eine Sackgasse, weil das ⌈c⌋ nicht auf das X paßt. Dieser lokale Fehlschlag führt zum Backtracking zum gespeicherten Zustand. Die Maschine vergleicht nun ⌈c⌋ mit dem b, dem durch das Backtracking sozusagen »den Treffer aberkannt« wurde. Auch dieser Test schlägt natürlich fehl. Wenn jetzt andere gespeicherte Zustände vorhanden wären, würden weitere Backtrackings gemacht; in diesem einfachen Beispiel ist es nur einer, und damit ist der gesamte Versuch an der aktuellen Position fehlgeschlagen.

Sind wir jetzt fertig? Nein, denn das »Getriebe« wird jetzt zum nächsten Zeichen weiterschalten und den ganzen regulären Ausdruck neu auf den restlichen Teil des Strings loslassen. Das kann in gewisser Weise als Pseudo-Backtracking angesehen werden. Das Matching wird bei

im Text: ›abX‹	in der Regex: ⌈ab?c⌋

wieder aufgenommen. Die ganze Regex wird hier neu appliziert, aber wie vorher enden alle Versuche im Nichts. Nachdem die nächsten zwei Versuche (von abX und abX ausgehend) auch fehlschlagen, wird für das ganze Problem ein negatives Resultat zurückgegeben.

Backtracking und Gier

Bei Werkzeugen, die diese Art von regex-gesteuerten NFA-Maschinen verwenden, ist es wichtig zu verstehen, wie das Backtracking abläuft. Damit kann man reguläre Ausdrücke schreiben, die einerseits natürlich tun, was sie sollen, es andererseits aber auch schnell erledigen. Wir haben gesehen, was bei ⌈?⌋ das gierige Verhalten ausmacht, nun werden wir die Gier des Sterns (und des Pluszeichens) untersuchen.

Backtracking beim Stern und beim Plus

Wenn wir ⌈x*⌋ als mehr oder weniger dasselbe wie ⌈x?x?x?x?x?x?...⌋ (oder besser ⌈(x(x(x(x...?)?)?)?)?⌋) betrachten,[9] ist das nicht allzu verschieden vom eben Untersuchten. Bevor auf die durch den Stern quantifizierte Komponente getestet wird, speichert die Maschine den aktuellen Zustand ab, damit bei einem späteren Fehlschlagen darauf zurückgegriffen werden kann. Das wird wieder und wieder so gemacht, bis ein Test, der vom Stern eingeleitet wurde, irgendwann fehlschlägt.

Wenn wir also ⌈[0-9]+⌋ angewendet auf ›eine•1234•Zahl‹ verfolgen, wird ⌈[0-9]⌋ nach der 4 fehlschlagen. Bis dahin sind vier Zustände abgespeichert worden, die Maschine hat also vier Positionen im String, an denen die Suche wieder aufgenommen werden kann:

```
eine 1234 Zahl
eine 1234 Zahl
eine 1234 Zahl
eine 1234 Zahl
```

Diese vier entstehen aus der Tatsache, daß der Versuch mit ⌈[0-9]⌋ an diesen Stellen optional ist. Wenn die Maschine beim Leerzeichen einen Fehlschlag findet, geht sie zurück zum letzten gespeicherten Zustand (dem letzten in der Liste) und macht weiter bei ›eine•1234•Zahl‹ im Text und bei ⌈[0-9]+⌋ in der Regex. Nun, das ist das Ende der Regex, aber die Maschine erkennt das erst jetzt. Nachdem die Regex vollständig durchlaufen ist, ist auch das Matching beendet, und wir haben einen Treffer gefunden.

---

9   Sie erinnern sich, daß für eine DFA-Maschine das äußere Aussehen der Regex nur eine unwesentliche Rolle spielt. Für einen DFA *sind* die drei Formen identisch.

In der obigen Liste fehlt die Position ›eine•1234•Zahl‹ im String, weil die erste Ziffer beim Plus-Quantifier nicht optional ist. Wäre diese Position in der Liste, wenn wir die Regex ⌈[0-9]*⌋ benutzt hätten? (*Achtung, Fangfrage!*) ❖ Zur Auflösung bitte umblättern.

Ein größeres Beispiel neu betrachtet

Mit unserem genaueren Wissen wollen wir nun das ⌈^.*([0-9][0-9])⌋-Beispiel von Seite 101 noch einmal vornehmen. Statt nur festzustellen, daß die »Gier« zu dem gefundenen Treffer führt, werden wir diesmal die ganze Mechanik beim Finden dieses Treffers anschauen. (Wenn Sie sich hier mit Details überhäuft fühlen, blättern Sie weiter. Die Beispiele können Sie sich später vornehmen.)

Ich benutze ›CH-8032•Zürich‹ als Beispiel. Wenn das ⌈.*⌋ bis ans Ende des Strings erfolgreich vorgestoßen ist, gibt es dreizehn abgespeicherte Zustände, weil der besternte Punkt an 13 Stellen optionale (im Notfall nicht wirklich benötigte) Zeichen angetroffen hat. Diese Zustände besagen, daß die Maschine die Suche bei der Stelle ⌈^.*([0-9][0-9])⌋ in der Regex und an allen 13 Positionen im String wieder aufnehmen kann.

Nun sind wir am Ende des Strings und testen auf das erste ⌈[0-9]⌋, was natürlich nicht geht. Kein Problem, wir haben einen abgespeicherten Zustand (sogar ein gutes Dutzend). Wir gehen mittels Backtracking zurück zum letzten gespeicherten Zustand, zu dem, gerade bevor das ⌈.*⌋ das h am Ende erkannt hatte. Das Zurücknehmen dieses lokalen Treffers, das »Unmatching«, führt zum Test ⌈[0-9]⌋ gegen h. Der geht schief.

Dieser Backtrack-und-Test-Zyklus geht weiter, bis die Maschine zurückkrebsend bei der 2 ankommt; dann paßt das erste ⌈[0-9]⌋. Das zweite hingegen paßt nicht, daher müssen wir weitere lokale Treffer zurücknehmen. Jetzt spielt es keine Rolle mehr, daß das erste ⌈[0-9]⌋ gerade vorhin noch gepaßt hat; das Backtracking geht zu einem Zustand, der die Regex in der Position vor dem ersten ⌈[0-9]⌋ beschreibt. Dieser Zustand ist auch der mit der Position gerade vor der 3, also paßt das erste ⌈[0-9]⌋ erneut. Diesmal paßt nämlich auch das zweite (auf die 2). Damit haben wir einen Treffer für den gesamten Ausdruck: ›CH-8032•Zürich‹, und der Variable $1 wird 32 zugewiesen.

Ein paar Beobachtungen: Dieser Ausdruck enthält Klammern, und auch für diese muß bei jedem gespeicherten Zustand der eingeklammerte Text gespeichert werden. Bei diesem Beispiel gingen die Backtracks immer zum Zustand bei ⌈^.*([0-9][0-9])⌋ zurück. Was das Finden von Treffern angeht, ist das dasselbe wie ⌈^.*[0-9][0-9]⌋. Nun spielt es aber eine Rolle, ob beim Vor- und Zurückgehen in der Regex auch Klammern betreten und verlassen werden, denn jedesmal muß der Wert nachgeführt werden, der schließlich $1 bestimmen wird. Das hat Auswirkungen auf die Effizienz der ganzen Operation, und wird im nächsten Kapitel genauer besprochen (☞ 154).

Es ist wichtig zu verstehen, daß Elemente, die von einem Stern (oder einem anderen Quantifier) bestimmt werden, zunächst immer soviel wie möglich »fressen«, *ohne Rücksicht darauf, was später in der Regex folgt*. In unserem Beispiel weiß das ⌈.*⌋ nicht, daß es vielleicht bei der ersten Ziffer aufhören sollte, oder bei der zweitletzten Ziffer oder irgendwo sonst. Es sucht blind nach passenden Zeichen, *bis der Punkt am Ende nicht mehr paßt.* Wir hatten dieses Verhalten schon früher gesehen, als der ⌈[0-9]+⌋-Teil des Ausdrucks ⌈^.*([0-9]+)⌋ nie mehr als eine einzige Ziffer erkannt hatte (☞ 102).

Wo paßt ⌈[0-9]*⌉?

❖ *Auflösung zum Problem von Seite 111.*

Nein, ›eine•1234•Zahl‹ wäre bei einem Matching von ⌈[0-9]*⌉ nicht in der Liste der gespeicherten Zustände. Ich habe die Frage gestellt, weil es sich um einen häufigen Anfängerfehler handelt.

Eine Komponente mit einem Stern dahinter kann *immer* passen. Wenn diese Komponente die gesamte Regex ausmacht, kann auch die gesamte Regex immer, auf jede Stelle im String passen. Darin ist auch die allererste Stelle enthalten, auf die das Getriebe die Regex ansetzt, der Anfang des Strings. Im vorliegenden Fall paßt die gesamte Regex an der Stelle ›eine•1234•Zahl‹ – und das war's dann; die Maschine stößt gar nie bis zu den Ziffern vor.

Mehr Gieriges

Viele Probleme (und Vorteile), die sich aus dem gierigen Verhalten ergeben, betreffen NFAs und DFAs gleichermaßen. Ich möchte einiges dazu anschauen, und ich tue dies am Beispiel eines NFA. Es betrifft zwar DFAs ebenso, aber aus anderen Gründen. DFAs sind gierig, Punkt – es gibt dazu nicht viel mehr zu sagen. Sie sind sehr beharrlich im Umgang, aber es ist sehr langweilig, darüber zu diskutieren. NFAs dagegen verhalten sich je nach der schöpferischen Gestaltung der Regex anders. Derjenige, der die Regex entwirft, hat die direkte Kontrolle darüber, wie ein Matching ausgeführt wird. Das bringt viele Vorteile, dafür auch ein paar Falltüren bezüglich der Effizienz einer Regex (Fragen der Effizienz werden im nächsten Kapitel behandelt).

Trotz dieser Unterschiede sind die Resultate eines Matchings meist gleich. Auf den nächsten Seiten geht es um beide Maschinen, ich beschreibe die Dinge aber aus dem Blickwinkel einer NFA. Am Ende des Kapitels haben wir eine klare Vorstellung davon, wann und warum genau sich manchmal Unterschiede ergeben.

Probleme gierigen Verhaltens

Im letzten Beispiel haben wir gesehen, daß ⌈.*⌉ zunächst immer bis ans Zeilenende[10] durchmarschiert. Das liegt daran, daß ⌈.*⌉ nur an sich selbst denkt und alles zusammenrafft, was es kriegen kann; zurück gibt es nur, wenn ein späteres Element der Regex etwas braucht, damit die Regex als Ganzes erfolgreich paßt.

Manchmal kann das ernsthaft mühsam sein. Betrachten wir eine Regex, die Text finden soll, der in Gänsefüßchen eingekleidet ist. Zunächst würde man etwas wie ⌈".*"⌉

---

[10] Bei Werkzeugen, bei denen der Punkt auch auf das Newline paßt, geht es bis ans Ende des Strings, auch wenn der String mehrere logische Zeilen enthält.

schreiben, aber raten Sie mal, mit Blick darauf, was wir über ⌈.*⌋ wissen, was bei einem String wie diesem herauskommt:

```
Der Name "McDonald's" wird japanisch "makudonarudo" ausgesprochen
```

Wir müssen gar nicht raten, wir *wissen* genug über den Mechanismus der Mustererkennung. Nachdem das erste Anführungszeichen erkannt worden ist, wird das ⌈.*⌋ auf alle Zeichen bis zum Ende des Strings passen. Beim folgenden Backtracking wird es nur so weit zurückgehen, oder besser gesagt: Es wird soweit von der Maschine *rückwärtsgedrängt*, wie das für einen Treffer der ganzen Regex erforderlich ist: Bis zum letzten Anführungszeichen. Somit wird der Ausdruck auf

```
Der Name "McDonald's" wird japanisch "makudonarudo" ausgesprochen
```

passen, was kaum der String in Anführungszeichen ist, der gemeint war. Dies ist einer der Gründe, warum ich vor zu häufigem Gebrauch von ⌈.*⌋ warne; er führt manchmal zu unvorhergesehenen Resultaten.

Nun, wie macht man's, daß nur `"McDonald's"` gefunden wird? Eigentlich wollen wir nicht »irgendetwas« zwischen den Anführungszeichen, sondern »irgendetwas außer einem Anführungszeichen«. Wenn wir ⌈[^"]*⌋ statt ⌈.*⌋ benutzen, wird nicht übers Ziel hinausgeschossen.

Die grundlegende Verhaltensweise der Regex-Maschine ist mit ⌈"[^"]*"⌋ genau die gleiche wie zuvor. Wenn das erste Anführungszeichen gefunden ist, erhält ⌈[^"]*⌋ die Möglichkeit, auf so viele Zeichen zu passen, wie es ihm beliebt. In diesem Fall gilt das bis zu dem Anführungszeichen hinter `McDonald's`, ⌈[^"]⌋ paßt nicht mehr auf dieses Anführungszeichen. Die Maschine übergibt die Kontrolle dem dritten Element, dem abschließenden Anführungszeichen in der Regex, das genau auf das Anführungszeichen im String paßt. Das Resultat stimmt nun:

```
Der Name "McDonald's" wird japanisch "makudonarudo" ausgesprochen
```

Mehrbuchstabige »Anführungszeichen«

Im ersten Kapitel hatte ich kurz über HTML-Tags gesprochen, und zwar über die Sequenz ···<B>sehr</B>···, die ein Browser als fettgedrucktes »**sehr**« darstellen wird. Der Versuch, nach einem Muster wie <B>···</B> zu suchen ist völlig analog zur vorherigen Vorgehensweise, nur bestehen die »Anführungszeichen« hier aus mehreren Zeichen: <B> und </B>. Wie vorhin mit den Gänsefüßchen ergeben sich auch hier Probleme, wenn auf einer Zeile mehrere Strings in solchen Tags vorkommen, wie etwa bei:

```
···<B>Milliarden</B> und <B>Abermilliarden</B> von Sonnen···
```

Wenn wir ⌈<B>.*</B>⌋ benutzen, geht das ⌈.*⌋ bis zum Ende der Zeile, und das nachher einsetzende Backtracking nur bis zum letzten </B> zurück, statt zu dem, das zum ⌈<B>⌋ am Anfang des Matchings gehört.

Weil das schließende Klammersymbol aus mehreren Zeichen besteht, können wir das Problem nicht einfach mit einer Zeichenklasse lösen. So etwas dummes wie ⌈`<B>[^</B>]*</B>`⌉ kann nicht funktionieren. Eine Zeichenklasse steht immer nur für ein einziges Zeichen und kann nicht auf eine Sequenz wie die gesuchte </B>-Sequenz passen.[11]

Genügsamkeit?

Das ganze Problem entsteht nur, weil der Stern und seine Kollegen (die Quantifier) gierig sind. Nehmen wir mal an, sie wären »genügsam« (oder »schlapp« oder »minimalistisch« oder nichtgierig oder »ungierig«; wie immer Sie das bezeichnen wollen). Mit einem genügsamen ⌈`<B>.*</B>`⌉ und dem String

        ···`<B>Milliarden</B> und <B>Abermilliarden</B> von Sonnen`···

funktionierte das so: Nachdem das ⌈`<B>`⌉ gepaßt hat, würde das genügsame ⌈`.*`⌉ sofort entscheiden, daß es auf gar nichts passen *muß*, und der Automat würde die Kontrolle an das folgende ⌈`<`⌉ weitergeben. Dieses paßt an dieser Position nicht, und durch Backtracking ist jetzt wieder das genügsame ⌈`.*`⌉ an der Reihe. Diesem stehen noch weitere Möglichkeiten offen, es kann ja auch auf mehr als gar kein Zeichen passen. Damit paßt es jetzt auf ···`<B>M`illiarden···, und wieder versucht ⌈`<`⌉, auf das nächste Zeichen zu passen. Das geht schief, und so wiederholt sich der Zyklus zehnmal, bis ⌈`.*`⌉ `Milliarden` erkannt hat, dann paßt das folgende ⌈`<`⌉ (und auch der ganze Unterausdruck ⌈`</B>`⌉). So haben wir ein Matching gefunden:

        ···<u>`<B>Milliarden</B>`</u>` und <B>Abermilliarden</B> von Sonnen`···

Wir haben gesehen, daß das gierige Verhalten der Quantifier manchmal äußerst nützlich ist, daß es einem aber auch in die Quere kommen kann. »Genügsame« Versionen dieser Quantifier wären in gewissen Situationen ideal, weil man damit Dinge erreichen kann, die sonst nur sehr schwer oder gar nicht realisierbar wären. Nun, Perl *hat* nicht-gierige Quantifier, zusätzlich zu den normalen, gierigen. Wie bei vielen guten Erfindungen ist die Idee eigentlich einfach, aber es muß erst einer darauf kommen! (In diesem Fall der Autor von Perl, Larry Wall.)

Wenn Sie nicht Perl benutzen, haben Sie leider ein ernsthaftes Problem mit dem `<B>`···`</B>`-Beispiel. Ehrlich, man kann das nicht so einfach in ein, zwei Zeilen lösen. Ich würde das Problem aufteilen: Einmal nach dem öffnenden Symbol `<B>` suchen und in einem zweiten Schritt nach dem schließenden `</B>`.

---

11 Lassen Sie sich von der gewählten Darstellung von ⌈`[^</B>]`⌉ nicht in die Irre führen. Das ist eine ganz normale Zeichenklasse, die auf nur ein Zeichen paßt, nämlich eines, das kein <, >, / oder B ist. Es ist exakt dieselbe Klasse wie etwa ⌈`[^/<>B]`⌉, und sicherlich ungeeignet, um »irgendetwas, aber nicht </B>« auszudrücken.

Gieriges Verhalten bevorzugt immer ein Matching

Vergegenwärtigen wir uns das »Kurskorrektur«-Beispiel aus Kapitel 2 (☞ 49). Wegen der nicht beliebig genauen Fließkommadarstellung kamen Werte, die »1.625« oder »3.00« lauten sollten als »1.62500000002828« und »3.00000000028822« heraus. Zur Korrektur hatte ich

```
$kurs =~ s/(\.\d\d[1-9]?)\d*/$1/
```

benutzt, das alle Nachkommastellen bis auf zwei oder drei vom Wert in der Variablen $kurs entfernt. Das ⌈\.\d\d⌉ paßt auf die ersten zwei Nachkommaziffern, das ⌈[1-9]?⌉ erkennt die dritte nur dann, wenn es sich um eine Ziffer ungleich Null handelt.

Dazu hatte ich geschrieben:

> Was bisher erkannt wurde, soll erhalten bleiben, deshalb wird es eingeklammert, so daß es in der Variable $1 aufgefangen wird. Wir werden dieses $1 im Ersatz-Teil verwenden. Falls der reguläre Ausdruck nur auf gerade das Bisherige paßt, wird der ganze erkannte String durch genau denselben ersetzt – nicht sehr interessant. Nun hört aber unser regulärer Ausdruck nicht nach der Klammer auf. Wenn dieser Teil der Regex auch auf Zeichen im String paßt, werden diese nicht in $1 abgelegt, kommen damit nicht in den Ersatz-teil der Substitution und werden so gelöscht. In unserem Fall sind das alle zusätzlichen Ziffern, die auf das ⌈\d*⌉ am Ende der Regex passen.

Schön und gut, aber was passiert, wenn der Wert der Variablen $value bereits richtig ist? Wenn er 27.625 ist, dann paßt ⌈(\.\d\d[1-9]?)⌉ auf alles vom Dezimalpunkt bis ans Ende des Strings. Das ⌈\d*⌉ am Ende paßt auf gar nichts, und damit ersetzt die Substitution 27.625 durch 27.625 – eine Nulloperation.

Das ist zwar das gewünschte Resultat, aber wäre es nicht vielleicht besser, wenn in so einem Fall gar keine Substitution erfolgte? Nur wenn das ⌈\d*⌉ am Ende der Regex auf eine oder mehr Ziffern paßt, muß wirklich etwas ersetzt werden.

»Eine oder mehr Ziffern« – das entspricht dem Plus! Wir ersetzen einfach ⌈\d*⌉ durch ⌈\d+⌉:

```
$kurs =~ s/(\.\d\d[1-9]?)\d+/$1/
```

Mit diesen unmöglichen Zahlen wie »1.62500000002828« funktioniert das so wie vorher, aber bei bereits korrekten Zahlen wie »9.43« paßt das ⌈\d+⌉ am Ende nicht mehr, und es erfolgt keine Substitution. Also eine gute Verbesserung, ja? *Nein!* Was passiert bei einer Zahl mit drei Nachkommastellen wie 27.625?

Versuchen Sie, die Arbeitsweise der Maschine bei diesem String anzuwenden.

Retrospektiv betrachtet ist das Problem recht einfach. Wir steigen da ein, wo ⌈(\.\d\d[1-9]?)\d+⌉ den String 27.625 erkannt hat, und wir sehen, daß das ⌈\d+⌉ nicht paßt. Das ist kein Problem für den Automaten, denn der Treffer von ⌈[1-9]⌉ auf ›5‹ war *optional*, und dazu gibt es einen gespeicherten Zustand. Mit diesem Weg paßt ⌈[1-9]?⌉ auf gar nichts, und die 5 wird vom geforderten »mindestens einmal« des ⌈\d+⌉

verschluckt. So erhalten wir einen Treffer für den ganzen Ausdruck, aber den falschen: `.625` wird durch `.62` ersetzt, und der Wert in `$kurs` wird unrichtig.

Daraus ist zu lernen, daß ein Matching *immer* als besser angesehen wird als ein Nicht-Matching, auch wenn dazu von einem gierigen Quantifier etwas weggenommen werden muß.[12]

Ist die Alternation gierig?

Das einzige wichtige Element von regulären Ausdrücken, das wir noch nicht genauer diskutiert haben, ist ⌈|⌉, die Alternation. Wie die Alternation funktioniert, ist wichtig, weil sie das bei den zwei Regex-Typen in völlig unterschiedlicher Weise tut. Wenn eine Alternation erreicht wird, kann jede der Alternativen auf den String passen, aber welche wird gewählt? Die zweite Regel besagt, daß manche Metazeichen gierig sind, insbesondere Quantifier. Ist die Alternation gierig?

Betrachten wir wieder eine NFA-Maschine. Wenn diese bei einer Alternation anlangt, wird jede Alternative ausprobiert. Da sie regex-gesteuert ist, tut sie das der Reihe nach, so wie die Alternativen in der Regex aufgeführt sind. Nehmen wir an, die Regex ist ⌈^(Subject|Date):•⌉. Wenn die Alternative erreicht ist, wird zunächst auf ⌈Subject⌉ getestet. Wenn das paßt, bekommt der Rest der Regex, ⌈:•⌉, eine Chance. Wenn dies nicht paßt, und wenn noch gespeicherte Alternativen vorhanden sind (in diesem Fall ⌈Date⌉), wird Backtracking ausgelöst. *Das ist nur ein weiterer Fall, wo die Maschine durch Backtracking zu einem Zustand zurückkehrt, an dem es noch nicht getestete Möglichkeiten gibt.* Das wiederholt sich, bis entweder ein globales Matching erreicht wird, oder bis alle Möglichkeiten (in diesem Fall: Alternativen) ausgeschöpft sind.

Welcher Text wird vom Ausdruck ⌈zucker|zu|zuckerhut⌉ gefunden, wenn der String ›den•zuckerhut•besteigen‹ vorgelegt wird? Die Alternativen werden ausprobiert und schlagen fehl, und zwar an den Positionen 1, 2, 3 und 4 im String. Wenn das Getriebe bis zur fünften Stelle (den•zuckerhut•besteigen) weitergeschaltet hat, paßt die erste Alternative, ⌈zucker⌉. Weil die Alternation das letzte Element der Regex ist, ist hier das Matching beendet. Die anderen Alternativen werden gar nicht getestet.

Also sehen wir, daß die Alternation *nicht* gierig ist, mindestens nicht für einen NFA. Um genauer zu sein: Die Alternation ist bei einem *traditionellen* NFA nicht gierig. Gierig in bezug auf Alternation heißt das Bevorzugen der längsten Alternative, (⌈zuckerhut⌉), wo immer diese in der Regex auftritt. Ein POSIX-NFA oder jede DFA hätte sich genau so verhalten, aber ich greife etwas vor.

Haben Sie aufgepaßt? Bei welcher Art von Alternation – gierig oder nicht – würde die Suche mit ⌈zucker|zu|zuckerhut⌉ exakt das gleiche Resultat wie die mit

---

12 Ich kann mir eine weitere Variante von Quantifiern vorstellen, von denen ich glaube, daß sie sehr nützlich wären: *Geizige Quantifier.* Diese würden sich zunächst wie normal gierige Quantifier verhalten, gefundene Zeichen aber nie zurückgeben, auch dann nicht, wenn es das übergeordnete Ziel des ganzen Ausdrucks gerne hätte. Ein geiziges Fragezeichen würde das Problem mit ⌈(\.\d\d[1-9]?)\d+⌉ lösen. Soviel mir bekannt ist, wurde das noch nirgends implementiert.

⌜zu(cker(hut)?)?⌝ ergeben? ❖ Bevor Sie umblättern: Beide sind insofern logisch äquivalent, als daß sie auf die Strings zucker, zu und zuckerhut passen. Die Frage ist hier, wird in der Praxis zucker (bei nicht-gieriger Alternation) zuckerhut (bei gieriger Alternation) oder gar etwas anderes gefunden?

Verwendung von nicht-gieriger Alternation

Zurück zum Beispiel ⌜(\.\d\d[1-9]?)\d*⌝ von Seite 115. ⌜\.\d\d[1-9]?⌝ bedeutet eigentlich »entweder ⌜\.\d\d⌝ oder ⌜\.\d\d[1-9]⌝«, also könnten wir den ganzen Ausdruck mit einer Alternation so schreiben: ⌜(\.\d\d|\.\d\d[1-9])\d*⌝. (Dafür gibt es keinen triftigen Grund, es geht nur um ein Beispiel). Ist das *wirklich* dasselbe wie ⌜(\.\d\d[1-9]?)\d*⌝? Bei gieriger Alternation ja, bei nicht-gieriger Alternation unterscheiden sich die zwei Varianten wesentlich.

Betrachten wir zunächst die nicht-gierige Alternation. Wenn die erste Alternative paßt, ⌜\.\d\d⌝, dann paßt mit Sicherheit auch das folgende ⌜\d*⌝. Das kann auch eine dritte Ziffer ungleich Null sein, die wir aber (Sie erinnern sich an die Problemstellung) *innerhalb* der Klammern wollen. Außerdem ist der erste Teil der zweiten Alternative eine genaue Kopie der ganzen ersten Alternative. Wenn also die erste fehlschlägt, wird es der zweiten mit Sicherheit nicht anders ergehen. Die Regex-Maschine wird es zwar versuchen, aber das ist ein Problem der Effizienz und gehört damit ins nächste Kapitel.

Wenn wir mit ⌜(\.\d\d[1-9]|\.\d\d)\d*⌝ die Alternativen vertauschen, erhalten wir zunächst einfach eine Kopie des ursprünglichen ⌜(\.\d\d[1-9]?)\d*⌝. Die Alternation ist aber durchaus sinnvoll, denn diesmal kann die zweite Alternative unter Umständen passen, auch wenn die erste fehlschlägt.

Indem wird den Ausdruck mit ⌜[1-9]?⌝ in zwei Alternativen aufgeteilt und die kürzere zuerst geschrieben haben, wurde eine Art nicht-gieriges Fragezeichen erzeugt. In diesem Fall ist das ohne Bedeutung, weil es keine Möglichkeit gibt, daß die zweite Alternative passen könnte, wenn die erste fehlschlägt. Ich sehe diesen Typus von falscher Alternative recht häufig, und es ist immer ein Denkfehler dahinter. In einem Buch habe ich das Beispiel ⌜a*((ab)*|b*)⌝ gefunden, mit dem etwas über Klammern erläutert werden sollte. Ein sehr einfältiges Beispiel, nicht? Die erste Alternative, ⌜(ab)*⌝, kann nie fehlschlagen, und damit sind alle weiteren Alternativen (nur ⌜b*⌝, in diesem Fall) völlig bedeutungslos. Man könnte auch

⌜a*((ab)*|b*|.*|Taube•auf•dem•Dach|[a-z])⌝

dazunehmen, es käme exakt auf das Gleiche heraus.

Fallen bei nicht-gieriger Alternation

Oft kann man das ungierige Verhalten der Alternation für seine Zwecke ausnutzen, um durch raffinierte Formulierung der Regex genau das Matching zu erzielen, das man gerne haben möchte. Aber es gibt auch Fallen, in die man dabei hineintappen kann. Als Beispiel wollen wir ein Datum im Januar in der englischen Schreibweise wie ›Jan 31‹ erkennen. Wir fordern etwas Ausgefeilteres als nur gerade ⌜Jan•[0123][0-9]⌝, weil das »Daten« wie ›Jan 00‹ und ›Jan 39‹ erlaubt, aber solche wie ›Jan 7‹ nicht erkennt.

Ist `zu(cker(hut)?)?` *gierig?*

❖ *Auflösung zum Problem von Seite 117.*

Nachdem das erste `zu` paßt, ist klar, daß die Regex als Ganzes auch paßt, weil nichts von dem vorgeschrieben ist, was in der Regex folgt. Das kann auch der einzige Treffer bleiben, aber die Maschine kann das zu diesem Zeitpunkt noch nicht entscheiden; es bestehen noch Möglichkeiten für längere Treffer – die Fragezeichen sind gierig, sie versuchen, so viel wie möglich von dem zu finden, was sie quantifizieren.

Der Unterausdruck `(cker(hut)?)` wird durch das äußere Fragezeichen quantifiziert und versucht wenn möglich zu passen. Darin ist `hut` enthalten, und auch das versucht, auf gierige Weise zu passen. Wenn es gelingt, die Kombination `zu` + `cker` + `hut` zu erkennen, wird das zum Matching der ganzen Regex. Für die Praxis bedeutet dies, daß der Ausdruck die längste Möglichkeit erkennt, wenn sie im String auftritt. Das ist das gleiche Resultat, das der Ausdruck `zucker|zu|zuckerhut` mit gieriger Alternation erreichen würde – die längste Alternative.

Das Problem wird am einfachsten in Teilstücke zerlegt. Für die Daten vom ersten bis zum neunten nehmen wir `0?[1-9]` und erlauben auch eine führende Null. Mit `[12][0-9]` erwischen wir die Zahlen von 10 bis 29, und mit `3[01]` die restlichen zwei. Zusammengesetzt erhalten wir `Jan•(0?[1-9]|[12][0-9]|3[01])`.

Wie denken Sie, daß das auf ‹Jan 31 is my dad's birthday› (am 31. Jan. hat mein Vater Geburtstag) paßt? Wir erwarten natürlich ‹Jan 31›, aber wegen der nicht-gierigen Alternation wird nur ‹Jan 3› erkannt. Erstaunt? Bei der ersten Alternative `0?[1-9]` paßt das `0?` nicht, aber die Alternative paßt dennoch, weil das folgende `[1-9]` die 3 von 31 erkennt. Da wir schon am Ende der Regex angekommen sind, ist das Matching komplett.

Hätten wir eine andere Reihenfolge gewählt, oder wenn die Alternation gierig wäre, hätte sich das Problem nicht gestellt. Ein anderer Ansatz ist `Jan•(31|[123]0|[012]?[1-9])`, und auch hier spielt die Reihenfolge der Alternativen eine entscheidende Rolle. Die dritte Version, `Jan•(0[1-9]|[12][0-9]?|3[01]?|[4-9])`, arbeitet dagegen ohne Rücksicht darauf, wie die Alternativen angeordnet sind. Es kann interessant sein, diese drei Ausdrücke zu vergleichen. (Eine Übung, die ich Ihnen überlasse. Der Kasten oben mag dabei nützlich sein.)

Gierige Alternation im größeren Zusammenhang

Wie wir gesehen haben, ist die nicht-gierige Alternation nützlicher als die gierige. Sie sagt nicht nur »Nimm eins von diesen!«, sondern »Versuch' erst dies, dann das, dann jenes!«, und damit hat der Autor der Regex größere Kontrolle über das Matching.

Ein paar Arten, ein Kalenderdatum zu zerstückeln

Ein paar Ansätze zum Problem »Kalenderdaten erkennen« von Seite 118. In den Kalendertabellen sind die Daten gleich unterlegt wie die zugehörigen Alternativen in der Regex.

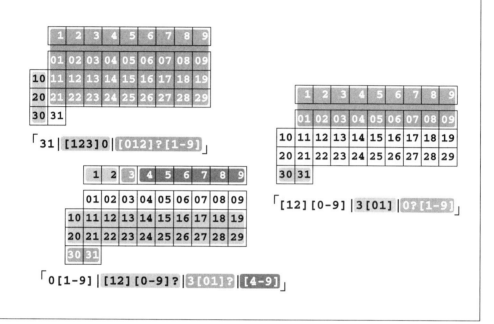

Bei einem NFA können Alternationen sehr viel Backtracking verursachen. Wenn Wege gefunden werden, um Alternationen zu vermeiden, hat das meist positive Auswirkungen auf die Effizienz der Regex, und das heißt, daß die Mustererkennung schneller abläuft. Wir werden dazu gleich Beispiele sehen und mehr davon im nächsten Kapitel.

Zeichenklassen und Alternation

Wegen der oberflächlichen Ähnlichkeit von Ausdrücken wie ⌜[abc]⌟ und ⌜a|b|c⌟ ist man versucht zu glauben, daß diese auch ähnlich behandelt werden. Bei einem NFA ist das ganz entschieden nicht der Fall. Für einen DFA spielt es kaum eine Rolle, aber für den NFA ist eine Zeichenklasse so etwas wie ein Elementarteilchen, das wie ein Filter wirkt, indem es nur die Zeichen in der Klasse durchläßt. Dieser Filter ist sehr einfach und schnell; viel einfacher als der Test auf eine Alternation, bei der jede Alternative separat geprüft wird (und die damit Backtracking verursachen kann).

NFA, DFA *und* POSIX

Der »längste früheste Treffer«

Nochmal das Verhalten eines DFA: Wenn das Getriebe den DFA auf einen bestimmten Punkt im String ansetzt, findet dieser den von da aus längstmöglichen Treffer, und damit hat es sich. Weil dies von den möglichen Treffern der längste und auch der ist, der am weitesten links beginnt, sprechen wir vom »längsten frühesten Treffer«.

Wirklich der längste Treffer

Was der längste Treffer ist, betrifft nicht nur die Alternation. Betrachten wir, wie ein NFA den regulären Ausdruck ⌈motor(rad)?(radfahren)?⌉ auf den String motorradfahren anwendet. Der NFA findet zunächst einen lokalen Treffer für ⌈motor⌉, dann paßt das gierige ⌈(rad)?⌉, und damit bleibt nur noch übrig, den Ausdruck ⌈(radfahren)?⌉ mit fahren zu vergleichen. Das paßt nicht, macht aber nichts, denn der Ausdruck ist optional, und schon sind wir am Ende der Regex. Der traditionelle NFA findet also motorradfahren, und kümmert sich nicht um die gespeicherten Zustände (bei einem POSIX-NFA ist das anders, wie wir bald sehen werden).

Ein DFA dagegen findet das längere motorradfahren. Wenn das ⌈(rad)?⌉ nicht gierig wäre und als erstes die Null-Variante getestet würde, käme das ⌈(radfahren)?⌉ zum Zuge, und insgesamt würde ein längerer Treffer gefunden. Das ist der längstmögliche, und es ist der, den ein DFA findet.

Ich habe dieses Beispiel gewählt, weil man darüber in einfachen Worten reden kann. Aber der Punkt spielt schon eine Rolle, auch in der Praxis. Eine häufige Situation ist zum Beispiel die, daß man bei einem Matching auch *Fortsetzungszeilen* erwischen will. Häufig ist es in Konfigurationsdateien und ähnlichem erlaubt, eine einzige logische Zeile mit einem Backslash vor dem Newline auf weitere Zeilen zu verteilen, wie etwa in:[13]

```
SRC=array.c builtin.c eval.c field.c gawkmisc.c io.c main.c \
        missing.c msg.c node.c re.c version.c
```

Um eine einfache »var = wert«-Zeile zu finden, würde man wohl etwas wie ⌈^\w+=.*⌉ benutzen, aber das kümmert sich nicht um Fortsetzungszeilen. Ich nehme hier an, daß beim verwendeten Werkzeug der Punkt nicht auf das Newline paßt – sonst müßte ⌈[^\n]⌉ verwendet werden.

Damit dies auch mit Fortsetzungszeilen funktioniert, könnte man ein ⌈(\\\n.*)*⌉ an die Regex anhängen. Das soll offenbar auf jede weitere Zeile passen, sofern diese auf ein Newline mit Backslash davor folgt. *Das sieht vernünftig aus, wird aber mit einem traditionellen NFA nicht funktionieren.* Wenn das erste ⌈.*⌉ das erste Zeilenende erreicht, *ist es schon über den Backslash hinaus*, und keines von den neuen Elementen in der Regex erzwingt ein Backtracking. Dagegen findet ein DFA tatsächlich den mehrzeiligen Treffer, den längstmöglichen nämlich.

---

13 Der eigentliche Text spielt hier keine Rolle. Trotzdem: Eine Zeile aus dem Makefile von GNU *awk*.

POSIX *und der »längste früheste Treffer«*

Der POSIX-Standard verlangt sehr klar, daß von mehreren möglichen Treffern, die am selben Ort beginnen, der erkannt werden muß, der auf die meisten Zeichen im String paßt.

Der Standard benutzt die Formulierung »longest of the leftmost«,[14] etwa »der längste Treffer unter denen, die am weitesten links beginnen«.[15] POSIX-Standards äußern sich nicht zur Implementierung, sie legen allein das geforderte Verhalten fest. Mit einem DFA ist das sicher einfach zu erreichen, was aber soll ein Programmierer machen, der aus anderen Gründen einen NFA für sein Werkzeug wählt? Ein POSIX-konformer NFA muß den ganzen String `motorradfahren` erkennen, und alle Fortsetzungszeilen, auch wenn dies dem »natürlichen« Vorgehen eines NFA widerspricht.

Eine traditionelle NFA-Maschine hält an, sobald sie den ersten Treffer findet. Was passiert, wenn sie dann zusätzlich alle verbliebenen gespeicherten Zustände auch noch ausprobiert? Jedesmal, wenn so ein Versuch wieder ans Ende der Regex vorstößt, ergibt sich ein neuer Treffer für den ganzen Ausdruck. Nachdem *alle* Möglichkeiten durchprobiert sind, wird einfach der längste der gefundenen Treffer zurückgegeben. Damit haben wir einen POSIX-NFA.

Ein NFA, auf das erste Beispiel angesetzt, speichert nach dem Erkennen von ⌈`(rad)?`⌋ den Zustand bei ⌈`motor(rad)?(radfahren)?`⌋ in der Regex und bei `motorradfahren` im String ab und weiß, daß von da ein neuer Versuch gestartet werden kann. Ein traditioneller NFA findet als vollständigen Treffer `motorradfahren`, ein POSIX-NFA macht weiter und testet alle möglichen Varianten durch, und wird dabei irgendwann auch `motorradfahren` erreichen.

Wirklich der früheste Treffer

POSIX verlangt nicht nur, daß der »längste früheste Treffer« erkannt werden muß, sondern sagt auch etwas über einfangende Klammern, wenn diese unterstützt sind. Die Klammern müssen ebenfalls den längstmöglichen String zurückgeben, *der sich mit dem »längsten frühesten Treffer« verträgt und der Reihenfolge in der Regex entspricht.* Das heißt, daß für den Treffer des ganzen regulären Ausdrucks allein die Regel für den »längsten frühesten Treffer« gilt, ungeachtet der einfangenden Klammern. Von diesem gefundenen Text muß ein einfangendes Klammerpaar den längstmöglichen Substring zurückliefern. Wenn mehrere Klammerpaare vorhanden sind, bekommt die erste Klammer von links den längsten Text, auf den der Unterausdruck paßt, dann bekommt das zweite Klammerpaar soviel wie möglich vom Übriggebliebenen usw.

⌈`(to|top)(o|polo)?(gisch|o?logisch)`⌋ kann auf ganz verschiedene Weise auf ›topologisch‹ passen, aber eine POSIX-Maschine darf nur ›topologisch‹ erkennen (die

---

14 In dem dem Standard beigefügten Kommentar wird dagegen »leftmost-longest« benutzt, was auf Englisch den Sachverhalt *nicht* korrekt wiedergibt. Es bedeutet »von allen längsten Treffern den, der am weitesten links beginnt«, und das ist falsch.

15 Die Unmöglichkeit, einen Standard korrekt zu übersetzen, wird hier erkannt. Die in diesem Buch gewählte Übersetzung »längster frühester Treffer« (ohne Komma, »längster« beschreibt die ›frühesten Treffer‹ näher) wird deshalb immer nur in Anführungszeichen geschrieben. (Anm. d. Ü.)

Teile, die von den verschiedenen Klammerausdrücken erkannt werden, sind entsprechend markiert). Man vergleiche das mit dem ›topologisch‹, das ein traditioneller NFA fände. Im ersten Fall ist das top in der ersten Klammer länger als das to, und damit die Wahl, die eine POSIX-Maschine treffen muß. Analog muß bei der zweiten Klammer die längste Möglichkeit gewählt werden, die im Einklang mit den vorherigen Regeln steht; obwohl auch »gar nichts« passen würde (und dann paßt ologisch in der dritten Klammer).

Da die meisten POSIX-Maschinen einfangende Klammern gar nicht unterstützen, ist diese Regel von untergeordneter Bedeutung.

Geschwindigkeit und Effizienz

Wenn Effizienz ein Thema bei traditionellen NFAs ist (und es ist eines, sobald Backtracking involviert ist), dann ist es erst recht eines bei einem POSIX-NFA, weil da noch viel mehr Backtracking möglich ist. Eine POSIX-NFA-Maschine muß wirklich jeder möglichen Permutation der Regex nachgehen. Beispiele im nächsten Kapitel zeigen auf, wie ein unvorteilhaft geschriebener regulärer Ausdruck extreme Geschwindigkeitseinbußen erleiden kann.

Effizienz bei DFAs

Die Textsteuerung bei DFAs ist ein hervorragender Weg, die mühsamen und zeitraubenden Backtracking-Operationen zu vermeiden. Die Geschwindigkeit rührt daher, daß alle möglichen Treffer gleichzeitig verfolgt werden. Wie wird dieses magische Verhalten erreicht?

Ein DFA benutzt einiges an Rechenleistung und Speicher, bevor er sich mit dem String befaßt. Dabei wird die Regex gründlicher (und auf andere Art) als bei einem NFA analysiert. Dabei wird intern eine Karte oder eine Entscheidungsstruktur aufgebaut, die Auskunft über den Vorgang gibt: »Wenn dieses oder jenes Zeichen ankommt, gehört es zu diesem oder jenem möglichen Treffer«. Wenn nun aus dem String Zeichen eingelesen werden, folgt der DFA einfach den vorgezeichneten Wegen auf dieser Karte.

Das Erstellen dieser Karte (die *Kompilierung* der Regex; auch bei NFAs gibt es eine solche, sie ist aber nicht annähernd so komplex) kann manchmal einige Zeit und einiges an Speicher in Anspruch nehmen. Wenn sie einmal für eine bestimmte Regex aufgebaut ist, kann das Resultat für eine unbegrenzte Menge Text verwendet werden. Es ist wie beim Aufladen der Batterien eines Elektroautos oder bei einem akkubetriebenen Tischstaubsauger: Zunächst steht das Auto in der Garage, ans Ladegerät angehängt wie eben ein Staubsauger. Wenn man ihn aber braucht, ist die Energie sofort da, ohne Anlasser, Warmfahren des Motors oder gar Vorglühen.

DFA *und* NFA *im Vergleich*

Sowohl DFAs als auch NFAs haben gute und schlechte Seiten:

Unterschiede bei der Kompilierung

Bevor die Regex wirklich auf den String angewendet wird, kompilieren beide Maschinentypen die Regex in eine interne Form, die ihrem Algorithmus besser entspricht. Diese Kompilierung ist bei NFAs im allgemeinen schneller und verbraucht weniger Speicherplatz. Zwischen traditionellen und POSIX-NFAs gibt es hier kaum einen Unterschied.

Unterschiede in der Geschwindigkeit der Mustererkennung

Bei simplen Tests auf Literale sind unter normalen Umständen beide Maschinen etwa gleich schnell. Die Geschwindigkeit eines DFA in dieser Phase ist unabhängig von der Komplexität der Regex, bei NFAs ist die Geschwindigkeit direkt davon abhängig. Bis eine traditionelle NFA herausfindet, daß es keinen Treffer gibt, müssen alle möglichen Permutationen mit allen Backtrackings durchgespielt werden. Deshalb verwende ich das ganze nächste Kapitel für die Diskussion, wie man schnelle Regex für NFAs schreibt. Wir werden sehen, daß ein NFA-Matching ewig (naja, fast ewig) dauern kann. Der traditionelle NFA hört immerhin auf, wenn ein Treffer gefunden wird. Ein POSIX-NFA dagegen muß alle Möglichkeiten durchtesten, um den längsten Treffer zu finden; daher dauert es für diese Maschine gleich lang (und manchmal sehr lange), ob nun ein Treffer gleich zu Beginn gefunden wird oder ob es sich herausstellt, daß die Regex gar nicht paßt. Aus diesem Grund ist das Formulieren von effizienten Ausdrücken für POSIX-NFAs doppelt wichtig.

In einem Punkt habe ich in dem Abschnitt eben etwas übertrieben. Es gibt durchaus Optimierungverfahren, die den Suchvorgang bei NFAs abkürzen können. Wir haben eine Art von Optimierung schon gesehen: Bei einer Regex mit einem ⌐^⌐-Anker brauchen die Positionen nach dem String-Anfang nicht geprüft zu werden (☞ 97). Weitere Optimierungen werden im nächsten Kapitel behandelt. Im allgemeinen brauchen DFAs kaum Optimierungen (da sie von Haus aus schnell sind), und der Aufwand, den DFAs bei der Kompilierung betreiben ist oft größer als der, den viele NFAs für die Optimierung aufwenden.

Manche modernen DFA-Maschinen versuchen, den Zeit- und Speicheraufwand für die Kompilation so lange zurückzustellen, bis der Anfang eines möglichen Treffers gefunden wird. Je nach Art der Daten im String kann es sein, daß ein großer Teil der vorher aufgebauten Karte nie gebraucht wird. Wenn es gelingt, die wirklich benötigten Teile der Karte erst dann aufzubauen, wenn sie gebraucht werden, kann Zeit und Speicherplatz eingespart werden. Der Fachausdruck für diese Technik heißt *lazy evaluation*. Sie kann jedoch dazu führen, daß die Geschwindigkeit des Matchings nicht mehr unabhängig von der Komplexität der Regex ist.

Unterschiede bei den gefundenen Treffern

Ein DFA (oder POSIX-NFA) findet den »längsten frühesten Treffer«. Ein traditioneller NFA vielleicht auch, oder auch etwas anderes. Eine konkrete NFA-Maschine wird bei einer bestimmten Regex/String-Kombination natürlich immer den gleichen Treffer finden, es handelt sich also nicht um »Zufallstreffer«, aber bei einer anderen NFA-Implementierung kann es anders herauskommen. Praktisch alle NFA-Maschinen, mit denen ich zu tun hatte,[16] funktionieren allerdings auf genau die Art, wie ich sie hier beschrieben habe, aber das ist nicht etwas, was durch den Algorithmus oder durch einen Standard garantiert ist.

Unterschiede bei den Fähigkeiten

Eine NFA-Maschine kann viele Merkmale unterstützen, die ein DFA gar nicht haben kann. Darunter fallen:

- Text mittels geklammerten Unterausdrücken einfangen. Verwandt damit ist die Unterstützung von Rückwärtsreferenzen, und die Möglichkeit, nach dem Matching herauszufinden, *wo* im String diese Unterausdrücke aufgetreten sind.

- Lookahead. Dieses Merkmal haben wir in diesem Kapitel nicht besprochen (weil es nur von Perl unterstützt wird[17]: ☞ 232). *Positives Lookahead* erlaubt es, in einer Regex den Wunsch zu formulieren: »Dieser Unterausdruck muß passen, aber er soll nur geprüft werden, er soll keine Zeichen vom String verbrauchen«. *Negatives Lookahead* sucht ganz ähnlich nach einem Unterausdruck, der *nicht* passen darf, aber im String nicht weiterschreitet.

- **[Nur bei traditionellen NFA:]** Nicht-gierige Quantifier und Alternationen. Ein DFA könnte wohl eine Option haben, um den kürzestmöglichen Treffer für den ganzen Ausdruck zu finden (es scheint aber, daß dieses Feature nirgends implementiert ist). Lokale »Trägheit« kann aber mit einem DFA nicht erreicht werden.

Unterschiede bei der Schwierigkeit der Implementierung

Einfache Versionen von sowohl DFA- wie auch NFA-Maschinen sind nicht allzu schwierig zu verstehen und zu programmieren, haben aber ihre Limitationen. Aus dem Wunsch nach Effizienz (in bezug auf Speicherbedarf und auch auf Geschwindigkeit) und nach zusätzlichen Features entstehen aber automatisch sehr komplexe Programme. Wenn wir die Länge des Quelltextes als Richtschnur nehmen: der NFA-Teil von *ed* aus Unix Version 7 (Januar 1979) war weniger als 350 Zeilen lang. (Zum Vergleich: für das ganze *grep*-Programm genügten 478 Zeilen.) Die 1986er Version der frei verfügbaren Version-8-Regex-Routinen von Henry Spencer umfaßt schon 1 900 Zeilen, und Tom Lords *rx*-Paket, ein NFA von 1992, bereits 9 700 Zeilen (*rx* wird unter anderem in GNU *sed* benutzt). Bei DFA-Implementierungen war die von Version 7 etwas mehr als 400 Zeilen lang; Henry Spencers voll ausgebautes POSIX-DFA-Paket von 1992 bereits 4 500 Zeilen.

---

16 Ich habe nur zwei Werkzeuge kennengelernt, deren Verhalten leichte Unterschiede zeigt. Ältere Versionen von GNU *awk (gawk)*, z. B. die Version 2.15.6, hatten weder gierige noch nicht-gierige Alternation – sie verhielten sich da ziemlich zufällig. Das andere Programm ist MIFES, ein bekannter japanischer Text-Editor. Manche Versionen verwandeln ⌈.*x⌋ in ⌈[^x]*x⌋, ich nehme an, daß dies ein Versuch ist, reguläre Ausdrücke für den Ungeübten »natürlicher« aussehen zu lassen.

17 *lex* hat ein Feature namens *trailing context*, das exakt das gleiche wie eine positive Lookahead-Behauptung mit der Länge Null ist; sie kann aber nur am Ende der Regex gebraucht werden und nicht generell.

Geschwindigkeit von DFAs mit Features von NFAS: Regex-Nirwana?

Ich habe mehrfach wiederholt, daß ein DFA weder einfangende Klammern noch Rückwärtsreferenzen unterstützen kann. Das stimmt, aber es gibt Hybrid-Ansätze, die die zwei Techniken vereinen, um so dem »Regex-Nirwana« näherzukommen. Im Kasten auf Seite 108 wird erläutert, wie NFAs im Laufe der Entwicklung von der theoretischen Ideallinie abgekommen sind, und es wäre nur natürlich, wenn das gleiche bei DFAs passierte. Der Grundaufbau eines DFA macht das schwieriger, aber schwierig bedeutet nicht unmöglich.

GNU *grep* verfolgt einen einfachen, aber wirkungsvollen Ansatz: Es benutzt einen DFA, wenn dies möglich ist, und einen NFA, wenn Rückwärtsreferenzen benutzt werden. GNU *awk* macht es ähnlich – es benutzt für einfache »Paßt das?«-Tests die sehr schnelle DFA aus GNU *grep*, die nur den »kürzesten frühesten Treffer« findet. Bei größeren Anforderungen wird eine andere, eine NFA-Maschine benutzt. Damit kann GNU *awk* mittels seiner zusätzlichen gensub-Funktion Rückwärtsreferenzen unterstützen.

Bis vor kurzem schien es, daß nur wenige praktische Verbesserungen im DFA-Bereich entwickelt werden; aber es gibt einiges an Forschungsarbeiten in diesem Bereich. Gegen Abschluß der Arbeit an diesem Buch schreibt mir Henry Spencer, daß sein neuestes DFA-Paket auch einfangende Klammern unterstütze, und es habe »im schlimmsten Fall quadratische Abhängigkeit von der Textlänge, während NFAs exponentielles Verhalten zeigen«. Diese neuen Entwicklungen brauchen noch ihre Ausreifzeit, versprechen aber einiges für die Zukunft.

GNU *egrep* Version 2.0 hat beide Maschinen und versucht, von jeder die besten Features zu benutzen; der Text umfaßt etwa 8 300 Zeilen.

»Einfach« bedeutet aber nicht zwingend »wenig Features«. Ich benötigte kürzlich für ein Textverarbeitungsproblem in Delphi (Borlands Pascal-Entwicklungsumgebung) reguläre Ausdrücke. Ich hatte Pascal seit der College-Zeit nicht mehr benutzt, ich brauchte aber nicht allzu lange, um eine simple NFA-Regex-Maschine zu programmieren. Sie hat kaum Extras und ist nicht besonders schnell, aber die Geschmacksrichtung ist die einer ausgewachsenen NFA-Maschine, und so ist dieses kleine Paket absolut brauchbar.

Regex-Methoden aus der Praxis

Ich habe bisher nur Grundlegendes zum Schreiben von regulären Ausdrücken erläutert, jetzt möchte ich dies anwenden und mit weiterführenden Methoden komplexere Ausdrücke konstruieren. Ich werde etwas schneller vorgehen, obwohl einige der behandelten Methoden ziemlich kompliziert sind.

Mitwirkende Faktoren

Um gute reguläre Ausdrücke zu schreiben, bedarf es einer Ausgewogenheit zwischen verschiedenen und teilweise antagonistischen Zielen. Ein guter regulärer Ausdruck muß:

- den Text finden, den Sie suchen, und nur den
- verständlich und nicht zu groß sein
- schnell sein (bei einem NFA heißt das: die Maschine muß schnell über »Treffer oder nicht« entscheiden können)

Diese Anforderungen sind oft von der Umgebung abhängig. Wenn ich auf der Eingabezeile nur schnell etwas »*grep*pen« will, um mir einen Überblick zu verschaffen, ist es mir meist egal, ob eine Zeile zuviel ausgegeben wird; also verwende ich kaum Zeit darauf, *exakt* die richtige Regex zu formulieren. Ich erlaube mir Nachlässigkeiten, um Zeit zu sparen, und weil ich die ausgegebenen Zeilen sowieso von Auge durchgehe. Wenn ich dagegen an einem wichtigen Skript arbeite, ist die Zeit, eine Regex genau richtig zu formulieren, gut investiert: Wenn das Problem eine komplizierte Regex erfordert, dann muß sie auch so geschrieben werden. Man muß lernen, diese verschiedenen Aspekte unter einen Hut zu bringen.

Sogar in einem Skript sind Effizienz-Überlegungen von der Umgebung abhängig. Eine lange Alternation zum Prüfen von Argumenten von der Befehlszeile wie zum Beispiel ⌈^-(display|geometry|cemap|…|quick24|random|raw)$⌋ ist für einen NFA wenig erfreulich, aber da es nur um Argumente geht (etwas, das typischerweise nur einmal in einem Programm ausgeführt wird), spielt es keine Rolle, ob es hundertmal langsamer abläuft als die schnellstmögliche Version. Wenn der Ausdruck dagegen auf jede Zeile einer möglicherweise großen Datei angewandt wird, dann wirkt sich die Ineffizienz hier auf das ganze Programm aus.

Genau formulieren

Beim Fortsetzungszeilen-Beispiel von Seite 120 hatten wir gesehen, daß ein traditioneller NFA mit ⌈^\w+=.*(\\\n.*)*⌋ und dem Text

```
SRC=array.c builtin.c eval.c field.c gawkmisc.c io.c main.c \
        missing.c msg.c node.c re.c version.c
```

nicht beide Zeilen findet. Das liegt daran, daß das erste ⌈.*⌋ alles bis hinter den ersten Backslash erkennt und diesen vom eigentlich dafür vorgesehenen ⌈(\\\n.*)*⌋ verbirgt. Wenn wir nur bis zum Backslash vorgehen wollen, müssen wir das in der Regex auch sagen:[18]

⌈^\w+=[^\n\\]*(\\\n[^\n\\]*)*⌋

---

[18] Ist Ihnen aufgefallen, daß hier \n explizit in der Zeichenklasse vorkommt? Bei der Aufgabenstellung war die Annahme, daß der Punkt nicht auf ein Newline paßt. Die Klasse, die den Punkt hier ersetzt, soll das auch nicht tun (☞ 84).

Das ist aber vielleicht zu einschränkend, weil Backslashes nur noch am Ende der Zeile erlaubt sind. Wir können die nicht-gierige Alternation bei regex-gesteuerten NFAs ausnutzen, indem wir vom ursprünglichen Ausdruck ausgehen und ⌈[^\n\\]*⌋ durch ⌈(\\\n|.)*⌋ ersetzen. Das ergibt

⌈^\w+=(\\\n|.)*⌋

Der vorher angehängte Teil, der auf maskierte Newlines paßt, ist nun unnötig – der Ausdruck ⌈(\\\n|.)*⌋ paßt nun bis zum Newline, aber nur, wenn es einen vorangestellten Backslash besitzt.

Hm, nicht ganz. Eine Zeile, die auf \\ endet (selten, aber möglich), hat zwar ein Newline mit einem Backslash davor, aber es handelt sich hier nicht um ein Escape für ein Newline und *nicht* um ein Zeichen für eine Fortsetzungszeile. Der Punkt wird auf den ersten Backslash passen, damit wird der zweite Backslash von ⌈\\\n⌋ erkannt, und zwar beim zweiten Zyklus, der durch den Stern ausgelöst wird. Wir waren diesmal zu lasch; wenn wir nicht wollen, daß die zweite Alternative auf ein Escape paßt, müssen wir das mit dem ⌈[^\n\\]⌋ von vorher auch in der Regex sagen.

Jetzt aber läßt ⌈(\\\n|[^\n\\])*⌋ keine Escapes mehr zu außer denen für Newlines. Wir möchten *eigentlich*, daß die erste Alternative den Gedanken »irgendein Byte mit einem Escape davor« ausdrückt. Wenn der Punkt nicht auf das Newline paßt, machen Sie bitte nicht den dummen Fehler mit ⌈[\n.]⌋. Wenn oktale Escapes unterstützt werden, kann man ⌈(\\[\000-\377]|[^\n\\])*⌋ schreiben.

Zum Schluß eine Optimierung, die eigentlich ins nächste Kapitel gehört: Da es jetzt keine Überlappung zwischen den Alternativen mehr gibt – es gibt keinen Text, der auf beide Alternativen passen könnte – kann man die wohl häufiger gebrauchte als Erste schreiben. Damit findet eine NFA ihr Matching etwas schneller.

Eine IP-Adresse erkennen

Ein weiteres Beispiel, das wir jetzt wesentlich ausführlicher behandeln, ist das Erkennen von IP-(Internet Protocol-)Adressen: Vier durch Punkte getrennte Zahlen, wie etwa 1.2.3.4. Oft werden diese Zahlen wie bei 001.002.003.004 mit führenden Nullen angegeben. Ein simpler Test wäre ⌈[0-9]*\.[0-9]*\.[0-9]*\.[0-9]*⌋, aber das ist so ungenau, daß sogar ›und dann.....?‹ erkannt wird – die Regex *erzwingt* keine einzige Ziffer, die einzige Forderung sind drei Punkte, mit Ziffern dazwischen *oder auch nicht*.

Um das zu verbessern, ersetzen wir zunächst die Sterne durch Pluszeichen, weil jede Zahl aus mindestens einer Ziffer bestehen muß. Damit der String außer der IP-Adresse nichts anderes enthalten darf, umschließen wir den Ausdruck mit ⌈^...$⌋. Das ergibt:

⌈^[0-9]+\.[0-9]+\.[0-9]+\.[0-9]+$⌋

Mit ⌜\d⌟, Perls Abkürzung für ⌜[0-9]⌟, wird daraus das etwas besser lesbare[19] ⌜^\d+\.\d+\.\d+\.\d+$⌟, aber das läßt noch immer Dinge zu, die keine IP-Adressen sind, wie etwa ⌜1234.5678.9101112.131415⌟ (bei einer IP-Adresse muß jede Zahl im Bereich 0–255 sein). Dreistellige Zahlen ließen sich mit

⌜^\d\d\d\.\d\d\d\.\d\d\d\.\d\d\d$⌟

erzwingen, aber das ist des Guten zuviel, weil nun ein- und zweistellige Zahlen (wie bei 1.2.3.4) nicht mehr passen. Wenn die verwendete Geschmacksrichtung die {*min,max*}-Notation kennt, kann man ⌜\d{1,3}\.\d{1,3}\.\d{1,3}\.\d{1,3}⌟ benutzen, sonst gibt es immer die Möglichkeit von ⌜\d\d?\d?⌟ oder ⌜\d(\d\d?)?⌟ für jeden Teil. Jede Regex erlaubt eine bis drei Ziffern, aber auf verschiedenen Wegen.

Je nach Anforderung genügt eine der verschiedenen Genauigkeitsstufen (für die Zwecke meines Editors genügte die Version auf Seite 5). Wer sehr genau sein will, muß sich darum kümmern, daß ⌜\d\d\d⌟ auch auf 999 paßt, was viel größer als 255 und damit als Komponente einer IP-Adresse nicht zulässig ist.

Es gibt verschiedene Möglichkeiten, die Zahl auf den Bereich von 0 bis 255 einzuschränken. Ein dummer Ansatz wäre ⌜0|1|2|3|…253|254|255⌟, der nicht einmal korrekt ist, weil die Zahlen mit führenden Nullen nicht erwischt werden; also bräuchte man ⌜0|00|000|1|01|001|…⌟, was vollends lächerlich ist. Für einen DFA ist es nur darum lächerlich, weil der Ausdruck sehr lang ist – aber er ist genauso effizient wie ein anderer Ausdruck, der dasselbe beschreibt. Bei einem NFA dagegen machen die vielen Alternativen den Ausdruck sehr ineffizient. Ein realistischerer Ansatz konzentriert sich darauf, welche Ziffern an welcher Stelle zugelassen sind. Bei ein- und zweistelligen Zahlen spielt der Bereich keine Rolle, sie können also mit ⌜\d|\d\d⌟ abgedeckt werden. Auch dreistellige Zahlen, die mit 0 oder 1 beginnen, sind problemlos – das entspricht Zahlen im erlaubten Bereich von 000–199. Es kommt also ⌜[01]\d\d⌟ dazu, und wir erhalten die Regex ⌜\d|\d\d|[01]\d\d⌟. Dieser Ausdruck ruft vielleicht Erinnerungen an das Beispiel mit Kalenderdaten weiter oben in diesem Kapitel (☞ 119) oder an das Uhrzeit-Beispiel aus Kapitel 1 (☞ 26) wach.

Wenn eine dreistellige Zahl mit einer 2 beginnt, muß die Zahl kleiner als 255 sein, also sind an der zweiten Stelle alle Ziffern kleiner 5 erlaubt. Wenn die zweite Ziffer eine 5 ist, muß die dritte kleiner als 6 sein. Das kann mit ⌜2[0-4]\d|25[0-5]⌟ ausgedrückt werden.

Das mag zunächst verwirren, hat aber durchaus seine Logik. Das Resultat ist ⌜\d|\d\d|[01]\d\d|2[0-4]\d|25[0-5]⌟. Die ersten drei Alternativen können wir sogar zu einer verschmelzen und erhalten ⌜[01]?\d\d?|2[0-4]\d|25[0-5]⌟. Dies ist bei einem NFA effizienter, weil jede nicht passende Alternative ein Backtracking auslöst. Wenn wir in der ersten Alternative ⌜\d\d?⌟ statt ⌜\d?\d⌟ benutzen, hat ein NFA ein

---

19 Oder auch nicht – das hängt davon ab, woran man sich gewöhnt hat. Wenn Ihnen reguläre Ausdrücke neu sind, sehen sie sowieso alle verwirrend aus. Perl hat die wahrscheinlich reichste Notation bei regulären Ausdrücken, und da für die vielen Metasymbole nicht genügend Einzelzeichen vorhanden sind, wird auf Buchstaben mit einem Backslash davor wie eben ⌜\d⌟ ausgewichen. Manche bezeichnen diese »Features« als oberflächlich, halten sie für unnötig und stören sich an den vielen Backslashes. Ich persönlich mag zu viele Backslashes auch nicht, aber ich mag Features, ob sie nun oberflächlich sind oder nicht.

kleines bißchen weniger zu tun, wenn gar keine Ziffer im String auftaucht. Die Analyse überlasse ich Ihnen – ein kleines Testbeispiel sollte den Unterschied klarmachen. In diesem Teil des regulären Ausdrucks gibt es noch mehr Optimierungsmöglichkeiten, aber diese verschiebe ich auf das nächste Kapitel.

Nun haben wir einen Unterausdruck, der auf eine einzelne Zahl zwischen 0 und 255 paßt. Diesen können wir in Klammern einpacken und anstelle jedes ⌈\d{1,3}⌋ in die frühere Regex einsetzen. Das ergibt (auf zwei Zeilen aufgeteilt):

⌈^([01]?\d\d?|2[0-4]\d|25[0-5])\.([01]?\d\d?|2[0-4]\d|25[0-5])\.
  ([01]?\d\d?|2[0-4]\d|25[0-5])\.([01]?\d\d?|2[0-4]\d|25[0-5])$⌋

Ein dicker Brocken! War das die Mühe wert? Das müssen Sie aufgrund der gestellten Anforderungen entscheiden. Zum Beispiel ist 0.0.0.0 immer noch zulässig, obwohl das keine erlaubte IP-Adresse ist. Aber eine Regex, die das ausschließt, ist viel schwieriger zu formulieren. Man kann nicht einfach 0 als Zahl ausschließen, weil Adressen wie 123.202.0.188 durchaus erlaubt sind. An einem bestimmten Punkt müssen Sie sich entscheiden, ob Sie noch spezifischer sein wollen – das Kosten-Nutzen-Verhältnis stimmt dann vielleicht nicht mehr. Manchmal ist es einfacher, der Regex Arbeit abzunehmen. Zum Beispiel könnte man auf ⌈^\d{1,3}\.\d{1,3}\.\d{1,3}\.\d{1,3}$⌋ zurückgreifen und jede Komponente einklammern, so daß die gefundenen Zahlen in $1, $2, $3 und $4 verfügbar werden. Diese können dann mit anderen Mitteln auf den erlaubten Bereich geprüft werden.

Eine bedenkenswerte Möglichkeit ist der *negative Lookahead* von Perl. Damit kann man bestimmte Fälle ausschließen, bevor die Regex-Maschine überhaupt zur eigentlichen Regex kommt. In diesem Fall würde ein vorangestelltes ⌈(?!0+\.0+\.0+\.0+$)⌋ sofort verhindern, daß die Maschine zur eigentlichen Regex vorstößt, wenn alle vier Komponenten Nullen sind. Das wird in Kapitel 7 ausgeführt (☞ 234).

Die Umgebung richtig einschätzen

Die zwei Anker bei dem obigen Ausdruck sind wichtig, und es ist auch wichtig, das zu verstehen. Ohne sie würde der Ausdruck auch auf ip=72123.3.21.993 passen; wenn ein traditioneller NFA verwendet wird, sogar auf ip=123.3.21.223. In diesem zweiten Fall wird nicht einmal die ganze letzte Zahl 223 erkannt, obwohl die Regex das zuläßt. Nun, es ist *erlaubt*, aber es gibt in dem Ausdruck nichts (wie einen abschließenden Punkt oder einen Anker), was drei Ziffern *erzwingt*. Die erste Alternative der letzten Gruppe findet die ersten zwei Ziffern und ist dann am Ende der Regex angelangt. Wie beim Kalenderdaten-Problem auf Seite 118 können wir aber die Alternativen so umordnen, daß sich der gewünschte Effekt einstellt. Hier bedeutet das, die Alternative für drei Ziffern als erste aufzuführen, damit werden alle legalen dreistelligen Zahlen gefunden, bevor die Maschine zur nächsten Alternative geht.

Umgeordnet oder nicht – der erste falsche Treffer bleibt ein Problem. »Ah! Wortgrenzen-Anker lösen das Problem«. Leider nicht, denn so eine Regex würde noch immer auf Texte wie 1.2.3.4.5.6 passen. Um solche Treffer mittendrin auszuschließen, müssen Sie die um die Regex erlaubte Umgebung richtig einschätzen. Das Umschließen der ganzen Regex mit ⌈(^|•)...(•|$)⌋ kann richtig sein, aber was hier »richtig« ist, hängt von der Situation ab.

Schwieriges und Unmögliches

Wenn man »fast alles« zulassen will, kann die Ausarbeitung der passenden Regex schwierig sein, wie wir das beim Beispiel mit `".*"` gesehen haben. In diesem Beispiel wollten wir nicht »alles«, sondern »alles, außer einem Gänsefüßchen«, und damit war die richtige Lösung naheliegend: `"[^"]*"`.

Manchmal kann man leider die Dinge nicht so leicht formulieren. Wenn zum Beispiel durch einen Backslash geschützte Anführungszeichen wie in `"eine•3.5\"-Diskette"` erlaubt sind, würde die Regex `[^"]*` nie weiter als bis zu diesem geschützten Anführungszeichen (oder einem anderen) vordringen, und die ganze Regex würde in diesem Fall zuwenig erkennen (in diesem Fall nur `"eine•3.5\"-Diskette"`). Ein größeres Problem ergibt sich, wenn der *nicht* gewünschte Text mehr als ein Zeichen umfaßt, wie im Beispiel mit `<B>…</B>` auf Seite 113. Diese Art von Problemen werden im nächsten Abschnitt angegangen.

Das Matching von paarweise vorkommenden Elementen wie Klammern (runden, ekkigen, geschweiften) usw. ist ein häufiges Problem. Es stellt sich meist, wenn Konfigurationsdateien oder Programme verarbeitet werden sollen. Nehmen wir an, wir wollten die Argumentenliste einer Funktion aus einem C-Programm herausholen. Argumente folgen dem Funktionsnamen und sind eingeklammert, die Argumente können aber selber Klammern enthalten, entweder weil sie selber Funktionaufrufe sind oder weil Klammern bei algebraischen Ausdrücken auftreten. Zunächst würde man, unter Mißachtung von verschachtelten Klammern, etwa folgendes versuchen:

> `\bfoo\(`**`([^)]*`**`\)`

In guter C-Tradition heißt die Funktion im Beispiel natürlich foo. Der hervorgehobene Teil der Regex ist der, der auf die Argumente der Funktion passen soll. Mit Texten wie foo(2,•4.0) und foo(somevar,•3.7) funktioniert das, wie gewünscht. Leider findet die Regex auch foo(bar(somevar),•3.7), also nicht das Gewünschte. Wir brauchen etwas »schlaueres« als `[^)]*`; denkbar wären etwa:

1.	`\(.*\)`	Literale Klammern mit irgendwas dazwischen
2.	`\([^)]*\)`	Von einer öffnenden Klammer bis zur nächsten schließenden
3.	`\([^()]*\)`	Von einer öffnenden Klammer bis zur nächsten schließenden Klammer, ohne irgendwelche Klammern zwischendrin

Abbildung 4-1 zeigt, was diese Ausdrücke bei einem Beispiel-Text finden würden.

Wie wir sehen, erkennt Regex 1 zuviel Text[20] und Regex 2 zuwenig. Regex 3 paßt überhaupt nicht – isoliert würde ›(dies)‹ zwar erkannt, aber die öffnende Klammer muß unmittelbar auf den Funktionsnamen foo folgen. Also erfüllt keiner der drei Ausdrücke den Zweck. Das hat seinen Grund: *Mit regulären Ausdrücken können beliebig verschachtelte Klammerausdrücke nicht erkannt werden*. Es geht einfach nicht.

---

20 Bei `.*` sollte ein Warnlicht aufleuchten: Vorsicht, ist der Punkt wirklich das, worauf Sie den Stern anwenden wollen? Manchmal stimmt das ja, aber häufig wird `.*` falsch benutzt.

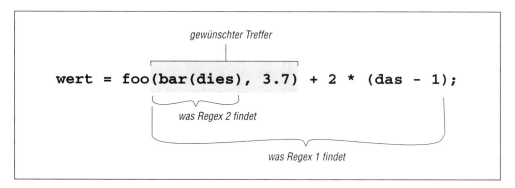

Abbildung 4-1: Was unsere Beispiel-Ausdrücke finden würden

Man kann einen regulären Ausdruck konstruieren, der *bis zu einer bestimmten Verschachtelungstiefe* funktioniert, aber nicht für beliebig tiefe Verschachtelungen. Ein regulärer Ausdruck, der nur gerade eine Verschachtelung zuläßt, ist zum Beispiel ⌈\([^()]*(\([^()]*\)[^()]*)*\)⌋, ein wahres Monstrum (wenn Sie Effizienz nicht kümmert oder wenn Sie einen DFA benutzen, wo das keine Rolle spielt, geht auch ⌈\(([^()]|\([^()]*\))*\)⌋). Mit weiteren Verschachtelungen kann das beängstigende Formen annehmen.[21] Manchmal muß man auch Methoden benutzen, die nicht auf regulären Ausdrücken basieren.

Ungewollte Matchings vermeiden

Es wird leicht übersehen, was passiert, wenn der untersuchte Text nicht so aussieht, wie man sich das ausgedacht hat. Nehmen wir an, Sie schreiben ein Filter-Programm, das nackten Text in HTML übersetzen soll. Mehrere Bindestriche sollen dabei durch ein <HR>-Tag ersetzt werden, das einem Balken quer über die Seite entspricht (»HR« steht für »horizontal rule«, waagrechter Strich). Mit der Substitution s/-*/<HR>/ werden tatsächlich Bindestrich-Sequenzen durch Balken ersetzt, aber nur am Beginn einer Zeile. Erstaunt? Nun, s/-*/<HR>/ setzt bei *jeder* Zeile ein <HR> vorne an, ob nun Bindestriche vorhanden sind oder nicht.

Noch einmal: Jedes Element der Regex, das nicht zwingend vorgeschrieben ist, paßt immer. Wenn ⌈-*⌋ auf einen String angesetzt wird, paßt der Ausdruck auf einen oder mehrere Bindestriche am Anfang des Strings. Wenn da aber kein Bindestrich ist, paßt der Ausdruck *auch*, er paßt auf das »Garnichts« am Anfang des Strings. Darum geht's ja beim Stern.

Ein ähnliches Beispiel habe ich im Buch eines bekannten Autors gefunden. Darin wird eine Regex entwickelt, die Zahlen, auch Fließkommazahlen erkennen soll. Legale Zahlen beginnen dabei mit einem optionalen Minuszeichen, sind gefolgt von einer beliebigen

---

21 Hier ein Stück Perl, das die entsprechende Regex bis zur Verschachtelungstiefe $depth konstruiert:
   '\(' . '([^()]|\(' x $depth . '[^()]*' . '\))*' x $depth . '\)'
   Die Analyse bleibt dem Leser überlassen. :-)

Anzahl Ziffern, einem optionalen Dezimalpunkt und beliebig vielen Nachkommastellen. Seine Regex ist ⌈`-?[0-9]*\.?[0-9]*`⌋.

Tatsächlich erkennt dies Texte wie 1, -272.37, 129238843., .191919 und sogar so etwas wie -.0. Das ist ja auch, was erwartet wird.

Paßt das auch auf ›Dieser•Test•enthält•keine•Ziffern‹, ›Nix•da‹ oder gar auf den leeren String? Betrachten Sie die Regex genau – *alles* darin ist optional. *Wenn* eine Ziffer vorkommt, und *wenn* diese am Anfang des Strings vorkommt, dann wird sie erkannt, aber das ist alles gar nicht vorgeschrieben! Diese Regex paßt auf alle drei der nicht-numerischen Texte, weil sie auf das »Garnichts« am Anfang jedes Strings paßt. Die Regex paßt auch auf dieses Garnichts am Anfang von ›Nummer•123‹, weil das Garnichts früher paßt als die Zahl 123.

Also: Es ist wichtig zu sagen, was man wirklich meint. Eine Fließkommazahl *muß* mindestens eine Ziffer enthalten, sonst ist es keine Zahl. Beim Aufbau einer besseren Regex fordern wir zunächst, daß vor dem Dezimalpunkt mindestens eine Ziffer erscheinen muß. Dazu verwenden wir das Pluszeichen: ⌈`-?[0-9]+`⌋. Im Unterausdruck für den fakultativen Nachkomma-Teil ist es wichtig, daß Ziffern nur vorkommen dürfen, wenn auch ein Punkt da ist. Wenn wir naiverweise einfach ⌈`\.?[0-9]*`⌋ nehmen, dann kann ⌈`[0-9]*`⌋ passen, ohne daß zuvor ein Punkt erkannt wurde. Der richtige Weg ist, genau zu sagen, was wir eigentlich wollen. Ein Dezimalpunkt (und mögliche Ziffern danach) ist optional: ⌈`(\.[0-9]*)?`⌋. Hier quantifiziert (oder: beschreibt) das Fragezeichen nicht mehr nur den Dezimalpunkt, sondern die ganze Kombination aus Dezimalpunkt und Nachkommastellen. *Innerhalb* dieser Kombination ist der Punkt vorgeschrieben; wenn er fehlt, wird die Maschine nie zu ⌈`[0-9]*`⌋ vordringen.

Zusammengesetzt lautet der Ausdruck ⌈`-?[0-9]+(\.[0-9]*)?`⌋. Das erkennt Dinge wie ›.007‹ nicht, weil unsere Regex mindestens eine Ziffer vor dem Dezimalpunkt erzwingt. Wenn wir die linke Seite so ändern, daß auch null Ziffern zugelassen sind, müssen wir entsprechend mindestens eine Nachkommaziffer fordern – wir müssen im gesamten Ausdruck mindestens eine Ziffer haben (sonst hätten wir das Problem, von dem wir ausgegangen sind).

Die hier verfolgte Lösung fügt eine Alternative hinzu, die den bisher unzulässigen Fall abdeckt: ⌈`-?[0-9]+(\.[0-9]*)?|-?\.[0-9]+`⌋. Das erlaubt nun auch nur einen Dezimalpunkt, gefolgt von einer Ziffer oder mehreren. Und ein optionales Minus davor, so etwas vergißt man leicht. Details, Details. Man kann die Alternation auch einklammern und das ⌈`-?`⌋ nur einmal davor angeben: ⌈`-?([0-9]+(\.[0-9]*)?|\.[0-9]+)`⌋.

Das ist zweifellos ein Fortschritt gegenüber dem Original, aber auch hier kann sich Ungewolltes einschleichen, je nachdem, wie der Ausdruck benutzt wird. Oft wird angenommen, daß die Regex auf ganz bestimmte Daten angewandt wird oder daß sie als Teil einer größeren Regex gebraucht wird, die vor und nach der Zahl bestimmte Zeichen nicht zuläßt. Unsere Fließkommazahl-Regex für sich allein wäre mit einem String wie ›1997.04.12‹ völlig zufrieden.

Wenn sie dagegen in einem bestimmten Umfeld benutzt wird, beispielsweise, um Zahlen aus komma-separierten Zeilen herauszupflücken, dann ist es angebracht, sie in ⌈`,` … `,`⌋ oder noch besser in ⌈(^|,)...(,|$)⌉ einzupacken, um Probleme mit Matchings zwischendrin zu vermeiden.

Eingefaßten Text erkennen

Das Beispiel mit der IP-Adresse und ⌈"[^"]*"⌉ sind nur zwei einer ganzen Klasse von ähnlich gelagerten Problemen: Man will Text erkennen, der durch bestimmte Begrenzer eingefaßt (oder getrennt) ist. Die Begrenzer bestehen häufig aus mehreren Zeichen. Beispiele dazu:

- Kommentare in C, die durch ›/*‹ und ›*/‹ begrenzt werden

- HTML-Tags, also Text, der durch spitze Klammern (<...>) wie bei <CODE> eingefaßt ist

- Text *zwischen* HTML-Tags herausholen, wie ›Hier•klicken!‹ aus dem Link ›<A•HREF="...">Hier•klicken!</A>‹

- Eine Zeile aus einer *.mailrc*-Datei erkennen. Diese Datei kann E-Mail-Aliases in der Art:

  alias *Kürzel volle-Adresse*

  enthalten, wie etwa ›alias jeff jfriedl@oreilly.com‹ (Hier sind die Begrenzungszeichen einfach die Leerzeichen zwischen den Wörtern, und auch die Zeilenenden.)

- Text zwischen Anführungszeichen erkennen, und dabei zulassen, daß mittendrin mittels Backslash geschützte Anführungszeichen auftreten, wie im Beispiel: ›for your passport, you need a "2\"x3\" likeness"of yourself‹.

Das Problem kann allgemein so angegangen werden:

1. Finde die öffnenden Begrenzungszeichen.

2. Finde den eigentlichen Text
   (das heißt: »Alles, was nicht zum schließenden Begrenzer gehört«).

3. Finde die schließenden Begrenzungszeichen.

Wie schon gesehen, kann es bei Punkt 2, »Alles, was nicht zum schließenden Begrenzer gehört«, schwierig werden, wenn die Begrenzer aus mehreren Zeichen bestehen oder wenn sie im eigentlichen Text vorkommen können.

Geschützte Anführungszeichen in quotierten Strings zulassen

Im Beispiel **2\"x3\"** ist der Begrenzer das Anführungszeichen, es ist ein »quotierter String«, aber mittendrin können wieder Anführungszeichen vorkommen, sofern sie mit einem Backslash geschützt sind.

Die öffnenden und schließenden Begrenzungszeichen sind einzelne Zeichen und damit einfach zu behandeln. Schwieriger ist es mit dem Text dazwischen. Klares Denken hilft hier: Wenn ein Zeichen kein Anführungszeichen ist (also ⌈[^"]⌉), dann paßt es sicher. Wenn es ein Anführungszeichen *ist*, dann ist es nur dann zugelassen, wenn davor ein Backslash steht.

Nun gibt es bei regulären Ausdrücken keine Möglichkeit, direkt zu sagen: »Wenn ...
davor steht«. Wenn es ein *Lookbehind* gäbe, wäre das in Situationen wie dieser sicher
sehr praktisch. Leider wird das noch nirgends unterstützt. Die Aussage »wenn gefolgt
von ...« läßt sich dagegen recht einfach ins Regexische übersetzen, indem man einfach
die gesuchten folgenden Zeichen hinten anhängt, oder durch *Lookahead*, falls das
unterstützt ist (wie bei Perl). Da ist nichts magisches dran, es ist nur eine Frage des
Gesichtspunktes. Aus dem gleichen Blickwinkel betrachtet, hieße ⌜abc⌟ einfach: »a paßt,
wenn gefolgt von b, und dann von c«. Die Unterscheidung klingt etwas banal, ist aber
wichtig. Sie bedeutet, daß wir nicht direkt schreiben können: »Ein Anführungszeichen
mit einem Backslash davor ist O.K.«, aber wir können durchaus formulieren: »Ein
Backslash gefolgt von einem Anführungszeichen ist O.K.«. Das heißt einfach ⌜\\"⌟ (Der
Backslash ist ein Metazeichen. Wenn wir in einer Regex einen literalen Backslash fordern,
müssen wir ihn durch einen weiteren vorangestellten Backslash vor der Interpretation
als Metazeichen schützen.)

Für ein Zeichen im Mittelteil haben wir also: »Paßt, falls ⌜[^"]⌟, oder falls ⌜\\"⌟« und damit
⌜[^"]|\\"⌟. Dies ist beliebig oft zugelassen bis zum schließenden Anführungszeichen,
also benutzen wir den Stern, müssen aber dafür den Unterausdruck in Klammern
setzen. Zusammen mit den Anführungszeichen am Anfang und Ende ergibt sich:
⌜"([^"]|\\")*"⌟.

Klingt logisch? Ja, auch für mich, aber leider funktioniert das nicht, und zwar aus zwei
Gründen. Der erste gilt nur für traditionelle NFAs. Wenn wir den Ausdruck auf den
String `"2\"x3\" likeness"` anwenden, paßt zunächst das öffnende Anführungszeichen,
danach wird die erste Alternative getestet und paßt auf die 2. Die Alternation wird
zunächst verlassen, aber wegen dem Stern sofort erneut getestet. Wieder kommt die
erste Alternative zuerst dran, und sie paßt auch (auf den Backslash). Das ist das
Problem: Eigentlich wollten wir, daß der Backslash von der anderen Alternative erkannt
wird – als Escape-Zeichen für ein möglicherweise folgendes Anführungszeichen. Die
Alternation wird ein weiteres Mal getestet, diesmal paßt sie nicht, weil wir im String beim
Anführungszeichen angelangt sind. Der durch den Stern kontrollierte Unterausdruck ist
fertig, dafür paßt das auf den Stern folgende Anführungszeichen. Wir haben also einen
ungewollten Treffer gefunden:

```
···you need a "2\"x3\" likeness" of yourself.
```

Bei einer DFA- oder POSIX-Maschine stellt sich das Problem nicht: Diese finden von einem
bestimmten Punkt aus immer den längsten Treffer (ich habe das möglicherweise schon
ein-, zweimal erwähnt). Sie merken, daß ein längerer Treffer gefunden wird (den, den
wir suchen), wenn der Backslash durch ⌜\\⌟ und nicht durch ⌜[^"]⌟ erkannt wird.

Wie lösen wir das Problem mit einem traditionellen NFA? Wenn wir die Reihenfolge der
Alternativen vertauschen, wird ⌜\\"⌟ getestet, bevor ⌜[^"]⌟ den Backslash verbraucht hat.
Mit ⌜"(\\"|[^"])*"⌟ wird wie geplant

```
···you need a "2\"x3\" likeness" of yourself.
```

gefunden. Die erste Alternative wird meist fehlschlagen (und die Maschine muß auch die zweite ausprobieren), das erzeugt zusätzliches Backtracking, aber mindestens funktioniert der reguläre Ausdruck jetzt.

Ich hatte aber von zwei Problemen gesprochen. Das zweite tritt unabhängig vom Maschinentypus auf, wenn wir einen Text haben, der fast paßt, aber eben nicht ganz. Zum Beispiel:

```
"ein \"vergessenes\" Anführungszeichen am Ende
```

Dieser String soll *gar nicht* erkannt werden, weil gar kein schließendes Anführungszeichen vorhanden ist. Unser Ausdruck läßt aber zu, daß auch ein geschütztes Anführungszeichen als abschließendes Anführungszeichen erkannt wird, wenn es nicht anders geht. Für die POSIX- und DFA-Maschine führte das geschützte Anführungszeichen aus dem vorherigen Beispiel nicht zum längsten Treffer, also wurde weitergesucht. In diesem Fall *ist* das letzte Anführungszeichen auch ein geschütztes Anführungszeichen, also endet das Matching hier. Auch der traditionelle NFA, den wir instruiert haben, zunächst geschützte Anführungszeichen zu überspringen, wird mittels Backtracking zu diesem zurückkehren, damit ein globales Matching erreicht wird.

Diese Lektion ist wichtig: Überlegen Sie immer, was in den »merkwürdigen« Fällen passiert, wenn die Regex gar nicht passen *soll*. Bei wichtigen Projekten gibt es keinen Ersatz für das wirkliche Verstehen des regulären Ausdrucks, und vielleicht auch keinen für eine gut ausgebaute Serie von Tests.

Ein anderer Merkpunkt: Stellen Sie sicher, daß sich keine unerwarteten Texte durch die Hintertür einschleichen. Um unser Problem mit dem ungewollten Matching zu vermeiden, müssen wir Backslash und Anführungszeichen als »speziell« erkennen und gesondert von allen anderen Zeichen behandeln. Damit muß der Punkt, der schon zum ⌜[^"]⌝ geworden ist, erneut geändert werden: ⌜"(\\"|[^"\\])*"⌝.

Mit ⌜[^"\\]⌝ vermeiden wir das erste Problem, und damit spielt die Reihenfolge der Alternativen für das Finden des richtigen Treffers keine Rolle mehr, also können wir sie so anordnen, daß die vermutlich am häufigsten gebrauchte zuerst kommt. Das macht für einen DFA keinen Unterschied (weil der kein Backtracking kennt), auch nicht für einen POSIX-NFA (der ohnehin alle Permutationen durchgehen muß), aber für einen traditionellen NFA wird die Suche so effizienter.

Andere Escapes zulassen

Unsere Regex erlaubt nur Backslashes, wenn sie als Escape-Zeichen für das Anführungszeichen dienen, keine anderen. Wenn wir andere Escapes wie in **"hello, world\n"** zulassen wollen, ersetzen wir einfach ⌜\\"⌝ durch ⌜\\.⌝ und erhalten ⌜"([^"\\]|\\.)*"⌝.

Wenn bei der Geschmacksrichtung der benutzten Regex der Punkt das Newline nicht erkennt, ergibt sich ein Problem mit geschützten Newlines. Wenn die Abkürzung ⌜\n⌝ unterstützt wird, kann man statt dem Punkt ⌜(.|\n)⌝ benutzen. Effizienter ist eine Zeichenklasse, die einfach alle Bytes zuläßt, also ⌜[\000-\377]⌝ (wenn oktale Escapes in Zeichenklassen zulässig sind). Beachten Sie, daß ⌜[.\n]⌝ eine Zeichenklasse ist, die

die zwei Zeichen Punkt und Newline enthält (bei manchen Werkzeugen Punkt und n;
in nochmal anderen die drei Zeichen Punkt, Backslash und n), der Punkt ist innerhalb
von Zeichenklassen *kein* Metazeichen.

Erwartete Daten und Annahmen

Dies ist ein guter Zeitpunkt, um auf generelle Punkte beim Bau von regulären Ausdrücken zu sprechen zu kommen. Einiges habe ich schon kurz angesprochen. Beim
Gebrauch von regulären Ausdrücken und bei deren Anwendung auf Daten in bestimmten Situationen werden meist stillschweigend Annahmen getroffen, und es ist oft wichtig,
sich diese bewußt zu machen. Sogar bei etwas ganz Einfachem wie ⌈a⌋ werden Annahmen über den verwendeten Zeichensatz getroffen (☞ 25). Meist genügt gesunder Menschenverstand, und deshalb habe ich nicht viel darüber gesprochen.

Nun sind aber viele Annahmen für eine Person völlig klar, aber für eine zweite überhaupt
nicht. Unsere Regex für Strings in Anführungszeichen etwa nimmt an, daß nur da
Anführungszeichen auftreten. Wenn man sie auf einen Programmtext in fast jeder
Programmiersprache anwendet, wird man sein blaues Wunder erleben: Sie scheitert,
weil in Kommentaren Anführungszeichen vorkommen können, die nicht gepaart zu sein
brauchen.

Es ist nichts Schlechtes dabei, Annahmen über die erwarteten Daten zu treffen oder darüber, wie eine Regex eingesetzt wird. Probleme entstehen erst, wenn diese Annahmen
zu optimistisch sind oder wenn eine Regex in Situationen eingesetzt wird, die der Autor
nicht eingeplant hat.

Weitere gierige Beispiele

Es gibt durchaus Situationen, bei denen sich gieriges Verhalten zu unserem Nutzen
auswirkt. Ich zeige dies an ein paar spezifischen (und hoffentlich nützlichen) Beispielen,
um damit allgemeine Konstruktionsverfahren und Gedankengänge bei regulären Ausdrücken zu illustrieren.

Ausprobieren ist kurzweiliger als Lesen, daher schreibe ich die Beispiele in Perl, Tcl
und Python. Wenn Sie an einer dieser Sprachen nicht interessiert sind, überspringen
Sie einfach die Programmstücke. Ich benutze Eigenheiten der verschiedenen Sprachen,
versuche aber doch, die Beispiele allgemein und einfach zu halten.

Verzeichnisteil aus Pfadnamen entfernen

Mit Datei- und Pfadnamen muß man oft umgehen und sie manipulieren. Ein typisches
Beispiel ist das Entfernen des Verzeichnisteils von einem vollen Pfadnamen, so daß nur
der Dateiname übrigbleibt, damit etwa `/usr/local/bin/gcc` zu `gcc` wird.

Probleme auf eine Art zu formulieren, die eine Lösung schon nahelegt, ist schon die
halbe Miete. In diesem Fall wollen wir alles bis und mit dem letzten Slash entfernen.
Wenn kein Slash vorhanden ist, ist das auch gut, und wir brauchen nichts zu tun.

Hier ist einmal die Verwendung von ⌈.*⌋ wirklich angezeigt. In der Regex ⌈^.*/⌋,
verbraucht das ⌈.*⌋ zunächst die ganze Zeile, aber die Maschine geht dann zurück

(Backtracking) bis zum letzten Slash, damit ein globales Matching erreicht wird. Weil der Slash auch das Trennzeichen des Substitute-Operators ist, müssen wir den in der Regex mit einem Backslash schützen: `s/.*\///` (der reguläre Ausdruck ist markiert). Das sieht allerdings unschön aus, deshalb lassen manche Werkzeuge auch andere Trennzeichen zu: `s!^.*/!!`.

Wenn in einer Variable `$filename` ein Pfadname steht, reduzieren die folgenden Programmstücke diesen auf den letzten Teil, den Dateinamen:

Sprache	Programmstück
Perl	`$filename =~ s!^.*/!!;`
Tcl	`regsub "^.*/"$filename ""filename`
Python	`filename = regsub.sub("^.*/", "", filename)`

Apropos DOS: Wenn Sie direkt mit DOS-Dateinamen arbeiten, brauchen Sie einen Backslash statt einem Schrägstrich. Weil der Backslash aber in regulären Ausdrücken ein Metazeichen ist, muß er geschützt werden (durch einen zweiten Backslash). In Sprachen wie Tcl oder Python sind reguläre Ausdrücke aber normale Strings, die an Regex-Funktionen übergeben werden, und da ist der Backslash oft auch ein String-Metazeichen. Man braucht dort `\\`, um einen einzigen Backslash in die Regex zu kriegen, und da wir zwei davon in der Regex brauchen, müssen Sie `\\\\` schreiben, wenn Sie nach einem einzigen literalen Backslash suchen. Toll.

Und was ist nun, wenn die Regex nicht paßt? Wenn der String keinen Slash enthält, paßt die Regex nicht, die Substitution wird nicht ausgeführt, und der String bleibt, wie er war. Genau was wir wollen... ein String wie ›/bin/sh‹ wird zu ›sh‹, ›//../ernst‹ zu ›ernst‹, und ›vi‹ bleibt so, wie es ist.

Für Effizienz-Betrachtungen muß man untersuchen, wie die Regex-Maschine vorgeht (wenn es ein NFA ist). Schauen wir, was passiert, wenn wir das Zirkumflex am Anfang weglassen (kann einem leicht passieren), und dann die Regex auf einen String ohne Slash anwenden. Die Maschine beginnt wie immer am String-Anfang. Das ⌈.*⌋ läuft sofort bis ans Ende, dann muß jedes einzelne erkannte Zeichen zurückgenommen werden, bis ein Slash gefunden wird. Irgendwann wird durch dieses Backtracking wieder der Ausgangspunkt erreicht, und es wurde noch immer kein Treffer erzielt. Die Maschine entscheidet, daß es kein Matching *vom Anfang des Strings aus* gibt, damit ist die Suche aber noch nicht beendet.

Das »Getriebe« geht zum nächsten Zeichen im String und setzt die Regex-Maschine darauf an. Dies muß (theoretisch) für jede Position im String wiederholt werden. Dateinamen sind meist kurz, aber bei anderen ähnlichen Fällen kann der Text sehr lang sein, und erzeugt damit eine große Zahl von Backtracking-Operationen. Wiederum tritt dieses Problem bei einem DFA nicht auf.

In der Praxis »merkt« ein gutes Getriebe, daß eine Regex nie passen kann, wenn sie mit ⌈.*⌋ beginnt und schon am Anfang des Strings nicht paßt. Es spart sich die Verschiebungen zu den weiteren Positionen im String und gibt auf. Trotzdem ist es klüger, den Zeilenanker explizit hinzuschreiben, wie wir das getan haben.

Dateinamen aus einem Pfadnamen herauslösen

Eine andere Möglichkeit ist die, nur ein Matching für das letzte Element im Pfadnamen zu finden und den gefundenen Dateinamen in einer anderen Variablen zu speichern. Der Dateiname am Ende ist »alles am Ende, das nicht ein Slash ist«: ⌈[^/]*$⌉. Diesmal ist der Anker nicht nur eine Optimierung; wir brauchen das Dollarzeichen am Ende wirklich. Wir können etwa schreiben:

```
$Pfad =~ m!([^/]*)$!;      # Variable $Pfad mit Regex testen
$DateiName = $1;           # gefundenen Text abspeichern
```

Es fällt auf, daß ich gar nicht überprüfe, ob das Matching erfolgreich war, weil ich *weiß*, daß die Regex immer paßt. Die einzige *zwingende* Vorschrift in der Regex ist die, daß der Treffer am Ende des Strings enden muß, und sogar der leere String hat ein Ende.

Wenn ich also nachher $1 benutze, um den von den Klammern eingefangenen Wert abzuspeichern, bin ich sicher, daß etwas gefunden wurde – auch wenn es der leere String ist.[22]

Weil Tcl, Python und Perl alle NFAs benutzen (traditionelle NFAs, um genau zu sein), ist ein Ausdruck wie ⌈[^\/]*$⌉ sehr ineffizient. Wenn man die einzelnen Schritte einer NFA-Maschine verfolgt, findet man eine große Anzahl von Backtrackings. Sogar bei einem relativ kurzen Beispiel wie ›/usr/local/bin/perl‹ sind bereits über 40 Backtrackings involviert, bis der Treffer gefunden wird.

Betrachten wir einen Matching-Versuch, der bei ⸤local/⸥ beginnt. ⌈[^/]*⌉ paßt auf alles bis zum zweiten l, dann wird das ⌈$⌉ mit dem Slash verglichen (negativ), und für jedes der Zeichen l, a, c, o, l muß ein gespeicherter Zustand hervorgeholt werden. Nicht genug, der größte Teil wird gleich beim nächsten Versuch, der von ⸤local/⸥ ausgeht, wiederholt; dann nochmals bei ⸤local/⸥ usw.

Das soll uns aber in diesem Fall nicht bekümmern, denn Dateinamen sind kurz, und 40 Backtrackings sind wenig – problematisch wird es bei 40 Millionen Backtrackings! Der Gedanke kann aber wichtig sein, wenn mit viel größeren Texten umgegangen wird.

Hier muß ich auch in einem Buch über reguläre Ausdrücke betonen, daß reguläre Ausdrücke nicht immer die Antwort auf alle Probleme sind. Tcl zum Beispiel hat spezielle Befehle, um Pfadnamen zu behandeln (Teile des file-Befehls). In Perl ist

```
$DateiName = substr($Pfad, rindex($Pfad, "/")+1);
```

wesentlich schneller. Trotzdem, um des Beispiels willen, gehe ich sogar noch weiter.

---

22 Wenn Sie mit Perl vertraut sind, werden Sie fragen, warum statt der Klammern und $1 nicht einfach $& benutzt wird (eine Variable, die den Text des letzten ganzen Matchings speichert). Der Grund ist der, daß der Gebrauch von $& sehr ineffizient sein kann – siehe »Das asoziale $& und seine Kumpane« (☞ 279).

Sowohl Verzeichnis- als auch Dateinamen

Die nächste Stufe ist das Auftrennen eines vollständigen Pfadnamens in eine Dateinamen- und eine Verzeichniskomponente. Dazu gibt es viele Möglichkeiten, je nachdem, was gefordert ist.

Zunächst könnte man versucht sein, ⌈^(.*)/(.*)$⌋ zu verwenden und mit $1 und $2 auf die entsprechenden Teile zuzugreifen. Die Regex sieht hübsch ausgeglichen aus, und mit dem, was wir über gierige Quantifier wissen, sind wir sicher, daß nie etwas mit einem Slash in $2 landen wird. Der einzige Grund, daß das erste ⌈.*⌋ überhaupt etwas übrigläßt, ist der Slash, der Backtracking auslöst. Für das zweite ⌈.*⌋ bleiben genau die Zeichen übrig, die das erste beim Backtracking zurückgeben mußte. Damit erhalten wir den Verzeichnisteil in $1 und den Dateinamen (oder jedenfalls die letzte Komponente das Pfadnamens) in $2.

Wir verlassen uns hier auf das gierige erste ⌈(.*)/⌋ und sind nur deshalb sicher, daß das zweite ⌈(.*)⌋ keinen Slash einfangen wird. Wir verstehen gierige Quantifier und können das tun. Ich will mich aber genauer ausdrücken und lasse mit ⌈[^/]*⌋ für den Dateinamen-Teil explizit keinen Slash zu: ⌈^(.*)/([^/]*)$⌋. Dieser Ausdruck ist zudem besser selbstdokumentierend.

Ein Problem mit dieser Regex ist, daß sie mindestens einen Slash braucht, damit sie einen Treffer findet. Wenn wir sie auf etwas wie `datei.txt` anwenden, paßt sie nicht. Das kann gewollt sein, wenn dies durch das Programm abgefangen wird:

```
if ( $Pfad =~ m!^(.*)/(.*)$! ) {
    $Verzeichnis = $1;
    $DateiName = $2;
} else {
    $Verzeichnis = ".";          # "datei.txt" wird zu "." / "datei.txt"
    $DateiName = $Pfad;
}
```

Eine andere Methode ist die, eine der früheren Methoden zum Auffinden des Dateinamens zu benutzen, und dann die andere Komponente mit den Seiteneffekten des Pattern-Matchings zu finden. Das folgende Tcl-Programmstück braucht eine Regex nur, um die Position des letzten Slashes im String zu ermitteln. Danach benutzt es Substring-Funktionen, um die einzelnen Teile herauszulösen.

```
if [regexp -indices .*/ $Pfad Match] {
    # Treffer. Benutze den Offset, um Verzeichnis und Dateinamen herauszuholen
    set Verzeichnis [string range $Pfad 0 [expr [lindex $Match 1] -1]]
    set DateiName [string range $Pfad [expr [lindex $Match 1] +1] end]
} {
    # Kein Treffer -- Pfad ist schon der Dateiname
    set Verzeichnis .
    set DateiName $Pfad
}
```

Der Befehl `regexp -indices` in Tcl liefert die Anfangs- und End-Positionen des Matchings zurück: Beim String `/tmp/datei.txt` erhielte die Variable `Match` den Wert ›0●4‹, der besagt, daß der Treffer die Zeichen 0 bis 4 im String umfaßte. Nur die zweite Position (die des Slashes) interessiert hier, wir benutzen **[expr [lindex $Match 1] - 1]** für die Position unmittelbar davor, und die +1-Version für das Zeichen nach dem Slash. Mit `string range` und diesen Werten holen wir die zwei Substrings heraus.

Auch bei diesem Beispiel ist die Benutzung von regulären Ausdrücken eigentlich maßlos übertrieben – eine simple `rindex`-Funktion oder etwas Entsprechendes genügte vollauf und wäre meist schneller (in Tcl würde man **string last / $Pfad** benutzen). Trotzdem ist die Idee, nach einem Matching Substrings herauszupflücken, interessant und kann auch in einem so einfachen Beispiel auf verschiedene Arten realisiert werden.

Zusammenfassung

Wenn Sie alles in diesem Kapitel beim ersten Durchlesen verstanden haben, hatten Sie wohl schon vorher ein genaues Verständnis von regulären Ausdrücken. Ein harter Brocken, um es milde auszudrücken. Ich habe einige Zeit gebraucht, um das zu verstehen, und dann nochmal eine Weile, um es zu *verstehen*. Ich hoffe, daß es durch die knappe, aber vollständige Darstellung einfacher wird. Ich habe versucht, die Beispiele übersichtlich zu halten, ohne sie unzulässig zu vereinfachen – eine Falle, in die nur zu oft hineingetappt wird, und die letztlich wirkliches Verstehen behindert.

Das Kapitel ist zweigeteilt: Die Beschreibung, wie der Mechanismus eines Matchings abläuft, und zweitens die praktischen Auswirkungen.

Zusammenfassung – Mechanismus eines Matchings

Es gibt zwei grundlegende Arbeitsweisen von Regex-Maschinen: Die »regex-gesteuerte NFAs« (☞ 102) und die »textgesteuerte DFAs« (☞ 103) [Die ausgeschriebene Abkürzungen finden Sie auf Seite 105].

Zusammen mit den Auswirkungen des POSIX-Standards (☞ 121) ergeben sich für praktische Zwecke drei Typen von Maschinen:

- Traditioneller NFA   (Benzinbetriebener, hochgezüchteter Motor)
- POSIX-NFA   (Benzinbetriebener, standardkonformer Motor)
- DFA (POSIX oder nicht)   (Elektromotor, keine Macken)

Um die Möglichkeiten eines Werkzeugs voll auszunutzen, muß man wissen, welchen Maschinentyp es benutzt, und die Regex daran anpassen. Der verbreitetste Typ ist der traditionelle NFA, gefolgt vom DFA. Tabelle 4-1 (☞ 94) listet einige übliche Werkzeuge mit ihren Maschinentypen auf. In Kapitel 5, bei »Maschinentyp ermitteln« (☞ 164), zeige ich, wie man die Provenienz der Maschine eines Werkzeugs selbst herausfinden kann.

Die eine oberste Regel, die für alle Maschinentypen gilt, heißt: Ein früheres Matching hat Vorrang gegenüber einem, das weiter hinten im String beginnt. Dies liegt am »Getriebe«, das die eigentliche Regex auf jede Position des Strings neu ansetzt (☞ 96).

Für den Match-Versuch, der von einer bestimmten Position ausgeht, gilt:

DFA – textgesteuerte Maschinen

Finden den längsten möglichen Treffer, punktum. Das war's. Wir danken für dieses Gespräch (☞ 120). Konsistent, sehr schnell, und Diskussionen darüber sind langweilig (☞ 122).

NFA – regex-gesteuerte Maschinen

Müssen sich durch ein Matching »durcharbeiten«. Die Seele einer NFA ist das *Backtracking* (☞ 106, 110). Die Metazeichen steuern den Vorgang der Mustererkennung: Die Quantifier (Stern, Plus usw.) sind *gierig* (☞ 98). Die Alternation ist normalerweise nicht gierig (☞ 116), außer bei POSIX-NFAs.

POSIX-NFA   Müssen den längstmöglichen Treffer finden, punktum. Langweilig wird es trotzdem nicht, weil man sich um Effizienz kümmern muß (das Thema des nächsten Kapitels).

Traditionelle NFA   Können die ausdrucksstärksten Regex-Maschinen sein, weil durch die Regex-Steuerung exakt *der* Treffer gesucht werden kann, der von Interesse ist.

»DFA und NFA im Vergleich« auf Seite 123 faßt die Unterschiede zwischen den Maschinentypen zusammen.

Das Gegenstück zum Edelholz-Armaturenbrett haben wir nicht gefunden.

Praktische Auswirkungen des Mechanismus eines Matchings

Eingefaßten Text erkennen ist eine häufige Aufgabe, etwa Strings in Anführungszeichen oder Kommentare in C-Programmen (☞ 133). Das generelle Vorgehen sucht zunächst nach dem öffnenden Begrenzer, dann nach irgendwelchem Text, der den schließenden Begrenzer nicht enthält, und zuletzt nach dem schließenden Begrenzer. Schwierigkeiten ergeben sich meist, wenn Begrenzer in irgendeiner Form in der mittleren Phase auftreten. Wichtig ist es, zu verstehen, wie hartnäckig gieriges Verhalten sein kann (☞ 115).

Gier kann von großem Nutzen sein, wenn sie kundig eingesetzt wird. Sie stellt aber einige Fallen, wenn man nicht vorsichtig genug ist. Es lohnt sich, genau zu formulieren, was man eigentlich will (☞ 126), und auf unerwünschte Treffer achtzugeben, die sich einschleichen können (☞ 131).

Das Konstruieren einer Regex für einen bestimmten Zweck bedeutet häufig ein Abwägen zwischen dem Finden des gesuchten Treffers, dem Verhindern von unerwünschten Treffern und (bei NFAs) der Effizienz (☞ 126). Bei NFAs sind Effizienz-Erwägungen so wichtig, daß ich ihnen ein ganzes Kapitel widme.

In diesem Kapitel:

- *Ein ernüchterndes Beispiel*
- *Backtracking global betrachtet*
- *Interne Optimierungen*
- *Maschinentyp ermitteln*
- *Die Schleife aufbrechen*
- *C-Kommentare aufbrechen*
- *Die frei fließende Regex*
- *Denken!*

5

Reguläre Ausdrücke gekonnt schreiben

Bei der regex-gesteuerten Art des Matchings einer NFA-Maschine, wie man sie bei Perl, Tcl, Expect, Python und manchen Varianten von *grep, awk, egrep* oder *sed* (unter anderen) findet, können minimale Änderungen in einem regulären Ausdruck große Auswirkungen auf die gefundenen Treffer haben. Dinge, die bei einer DFA-Maschine schlicht keine Rolle spielen, werden zu kritischen Angelpunkten. Mit der bei NFAs möglichen Feinabstimmung kann man reguläre Ausdrücke nach fast künstlerischen Gesichtspunkten konstruieren, man kann aber durch die vielen Möglichkeiten auch verwirrt werden. Dieses Kapitel soll Ihnen helfen, dieses Kunsthandwerk zu erlernen.

Die Eckpfeiler sind Richtigkeit und Effizienz. Das bedeutet, genau *den* Treffer zu finden, den man will, und keinen anderen – und das ganze möglichst schnell. Das vorige Kapitel hat sich damit befaßt, wie man *korrekte* reguläre Ausdrücke schreibt. Hier nehmen wir uns Fragen der Effizienz bei NFA-Maschinen vor, und wie wir deren Eigenheiten zu unseren Zwecken ausnützen können. (Wenn es etwas zu DFAs zu sagen gibt, wird das kurz bemerkt, aber im Wesentlichen befaßt sich dieses Kapitel mit NFAs.) Zusammengefaßt ist der entscheidende Punkt der, das Backtracking mit all seinen Auswirkungen zu verstehen und zu lernen, das Backtracking zu vermeiden, soweit dies möglich ist. Wir werden nicht nur effizientere Methoden kennenlernen, sondern mit dem gewonnenen tieferen Verständnis der internen Vorgänge auch komplizierte Ausdrücke mit mehr Selbstvertrauen angehen können.

Das Kapitel behandelt zunächst ein ausführliches Beispiel, das zeigt, wie wichtig diese Überlegungen sind. Eine Zusammenfassung des Backtracking-Mechanismus aus Kapitel 4, diesmal mit dem Augenmerk auf Effizienz-Fragen, bereitet auf die weiterführenden Methoden vor, mit denen man Backtracking besser behandelt. Dann werden einige bekannte interne Optimierungsmethoden vorgestellt, die große Auswirkungen auf die

Effizienz eines Ausdrucks haben können; außerdem Methoden, wie man bei Werkzeugen, die solche Optimierungen verwenden, diese auch nutzbringend einsetzt. Abschließend stelle ich einige wirklich schnelle Tricks vor, die auch NFAs zu einem Raketenantrieb verhelfen.

Vergleiche und Backtrackings

Wie in den meisten Kapiteln dienen die Beispiele nur als Illustrationen für häufige Situationen, die man im Umgang mit regulären Ausdrücken antrifft. Wenn die Effizienz eines bestimmten Beispiels untersucht wird, gebe ich oft die Anzahl der während des Matchings ausgeführten Vergleiche an. Zum Beispiel braucht die Mustererkennung von ⌈marty⌋ mit dem String `smarty` sechs einzelne Vergleiche – im ersten Versuch ⌈m⌋ gegen s (paßt nicht), dann die Treffer ⌈m⌋ gegen m, ⌈a⌋ gegen a usw. Meist gebe ich auch die Anzahl der benötigten Backtracking-Operationen an – in diesem Fall eine, das implizite Backtracking beim neuen Ansetzen der Regex an der zweiten Position im String.

Exakte Zahlen gebe ich nicht deshalb an, weil sie wichtig wären, sondern weil sie doch mehr aussagen als Wendungen wie »viele«, »wenige«, »besser als«, »nicht zu viele« usw. Ich möchte keinesfalls den Eindruck erwecken, daß das Schreiben von regulären Ausdrücken für NFAs eine Übung im Zählen von Vergleichen und Backtracks sei; ich möchte nur einen Gradmesser für die Güte der Beispiele untereinander vorstellen.

Diese Zahlen können sich außerdem von Werkzeug zu Werkzeug und Version zu Version unterscheiden. Es geht deshalb um Größenordnungen und nicht um »genaue« Zahlen – die relative Leistung der verschiedenen Beispiele ist wichtig. Dabei müssen aber die Optimierungen berücksichtigt werden, die ein bestimmtes Werkzeug eingebaut hat. Eine genügend schlaue Implementierung kann herausfinden, daß eine bestimmte Regex nie passen kann, bevor sie mit dem eigentlichen Matching beginnt (sie kann beispielsweise feststellen, daß ein bestimmtes Zeichen, das von der Regex gefordert wird, nirgends im String vorkommt). Ich diskutiere solche Optimierungen später in diesem Kapitel, aber die Lektion als Ganzes ist wohl wichtiger als all die speziellen Fälle.

Traditioneller NFA und POSIX-NFA

Auch den Maschinentyp (Traditioneller oder POSIX-NFA) des benutzten Werkzeugs muß man im Auge behalten, wenn man Effizienz-Fragen abklärt, weil manche Überlegungen nur für einen Typ gelten. Eine Änderung ohne sichtbaren Effekt beim einen kann sich beim anderen Maschinentyp sehr deutlich auswirken. Wiederum hilft das Verstehen der Grundlagen bei der Beurteilung einer solchen Situation.

Ein ernüchterndes Beispiel

Wir beginnen mit einem Beispiel, das drastisch vor Augen führt, wie wichtig Überlegungen zu Effizienz und Backtracking sein können. Gegen Ende von Kapitel 4 hatten wir ⌈"(\\.|[^"\\])*"⌋ entwickelt, um Text innerhalb von Anführungszeichen zu finden, in dem geschützte Anführungszeichen zugelassen sind (☞ 133). Diese Regex funktioniert. Wenn sie aber mit einem NFA benutzt wird, ist die Alternation, die auf jedes Zeichen angewendet wird, sehr ineffizient. Bei jedem »normalen« Zeichen im String (also bei allen

Zeichen außer Backslash und Anführungszeichen) muß die Maschine auf ⌜\\.⌟ testen, was nicht paßt. Dann muß sie mittels Backtracking zurückgehen und mit ⌜[^"\\]⌟ einen lokalen Treffer finden. Wenn bei einer Applikation Geschwindigkeit eine Rolle spielt, wäre es sehr angenehm, wenn wir diese Regex schnellermachen könnten.

Eine einfache Änderung – Schokoladenseite zuerst

Weil Strings in Anführungszeichen im Durchschnitt wohl mehr normale Zeichen als Escapes haben, ist das Vertauschen der zwei Alternativen naheliegend: Zuerst auf ⌜[^"\\]⌟ testen, und dann erst auf ⌜\\.⌟. Dadurch wird Backtracking nur dann gebraucht, wenn wirklich ein durch Backslash geschütztes Zeichen auftritt (und zudem, wenn beide Alternativen nicht passen. Damit die Alternation als ganzes fehlschlägt, müssen natürlich alle Alternativen versucht werden). In Abbildung 5-1 ist das graphisch dargestellt. Die geringere Anzahl der Pfeile im unteren Teil entspricht der der größeren Anzahl von lokalen Treffern der nunmehr ersten Alternative, anders gesagt: Weniger Backtracking.

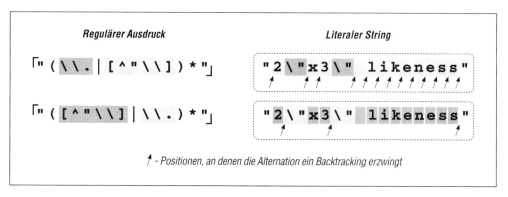

Abbildung 5-1: Auswirkung von unterschiedlicher Reihenfolge (traditioneller NFA)

Wenn zur Effizienzsteigerung Änderungen vorgenommen werden sollen, muß man sich einige Fragen stellen. Hier zwei:

- Beeinflußt die Änderung nur traditionelle NFAs, nur POSIX-NFAs, oder beide?
- Bringt die Änderung etwas, wenn ein Treffer gefunden wird oder wenn keiner gefunden wird oder in beiden Fällen?

❖ Bitte überlegen Sie sich das genau, bevor Sie umblättern, und versuchen Sie, die Lösung zu verstehen, bevor Sie im nächsten Abschnitt weiterlesen.

Gieriges Verhalten nur lokal zulassen

In Abbildung 5-1 wird klar, daß der Stern bei allen angegebenen Beispielen eine Iteration erzeugt. Die Maschine muß bei jedem zu prüfenden Zeichen einen Zyklus, einen Iterationsschritt ausführen. Dabei wird jedesmal die Alternation und damit die Klammer »betreten« und wieder verlassen. Damit ist viel Arbeit verbunden, die man wenn immer möglich eliminieren will.

Auswirkungen einer einfachen Änderung

❖ *Auflösung zum Problem von Seite 145.*

Auswirkungen auf welchen Maschinentyp? Die Änderung hat keinerlei Auswirkungen auf eine POSIX-NFA-Maschine. Diese muß ohnehin alle Permutationen der Regex testen, und dabei ist die Reihenfolge dieser Tests irrelevant. Bei einem traditionellen NFA bringt das Prinzip »häufigste Alternative zuerst« sehr wohl etwas, weil die Maschine nach dem ersten gefundenen lokalen Treffer die weiteren Alternativen nicht mehr berücksichtigen muß.

Auswirkungen bei welcher Art des Resultats? Diese Änderung bewirkt nur eine Verbesserung, wenn tatsächlich ein Treffer gefunden wird. Ein NFA gibt erst auf, wenn alle Permutationen durchgespielt sind und für keine ein Treffer gefunden wurde (nochmals, ein POSIX-NFA probiert ohnehin alle durch). Wenn der Text nicht paßt, müssen alle Permutationen geprüft werden, und die Reihenfolge spielt dann keine Rolle.

Die Tabelle zeigt die Anzahl der Vergleiche (»Tests«) und die der Backtracks (»BT«). Kleinere Zahlen bedeuten bessere Resultate.

	Traditioneller NFA				POSIX-NFA	
	⌈"(\\.│[^"\\])*"⌋		⌈"([^"\\]│\\.)*"⌋		*beide*	
Beispieltext	Tests	BT	Tests	BT	Tests	BT
"2\"x3\" likeness"	32	14	22	4	48	30
"makudonarudo"	28	14	16	2	40	26
"sehr···99 Zeichen···lang"	218	109	111	2	325	216
"No \"match\" here	124	86	124	86	124	86

Die Resultate sind offensichtlich für beide Ausdrücke bei einem POSIX-NFA identisch. Bei traditionellen NFAs sind die Resultate für die neue Regex besser, weil weniger Backtrackings gemacht werden müssen. Beim letzten Beispiel (kein Matching) sind die Resultate überall gleich, weil in allen Fällen sämtliche Permutationen geprüft werden müssen.

Bei einem ähnlichen Ausdruck hatte ich einmal entdeckt, daß man die Regex optimieren kann, wenn klar ist, daß ⌈[^"\\]⌋ der Normalfall ist. Mit ⌈[^"\\]+⌋ werden in einem Iterationsschritt so viele normale Zeichen (weder Escape noch Anführungszeichen) wie möglich gelesen, ohne daß die Klammer verlassen wird. Bei Texten ohne Escapes ist das gleich der ganze String. Damit kann fast ohne Backtracking ein Matching erzielt werden, und die durch den Stern erzeugten Iterationen fallen weg. Ich war sehr zufrieden mit mir.

Wir schauen uns dieses Beispiel später genauer an, im Moment sind wir nur an der Statistik interessiert. Abbildung 5-2 zeigt, daß durch die neue Änderung im Falle von `"(\\.|[^"\\])*"` (das obere Paar in der Abbildung) weniger durch den Stern erzeugte Iterationen und weniger Backtrackings gebraucht werden. Das untere Paar von Abbildung 5-2 zeigt, daß durch beide Änderungen der Gewinn noch größer ausfällt.

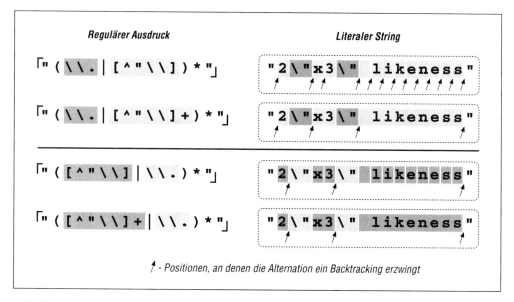

Abbildung 5-2: Auswirkung eines zusätzlichen Pluszeichens (traditioneller NFA)

Der entscheidende Effekt entstand durch das Zufügen des Pluszeichens. Damit reduziert sich die Anzahl der benötigten Backtrackings und damit die Anzahl der durch den Stern hervorgerufenen Zyklen. Der Stern quantifiziert einen geklammerten Unterausdruck, und damit erzeugt jede Iteration eine Menge Arbeit für die Maschine: Nicht nur die Position im String und in der Regex muß gespeichert werden, sondern auch die Länge des von den Klammern eingefaßten Texts. (Genauer wird das später in diesem Kapitel behandelt.)

Tabelle 5-1 ähnelt der aus dem Antwort-Kasten, für weniger Testbeispiele zwar, dafür wird aber die Zahl der durch den Stern erzeugten Wechsel in und aus der Klammer heraus aufgeführt. In jedem Fall ist die Anzahl der Backtrackings leicht höher, dafür wird die Zahl der benötigten Zyklen drastisch reduziert. Das ist eine große Einsparung.

Tabelle 5-1: Effizienz bei einem traditionellen NFA

Beispieltext	`"([^"\\]|\\.)*"`			`"([^"\\]+|\\.)*"`		
	Tests	BT	*-Zyklen	Tests	BT	*-Zyklen
`"makudonarudo"`	16	2	13	17	3	2
`"2\"x3\" likeness"`	22	4	15	25	7	6
`"sehr···99 Zeichen···lang"`	111	2	108	112	3	2

Zurück zur Realität

Ja, ich war mit dieser Entdeckung sehr zufrieden. Leider ist diese »Verbesserung«, so gut sie zunächst scheint, ein veritabler Wolf im Schafspelz. Als ich seine Qualitäten gepriesen habe, habe ich wohlweislich keine Zahlen für einen POSIX-NFA angegeben. Sie wären wohl etwas erstaunt gewesen, für das Beispiel `"sehr`•`lang"` *dreihunderttausend Millionen Milliarden Billionen* (um genau zu sein: 324 518 553 658 426 726 783 156 020 576 256, oder etwa 325 Quintillionen) Backtrackings vorzufinden — wenn ich für jedes einen Pfennig hätte, wäre ich fast so reich wie Bill Gates. Milde ausgedrückt, bedeutet das *VIEL* Arbeit. Auf meinem Rechner dauerte das etwa 50 *Quintillionen* Jahre, plus/minus ein paar hundert Billionen Jahrtausende.[1]

Wirklich erstaunlich! Wie und warum kann das passieren? Kurz gesagt liegt es daran, daß etwas in der Regex unmittelbar von einem Plus bestimmt wird, und dazu in einem Unterausdruck vorkommt, der von einem Stern quantifiziert ist, ohne daß bestimmt ist, welcher der beiden Quantifier für ein bestimmtes Zeichen im Suchraum zuständig ist. Der daraus resultierende Nicht-Determinismus (»Nicht-Bestimmtsein«) löst die Katastrophe aus. Ich versuche, das näher zu erläutern.

Ohne das Plus wurde `[^"\\]` nur vom Stern quantifiziert, und die Anzahl der Möglichkeiten für das Matching von `[^"\\]*` hielt sich im Rahmen. Es konnte auf ein Zeichen passen oder auf zwei oder auf den ganzen String; jedenfalls war die Anzahl proportional zur Länge des abgesuchten Strings.

Mit dem neuen `([^"\\]+)*` steigt die Anzahl der Möglichkeiten, wie sich Stern und Plus den String aufteilen können, exponentiell mit der Länge des Strings. Wenn der String makudonarudo ist, können das zwölf durch den Stern hervorgerufene Iterationen sein, wobei jedes der `[^"\\]+` innerhalb der Klammern auf nur ein Zeichen paßt (hier dargestellt als ‹makudonarudo›). Oder ist es nur eine Iteration des Sterns, und das innere `[^"\\]+` paßt auf den ganzen String (makudonarudo)? Oder vielleicht handelt es sich um drei Iterationen des Sterns, und die inneren `[^"\\]+` passen auf 5, 3 und 4 Zeichen (‹makudonarudo›). Vielleicht passen sie auf 2, 7 und 3 Zeichen (‹makudonarudo›). Oder auch...

Sie sehen, es gibt hier einige Möglichkeiten (bei diesem zwölfbuchstabigen String 4 096). Bei jedem zusätzlichen Zeichen verdoppelt sich die Zahl, und eine POSIX-NFA-Maschine muß sie alle durchprobieren, bevor sie eine Antwort geben kann. Das bedeutet Backtracking, und zwar viel[2] davon! 4 096 Kombinationen bei zwölf Zeichen dauern nicht lange, aber bei 20 Zeichen sind es schon Millionen, und das dauert ein paar Sekunden; bei 30 Zeichen geht es um Milliarden und Stunden, und bei 40 dauert das über ein Jahr. Das ist offensichtlich unakzeptabel.

---

1   Ich benutzte einen IBM ThinkPad 755CX mit einem 75-MHz-Pentium unter Linux. Die angegebene Zeit ist aufgrund der Zahlen von anderen Benchmarks hochgerechnet; ich habe die Tests nicht wirklich durchgeführt.

2   Für Leute, die sowas interessiert: Die Anzahl der Backtrack-Operationen bei einem String der Länge n beträgt 2^{n+1}, die Anzahl der dafür aufzuwendenden Vergleiche (Tests) ist $2^{n+1} + 2^n$.

Nun mögen Sie denken: »Ah, POSIX-NFAs sind ja noch ziemlich selten, und mein Programm benutzt einen traditionellen NFA – alles in Butter.« Der wesentliche Unterschied zwischen einem POSIX- und einem traditionellen NFA ist der, daß dieser stoppt, sobald er einen Treffer für die ganze Regex gefunden hat. Wenn es aber gar keinen Treffer gibt, muß auch ein traditioneller NFA alle Möglichkeiten durchprobieren, bevor er ein – negatives – Resultat liefern kann. Sogar bei dem kurzen Beispiel `"No•\"match\"•here` aus dem letzten Antwort-Kasten sind das 8 192 Kombinationen, die geprüft werden müssen, bevor eine NFA-Maschine endlich feststellt, daß es keinen Treffer gibt.

Ich war so zufrieden mit meiner Entdeckung, daß ich durchaus glaubte, daß mein Werkzeug einen Bug hatte, weil es manchmal »einfror«. Wie es sich herausstellte, bearbeitete es schlicht eines dieser ewigen Matchings. Jetzt, da ich die Situation verstehe, benutze ich diese Art von regulären Ausdrücken in meiner Benchmark-Serie; sie dient zum Ermitteln des verwendeten Maschinentyps:

- Wenn die Regex schnell ist, auch wenn kein Treffer gefunden wird: DFA.
- Wenn die Regex nur schnell ist, wenn sie paßt: Traditioneller NFA.
- Wenn sie immer langsam ist: POSIX-NFA.

Ich erläutere das näher im Abschnitt »Maschinentyp ermitteln« auf Seite 164.

Sicher, nicht jede kleine Änderung hat die katastrophalen Auswirkungen wie in diesem Beispiel. Wenn Sie aber nicht wissen, was hinter den Kulissen abläuft, tappen Sie im Dunkeln, bis Sie auf das Ausnahmebeispiel stoßen, das eben diesen Effekt hat. Gegen Ende des Kapitels werden die Effizienz und deren Auswirkungen von einer Reihe von Beispielen unter die Lupe genommen. Auch hier ist das Verständnis der Grundlagen Voraussetzung für die Diskussion von übergeordneten Problemen. Bevor ich Auswege aus dem »ewigen Matching« bespreche, muß ich noch einmal im Detail auf das Backtracking zurückkommen.

Backtracking global betrachtet

Auf lokaler Ebene ist Backtracking nichts anderes als das Zurückkehren zu einem Zustand vor einem Matching-Versuch, um eine andere Möglichkeit auszuprobieren. In weiterem Umfeld gesehen, ist das nicht so einfach. In diesem Abschnitt betrachten wir genauer, was eigentlich beim Backtracking abläuft, wenn ein Treffer gefunden wird, aber auch, was in den Fällen geschieht, bei denen die Regex nicht paßt. Wenn Sie die Dinge im letzten Abschnitt nicht überrascht haben und Sie die Details dazu kennen, blättern Sie weiter zum Abschnitt »Die Schleife aufbrechen«, wo weitere Methoden zur Effizienzsteigerung vorgestellt werden.

Wir beginnen mit einer genauen Analyse der Beispiele aus dem vorigen Kapitel. Wenn wir ⌜`".*"`⌝ auf

```
Der Name "McDonald's" wird japanisch "makudonarudo" ausgesprochen
```

anwenden, kann der Vorgang des Matchings wie in Abbildung 5-3 auf der nächsten Seite dargestellt werden.

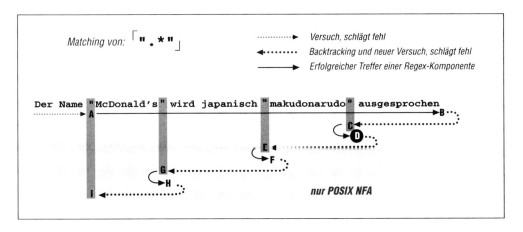

Abbildung 5-3: Erfolgreiches Matching von ⌈".*"⌋

Die Regex wird auf jeden Punkt im String neu angesetzt, aber weil schon das *erste* Anführungszeichen nicht paßt, passiert nichts Interessantes, bis beim Punkt **A** begonnen wird. Hier wird die ganze Regex evaluiert, trotzdem weiß das »Getriebe« (☞ 96), daß bei einem erfolglosen Versuch die ganze Regex beim nächsten Zeichen neu getestet werden muß.

Das ⌈.*⌋ paßt bis ans Ende des Strings, dort paßt der Punkt nicht mehr auf das Zeilenende (das »Nichts« am Ende der Zeile). Keines der 55 gefundenen Zeichen wird durch irgendetwas in der Regex *erzwungen*, alle sind optional. Bei jedem Zeichen, das durch ⌈.*⌋ erkannt wird, speichert die Maschine den Zustand, so daß mittels Backtracking zu diesem Punkt zurückgekehrt werden kann, wenn sich die Treffersuche als Fehlschlag erweist. Jetzt, da das gierige ⌈.*⌋ am Ende des Strings nichts mehr finden kann, geht die Maschine zum letzten gespeicherten Zustand zurück, zum Zustand »Versuche ⌈".*↓"⌋ an der Position ···**ochen**‹.

Also muß das schließende Anführungszeichen mit dem Ende des Strings verglichen werden. Ein Anführungszeichen paßt genauso schlecht wie der Punkt auf das Nichts am Ende, also geht das schief. Die Maschine geht zu einem weiteren Zustand zurück, diesmal wird das schließende Anführungszeichen an der Position ···gesprochen geprüft, ebenso ein Fehlschlag.

Die Zustände, die auf dem Weg von **A** nach **B** gespeichert wurden, werden nun in umgekehrter Reihenfolge abgeklopft, bis Punkt **C** erreicht wird. Dieser Zustand entspricht »Versuche ⌈".*↓"⌋ an der Position ···**arudo"•ausge**···«. Hier paßt das Anführungszeichen, damit die ganze Regex, und wir haben bei Punkt **D** einen Treffer gefunden:

```
Der Name "McDonald's" wird japanisch "makudonarudo" ausgesprochen
```

Wenn die Maschine eine traditionelle NFA ist, hört sie hier auf, vergißt alles über weitere gespeicherte Zustände und gibt ein positives Resultat zurück.

Überstunden für den POSIX-NFA

Ein POSIX-NFA merkt sich den Treffer als »den längsten Treffer, der bisher gefunden wurde«, und macht weiter. Er muß alle restlichen gespeicherten Zustände darauf testen, ob sie eventuell zu einem längeren Treffer führen könnten. Wir sehen, daß dies in diesem Beispiel nicht der Fall ist, aber die Maschine muß blind alle Möglichkeiten durchgehen. Die meisten der Zustände werden nur kurz getestet und sofort verworfen, nur bei zwei anderen Situationen paßt das Anführungszeichen am Ende der Regex. Die Sequenzen **D-E-F** und **G-H-I** sind der Sequenz **B-C-D** recht ähnlich, nur sind die Treffer bei **F** und **I** eben kürzer als der zunächst gefundene.

Beim Punkt **I** angekommen, bleibt als einzige Backtracking-Möglichkeit das Weiterschalten zum nächsten Zeichen im String. Da aber ein von **A** ausgehender Treffer gefunden wurde (drei sogar), ist auch der POSIX-NFA nun fertig und liefert den gleichen Treffer zurück.

Mehr Arbeit bei einem Fehlschlag

Wir müssen auch untersuchen, was abläuft, wenn kein Treffer gefunden wird. Nehmen wir als Regex ⌜".*"!⌟, von der wir wissen, daß sie nie ganz auf unseren Beispieltext passen kann. Die »Beinahe-Treffer« erzeugen aber zusätzliche Arbeit für die Maschine.

Abbildung 5-4 veranschaulicht das. Die Sequenz **A-I** ist ähnlich wie die in Abbildung 5-3, allerdings wird hier bei Punkt **D** kein Treffer gefunden (weil kein Ausrufezeichen im String vorkommt). Außerdem gilt diese Sequenz sowohl für POSIX- als auch für traditionelle NFAs: Wenn kein Treffer gefunden wird, muß ein traditioneller NFA genauso alle Möglichkeiten durchprobieren.

Weil es keinen Treffer ausgehend von Punkt **A** gibt, muß das Getriebe weiterschalten. Die Versuche, die von den Punkten **J**, **Q** und **V** ausgehen, versprechen zunächst etwas, erweisen sich aber auf die gleiche Art wie bei **A** als Sackgassen. Bei **Y** gibt es für das Getriebe keine Position mehr, wohin es weiterschalten könnte, damit hat sich das ganze Matching als Fehlschlag erwiesen. Abbildung 5-4 zeigt, daß mit dieser Erkenntnis viel Arbeit verbunden war.

Einschränkendere Formulierung

Zum Vergleich ersetzen wir den Punkt durch ⌜[^"]⌟. Wie in Kapitel 4 erwähnt, führt das zu besser voraussagbaren Resultaten, weil die Regex nun stärker eingeschränkt formuliert ist. Auch effizienter, mit ⌜"[^"]*"!⌟ reicht ⌜[^"]*⌟ nicht mehr über das nächste Anführungszeichen hinaus, und damit werden viele Backtrackings vermieden.

Abbildung 5-5 zeigt den mit Abbildung 5-4 vergleichbaren Versuch, der natürlich auch fehlschlägt. Wie man sieht, wird tatsächlich viel weniger Backtracking gebraucht. Wenn das unterschiedliche Resultat das ist, woran Sie interessiert sind, dann ist die verbesserte Effizienz ein angenehmer Nebeneffekt.

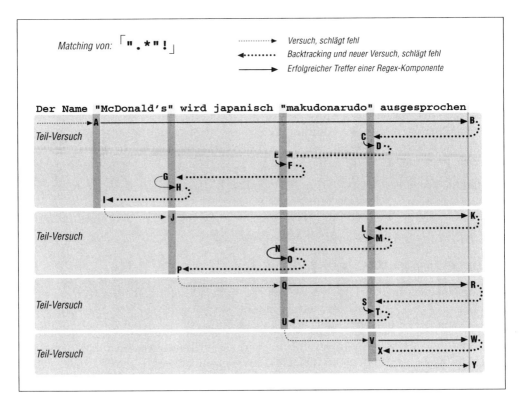

Abbildung 5-4: Fehlschlag mit ⌈" .*"!⌋

Alternationen können teuer sein

Alternationen können wesentlich zum Backtracking beitragen. Als einfaches Beispiel nehmen wir wieder unseren makudonarudo-String und vergleichen den Vorgang, wie die Ausdrücke ⌈u|v|w|x|y|z⌋ und ⌈[uvwxyz]⌋ darauf passen. Der Vergleich einer Zeichenklasse mit einem Zeichen ist sehr einfach, daher gibt es bei ⌈[uvwxyz]⌋ nur die Backtrackings, die durch das Getriebe bedingt sind (41 davon), bis der Treffer gefunden wird:

```
Der Name "McDonald's" wird japanisch "makudonarudo" ausgesprochen
```

Bei ⌈u|v|w|x|y|z⌋ dagegen gibt es bei jeder neuen Startposition sechs Backtrackings, bis klar ist, daß keine der Alternativen paßt. Erst dann kann das Getriebe weiterschalten. Total gibt es also 246 Backtracking-Operationen, bis der gleiche Treffer gefunden wird.

Natürlich läßt sich nicht jede Alternation durch etwas anderes ersetzen, und auch wenn, ist es nicht immer so einfach wie in diesem Beispiel. Für bestimmte Fälle werden wir aber Methoden kennenlernen, die die Anzahl der durch Alternation hervorgerufenen Backtrackings erheblich reduzieren.

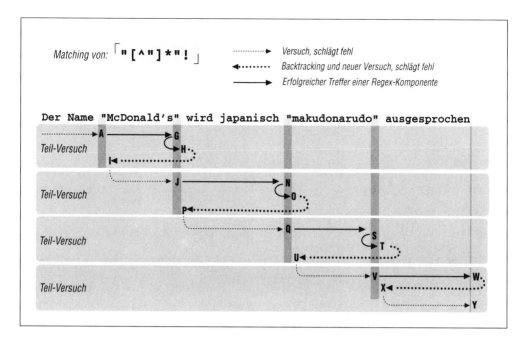

Matching von: ⌈ " [^ "] * " ! ⌋

┄┄┄┄┄▶ *Versuch, schlägt fehl*

◀┄┄┄┄ *Backtracking und neuer Versuch, schlägt fehl*

━━━━▶ *Erfolgreicher Treffer einer Regex-Komponente*

Der Name "McDonald's" wird japanisch "makudonarudo" ausgesprochen

Teil-Versuch

Teil-Versuch

Teil-Versuch

Teil-Versuch

Abbildung 5-5: Fehlschlag mit ⌈"[^"]*"!⌋

Ein starker Auftritt

Vom Standpunkt der Effizienz aus gesehen sind die Beispiele aus den vorigen Abschnitten eigentlich recht gut, denn sie beginnen alle mit einem einzigen einfachen Zeichen, dem Anführungszeichen. Wenn dieses nicht paßt, kann sich die Maschine die Evaluation des ganzen Rests sparen, und das Getriebe kann sofort zum nächsten Zeichen im String weiterschalten.

Wie wir bei der Alternation eben gesehen haben, sind nicht alle Ausdrücke so effizient. Wenn wir zum Beispiel nach Strings suchen, die entweder in Anführungszeichen oder in Hochkommas eingekleidet sind, kann eine erste Formulierung diese sein: ⌈'[^']*'|"[^"]*"⌋. Damit ist der Anfang jedes Versuchs nicht mehr ein einfaches Anführungszeichen, sondern eigentlich so etwas wie ⌈'|"⌋, weil beide Alternativen geprüft werden müssen – und daraus resultiert Backtracking. Es wäre gut, wenn die Maschine erkennen würde, daß jeder mögliche Treffer mit einem der Quoting-Zeichen beginnen muß und daß der Rest der Regex nicht angeschaut werden muß, wenn ein anderes Zeichen als erstes auftritt. Manche Maschinen benutzen diese Optimierung tatsächlich, wenn sie herausfinden können, welche Zeichen als erste zulässig sind. Perl hat ein Feature namens *Lookahead*[3], mit dem man einen solchen Test »von

---

3 Die Notation für positives Lookahead in Perl ist ⌈(?=...)⌋. Um im voraus auf ⌈'⌋ zu prüfen, würde man ganz vorne in der Regex ⌈(?=['"])⌋ einfügen. Bei einigen Tests habe ich eine Zeitersparnis von etwa 20 bis 30% ermittelt. Wenn man bei dem gleich folgenden Beispiel mit den Monatsnamen vorne ein ⌈(?=[ADFJMNOS])⌋ einfügt, läuft es gleich 60% schneller.

Hand« einbauen kann. Damit kann die Maschine beim ersten Zeichen erkennen, ob es überhaupt sinnvoll ist, auf die ganze Regex zu testen. Übrigens – wenn die Regex ⌜`'.*'|".*"`⌟ lautete, könnte man ⌜`(['"]).*\1`⌟ benutzen. In unserem Beispiel geht das nicht, weil man \1 nicht in einer negierten Zeichenklasse (oder überhaupt in einer Zeichenklasse) benutzen kann.

Das sieht nach viel Lärm um nichts aus, denn das Testen von zwei Alternativen an jeder Position im String ist so viel Arbeit auch wieder nicht. Schon richtig, aber bei einem Ausdruck wie

⌜`Jan|Feb|Mar|Apr|May|Jun|Jul|Aug|Sep|Oct|Nov|Dec`⌟

sind es bereits zwölf Tests bei jedem Versuch.

Denken Sie sich dies kombiniert mit dem Kalenderdaten-Beispiel aus Kapitel 4 (☞ 118), ⌜`31|[123]0|[012]?[1-9]`⌟. Damit entsteht:

⌜`(Jan|Feb|`···`|Nov|Dec)?(31|[123]0|[012]?[1-9])`⌟

Das Erkennen von wirklichen Kalenderdaten ist komplizierter, also ist das Beispiel etwas gesucht. Aber überlegen Sie, wieviel Arbeit nur schon bei dieser Regex und einem kurzen String entsteht. Von jeder Position im String aus muß zunächst auf jede der Monats-Alternativen geprüft werden, und von da aus jede der Monatstag-Alternativen. Nur wenn diese alle keinen Treffer liefern, kann die Maschine zum nächsten Startpunkt weitergehen. Abgesehen vom Backtracking erzeugen hier die einfangenden Klammern noch zusätzliche Arbeit.

Auswirkung von Klammern

Nur mittelbar mit dem Backtracking verwandt sind die einfangenden Klammern. In bezug auf die Effizienz spielt es eine Rolle, wie oft die Maschine in einen Klammerausdruck hineingeht und wie oft sie ihn verläßt. Wenn zum Beispiel bei ⌜`"(.*)"`⌟ das erste Anführungszeichen gefunden ist, beginnt die Maschine mit dem geklammerten ⌜`.*`⌟. Wenn sie das tut, muß sie einiges an Buchhaltung erledigen, damit bei einem späteren Treffer der Text ermittelt werden kann, auf der auf den Unterausdruck paßt. Intern ist der Vorgang komplizierter, als das auf den ersten Blick scheint, weil der »aktuelle Status« jedes Klammerpaares auch zum gespeicherten Zustand gehört, der für die Backtrackings gebraucht wird.

Betrachten wir vier verschiedene Ausdrücke zum selben String:

	Regex	Durch Klammern eingefangen
1.	`".*"`	
2.	`(".*")`	Der ganze String samt Anführungszeichen
3.	`"(.*)"`	Text zwischen den Anführungszeichen
4.	`"(.)*"`	Letztes Zeichen vor dem schließenden Anführungszeichen

Die Unterschiede bestehen in dem, was mit den Klammern eingefangen wird, und andererseits in der Effizienz der Regex. Die Klammern beeinflussen die Logik der Regex nicht, es wird in allen Fällen der gleiche Treffer gefunden – sie dienen also nur dem Einfangen von Text. In so einem Fall schreibt normalerweise die Anwendung vor, wo die Klammern stehen müssen. Wir betrachten hier trotzdem die relativen Leistungsunterschiede, auch wenn das ein bißchen akademisch ist.

Leistungsunterschiede bei Klammern und beim Backtracking

Betrachten wir die Kosten, die durch das »Betreten« eines Klammerausdrucks entstehen. Zunächst betrachten wir den Normalfall, wenn ein Matching-Versuch bei einem Nicht-Anführungszeichen beginnt, wenn also schon früh (beim ersten Zeichen) feststeht, daß der Versuch fehlschlägt. Bei den Fällen Nummer *3* und *4* werden in diesem Fall die Klammern gar nicht erreicht, also entsteht hier keine zusätzliche Arbeit. Bei *2* allerdings wird der Unterausdruck in den Klammern bei jedem Versuch betreten, und das bedeutet zusätzlichen Verwaltungsaufwand, obwohl schon beim ersten Zeichen innerhalb der Klammern der Versuch abgebrochen werden muß. Nun gibt es eine Optimierungstechnik, die das erste Zeichen speziell behandelt; sie wird im nächsten Abschnitt genauer vorgestellt. Diese »Erstes Zeichen«-Optimierung vermeidet die zusätzliche Arbeit in diesem Fall. Wenn das Getriebe weiß, daß jeder mögliche Treffer mit einem Anführungszeichen beginnen muß, kann es bei anderen Zeichen gleich weiterschalten und braucht die eigentliche Regex-Maschine gar nicht erst zu bemühen.

Auch ohne Optimierung sind die Kosten im Fall *2* nicht so gewaltig, weil kein Backtracking innerhalb des Klammerausdrucks durchgeführt wird und weil die Klammern nie verlassen werden – der Versuch schlägt vorher fehl. Bei *4* sieht das anders aus, der Klammerausdruck wird bei jedem Versuch und bei jedem Zeichen im String betreten und wieder verlassen.

Weil ⌈`(.)*`⌋ zunächst bis ans Ende der Zeile (oder des Strings, je nachdem, ob der Punkt das Newline einschließt) vordringt, ergibt sich ein erheblicher Mehraufwand, weil die Maschine für jedes einzelne Zeichen einen Zustand abspeichern muß. Dieser Zustand muß auch das letzte Zeichen enthalten, auf das der Punkt gepaßt hat, weil dieses bei einem erfolgreichen Matching in $1 zur Verfügung stehen muß. Dieses Zeichen ändert sich auch bei jedem »Unmatching« eines Zeichens, jeder Backtrack-Schritt wird dadurch komplizierter. Die Maschine muß bei ⌈`"(.)*"`⌋ bis zum letzten Anführungszeichen zurückkehren und damit erhebliche Mehrarbeit leisten.

Der Aufwand bei *3* ist deutlich geringer als bei *4*, je nachdem aber etwas größer als bei *2*, zumindest in den Fällen, bei denen ein Versuch bei einem Anführungszeichen beginnt und sich erst später als Erfolg oder Fehlschlag erweist. Bei *3* tritt zusätzliche Arbeit erst auf, wenn ein Anführungszeichen am Anfang erkannt wird und der Klammerausdruck angewendet werden muß. Wenn dann auch ⌈`.*`⌋ abgearbeitet ist, muß die Klammer verlassen und nach einem abschließenden Anführungszeichen gesucht werden. Wird ein solches nicht gefunden, muß die Klammer wieder betreten und ein Backtracking-Schritt durchgeführt werden, worauf wieder nach einem abschließenden Anführungszeichen gesucht wird. Das wiederholt sich, bis das schließende Anführungszeichen gefunden wird oder bis sich das ganze als Fehlschlag erweist. Trotzdem scheint das weit weniger Arbeit zu sein als im Falle von Nummer *4*.

Ich habe zu diesen regulären Ausdrücken Benchmarks durchgeführt, und zwar mit Tcl (Version 7.4), Python (Version 1.4b1) und Perl (Version 5.003). Abbildung 5-6 zeigt die Laufzeiten dieser Ausdrücke bei einigen längeren Strings, die mit Anführungszeichen beginnen und enden, die aber dazwischen keine Anführungszeichen besitzen – dadurch werden die Einflüsse minimiert, die nicht direkt mit dem ⌈.*⌋ in der Mitte in Verbindung stehen. Bei Perl gibt es zwei zusätzliche Einträge für spezielle Features, die von Perl unterstützt werden. »Nicht-einfangende Klammern« bezieht sich auf Klammern, die ausschließlich zum Gruppieren verwendet werden und die nichts in $1 auffangen. »Ungieriger Stern« bezieht sich auf Ausdrücke mit dieser speziellen Version des Sterns.

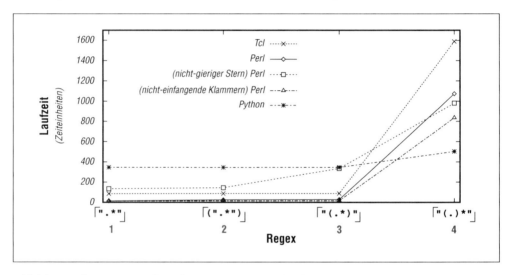

Abbildung 5-6: Einige Benchmarks mit Klammerausdrücken

Zum größten Teil entsprechen die Resultate den Erwartungen. Zwischen den ersten drei Ausdrücken sind die Unterschiede klein, außer bei Perls nicht-gieriger Version des Sterns. Hier muß bei der Behandlung von ⌈.*⌋ beim *Voranschreiten* die Klammer jedesmal verlassen werden, um nachzuprüfen, ob der darauffolgende Ausdruck paßt. Auch erwartet ist das viel schlechtere Abschneiden von ⌈"(.)*"⌋. Doch auch im Fall von Perls nicht-einfangenden Klammern ist dieser Ausdruck viel langsamer, was zunächst erstaunt. Eigentlich sollten Klammern keine Auswirkung haben, wenn sie nur zum Gruppieren dienen.

Die Erklärung findet sich in einer weiteren unangenehmen Eigenschaft des Ausdrucks *4*: Die Optimierung der *einfachen Repetition*, die im nächsten Abschnitt behandelt wird. Manche Maschinen (auch Perl) können Fälle, bei denen »etwas Einfaches« in Serie auftritt, gesondert und schneller behandeln. Mit ⌈(.*)⌋ geht das, bei ⌈(.)*⌋ erzeugen die Klammern bereits eine Situation, die nicht mehr einfach genug ist. Python benutzt diese

Optimierung nicht, und ist deshalb in allen vier Fällen langsam. Der Anstieg bei Python in Fall 4 ist allein auf den zusätzlichen Aufwand für die Klammern zurückzuführen.

Abbildung 5-6 zeigt sehr klar den Unterschied zwischen Ausdruck 4 und den andcren, aber Unterschiede zwischen den Fällen *1* bis *3* sind kaum ersichtlich. Ich habe diese drei in Abbildung 5-7 nochmals dargestellt. Diesmal ist jede Kurve auf den Wert des ersten Ausdrucks normalisiert. Quervergleiche zwischen den Kurven in Abbildung 5-7 sind deshalb sinnlos. Beispielsweise ist die Kurve für Python die unterste, das hat aber keinerlei Bedeutung im Vergleich mit Perl oder Tcl – es bedeutet nur, daß die Kurve die gleichförmigste von allen fünf ist, daß Python bei allen drei Ausdrücken gleichmäßig schnell (d. h. in diesem Fall langsam) ist.

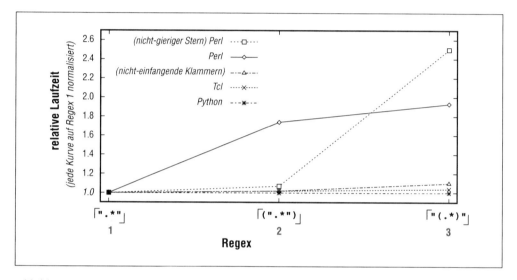

Abbildung 5-7: Variationsbreite der Leistung einiger Ausdrücke

Auch Abbildung 5-7 bestätigt unsere Erwartungen. Bei allen Werkzeugen ist Regex *3* die langsamste, wobei bei Perl und dem nicht-gierigen Stern die stärkste Zunahme verzeichnet wird. Das liegt daran, daß hier bei jeder Iteration des Sterns die Klammern verlassen und wieder betreten werden müssen. Rätselhaft ist, warum bei Perl *2* so viel langsamer ist als *1*. Der Grund ist sehr Perl-spezifisch und hat mit der Regex-Maschine von Perl nicht direkt zu tun. Es liegt an der Art, wie Perl mit $1 in Fällen wie ⌈("."*")⌉ umgeht. Genauer wird das in Kapitel 7 erläutert (☞ 281).

Wir können daraus die Lehre ziehen, daß einerseits das Vermeiden von Klammern Kosten vermeidet und daß das richtige Setzen von Klammern ebenfalls Arbeit einsparen kann, wenn die Klammern notwendig sind. Quantifier sind effizienter, wenn sie innerhalb von Klammern stehen, oder wenn man die Klammern ganz weglassen kann. Wenn wirklich nur das letzte Zeichen gebraucht wird, auf das ⌈"."*"⌉ paßt (wie bei ⌈"(.)*"⌉), dann ist es effizienter, ⌈("."*")⌉ zu benutzen und mit substr oder ähnlichem das zweitletzte Zeichen (das vor dem schließenden Anführungszeichen) aus $1 herauszuoperieren.

Interne Optimierungen

Eine Regex-Maschine geht in zwei Phasen vor: Zunächst erfolgt die Analyse der Regex, verbunden mit einer Umformung oder Kompilation in eine interne Darstellung; und dann der Vergleich des Suchstrings mit dieser internen Darstellung. Wenn die gleiche Regex mehrfach gebraucht wird, um zum Beispiel jede Zeile einer Datei zu testen, dann braucht die Regex nicht jedesmal neu kompiliert zu werden. Damit kann mit geringstem Aufwand bei der Analyse der Regex potentiell viel eingespart werden. Dieses Beispiel entspricht der *Kompilations Caching* Optimierung von Seite 162.

Hier werden einige Optimierungsmethoden vorgestellt. Es muß aber davor gewarnt werden, sich auf solche Optimierungen zu verlassen. Es ist besser, bei wichtigen Anwendungen defensiv zu programmieren. Wenn es wirklich draufankommt, geben Benchmarks Aufschluß.

»Erstes Zeichen«-Optimierung

Betrachten wir nochmals ⌜(Jan|Feb|…|Nov|Dec)?(31|[123]0|[012]?[1-9])⌟, das Beispiel von Seite 154. Bei jeder Position im String, bei der dafür ein Versuch gestartet wird, ist einiges an Backtracking involviert, nur um herauszufinden, daß nicht einmal von den Anfangsbuchstaben der Alternativen einer paßt.

Wenn bei der Analysephase herausgefunden wird, daß jeder Treffer zwingend mit einem bestimmten Zeichen (oder wie hier, mit einem der Zeichen aus ⌜[JFMASOND0-9]⌟) beginnen muß, dann kann das Getriebe sehr schnell nach solchen Zeichen suchen und braucht die komplette Regex-Maschine nur dann in Gang zu setzen, wenn eine Chance für ein Matching besteht. Ein erstes Zeichen zu finden, bedeutet noch lange nicht einen Treffer, sondern nur, daß hier ein Treffer überhaupt möglich ist und an anderen Positionen nicht.

Diese Optimierung bezieht sich auf das Getriebe, das bestimmt, von welcher Position aus ein Matching-Versuch unternommen werden soll, und daher ist die Optimierung für alle Arten von Regex-Maschinen anwendbar. Die Art, wie ein DFA eine Regex kompiliert, beinhaltet schon eine Form dieser Optimierung. Ein NFA muß dazu separate Anstrengungen unternehmen, um eine Liste der möglichen Anfangsbuchstaben einer Regex zusammenzustellen. Nur wenige NFA-Maschinen tun das. Perl und Tcl machen einen halbherzigen Versuch – nur schon bei einem Ausdruck wie ⌜am|pm⌟ sind sie nicht in der Lage, festzustellen, daß ein Treffer mit ⌜[ap]⌟ beginnen muß.

GNU Emacs kennt nur wenige der hier behandelten Optimierungen, dafür ist die »Erstes Zeichen«-Optimierung bei Emacs *sehr* gut (sonst wäre der Gebrauch von regulären Ausdrücken in *elisp* kaum so verbreitet). Perls automatische Optimierung ist hier nicht sehr gut, dafür kann man bei Perl ein Äquivalent selber ausprogrammieren. Darauf wurde in einer Fußnote auf Seite 153 kurz hingewiesen, und im Kapitel 7 ab Seite 232 wird das genau erklärt.

Natürlich gibt es viele reguläre Ausdrücke, bei denen die »Erstes Zeichen«-Optimierung nicht möglich ist, wie etwa bei jeder Regex, die mit einem Punkt beginnt (dann wäre die Liste der möglichen ersten Zeichen einfach die Liste *aller* Zeichen, oder mindestens aller Zeichen außer dem Newline).

Test auf simple Strings

Wenn die Analyse der Regex ergibt, daß ein oder mehrere simple Strings in jedem Treffer vorkommen müssen, kann das Getriebe eine weitere Optimierung vornehmen. Unter »simplen Strings« werden hier Zeichenketten verstanden, die keine Metazeichen enthalten, also etwa ›Subject:•‹ in ⌈^Subject:•(Re:•)?(.*)⌋ oder auch nur das Anführungszeichen in ⌈".*"⌋. Das Getriebe kann andere Methoden anwenden, um Texte auszuschließen, die diese Strings nicht enthalten. Für die Suche nach bloßen Strings gibt es Algorithmen, die viel schneller sind, als das eine ausgewachsene Regex-Maschine jemals sein kann. Wiederum kann hier durch etwas Vorarbeit mit einem relativ kleinen Test der eigentlichen Regex-Maschine viel Arbeit abgenommen werden. Typischerweise wird für Suche nach simplen Strings der *Boyer-Moore*-Algorithmus verwendet.

Wie die vorherige Optimierung entspricht auch diese dem DFA-Algorithmus sehr gut. Bei einem NFA ist das schwieriger einzubauen. Wir sehen sofort, daß bei ⌈**Ural**|**Uran**|**Urne**⌋ überal **Ur** vorkommen muß, aber die meisten NFA-Maschinen nicht – die stellen höchstens fest: »Da ist eine Alternation«. Die meisten NFAs gehen bei der Regex-Analyse nicht viel weiter, bevor sie mit dem eigentlichen Matching beginnen.

Wenn wir die Regex von Hand in ⌈**Ur**(al|an|ne)⌋ umformulieren, sieht auch eine NFA-Maschine etwas wie »simpler String ›Ur‹, gefolgt von einer Alternation« und kann diese Optimierung anwenden.

Perl kann ausgeben, ob solche Optimierungen möglich sind. Wenn das eigentliche Perl-Programm mit Debug-Unterstützung übersetzt wurde, kann mit der –Dr-Option (–D512 bei veralteten Perl-Versionen) verlangt werden, daß Perl Informationen über jede Regex herausschreibt (☞ 291). Im vorliegenden Fall schreibt Perl (unter anderem) heraus: »start `Ur' minlen 2«. Die minlen-Information bezieht sich auf die Längenoptimierung, die wir gleich kennenlernen werden. Im Zusammenhang mit dem Test auf simple Strings verwendet Perl eine interessante Optimierung, wenn die study-Funktion benutzt wird (☞ 293). Es verwendet einiges an Rechenzeit und viel Speicher, um den (möglicherweise langen) String zu analysieren. Später, wenn eine Regex auf den String angewendet wird, weiß die Regex-Maschine *sofort*, ob der String etwa ein Anführungszeichen enthält oder nicht. Wenn nicht, würde eine Mustererkennung mit beispielsweise ⌈".*"⌋ gar nicht erst gestartet.

Einfache Repetition

Quantifier wie Plus und Stern, die sich auf einfache Dinge wie Literale oder Zeichenklassen beziehen, werden oft so optimiert, daß nicht das ganze Schritt-für-Schritt-Vorgehen eines normalen NFA benutzt wird. (Diese Optimierung funktioniert bei einem textgesteuerten DFA nicht.) Ich vergleiche den Vorgang mit dem bei einem Verbrennungsmotor: Kraftstoff muß mit Luft vermischt werden, das Gemisch wird in den Zylinder geleitet, durch den Kolben komprimiert, im richtigen Moment von der Kerze gezündet, die kontrollierte Explosion treibt den Kolben nach unten und die Auslaßventile müssen die Abgase herauslassen. Nur dann dreht der Motor.

Jeder Arbeitsschritt muß bei jedem Takt von neuem erbracht werden, aber manche Schritte laufen bei einem aufgeladenen Motor effizienter ab (die überhitzte Luft erzeugt effizientere Mini-Explosionen). Die Analogie ist vielleicht nur sehr oberflächlich, aber ein NFA kann tatsächlich eine Art Turbolader enthalten, der sehr gut mit Quantifiern umgehen kann, die sich auf simple Unterausdrücke beziehen. Die Haupt-Schleife in einer Regex-Maschine muß so allgemein formuliert sein, daß sie mit allen Arten von Regex-Elementen umgehen kann, und beim Programmieren ist »allgemein« oft gleichbedeutend mit »langsam«.

Bei Spezialfällen wie ⌜x*⌟, ⌜[a-f]+⌟ oder ⌜.?⌟ wird eine spezielle Mini-Maschine benutzt, die nur für diese Konstrukte optimiert ist und die der allgemeineren Hauptmaschine Arbeit abnehmen kann. Diese Optimierung wird oft angewandt und hat erhebliche Auswirkungen auf die Leistung. Bei Benchmark-Tests zeigt sich oft, daß ⌜.*⌟ wesentlich schneller abläuft als ⌜(.)*⌟, einerseits wegen dem zusätzlichen Aufwand für die Klammern und eben auch wegen dieser Optimierung. In diesem Fall sind die Klammern für die Maschine eine doppelte Bürde – Klammern sind »nicht einfach«, und verhindern damit die Optimierung, und außerdem verursachen sie durch die Fähigkeit zum Einfangen von Text zusätzliche Arbeit.

Abbildung 5-8 auf der nächsten Seite zeigt die gleichen Daten wie Abbildung 5-7, nur sind hier die der Regex *4* auch dabei. Anders gesagt zeigt sie dasselbe wie Abbildung 5-6, aber jede Kurve ist unabhängig von der anderen auf die Regex *1* normalisiert. Abbildung 5-8 sagt einiges über die »Einfache Repetition«-Optimierung aus. Bei ⌜"(.)*"⌟ sollten die nicht-einfangenden Klammern von Perl (theoretisch) keinen Einfluß auf die Effizienz haben, aber es scheint, daß das Vorhandensein von Klammern irgendwelcher Art diese Optimierung verhindert, und die Regex wird damit 50mal langsamer. Die normalen Klammern verhindern natürlich die Optimierung, und der zusätzliche buchhalterische Aufwand dafür zeigt sich in der Grafik mit 16 Punkten.

Und wie erklärt sich die Kurve für den Ausdruck mit dem nicht-gierigem Stern? Beim diesem Konstrukt muß die Maschine dauernd die Klammer um ⌜.*⌟ verlassen, um nachzusehen, ob das nächste Zeichen im String auf das folgende Element der Regex passen kann. Hier kann die »einfache Repetition«-Optimierung nicht angewendet werden. Auch bei *3* ergibt sich zusätzliche Arbeit bei jedem Zeichen, was die Verlangsamung bei Perls nicht-gierigem Stern erklärt. Wenn der Ausdruck schon langsam ist, ist es nicht allzu schwierig, ihn auf eine andere Art langsam zu machen.

Unnötige kleine Quantifier

In ähnlicher Weise ist ein Ausdruck wie ⌜xxx⌟ etwas schneller als ⌜x{3}⌟. Die {*Anzahl*}-Notation ist nützlich und gut lesbar, aber bei kleinen Werten von *Anzahl* hat die Regex-Maschine mehr zu tun, als wenn die Elemente ausgeschrieben sind.

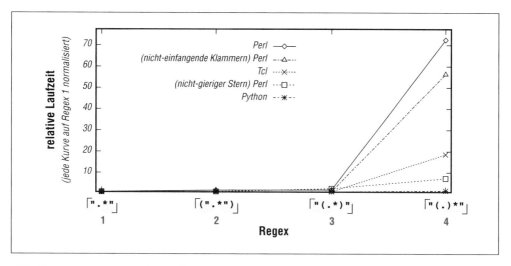

Abbildung 5-8: Variationsbreite der Leistung einiger Ausdrücke (alle Daten)

Längenerkennung

Nur eine kleine Optimierung: Wenn die Maschine zur Kompilierungszeit erkennt, daß ein Treffer eine bestimmte Minimallänge haben muß, brauchen kürzere Texte gar nicht erst evaluiert zu werden. Ebenso braucht ab dieser Minimaldistanz vom Ende des Strings her gesehen kein Versuch für ein Matching mehr gestartet zu werden; er kann nie als Treffer enden. Wie bei den meisten Optimierungen, die ein tieferes Verständnis der Regex erheischen, sind auch hier die DFAs im Vorteil; NFAs können das häufig nicht ausnützen.

Frühes Erkennen des längsten Treffers

Wenn ein POSIX-NFA einen Treffer findet, der bis zum Ende des Strings reicht, ist es offensichtlich, daß kein längerer Treffer möglich ist. Wegen des gierigen Verhaltens ist es zudem oft so, daß sich diese Treffer bis zum String-Ende am Anfang der Suche ergeben – das führt in solchen Fällen zu erheblichen Einsparungen.

Erkennen, was eigentlich gefragt ist

Wenn eine Regex in einer Situation gebraucht wird, in der der eigentliche Treffer gar nicht gebraucht wird (wenn die Frage nur ist: »Paßt es, oder paßt es nicht?«), dann kann die Maschine sofort aufhören, wenn sie *irgendeinen* Treffer gefunden hat, es braucht weder der früheste noch der längste Treffer zu sein.

Die Optimierung ist vor allem für DFAs und POSIX-NFAs von Interesse. *egrep* kümmert sich beispielsweise nicht darum, welcher Text auf der Zeile paßt, sondern nur darum, ob die Zeile paßt oder nicht. Auch GNU *grep* benutzt das, seine DFA-Maschine sucht den »*kürzesten* frühesten Treffer« und verliert nicht unnötig Zeit mit der Suche nach dem längstmöglichen Treffer. Michael Brennans *awk* (*mawk*) benutzt einen POSIX-NFA. Wenn aber der eigentliche Treffer nicht von Interesse ist, weicht es auf einen traditionellen NFA aus.

String- und Zeilenanker

Eine äußerst einfache Optimierung ergibt sich, wenn erkannt wird, daß die Regex (oder jede Alternative) mit einem Zirkumflex beginnt. Damit muß jeder mögliche Treffer am Zeilenanfang beginnen, und das Getriebe kommt nie ins Spiel. Wenn das Zirkumflex auch auf die Position nach einem Newline im String passen kann (☞ 86), dann wird das Getriebe zwar gebraucht, es kann aber wie bei der »Erstes Zeichen«-Optimierung sofort zum nächsten Newline vorstoßen.

Implizite Zeilenanker

Eine ähnliche Optimierungstechnik erkennt, daß eine Regex, die mit ⌈.*⌉ beginnt und die am Anfang des Strings nicht paßt, auch an keiner anderen Stelle passen kann. In diesem Fall kann man intern der Regex ein ⌈^⌉ voranstellen. Wir hatten diesen Effekt beim Pfadnamen-Beispiel von Seite 136 gesehen. Wenn ⌈.*/⌉ auf ›ein.langer.dateiname‹ angewendet wird, erkennt das ⌈.*⌉ zunächst den ganzen String. Danach setzt vergebliches Backtracking ein, um einen lokalen Treffer für den nachfolgenden Slash zu finden – der Versuch von dieser Position aus schlägt fehl. Ohne einen Zeilenanker wird das Getriebe aber die Regex auch auf alle weiteren Positionen im String ansetzen, obwohl das ⌈.*⌉ den Rest der Regex (in diesem Fall nur ein Slash) bereits an allen möglichen Positionen getestet hat. Bleibt noch das Thema »Punkt paßt nicht auf Newline«: Wenn es Zeichen gibt, die vom Punkt nicht erkannt werden, kann ein möglicher Treffer nach einem solchen Zeichen (typischerweise Newline und/oder das Nullzeichen) beginnen. Das ist ganz analog zum Fall, wenn Zeilenanker auch auf Positionen nach einem Newline mitten im String passen. Wenn am Anfang der Zeile kein Treffer gefunden wird, kann das Getriebe direkt weiterschalten bis zum Zeichen, auf das der Punkt nicht paßt.

Kompilations-Caching

Wie kurz auf Seite 123 und am Anfang des Abschnitts erwähnt wurde, wird eine Regex zunächst in eine interne Form übersetzt, bevor sie auf den String angewendet wird; sie wird kompiliert. Diese Kompilation braucht ihre Zeit, aber wenn das Resultat einmal vorliegt, kann es beliebig oft verwendet werden. Zum Beispiel kompiliert *grep* die Regex genau einmal und wendet die interne Darstellung ohne Änderung auf jede Zeile jeder Datei an.

Die kompilierte Form *kann* mehrfach verwendet werden, aber wird es auch so gemacht? In Sprachen wie *awk*, GNU Emacs, Perl usw. werden reguläre Ausdrücke oft in nicht vorhersagbarer Reihenfolge benutzt, es ist hier nicht so trivial, einfach die interne Darstellung »vom letzten Mal« zu benutzen. Wir betrachten dazu eine Routine, die etwa das gleiche wie *grep* leistet, hier sowohl in Tcl als auch in Perl formuliert.

- Tcl -	**- Perl -**

```
while {[gets $datei zeile]!=-1} {        while (defined($zeile = <DATEI>)) {
    if {[regexp {[Tt]ubby} $zeile]} {        if ($zeile =~ /[Tt]ubby/) {
        puts $zeile                              print $zeile;
    }                                        }
}                                        }
```

In beiden Fällen wird die Regex *bei jeder Iteration* neu kompiliert und nur genau einmal benutzt. *Wir* sehen ohne weiteres, daß sich die Regex während der Schleife nicht ändert, daß also die Wiederverwendung der internen Darstellung viel an Kompilationsarbeit (und damit Zeit) einsparen würde. Leider wissen das Tcl und Perl nicht so ohne weiteres. Theoretisch müßten sie jedesmal von vorne beginnen, in Wirklichkeit haben beide ihre Methoden, überflüssige Arbeit zu vermeiden. Sehen wir uns an, wie sie damit zuwege kommen.

Mustererkennung als Funktion, als Operator oder als Objekt

In Tcl ist die Mustererkennung eine normale Funktion, regexp. Weil es eine Funktion ist, weiß sie nicht, woher ihre Argumente kommen. Die Notation {…} bezeichnet in Tcl literale, nicht interpolierende Strings, also sehen wir, daß {[Tt]ubby} seinen Wert von Aufruf zu Aufruf nicht ändert. Aber regexp erhält nur den Wert ›[Tt]ubby‹ – es hat keine Möglichkeit zu wissen, ob dieser Wert beim Aufruf ein literaler String, ein interpolierender String, eine Variable oder was immer war.

In Perl dagegen ist das Pattern-Matching als Operator implementiert. Ein Operator versteht einiges mehr von seiner Umgebung und seinen Operanden, als eine Funktion über ihre Argumente wissen kann. In dem Beispiel *weiß* der Match-Operator, daß ⌈[Tt]ubby⌋ eine Regex ist, die ihren Wert von Gebrauch zu Gebrauch nicht ändern wird, daher wird sie nur einmal kompiliert und die interne Darstellung immer wieder verwendet. Das spart viel Zeit. Würde die Regex dagegen mit einer Variablen, etwa $regex, in den Matching-Operator interpoliert (das heißt, benutzt wie in **$zeile =~ /$regex/**), dann wüßte Perl, daß die Regex sich ändern *könnte*, weil sie vom Wert der Variablen $regex abhängt, und dieser könnte sich ja ändern.

Auch hier sehen *wir*, daß sich $regex während der Schleife nicht ändert, aber Perl hat diese größere Übersicht nicht. Weil aber der Match-Operator nicht eine isolierte Funktion ist, sondern als Operator fest in die Sprache integriert ist, kann er wissen, *welcher* Operator (von allen im Programm) er ist, und er kann sich daran erinnern, mit welcher Regex er beim letzten Mal aufgerufen worden ist. Er macht einen einfachen String-Vergleich (nach Interpolation von allenfalls vorkommenden Variablen) zwischen der letzten und der aktuellen Regex, und benutzt die bereits kompilierte Form, wenn beide gleich sind. Wenn nicht, wird die Regex neu kompiliert.

Da die regexp-Funktion nicht weiß, woher ihre Argumente kommen oder woher sie aufgerufen wurde, sollte man meinen, daß die Regex jedesmal völlig neu übersetzt werden müßte. Nun, auch Tcl hat so seine Tricks. Tcl unterhält einen Cache mit den internen Darstellungen der fünf zuletzt gebrauchten regulären Ausdrücke aus dem ganzen Skript. Bei der ersten Iteration der Schleife wird die kompilierte Regex da abgelegt. Bei jeder weiteren Iteration erhält die `regexp`-Funktion exakt das gleiche Argument und verwendet daher die bereits kompilierte Form aus dem Cache. Der Cache muß zwar jedesmal abgesucht werden, aber verglichen mit einer kompletten Kompilation ist das vernachlässigbar.

Auch bei Perl weiß der Programmierer oft besser als jede Maschine, daß die Prüfung »Ist das die gleiche Regex wie vorhin?« unnötig ist. Um diese unnötigen Tests zu vermeiden, gibt es bei Perl die Möglichkeit, das im Programm explizit anzugeben. Mehr dazu in Kapitel 7 (☞ 272).

Python geht noch weiter und überläßt dem Programmierer die vollständige Kontrolle über den Gebrauch von bereits kompilierten regulären Ausdrücken. Python hat auch normale Regex-Funktionen in ähnlicher Art wie `regexp` in Tcl, aber zudem sind in Python kompilierte reguläre Ausdrücke Objekte erster Klasse (☞ 74). Das erlaubt dem Programmierer, die Kompilation einer Regex völlig von ihrem Gebrauch zu trennen. In unserem Beispiel würde die Regex einmal vor der Schleife kompiliert, und das entstandene *kompilierte Regex-Objekt* in der Schleife verwendet:

```
CompiledRegex = regex.compile("[Tt]ubby"); # Regex kompilieren und speichern
while 1:                                    # Für die ganze Datei···
    zeile = file.readline()                 #    Zeile lesen
    if not zeile: break                     #    EOF, wir sind fertig
    if (CompiledRegex.search(zeile) >= 0):  #    Kompilierte Regex anwenden···
        print zeile,                        #    ···Falls Treffer: ausgeben.
```

Das bedeutet mehr Arbeit für den Programmierer, erlaubt dafür aber weitestgehende Kontrolle. Bei gekonnter Verwendung heißt das auch effizienter Programmablauf. Ein Beispiel auf Seite 181 zeigt, wie wichtig das Verständnis dieser Dinge sein kann. GNU Emacs benutzt wie Tcl einen Cache der letzten fünf Regex, aber dieses Beispiel lief fast dreimal so schnell, wenn die Größe des Caches auf 20 erhöht wurde (☞ 202).

Maschinentyp ermitteln

Beim Ermitteln des Maschinentyps geht man meist in zwei Stufen vor. Zunächst wird geprüft, ob es sich um einen NFA oder einen DFA handelt. Wenn es ein NFA ist, wird in einem zweiten Schritt abgeklärt, ob es ein POSIX-NFA ist oder nicht.

DFA oder NFA?

Theoretisch kann man einfach auf das Beispiel mit dem »ewigen Matching« testen. Nun gibt es aber Werkzeuge, die die eben erwähnten Optimierungen benutzen und das ewige Matching damit vermeiden (und den Eindruck vermitteln, daß ein DFA benutzt würde). Beim folgenden Test werden alle mir bekannten Optimierungen verhindert:

```
echo =XX=============================================== | egrep "X(.+)+X"
```

Die Anführungszeichen sind wegen der Shell da, die eigentliche Regex ist ⌜X(.+)+X⌟. Der Test muß fehlschlagen. Wenn er das sofort tut, handelt es sich um einen DFA.[4] Wenn der Test länger als ein paar Sekunden dauert, ist es ein NFA (Sie sollten dann den Test unterbrechen, weil er vermutlich *etwas* länger dauern wird). Sie können auch ⌜X(.+)*X⌟ probieren (das sollte einen Treffer liefern) und sehen, ob der Treffer sofort oder eben so gut wie nie gefunden wird.

Der Test funktioniert mit allen Maschinen und Werkzeugen. Für manche Geschmacksrichtungen muß er allerdings etwas angepaßt werden. Bei GNU Emacs schreibt man die Zeile =XX===… in den Buffer, ruft `isearch-forward-regexp` auf (normalerweise die Tastenkombination M-C-s) und sucht nach ⌜X\(.+\)+X⌟. (GNU Emacs benutzt ⌜\(…\)⌟ zum Gruppieren.) Es ist eine interaktive Suche; im Moment nach der Eingabe des zweiten X »friert Emacs ein« und taut erst mit einem C-g wieder auf. Also benutzt GNU Emacs einen NFA. Für *awk* benutzt man:

```
echo =XX==…=== | awk "/X(.+)*X/{print}"
```

Wenn das sofort =XX==… ausgibt, benutzt dieser *awk* einen DFA (wie die meisten). Wenn es sich um *mawk* oder den *awk* von Mortice Kern Systems handelt, werden Sie sehen, daß diese einen NFA eingebaut haben.

Traditioneller NFA oder POSIX-NFA?

Ein traditioneller NFA beendet die Suche, sobald ein Treffer gefunden wird. »Ewige Matchings« können sehr kurz dauern, wenn der Treffer früh gefunden wird. Hier ein Beispiel mit GNU Emacs: Die Zeile =XX================X (beachten Sie das X am Ende) wird mit dem gleichen Ausdruck ⌜X\(.+\)+X⌟ sehr schnell erkannt. Die gleiche Suche mit `posix-search-forward`, der Suchfunktion mit einer POSIX-Maschine, führt aber nach wie vor zum »Einfrieren«.

Die Unterscheidung zwischen traditionellem NFA und POSIX-NFA wird aber oft durch Optimierungseffekte kompliziert. Wenn dem Beispiel mit *awk* ein X angehängt wird und *mawk* verwendet wird, wird sofort ein Treffer zurückgegeben, obwohl die verwendete POSIX NFA-Maschine theoretisch alle zig Millionen Permutationen durchrechnen müßte. *mawk* weiß, daß der eigentliche Treffer keine Rolle spielt, daß nur überprüft werden muß, ob der Ausdruck paßt oder nicht. Die Länge oder die Position des Treffers, oder ob es nun tatsächlich der »längste früheste Treffer« ist, ist irrelevant.

Wenn der gleiche Ausdruck beispielsweise in einer Substitution benutzt wird:

```
echo =XX===…===X | mawk "{sub(/X(.+)*X/, replacement)}"
```

dann verrät sich die POSIX-Maschine in *mawk*, das Programm rechnet »ewig«.

Wenn auch die Optimierung »Frühes Erkennen des längsten Treffers« in *mawk* implementiert wäre, würde auch dieser Test sofort enden. Der Treffer, der früh gefunden wird,

---

4   Oder um einen NFA mit einer Optimierung, die ich nicht vorausgesehen habe.

reicht bis zum Ende des Strings, und die Maschine könnte erkennen, daß kein längerer Treffer möglich ist. In diesem Fall muß der Test verfeinert werden, indem zum Beispiel ein ›===‹ an den Teststring angehängt wird. Die Maschine vermutet dann, daß ein längerer Treffer immer noch möglich sein könnte, und beginnt mit dem Testen von allen möglichen Kombinationen.

Die Schleife aufbrechen

Wir haben uns nun zur Genüge mit Einzelheiten befaßt und wollen das Gelernte jetzt im größeren Rahmen anwenden. Eine Methode, die ich »Schleifen aufbrechen« (*loop unrolling*) nenne, kann bestimmte reguläre Ausdrücke sehr viel schneller machen. Die angesprochene Schleife ist die, die implizit durch den Gebrauch eines Sterns entsteht, wenn der Ausdruck die allgemeine Form ⌜(*dies*|*das*|...)*⌟ hat. Sie werden erkennen, daß unser »Ewiges Matching« ⌜"(\\.|[^"\\]+)*"⌟ zu dieser Kategorie gehört. Wenn man bedenkt, daß dieser Ausdruck ungefähr unendlich lange braucht, bis er herausfindet, daß kein Treffer möglich ist, dann kann eine leichte Geschwindigkeitsverbesserung ganz angenehm sein.

Es gibt zwei konkurrierende Verfahren dazu:

1. Wir können untersuchen, welche Teile von ⌜(\\.|[^"\\]+)*⌟ bei einer Anzahl von Testfällen wirklich etwas erkennen. Damit erhalten wir eine Anzahl von Unterausdrücken, aus denen wir einen effizienteren regulären Ausdruck zusammenstellen können. Vor meinem geistigen Auge sehe ich einen großen Ball, der über einen Text rollt und der der ⌜(...)*⌟-Regex entspricht. Die Teile innerhalb der Klammer (...), die passen, lassen dabei eine Spur von benutzten Unterausdrücken zurück, wie ein schmutziger Ball auf einem Teppich. Etwas weit hergeholt, ich weiß.

2. Die zweite Methode betrachtet den Ausdruck von einer höheren Warte aus. Wir treffen intelligente Annahmen, wie Texte wohl aussehen, die passen werden, und formulieren damit einen effizienteren Ausdruck.

In beiden Fällen muß der Ausdruck natürlich dasselbe bewirken. Ich beginne mit dem »Schleifen aufbrechen«-Ansatz und übertrage die gewonnenen Einsichten auf den zweiten.

Methode 1: Eine Regex aus früheren Erfahrungen aufbauen

Bei der Analyse von ⌜"(\\.|[^"\\]+)*"⌟ ist es lehrreich, sich einige Strings vorzunehmen und zu sehen, welche der Unterausdrücke wirklich verwendet werden. Bei ›"Hallo!"‹ zum Beispiel ist der tatsächlich benutzte Ausdruck allein ⌜[^"\\]+⌟. Beim gefundenen Treffer wurde also nur das ⌜"⌟ am Anfang, einmal die Alternative ⌜[^"\\]+⌟ und dann das abschließende ⌜"⌟ benutzt. Bei

```
"Er sagte \"Hallo!\" und ging"
```

Suchstring	Eigentlich benutzte Regex
`"Hallo!"`	`"[^"\\]+"`
`"Nur ein \" hier"`	`"[^"\\]+\\.[^"\\]+"`
`"Ein \"sog.\" Ding"`	`"[^"\\]+\\.[^"\\]+\\.[^"\\]+"`
`"Von \"A\" nach \"B\"."`	`"[^"\\]+\\.[^"\\]+\\.[^"\\]+\\.[^"\\]+"`
`"\"ok\"\n"`	`"\\.[^"\\]+\\.\\."`
`"Leere \"\" Gänse"`	`"[^"\\]+\\.\\.[^"\\]+"`

Tabelle 5-2: Schleife aufbrechen: Beispiele

sind das ⌈`"[^"\\]+ \\. [^"\\]+ \\.[^"\\]+"`⌋. Hier und in Tabelle 5-2 sind die benutzten Unterausdrücke markiert. Es wäre schön, wenn wir für jeden Suchstring eine maßgeschneiderte Regex hätten. Das ist natürlich nicht möglich, aber wir können doch nach häufig vorkommenden Mustern suchen und damit einen schnelleren, aber doch äquivalenten Ausdruck aufbauen.

Tabelle 5-2 zeigt ein paar zusätzliche Beispiele. Wir konzentrieren uns zunächst auf die ersten vier. Die unterstrichenen Teile erkennen »Ein Escape, gefolgt von einer Anzahl normaler Zeichen«. In jedem Fall beginnt der Ausdruck zwischen den Anführungszeichen mit ⌈`[^"\\]+`⌋, und dann kommt eine Reihe von ⌈`\\.[^"\\]+`⌋-Sequenzen. Als regulärer Ausdruck formuliert hieße das ⌈`[^"\\]+(\\.[^"\\]+)*`⌋. Hier ist für einen Spezialfall das Prinzip dargestellt, nach dem man häufig vorgehen kann.

Allgemeines Vorgehen beim Aufbrechen von Schleifen

Beim Erkennen von Strings in Anführungszeichen sind das Anführungszeichen selbst und allenfalls vorkommende Escapes »speziell« – das Anführungszeichen, weil es den String abschließt, und der Backslash, weil er besagt, daß das Zeichen danach den String eben nicht abschließt. Alles andere, nämlich ⌈`[^"\\]`⌋, ist »normal«. Wenn wir darauf achten, wie aus diesen ⌈`[^"\\]+(\\.[^"\\]+)*`⌋ zusammengesetzt ist, erkennen wir ein zugrundeliegendes Muster: ⌈*normal+(speziell normal+)**⌋.

Zusammen mit den Begrenzungszeichen erhalten wir ⌈`"[^"\\]+(\\.[^"\\]+)*"`⌋. Leider erkennt dieser Ausdruck die zwei letzten Beispiele in Tabelle 5-2 nicht. Das liegt daran, daß unser neuer Ausdruck nach dem Anführungszeichen am Anfang des Strings und nach jedem Escape ein normales Zeichen *fordert*. Das ist bei diesen zwei Beispielen nicht gegeben – ein String darf sehr wohl zwei Escapes nacheinander haben oder ein Escape gleich nach den ersten Anführungszeichen.

Wir könnten die Pluszeichen durch Sterne ersetzen: ⌈`"[^"\\]*(\\.[^"\\]*)*"`⌋. Hat das den gewünschten Effekt? Noch wichtiger: Hat es unerwünschte Nebenwirkungen?

Soweit es erwünschte Wirkungen angeht, ist leicht zu sehen, daß jetzt alle Strings erkannt werden. Sogar ein String wie `"\"\"\""` paßt jetzt. So weit, so gut. Wir können aber so eine Änderung nicht vornehmen, ohne genau zu prüfen, ob sich dadurch Unvorhergesehenes einschleicht. Wird jetzt etwas anderes als ein String in Anführungszeichen erkannt? Gibt es legale Strings, die nicht erkannt werden? Wie steht es mit der Effizienz?

Betrachten wir ⌜" [^"\\]*(\\.[^"\\]*)*"⌝ genau. Das ⌜"[^"\\]*⌝ zu Beginn paßt genau einmal und sieht harmlos aus: Es findet das geforderte Anführungszeichen am Anfang und mögliche normale Zeichen danach. Keine Gefahr. Das folgende ⌜(\\.[^"\\]*)*⌝ ist durch (...)* eingeklammert und kann deswegen auch auf »Garnichts« passen. Wenn es weggelassen wird, muß noch immer ein korrekter regulärer Ausdruck übrigbleiben. Wenn wir das tun, erhalten wir ⌜"[^"\\]*"⌝, das zweifelsohne korrekt ist – es paßt auf den Normalfall, wenn keine Escapes im String vorkommen.

Wenn umgekehrt ⌜(\\.[^"\\]*)*⌝ einmal paßt, ergibt sich als eigentliche Regex ⌜"[^"\\]*\\.[^"\\]*"⌝. Auch wenn das ⌜[^"\\]⌝ auf »Garnichts« paßt (das ergibt die eigentliche Regex ⌜"[^"\\]*\\."⌝), entstehen keine Probleme. Wenn wir die Analyse in dieser Art fortführen (wenn meine Erinnerung an den Algebra-Unterricht nicht trügt, heißt das »Beweis durch vollständige Induktion«), finden wir, daß diese Umformung tatsächlich korrekt ist.

Ein Rezept zum Aufbrechen von Schleifen

Wenn wir das alles zusammenfügen, erhalten wir ⌜"[^"\\]*(\\.[^"\\]*)*"⌝ als Ausdruck, der Strings in Anführungszeichen erkennt, die Escapes enthalten dürfen. Er erkennt exakt die gleichen Strings wie die frühere Version mit der Alternation, und paßt auch auf exakt die gleichen Strings *nicht*. Aber die Version mit der aufgebrochenen Schleife hat den Vorteil, daß sie während unserer Lebenszeit fertig wird. Sie ist effizienter und vermeidet das Problem des ewigen Matchings.

Das generelle Muster für solche Arten von Ausdrücken ist:

⌜*öffnend normal* * (*speziell normal**) * *schließend*⌝

Ewiges Matching vermeiden

Drei wichtige Merkpunkte bewirken, daß bei ⌜"[^"\\]*(\\.[^"\\]*)*"⌝ nie ein ewiges Matching auftritt:

Der Anfang von ›speziell‹ und ›normal‹ darf nicht gleich sein

Die Unterausdrücke *speziell* und *normal* müssen so geschrieben sein, daß sie nicht am gleichen Punkt passen können. Zum Beispiel können ⌜\\.⌝ und ⌜[^"]⌝ beide beginnend bei ›"Hallo\n"‹ einen lokalen Treffer erzielen, und sind somit ungeeignete Unterausdrücke für *speziell* und *normal*. Wenn es eine Möglichkeit gibt, daß diese Treffer am gleichen Ort beginnen können, dann ist unklar, welcher Weg verfolgt werden soll, und daraus entsteht ein nicht-deterministisches Verhalten, ein ewiges Matching. Das ›makudonarudo‹-Beispiel (☞ 148) illustriert diese Situation. Ein POSIX-NFA (oder auch ein traditioneller, wenn es keinen Treffer gibt) muß alle diese Permutationen und Möglichkeiten durchprobieren. Das wäre fatal, schließlich war ja der Grund für die Umformulierung gerade der, solche Situationen zu vermeiden.

Wenn wir sicherstellen, daß *speziell* und *normal* nie am gleichen Punkt passen können, dann wirkt *speziell* wie ein Kontrollpunkt, an dem ein mögliches nicht-deterministisches Verhalten von ⌜(…)*⌝ aufgehalten wird. Verschiedene Iterationen von ⌜(…)*⌝ könnten sich sonst um den gleichen Text streiten, genau das wird verhindert. Es gibt nur noch eine mögliche Sequenz von *speziell* und *normal*, auf die ein Text passen kann, und nicht mehr zigtausend mögliche Aufteilungen des Strings. Eine Sequenz zu überprüfen geht natürlich viel schneller als Tausende.

In unserem Beispiel wird diese Regel befolgt. *Normal* ist ⌜[^"\\]⌝ und *speziell* ist ⌜\\.⌝. Diese können nie auf den gleichen String passen – der zweite Ausdruck fordert einen Backslash am Anfang, und der erste verbietet Backslashes explizit.

›*Speziell*‹ muß mindestens ein Zeichen erkennen

Als zweites muß sichergestellt sein, daß *speziell* nicht auf ein »Garnichts« passen kann, es muß mindestens ein Zeichen aus dem String verbrauchen. Wenn es kein Zeichen verbrauchte, könnten aufeinanderfolgende Zeichen zu verschiedenen Iterationen des Sterns bei ⌜(*speziell* *normal**)*⌝ passen, und das führt zurück zum (…*)*-Problem.

Die Wahl von beispielsweise ⌜(\\.)*⌝ für *speziell* verletzt diesen Merkpunkt. Wenn wir versuchen, den berüchtigten[5] Ausdruck ⌜"[^"\\]*((\\.)*[^"\\]*)*"⌝ auf ›"Tubby‹ anzuwenden, muß die Maschine alle Permutationen ausprobieren, wie mehrere ⌜[^"\\]*⌝ auf ›Tubby‹ passen könnten, bis sicher ist, daß kein Treffer vorliegt. Weil *speziell* hier auch auf null Zeichen passen kann, fungiert es nicht als die Kontrollstelle, die es zu sein vorgibt.

Text, der von einer Anwendung von ›speziell‹ erkannt wird, darf nicht von einer zweiten Anwendung auch erkannt werden

Dieser Punkt wird am besten mit einem Beispiel illustriert. Das Problem ist das Erkennen von »leerem Raum« in Pascal-Programmen, also Whitespace oder Kommentare ({…} in Pascal). Die Regex für den Kommentar-Teil ist ⌜\{[^}]*\}⌝, und die ganze (ewige) Regex wäre ⌜(\{[^}]*\}|•+)*⌝. Hier könnte man *speziell* und *normal* so identifizieren:

speziell	*normal*
⌜•+⌝	⌜\{[^}]*\}⌝

In unser ⌜*normal**(*speziell* *normal**)*⌝-Rezept eingefügt ergibt das:

⌜(\{[^}]*\})*(•+(\{[^}]*\})*)*⌝

Wie paßt dazu der String ›{Kommentar}•••{noch•einer}••‹? Eine Reihe von Leerzeichen kann auf sehr viele verschiedene Arten passen: Ein einziges ⌜•+⌝, viele ⌜•+⌝, von denen jedes nur ein einziges Leerzeichen erkennt, oder auch jede Kombination davon. Das ist völlig analog zur Situation bei ›makudonarudo‹.

---

5 Viele NFA-Maschinen verbieten Ausdrücke der Art ⌜(x*y*)*⌝, wie sie hier auftreten. Weil der innere Unterausdruck auf »Garnichts« passen kann, könnte der äußere Stern diesen unendlich oft anwenden. Andere Programme wie Emacs und neue Versionen von Perl behandeln die Situation korrekt. Python gibt bei solchen Ausdrücken ohne Fehlermeldung sofort auf.

Die Wurzel des Problems ist die, daß *speziell* auf eine kleine Menge Text passen kann, die Teil einer größeren Menge ist, auf die es *auch* passen kann. Durch die Klammerung mit ⌈(...)⌉* ist das gleich auf vielerlei Arten möglich. Damit gibt es viele Wege, den gleichen Text zu erkennen – eine Pandorabüchse nicht-deterministischen Verhaltens.

Wenn es für die ganze Regex einen Treffer gibt, ist es wahrscheinlich, daß gleich der erste Versuch trifft, bei dem ein einziges ⌈•+⌋ alle Leerzeichen erkennt. Wenn es aber gar keinen Treffer gibt (in diesem Fall nur, wenn diese Regex Teil einer größeren ist, die fehlschlagen kann), dann muß die Maschine alle Permutationen der eigentlichen Regex ⌈(•+)*⌋ auf alle Leerzeichen-Reihen anwenden. Das braucht Zeit, und trotzdem wird kein Treffer gefunden. Weil *speziell* als Kontrollpunkt dienen sollte, gibt es nichts, was hier sein *eigenes* nicht-deterministisches Verhalten stoppt.

Die Lösung ist die, ein *speziell* zu wählen, das nur auf eine genaue Anzahl von Zeichen paßt. Weil hier mindestens ein Leerzeichen gefordert ist, nehmen wir einfach ⌈•⌋, und überlassen vielleicht vorkommende weitere Leerzeichen dem umschließenden ⌈(...)*⌋. Das Beispiel dient der Illustration, aber bei einer wirklichen Anwendung würde ich *speziell* und *normal* vertauschen und ⌈•*(\{[^}]*\}•*)*⌋ benutzen. Schließlich haben wohl die meisten Pascal-Programme mehr Leerzeichen-Sequenzen als Kommentare, und es ist effizienter, die häufigere Variante als Normalfall zu behandeln.

Generelle Warnsignale

Wenn diese Regeln einmal verstanden sind (dazu muß man sie vielleicht mehrmals durchlesen und eigene Erfahrung sammeln), werden sie zu so etwas wie Warnsignalen, an denen man mögliche »ewige Matchings« erkennt. Verschachtelte Quantifier wie ⌈(...*)*⌋ sind so ein Warnsignal, obschon es natürlich reguläre Ausdrücke gibt, in denen sie völlig gerechtfertigt sind. Etwa:

- ⌈(Re:?•*)*⌋ findet eine Reihe von ›Re:‹; wenn man eine häßliche Zeile wie ›Subject:•Re:•Re:•Re:•hey‹ aufräumen will.

- ⌈(•*\$[0-9]+)*⌋ findet Dollar-Beträge, die durch Leerzeichen getrennt sind.

- ⌈(.*\n)+⌋ paßt auf eine oder mehrere Zeilen. Wenn aber der Punkt auf das Newline paßt, ist dieser Ausdruck geradezu der Prototyp für ein ewiges Matching!

Diese sind gefahrlos, weil in jedem Fall ein Element vorhanden ist, das als Kontrollpunkt wirkt. Es gibt nicht »viele Wege, den gleichen Text zu erkennen«, und die Pandorabüchse bleibt zu. Im ersten Beispiel ist das ⌈Re:⌋, im zweiten ⌈\$⌋ und im dritten ⌈\n⌋ (wieder unter der Annahme, daß der Punkt nicht auf das Newline paßt).

Methode 2:
Die kritische Schleife im größeren Zusammenhang

Ich hatte gesagt, daß zwei Wege zur gleichen Regex führen. Betrachten wir, was das nie endende ⌈(\\.|[^"\\]+)*⌋ eigentlich macht, und in welchen Situationen es eingesetzt wird. Normalerweise enthält wohl ein quotierter String mehr normale Zeichen als Escapes, also wird ⌈[^"\\]+⌋ den größten Teil erkennen. ⌈\\.⌋ wird nur für selten auftretende Dinge gebraucht. Die Alternation, die beides erlaubt, ist zwar sehr praktisch, aber sie erzeugt unverhältnismäßig viel Arbeit auch bei Strings, die gar keine Escapes enthalten, und das sind wohl die meisten.

⌜[^"\\]+⌟ erkennt also normalerweise alles im Innern des Strings, und nach dem Ende des damit gefundenen Textes folgt immer ein Anführungszeichen oder ein Escape. Wenn ein Escape folgt, wollen wir auch das Zeichen danach (was immer es ist), und danach ein weiteres Mal »normalen Text«, der von ⌜[^"\\]+⌟ erkannt wird. Nach jedem dieser ⌜[^"\\]+⌟ finden wir wieder die gleiche Situation vor: Entweder folgt das schließende Anführungszeichen oder wieder ein Escape.

Wenn wir diese Betrachtungsweise eins zu eins ins Regexische übersetzen, ergibt sich der gleiche Ausdruck, den wir schon mit Methode 1 erhalten hatten: ⌜"[^"\\]+(\\.[^"\\]+)*"⌟. Jedesmal, wenn der mit ↓ markierte Punkt erreicht wird, wissen wir, daß ein Anführungszeichen oder ein Backslash folgt. Wenn es ein Backslash ist, nehmen wir diesen, das folgende Zeichen und weiteren Text, bis wir wieder zu so einem »Anführungszeichen-oder-Backslash«-Punkt kommen.

Wie bei der Methode 1 müssen wir auch hier berücksichtigen, daß Escapes gleich hintereinander oder gleich nach dem führenden Anführungszeichen vorkommen können. Mit der gleichen Argumentation wie vorhin ersetzen wir die Pluszeichen durch Sterne und erhalten die identische Regex.

Methode 3: Ein Internet-Hostname in Anführungszeichen

Ich hatte zwei Methoden versprochen, um die kritische Schleife aufzubrechen, jetzt präsentiere ich eine Methode, die als dritte gelten kann. Ich habe sie bei einer Arbeit entdeckt, bei der Internet-Domainnamen wie `prez.whitehouse.gov` oder `www.yahoo.com` vorkamen – im wesentlichen durch Punkte getrennte Listen von Subdomain-Namen. Für dieses Beispiel nehmen wir an, daß solche Subdomain-Namen der Regex ⌜[a-z]+⌟ genügen müssen (das ist hinreichend, aber nicht notwendig).

Wenn ⌜[a-z]+⌟ auf eine Subdomain paßt, und wir eine punktseparierte Liste wollen, müssen wir zunächst eine Subdomain erkennen. Danach sind weitere Subdomains optional, aber wenn solche vorkommen, brauchen sie einen Punkt davor. In eine Regex übersetzt lautet das: ⌜[a-z]+(\.[a-z]+)*⌟. Wenn ich das so schreibe: ⌜[a-z]+(\.[a-z]+)*⌟, dann kommt uns das doch irgendwie bekannt vor!

Um die Ähnlichkeit zu untersuchen, vergleichen wir das mit der Regex für quotierte Strings. Wir können einen quotierten String als Folge von ⌜[^\\"]⌟ (*normal*), getrennt durch ⌜\\.⌟ (*speziell*), alles eingeschlossen von ›"…"‹ betrachten. Wenn wir nach dem Rezept vorgehen, erhalten wir ⌜"[^\\"]+(\\.[^\\"]+)*"⌟, was wiederum die Regex ist, die wir bei Methode 1 und 2 hatten. Die Betrachtungsweise »Durch Escapes getrennte Ketten von normalen Zeichen« ist nicht gerade eine offensichtliche, aber sie führt anscheinend zum gleichen Resultat.

Zwischen quotierten Strings und dem Subdomain-Beispiel gibt es zwei relevante Unterschiede:

- Domain-Namen haben keine Begrenzer.

- Der *normal*-Teil darf bei Domain-Namen nie leer sein (aufeinanderfolgende Punkte oder Punkte am Anfang oder am Ende sind nicht zulässig). Bei Strings in Anführungszeichen gibt es solche Einschränkungen nicht. Der innere Teil kann leer sein, kann nur aus Escapes bestehen, Escape darf auf Escape folgen; allerdings erwarten wir, daß solche Strings nicht häufig auftreten. Daher konnten wir `[ \\"]+` durch `[^\\"]*` ersetzen. Bei Domain-Namen geht das nicht: Der Punkt ist hier ein obligatorisches Trennzeichen.

Beobachtungen

Beim Überblick über die ganze Diskussion zu quotierten Strings sehe ich gewichtige Vorteile des geänderten regulären Ausdrucks, aber auch ein paar Nachteile.

Nachteile:

- **Lesbarkeit**. Der größte Nachteil ist wohl der, daß die ursprüngliche Regex `"([^"\\]|\\.)*"` leichter verständlich ist. Wir haben der Effizienz etwas an Leserlichkeit geopfert.

- **Wartungsfreundlichkeit**. `"[^"\\]*(\\.[^"\\]*)*"` ist im Unterhalt etwas mühsamer; wenn die Regex abgeändert wird, muß darauf geachtet werden, daß die zwei `[^"\\]` identisch bleiben.

Vorteile:

- **Geschwindigkeit**. Die neue Regex funktioniert auch dann, wenn gar kein Treffer gefunden wird (oder wenn sie mit einem POSIX-NFA verwendet wird). Weil Sorge getragen wurde, daß jeder Teil der Regex nur auf eine bestimmte Sequenz von Zeichen paßt, kann die Maschine bei einem nicht passenden Text sehr schnell herausfinden, daß tatsächlich kein Treffer zu erzielen ist.

- **Noch schneller**. Die Regex »fließt« gut, ein Ausdruck, der aus dem Abschnitt »Die frei fließende Regex« (☞ 177) geborgt ist. Bei meinen Benchmarks mit traditionellen NFAs war die »aufgebrochene« Version grundsätzlich schneller als die alte Version mit der Alternation. Das gilt auch dann, wenn der Text paßt, wenn also die alte Version gar nicht in die Nähe des ewigen Matchings kommt.

C-Kommentare aufbrechen

Ich möchte nun ein Beispiel zeigen, bei dem das Aufbrechen der kritischen Schleife schwieriger ist. In der Programmiersprache C beginnen Kommentare mit /* und enden mit */. Sie können mehrere Zeilen umspannen, dürfen aber nicht verschachtelt sein. Ein Ausdruck, der C-Kommentare erkennt, kann recht nützlich sein, und sei es nur für ein Filterprogramm, das solche Kommentare entfernt. Bei diesem Problem bin ich zuerst auf meine Methode des Aufbrechens von Schleifen gestoßen, eine Technik, die seither fester Bestandteil meines Regex-Arsenals ist.

Augenschmerzen

Innerhalb von C-Kommentaren gibt es keine Escapes wie bei quotierten Strings, also sollten die Dinge eigentlich einfacher liegen. Leider ist dem nicht so, weil */, das »schließende Anführungszeichen«, aus mehr als einem Zeichen besteht. Ein plumper Ansatz wie ⌜/*[^*]**/⌟ funktioniert nicht, weil in Zeilen wie /** Das ist ein Kommentar **/ die zusätzlichen ›*‹ und insbesondere der zweitletzte Stern völlig legal sind. Wir müssen schon etwas differenzierter vorgehen.

Ausdrücke wie ⌜/*[^*]**/⌟ sind extrem schwer lesbar. Die vielen Backslashes und Sternchen verursachen Augenschmerzen. Unglücklicherweise ist ja der Stern sowohl Teil des Begrenzer-Symbols als auch ein Regex-Metazeichen. Damit der folgende Abschnitt etwas lesbarer wird, verwende ich ab sofort nur noch /x⋯x/ statt /*⋯*/ als Kommentar-Begrenzer. Mit diesem nur kosmetischen Eingriff wird ⌜/*[^*]**/⌟ zum leichter lesbaren ⌜/x[^x]*x/⌟. Die Ausdrücke werden komplizierter werden, und die Augen werden's danken.

Ein naiver Ansatz

In Kapitel 4 (☞ 133) hatte ich für das Vorgehen bei eingefaßtem Text empfohlen:

1. Finde die öffnenden Begrenzungszeichen.

2. Finde den Text: Alles, was nicht zum schließenden Begrenzer gehört.

3. Finde die schließenden Begrenzungszeichen.

Unsere Pseudo-Kommentare mit /x und x/ als öffnende und schließende Begrenzer scheinen darauf zu passen. Die Schwierigkeiten beginnen mit der Umsetzung der Formulierung »Alles, was nicht zum schließenden Begrenzer gehört«. Wenn die Begrenzer einzelne Zeichen sind, nimmt man einfach eine negierte Zeichenklasse, die auf alles außer den schließenden Begrenzer paßt. Es gibt aber keine generelle Möglichkeit, etwas wie »Alles, was nicht dieser mehrbuchstabige Begrenzer ist« in eine Regex umzusetzen,[6] also müssen wir unsere Regex mit mehr Bedacht aufbauen. Es gibt zwei übliche Varianten, das Problem des Matchings bis zum nächsten x/ anzugehen. Eine Methode betrachtet x als Anfang des schließenden Begrenzers. Damit sucht man nach allem, was kein x ist, und läßt außerdem ein x dann zu, wenn es nicht von einem Slash gefolgt ist. So wird die Formulierung »Alles, was nicht zum schließenden Begrenzer gehört« zu:

- Alles außer x: ⌜[^x]⌟
- x, außer wenn darauf ein Slash folgt: ⌜x[^/]⌟

---

6 Perl Version 5 kennt jedoch die Notation (?!⋯) für *negatives Lookahead*. Weil das aber Perl-spezifisch ist, muß es bis Kapitel 7 warten (☞ 232).

Das ergibt ⌜([^x]|x[^/])*⌟ für den eigentlichen Text, und ⌜/x([^x]|x[^/])*x/⌟ für den ganzen Pseudo-Kommentar.

Bei der anderen Methode wird der Slash als das Endzeichen betrachtet, aber nur, wenn davor ein x steht. Damit wird »Alles, was nicht zum schließenden Begrenzer gehört« zu:

- Alles außer einem Slash: ⌜[^/]⌟
- Ein Slash, solange nicht ein x davor steht: ⌜[^x]/⌟

Das ergibt ⌜([^/]|[^x]/)*⌟ für den eigentlichen Text, und ⌜/x([^/]|[^x]/)*x/⌟ für den ganzen Kommentar.

Leider funktioniert beides nicht.

Für den ersten Fall, ⌜/x([^x]|x[^/])*x/⌟, betrachten wir ›/xx•foo•xx/‹. Nachdem ›foo•‹ erkannt wurde, paßt das zweitletzte x auf ⌜x[^/]⌟, da stimmt noch alles. Dann aber erkennt ⌜x[^/]⌟ den Text x**x**/, der das x enthält, das zum End-Begrenzer gehört. Das Matching überliest also dieses Endzeichen und fährt weiter fort (bis zum Ende des nächsten Kommentars, so es denn einen gibt).

Bei ⌜/x([^/]|[^x]/)*x/⌟ lautet das Gegenbeispiel ›/**x**/•foo•/**x**/‹ (das ganze ist *ein* Kommentar und müßte erkannt werden). Außerdem schießt diese Regex übers Ziel hinaus, wenn dem Endzeichen unmittelbar ein Slash folgt, ähnlich wie bei der obigen Methode. Das dabei auftretende Backtracking ist hübsch kompliziert, und deshalb überlasse ich die Analyse Ihnen, warum die Regex ⌜/x([^/]|[^x]/)*x/⌟ das folgende findet:

```
jahre = tage /x div x//365; /x kein Schaltjahr x/
```

Reparatur

Schauen wir, ob wir diese Ausdrücke doch noch zusammenflicken können. Beim ersten paßt das ⌜x[^/]⌟ ungewollt auf ···xx/, das zum Begrenzer gehört. Bei ⌜/x([^x]|x+[^/])*x/⌟ würde das Plus bewirken, daß ⌜x+[^/]⌟ auch auf eine ganze Serie von x paßt, die von etwas anderem als einem Slash gefolgt sind. In der Tat, aber infolge des Backtrackings kann dieses »etwas anderes als ein Slash« auch ein x sein. Zunächst paßt das gierige ⌜x+⌟ tatsächlich auf das letzte x, aber durch das Backtracking muß es wieder zurückgegeben werden, weil dadurch ein Matching des ganzen Ausdrucks erreicht wird. Bei einem String wie

```
/xx A xx/ foo() /xx B xx/
```

wird zuviel erkannt.

Die Lösung erinnert an etwas, das ich schon mal betont habe: *Genau formulieren*. Wenn wir sagen: »x, gefolgt von einem Nicht-Slash«, dann meinen wir implizit, daß dieser Nicht-Slash auch kein x sein darf. Also schreiben wird exakt das: ⌜x+[^/x]⌟. Wie gewünscht stoppt das vor ›···xxx/‹, dem letzten x vor einem Slash. Genauer gesagt stoppt es vor *irgendwelchen* x, nämlich bei ›···xxx/‹. Der Unterausdruck für das End-Zeichen erwartet aber nur ein x, wir müssen also ein Pluszeichen einfügen, damit auch dieser Fall erkannt wird.

Deutsch ins Regexische übersetzen

Auf Seite 174 werden zwei Methoden besprochen, mit denen man C-Kommentare finden kann. Dabei hatte ich die Formulierungen die Formulierungen

    x, außer wenn darauf ein Slash folgt: ⌜x[^/]⌟

und

    Ein Slash, solange nicht ein x davor steht: ⌜[^x]/⌟

benutzt.

Das ist informell – die deutsche Beschreibung ist ziemlich verschieden von dem, was die regulären Ausdrücke bewirken. Sehen Sie den Unterschied?

Betrachten Sie für den ersten Fall den String ›regex‹ – sicherlich ein x, auf das kein Slash folgt, aber dieser String würde von ⌜x[^/]⌟ *nicht* erkannt. Die Zeichenklasse muß auf ein Zeichen passen, dieses Zeichen darf zwar kein Slash sein, aber doch immerhin *etwas*, und nach dem x in ›regex‹ kommt *nichts*. Die zweite Formulierung ist dazu analog. Das gewünschte Verhalten ist das der Regex-Beispiele, also liegt der Fehler bei der Umsetzung ins Deutsche.

Übrigens – wenn es wirklich darum ginge, »x, außer wenn darauf ein Slash folgt« ins Regexische zu übersetzen, käme ⌜x([^/]|$)⌟ zupaß. Das erkennt noch immer ein Zeichen nach dem x oder aber auch ein Zeilenende. Eine bessere Lösung ist mit Perls *negativem Lookahead* und der Notation ⌜x(?!…)⌟ zu erreichen (☞ 232): Ein x, das nicht von einem Slash gefolgt wird, wäre ⌜x(?!/)⌟.

Ein Look*behind* gibt es meines Wissens in keinem Programm. Für »Ein Slash, solange nicht ein x davor steht« bleibt also nur ⌜(^|[^x])/⌟.

Damit erhalten wir: ⌜/x([^x]|x+[^/x])*x+/⌟, ein Ausdruck, der unsere Pseudo-Kommentare erkennt.

Puh! Verwirrend, nicht wahr? Für richtige Kommentare (mit * statt x) wird

    ⌜/*([^*]|*+[^/*])**+/⌟

benötigt, was noch schlimmer aussieht. Das ist in der Tat nicht einfach zu verstehen – beim Lesen von komplizierten regulären Ausdrücken muß man sich schon etwas konzentrieren!

Die C-Schleife aufbrechen

Um das effizienter zu gestalten, wollen wir auch hier die Schleife aufbrechen. Tabelle 5-3 zeigt die Unterausdrücke, die wir in das Rezept einsetzen können. Wie im Beispiel mit Internet-Domains darf auch hier das Element ⌜normal⌟ nicht auf »Garnichts« passen. Bei den Domain-Namen lag es daran, daß die Namen nicht leere Strings sein dürfen. Hier liegt es an der Art, wie wir die mehrbuchstabigen Begrenzer behandeln. Wir stellen sicher, daß jede *normal*-Sequenz mit dem ersten Zeichen dieses zweibuchstabigen Begrenzers aufhört. Außerdem darf *speziell* nicht auf eines der Zeichen passen, aus denen der Begrenzer zusammengesetzt ist.

Tabelle 5-3: Schleife aufbrechen: Komponenten für C-Kommentare

öffnend normal ⋆ (*speziell normal* ⋆) ⋆ *schließend*		
Element	**Wir wollen**	**Regex**
öffnend	Anfang des Kommentars	/x
normal⋆	Text im Kommentar, bis und mit einem oder mehreren x	[^x]⋆x+
speziell	etwas, was kein Slash ist (und auch kein x)	[^/x]
schließend	Slash am Ende	/

Ins Schema eingesetzt ergibt sich:

⌈/x[^x]⋆x+(**[^/x]** [^x]⋆x+)⋆/⌋

Sehen Sie die markierte Stelle? Die Regex-Maschine kann auf zwei Arten bis zu diesem Punkt vorstoßen (genau wie beim Ausdruck auf Seite 171): Entweder, beim ersten Mal, indem sie das ⌈/x[^x]⋆x+⌋ am Anfang abarbeitet, oder durch die Schleife, die durch den Stern in (…)⋆ gebildet wird. In jedem Fall sind wir an einem Kontrollpunkt: eben wurde ein x erkannt, und wir sind vielleicht kurz vor dem Ende des Kommentars. Wenn das nächste Zeichen ein Slash ist, sind wir fertig. Wenn es ein anderes Zeichen ist (aber auch kein x), dann wissen wir, daß das x ein Fehlalarm war und wir weitermachen können bis zum nächsten x (oder einer Reihe von solchen). Dann sind wir wieder an der exakt gleichen Stelle in der Regex.

Zurück in die Realität

⌈/x[^x]⋆x+([^/x][^x]⋆x+)⋆/⌋ ist noch nicht ganz gebrauchsfertig. Zunächst sehen richtige Kommentare aus wie /⋆…⋆/ und nicht wie /x…x/. Das ist trivial – einfach x durch \⋆ ersetzen (in einer Zeichenklasse nur durch ⋆):

⌈/\⋆[^⋆]⋆\⋆+([^/⋆][^⋆]⋆\⋆+)⋆/⌋

C-Kommentare umfassen oft mehrere Zeilen. Wenn der zu prüfende Text mehrere logische Zeilen (mit Newlines) enthält, ist das gar kein Problem: unsere Regex funktioniert auch dann. Mit Werkzeugen, die wie *egrep* streng zeilenweise vorgehen, ist da allerdings nicht viel zu machen (da die meisten *egrep*s ohnehin DFAs benutzen, ist dort diese Diskussion kaum von Interesse, weil es gar keine Schleife zum Aufbrechen gibt). Mit Emacs, Perl und den meisten anderen Programmen kann man mit dieser Regex durchaus auch mehrzeilige Kommentare behandeln, sie beispielsweise entfernen.

In der Praxis ergibt sich aber ein wesentlich kniffligeres Problem. Unsere Regex kennt C-Kommentare, aber sie weiß rein gar nichts über die restliche Struktur eines C-Programms. Insbesondere kennt sie Strings in C nicht und stolpert deshalb über Zeilen wie:

```
const char *cstart = "/*", *cend = "*/";
```

Wir werden das Beispiel im nächsten Abschnitt weiter ausbauen.

Die frei fließende Regex

Wir haben gerade eine Regex aufgebaut, die zwar C-Kommentare erkennt, die aber versagt, wenn innerhalb von Strings in Anführungszeichen Kommentar-Begrenzer auftauchen, die gar keine sind. Ein Tcl-Programmstück wie das folgende, das Kommentare aus C-Programmen entfernt, tut unter Umständen zuviel des Guten:

```
set KOMM  {/\*[^*]*\*+([^/*][^*]*\*+)*/}  # erkennt Kommentare
regsub -all "$KOMM" $text {} text
```

(*In Tcl steht* {···} *für nicht-interpolierende Strings*)

Der Wert der Variablen KOMM wird als Regex interpretiert, und alle Treffer im String text werden durch gar nichts ersetzt (durch den leeren String, {}). Nach dem Ersetzen überschreibt das Resultat den alten String in text.

Das Problem entsteht, wenn ein Symbol inmitten eines Strings erkannt wird, das dem Kommentar-Anfangszeichen entspricht. Die Regex gerät außer Takt, und sie überliest alles, möglicherweise viel Programmtext, bis sie zu einem Kommentar-Endzeichen kommt. Es wäre gut, wenn die Regex Strings einfach ignorieren würde.

Eine helfende Hand führt die Maschine

Betrachten wir das Programmstück:

```
set KOMM   {/\*[^*]*\*+([^/*][^*]*\*+)*/}   # erkennt Kommentare
set GAENSE {"(\\.|[^"\\])*"}                # erkennt Strings in Anführungszeichen
regsub -all "$GAENSE|$KOMM" $text {} text
```

Wenn die Maschine einen Matching-Versuch bei einer Position beginnt, an der $GAENSE passen kann, wird es das auch tun. Damit werden Strings in Anführungszeichen überlesen. Die beiden Alternativen haben keinerlei Überlappung, und deshalb funktioniert das. An jedem Startpunkt für ein mögliches Matching tritt einer der folgenden Fälle ein:

- Der Kommentar-Teil paßt. Alles bis zu einem Kommentar-Endzeichen wird erkannt. Oder

- Die Alternative für quotierte Strings paßt. Der ganze String wird erkannt. Oder

- Keines von beiden paßt. Das uninteressante Zeichen wird nicht beachtet, das Getriebe geht zum nächsten Zeichen.

Auf diese Art wird die eigentliche Regex nie *innerhalb* eines quotierten Strings gestartet. Das ist der Schlüssel zum Erfolg.

Nur – das Programmstück entfernt jetzt nicht nur Kommentare, sondern auch Strings aus dem C-Programm. Auch das läßt sich lösen:

```
set KOMM   {/\*[^*]*\*+([^/*][^*]*\*+)*/}  # erkennt Kommentare
set GAENSE {"(\\.|[^"\\])*"}               # erkennt Strings in Anführungszeichen
regsub -all "($GAENSE)|$KOMM" $text {\1} text
```

Die einzigen Unterschiede zu vorhin sind:

- Zusätzliche einfangende Klammern, die gefundenen Text in \1 speichern (Tcls Name für das, was Perl $1 nennt). Wenn die Kommentar-Alternative paßt, enthält \1 den leeren String.

- Der Ersatz-String der Substitution ist nun \1. Wenn die GAENSE-Alternative paßt, wird diese durch sich selbst ersetzt – die Substitution wird zum Null-Operator. Wenn dagegen die Kommentar-Alternative erkannt wird, wird sie durch gar nichts ersetzt, durch den leeren String in \1.

Zuletzt müssen wir uns auch um die Konstanten in Hochkommas wie ′\t′ kümmern. Das ist einfach – wir fügen einfach eine weitere Alternative ganz analog zu Strings in Anführungszeichen an. Wenn unser Skript auch für C++ gelten soll, müssen wir auch dessen Kommentare behandeln; eine vierte Alternative außerhalb der Klammern mit ⌈//[^\n]*⌋ erledigt das. Die Regex-Routinen von Tcl unterstützen kein \n, dafür die quotierten Strings. Wir müssen also "//\[^\n]*" benutzen, damit an die Regex-Maschine ⌈//[^␊]*⌋ übergeben wird.

```
set KOMM     {/\*[^*]*\*+([^/*][^*]*\*+)*/}  # /* C-Kommentar */
set KOMM2     "//\[^\n]*"                     # // C++-Kommentar
set GAENSE   {"(\\.|[^"\\])*"}                # "quotierter String"
set HOCHKOMMA {'(\\.|[^'\\])*'}               # 'Hochkomma-String'
regsub -all "($GAENSE|$HOCHKOMMA)|$KOMM|$KOMM2" $text {\1} text
```

Schon diese Version ist recht schnell. Bei einem kleinen Test auf meiner Maschine entfernt das Skript die Kommentare aus einer 1,6-Megabyte-Datei mit gut 60 k Zeilen in 36 Sekunden.

Eine gut geführte Regex ist eine schnelle Regex

Mit ein bißchen Händchenhalten bringen wir die Maschine dazu, das noch um einiges schneller zu verarbeiten. Betrachten wir normalen Text, also Programmzeilen, die weder Kommentare noch Strings enthalten. Bei jedem Zeichen testet die Maschine auf jede der vier Alternativen, und nur, wenn keine paßt, geht das Getriebe zum nächsten Zeichen. Hier wird viel eigentlich unnötige Arbeit aufgewendet.

Wir wissen nämlich, daß jede der Alternativen mit einem ganz bestimmten Zeichen beginnen muß: Slash, Hochkomma oder Anführungszeichen. Nur dieses Zeichen allein sagt noch nicht aus, ob hier wirklich ein Kommentar oder ein String beginnt, aber *ohne* ein solches Zeichen kann sicher keine der Alternativen passen. Statt dies auf dem langsamen, schmerzhaften Weg zu überprüfen, machen wir es der Regex-Maschine leichter und fügen ⌈[^'"/]⌋ als weitere Alternative dazu. Eigentlich können wir gleich auf *mehrere* dieser Zeichen testen, also benutzen wir statt dessen ⌈[^'"/]+⌋. Wenn hier eine Warnlampe »Achtung: ewiges Matching« aufleuchtet, dann stimmt das nur, wenn wir in einer Schleife sind, die durch (…)* oder einer Abart davon erzeugt wird. In diesem Fall steht das [^'"/]+ aber für sich allein – es gibt kein folgendes Element, das durch Backtracking erkannte Zeichen wieder zurückfordern könnte. Damit gibt es auch keine Gefahr für ein ewiges Matching. Mit der hinzugefügten Alternative

```
set SONST     {[^"'/]}  # keine der anderen Alternativen kann damit beginnen
    ⋮
regsub -all "($GAENSE|$HOCHKOMMA|$SONST+)|$KOMM|$KOMM2" $text {\1} text
```

habe ich meinen Test wiederholt, und wahrhaftig: Durch diese kleine Änderung werden aus 36 noch knappe 3,2 Sekunden! Eine ganze Größenordnung! Wir haben die Regex sorgfältig konstruiert, so daß jetzt nicht mehr bei jedem Zeichen alle Alternativen durchgetestet werden müssen, und erst danach zum nächsten Zeichen geschaltet werden kann. Es gibt noch immer Fälle wie ›c•⌋/•3.14‹, bei denen diese Situation auftritt, diese werden nach wie vor nach der alten, langsamen Methode behandelt.

Es geht aber noch schneller.

- Die am häufigsten benutzte Alternative wird wohl meistens ⌈$SONST+⌋ sein, also nehmen wir diese als erstes Element der Alternation. Das spielt für einen POSIX-NFA keine Rolle, weil der sowieso alle Alternativen auswerten muß, aber Tcl benutzt einen traditionellen NFA, der aufhört, sobald er einen Treffer gefunden hat. Warum sollen wir ihn länger als nötig suchen lassen?

- Nach einem String in Anführungszeichen oder Hochkommas ist es wahrscheinlich, daß zunächst wieder Zeichen aus der Klasse $SONST auftreten, bevor ein anderer String oder ein Kommentar kommt. Wenn wir zu jeder der String-Alternativen ein ⌈$SONST*⌋ hinzufügen, sagen wir der Regex-Maschine, daß sie mit dem gierigen Plus in $SONST potentiell sehr viele Zeichen erkennen kann, ohne in die äußere Schleife (die durch das -all gebildet wird) zurückzufallen. Das ist eine ähnliche Technik wie beim Aufbrechen der Schleife. Tatsächlich stammt viel vom Geschwindigkeitsgewinn beim Schleifen-Aufbrechen aus diesem Teilaspekt: Wir benutzen unser übergeordnetes Wissen über C-Programme dazu, die Regex-Maschine lokal optimiert zu programmieren.

  Beachten Sie, daß es *sehr* wichtig ist, daß das erste $SONST einen Plus-Quantifier, die anderen dagegen einen Stern haben. Die Sterne sind notwendig, um aufeinanderfolgende Strings in Anführungszeichen oder Hochkommas zu erkennen. Wenn das Plus ein Stern wäre, würde das erste $SONST immer passen!

Mit diesen Änderungen erhalten wir:

```
"($SONST+|$GAENSE$SONST*|$HOCHKOMMA$SONST*)|$KOMM|$KOMM2"
```

für das Argument von `regsub`.

Damit wird das Skript nochmal schneller und dauert nur noch 2,9 Sekunden; das ist ein zwölffacher Leistungsgewinn gegenüber der Ausgangsversion.

Lehnen wir uns etwas zurück und überdenken die letzten zwei Änderungen. Wenn wir nach jedem gefundenen String gleich mit $SONST* auf normale Zeichen testen, dann kommt das ursprüngliche $SONST+ nur noch in zwei Situationen zum Zuge: Ganz am Anfang des Strings und nach jedem erkannten Kommentar. Man ist versucht zu denken: »Hmm, Fall zwei können wir abdecken, indem wir den Kommentar-Ausdrücken ebenfalls ein $SONST* anhängen!« Schon, nur schütten wir damit das Kind mit dem Bade aus: die $SONSTs müssen in den Klammern aufgefangen werden, alles außerhalb der Klammern wird ja gelöscht.

Wenn aber das vordere $SONST+ nur selten (ganz am Anfang, nach Kommentaren) gebraucht wird – wollen wir das wirklich am Anfang der Regex? Ich denke, das hängt von den Daten ab. Wenn ein Text mehr Kommentare als Strings in Anführungszeichen hat, dann ist die aktuelle Version tatsächlich besser. Wenn die Häufigkeit umgekehrt ist, wäre es besser, den Unterausdruck nach weiter hinten zu verschieben. Mit meinen Testdaten schnitt die erste Möglichkeit tatsächlich besser ab, die Umstellung macht etwa die Hälfte des Gewinns aus dem letzten Schritt zunichte.

Zusammenfassung

Sind wir damit fertig? Nie und nimmer! Immerhin sind die zwei Unterausdrücke für die Strings ideale Kandidaten für das Aufbrechen von Schleifen. Wenn wir schon einen langen Abschnitt in diesem Kapitel dieser Methode gewidmet haben, sollten wir sie auch anwenden. Mit den in unser Schema eingesetzten Ausdrücken:

```
set GAENSE      {"[^"\\]*(\\.[^"\\]*)*"}
set HOCHKOMMA   {'[^'\\]*(\\.[^'\\]*)*'}
```

ist das Skript nach 2,3 Sekunden fertig, noch einmal ein Gewinn von 25 %. Abbildung 5-9 zeigt das im Überblick.

Wir haben in diesem Skript Variablen benutzt, um die Regex zusammenzustellen. In Tcl geht das sehr gut, weil sich die nicht-interpolierenden Strings {…} sehr konsistent verhalten. Außerdem können wir damit die Unterausdrücke vernünftig klein halten; der ganze resultierende Ausdruck muß hier auf mehrere Zeilen verteilt wiedergegeben werden:

```
([^"'/]+|"[^"\\]*(\\.[^"\\]*)*"[^"'/]*|'[^'\\]*(\\.[^'\\]*)*'[^"'/]*)|
/\*[^*]*\*+([^/*][^*]*\*+)*/|//[^\n]*
```

Die entsprechenden Strings in Perl, die in Hochkommas, sind nicht ganz so bequem im Gebrauch, weil dort \\ für \ steht und nicht für \\. Dafür gibt es in Perl ganz andere Methoden, um reguläre Ausdrücke lesbar darzustellen. Wir werden das an genau diesem Beispiel in Kapitel 7 demonstrieren (☞ 298).

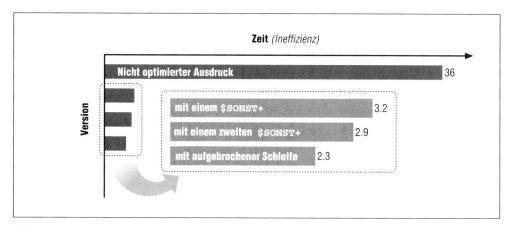

Abbildung 5-9: Geschwindigkeitsgewinn von verschiedenen Optimierungen

Denken!

Die bessere Optimierungsmethode als alle die kleinen Schritte, die wir gesehen haben ist oft: Klares Denken! Ich meine damit die genaue Überlegung, was eigentlich in einer bestimmten Situation gefragt ist. Das Wissen um die Möglichkeiten einer NFA-Maschine schadet dabei bestimmt nicht.

Kürzlich hatte ich ein kleines Problem in Emacs, der einen traditionellen NFA verwendet. Ich wollte bestimmte Wort-Zusammenziehungen wie »don't«, »I'm«, »we'll« usw. finden, nicht aber Apostrophe vor oder nach einem Wort. Dazu baute ich mir eine Regex, die auf ein Wort paßt (⌜\<\w+⌟), gefolgt von Emacs-Äquivalent für ⌜'([tdm]|re|ll|ve)⌟. Das hat funktioniert, aber dann ist mir aufgefallen, daß das ⌜\<\w+⌟ eigentlich zuviel des Guten ist, daß \w allein auch reicht. Wenn vor einem Apostroph ein \w auftritt, dann mit Sicherheit auch ein \w+, und einen Wortanfang (\<) hat ohnehin jedes Wort. Ich war nur daran interessiert, wo in dem fraglichen Text solche Zusammenziehungen vorkommen, die Länge des Treffers war völlig irrelevant. Mit dem \w allein war die Regex mehr als zehnmal schneller.

Irrungen und Wirrungen bei Optimierungen

Betrachten wir eine Regex, die Zeilen mit Schlüsselwörtern in einem C-Programm finden soll:

⌜\b**char**\b|\b**const**\b|\b**double**\b⋯\b**signed**\b|\b**unsigned**\b|\b**while**\b⌟

Rein von der Regex her ist so eine Alternation recht kostspielig – an jeder Position der Zeile muß jede Alternative ausgewertet werden, bis entweder ein Schlüsselwort gefunden wird oder feststeht, daß kein Treffer existiert.

Wenn dagegen die Regex nur aus einem Wort besteht, dann kann die Optimierung »Test auf simple Strings« (☞ 159) angewandt werden, und die Maschine kann sehr schnell feststellen, ob ein Treffer überhaupt möglich ist. Auch viele solcher Tests sind oft schneller als das Auswerten einer ganzen Alternation.

Als Beispiel habe ich ein Perl-Skript geschrieben, das die Zeilen im C-Quelltext der Perl-Distribution zählt, in denen diese Schlüsselwörter vorkommen. Eine Version sieht so aus:

```
$count = 0;
while (<>)
{
    $count++ if m<  \bchar\b
                |  \bconst\b
                |  \bdouble\b
                    ⋮
                |  \bsigned\b
                |  \bunsigned\b
                |  \bwhile\b      >x;
}
```

Hier wird der /x-Modifier von Perl benutzt, der es erlaubt, reguläre Ausdrücke (außer in Zeichenklassen) ohne Rücksicht auf Leerzeichen und Zeilengrenzen zu schreiben. Alles zwischen **m<** und **>x** ist eine einzige Regex mit vielen Alternativen – der Whitespace wird einfach ignoriert. Als Gegenbeispiel dient:[7]

```
$count = 0;
while (<>) {
    $count++, next if m/\bchar\b/;
    $count++, next if m/\bconst\b/;
    $count++, next if m/\bdouble\b/;
       ⋮
    $count++, next if m/\bsigned\b/;
    $count++, next if m/\bunsigned\b/;
    $count++, next if m/\bwhile\b/;
}
```

Beide zählen die gleichen Zeilen und liefern das gleiche Resultat, aber das zweite Beispiel erledigt das sechsmal schneller. Dabei tritt keinerlei Backtracking auf, und durch die simplen regulären Ausdrücke können einige interne Optimierungen angewendet werden.

Nicht immer ist das so klar. Wie bereits auf Seite 158 erwähnt, ist die »Erstes Zeichen«-Optimierung bei GNU Emacs sehr gut – viel, viel besser als die in Perl, Tcl, Python

---

[7] Zu Perl: Das Idiom

      Anweisung, next if *Bedingung*;

wird in Perl oft benutzt und bewirkt dasselbe wie:

```
if (Bedingung) {
    Anweisung;
    next    # zur nächsten Iteration der umschließenden Schleife, wie ›continue‹ in C
}
```

oder irgendeinem mir bekannten Programm, das einen NFA benutzt. Im Fall mit den vielen Alternativen weiß Emacs' Getriebe, daß die volle Regex nur an Positionen geprüft werden muß, die ⌜[cdsuw]⌝ erfüllen (mit allen Schlüsselwörtern im richtigen Test wäre das [cdfinrsuw]). Wenn die ganze Regex-Maschine nur dann angeworfen wird, wenn es wirklich notwendig ist, kann enorm viel Arbeit eingespart werden. Wenn dagegen die Regex mit ⌜.*⌝ oder einem anderen Element beginnt, das auf sehr viele Zeichen passen kann, dann wäre diese Optimierung nicht möglich. Emacs ist mit der Version mit den vielen Alternativen 3,8mal schneller als mit der Version mit den vielen kleinen Ausdrücken.

Die Dinge sind *noch immer nicht* so klar. Wie erwähnt (☞ 162), benutzt auch Emacs ein Kompilations-Caching, merkt sich aber nur die fünf zuletzt benutzten Ausdrücke. In der zweiten Version sind es aber (in der ausgeschriebenen Version) 14 verschiedene kleine Regex, und damit wird der Cache so gut wie wertlos. Wenn man die Cache-Größe anpaßt, dann ist das zweite Beispiel nur noch 1,4mal langsamer als das erste. Diese Zahl spiegelt den Einfluß der »Erstes Zeichen«-Optimierung bei Emacs realistischer wider.

Übrigens, der Vergleich zwischen den zwei Versionen ist nur zulässig, weil wir nicht an den Treffern interessiert sind, sondern nur wissen wollen, ob überhaupt ein Treffer auftritt. Ein einziger Ausdruck wie ⌜char|const|⋯⌝ findet das erste Schlüsselwort auf der Zeile, unabhängig davon, an welcher Stelle in der Alternation es auftritt. Dagegen findet die Reihe von einzelnen Tests im Beispiel 2 das erste Wort, auf das geprüft wird, auch wenn in der Zeile weiter vorne andere Schlüsselwörter vorkommen. Das ist ein großer Unterschied, nur sind wir hier an diesem Unterschied nicht interessiert.

Andere Optimierungen ausnutzen

Nach dem gleichen Schema, nur diesmal manuell, können wir auch andere reguläre Ausdrücke effizienter gestalten. Bei Alternationen ist es manchmal möglich, führende Zeichen aus der Klammer herauszunehmen, wie es bei ⌜**Ural|Uran|Urne**⌝ und ⌜**Ur**(al|an|ne)⌝ offensichtlich ist. Damit kann eine langsame Alternation auch dann schneller werden, wenn das benutzte Programm die »Erstes Zeichen«-Optimierung nicht kennt. Außerdem wird damit ein einfach erkennbarer Test auf simple Strings möglich, der Test auf ›Ur‹. Das bringt viel ein. Im Schlüsselwörter-Beispiel kann man das erste ⌜\b⌝ aus der Klammer herausnehmen: ⌜\b(char\b|const\b|⋯)⌝. Tests mit Perl zeigen, daß die verbesserte Version mit der großen Alternation nun fast so schnell ist wie die zweite Variante mit den vielen kleinen Regex.

Die gleiche Idee kann auch außerhalb von regulären Ausdrücken mit anderen Mitteln der benutzten Programmiersprache benutzt werden. Ein Beispiel:

```
/dieses/ || /jenes/ || /letzteres/
```

(Die || zwischen den regulären Ausdrücken sind logische »oder«.) Die Ausdrücke werden der Reihe nach ausgewertet, und sobald einer paßt, bricht die Reihe ab. Damit bleiben alle Seiteneffekte dieses ersten erfolgreichen Matchings intakt und können ausgewertet werden.

Klares Denken und Logik sind oft entscheidend, aber nicht immer ausreichend für ein gutes und effizientes Programm. Ohne die Perl-Beispiele mit den Schlüsselwörtern auf Laufzeiten zu testen, hätte ich wohl sagen können, daß eine der raffinierteren Methoden schneller ist als die ursprüngliche, nicht optimierte Version. Ich hätte aber kaum entscheiden können, welche der schnellen Methoden die allerschnellste ist. Vielleicht wird ja mit der nächsten Version von Perl die zweitschnellste Version zur schnellsten, oder vielleicht ist bei einem anderen Werkzeug die Reihenfolge umgekehrt.

6

Programmspezifische Informationen

Über reguläre Ausdrücke im allgemeinen Bescheid zu wissen, ist die eine Seite der Medaille – die andere ist das Wissen um die Geschmacksrichtung, die Vor- und Nachteile, die Features einer speziellen Implementierung.

In Kapitel 3 wurde erwähnt, daß es eine breite Palette von verschiedenen Regex-Implementierungen gibt. Tabelle 3-4 (☞ 86) zeigt, daß sogar scheinbar einfache Dinge wie Zeilenanker kompliziert sein können. Tabelle 6-1 auf der nächsten Seite zeigt die Charakteristika der regulären Ausdrücke von einigen Programmen, die es für viele Systeme gibt. In Kapitel 3 haben Sie eine ausgedünnte Version dieser Tabelle bereits gesehen, aber lassen Sie sich von der Größe der Tabelle 6-1 nicht täuschen; auch in dieser ist bereits vieles weggelassen. Eigentlich bräuchte es für fast jeden Eintrag eine Fußnote.

Fragen, die man stellen sollte

Wenn man mit einer neuen Geschmacksrichtung von regulären Ausdrücken konfrontiert wird, gibt es einige Fragen, die abgeklärt werden müssen. Ein paar davon sind in Kapitel 3 (☞ 67) angegeben. Das sind häufig nicht furchtbar wichtige Fragen, sondern solche, die eben *auch* beachtet werden müssen. Ein Hindernis ergibt sich daraus, daß verschiedene Varianten des eigentlich gleichen Werkzeugs sich oft unterschiedlich verhalten. So haben GNU-Versionen typischerweise mehr Features als unfreie Programme. Tabelle 6-1 läßt diese Unterschiede außer acht, auch die vielen POSIX-konformen Varianten sind nicht aufgeführt. Die Chance, daß Ihr spezifisches Werkzeug genau einer Spalte

Tabelle 6-1: Geschmacksrichtungen von einigen häufig benutzten Programmen

	Trad. grep	vi	Modernes grep	Modernes sed	egrep	lex	Trad. awk	GNU Emacs	Perl	Tcl	(default) Python	Expect
Maschinentyp	NFA	NFA	DFA	NFA	DFA	DFA	DFA	NFA	NFA	NFA	NFA	NFA
. paßt auf ⏎	–	–	–	✓	–	•	•	•	•	✓	•	✓
Oktal/Hex	•	•	•	•	•	✓·•	✓	✓	✓	✓	✓	✓
[···], ^, $	✓	✓	✓	✓	✓	✓	✓	✓	✓	✓	✓	✓
\<,\> · \b,\B	•	•	•	✓·•	✓·•	•	•	✓·✓	•·✓	•	✓·✓	•
Gruppieren	\(···\)	\(···\)	\(···\)	\(···\)	(···)	(···)	(···)	\(···\)	(···)	(···)	\(···\)	(···)
(···)*	•	•	✓	✓	✓	✓	✓	✓	✓	✓	✓	✓
+ oder \+	•	•	\+	\+	+	+	+	+	+	+	+	+
? oder \?	•	•	\?	\?	?	?	?	?	?	?	?	?
{···} oder \{···\}	•	•	\{···\}	\{···\}	{···}	{···}	•	•	{···}	•	•	•
| oder \\|	•	•	\\|	\\|	|	|	|	\\|	|	|	\\|	|
\w, \W	•	•	•	•	✓	•	•	✓	✓	•	•	•
\n, \t	•	•	•	•	•	✓	✓	✓	✓	✓	✓	✓
Lookahead	•	•	•	•	•	teilw.	•	•	✓	•	•	•
max. Rück.-Refs	9	9	9	9	•	•	•	9	∞	•	99	•
Nullzeichen O.K.	•	•	•	•	•	•	•	✓	✓	✓	✓	✓
Groß/klein ign.	✓	✓	✓	•	✓	•	•	✓	✓	✓	✓	✓

in Tabelle 6-1 entspricht, sind also eher gering. Sogar bei scheinbar trivialen Programmen wie *grep* ergeben sich erstaunliche Unterschiede.

Etwas so Einfaches wie Grep...

Ja, auch von *grep* gibt es viele Varianten. Tabelle 6-2 auf der nächsten Seite führt einige von den unzähligen verfügbaren Versionen von *grep* auf. Auch hier wären Fußnoten ganz angebracht. Bei GNU *grep* Version 2.0 sind ^ und $ immer dann Zeilenanker, »wenn es sinnvoll scheint«, also auch in Situationen wie ⌈···|^···⌋ und ⌈(···$)⌋. Bei den meisten anderen *grep*s sind sie es nur ganz am Anfang oder am Ende der Regex. Dafür kennt GNU *grep* Version 2.0 die POSIX-Zeichenklasse [:blank:] nicht, bei der SCO-Version fehlt [:xdigit:]

Die -i-Option scheint ein fruchtbarer Boden für Eigengewächse zu sein. Bei der ursprünglichen Unix-V7-Version von 1979 galt -i nur für die Kleinbuchstaben in der Regex. Bei der r2v2-Version ein paar Jahre später war das korrigiert, hat aber nicht für Zeichen in Zeichenklassen funktioniert. Sogar das moderne GNU *grep* Version 2.0 benutzt das -i nicht, wenn es nach Rückwärtsreferenzen sucht; das *grep* von SCO nicht, wenn es sich auf die POSIX-Klasse [:upper:] bezieht, wohl aber bei [:lower:]. Warum? Darüber kann ich auch bestenfalls Mutmaßungen anstellen.

Ich denke, der Kernpunkt ist nun klar: Es gibt sehr viele Unterschiede in der Implementierung.

Tabelle 6-2: Einige grep-Programme unter der Lupe

	UNIX V7	UNIX r2v2	GNU *grep* 1.2	GNU *grep* 2.0	SCO SVR3	DG/UX	MKS (für NT)
\(…\) flach/verschachtelt	9 / 9	9 / 0	9 / 9	∞ / ∞	9 / 0	9 / 9	∞ / ∞
(…) * erlaubt	◦	◦	◦	✓	◦	◦	✓
^, $	✓	✓	✓	✓	✓	✓	✓
\+, \?	◦	◦	◦	✓	◦	◦	✓
|, \N	◦	◦	◦	✓	◦ · ✓	◦	◦ · ✓
\<…\>, \b	◦	◦	✓ · ◦	✓	◦	✓ · ◦	✓ · ◦
\{*min,max*\}	◦	✓	◦	✓	✓	✓	✓
\w, \W	◦	◦	◦	✓	◦	◦	◦
POSIX: Äquivalent, Klasse, Kollationssequenz	◦	◦	◦	◦ · ✓ · ◦	*alle*	◦ · ✓ · ✓	*alle*
\N, Nullzeichen erlaubt	◦ · ◦	✓ · ◦	◦ · ◦	✓ · ✓	✓ · ◦	✓ · ◦	✓ · ◦
-i	-i	-i, -y	-i	-i, -y	-i, -y	-i, -y	-i
NFA/DFA	NFA	NFA	NFA	beides	NFA	NFA	NFA

In diesem Kapitel

Niemand kann auch nur hoffen, jede Nuance in jedem existierenden Programm zu kennen. Das gilt auch für mich, und weitergehend als in Tabelle 6-1 untersuche ich kaum ein Programm. Mit dem Wissen aus den Kapiteln 4 und 5 ist es jedoch ohne weiteres möglich, die fehlenden Punkte selbst zu ermitteln. Außer diesen Punkten gibt es normalerweise auch kaum Wichtiges zu untersuchen. Perl ist da eine Ausnahme, deshalb wird Perl im nächsten, langen Kapitel eingehend behandelt.

Als Auswahl behandelt dieses Kapitel die Eigenheiten der Regex-Implementierung einiger *awk*-Varianten, von Tcl und von *elisp* aus GNU Emacs. Jeder Abschnitt setzt gewisse Kenntnisse der jeweiligen Sprache voraus und behandelt die Dinge eher knapp, häufig in der Art von Hinweisen und Tips. Ich habe versucht, die Abschnitte kurz zu halten und verweise öfter auf Kapitel 3.

Der erste Abschnitt über *awk* konzentriert sich auf die Unterschiede zwischen den bekannten Implementierungen, soweit sie reguläre Ausdrücke betreffen. *awk* ist ein generisches Werkzeug, das von vielen Herstellern angeboten oder mit dem Betriebssystem mitgeliefert wird, und es scheint, daß jeder Hersteller seine eigene Ansicht darüber hat, wie *awk* aussehen soll. Die Diskussionen über Portabilität sind häufig sehr lebhaft – das kann schockierend oder amüsant sein, je nach Standpunkt.

Von Tcl und GNU Emacs gibt es dagegen nur eine Implementierung, und damit ist einigermaßen sichergestellt, daß Ihre Version sich gleich oder doch mindestens sehr ähnlich verhält wie die von jemand anders. Zwischen älteren und neuen Versionen mag es kleine Unterschiede geben, aber im Ganzen gesehen ist es wohl interessanter zu untersuchen, wie Tcl und Emacs reguläre Ausdrücke angehen, wie ihre NFA-Maschinen funktionieren und wie effizient diese arbeiten.

Awk

awk wurde 1977 in einer knappen Woche ernsthafter Hacker-Arbeit geboren und implementiert: Es war das erste wirklich mächtige Werkzeug zur Manipulation von Texten. Es war wesentlich allgemeiner und ausdrucksstärker als *sed* und hat eine ganze Kultur von späteren Programmen hervorgebracht, die demselben Geist verpflichtet sind. Die drei Autoren hatten verschiedene Interessen: Alfred Aho, hatte gerade *egrep* geschrieben, war an *lex* beteiligt und brachte die regulären Ausdrücke ein. Peter Weinberger interessierte sich für Datenbanken und Brian Kernighan besonders für programmierbare Editoren. Ein Programm von Marc Rochkind hat das Design von *awk* stark beeinflußt. Dieses verwandelte Paare von regulären Ausdrücken und Strings in ein C-Programm, das dann dazu benutzt werden konnte, Dateien nach den regulären Ausdrücken zu durchsuchen und bei jedem Treffer einer Regex den entsprechenden String auszugeben. *awk* geht wesentlich über dieses Programm hinaus, aber die grundlegende Idee blieb dieselbe. Regex werden auf die Eingabedatei Zeile für Zeile angewandt, und wenn eine paßt, wird eine zugehörige Aktion ausgeführt.

Die Geschmacksrichtung von *awk* ähnelte der des damaligen *egrep* in hohem Maße, war aber *nicht* identisch, obschon dies im Handbuch behauptet wurde. Diese Fehlinformation hat sich leider bis heute gehalten (sogar in bestimmten O'Reilly-Büchern!). Manche Unterschiede sind sogar recht offensichtlich: *awk* unterstützt ⌐\t⌐ und ⌐\n⌐ (obwohl das in der Original-Dokumentation nicht erwähnt wird!), *egrep* nicht. Es gibt noch andere, nicht so klare Unterschiede. Die falsche Behauptung, daß die zwei Geschmacksrichtungen gleich wären, hat einiges an Verwirrung bei den Benutzern ausgelöst und hat sogar wichtige Features von *awk* versteckt.

Unterschiede zwischen Awk-Varianten

Vor zwanzig Jahren gab es genau ein *awk*: Das von Bell Labs. Heute gibt es viele. Auf den nächsten paar Seiten werden die Unterschiede zwischen einzelnen ausgewählten Implementierungen im Detail ausgeleuchtet. Es geht nicht darum, Einzelheiten aufzuzählen, aber es soll ein fühlbarer Eindruck vermittelt werden, daß unter der Oberfläche nicht immer alles sauber aufgeräumt ist. Es gibt außer den behandelten noch eine Menge von Implementierungen (und damit Unterschiede), und manche davon werden wohl spätere Versionen nicht erleben.

Arnold Robbins, der GNU *awk* unterhält, hat eine Version des Manuskripts dieses Buches gelesen, und damit natürlich auch meine Bemerkungen zu Fehlern in der Version 3.0.0. Einige davon sind in 3.0.1 bereits behoben.

Einige der besser sichtbaren Unterschiede zwischen den *awk*s sind in Tabelle 6-3 aufgeführt. Hier wird das ursprüngliche *awk* mit einigen verbreiteten heutigen Versionen verglichen:

- **oawk** – das ursprüngliche *awk*, aus AT&T Unix Version 7, datiert vom 16. Mai 1979.

- **nawk** – *new awk*, aus SCO Unix Sys V 3.2v4.2

Tabelle 6-3: Einige Awk-Implementierungen genauer betrachtet

	oawk	nawk	awk	gawk	MKS	mawk
Maschinentyp	DFA	DFA	DFA	beides	NFA	NFA
echter »längster frühester Treffer«	✓	✓	✓	✓	✓	✓
(...) . | * + ? [...]	✓	✓	✓	✓	✓	✓
Wortgrenzen \< \>	•	•	•	✓	✓	•
Newline-Escape in Regex	⌐|˻	Fehler	Fehler	⌐|˻	⌐|˻	⌐|˻
\b, \f, \n, \r, \t · \a, \v	\t, \n	✓·•	✓·•	✓	✓	✓
\w, \W · {min,max} · Rückwärtsreferenzen	•	•	•	✓·✓·•	•·•·✓	•·✓·•
Escapes in Zeichenklassen	nur \]	außer \-	✓	✓	•	✓
oktale (\123), hexadezimale (\xFF) Escapes	•	✓·•	✓	✓	✓	✓
·.· paßt auf Newline, Anker ignorieren Newline	✓	✓	✓	✓	✓	✓
POSIX [:...:] usw.	•	•	•	nur [:...:]	✓	•
Groß/klein ignorieren möglich	•	•	•	✓	•	•

- **awk** – *the One True Awk* (*das einzig wahre Awk*). Wird noch immer von Brian Kernighan unterhalten. Die getestete Version ist vom 29. Juni 1996.

- **gawk** – GNU *awk*. Getestete Version: `3.0.0`.

- **MKS** – *awk* für Windows-NT von Mortice Kern Systems.

- **mawk** – *Mike's awk*, von Michael Brennan. Getestete Version: `1.3b`.

Fettgedruckte Namen verweisen auf eine spezifische Version aus der Tabelle; *awk* meint also kein bestimmtes, sondern das generische Programm, aber **awk** ist Brian Kernighans *One True Awk*.

Lassen Sie sich wiederum nicht von Tabelle 6-3 zu der Ansicht verleiten, hier stünden alle Informationen, die zum Schreiben von portablen *awk*-Skripts erforderlich wären. Es gibt *viele* zusätzliche Unterschiede. Manche sind geringfügig: In **oawk**, **nawk** und **awk** braucht ein Gleichheitszeichen am Anfang der Regex einen Backslash davor (äußerst merkwürdig). Manche sind sehr stark auf eine bestimmte Version bezogen (zum Beispiel unterstützt **gawk** den {*min,max*}-Quantifier nur, wenn die Befehlszeilenoption `--posix` oder `--re-interval` angegeben wird). Von anderen, ernsthaften, aber manchmal subtilen Unterschieden sind die meisten Implementierungen betroffen. Die nächsten Unterabschnitte behandeln einige davon.

Sind oktale und hexadezimale Escapes Literale?

Bei *awk*s, die hexadezimale Escapes unterstützen, sollte man annehmen, daß ⌐`ora\x2Ecom`˻ das gleiche bewirkt wie ⌐`ora\.com`˻ (`2E` ist der hexadezimale ASCII-Code des Punktes). Die Begründung ist wie in Kapitel 3 (☞ 79): Wer sich die Mühe macht und ein oktales oder hexadezimales Escape hinschreibt, will wohl vermeiden, daß das Resultat als Metazeichen interpretiert wird. So behandeln das **awk** und **mawk**, aber der POSIX-Standard hat seine eigene verdrehte Logik, daher behandeln **gawk** und MKS ⌐`\x2E`˻ als das Metazeichen »Punkt« (**gawk** tut das nicht, wenn die Option `--traditional` benutzt wird).

Wie weit reichen oktale und hexadezimale Escapes?

Man würde wahrscheinlich auch erwarten, daß \x2E ein hexadezimales Escape in ⌜ora\x2Ecom⌝ ist. Manche Implementierungen »fressen« jedoch alles nach \x, was nach hexadezimaler Ziffer aussieht, und für diese ist das Escape \x2ec (mehr dazu ☞ 79). Wiederum tun das **gawk** und MKS (**gawk** erlaubt allerdings keine einziffrigen hexadezimalen Escapes, mindestens in Version 3.0.0 nicht).

Bei oktalen Escapes wird das Problem nur schlimmer. Ein-, zwei- und dreiziffrige Escapes werden von allen unterstützt (bei MKS sind die einziffrigen Escapes allerdings Rückwärtsreferenzen, was in der Dokumentation nicht erwähnt ist), aber das ist schon alles, was gleich ist. **awk**, MKS und **mawk** ignorieren korrekterweise eine 8 oder 9 nach ein oder zwei oktalen Ziffern, aber **nawk** denkt offenbar, daß das legale oktale Ziffern sind! (☞ 78). **gawk** behandelt 8 und 9 korrekt, wenn davor legale oktale Ziffern stehen, aber \8 und \9 erzeugen einen fatalen Fehler (einer der Bugs, die in Versionen nach 3.0.0 bereits behoben sind).

Leere Regex oder leerer Unterausdruck in Awk

Manchmal will man mit einer Regex wie ⌜(dies|das|)⌝ auch eine leere Alternative zulassen, die immer paßt (☞ 89). Mit einem DFA ist das exakt das gleiche wie ⌜(dies|das)?⌝, aber man könnte den ersten Ausdruck vorziehen, weil er die Absicht besser beschreibt. Leider lassen nicht alle Implementierungen diesen Ausdruck zu: **awk**, **mawk** und **nawk** behandeln ihn als Syntax-Fehler.

Eine völlig leere Regex ist wieder etwas anderes. **awk** und **nawk** lassen auch diese nicht zu; in **mawk**, **gawk** und MKS paßt sie auf jeden String.

Konsistente Zeichenklassen bei Awk

Die größten Unterschiede gibt es wohl bei der Frage, ob Escapes in Zeichenklassen erlaubt sein sollen und wie ›]‹ oder ›–‹ in Zeichenklassen dargestellt werden. Dies ist in Tabelle 6-3 dargestellt.[1] Eine Zeichenklasse, die mit ›]‹ beginnt, ist für **awk**, **gawk** und MKS kein Problem. In **mawk** ist das ein Syntax-Fehler, und in **nawk** wird die eckige Klammer einfach ignoriert (schon bei **oawk** war das so).

Welche Daten akzeptiert Awk?

Manche Implementierungen beschränken die Art der Daten, die verarbeitet werden können. **awk** und **nawk** akzeptieren nur 7-Bit-ASCII; Zeichen, bei denen das achte Bit gesetzt ist, können nie passen. Nur **gawk** kann mit Texten umgehen, die Nullzeichen enthalten (bei MKS erzeugt ein Nullzeichen einen Fehler, die anderen behandeln es als Zeilenende oder als Ende der Regex).

---

1 Nicht angegeben ist, wie der Slash, das Begrenzungszeichen für die ganze Regex, innerhalb einer Zeichenklasse angegeben werden muß. Beim klassischen **awk** kann man diesem Slash einen Backslash voranstellen, muß dies aber nicht tun. Bei **gawk** darf kein Backslash benutzt werden, bei den anderen *muß* der Slash mit einem Backslash geschützt werden.

Regex-Funktionen und -Operatoren bei Awk

Bei den modernen *awk*s (das sind alle besprochenen außer **oawk**) können reguläre Ausdrücke auf mindestens drei Arten benutzt werden: Beim Feld-Trennzeichen für Eingabezeilen (FS), bei den Operatoren ~ und !~ und bei den Funktionen match, sub, gsub und split (**gawk** kennt dazu noch gensub). Diese sind prinzipiell einfach und meist gut dokumentiert; ich werde hier nur die Punkte diskutieren, auf die man achten muß.

Operanden bei Awk: /…/ oder "…"

In den meisten Fällen ist auch ein String in Anführungszeichen ("…") dort zugelassen, wo eine Regex (/…/) erwartet wird. Zum Beispiel sind **string ~ /regex/** und **string ~ "regex"** im Wesentlichen gleich. Im zweiten Fall wird jedoch der Text in Anführungszeichen zunächst der normalen String-Interpolation unterworfen und erst dann der Regex-Maschine übergeben. Das heißt, daß zum Beispiel die Strings "\t" und "\\t" beide als literale Tabs angesehen werden: "\t" wird nach der String-Verarbeitung zum ⎁ und so an die Regex-Maschine übergeben, "\\t" ersetzt die String-Verarbeitung durch ⌐\t⌐, das von der Maschine als Tab-Metazeichen interpretiert wird. Analog passen sowohl /\\t/ als auch "\\\\t" auf den literalen String ‹\t›.

Nur bei **MKS** werden die zwei Versionen (/…/ und "…") exakt gleich behandelt. Auch wenn eine Regex als String angegeben wird, wird offenbar keine String-Verarbeitung durchgeführt, und der String landet wie eine Regex in /…/ direkt bei der Regex-Maschine.

Regex, die auf »gar nichts« passen

Die Implementierungen sind sich darüber einig, daß bei split die Regex auf ein wirkliches Zeichen passen muß, damit der String tatsächlich zerlegt wird (außer bei der leeren Regex, siehe weiter unten). Damit ist im Zusammenhang mit split die Regex ⌐.*⌐ identisch mit ⌐.+⌐.

Bei sub und gsub ist das allerdings anders. Bei den meisten Versionen wird mit

```
string = "awk"
gsub(/(garnichts)*/, "_", string)
```

der String string zu ‹_a_w_k_› (bei Versionen von **gawk** vor 3.0.1 zu ‹_a_w_k›).

Ein anderer Streitpunkt ist beispielsweise:

```
string = "sed_and_awk"
gsub(/_*/, "_", string)
```

Die meisten Implementierungen liefern ‹_s_e_d_a_n_d_a_w_k_›, **MKS** (und Versionen von **gawk** vor 3.0.1) dagegen ‹_s_e_d__a_n_d__a_w_k_›. Hier wird offenbar, auch nachdem ein Unterstrich gefunden und ersetzt wurde, die Regex vom Getriebe erneut angesetzt, und die Regex ⌐_*⌐ paßt dann auf das »Garnichts« vor jedem ›a‹. (Normalerweise ist das Matching von »gar nichts« nicht erlaubt an einer Position, bei der ein vorheriger Treffer endet.)

Whitespace und die split-Funktion

Wenn als drittes Argument von `split` der String `"•"` angegeben wird, wechselt *awk* in den »Whitespace-Modus«. Das eine Leerzeichen wird wie eine Zeichenklasse behandelt, die aus Leerzeichen, Tab und Newline besteht (bei **gawk** nur aus Leerzeichen und Tab).

Wie steht es mit /•/, tritt auch hier diese spezielle Behandlung von Whitespace auf? Bei **gawk** ist das so, nicht aber bei **awk** und **mawk**, und bei **nawk** ist das ein Syntax-Fehler.

Leere reguläre Ausdrücke bei Awk

Wie soll eine leere Regex etwa in `sub("", …)` oder `sub(//, …)` interpretiert werden? (**awk** erlaubt // nicht, aber in manchen Fällen den leeren String `""` anstelle einer Regex). Bei `gsub` kann eine leere Regex überall passen (außer bei **awk**, da ist das ein Syntax-Fehler). Bei `split` gibt es Unterschiede: **nawk** und **MKS** splitten gar nicht, die anderen teilen den String in einzelne Zeichen auf.

Tcl

Tcl[2] benutzt das NFA-Paket von Henry Spencer ohne Änderungen und hat damit eine einfache und klare Benutzerschnittstelle. Die Geschmacksrichtung ist direkt und aufgeräumt, die zwei Regex-Funktionen sind nützlich und funktionieren ohne Überraschungen. Lassen Sie sich von der Dokumentation (der Abschnitt »Choosing Among Alternative Matches« der Manpage erzählt schlichte Unwahrheiten über einen »frühesten längsten Treffer«) nicht verwirren – Tcl hat einen ganz normalen Benzinschlucker eingebaut, einen traditionellen NFA ohne große Extras, wie in Kapitel 4 beschrieben.

Operanden bei Tcls Regex

Ich beginne mit etwas, das Sie vielleicht erstaunt, wenn Sie Kapitel 3 nicht gelesen haben: Tcls reguläre Ausdrücke unterstützen keine der Zeichen wie ⌈\n⌋, und trotzdem kann man sie benutzen. Wie denn das?

›Words‹ in Tcl als reguläre Ausdrücke

Reguläre Ausdrücke in Tcl sind normale Strings (in der Tcl-Terminologie: *words*), die als reguläre Ausdrücke interpretiert werden, wenn sie an Funktionen wie `regexp` oder `regsub` übergeben werden. Das ist ganz ähnlich wie bei GNU Emacs und Python; in Kapitel 3 wurde das im Abschnitt »Strings als reguläre Ausdrücke« genauer diskutiert (☞ 80). Eine wichtige Folge davon ist, daß Strings nur dann der String-Behandlung unterworfen werden, wenn sie in Anführungszeichen im Programm auftauchen. Wenn eine Regex dagegen aus einer Konfigurationsdatei oder einem CGI-Formular stammt, dann können die String-Metazeichen nicht benutzt werden, sondern nur die aus Tabelle 6-4, die eigentlichen Regex-Metazeichen.

---

2   Die getestete Version war `Tcl7.5p1`. Die offizielle World Wide Web-Seite für Tcl ist:
    `http://www.sunlabs.com/research/tcl`

Tabelle 6-4: Geschmacksrichtung des NFA von Tcl

— Metazeichen außerhalb von Zeichenklassen —	
.	Jedes Byte außer Null (inkl. Newline)
(…)	Gruppierend und einfangend (max. 20 Paare)
*, +, ?	Übliche Quantifier, können sich auf (…) beziehen
|	Alternation
^, $	String-Anfang und -Ende (Newlines darin sind irrelevant)
Zeichen	Literales *Zeichen*
[…], [^…]	Normale und negierte Zeichenklassen
— Metazeichen in Zeichenklassen —	
]	Beendet eine Zeichenklasse (als Literal nur direkt nach [oder [^)
c1 – c2	Bereich (Literalen Bindestrich nur nach [oder [^, oder vor [)
Achtung: Innerhalb einer Zeichenklasse ist der Backslash kein Metazeichen	

Die Art, wie Tcl Strings verarbeitet, das Parsing, ist eines der wichtigsten Elemente der Sprache – eines, über das jeder Tcl-Benutzer Bescheid wissen sollte. Die Tcl-Dokumentation behandelt das Thema sehr eingehend, weshalb ich es hier nicht wiederhole. Von besonderem Interesse ist hier die *Backslash-Substitution*, die auf Strings angewandt wird, die nicht in {…} eingekleidet sind. Dabei werden viele typische Abkürzungszeichen expandiert,[3] und auch Zeilenenden mit einem Backslash davor werden (mit dem auf der nächsten Zeile folgenden Whitespace) durch ein Leerzeichen ersetzt. Dies passiert in einer frühen Phase des Parsings. Andere Backslashes werden entweder als geschützte Trennzeichen erkannt, oder es handelt sich um unbekannte Escapes – in diesem Fall wird ein Backslash einfach ignoriert.

Bei oktalen und hexadezimalen Escapes gibt es weitere Besonderheiten. Zunächst einmal akzeptiert Tcl 8 und 9 als oktale Ziffern (☞ 78). Bei hexadezimalen Escapes sind beliebig viele Ziffern erlaubt, und auch die merkwürdige Notation \x0x *ddd*… wird erkannt, vielleicht unbeabsichtigterweise. Das ist einerseits erstaunlich, dann aber wiederum auch nicht, denn in Tcl wird \x0 (das Nullzeichen) wohl kaum gebraucht – Tcl geht mit Nullzeichen generell ungnädig um.

Reguläre Ausdrücke in Tcl

In Tcl gibt es zwei Funktionen, die mit Regex umgehen: `regexp` für die Mustererkennung und `regsub` für das »Suchen-und-Ersetzen«. Ich habe dazu nicht viel mehr zu sagen, als man der Dokumentation entnehmen kann.

---

3 Die Dokumentation (zu `tcl7.5`) behauptet, daß Tcl die Abkürzung \n immer durch das Zeichen mit dem hexadezimalen Wert 0A ersetzen würde. Dem ist nicht so: Es wird ein Wert eingesetzt, der vom Betriebssystem abhängt (☞ 77). John Ousterhout sagte mir allerdings, daß er beabsichtige, in Zukunft ausschließlich 0A zu verwenden. Das kann für Benutzer von MacOS zu Überraschungen führen.

Die regexp-Funktion in Tcl

`regexp` wird wie folgt verwendet:

```
regexp [ Optionen ]  Regex  Suchtext  [ Resultat ... ]
```

Wenn die Regex auf den Suchtext paßt, wird 1 zurückgegeben, sonst 0. Wenn für *Resultat* eine Variable angegeben wird, erhält die den Text, auf den die Regex gepaßt hat. Wenn mehrere angegeben werden, wird den weiteren Variablen der Text aus geklammerten Unterausdrücken zugeteilt (der Null-String, wenn der Unterausdruck nicht gepaßt hat oder wenn er gar nicht ausgewertet wurde). Wenn der Ausdruck als ganzes nicht paßt, werden die angegebenen Resultatvariablen nicht angerührt.

Ein Beispiel:

```
if [regexp -nocase {^(dies|das|sonst)="([^"]*)"} $string {} wort wert] {
    ⋮
```

Zum Ignorieren von Groß- und Kleinschreibung dient hier die Option `-nocase`. Die Regex `^(dies|das|sonst)="([^"]*)"` wird auf den Text in `$string` angewandt. Nach dem Suchtext erscheint {}, wo eigentlich ein Variablenname erwartet wird. {} dient hier als Platzhalter, weil ich am Text des ganzen Treffers gar nicht interessiert bin, sondern nur an dem Text, auf den die zwei Klammerausdrücke passen. Diese werden in den zwei folgenden Variablennamen aufgefangen; sie entsprechen dem, was wir in Perl $1 und $2 nennen. Wenn `$string` den Wert **Dies="42"•#•Immer!** hat, erhält die Variable `$wort` den Wert `Dies` und `$wert` erhält 42. (Hätte ich statt des Platzhalters {} eine Variable angegeben, erhielte diese den String **Dies="42"**, den Text des ganzen Treffers.)

Die regsub-Funktion in Tcl

`regsub` wird wie folgt benutzt:

```
regsub [ Optionen ]  Regex  Suchtext  Ersatztext  Resultat
```

Zunächst wird der Suchtext in die Variable mit dem Namen *Resultat* kopiert. Dann wird darin der erste Treffer (oder alle Treffer, wenn `-all` benutzt wird) durch den *Ersatztext* ersetzt. Die Funktion gibt die Anzahl der Substitutionen zurück; wenn nichts ersetzt wurde, behält die Resultatvariable den Wert aus *Suchtext*.

Innerhalb des Ersatztextes beziehen sich & oder \0 auf den gesamten Treffer und \1 bis \9 auf die entsprechenden Texte, auf die die Klammerausdrücke gepaßt haben. Diese Escapes müssen bis zu `regsub` vordringen, deshalb müssen sie mit einem weiteren Backslash oder mit {…} vor der Interpretation als String-Metazeichen geschützt werden.

Wenn man nur an der Anzahl der Treffer interessiert ist, kann für *Ersatztext* und *Resultat* der Platzhalter {} angegeben werden. Wenn eine Regex benutzt wird, die überall paßt (etwa die leere Regex, {}), dann wird der Ersatztext vor jedem Zeichen eingesetzt. Hier zwei Varianten, mit denen man in einem String jedes Zeichen mit der Sequenz »Unterstrich-Backslash« unterstreichen kann:

```
regsub -all {} $string  _\b   unterstrichen
regsub -all  . $string  _\b&  unterstrichen
```

Optionen bei regexp und regsub

Bisher sind uns zwei Optionen begegnet, −nocase und −all, aber es gibt noch weitere. Die `regexp`-Funktion kennt −indices, −− und −nocase; regsub läßt −all, −− und −nocase zu.

Mit −indices werden statt den Treffertexten nur deren *Positionen* im Suchtext in die angegebenen Variablen kopiert. Das sind jeweils zwei Zahlen in einem String, die den Offset (null-basierend) vom Anfang des Suchtextes angeben oder ›−1 −1‹, wenn kein Treffer gefunden wird. Im dies|das|sonst-Beispiel von vorhin erhielte $wort den String ›0 3‹ und $wert die zwei Zahlen ›6 7‹.

Obwohl die Dokumentation etwas anderes impliziert, verhält sich −nocase so, wie man es erwarten würde. Die Manpage erweckt den Eindruck, daß ⌈US⌋ auch mit der −nocase-Option nicht auf ›us‹ paßt.

Normalerweise sind Argumente, die mit einem Bindestrich beginnen, Optionen (oder Fehler, wenn es eine solche Option nicht gibt). Das gilt auch, wenn der String, der als Regex interpretiert werden sollte, mit einem Bindestrich beginnt. Eine Funktion in Tcl sieht ihre Argumente so, wie sie nach der String-Verarbeitung aussehen. Die Option −− markiert das Ende einer Liste von Optionen und besagt, daß das nächste Argument die Regex ist.

Regex-Optimierungen bei Tcl

Tcl überläßt das Formulieren von effizienten regulären Ausdrücken dem Programmierer und optimiert selbst nur wenig. Jede Regex wird kompiliert, sobald sie erkannt wird. Immerhin wird ein Cache der fünf zuletzt gebrauchten Regex konsultiert (☞ 163).

Die Regex-Maschine selbst ist genau die, die Henry Spencer 1986 veröffentlicht hat. Unter den in Kapitel 5 (☞ 158) behandelten Optimierungsmethoden versucht Tcl die *»Erstes Zeichen«-Optimierung*, den *Test auf simple Strings* (aber nur, wenn die Regex mit einem durch Stern oder Fragezeichen quantifizierten Element beginnt), die *Einfache Repetition* und erkennt, daß ein Zirkumflex nur am Anfang des Strings passen kann. Allerdings erkennt Tcl nicht, daß eine Regex einen impliziten Zeilenanker hat, wenn sie mit ⌈.*⌋ beginnt.

GNU Emacs

Reguläre Ausdrücke sind für die Verarbeitung von Texten ausgelegt, da ist es nicht verwunderlich, daß sie in GNU Emacs[4] (im weiteren nur noch »Emacs« genannt) eine entscheidende Rolle spielen. Emacs ist eines der mächtigsten heute benutzten Werkzeuge

---

4   Dieser Abschnitt behandelt GNU Emacs Version 19.33.

zur Manipulation von Texten. Emacs ist nicht einfach ein Editor mit eingebauter Programmiersprache, sondern eher eine vollständige Programmierumgebung, *elisp*, mit einem darauf aufgebauten Display-System. Der Benutzer kann direkt auf *elisp*-Funktionen zugreifen, man kann sie also auch als Editierbefehle anschauen.

Emacs *elisp* (im Jargon nur »Lisp« genannt) umfaßt knapp tausend Primitiven, also Funktionen, die in C geschrieben sind und mit dem ganzen Emacs-System kompiliert werden. Dazu kommen aus der mitgelieferten Lisp-Bibliothek mehr als zehntausend Lisp-Funktionen, mit denen ungefähr alles Denkbare implementiert wurde – vom simplen »gehe zum nächsten Zeichen« bis zu Newsreadern, E-Mail-Paketen und Web-Browsern.

Tabelle 6-5: Grundlegende Suchfunktionen von GNU Emacs

— Funktionen mit regulären Ausdrücken —	
Funktion	**Zweck**
`looking-at`	Wendet trad. NFA-Regex auf aktuelle Position im Buffer an
`posix-looking-at`	dito, aber mit Pseudo-POSIX-NFA-Regex
`string-match`	Wendet traditionelle NFA-Regex auf einen String an
`posix-string-match`	dito, aber mit Pseudo-POSIX-NFA-Regex
`re-search-forward`	Sucht vorwärts im Buffer mit einer trad. NFA-Regex
`posix-search-forward`	dito, aber mit Pseudo-POSIX-NFA-Regex
`re-search-backward`	Sucht rückwärts im Buffer mit einer trad. NFA-Regex
`posix-search-backward`	dito, aber mit Pseudo-POSIX-NFA-Regex
— Suchfunktionen für literale Strings —	
`search-forward`	Sucht vorwärts im Buffer nach literalen Strings
`search-backward`	dito, aber rückwärts
— Funktionen für die Resultate von Suchfunktionen —	
(erst anwendbar nach einer erfolgreichen Suche mit einer der obigen Funktionen)	
`match-beginning`	Gibt Anfangsposition des letzten Treffers[†] zurück
`match-end`	dito, aber Endposition[†]
`match-data`	Liefert alle Positionsdaten des letzten Treffers[†]
`store-match-data`	Setzt Positionsdaten auf die angegebenen Werte zurück
`match-string`	Gibt den Text des letzten Treffers zurück
`replace-match`	Ersetzt den *buffer text*, der zuletzt paßte, durch neuen Text
[†] Diese Funktionen können auch Daten des von Unterausdrücken gefundenen Texts zurückgeben. Verwandte Funktionen: `regexp-quote` – gibt »Regex-sicheren« String zurück. Verwandte Variable: `case-fold-search` – wenn `true`, wird Groß-/Kleinschreibung ignoriert.	

Emacs benutzt seit langer Zeit eine traditionelle NFA-Maschine, seit Version 19.29 (Juni 1995) ist eine POSIX-ähnliche NFA-Implementierung dazugekommen, die den »längsten frühesten Treffer« findet. Von den etwa tausend eingebauten Funktionen können vier Paare mit regulären Ausdrücken umgehen. In Tabelle 6-5 sind diese aufgeführt, zusammen mit einigen dazu passenden Hilfsfunktionen. Die häufig benutzten Suchfunktionen wie die inkrementellen `isearch-forward` und `isearch-forward-regexp` sind Lisp-

Funktionen, die letztlich auf diese Primitiven zurückgreifen. Oft haben diese zusätzliche Annehmlichkeiten; zum Beispiel verwandelt `isearch-forward` jedes eingetippte Leerzeichen in ⌜`\s-+`⌟, die Emacs-*Syntaxklasse* für Whitespace (siehe weiter unten), so daß jede Art und Menge von Whitespace erkannt wird.

Damit dieser Abschnitt kurz und prägnant bleibt, verzichte ich auf die Behandlung der auf höherer Ebene angesiedelten Lisp-Funktionen oder jeder Einzelheit der Primitiven; in Emacs ist diese Beschreibung nur ein paar Tastendrücke entfernt (**C-h f**, die Funktion `describe-function`).

Emacs Strings als reguläre Ausdrücke

Wie in Tcl und Python sind auch in Emacs reguläre Ausdrücke normale Strings, die von den Regex-Funktionen an die eigentliche Maschine weitergereicht und schließlich als Regex interpretiert werden. Die wichtigen Aspekte dieser Herangehensweise wurden in Kapitel 3 behandelt (☞ 80). Tabelle 6-6 zeigt einige der Features von quotierten Strings in Emacs.

Tabelle 6-6: String-Metazeichen bei GNU Emacs

`\a`	ASCII Alarm (BEL)	`\n`	Newline des Systems
`\b`	ASCII Backspace (BS)	`\r`	ASCII Carriage-Return (CR)
`\d`	ASCII Delete (DEL)	`\t`	ASCII Tabulator (HT)
`\e`	ASCII Escape (ESC)	`\v`	ASCII Vertikaler Tabulator (VT)
`\f`	ASCII Formfeed (FF)	`\A-`*Z*	Emacs Alt-*Z*
`\C-`*Z*	Emacs Control-*Z*	`\H-`*Z*	Emacs Hyper-*Z*
`\^`*Z*	Emacs Control-*Z*	`\M-`*Z*	Emacs Meta-*Z*
`\S-`*Z*	Emacs Shift-*Z*	`\ `*okt*	Byte-Wert oktal (1...3 Ziffern)
`\s-`*Z*	Emacs Super-*Z*	`\x`*hex*	Byte-Wert in Hex (0 oder mehr Ziffern)
Z steht für irgendein Zeichen. Andere \ *Z*-Escapes (auch \\) erzeugen das Zeichen *Z*.			

Geschmacksrichtung von Emacs' Regex

Die Tabelle 6-7 auf der nächsten Seite führt die Metazeichen auf, die von der Regex-Maschine von Emacs verstanden werden; eine seltsame Mischung von Zeichen mit vorangestelltem Backslash und solchen ohne. Da auch Strings ihre Metazeichen haben, sehen reguläre Ausdrücke in Emacs häufig aus wie eine Reihe von verstreuten Zahnstochern: ›"\\(\\([\\|]\\|\\\]\\)"‹ (ein vergleichsweise zahmes Beispiel aus der mitgelieferten Lisp-Bibliothek). Siehe auch Seite 81.

Wörter und Syntaxklassen in Emacs

Ein wichtiger Bestandteil von Emacs' Regex-Geschmacksrichtung ist die Möglichkeit, eine *Syntax* zu spezifizieren. Der Benutzer – oder ein *elisp*-Programm – kann damit angeben, welche Zeichen Whitespace ausmachen, welche zu Wörtern gehören, welche Kommentare umschließen und einiges mehr. Tabelle 6-8 auf Seite 199 gibt die verfügbaren

Tabelle 6-7: Geschmacksrichtung von Emacs' NFA

— Metazeichen außerhalb von Zeichenklassen —	
.	Jedes Byte außer Newline
\(...\)	gruppierende und einfangende Klammern
*, +, ?	Übliche Quantifier, können sich auf (...) beziehen
|	Alternation
^	Zeilenanfang (Nur am Anfang der Regex, nach | oder \() *Paßt am Anfang des Textes und nach jedem Newline*
$	Zeilenende (Nur am Ende der Regex, vor | oder \)) *Paßt am Ende des Textes und vor jedem Newline*
\w, \W	Wortzeichen, Nicht-Wortzeichen (vgl. Tabelle 6-8)
\<, \>, \b	Wort-Anfang, -Ende, -Grenze (vgl. Tabelle 6-8)
\s *code*, \S *code*	Zeichen aus (*nicht* aus) einer Emacs Syntaxklasse (vgl. Tabelle 6-8)
Ziffer	Rückwärtsreferenz (nur einstellige Zahlen)
Jedes andere \Z	Literales *z*; das Zeichen *z* selbst
[...], [^...]	Normale und negierte Zeichenklassen
— Metazeichen in Zeichenklassen —	
]	Beendet eine Zeichenklasse (als Literal nur direkt nach [oder [^)
c1 – c2	Bereich (Literalen Bindestrich nur nach [oder [^, oder vor [)
Achtung: Innerhalb einer Zeichenklasse ist der Backslash kein Metazeichen	

Syntaxklassen an. Mit dem Befehl `describe-syntax` (normalerweise die Tastenkombination **C-h s**) kann man sich die aktuelle Syntax im Detail auflisten lassen.

Mit dynamisch veränderbaren Syntaxklassen kann sich Emacs sehr einfach auf die verschiedenen Hauptmodi (*major modes* wie etwa `text-mode`, `cperl-mode`, `c-mode`) einstellen. Der Modus für das Editieren von C++-Programmen erklärt zum Beispiel /*...*/ und //...◫ zu Kommentarzeichen, der Modus für *elisp* benutzt dafür nur ;...◫.

Eine Syntax hat in verschiedener Weise Einfluß auf die regulären Ausdrücke. Mit den Metazeichen für Syntaxklassen – Kombinationen von ⌐\s...⌐ und ⌐\S...⌐ mit einem **Code** aus Tabelle 6-8 – kann direkt auf diese Syntax zugegriffen werden. Zum Beispiel bezeichnet ⌐\sw⌐ immer ein Wortbestandteil-Zeichen; was aber genau ein Wort ausmacht, bestimmt die Syntax und ist damit von der Umgebung abhängig. In allen Modi gehören Buchstaben und Ziffern zur Klasse »Wortbestandteile«, im normalen Textmodus zudem das Hochkomma, im `cperl-mode` dagegen der Unterstrich.

Die Definition der Syntaxklasse »word« beeinflußt einerseits die Metazeichen \w und \W (das sind nur Abkürzungen für \sw und \Sw), aber auch die Metazeichen für Wortgrenzen, \< und \>.

Die Emacs Pseudo-POSIX-Maschine

Wie bereits erwähnt und in Tabelle 6-5 aufgeführt, besitzt Emacs zu jeder Regex-Primitive eine POSIX-Version, mindestens werden sie mit diesem Namen bezeichnet. Das hat

Tabelle 6-8: Emacs' Syntaxklassen

Name	Code(s)	Paßt auf
charquote	/	ein Zeichen, das das folgende Zeichen maskiert
close	)	ein schließendes Begrenzungszeichen
comment	<	ein öffnendes Kommentarzeichen
endcomment	>	ein schließendes Kommentarzeichen
escape	\	Zeichen, mit dem C-artige Escapes beginnen
math	$	ein Begrenzer wie $ in TeX
open	(	ein öffnendes Begrenzungszeichen
punct	.	ein Interpunktionszeichen
quote	'	ein Präfix-Anführungszeichen (wie ' in Lisp)
string	"	ein String-Begrenzer (wie "…")
symbol	_	ein Nicht-Wortbestandteil
whitespace	- oder ●	ein Whitespace-Zeichen
word	w oder W	ein Wortbestandteil

keinen Einfluß auf die erkannten regulären Ausdrücke (die Geschmacksrichtung ändert sich nicht, sie wird nicht plötzlich zu der von Tabelle 3-2; ☞ 69) und auch nicht darauf, ob die Regex paßt oder nicht. Beeinflußt wird lediglich, *welcher* Text paßt und wie schnell ein Treffer gefunden wird.

Wenn man nur die Treffer der Regex als Ganzes betrachtet, dann finden die POSIX-artigen Suchfunktionen tatsächlich den »längsten frühesten Treffer«, genau wie eine wirkliche POSIX-Maschine. Unterausdrücke in Klammern dagegen werden nicht von links her mit dem jeweils längstmöglichen Text gefüllt, wie das von POSIX gefordert wird (Kapitel 4, ☞ 121). Es wird Emacs' normale NFA-Maschine verwendet, nur testet diese im Pseudo-POSIX-Modus alle Möglichkeiten durch und gibt den längsten Treffer zurück. Bei Klammerausdrücken wird offenbar der gespeicherte Klammernstatus des *ersten* möglichen Treffers des Unterausdrucks zurückgegeben, der zu dem Treffer als Ganzes führte.

Als Beispiel betrachten wir ein POSIX-Matching von ⌈`\(12\|1\|123\).*`⌋ auf den Text ›1234‹. Hier sollte der von den Klammern erkannte Text 123 sein, das ist der längste Text, der vom geklammerten Unterausdruck erkannt wird und der sich mit dem Treffer der Regex als Ganzes verträgt. Mit einer `posix-`Funktion von Emacs erhält man aber 12, nämlich den ersten lokalen Treffer des Unterausdrucks, der zum längsten Treffer der Regex als Ganzes geführt hat.

Wegen des zusätzlichen Rechenaufwands für die POSIX-Funktionen rate ich entschieden von ihrem Gebrauch ab, außer man braucht sie für einen ganz bestimmten Zweck.

Resultate eines Matchings bei Emacs

Jede der Funktionen im oberen Teil von Tabelle 6-5 beeinflußt `match-data` und das wiederum die Rückgabewerte der Funktionen `match-beginning` und `match-end`, außerdem `match-string` und `replace-match`.

Daten, die nach einem Treffer verfügbar sind

Die Funktionen (**match-beginning** *Zahl*) und (**match-end** *Zahl*) geben die Position eines Treffers (oder lokalen Treffers eines Unterausdrucks) zurück, wo der Treffer beginnt und wo er endet. Wenn *Zahl* Null ist, geht es um den globalen Treffer, sonst um den vom *Zahl*ten Klammerpaar erkannten Text. Die genaue Art, wie diese Positionen zurückgegeben werden, hängt von der Such-Primitive ab. Bei string-match sind es einfach Zahlen, null-basierende Indizes, die die Distanz zum Anfang des des Strings angeben; bei looking-at sind es Marken im Buffer. In jedem Fall wird nil zurückgegeben, wenn das Klammerpaar nicht existiert oder nicht Teil des globalen Treffers ist.

match-beginning und match-end sind nur andere, oft praktischere Schnittstellen zu den gleichen Daten, wie match-data sie liefert. match-data enthält die Positionen des letzten Treffers und der Treffer aller seiner Unterausdrücke; es ist eine Liste der Art:

```
( (match-beginning 0) (match-end 0)
  (match-beginning 1) (match-end 1)
  (match-beginning 2) (match-end 2)
    ⋮
)
```

Wenn wir ⌈a\(b?\)\(c\)⌉ mit der Funktion string-match auf den Text ›ac‹ anwenden, erhalten wir mit match-data die Liste (0 2 1 1 1 2). Das mittlere 1 1 besagt, daß der erste geklammerte Unterausdruck, der ⌈b?⌉ einfaßt, zwar auf kein Zeichen gepaßt hat (Start- und Endposition sind gleich), das Matching war aber trotzdem erfolgreich, der Unterausdruck hat ein »Garnichts« beim String-Index 1 erkannt.

Mit der Regex ⌈a\(b\)?\(c\)⌉ (das Fragezeichen ist jetzt außerhalb der ersten Klammer) gibt match-data dagegen die Liste (0 2 nil nil 1 2) zurück. Das nil nil zeigt an, daß der erste Klammerausdruck nicht Teil des Treffers der ganzen Regex war (der durch das Fragezeichen quantifizierte Unterausdruck hat erfolgreich nullmal gepaßt, aber der Klammerausdruck selbst hat nichts erkannt).

Die beiden Funktionen match-string und replace-match benutzen die Daten von match-data, um den erkannten Text herauszulösen oder ihn zu verändern (oder auch ganz anderen Text, wie im nächsten Abschnitt beschrieben). Die Form (**match-string** *Zahl*) liefert den Text aus dem aktuellen Buffer von (**match-beginning** *Zahl*) bis (**match-end** *Zahl*). Mit (**match-string** *Zahl String*) wird der entsprechende Substring aus *String* zurückgegeben.

Sie entscheiden, ob Sie match-string und replace-match mit dem gleichen Text verwenden, in dem das Matching ablief, das die Daten für match-data ermittelt hat. Niemand hindert Sie daran, den Text zwischen dem eigentlichen Matching und dem Aufruf von match-string zu verändern oder in der Zwischenzeit den Buffer zu wechseln. Ich vermute, daß es für solche Tricks auch interessante Anwendungen gibt, aber meist sind das Fallen, die man vermeiden sollte.

Benchmarking in Emacs

Bei einem Editor wie Emacs läßt sich das Laufzeitverhalten nicht so einfach untersuchen wie bei einem Skript, aber man *kann* es untersuchen. Das folgende Listing zeigt eines der Programme, das ich für die Ermittlung der Daten des Beispiels aus Kapitel 5 benutzt habe (☞ 182). Ich bin kein absoluter *elisp*-Experte, berücksichtigen Sie das bitte. Die time-now ist vielleicht trotzdem ganz nützlich.

Emacs-Funktion für den Benchmark aus Kapitel 5

```lisp
;; -*- lisp-interaction -*-

(defun time-now ()
  "Liefert die Anzahl Sekunden seit 1.Jan 1970 00:00 als Fließkommazahl."
    (+ (car (cdr (current-time)))
        (/ (car (cdr (cdr (current-time)))) 1000000.0))
)

(defun dotest () "Kapitel 5 Benchmark" (interactive)
  (setq case-fold-search t)     ;; Groß-/Kleinschreibung ignorieren.
  (goto-line 1)                 ;; Gehe zum Anfang des Buffers.
  (setq treff 0)                ;; Kein Treffer bis jetzt.
  (message "testing...")        ;; Damit der Benutzer etwas sieht.
  (setq start (time-now))       ;; Startzeit notieren.

  (while (< (point) (point-max)) ;; Solange wir nicht am Ende sind...
    (setq beg (point))          ;; Anfang der Zeile speichern.
    (forward-line 1)            ;; Nächste Zeile.
    (setq end (point))          ;; Position der nächsten Zeile notieren.
    (goto-char beg)             ;; Zeile zurück.

    (if
        ;; Einzelne Regex der Reihe nach durchprobieren
        (or
         (re-search-forward    "\\<char\\>"     end t)
         (re-search-forward    "\\<const\\>"    end t)
             ⋮
         (re-search-forward    "\\<unsigned\\>" end t)
         (re-search-forward    "\\<while\\>"    end t)
         )
        (setq treff (+ treff 1)) ;; Treffer-Zeile gefunden.
      )
    (goto-char end) ;; zur nächsten Zeile
    )

  ;; Fertig -- Zeitdifferenz berechnen
  (setq delta (- (time-now) start))

  (message "Resultat: Anz. Treffer %d, Zeit = %.2f sec" treff delta)
)
```

Optimierungen bei Emacs

Obwohl bei Emacs reguläre Ausdrücke sehr häufig eingesetzt werden, optimiert die Regex-Maschine nur wenig, weniger als die NFA-Maschinen von Perl, Python oder Tcl. Von den in Kapitel 5 (☞ 158) vorgestellten Optimierungsmethoden benutzt Emacs nur die *»Erstes Zeichen«-Optimierung* sowie die für *einfache Repetition* und macht einen halbherzigen Versuch zur *Längenerkennung* (indem festgestellt wird, daß eine Regex, die nicht auf den Nullstring passen kann, am Ende des Strings nicht geprüft werden muß). Nicht einmal Zeilenanker werden als Möglichkeit zur Optimierung erkannt.

Die »Erstes Zeichen«-Optimierung ist dafür sehr gut, besser als bei allen anderen NFA-Maschinen. Andere geben schon bei relativ simplen Ausdrücken wie ⌈a|b⌋ auf, Emacs dagegen kann auch komplexere Ausdrücke analysieren.

Bei ⌈^[•🝕]*\(with\|pragma\|use\)⌋ zum Beispiel wird korrekt erkannt, daß ein Treffer auf jeden Fall mit ⌈[🝕•puw]⌋ beginnen muß. Die Optimierung hat erstaunliche Auswirkungen, ohne sie wären die Regex in Emacs kaum schnell genug, besonders angesichts des massiven Einsatzes von Regex in der Lisp-Bibliothek (ein Beispiel dazu ☞ 182).

Wie im Abschnitt »Kompilations-Caching« (☞ 162) erwähnt, wird eine Regex normalerweise bei jedem Gebrauch neu kompiliert. Emacs verwendet jedoch die zuletzt verwendeten Regex wieder. Bei Version 19.33 werden die letzten fünf aufbewahrt, in neueren Versionen werden es mehr sein.[5]

Die Vergrößerung des Caches wirkt sich bei dem Beispiel aus Kapitel 5 (☞ 182) sehr stark aus, aber dieser Test ist ein Extremfall. Ich habe ein paar einfache, aber praxisnahe Tests mit den Einrückungs- und Font-Routinen (die sehr viele Regex verwenden) durchgeführt; der Gewinn durch den vergrößerten Cache betrug etwa 20%. Immerhin.

Wenn Sie Ihren Emacs selber kompilieren, können Sie die Cache-Größe selber anpassen. Man braucht nur REGEXP_CACHE_SIZE ganz oben in der Datei *src/search.c* anzupassen.

---

[5] Kurz vor Abschluß dieses Buches habe ich Richard Stallman die Resultate der Benchmarks in Kapitel 5 mitgeteilt. Er beschloß darauf, die Cache-Größe auf 20 zu erhöhen, und hat außerdem den Such-Algorithmus für die Cache-Einträge verbessert. Die Änderungen werden in neueren Versionen von Emacs eingebaut sein.

In diesem Kapitel:

- *The Perl Way*
- *Perliges über Regex*
- *Perls Regex Geschmacksrichtung*
- *Der Match-Operator*
- *Der Substitutions-Operator*
- *Der Split-Operator*
- *Effizienz in Perl*
- *Das Puzzle zusammensetzen*
- *Abschließende Bemerkungen*

7

Reguläre Ausdrücke in Perl

Perl kommt in diesem Buch sehr oft vor, und das hat gute Gründe. Es ist verbreitet, hat eine äußerst reiche Regex-Sprache, ist frei und einfach erhältlich, der Einstieg für den Anfänger ist einfach, und es gibt Perl für eine große Anzahl von Plattformen, unter anderem für Amiga, DOS, MacOS, NT, OS/2, Windows, VMS und natürlich für jede Variante von Unix.

Manche der Sprachelemente ähneln denen von C oder anderen traditionellen Programmiersprachen, aber das ist schon alles, was ähnlich ist. Die Art, wie man mit Perl umgeht, um ein Problem zu lösen – die perlige Art (*The Perl Way*) – ist sehr verschieden vom Vorgehen bei traditionellen Programmiersprachen. Der grobe Aufbau eines Perl-Skripts lehnt sich oft an die Struktur an, wie man sie von strukturierten und objektorientierten Sprachen kennt, aber die eigentliche Datenverarbeitung stützt sich in hohem Maße auf reguläre Ausdrücke. *Reguläre Ausdrücke spielen in fast jedem Perl-Programm eine entscheidende Rolle*, das kann man, denke ich, mit gutem Gewissen sagen. Die Aussage stimmt für riesige Pakete mit zigtausend Zeilen Code, aber auch für einen Einzeiler wie

```
% perl -pi -e 's[(\d+(\.\d*)?)F\b]{sprintf "%.0fC", ($1-32)*5/9}eg' *.txt
```

der Fahrenheit-Temperaturen in `*.txt`-Dateien durch Celsius ersetzt (eine Reminiszenz an das erste Beispiel aus Kapitel 2).

In diesem Kapitel

Dieses Kapitel befaßt sich mit allen Eigenschaften von Perl, die mit regulären Ausdrücken zu tun haben – den Details seiner Regex-Geschmacksrichtung und den Operatoren, bei denen Regex eingesetzt werden. Die Dinge, die mit regulären Ausdrücken zu tun haben, werden von Grund auf erklärt, ich setze aber eine gewisse Vertrautheit mit Perl im allgemeinen voraus. Wenn Sie Kapitel 2 durchgearbeitet haben, genügt das vielleicht schon fürs erste. Manches spreche ich nur im Vorbeigehen an, ohne es genau zu erläutern, von den Sprachelementen, die nicht direkt mit regulären Ausdrücken zu tun haben, erkläre ich kaum etwas. Es kann nützlich sein, Perls *Manpages* zur Hand zu haben, oder vielleicht die *Perl 5 Schnellübersicht* von O'Reilly (engl. *Perl 5 Desktop Reference*, siehe Anhang A).

Wichtiger als Ihr Vorwissen über Perl ist vielleicht Ihr Wunsch, *neues über Perl zu erfahren.* Das Kapitel ist keine besonders leichte Lektüre. Mein Ziel ist es nicht, ein Buch über Perl zu schreiben, ich kann mir deshalb den Luxus leisten, mich nur auf die interessanten Dinge zu konzentrieren. Ich brauche die Sprache nicht in einem kohärenten Lehrgang zu erklären und muß deswegen auf Dinge zu verzichten, die für Anfänger zu schwierig sein könnten. Was sich aber durchaus wie ein roter Faden durch das Kapitel zieht, ist die Begierde nach einem tiefen Verständnis der behandelten Dinge. Manche dieser Themen sind komplex und im Detail verzwickt und vielleicht nicht sofort völlig verständlich. Ich empfehle ein erstes Durchlesen, um ein Bild der Zusammenhänge zu bekommen. Danach kann das Kapitel als Handbuch zum Nachschlagen benutzt werden.

Es wäre ideal, wenn ich die Diskussion der Regex-Geschmacksrichtung sauber von der Diskussion ihrer Anwendung trennen könnte, aber bei Perl sind die zwei Gebiete untrennbar miteinander verbunden. Um den Aufbau des Kapitels etwas klarer werden zu lassen, gebe ich hier eine kurze Vorschau:

- In »The Perl Way« beginne ich mit einem Überblick, wie die regulären Ausdrücke in Perl mit dem Rest der Sprache und mit dem Programmierer zusammenarbeiten. Ich führe ein Beispielprogramm ein, das demonstriert, wie man ein Problem nach der Art von Perl angeht. Dabei streifen wir einige wichtige Konzepte, auf die wir wieder und wieder stoßen werden – und vielleicht immer wieder im Leben mit Perl.

- »Perliges über Regex« (Seite 213) behandelt einige Aspekte von Perl, die für die regulären Ausdrücke besonders wichtig sind. Themen wie das *dynamische Scoping* (Geltungsbereich), der *Regex-Kontext* und der *interpolative Kontext* werden genauer beschrieben, immer mit dem Augenmerk auf ihr Verhältnis zu regulären Ausdrücken.

- »Perls Regex Geschmacksrichtung« (Seite 229) stößt zum Kern vor, zur Hauptmahlzeit mit allen exotischen Gewürzen, die in Perl Version 5 neu sind. Ohne Anwendungsmöglichkeit sind diese nicht besonders nützlich, deshalb zeigen die folgenden Abschnitte »Der Match-Operator« (☞ 251), »Der Substitutions-Operator« (☞ 260) und »Der Split-Operator« (☞ 264) alles über die manchmal magische Art, wie reguläre Ausdrücke in Perl angewandt werden.

- »Effizienz in Perl« (Seite 270) behandelt ein Thema, das jedem Programmierer nahegeht. Perl benutzt einen traditionellen NFA, deshalb können die in Kapitel 5 beschriebenen Methoden ohne weiteres verwendet werden. Dazu kommen natürlich die Besonderheiten von Perl, die Einfluß darauf haben, wie und vor allem wie schnell Ihre Regex-Programme ablaufen.

- Zum Schluß, in »Das Puzzle zusammensetzen« (Seite 295) versuche ich, mit ein paar Beispielen das Ganze in einem größeren Zusammenhang darzustellen. Die Beispiele aus »The Perl Way« werden hier neu beleuchtet, mit allem gewonnenen Wissen über Perl. Das abschließende Beispiel – das Prüfen einer Internet-Mailadresse (☞ 300) – benutzt so ziemlich alle Methoden und Tricks, die wir unterwegs gelernt haben. Das Resultat ist eine *fast 5000 Zeichen lange* Regex, und es ist trotzdem eine, die wir verstehen können, und von der wir sicher sind, daß sie stimmt.

The Perl Way

Tabelle 7-1 ist eine Übersicht über die äußerst vielseitige Geschmacksrichtung von Perls regulären Ausdrücken. Wenn Ihnen Perl neu ist, Sie aber andere Regex-Werkzeuge kennen, wird Ihnen etliches unvertraut vorkommen. Unvertraut ja, aber auch aufregend! Perls reguläre Ausdrücke sind wahrscheinlich die am besten ausgebauten der heute benutzten Programme. Der wichtigste Gesichtspunkt ist der, daß Perl eine traditionelle NFA-Maschine benutzt, so daß wir mit all den NFA-Methoden aus früheren Kapiteln loslegen können.

Nun, der Hacker lebt nicht vom Metazeichen allein. Reguläre Ausdrücke ohne Brotaufstrich sind trocken; sie sind wertlos ohne die Anwendungen, mit denen man sie zum Einsatz bringen kann. In diesem Bereich erfüllt Perl zweifellos sein Motto: »Viele Wege führen zum Ziel«.[1]

Reguläre Ausdrücke als Teil der Programmiersprache

Das Attraktive an den regulären Ausdrücken in Perl ist, daß sie so nahe am Kern der Sprache liegen. Es handelt sich nicht etwa um ein paar simple Bibliotheksfunktionen, sondern um Regex-*Operatoren*, die dicht verwoben sind mit den anderen Operatoren und Konstrukten, die die Sprache ausmachen. Die Tabelle 7-2 faßt die Operatoren kurz zusammen, die mit regulären Ausdrücken in direktem Zusammenhang stehen.

Vielleicht haben Sie »... =~ **m/**...**/**« noch nie als Operator betrachtet. Aber genauso, wie der Additionsoperator + zwei Operanden zusammenzählt und die Summe zurückgibt, ist auch dies ein Operator: Er wirkt auf zwei Operanden, die Regex und den Suchtext, und gibt einen Wert als Resultat zurück. Im Abschnitt »Mustererkennung als Funktion, als Operator oder als Objekt« in Kapitel 5 (☞ 163) hatten wir festgestellt, daß Operatoren ihre Operanden mit magischen Methoden behandeln können, was Funktionen verschlossen bleiben muß.[2] Und glauben Sie mir: Es gibt einiges an Magie im Umfeld von Perls Regex-Operatoren. Andererseits sei an Kapitel 1 erinnert: Es ist nichts Magisches an der Magie, wenn man *versteht*, wie der Trick vor sich geht. Dieses Kapitel ist Ihr Führer.

Es gibt einige entscheidende Unterschiede zwischen der eigentlichen Regex und dem Regex-Operanden. Die rohe Regex, die ins Skript geschrieben wird, wird von Perl

---

1   »There's more than one way to do it«. Manchmal abgekürzt: TMTOWTDI.

2   Die Unterscheidung ist in Perl schwierig, weil auch Funktionen und Prozeduren sich dem Kontext des Aufrufs anpassen können und ihre Argumente verändern dürfen. Ich versuche diese hier klar von den Regex-Elementen der Sprache zu unterscheiden, weil sich hier leicht Mißverständnisse einschleichen.

Tabelle 7-1: Elemente von regulären Ausdrücken in Perl, Überblick

. (*Punkt*) Jedes Byte außer Newline (☞ 237) (*Wirklich* jedes Byte mit /s☆, ☞ 238)	
| Alternation	(…) Gruppieren und Einfangen
Gierige Quantifier (☞ 229)	(?:…) Nur Gruppieren☆ (☞ 231)
* + ? { *n* } { *min,* } { *min, max* }	(?=…) Positives Lookahead☆ (☞ 232)
Nicht-gierige Quantifier (☞ 229)	(?!…) Negatives Lookahead☆ (☞ 232)
*? +? ?? { *n* }? { *min,* }? { *min, max* }?	**Anker**
(?#…) Kommentar☆ (☞ 235)	\b \B Wortgrenzen (☞ 244)
#… Mit /x: Kommentar[†] bis Newline oder bis zum Ende der Regex (☞ 228)	^ $ String-Anfang/-Ende (oder Anfang/ Ende einer logischen Zeile) (☞ 236)
Eingebettete Modifier (☞ 236)	\A \Z String-Anfang/-Ende☆ (☞ 239)
(? *mods*) Modifier i, x, m und/oder s	\G Ende des vorigen Treffers☆ (☞ 240)
\1, \2… Eingefangener Text aus dem entsprechenden Klammerpaar (☞ 231)	
[…] [^…] Normale und negierte Zeichenklassen (☞ 231)	
(Alle Abkürzungen unten sind auch in Zeichenklassen zulässig)	
Abkürzungen für Zeichen (☞ 246)	**für Klassen** (☞ 246)
\b[♥] \t \n \r \f \a \e \ *Zahl* \x *Zahl* \c *buchst*	\w \W \s \S \d \D
\l \u \L \U \Q☆ \E Textmodifikation »unterwegs« (☞ 250)	

☆   Erst ab Perl Version 5.000 unterstützt.

†   Funktioniert zuverlässig erst ab Perl Version 5.002.

♥   \b ist ein Anker außerhalb und eine Zeichen-Abkürzung innerhalb von Zeichenklassen.

zunächst aufbereitet, »gekocht«, bevor sie der Regex-Maschine übergeben wird. Diese Vorbereitung, das Abkochen, hat große Ähnlichkeit mit der Stringverarbeitung, geht aber nicht genau gleich vor sich. Für das generelle Verständnis des Ablaufs können sie zunächst als gleich betrachtet werden – ich werde die Unterschiede bei jeder Gelegenheit betonen.

Lassen Sie sich von der Kürze der Tabelle der Regex-Operatoren, Tabelle 7-2, nicht blenden. Jeder der Operatoren kennt eine Anzahl von Optionen und hat je nach Verwendung andere Eigenschaften.

Perls größte Stärken

Die reiche Auswahl von Optionen und Verwendungsmöglichkeiten der Regex-Operatoren und -Funktionen ist wohl Perls größte Stärke. Sie können sich in ihrem Verhalten dem Kontext anpassen, in dem sie benutzt werden, und tun das oft in der Weise, die der Programmierer beabsichtigt hat. In der zweiten Auflage von *Programmieren mit Perl* (O'Reilly) wird frech behauptet: »Im allgemeinen tun Perls Operatoren genau das, was Sie erwarten…«. Der Match-Operator m/*Regex*/ zum Beispiel verhält sich verschieden, je nachdem, wie und in welchem Kontext er gebraucht wird, und welche Modifiers benutzt werden. Diese Flexibilität ist schon sehr erstaunlich.

Tabelle 7-2: Elemente von Perls Regex-Sprache, Überblick

Regex-Operatoren		Modifier (☞ 253)	beeinflusst, wie...
† m/*Regex*/*mod* (☞ 251)		/x☆ /o	die Regex interpretiert wird
† s/*Regex*/*Ersatz*/*mod* (☞ 260)		/s☆ /m☆ /i	die Maschine auf Text wirkt
split(...) (☞ 264)		/g /e	Anderes
† wirkt auf $_, außer mit =~ oder !~ benutzt		**Daten aus dem Matching** (☞ 221)	
Verwandte Variablen		$1, $2 ...	Eingefangener Text
$_	Default-Suchraum	$+	Letztes ausgewertetes $1, $2 ...
$*	veralteter Multi-Line-Modus	$& $` $'	Treffer-Text, Text vor und nachher
	(☞ 236)	(möglichst vermeiden – »Effizienz-Betrachtungen« ☞ 270)	
— Verwandte Funktionen —			
pos (☞ 243) study (☞ 293)		quotemeta lc lcfirst uc ucfirst (☞ 250)	

☆ Erst ab Perl Version 5.000 unterstützt

Perls größte Schwächen

Diese geballte Ausdruckskraft und Reichhaltigkeit ist gleichzeitig eine der größten Schwächen von Perl. Es gibt eine Unzahl[3] von Spezialfällen, Randbedingungen und verschiedenen Kontexten, die sich scheinbar von Fall zu Fall ohne Grund oder Vorwarnung ändern. Sie ändern Ihr Skript nur ganz unwesentlich – und schon haben Sie einen dieser Spezialfälle erwischt, von dessen Existenz Sie vielleicht gar nichts wußten. Das Zitat aus *Programmieren mit Perl* geht weiter: »... es sei denn, Sie erwarten Konsistenz.« In der Informatik werden konsistente und zuverlässige Programmierschnittstellen oft fast als kleine Kunstwerke betrachtet. Diese sind aber oft auch langweilig, und das kann man von Perl nun wirklich nicht behaupten. Perl kann mit allen seinen Möglichkeiten ein erstklassiges Werkzeug in der Hand des geübten Benutzers sein, aber es scheint, daß man zuerst ein paarmal den Daumen statt den Nagel treffen muß, bis man diese Meisterschaft erreicht.

In der Frühlingsausgabe 1996 von *The Perl Journal*[4] schreibt Larry Wall:

> Eine der Ideen, die ich beim Design von Perl immer wieder betont habe, lautet:
> Dinge, die verschieden *sind*, sollen auch verschieden *aussehen*.[5]

Das ist wohl wahr, aber bei den Operatoren für reguläre Ausdrücke ist dieser Unterschied nicht immer leicht erkennbar. Sogar Experten verirren sich manchmal in den Mengen von Optionen und Spezialfällen. Wenn Sie sich als Experten bezeichnen, erzählen Sie mir bitte nicht, daß Sie noch nie *viel* zu lange darüber gebrütet haben, warum

```
if (m/.../g) {
    ⋮
```

---

3 Dieses Kapitel ist immerhin ein Versuch, diese Unzahl aufzuzählen.

4 Siehe `http://www.tpj.com/` oder `perl-journal-staff@perl.com`

5 »One of the ideas I keep stressing in the design of Perl is that things that ARE different should LOOK different.«

nicht funktioniert – ich würde Ihnen nicht glauben. Jedem passiert das früher oder später. (Wenn Sie kein Experte sind und nicht verstehen, was daran falsch ist – dieses Buch will das ändern!)

Im gleichen Artikel schreibt Larry auch:

> Im Bestreben, das Programmieren zu einer zuverlässigen Disziplin zu machen, haben die Informatiker weitgehend erreicht, daß das Programmieren langweilig geworden ist.

Auch das ist sehr wahr, aber es ist schon merkwürdig, daß ich den Satz »In der Informatik werden konsistente und zuverlässige Programmierschnittstellen oft fast als kleine Kunstwerke betrachtet« kaum eine Woche vor dem Lesen dieses Artikels geschrieben habe. Nun, was ich für mich als »Kunst« bezeichne, hat oft mehr mit technischen Meisterstücken als mit Ölfarben zu tun. Jedenfalls ist der Artikel von Larry Wall sehr lesenswert, er enthält einige interessante Denkanstöße und Gedanken zu Perl, zu Programmiersprachen und, jawohl, auch zur Kunst.

Das Huhn oder das Ei, und The Perl Way

Perl und seine regulären Ausdrücke sind so vielschichtig miteinander verwoben, daß die Diskussion darüber zu einem klassischen *Huhn-oder-Ei-Dilemma* führt. Die Einführung in Kapitel 2 war noch einfach, aber auch hier möchte ich mit einem ernsthafteren Beispiel beginnen, bevor ich alle die verzwickten Eigenschaften der Regex-Operatoren und Metazeichen im Detail vorstelle. Bei diesem Beispiel werden viele Themen angesprochen, die später im Kapitel vertieft werden. Es illustriert die perlige Art, ein Problem anzugehen, weist auf mögliche Fallen hin, und vielleicht schlüpft ja ein Küken aus der Eischale.

Einführendes Beispiel: CSV Text

Nehmen wir an, die Variable `$text` enthält eine Zeile aus einer CSV-Datei (*Comma Separated Values*, durch Komma getrennte Werte), wie sie von vielen Programmen wie dBASE, Excel usw. erzeugt werden. Diese enthalten Zeilen der Art:

```
"Erde",1,,"Mond",9.374
```

Die Zeile enthält fünf Felder. Wir möchten diese in einem Array speichern, so daß `$felder[0]` das Wort ›Erde‹ enthält, `$felder[1]` die Zahl ›1‹, `$felder[2]` den undefinierten Wert usw. Wir müssen also nicht nur die Zeile bei den Kommas aufteilen, sondern auch die Anführungszeichen bei quotierten Feldern entfernen. Als erste Idee wird man `split` benutzen wollen, mit einem Ansatz wie:

```
@felder = split(/,/, $text);
```

Dieser Ansatz findet die Stellen in `$text`, auf die ⌈,⌋ paßt, und füllt den Array `@felder` mit den Textstücken dazwischen (und nicht etwa mit den Treffern selbst).

`split` ist oft sehr nützlich, aber für diesen Fall leider nicht das geeignete Werkzeug. Es taugt hier einmal nicht, weil die Anführungszeichen erhalten bleiben. Wir könnten das mit ⌈"?, "?⌋ lösen, aber es gibt auch andere Mängel. In quotierten Feldern dürfen natürlich ohne weiteres Kommas vorkommen, diese sind keine Trennzeichen, aber es gibt keine Möglichkeit, split das beizubringen.

Perls gut ausgestattete Werkzeugkiste läßt natürlich viele Lösungen zu. Hier ist eine:

```
@felder = (); # Array @felder initialisieren
while ($text =~ m/"([^"\\]*(\\.[^"\\]*)*)",?|([^,]+),?|,/g) {
    push(@felder, defined($1) ? $1 : $3); # gefundenes Feld anhängen
}
push(@felder, undef) if $text =~ m/,$/;   # evtl. leeres Feld am Zeilenende
```

Auch gestandene Perl-Hacker werden sich etwas mehr als nur einen Augenblick bei der Regex aufhalten, also erkläre ich sie im Detail.

Der Regex-Operator-Kontext

Der reguläre Ausdruck hier ist ziemlich beeindruckend:

⌈"([^"\\]*(\\.[^"\\]*)*)",?|([^,]+),?|,⌋

Das Betrachten eines Ausdrucks ohne die Information, *wie* er gebraucht wird, ist nicht sinnvoll. In diesem Fall tritt der Match-Operator (mit dem /g-Modifier) als Bedingung in einer while-Schleife auf. Das wird später genauer erklärt; der springende Punkt hier ist der, daß sich der Match-Operator anders verhält, je nachdem, wie oder wo er gebraucht wird. In diesem Fall wird die while-Schleife einmal für jeden Treffer der Regex ausgeführt. Innerhalb der Schleife enthalten die Variablen $&, $1, $2…den Text des letzten Treffers.

Details des eigentlichen regulären Ausdrucks

Die Regex ist gar nicht so schwierig, wie sie aussieht. Von außen vorgehend finden wir eine Alternation mit drei Alternativen:

⌈"([^"\\]*(\\.[^"\\]*)*)",?⌋
: Das ist ein alter Bekannter aus Kapitel 5, der Strings in Anführungszeichen erkennt, hier mit einem angehängten ⌈,?⌋. Die markierten Klammern haben für die Treffersuche keine Bedeutung, sie dienen nur dazu, Text aus dem Treffer einzufangen. Diese Alternative befaßt sich offensichtlich mit den Feldern, die im CSV-Format durch Anführungszeichen eingeschlossen sind.

⌈([^,]+),?⌋
: Dies findet eine nicht-leere Reihe von Zeichen, die keine Kommas sein dürfen, möglicherweise gefolgt von einem Komma. Wie oben werden die Klammern nur zum Einfangen von Text benutzt – diesmal alles bis zum Komma oder bis zum Schluß des Textes, weil das Komma ja optional ist. Diese Alternative behandelt die nicht durch Anführungszeichen eingekleideten Felder der CSV-Zeile.

⌈,⌋   Dazu gibt es nicht viel zu sagen – paßt halt auf ein Komma.

Als Einzelteile sind diese Ausdrücke recht einfach zu verstehen, außer vielleicht die Bedeutung des angehängten ⌈,?⌉ – dazu komme ich gleich. Aber als separate Elemente sagen sie uns nicht viel – wir müssen analysieren, was deren Kombination bewirkt und wie sie mit dem Rest des Programms zusammenarbeiten.

Wie der reguläre Ausdruck angewandt wird

Mit der Kombination von `while` und `m/ ·· /g` wird die Regex mehrfach angewandt. Wir wollen, daß die Regex auf jedes der Felder auf der CSV-Zeile einmal paßt. Zunächst betrachten wir nur den ersten Durchgang durch die Schleife, als ob der /g-Modifier nicht angegeben wäre.

Die drei Alternativen stehen für drei Typen von Feldern: solche mit Anführungszeichen, solche ohne und ganz leere Felder. Es fällt vielleicht auf, daß es in der zweiten Alternative nichts gibt, was sie daran hindern würde, auch auf ein quotiertes Feld zu passen. Das ist unnötig, weil wegen der nicht-gierigen Alternation von Perls traditioneller NFA die zweite Alternative nicht beachtet wird, wenn die erste bereits auf ein quotiertes Feld paßt.

Egal welche Alternative paßt, der Treffer wird sich immer bis zu einem Komma (oder bis ans Zeilenende) erstrecken. Das hat den Vorteil, daß nach dem Erkennen des ersten Feldes die *aktuelle Position* des /g-Modifiers gerade die vor dem zweiten Feld ist. Wenn wir mit der `while`-Schleife den `m/ ·· /g`-Operator wiederholt anwenden, sind wir jedesmal am Anfang eines neuen Feldes. Dieses »Im Takt bleiben« ist bei vielen Anwendungen des /g-Modifiers wichtig. Das ist auch der Grund dafür, warum die zwei ersten Alternativen mit ⌈,?⌉ enden. (Das Fragezeichen ist deswegen da, weil das letzte Feld auf der Zeile nicht mit einem Komma endet, sondern einfach mit dem Zeilenende.) Wir werden diese Technik des im-Takt-Bleibens wieder antreffen.

Nun wissen wir, wie wir die einzelnen Felder erkennen, aber wie füllen wir die gefundenen Treffer in den Array `@felder` ab? Untersuchen wir, was mit `$1`…passiert. Wenn ein quotiertes Feld erkannt wird, fängt das erste Klammerpaar Text ein und speichert es in `$1`. Wenn dagegen ein nicht-quotiertes Feld dran ist, bleibt `$1` nicht definiert, und das dritte Klammerpaar (das in der zweiten Alternative) weist den gefundenen Text der Variablen `$3` zu. Bei einem leeren Feld paßt Alternative 3, und sowohl `$1` als auch `$3` erhalten den undefinierten Wert. Dies alles ist in der kurzen Zeile

```
push(@felder, defined($1) ? $1 : $3);
```

festgehalten. Der markierte Teil besagt: »Benutze `$1`, falls der Wert definiert ist, sonst `$3`«. Wenn keines von beiden definiert ist, ist der Wert des markierten Ausdrucks ebenfalls undefiniert – das ist genau das, was wir für ein leeres Feld wollen. Also wird in allen Fällen ein Element an den Array angefügt; zusammen mit der `while`-Schleife, dem /g-Modifier und der Technik des im-Takt-Bleibens werden alle Felder der CSV-Zeile in einzelnen Array-Elementen abgespeichert.

Hmm, *fast* alle Felder. Wenn das letzte Feld ein leeres ist (wenn also die Zeile mit einem Komma endet), dann wird es von der Regex in der `while`-Bedingung nicht erkannt. Das wird mit einer zweiten Programmzeile nach der `while`-Schleife korrigiert. Man könnte denken, daß es genügte, die eigentliche Regex auch das »Garnichts« am Zeilenende erkennen zu lassen. Das würde wohl für den Fall eines leeren Feldes am Ende stimmen, aber bei allen anderen Fällen würde *auch* ein leeres Phantom-Feld angehängt, weil jede Zeile am Ende ein »Garnichts« hat.

Reguläre Ausdrücke und The Perl Way

Auch wenn wir bei der Diskussion dieser speziellen Regex etwas sehr ins Detail gegangen sind, denke ich doch, daß es ein vorzüglicher Einstieg in die Welt der regulären Ausdrücke nach Perl-Art ist:

- Von Artikeln in den Perl-Newsgruppen und auch von privaten Mail-Anfragen weiß ich, daß das Erkennen von CSV-Daten ein häufiges Problem ist. In C oder Pascal geht man das Problem sehr wahrscheinlich mit einem Algorithmus an, der Zeichen für Zeichen untersucht – in Perl funktioniert die der Sprache gemäße Lösung ganz anders.

- Das Problem läßt sich nicht mit einer schnell hingeworfenen simplen Regex oder mit einer »Suche-und-Ersetze«-Anweisung lösen. Man behandelt es am besten mit einer Kombination von regulären Ausdrücken und anderen Sprachelementen. Das Problem sieht zunächst wie ein idealer Kandidat für `split` aus, aber dieser Ansatz stellt sich bei genauerer Betrachtung als Sackgasse heraus.

- Mit dem Programm lassen sich mögliche Fallen beim Gebrauch von in eine Sprache eingebetteten regulären Ausdrücken gut aufzeigen. Wir würden ganz gerne die drei Alternativen völlig gesondert behandeln, aber die Tatsache, daß die erste Alternative zwei Klammerpaare besitzt, hat auch Auswirkungen auf die zweite Alternative, und auf den Rest des Programms. Wenn wir der ersten Alternative eine Klammer hinzufügen oder eine wegnehmen, muß überall später im Programm die Variable $3 angepaßt werden – je nachdem kann das weit weg von der eigentlichen Regex sein.

- Es ist auch ein Beispiel für das Neu-Erfinden des Rads. Die Standardbibliothek von Perl (Version 5) enthält im Modul `Text::ParseWords` die Routine `quotewords`,[6] mit der man einfach schreibt:

  ```
  use Text::ParseWords;
      ⋮
  @felder = quotewords(',', 0, $text);
  ```

  Natürlich ist es auch wichtig, so etwas im Bedarfsfall selbst anpacken zu können. Wenn aber Effizienz nicht an vorderster Stelle steht, dann ist die Verwendung einer Bibliotheksfunktion aus Gründen der Wartbarkeit und der Lesbarkeit des Programms sehr attraktiv. Die Standardbibliothek von Perl ist recht umfangreich, sich da auszukennen kann viel an Zeit und Mühe ersparen.

---

6 Ich widerspreche mir selbst etwas, aber es muß doch gesagt sein, daß die Routine (zumindest zu dem Zeitpunkt, da ich dies schreibe) einige Macken hat: Wenn das letzte Feld einer Zeile die Zahl Null ist, wird dafür der undefinierte Wert eingesetzt; Leerzeilen am Ende einer Datei werden ignoriert; innerhalb von quotierten Strings sind keine Escapes außer geschützten Anführungszeichen erlaubt. Außerdem kann das Modul auf die Effizienz des ganzen Skripts einen negativen Einfluß haben (☞ 282). Ich habe das dem Autor mitgeteilt, und die Probleme sollten in der nächsten Version behoben sein.

Geschichtliches zu Perl

Larry Wall hat die erste Version von Perl im Dezember 1987 veröffentlicht, seither wurde Perl kontinuierlich erweitert. Version 1 hatte die Regex-Maschine von *rn*, dem ebenfalls von Larry geschriebenen Newsreader. Dieser hatte seine Regex-Routinen von Emacs, und zwar von der Version von James Gosling (der ersten Emacs-Version auf Unix). Das war keine besonders leistungsfähige Maschine, und so wurde sie in Perl Version 2 durch eine erweiterte Version von Henry Spencers berühmtem Paket ersetzt. Mit dieser wesentlich leistungsfähigeren Geschmacksrichtung wurden die regulären Ausdrücke fest mit Perl verbunden.

Perl Version 5, oder, um es kurz zu machen: Perl5, wurde im Oktober 1994 publiziert und war ein großer Schritt nach vorn. Große Teile der Sprache wurden überarbeitet und neu implementiert, und viele neue Regex-Features kamen dazu. Das Problem für Larry Wall war natürlich die Rückwärtskompatibilität. Es gab in der Regex-Sprache nicht viele Möglichkeiten, ungestraft etwas neues einzubauen. Das Resultat ist nicht unbedingt besonders schön, die neuen Notationen sehen nicht nur für den Anfänger, hmm, gewöhnungsbedürftig aus. Häßlich, na gut, aber es steckt eine ungeahnte Kraft in ihnen!

Perl4 oder Perl5

Weil so viele Dinge neu waren, scheuten viele den Übergang zur neuen Version und benutzten noch lange die alte, dafür sehr stabile Version 4.036 (kurz Perl4). Obwohl Perl5 in der Zwischenzeit sicher ausgereift ist, wird Perl4 unglücklicherweise[7] noch immer benutzt. Das erzeugt ein Problem für Leute (wie mich), die über Perl schreiben. Man kann Code schreiben, der unter beiden Versionen läuft (der weitaus größte Teil der Perl4-Programme läuft auch mit Perl5), aber man muß auf die schönen neuen Features von Perl5 verzichten. Zum Beispiel würde man in modernem Perl den wichtigen Teil des CSV-Beispiels etwa so schreiben:

```
push(@felder, $+) while $text =~ m{
    "([^\"\\]*(?:\\.[^\"\\]*)*)",?    # Quotierter String (Komma erlaubt)
  | ([^,]+),?                         # oder  bis zum nächsten Komma
  | ,                                 # oder  nur ein simples Komma
}gx;
```

Diese Kommentare sind nicht nur in diesem Buch, sondern auch im tatsächlichen Skript mitten im regulären Ausdruck ... viel besser lesbar, nicht wahr? Wie wir noch sehen werden, machen noch andere Features von Perl5 diese Version wesentlich attraktiver – wir werden dieses Beispiel im Abschnitt »Das Puzzle zusammensetzen« (☞ 295) wiederfinden, wenn wir genügend Details kennengelernt haben, um es zu verstehen.

---

7 Tom Christiansen hat mir vorgeschlagen, statt »Perl4« den Ausdruck »fliegenbesetztes Kamelaas« zu verwenden, um klarzumachen, daß alles vor Perl5 wirklich als tote Sprache zu gelten hat und von niemand mehr ernsthaft benutzt wird. Ich konnte der Versuchung knapp widerstehen.

Ich würde mich gern ganz auf Perl5 konzentrieren, aber Perl4 ignorieren, heißt die Realität ignorieren. Wenn sich wichtige Unterschiede zu Perl4 ergeben, die mit den regulären Ausdrücken zu tun haben, dann sind diese so markiert: *[1 ☞ 312]*. Das bedeutet, daß die Perl4-Notiz 1 auf Seite 312 etwas zum Vorangehenden zu sagen hat. Da Perl4 so alt ist, fühle ich mich keineswegs verpflichtet, die Manpage zusammenzufassen – meist sind die Notizen dazu nur kurz und für die bedauernswerten Leute abgefaßt, die Code für beide Versionen unterhalten müssen. Wer jetzt mit Perl beginnt, sollte sich auf keinen Fall mit so alten Versionen herumschlagen.

Perl5 oder Perl5

In den frühen Tagen von Perl5 gab es im Vorläufer der USENET Newsgroup `comp.lang.perl.misc` hitzige Diskussionen über die neuen Features, die schon bald zu wichtigen Änderungen an der Sprache und ihren regulären Ausdrücken führten. Zum Beispiel habe ich einmal auf einen Artikel mit einer sehr langen Regex geantwortet, und ich hatte die Regex nur der Lesbarkeit halber auf mehrere Zeilen verteilt. Larry Wall sah das und dachte, daß man auch im Skript eine Regex so schreiben dürfen sollte; er ging hin und implementierte das Feature, das heute `/x`-Modifier heißt. Mit diesem wird das meiste an Whitespace in der Regex einfach ignoriert.

Ungefähr gleichzeitig hat er auch die Notation ⌈`(?#…)`⌋ eingeführt, die Kommentare inmitten der Regex erlaubt. Nach ein paar Monaten und einiger Diskussion in der Newsgroup wurde auch ein nacktes ›`#`‹ als Kommentarzeichen erlaubt, sofern es in einer Regex mit `/x`-Modifier auftritt. Das erschien erstmals bei Perl5.002.[8] Es gab auch andere Fehlerkorrekturen und Änderungen – wenn Sie eine frühe Perl5-Version benutzen, werden Sie im Verlauf des Kapitels Inkompatibilitäten bemerken. Ich empfehle Perl 5.002 oder eine neuere Version. Wenn Version 5.004 freigegeben wird, werden die Neuerungen in der Web-Seite zu diesem Buch (siehe Anhang A) beschrieben werden.[9]

Perliges über Regex

Über Perl gibt es natürlich viel zu erzählen, aber bestimmte Themen sind im Hinblick auf reguläre Ausdrücke besonders wichtig. In den nächsten Abschnitten geht es um:

- **Kontext**. Ein zentrales Konzept von Perl: Viele Operatoren und Funktionen passen sich dem *Kontext* an, in dem sie benutzt werden. Zum Beispiel erwartet Perl einen skalaren Wert im Bedingungsteil einer `while`-Schleife – der Match-Operator im CSV-Beispiel hätte sich an einem Ort, an dem Perl eine Liste erwartet, deutlich anders verhalten.

- **Dynamisches Scoping (Geltungsbereich)**. Die meisten Programmiersprachen kennen lokale und globale Variablen, doch Perl kennt eine dritte Sorte: Variablen mit *dyna-*

---

8 In Wirklichkeit schon in etwas früheren Versionen, in denen die Notation aber nicht zuverlässig funktionierte.

9 Während der Übersetzung ins Deutsche *ist* Version 5.004 herausgekommen. Siehe dazu die Anmerkungen im Vorwort (☞ xxvi).

mischem Geltungsbereich oder *dynamischem Scope*. Eine dynamisch erzeugte Variable »maskiert« eine entsprechende globale Variable vorübergehend; der Wert wird abgespeichert und beim Verlassen des dynamischen Geltungsbereiches automatisch wieder restauriert. Dieses interessante Feature betrifft reguläre Ausdrücke deshalb, weil es auch auf den Geltungsbereich von $1 und anderen Seiteneffekten Einfluß nehmen kann.

- **String-Verarbeitung.** Für C- oder Pascal-Programmierer vielleicht erstaunlich ist das Verhalten von Strings in Perl. Das sind nicht einfach String-Konstanten, sondern wirkliche Operatoren. Man kann aus einem String heraus Funktionen aufrufen! Die Operanden von Perls Regex-Operatoren werden ähnlich, aber eben nur ähnlich und nicht gleich behandelt.

Kontext bei Ausdrücken

Der Begriff *Kontext* ist in Perl sehr wichtig, und im besonderen für den Match-Operator. Ein Ausdruck kann im wesentlichen in zwei Arten von Kontexten vorkommen: Im *Listenkontext*[10] wird eine Liste von Werten erwartet, in einem *skalaren Kontext* ein einzelner Wert. Bei den zwei Zuweisungen

```
$s = Ausdruck eins;
@a = Ausdruck zwei;
```

ist $s eine einfache skalare Variable (enthält einen einzigen Wert, nicht eine Reihe von Werten). Der erste Ausdruck, wie kompliziert er auch ist, steht daher in einem skalaren Kontext. Analog ist @a eine Array-Variable. Diese verlangt eine Liste von Werten, und der Ausdruck zwei steht in einem Listenkontext. Die zwei Ausdrücke können identisch sein; sie können (je nachdem) völlig verschiedene Werte zurückgeben und auch verschiedene Seiteneffekte bewirken.

Manchmal paßt der Typ eines Ausdrucks nicht genau auf den erwarteten Kontext. Perl macht dann eines von zwei Dingen, damit der Kreis ins Quadrat paßt: *1)* Der Ausdruck paßt sich dem Kontext an und liefert einen Wert, der dem geforderten Kontext entspricht, oder *2)* Perl biegt den Wert des Ausdrucks »irgendwie« um, damit er paßt.

Ausdrücke, die sich dem Kontext anpassen

Ein einfaches Beispiel stellt der Lese-Operator <HANDLE> dar. In einem Listenkontext liefert er eine Liste aller (oder aller verbleibenden) Zeilen aus der Datei, die mit dem Filehandle HANDLE verkoppelt ist. In einem skalaren Kontext gibt er nur die nächste Zeile zurück.

Viele Konstrukte in Perl verhalten sich analog, die Regex-Operatoren bilden da keine Ausnahme. Der Match-Operator gibt manchmal nur einen Wahrheitswert zurück, der besagt, ob ein Treffer erzielt wurde, manchmal aber auch eine Liste bestimmter Resultate aus dem Matching. Alle Einzelheiten dazu folgen später in diesem Kapitel.

---

10 »Listenkontext« hieß früher auch »Array-Kontext«. Die Namensänderung berücksichtigt, daß der gleiche Kontext außer für @Arrays auch für einen %Hash oder für (eine, explizite, Liste) zuständig ist.

Einen Ausdruck zurechtbiegen

Wenn ein Ausdruck in einem Listenkontext trotzdem nur einen skalaren Wert liefert, macht Perl daraus ohne Umschweife eine Liste mit nur einem Element. So wird aus **@a = 42** exakt dasselbe wie **@a = (42)**. Umgekehrt funktioniert das nicht. Es gibt keine generelle Regel für die Konversion einer Liste in einen Skalar. Wenn einem Skalar eine literale Liste zugewiesen wird wie in

```
$var = ($das, &ist, 0xE, "i\n\e", 'Liste');
```

dann gibt der Komma-Operator das letzte Element zurück, hier: ′Liste′. Wenn ein Array zugewiesen wird wie in **$var = @array**, dann wird die Länge (die Anzahl der Elemente) des Arrays zurückgegeben.

In anderen Programmiersprachen werden für dieses Zurechtbiegen Begriffe wie *cast*, *Typenkonversion* oder *Promotion* benutzt. Für mich klingen diese viel zu konsistent (langweilig?), um das Verhalten von Perl adäquat zu beschreiben.

Dynamisches Scoping:
Auswirkungen auf die Mustererkennung

Globale und private Variablen

Grob gesagt kennt Perl zwei Typen von Variablen: Globale und private.[11] Private Variablen werden mit my(…) deklariert, ein Sprachelement, das es erst ab Perl5 gibt. Globale Variablen brauchen nicht deklariert zu werden, sie werden mit dem ersten Gebrauch automatisch erzeugt. Auf globale Variablen kann von überall im Programm zugegriffen werden, private Variablen sind nur innerhalb des sie lexikalisch einschließenden Blocks sichtbar. Nur im Code zwischen der my-Deklaration und dem Ende des Blocks, der das my einschließt, kann auf eine private Variable zugegriffen werden.

Werte mit dynamischem Geltungsbereich

Dynamisches Scoping ist ein interessantes Konzept, das viele Programmiersprachen nicht kennen. Wir werden den Bezug zu regulären Ausdrücken bald sehen. Kurz gesagt speichert Perl dabei den Wert der globalen Variablen, die man modifizieren will. Mit der Variablen kann man tun, was einem beliebt. Wenn der Block verlassen wird, erhält die globale Variable automatisch wieder ihren alten Wert. Das Abspeichern des ursprünglichen Wertes nennt man *Erzeugen eines neuen dynamischen Geltungsbereichs*. Es gibt einige Gründe, warum man so etwas tun möchte, unter anderem:

- Ursprünglich kannte Perl keine wirklich lokalen Variablen, nur globale. Auch wenn nur eine temporäre Variable benötigt wurde, gab es keine Wahl – und damit das Risiko, eine andere Variable ungewollt zu überschreiben, wenn zufällig der gleiche Name gewählt wird. Wenn Perl eine Kopie der eigentlichen globalen Variable abspeichert, fällt dieses Risiko dahin.

---

11 Die Namen von globalen Variablen können in Gruppen namens *Packages* untergebracht werden. Die Variablen selbst sind aber immer noch global, d. h. von jedem Punkt im Programm aus sichtbar.

- Globale Variablen werden oft dazu benutzt, den »aktuellen Zustand«, beispielsweise den Namen einer gerade bearbeiteten Datei, zu speichern. Manchmal will man diesen Zustand vorübergehend ändern, zum Beispiel in einer Routine, die eine include-Direktive bearbeitet und nach der Behandlung der Datei wieder verlassen wird. Dann will man wieder den Namen der alten Datei verwenden; das dynamische Scoping mit dem automatischen Abspeichern des alten Wertes und dem ebenso automatischen Rücksetzen auf den alten Wert beim Verlassen des Geltungsbereiches ist dazu eine geeignete Lösung.

Der erste Grund ist heute weniger wichtig, weil Perl5 echte lokale Variablen kennt, die mit my deklariert werden. Mit my erzeugte Variablen sind völlig unabhängig von irgendwelchen anderen Variablen im Programm. Nur der Code zwischen my und dem Ende des entsprechenden Blocks hat Zugriff auf eine solche Variable.

Die Funktion mit dem völlig irreführenden Namen local erzeugt einen neuen dynamischen Geltungsbereich. Ich sage es hier sehr deutlich: local *erzeugt nicht eine neue Variable*. Der Aufruf von local mit einer globalen Variable als Argument bewirkt:

1. Das Anlegen einer Kopie des Wertes der alten Variablen.

2. Die Variable erhält einen neuen Wert (den, der dem local-Operator zugewiesen wird, oder undef).

3. Beim Verlassen des Blocks, der die local-Direktive enthält, wird der gespeicherte Wert wieder in der alten globalen Variablen verfügbar.

Das »local« bezieht sich also mehr auf den zeitlichen Ablauf. Nach dem Abspeichern des alten Wertes ist die mit local modifizierte Variable noch immer eine globale Variable, sie ist nicht nur im gleichen lexikalischen Block wie die local-Anweisung sichtbar, sondern auch in Unterprogrammen und Funktionen, die von dort aus aufgerufen werden; ganz wie bei einer normalen globalen Variablen. Der einzige Unterschied ist der, daß die Variable ihren alten Wert wiederbekommt, sobald dieser Block verlassen wird.

Automatisches Abspeichern und wieder Hervorholen – viel mehr macht local tatsächlich nicht. Trotz all der Mißverständnisse, die durch local verursacht werden, ist es nicht komplizierter als in Tabelle 7-3 dargestellt.

Tabelle 7-3: Die Bedeutung von local

Normales Perl	Äquivalente Bedeutung

`{`
 	
 `    local($Var); # `*Wert abspeichern*
 `    $Var = 'Neuer Wert';`
 	
 ⋮
 	
 `} # `*$Var erhält wieder den alten Wert*
	`{`
	
	 `    my $Temp = $Var;`
	 `    $Var = undef;`
	 `    $Var = 'Neuer Wert';`
	
	 ⋮
	
	 `    $Var = $Temp;`
	 `}`

Bequemerweise kann man `local($Var)` direkt einen Wert zuweisen, das ist exakt dasselbe wie eine separate Zuweisung gerade nach dem `local`. Auch die Klammern sind optional.

Jeder Gebrauch von `$Var` innerhalb des Blocks oder in einem Unterprogramm, das von diesem Block aufgerufen wird, oder von einem Signal-Handler, der während des Blocks aufgerufen wird – jeder Gebrauch zeitlich nach dem `local` und vor dem Verlassen des Blocks – bezieht sich auf den Wert ›Neuer•Wert‹. Wenn `$Var` während dieser Zeit irgendwo verändert wird, wird diese Änderung überall wirksam, aber sie geht verloren, wenn der Block verlassen und der alte Wert zurückgeholt wird.

Ein Beispiel aus der Praxis: Eine Bibliotheksfunktion wurde unsorgfältig geschrieben und erzeugt eine Menge von Warnungen der Art ›Use of uninitialized value···‹. Sie benutzen wie alle guten Perl-Programmierer die –w-Option, aber der Autor der Bibliotheksfunktion offenbar nicht. Das ist sehr störend, aber die Bibliotheksfunktion läßt sich nicht ändern – was kann man tun, außer auf –w verzichten? Nun, man kann für den Aufruf der miesen Funktion die Variable `$^W` mit `local` auf Null setzen (`$^W` entspricht der –w-Befehlszeilen-Option; man kann den Identifier `^W` als zwei Zeichen, Zirkumflex und `W`, schreiben oder auch als wirkliches Control-`W`).

```
{
    local $^W = 0; # Warnungen ausschalten
    &miese_funktion(···);
}
# nach Verlassen des Blocks hat  $^W  wieder den alten Wert
```

Mit dem Aufruf von `local` wird eine interne Kopie des vorigen Wertes von `$^W` angelegt. Das gleiche `$^W` erhält den neuen Wert Null gleich bei der `local`-Anweisung. Wenn `miese_funktion` aufgerufen wird, und auch innerhalb dieser Funktion, sieht Perl nur diesen Wert und gibt keine Warnungen aus. Nach dem Funktionsaufruf hat `$^W` noch immer den Wert Null.

Bis hierhin ist das nicht anders, als wenn wir `local` nicht benutzt, sondern nur `$^W` auf Null gesetzt hätten. Wenn aber der Block verlassen wird, bekommt `$^W` automatisch wieder den Wert, den es vor der `local`-Anweisung hatte. Die Änderung war lokal im zeitlichen Sinne, während der Lebenszeit des Blocks. Den gleichen Effekt erhielte man mit einer expliziten temporären Variable wie in Tabelle 7-3, aber `local` macht die Sache einfacher.

Der Vollständigkeit halber untersuchen wir, was passiert, wenn `my` statt `local` verwendet wird.[12] Mit `my` wird eine *neue Variable* erzeugt, die zunächst den undefinierten Wert besitzt. Diese Variable ist nur im lexikalischen Block sichtbar, in dem sie deklariert wurde (genauer gesagt, nur zwischen der `my`-Deklaration und dem Ende des Blocks, in dem das `my` erscheint). Dabei besteht keinerlei Verbindung mit irgendeiner anderen Variablen, auch nicht mit einer globalen Variable gleichen Namens. Die neue Variable ist von außerhalb des Blocks nicht sichtbar, auch nicht von einer daraus aufgerufenen

---

12 Eine akademische Übung: Perl läßt die Verwendung von `my` mit dieser Variablen gar nicht zu.

Funktion wie `miese_funktion`. In unserem Beispiel würde also eine Variable $^W erzeugt, ihr würde der Wert Null zugewiesen, aber später wird sie überhaupt nie gebraucht. (Innerhalb von `miese_funktion` verwendet Perl die globale Variable $^W, die nicht mit der eben erzeugten Variable zusammenhängt. Warnungen werden also nach wie vor ausgegeben.)

Eine Analogie: Klarsichtfolien

Eine nützliche Analogie zu `local` ist eine Klarsichtfolie, auf der man über dem Text darunter etwas hinkritzeln und eine Variable im Wortsinne überschreiben kann. Sie (und jeder, der hinschaut, auch Unterprogramme und Interrupt-Handler) sehen nur den neuen Text. Das Original wird überdeckt – bis zu dem Zeitpunkt, da der Block verlassen wird; dann wird die Klarsichtfolie automatisch entfernt, mit allen Änderungen, die seit dem `local`, dem Auflegen der Klarsichtfolie, vorgenommen wurden.

Diese Analogie ist auch zutreffender als die Umschreibung »der ursprüngliche Wert wird abgespeichert«. Perl macht bei `local` nicht eigentlich eine Kopie, sondern fügt den neuen Wert weiter vorne in einer Liste von Werten an, die jedesmal konsultiert wird, wenn die Variable benutzt wird. Der ursprüngliche Wert wird verdeckt. Beim Verlassen eines Blocks entfernt Perl alle Werte von der Liste, die seit dem Anfang des Blocks dazugekommen sind. Werte können mit `local` dieser Liste zugefügt werden, aber bestimmte Variablen erzeugen automatisch einen dynamischen Geltungsbereich. Bevor wir zu diesem Punkt kommen, der für die regulären Ausdrücke wichtig ist, will ich das dynamische Scoping »von Hand« an einem ausführlicheren Beispiel illustrieren.

Ein größeres Beispiel zum dynamischen Scoping

Als Beispiel aus der Praxis nach Perl-Art dient das Listing auf Seite 219. Die zentrale Funktion ist `DateiVerarbeiten`. Mit einem Dateinamen als Argument öffnet sie diese Datei und liest Instruktionen daraus, Zeile für Zeile. In diesem Beispiel gibt es nur drei Typen von Instruktionen, die bei ❻, ❼ und ❽ verarbeitet werden. Von Interesse sind hier die globalen Variablen $dateiname, $instr, $. und %Gelesen, außerdem das globale Filehandle DATEI. Wenn `DateiVerarbeiten` aufgerufen wird, bekommen alle diese außer %Gelesen bei ❸ ihren eigenen dynamischen Geltungsbereich mit `local`.

Wenn bei ❼ eine mach-dies-Instruktion gelesen wird, wird die entsprechende Routine `MachDies` zur Verarbeitung aufgerufen. Diese verwendet nach ❶ die globalen Variablen $dateiname, $. und $instr. Die Funktion `MachDies` weiß nichts darüber (und kümmert sich nicht darum), daß diese Variablen in `DateiVerarbeiten` gesetzt wurden.

Wenn eine #include-Instruktion gelesen wird, wird zunächst bei ❺ der neue Dateiname aus der Zeile herausgeholt, und es wird überprüft, ob diese Datei schon einmal gelesen wurde. Wenn nicht, wird die Funktion `DateiVerarbeiten` bei ❻ rekursiv aufgerufen. In diesem neuen Aufruf wird über die globalen Variablen $dateiname, $instr und $. und das Filehandle DATEI erneut eine Klarsichtfolie gelegt, auf die sehr bald neue Daten geschrieben werden, die Namen und Instruktionen aus der neuen Datei enthalten. Wenn in diesem zweiten Aufruf Instruktionen verarbeitet werden, sind diese Variablen von den zwei Unterprogrammen aus sichtbar.

Dynamischer Geltungsbereich mit `local`

```
# Behandelt die »mach-dies«-Instruktion.
sub MachDies ❶
{
    print "$dateiname Zeile $.: verarbeite $instr";
       ⋮
}

# Behandelt die »mach-das«-Instruktion.
sub MachDas ❷
{
    print "$dateiname Zeile $.: verarbeite $instr";
       ⋮
}

# Öffnet Datei mit dem Namen des Arguments, liest und interpretiert Instruktionen.
sub DateiVerarbeiten
{
    local($dateiname) = @_;          ❸
    local(*DATEI, $instr, $.);

    open(DATEI, $dateiname) || die qq/Kann "$dateiname" nicht öffnen: $!\n/;

    $Gelesen{$dateiname} = 1; ❹

    while ($instr = <DATEI>)
    {
        if ($instr =~ m/^#include "(.*)"$/) { ❺
            if (defined $Gelesen{$1}) {
                warn qq/$dateiname $.: mehrfaches #include "$1" ignoriert\n/;
            } else {
                DateiVerarbeiten($1);  ❻
            }
        } elsif ($instr =~ m/^mach-dies/) {
            MachDies;   ❼
        } elsif ($instr =~ m/^mach-das/) {
            MachDas;    ❽
        } else {
            warn "$dateiname $.: unbekannte Instruktion: $instr";
        }
    }
    close(DATEI);
} ❾
```

Bis hierhin ist alles genau so, als hätten wir einfach globale Variablen verwendet.

Die Vorteile des dynamischen Scopings kommen erst dann zum Tragen, wenn die #include-Datei endet und damit auch der zweite Aufruf von `DateiVerarbeiten` beendet ist. Wenn der Block bei ❾ verlassen wird, wird die entsprechende Klarsichtfolie entfernt, und die Werte der Variablen von vor dem Aufruf kommen wieder zum Vorschein. Auch das Dateihandle `DATEI` bezeichnet jetzt wieder die erste Datei.

Der Hash %Gelesen wird bei ❹ und ❺ benutzt, damit eine Datei nicht zweimal gelesen wird. Die Variable erhält mit voller Absicht *keinen* dynamischen Geltungsbereich; wir wollen uns die Namen der gelesenen Dateien während der ganzen Laufzeit des Skripts merken. Sonst gehen die gelesenen Dateinamen jedesmal verloren, wenn die Routine DateiVerarbeiten beendet wird.

Regex-Seiteneffekte und dynamisches Scoping

Was hat denn dieses dynamische Scoping mit regulären Ausdrücken zu tun? Eine ganze Menge. Einige Variablen werden bei jedem erfolgreichen Matching gesetzt, das sind Variablen wie $& (der Text des ganzen Treffers) und $1 (Text aus dem ersten Klammerausdruck); diese werden im nächsten Abschnitt genauer behandelt. Wenn diese Variablen zum ersten Mal in einem Block gesetzt werden (durch eine erfolgreich passende Regex), dann wird ihnen *automatisch* ein neuer dynamischer Geltungsbereich zugeteilt.

Um das als Vorteil zu erkennen, muß man sehen, daß zum Beispiel auch jedes Unterprogramm einen neuen Block darstellt. Wenn in der Funktion eine Regex verwendet wird, wird für die Seiteneffekt-Variablen, die sich daraus ergeben, automatisch ein neuer dynamischer Geltungsbereich geschaffen. Weil die Werte nach dem Verlassen des Blocks (das heißt: wenn aus dem Funktionsaufruf zurückgekehrt wird) wieder dieselben sind wie vorher, kann ein Unterprogramm die Werte nicht verändern.

Ein Beispiel:

```
if (m/(…)/) {
    &mach_irgendwas_anderes();
    print "Gefundener Text: $1.\n";
}
```

Weil $1 in jedem Block, in dem es gesetzt wird, seinen neuen dynamischen Geltungsbereich erhält, braucht sich das Programmstück nicht darum zu kümmern, ob die Routine mach_irgendwas_anderes eventuell eine Regex enthält, die $1 verändern könnte. Jede Änderung an $1 im Unterprogramm ist auf den durch die Routine gebildeten Block (oder einen Unterblock) beschränkt. Also kann der Funktionsaufruf dem $1 in der print-Anweisung nichts anhaben.

Das automatische dynamische Scoping kann auch da von Nutzen sein, wo man zunächst gar kein Problem erkennen kann:

```
if ($result =~ m/ERROR=(.*)/) {
    warn "He, melde $Config{perladmin} den Fehler: $1!\n";
}
```

(Das Modul Config aus der Standardbibliothek definiert den assoziativen Array %Config; das Element $Config{perladmin} enthält die E-Mail-Adresse des lokalen Perl-Administrators.) Dieses Programmbeispiel wäre sehr verwirrend, wenn kein automatisches dynamisches Scoping für $1 gemacht würde. %Config ist nämlich nicht ein simpler Hash, sondern es ist eine an ein Paket gebundene Variable (*tied variable*), bei deren Gebrauch hinter den Kulissen ein Unterprogrammaufruf abläuft. Die hierbei aufgerufene Funktion benutzt tatsächlich reguläre Ausdrücke, die zwischen der Regex in der `if`-Anweisung und dem Gebrauch von `$1` auftreten. Wenn die Variable in der Funktion nicht ihren eigenen dynamischen Geltungsbereich hätte, überschriebe sie »unser« `$1`. Aber so sind irgendwelche Änderungen durch `$Config{…}`-Routinen nicht möglich.

Dynamischer und lexikalischer Geltungsbereich

Das dynamische Scoping hat viele Vorteile, wenn es richtig genutzt wird, aber die unbedachte Anwendung von `local` kann zu sehr undurchsichtigen Programmen führen. Wie erwähnt erzeugt `my(…)` eine neue private Variable mit *lexikalischem Geltungsbereich*. Das ist ungefähr das Gegenstück zu einer globalen Variable, hat aber fast nichts mit dynamischem Scoping zu tun (außer, daß man mit `my` erzeugte Variablen nicht `local`isieren kann). `local` löst eine Aktion aus, `my` dagegen beinhaltet eine Aktion *und* eine Deklaration.

Durch das Matching gesteuerte Spezial-Variablen

Ein erfolgreiches Matching oder eine Substitution setzt eine Reihe von speziellen Variablen, die einen automatisch erzeugten dynamischen Geltungsbereich haben und nur gelesen werden können. *[1 ☞ 312]*[13] Diese Variablen ändern sich *nie* bei einem erfolglosen Matching-Versuch, und sie werden *immer* gesetzt, wenn ein Treffer gefunden wird. Möglicherweise werden sie nur auf den Leerstring (ein String mit Länge Null) gesetzt oder auch auf den undefinierten Wert (dieser ist ähnlich, aber durchaus verschieden vom Nullstring; er bedeutet so etwas wie »kein Wert hier«). Aber die Variablen werden bei einem Treffer alle verändert.

`$&` Der Text, auf den die Regex als Ganzes gepaßt hat. Diese Variable sollte (wie auch `$'` und `$\``) wenn möglich vermieden werden (siehe »Das asoziale `$&` und seine Kumpane« auf Seite 279). `$&` ist nach einem erfolgreichen Treffer nie undefiniert.

`$\``  Eine Kopie des Textes vor dem Treffer (links davon). Im Zusammenhang mit `/g` wünschte man sich oft, daß sich `$\`` auf den Text *seit dem letzten Versuch* bezöge; leider ist das nicht so. *[2 ☞ 312]* Das gewünschte Verhalten kann man mit `⌜\G([\x00-\xff]*?)⌟` vor der Regex emulieren. `$\`` ist nach einem erfolgreichen Treffer nie undefiniert.

`$'` Eine Kopie des Textes nach dem Treffer (rechts davon). Nach einem erfolgreichen Treffer ist der String `"$\`$&$'"` immer eine Kopie des ursprünglichen Suchtextes.[14] Auch `$'` ist nach einem erfolgreichen Treffer nie undefiniert.

---

13 Wie auf Seite 213 erwähnt, weist diese Notation auf die Perl4-Notiz Nummer 1 auf Seite 312 hin.

14 Um genau zu sein: Wenn der Suchtext undefiniert und das Matching dennoch erfolgreich war (unwahrscheinlich, aber möglich), dann ist `"$\`$&$'"` der leere String, nicht der undefinierte Wert. Das ist die einzige Situation, in der sich die zwei unterscheiden.

$1, $2, $3 ...

Der Text, auf den das erste, zweite, dritte... Klammerpaar gepaßt hat. (Achtung: $0 gehört nicht dazu. Es enthält den Namen des Skripts und hat überhaupt nichts mit regulären Ausdrücken zu tun). Diese sind garantiert undefiniert, wenn sie sich auf ein Klammerpaar beziehen, das es in der Regex gar nicht gibt oder das beim letzten Matching nicht Bestandteil des Treffers war. Diese Variablen können nach dem Matching benutzt werden, auch im Ersatztext des s/.../.../-Operators. Sie in der Regex selbst zu benutzen, ist kaum sinnvoll (dafür sind ⌈\1⌉ und seine Kollegen da). Siehe »$1 in der Regex benutzen?« etwas weiter unten.

Den Unterschied zwischen ⌈(\w+)⌉ und ⌈(\w)+⌉ sieht man am besten, wenn man diese Variablen anschaut. Beide Ausdrücke passen auf exakt den gleichen Text, aber was von den Klammern eingefangen wird, ist verschieden. Auf tubby angewendet wird im ersten Fall $1 zu tubby, im zweiten zu y: Das Plus ist hier außerhalb der Klammern, damit wird $1 bei jeder Iteration des Pluszeichens neu mit genau einem Zeichen gefüllt.

Ein anderer Unterschied besteht zwischen ⌈(x)?⌉ und ⌈(x?)⌉. Bei ersterem sind die Klammern und was sie einschließen optional, damit muß $1 entweder undefiniert oder ein x sein. Im zweiten Fall umschließen die Klammern einen lokalen Treffer – wenn die Regex als ganzes erfolgreich ist, paßt auch der Klammerausdruck, vielleicht auch nur auf ein »Garnichts«. Daher sind hier die möglichen Werte für $1 der String x oder der leere String.

Perl4 und Perl5 behandeln bestimmte ungewöhnliche Kombinationen von Klammern und den Quantifiern Stern, Plus usw. etwas verschieden. Das wird Sie kaum betreffen, aber es muß doch erwähnt werden. Der Unterschied hat damit zu tun, was in $2 gespeichert wird, wenn ein Ausdruck wie ⌈(main(OPT)?)+⌉ bei der letzten Iteration des Plus nur auf ⌈main⌉, nicht aber auf ⌈OPT⌉ paßt. Bei Perl5 wird $2 auf den undefinierten Wert gesetzt (meiner Ansicht nach korrekterweise), weil ⌈(OPT)⌉ nicht Teil des Treffers der Regex als Ganzes ist. Bei Perl4 behält $2 den Wert, den es bei einem früheren, aber nur partiellen Treffer hatte. Bei Perl4 erhält also $2 den Wert OPT, falls dieser Unterausdruck irgendwo im ganzen Treffer gepaßt hat und nicht nur am Ende des ganzen Treffers.

$+   Eine Kopie der Variablen $1, $2... mit der höchsten Nummer, die explizit gesetzt wurde. Wenn in der Regex keine Klammer vorkommt (oder wenn am gefundenen Treffer kein Klammerausdruck Anteil hat), dann ist $+ undefiniert.*/3 ☞ 312/* Perl gibt jedoch keine Warnung aus, wenn ein undefiniertes $+ benutzt wird.

Wenn eine Regex mit dem /g-Modifier mehrfach angewendet wird, dann werden diese Variablen bei jeder Anwendung neu gesetzt. Das ist auch der Grund, weshalb man $1 im Ersatz-Operand von s/.../g benutzen kann und es bei jedem Zyklus des /g einen neuen Wert hat. (Im Gegensatz zum Regex-Operanden wird der Ersatz-Operand bei jeder Iteration neu ausgewertet; ☞ 260.)

$1 in der Regex benutzen?

Die Manpage von Perl betont an jeder Ecke, daß ⌈\1⌉ außerhalb einer Regex nicht benutzt werden kann und daß $1 benutzt werden soll. \1 ist viel mehr als eine andere Notation – die Variable $1 ist bloß ein Teil des Strings, auf den die letzte Regex gepaßt hat. Dagegen ist ⌈\1⌉ ein wirkliches Regex-Metazeichen, das auf den gleichen Text paßt, der früher vom ersten Klammerpaar erkannt wurde, und zwar zu dem Zeitpunkt, an dem die regex-gesteuerte NFA-Maschine das ⌈\1⌉ erreicht. Worauf ⌈\1⌉ paßt, kann sich während des Matchings der Regex ändern – immer dann, wenn durch Backtracking die erste Klammer auf neuen Text angewendet wird.

Eine verwandte Frage ist die, ob $1 auch in einer Regex benutzt werden kann. Die Antwort lautet »ja, aber nicht so, wie Sie denken«. Ein $1 in einer Regex wird genau so behandelt wie jede andere Variable: Der Wert wird interpoliert (das Thema des nächsten Abschnitts), bevor die Mustererkennung oder Substitution überhaupt beginnt. Also hat im Zusammenhang mit einer Regex der Wert von $1 gar nichts mit der aktuellen Treffersuche zu tun, er ist nur ein Überbleibsel aus dem letzten Matching.

Im Besonderen wird bei s/⋯/⋯/g der Regex-Operand ausgewertet und genau einmal kompiliert (auch das wird im nächsten Abschnitt behandelt) und dann mehrfach, bei jeder Iteration des /g, angewendet. Das ist sehr verschieden vom Ersatz-Operanden, der bei jedem Treffer neu ausgewertet wird. Also ist ein $1 im Ersatz-Teil durchaus sehr sinnvoll, im Regex-Operanden nur höchst selten.

Interpolation von Variablen in Strings

Strings als Operatoren

Meistens denkt man sich Strings als *Konstanten*, und häufig ist das auch so, wie etwa bei

```
$monat = "Januar";
```

Wann immer die Anweisung ausgeführt wird, wird $monat immer der gleiche Wert zugewiesen, weil "Januar" sich nie ändert. Perl kann jedoch innerhalb von Strings in Anführungszeichen Variablen *interpolieren*, das heißt, daß der Wert der Variablen statt ihres Namens eingesetzt wird. Zum Beispiel hängt bei

```
$meldung = "Bericht für $monat:";
```

der Wert, der der Variablen $meldung zugewiesen wird, von der Variablen $monat ab und ändert sich (potentiell) jedesmal, wenn die Anweisung ausgeführt wird. Der quotierte String **"Bericht für $monat:"** ist exakt dasselbe wie:

```
'Bericht für ' . $monat . ':'
```

(In einem normalen Ausdruck ist der Punkt Perls String-Verkettungsoperator. Innerhalb eines quotierten Strings geschieht diese Verkettung implizit.)

Die Anführungszeichen sind recht eigentlich *Operatoren*, die ihre Operanden umrahmen. Ein String wie

```
"Der Monat ist $Monatsname[&FindeMonatsnummer]!"
```

ist das gleiche wie der Ausdruck:

```
'Der Monat ist ' . $Monatsname[&FindeMonatsnummer] . '!'
```

Hier wird jedesmal der Wert des Array-Elements $Monatsname[…] eingesetzt, inklusive dem Aufruf der Funktion FindeMonatsnummer.[4 ☞ 313] Jawohl, man kann aus einem quotierten String heraus Unterprogramme aufrufen – weil Anführungszeichen Operatoren sind! Für wirkliche Konstanten kennt Perl Strings in Hochkommas, wie sie hier in den jeweils zweiten Beispielen benutzt wurden.

Ein einzigartiges Feature bei Perl ist, daß »Strings in Anführungszeichen« gar nicht unbedingt in Anführungszeichen stehen müssen – deshalb werden sie oft »quotierte Strings« genannt. Die Notation qq/…/ bewirkt dasselbe wie "…", also ist **qq/Bericht für $monat:/** ein quotierter String oder ein verallgemeinerter String in Anführungszeichen. Man kann sich die Begrenzer selber wählen. Das folgende Beispiel benutzt qq{…}:

```
warn qq{"$ARGV" Zeile $.: $Fehlermeldung\n};
```

Auch verallgemeinerte Strings in Hochkommas gibt es: Für diese wird q/…/ statt qq/…/ benutzt. Bei regulären Ausdrücken wird m/…/ für den Match- und s/…/…/ für den Substitutionsoperator benutzt. Daß man sich die Begrenzer selber aussuchen kann, ist allerdings nichts Neues: *ed* und seine Abkömmlinge kennen das seit mehr als 25 Jahren.

Reguläre Ausdrücke als Strings, Strings als reguläre Ausdrücke

All dies ist wichtig für reguläre Ausdrücke, weil Perl diese ähnlich (aber eben nicht ganz gleich) wie quotierte Strings behandelt, inklusive der Variablen-Interpolation.

```
$Feld = "From";
    ⋮
if ($HeaderZeile =~ m/^$Feld:/) {
    ⋮
}
```

Der markierte Bereich wird als Variable erkannt, ihr Wert wird dafür eingesetzt (interpoliert), und die eigentlich benutzte Regex wird zu ⌈^From:⌉. ⌈^$Feld:⌉ ist der rohe Regex-Operand, ⌈^From:⌉ ist die eigentliche Regex nach dem Kochen. Das sieht ganz ähnlich aus wie gerade vorhin bei quotierten Strings, aber es gibt hier eben ein paar Unterschiede – Einzelheiten dazu folgen bald. Weil es nur *fast* eine Interpolation wie in quotierten Strings ist, wird manchmal von »doublequotish processing« gesprochen.

Den algebraischen Ausdruck **($F - 32) * 5/9** kann man auch so schreiben:

Dividiere(Multipliziere(Subtrahiere($F, 32), 5), 9)

Dabei sieht man besser, in welcher Reihenfolge die Terme wirklich abgearbeitet werden. Analog könnte man **$HeaderZeile =~ m/^$Feld:/** so darstellen:

MusterErkennen($HeaderZeile, *StringVerarbeitung*(»^$Feld:«))

Also muß man eigentlich ^$Feld: als Vorstufe zu einem wirklichen Regex-Operanden ansehen: Er muß erst die String-Verarbeitung durchlaufen. Ein weitergehendes Beispiel:

```
$hochk  = qq{'([^'\\\\]*(?:\\\\.[^'\\\\]*)*)'};  # String in Hochkommas,
$gaense = qq{"([^"\\\\]*(?:\\\\.[^"\\\\]*)*)"};  # String in Anführungszeichen,
$string = "(?:$hochk|$gaense)";    # Regex für beide Arten von Strings.
        ⋮
while (<CONFIG>) {
    if (m/^name=$string$/o) {
        $config{name} = $+;
    } else {
        ⋮
```

Diese Methode, die Regex in Teilstrings zur Variable $string aufzubauen und dann diesen String als Regex zu benutzen, ist viel besser lesbar, als die ganze Regex auf eine Zeile zu schreiben:

```
if (m/^name=(?:'[^'\\]*(?:\\.[^'\\]*)*'|"[^"\\]*(?:\\.[^"\\]*)*")$/o) {
```

Dabei muß aber einiges beachtet werden, wie beispielsweise die verdoppelten Backslashes, der /o-Modifier und die Verwendung von nicht-einfangenden Klammern mit (?...). Der Abschnitt »Prüfen einer E-Mail-Adresse« (☞ 300) bringt dazu ein ausführliches Beispiel. Im Moment konzentrieren wir uns darauf, wie der Regex-Operand bis zur eigentlichen Regex-Maschine vordringt. Dazu untersuchen wir, wie Perl beim Parsing dieses kleinen Programmstücks vorgeht:

```
$header =~ m/^\Q$dir\E # Basis-Verzeichnis
            \/        # Trennzeichen
            (.*)      # Rest des Dateinamens
         /xgm;
```

Die Variable $dir soll den String ›~/.bin‹ enthalten.

Das \Q...\E, das die Variable $dir umrahmt, ist ein besonders für Regex geeignetes Feature der interpolativen Umgebung in Perl. Es bewirkt, daß den meisten Symbolzeichen (Nicht-Buchstaben und Nicht-Ziffern) ein Backslash vorangestellt wird. Wenn das Resultat als Regex verwendet wird, paßt es auf den literalen Text, der von \Q...\E eingeschlossen wird, auch wenn dieser Text Zeichen enthält, die sonst als Regex-Metazeichen interpretiert würden (bei unserem Beispiel ›~/.bin‹ bekommen die ersten drei Zeichen einen Backslash vorangestellt, obwohl es nur beim Punkt notwendig wäre).

Außerdem benutzt das Beispiel die »freie Form« der Regex mit dem /x-Modifier. Ab Perl Version 5.002 kann man damit Regex mit Whitespace und Kommentaren schreiben.

Kommentare beginnen mit # und enden am Zeilenende oder mit dem Ende der Regex. Das ist einer der Unterschiede zur normalen interpolativen Verarbeitung von Strings; diese haben keinen /x-Modifier.

Abbildung 7-1 auf der nächsten Seite illustriert den Weg vom nackten Skript zum Regex-Operanden, von da zur eigentlichen Regex bis zum Gebrauch der Regex in der Maschine. Nicht alle Phasen werden unmittelbar hintereinander ausgeführt. Die lexikalische Analyse (die Untersuchung des Skripts, bei der Anweisungen, Strings, Regex-Operanden usw. erkannt werden) wird nur einmal durchgeführt, wenn das Skript vom Perl-Interpreter gelesen wird (oder, bei einem eval mit einem String als Operanden, jedesmal wenn das eval ausgeführt wird). Das ist die erste Phase in Abbildung 7-1. Die anderen Phasen erfolgen später, und werden möglicherweise mehrfach durchlaufen. Betrachten wir das in allen Einzelheiten.

Phase A – Identifizierung des Match-Operanden

In dieser Phase wird einfach ermittelt, welche Zeichen im Skript zum Regex-Operanden gehören, wie weit er sich lexikalisch erstreckt. Perl findet ein m, den Match-Operator, und weiß, daß darauf ein Regex-Operand folgen muß. Bei Punkt *1* in der Abbildung wird der Slash als Begrenzungszeichen ermittelt, und bei Punkt *4* der dazu passende End-Begrenzer. Diese Phase ist genau gleich wie beim Erkennen von Strings, bei denen ja auch Begrenzer gesucht werden müssen, sie hat also keine Regex-spezifischen Besonderheiten. Nur eine Transformation passiert hier: Wenn wie im Beispiel bei *3* ein geschützter End-Begrenzer gefunden wird, wird dessen Backslash entfernt. *[5 ☞ 313]*

Phase B – Interpolatives Parsing (»doublequotish processing«)

In der zweiten Phase des Parsings wird der nun isolierte Operand ganz ähnlich wie ein String in Anführungszeichen behandelt. Variablen werden interpoliert, und mit dem \Q...\E werden Sonderzeichen geschützt (die komplette Liste dieser Konstrukte befindet sich in Tabelle 7-8 auf Seite 250). In unserem Beispiel wird der Wert von $dir unter dem Einfluß des \Q eingesetzt, also ‹\~\/\.bin‹.

Doch es gibt auch Unterschiede zum normalen interpolativen Kontext. Perl erkennt, daß es in Phase B um eine Regex geht, und macht ein paar Dinge anders als sonst bei Strings. Zum Beispiel stehen \b und \3 in Strings immer für Backspace und eine oktale Konstante, aber in einer Regex können das auch Wortgrenzen-Metazeichen und Rückwärtsreferenzen sein, je nachdem, wo in der Regex sie auftreten. Phase B rührt diese daher nicht an, und überläßt die korrekte Interpretation der Regex-Maschine. Außerdem besteht ein Unterschied darin, was als Variable betrachtet wird und was nicht. In Strings wird so etwas wie $| immer als Variable angeschaut, aber hier kann erst die Regex-Maschine entscheiden, ob es sich um die zwei Metazeichen ⌈$⌉ und ⌈|⌉ handelt. Ähnlich ist es bei $var[2-7]; Strings betrachten das als Element des Arrays @var mit dem Index -5 (das fünftletzte Element des Arrays), aber bei einem Regex-Operanden wird es als skalare Variable $var interpretiert, der eine Zeichenklasse folgt. Wenn man wirklich das Array-Element meint, muß man die Notation ${...} benutzen:

```
${var[2-7]}
```

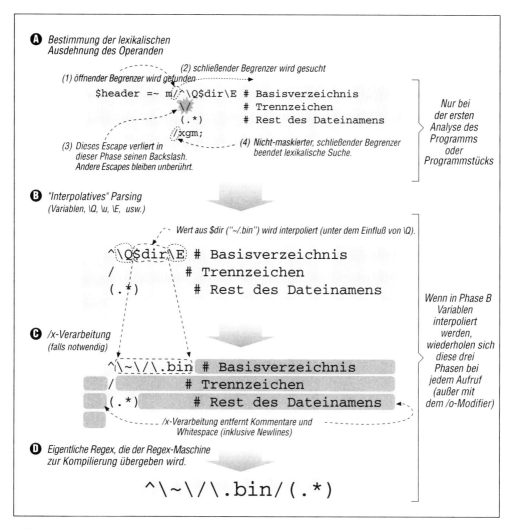

Abbildung 7-1: Parsing in Perl, vom Programm-Text bis zur Regex-Maschine

Wegen der Variablen-Interpolation hängt das Resultat dieser Phase von Variablen ab, die sich im Laufe des Programms ändern können. Wenn Variablen vorkommen, wird Phase B erst ausgeführt, wenn zur Laufzeit der Match-Operator an die Reihe kommt. »Effizienz in Perl« (☞ 270) behandelt das genauer.

Wie in den Abschnitten über den Match- und den Substitutionsoperator weiter untern erklärt, können deren Regex-Operanden auch in Hochkommas stehen. In diesem Fall wird Phase B übersprungen.

Phase C – /x-Verarbeitung

Phase C betrifft nur Regex-Operanden mit dem /x-Modifier. Whitespace (außer in Zeichenklassen) und Kommentare werden dabei entfernt. Weil das nach der Phase B passiert, werden auch Whitespace und Kommentare entfernt, die aus Variablen stammen. Das kann manchmal praktisch sein, aber es gibt da eine Falle: Kommentare in einer /x-Regex reichen bis zum Zeilenende oder bis zum Ende des Operanden – und *nicht* bis zum Ende einer interpolierten Variablen. Nehmen wir an, die Variable $hochk im Programmstück von Seite 225 enthielte einen Kommentar:

```
$hochk = qq{'(···Regex···)'  # String in Hochkommas};
```

Dieser Wert wird via $string Teil des Regex-Operanden. Nach Phase B sieht dieser so aus (der beabsichtigte Kommentar ist fett gedruckt, der effektive Kommentar unterstrichen):

```
⌐name=(?:'(···)'•#•String•in•Hochkommas|"(···)")$
```

Hoppla! Der Kommentar, der eigentlich nur für $hochk hätte gelten sollen, hat den ganzen hinteren Teil der Regex ausgelöscht. Wenn wir statt dessen

```
$hochk = qq{'(···Regex···)'  # String in Hochkommas\n};
```

benutzt hätten, wäre alles glatt gegangen, weil das \n im interpolativen Kontext von qq{···} durch ein literales Newline ersetzt wird. Wenn wir einfaches Quoting mit q{···} benutzt hätten, erhielte die Phase C die zwei Zeichen \n, die in einer Regex auf ein Newline *passen*, aber kein Newline *sind*. Auch damit wäre der »falsche« Kommentar entfernt worden.[15]

Phase D – Kompilierung der Regex

Das Resultat von Phase C ist der wirkliche reguläre Ausdruck, den die Maschine benutzt. Natürlich nicht direkt, die Maschine kompiliert ihn zuerst in eine interne Form. Diesen Schritt nenne ich Phase D. Wenn in Phase B keine Variablen interpoliert wurden, kann

---

15 Abbildung 7-1 ist ein Modell für den komplexen Ablauf des Parsings in Perl. Leute, die sich mit den Innereien von Perl herumschlagen, werden feststellen, daß das Modell nicht ganz der Realität entspricht. Was ich hier Phase C nenne, ist nicht ein separater Schritt, sondern eigentlich Teil von Phase B und D.

Ich halte die Darstellung mit C als getrenntem Schritt für klarer, deshalb mache ich das so (und ich hoffe, daß das Modell in Abbildung 7-1 hilfreich ist). Im besonderen (seltenen) Fall einer Variablen innerhalb eines Kommentars können Modell und Realität allerdings unterschiedliche Auswirkungen haben.

Betrachten wir m/regex # Kommentar $var/. In meinem Modell wird $var in Phase B interpoliert, und vom Resultat wird in Phase C der Kommentar entfernt. In Wirklichkeit passiert das Entfernen des Kommentars vor der Variablen-Interpolation. Das Endresultat ist das gleiche... fast immer. Wenn die Variable $var ein Newline enthält, wirkt dieses Newline *nicht* wie in meinem Modell als Kommentar-Endzeichen. Wenn die Variablen-Interpolation Seiteneffekte wie den Aufruf von Unterprogrammen auslöst, werden diese in der Realität nicht durchgeführt, weil eben die Variable gar nicht interpoliert wird.

Diese Situationen sind etwas weit hergeholt und selten, aber sie mußten doch erwähnt werden.

für diesen Match-Operator immer wieder die gleiche interne Form benutzt werden – sie ändert sich während des Programmablaufs nie. Damit werden alle Phasen A–D nur einmal ausgeführt, was ein großer Zeitgewinn sein kann. Wenn dagegen Variablen im Spiel sind, kann sich die Regex ändern, und die Phasen B bis D müssen jedesmal erneut ausgeführt werden, auch für den gleichen Match-Operator. Die Auswirkungen dieses Verhaltens sind das Thema des Abschnitts »Effizienz bei der Kompilation und der /o-Modifier« (☞ 272). In Kapitel 5 wurde bei »Kompilations-Caching« (☞ 162) das gleiche Thema angesprochen.

Perls Regex-Geschmacksrichtung

Nun haben wir die wichtigen Seitenaspekte behandelt und können uns auf die regulären Ausdrücke von Perl konzentrieren. Perl benutzt eine traditionelle NFA-Maschine, deren grundlegende Metazeichen denen von *egrep* ähneln, aber das ist schon alles an Ähnlichkeit. Unterschiede ergeben sich natürlich aus dem verwendeten NFA, aber auch aus den vielen zusätzlichen Metazeichen und Abkürzungen, die Perl unterstützt. Die Manpage von Perl faßt die Geschmacksrichtung nur kurz zusammen, ich gebe hier deshalb einen genaueren Überblick.

Quantifier – gierige und genügsame

Perl kennt natürlich die normalen gierigen Quantifier, aber seit Perl5 sind die nicht-gierigen Gegenstücke dazugekommen, wie in Kapitel 4 erwähnt. Gieriges Verhalten wird auch als »maximales Matching« bezeichnet, nicht-gieriges je nachdem als »schlappes«, »ungieriges« oder »minimales Matching«.[16] Die Tabelle 7-4 faßt die Quantifier zusammen.

Tabelle 7-4: Quantifier in Perl (gierige und genügsame)

Paßt	Übliche Gierige (maximales Matching)	Genügsame☆ (nicht-gierige) (minimales Matching)
Beliebig oft (keinmal, einmal oder mehr)	⋆	⋆?
Einmal oder mehr	+	+?
Optional (kein- oder einmal)	?	??
Exakte Grenzen (wenigstens *min*, nicht mehr als *max*)	{*min*, *max*}	{*min*, *max*}?
Untere Grenze (wenigstens *min*)	{*min*, }	{*min*, }?
Genau *num* mal†	{*num*}	{*num*}?

☆ Nicht vor Perl5.

† Bei »Genau *num*« gibt es kein optionales Element, also sind die zwei Versionen bis auf Effizienzfragen identisch – sie sind nur der Konsistenz wegen implementiert.

Die nicht-gierigen Versionen sind Beispiele für die »gewöhnungsbedürftig« aussehenden Erweiterungen in Perl5. Ein Ausdruck wie ⋆? ist in üblichen regulären Ausdrücken nicht

---

16 Larry Wall bevorzugt die Ausdrucksweise »minimales Matching« und »maximales Matching«.

sinnvoll, in Perl4 ist es gar ein Syntax-Fehler. So war es Larry Wall unbenommen, für diese Konstruktion eine neue Bedeutung zu erfinden. Es gab Diskussionen darüber, ob `**` und `++` verwendet werden sollten, aber diese Notation ließe sich nur schlecht auf ⌜`{min,max}`⌟ erweitern, also hat sich Larry für das zusätzliche Fragezeichen entschieden. Damit bleibt noch immer Raum für zukünftige Bedeutungen von `**`.

Nicht-gieriges Verhalten und Effizienz

Die meisten Auswirkungen von nicht-gierigen Quantifiern wurden in Kapitel 5 bereits angesprochen, in den Abschnitten »Leistungsunterschiede bei Klammern und beim Backtracking« ab Seite 155 und »Einfache Repetition« auf Seite 159. Andere Effekte ergeben sich einfach aus der regex-gesteuerten Arbeitsweise von Perls NFA.

Meistens hat man nicht die Wahl zwischen gierigen und genügsamen Quantifiern, weil sie ja doch sehr Unterschiedliches bewirken. Wenn eine Wahl besteht, ist die gute Wahl sehr stark von der jeweiligen Situation abhängig. Die Analyse des Backtrackings bei beiden Varianten sollte bei gegebenen Daten auf die richtige Möglichkeit hinweisen. Für Beispiele verweise ich auf meinen Artikel in der Herbstausgabe 1996 von *The Perl Journal* (Jahrgang 1, Heft 3). Darin behandle ich ein einfaches Problem und untersuche verschiedene Lösungen, auch solche mit gierigen und nicht-gierigen Quantifiern.

Nicht-gierige Konstrukte im Vergleich mit negierten Zeichenklassen

Ich stelle fest, daß viele Leute die nicht-gierigen Elemente als einfacher zu tippenden Ersatz für negierte Zeichenklassen benutzen, etwa ⌜`<(.+?)>`⌟ statt ⌜`<([^>]+)>`⌟. Das funktioniert oft, wenn auch weniger schnell – die im Stern versteckte Schleife muß nach jedem erkannten Zeichen anhalten und den Rest der Regex nachsehen lassen, ob bereits ein Treffer möglich ist. In diesem Beispiel wird dabei jedesmal ein Klammerausdruck vorübergehend verlassen. Das zieht eine weitere Leistungseinbuße nach sich, wie wir in Kapitel 5 gesehen haben (☞ 154). Auch wenn nicht-gierige Konstrukte einfacher einzutippen und vielleicht auch leichter lesbar sind als negierte Zeichenklassen, muß doch klar sein: *Was sie erkennen, kann ganz verschieden sein.*

Zunächst einmal paßt der Punkt in ⌜`.+?`⌟ nicht auf ein Newline, wenn nicht der /s-Modifier benutzt wird (☞ 238), die negierte Zeichenklasse ⌜`[^>]+`⌟ schon.

Es gibt auch ein ernsthafteres Problem, das nicht ohne weiteres ersichtlich ist; ich erläutere es hier an einem Beispiel. Bei einem simplen Text-System wird <…> für eine Hervorhebung benutzt:

```
Fred war sehr, <sehr> wütend. <Wütend!> sag' ich ihnen...
```

Nun sollen die bereits hervorgehobenen Elemente anders behandelt werden, wenn sie mit einem Ausrufezeichen enden. Eine Regex, die einen solchen Text findet und einfängt, wäre ⌜`<([^>]*!)>`⌟. Die entsprechende Variante mit nicht-gierigem Stern, ⌜`<(.*?!)>`⌟, ist auch mit dem /s-Modifier etwas ganz anderes. Der erste Ausdruck findet ›·Wütend!·‹, aber der zweite paßt auf ›·sehr> wütend. <Wütend!·‹.

Man muß sich darüber klar werden, daß ⌈[^>]*>⌉ *nie* ein ›>‹ erkennt, das nicht-gierige Konstrukt ⌈.*?>⌉ dagegen schon, *wenn dies notwendig ist, damit die Regex als Ganzes paßt.* Wenn nach dem genügsamen Konstrukt nichts folgt, das ein Backtracking erzwingen könnte, spielt das keine Rolle. Wenn aber ein Element (in unserem Beispiel das Ausrufezeichen) einen längeren Treffer erzwingt, kann das nicht-gierige Konstrukt Text erkennen, der wahrscheinlich nicht der gewünschte ist (und der nicht auf die negierte Zeichenklasse passen würde).

Die nicht-gierigen Konstrukte sind zweifellos die wichtigste Erweiterung von Perl5 zu den regulären Ausdrücken, aber sie müssen mit Bedacht verwendet werden. Ein nicht-gieriges ⌈.*?⌉ ist so gut wie nie ein vollwertiger Ersatz für ⌈[^...]*⌉ – einer der Ausdrücke kann in einer bestimmten Situation der richtige sein, aber der andere ist dann sehr wahrscheinlich nicht korrekt.

Gruppieren

Wie mehrfach erwähnt wurde, haben Klammern zwei Funktionen: Einerseits gruppieren sie Teile der Regex und andererseits fangen sie Text ein für $1, $2 usw. Innerhalb einer Regex werden dafür die Metazeichen \1, \2 usw. benutzt. Wie auf Seite 223 erläutert, besteht hier ein Unterschied nicht nur in der Notation. Außer in einer Zeichenklasse (in der Rückwärtsreferenzen nicht erlaubt sind) sind \1 bis \9 immer Rückwärtsreferenzen. Weitere Rückwärtsreferenzen (\10, \11 ...) werden erzeugt, wenn die Anzahl der Klammern dies erzwingt (☞ 247).

Als einzigartiges Feature kennt Perl zwei Arten von Klammern: die üblichen (...) für das Gruppieren und das Einfangen, dazu aber, erst seit Perl5, auch die *nur* gruppierenden Klammern (?:...). Bei diesem abenteuerlich aussehenden Konstrukt besteht die »öffnende Klammer« aus den drei Zeichen ›(?:‹, die schließende Klammer ist die normale ›)‹. Wie die Notation für die nicht-gierigen Quantifier war auch die Sequenz ›(?‹ vordem ein Syntax-Fehler. Bei Perl5 wird sie für eine Reihe von Erweiterungen genutzt, (?:...) ist nur eine davon. Wir werden bald andere kennenlernen.

Einfangende und nur gruppierende Klammern

Vorteile von nicht einfangenden, nur gruppierenden Klammern sind:

- Ein effizienteres Matching, weil das Abspeichern von lokalen Treffern entfällt, die doch nie gebraucht werden.

- Die Möglichkeit für weitergehende interne Optimierungen. Die Regex-Maschine könnte bestimmte Unterausdrücke zu effizienteren umgruppieren, wenn die Klammern nicht vorschrieben, daß Text aufgefangen werden muß. ⌈(?:return-to|reply-to):•⌉ und ⌈re(?:turn-to:•|ply-to:•)⌉ sind beispielsweise logisch äquivalent, aber der zweite Ausdruck ist sowohl bei einem Treffer als auch bei einem Fehlschlag schneller. (Wenn das nicht einleuchtet, versuchen Sie diese auf `forward-•und•reply-to-Felder...` anzuwenden und das Backtracking zu analysieren.) Perl zieht zur Zeit keinen Nutzen daraus, aber möglich wäre es.

- Eine Vereinfachung beim Aufbau einer Regex aus Strings.

Der letzte Punkt ist wahrscheinlich der, von dem man als Benutzer am meisten profitiert. Vergegenwärtigen wir uns das CSV-Beispiel: Weil die erste Alternative zwei Klammerpaare enthält, wurde der Text aus der zweiten Alternative in $3 aufgefangen (☞ 208; ☞ 211). Wenn sich die Anzahl der Klammern in der ersten Alternative ändert, müssen alle Vorkommen von $3 und eventuell anderen nachgeführt werden. Bei großen Ausdrücken, die aus vielen Strings zusammengesetzt sind, kann das schnell sehr mühsam werden. Mit Klammern, die nichts einfangen, kann das zum großen Teil vermieden werden.[17]

Aus ähnlichen Gründen spielt die Anzahl der einfangenden Klammerpaare eine Rolle, wenn m/ / in einem Listenkontext benutzt wird oder auch bei split. Sie werden dazu in den entsprechenden Abschnitten Beispiele vorfinden (☞ 257, 269).

Lookahead

Mit Perl5 wurden auch die Lookahead-Konstrukte (?=) und (?!) neu eingeführt. Wie nicht-einfangende Klammern paßt das *positive Lookahead* ⌜(?=*Unterausdruck*)⌟, wenn für den Unterausdruck ein lokaler Treffer gefunden wird. Der springende Punkt ist der, daß der Ausdruck keine Zeichen aus dem Suchtext »auffrißt« – Lookahead bezieht sich auf eine *Position* im String, ähnlich wie ein Metazeichen für eine Wortgrenze. Entsprechend werden auch keine Zeichen an $& angefügt, auch nicht an Variablen wie $1, wenn sie sich auf ein umschließendes Klammerpaar beziehen. Man kann damit sozusagen im String vorausschauen, ohne dafür Verantwortung zu übernehmen.

Ähnlich gibt das negative Lookahead-Konstrukt ⌜(?!*Unterausdruck*)⌟ *wahr* zurück, wenn der Unterausdruck *nicht* paßt. *Oberflächlich* gesehen ist das das logische Gegenstück zu einer negierten Zeichenklasse, aber es gibt hier zwei entscheidende Unterschiede:

- Eine negierte Zeichenklasse muß auf *etwas* passen und verbraucht dabei das erkannte Zeichen. Negatives Lookahead ist erfolgreich, wenn es nicht paßt. Das zweite und dritte Beispiel weiter unten illustrieren das.

- Eine Zeichenklasse, ob negiert oder nicht, paßt auf genau ein Zeichen im Suchtext. Lookahead (positives oder negatives) kann auf einen beliebig komplizierten regulären Ausdruck prüfen.

Ein paar Beispiele zum Lookahead:

⌜Bill(?=•The•Cat|•Clinton)⌟
    Erkennt Bill, aber nur, wenn darauf ›•The•Cat‹ oder ›•Clinton‹ folgt.

⌜\d+(?!\.)⌟
    Paßt auf eine Zahl (eine Reihe von Ziffern), auf die kein Punkt folgt.

⌜\d+(?=[^.])⌟
    Paßt auf eine Zahl, auf die etwas anderes als ein Punkt folgt. Es besteht ein Unterschied zwischen diesem und dem vorherigen Beispiel – stellen Sie sich vor, was

---

17 Noch besser wären benannte Unterausdrücke, wie sie Python mit seinen *symbolischen Gruppennamen* kennt, aber Perl unterstützt diese (noch?) nicht.

bei einer Zahl am Ende des Strings erkannt wird. Oder gleich als Übungsaufgabe: Welcher der zwei Ausdrücke paßt auf den String ›PLZ●66706‹, und welcher Text wird erkannt? ❖ Überlegen Sie genau, bevor Sie umblättern.

⌈`^(?![A-Z]*$)[a-zA-Z]*$`⌋

Erkennt eine Zeile, die nur aus Buchstaben besteht, von denen aber nicht alle Großbuchstaben sein dürfen.

⌈`^(?=.*?dies)(?=.*?das)`⌋

Eine raffinierte Art zu überprüfen, ob sowohl ⌈dies⌋ als auch ⌈das⌋ in der Zeile vorkommt. Auch etwas übertrieben, weil man das mit /dies/ && /das/ viel einfacher und wohl auch klarer haben kann, allerdings nicht in einem einzigen regulären Ausdruck.[18]

Andere Beispiele finden sich im Abschnitt »Mit erwarteten Daten im Takt bleiben« (☞ 241). Mehr zur Unterhaltung sehen Sie hier ein sehr vertracktes Beispiel aus dem Abschnitt »Große Zahlen in Dreiergruppen aufteilen« (☞ 298):

```
s<
    (\d{1,3})        # Vor einem Hochkomma: ein bis drei Ziffern,
    (?=             # gefolgt von (das gehört aber nicht zum Treffer)
       (?:\d\d\d)+  #    einem oder mehreren Tripeln...
       (?!\d)       #    ...denen keine weiteren Ziffern folgen
    )                #    (anders gesagt: die die Zahl beenden).
><$1'>gx;
```

Die Klammern beim Lookahead-Konstrukt fangen keinen Text ein, also zählen sie nicht beim Numerieren von Klammerpaaren. Sie können aber normale Klammern *enthalten*, die dann Phantom-Text einfangen: Text, der zwar von einem Unterausdruck erkannt wird, der aber unter Umständen nicht zum Treffer als ganzes gehört. Obwohl ich das nicht oft empfehle, kann es manchmal nützlich sein. Der Ausdruck ⌈`(.*?)(?=<(strong|em)\s*>)`⌋ erkennt alles auf einer Zeile bis zu *aber nicht bis und mit* einem strong- oder em-HTML-Tag. Der erkannte, verbrauchte Text landet in $1 (auch in $&), und die Wörter ›strong‹ oder ›em‹ werden in $2 aufgefangen, dafür wird aber kein Text verbraucht. Wenn es egal ist, ob der Treffer nun durch ›strong‹ oder ›em‹ beendet wurde, schreibt man das ⌈`...(strong|em)...`⌋ besser als ⌈`...(?:strong|em)...`⌋, damit wird das unnötige Abspeichern in $2 vermieden. Bei einem Beispiel auf Seite ☞ 283 benutze ich ein angehängtes ⌈`(?=(.*))`⌋, um etwas ähnliches wie $' zu erhalten (das $' kann wie $& sehr ineffizient sein; ☞ 279).

Klammern innerhalb von Ausdrücken mit negativem Lookahead sind dagegen sinnlos, weil dieses Konstrukt nur dann *wahr* ist, wenn der umschlossene Ausdruck *nicht* paßt.

---

18 Zur Prüfung auf »⌈dies⌋ und ⌈das⌋« gibt es etliche Möglichkeiten, und auch einige Möglichkeiten, die verschiedenen Lösungen zu vergleichen. Mein Artikel in der Herbstausgabe 1996 von *The Perl Journal* (Jahrgang 1, Heft 2) untersucht das Problem in allen Einzelheiten und liefert Einsichten darüber, was die Regex-Maschine mit solchen Ausdrücken in der Praxis tut. Apropos – das raffinierte Beispiel mit dem doppelten Lookahead stammt aus einem USENET-Artikel von Randal Schwartz, und es schneidet beim Leistungsvergleich mit anderen Lösungen sehr gut ab.

Positives und negatives Lookahead

❖ *Auflösung zum Problem von Seite 233*

Sowohl ⌈\d+(?!\.)⌉ als auch ⌈\d+(?=[^.])⌉ erkennen ›PLZ•66706‹. Das erste paßt auf PLZ•66706, das zweite auf PLZ•66706.

Sie erinnern sich: Gierige Quantifier müssen hinter übergeordneten Zielen zurückstehen. Weil ⌈\d+(?=[^.])⌉ nach der Zahl einen »Nicht-Punkt« verlangt, muß das gierige Plus ein Zeichen zurückgeben – Ziffern sind »Nicht-Punkte« – wenn das wirklich notwendig ist.

Wir wissen nicht genauer, welche Absicht hinter diesen Ausdrücken steckt, aber es ist zu vermuten, daß man sie besser wie ⌈\d+(?![\d.])⌉ und ⌈\d+(?=[^.\d])⌉ formulierte.

In der »perlre«-Manpage steht deutlich, daß Look*ahead* (vorausschauen) sehr verschieden sei von Look*behind* (zurückschauen). Lookahead testet, ob die Bedingung (paßt es oder paßt es nicht) von der aktuellen Position aus eingehalten wird, und zwar in der normalen Leserichtung, von links nach rechts. Lookbehind – wenn es das gäbe – würde irgendwie nach hinten schauen.

Der Ausdruck ⌈(?!000)\d\d\d⌉ besagt »Solange es nicht drei Nullen sind: Finde drei Ziffern«. Das ist nicht dasselbe wie »Finde drei Ziffern – davor dürfen aber nicht drei Nullen stehen«. Letzteres wäre Lookbehind, und das unterstützt Perl (oder irgendein anderes mir bekanntes Werkzeug) nicht. In einem gewissen Sinn kann man die Anker für Zeilen- und Wort-Anfang als Lookbehind-Konstrukte betrachten.

Oft wird Lookahead am Ende eines regulären Ausdrucks benutzt, damit der Ausdruck nicht paßt, sofern ihm ein bestimmtes Muster folgt (oder nicht folgt). Am Anfang des Ausdrucks kann es aussehen wie ein mißverstandener Versuch für ein Lookbehind, aber Lookahead kann auch da sinnvoll sein. Das Beispiel mit 000 gehört dazu, oder man könnte dem Ausdruck zur Erkennung einer IP-Adresse aus Kapitel 4 (☞ 129) das Lookahead-Konstrukt ⌈(?!0+\.0+\.0+\.0+\b)⌉ voranstellen, um die IP-Adresse mit lauter Nullen nicht zuzulassen. Wie wir im Abschnitt »Backtracking global betrachtet« in Kapitel 5 (☞ 153) gesehen haben, kann Lookahead am Anfang eines Ausdrucks die Zeit für die Trefferermittlung stark verkürzen.

Mit negativem Lookahead am Anfang des Ausdrucks muß vorsichtig umgegangen werden. Der Ausdruck ⌈\w+⌉ paßt auf das erste Wort im String, aber das Voranstellen von ⌈(?!ding)⌉ bewirkt nicht, daß das erste Wort, sofern es nicht mit ding beginnt, gefunden wird. Der Ausdruck ⌈(?!ding)\w+⌉ paßt zwar tatsächlich nicht auf den Anfang von dingsbums, aber er paßt sehr wohl auf dingsbums. Um den gewünschten Effekt zu erzielen, muß man weitere Vorsichtsmaßnahmen gegen unerwünschte Treffer, etwa ⌈\b(?!ding)\w+⌉ einleiten.

Kommentare in regulären Ausdrücken

Das Konstrukt ⌈(?#…)⌋ wird als Kommentar angesehen und ignoriert. Für den Inhalt bestehen Beschränkungen: Er darf keine Regex-Begrenzungszeichen enthalten, außer mit einem Backslash geschützte.[19] (?#…) gibt es seit Perl 5.000, aber seit 5.002 sind außerdem normale Kommentare mit ⌈#⌋ in Ausdrücken mit dem /x-Modifier zugelassen, wie beim Dreiergruppen-Beispiel auf Seite 233. Mit /x wird auch Whitespace ignoriert, damit läßt sich zum Beispiel das Programmstück

```
$text =~ m/"([^"\\]*(\\.[^"\\]*)*)",?|([^,]+),?|,/g
```

aus dem CSV-Beispiel viel leichter verständlich darstellen:

```
$text =~ m/                        # Ein Feld muß eine der drei Formen haben:
                                   # 1) String in Anführungszeichen:
   "([^"\\]*(\\.[^"\\]*)*)"        #    - Normaler quotierter String (landet in $1),
   ,?                              #    - eventuell mit Komma danach.
          |                        # -ODER-
                                   # 2) Normales Feld:
   ([^,]+)                         #    - Bis zum nächsten Komma in $3 auffangen,
   ,?                              #    - eventuell mit Komma danach.
          |                        # -ODER-
                                   # 3) Leeres Feld:
   ,                               #    (paßt nur genau auf ein Komma).
 /gx;
```

Der reguläre Ausdruck ist dabei exakt derselbe. Wie bei den (?#…)-Kommentaren muß auch hier der Regex-Begrenzer mit einem Backslash geschützt werden. Ganz identisch mit den normalen Kommentaren in Perl ist diese Form also nicht. Wie die meisten Metazeichen sind ⌈#⌋ und die Whitespace-Zeichen unter /x in Zeichenklassen normale Zeichen; Kommentare in Zeichenklassen sind also nicht zulässig, das heißt, sie sind dort normale Zeichen. Wie andere Metazeichen kann man # und Whitespace mit einem vorangestellten Backslash vor ihrer Meta-Interpretation schützen:

```
m{
    ^                # Anfang einer Zeile
    (?:              # gefolgt von:
        From         #    'From' oder
       |Subject      #    'Subject' oder
       |Date         #    'Date'
    )                #
    :                # dann ein Punkt...
    \ *              # ...und eine Anzahl Leerzeichen (hier mit Backslash: \ )
    (.*)             # Rest der Zeile (ohne Newline) in $1 auffangen
}x;
```

---

19 Kommentare der Form ⌈(?#…)⌋ werden sehr früh entfernt, zwischen Phase A und B aus der Abbildung 7-1 auf Seite 227. Übrigens: Soviel ich weiß, ist die schließende Klammer das einzige Element in Perls regulären Ausdrücken, das man nicht mit einem Backslash maskieren kann. Die erste schließende Klammer nach ‹(?#› beendet den Kommentar, der demzufolge auch keine ‹)› enthalten kann.

Andere Konstrukte mit (?...)

Die Konstruktion ⌈(?*Modifiers*)⌉ benutzt die gleiche ›(?‹-Notation wie die vorhergehenden, aber für einen ganz anderen Zweck. Groß- und Kleinschreibung wird normalerweise ignoriert, indem man den /i-Modifier benutzt. Man kann das Gleiche auch mit ⌈(?i)⌉ irgendwo in der Regex (meist am Anfang) bewirken. Das funktioniert mit den Modifiern /i (Groß-/Kleinschreibung ignorieren), /m (Mehrzeilenmodus), /s (Einzeilenmodus) und /x (Freie Form). Diese können auch kombiniert werden: ⌈(?si)⌉ ist dasselbe wie /i und /s zusammen.

String-Anker

Anker sind für das Formulieren von zuverlässigen regulären Ausdrücken oft unerläßlich, und Perl kennt einige davon.

Logische Zeilen und Rohdaten

Perl unterstützt natürlich die traditionellen Zeilenanker, Zirkumflex und Dollar[20], aber deren Bedeutung ist etwas komplexer als nur gerade »Anfang bzw. Ende des Strings«. Beim typischen Gebrauch von regulären Ausdrücken in einer **while (<>)**-Schleife (und dem normalen Lese-Zeilentrennzeichen $/) ist klar, daß die zu prüfenden Daten immer genau eine Zeile umfassen; für diesen Fall ist das folgende irrelevant.

Wenn jedoch ein String Newlines enthält, ist es oft naheliegend, ihn als eine Ansammlung von logischen Zeilen zu betrachten. Solche Strings können auf verschiedene Arten entstehen (etwa auf `"diese\nArt"`). Wenn nun eine Regex darauf angewandt wird – soll ⌈^Subject:⌉ den Substring ›Subject:‹ nur am Anfang jeder logischen Zeile finden oder nur am Anfang des ganzen Strings?

Mit Perl geht beides. Genauer gesagt hat Perl sogar vier unterschiedliche Modi, die in Tabelle 7-5 auf der nächsten Seite aufgeführt sind.

Wenn im Suchtext keine Newlines enthalten sind, verhalten sich alle vier Modi genau gleich.[21] In der Tabelle nicht erwähnt ist,

- **wie** Strings mit Newlines mitten im Text entstehen (*weil es irrelevant ist*);

- **wann** diese Art von Matching gebraucht wird (*wann immer es sich anbietet*);

- **ob** `\n` eine entsprechendes oktales Escape oder ⌈[^x]⌉ ein Newline erkennt (*das tun sie immer*).

---

20 Das Dollarzeichen kann auch der Anfang eines Variablennamens sein, aber zweifelhafte Situationen (ist das nun ein Zeilenende-Zeichen oder eine Variable?) sind selten. Mehr dazu im Abschnitt »Interpolation von Variablen in Strings« (☞ 226).

21 Um pedantisch zu sein: Die String-/Zeilenanker-Optimierung ist bei den Mehrzeilenmodi etwas weniger effizient, weil der String nach Newlines durchsucht werden muß (☞ 162).

Tabelle 7-5: Suchmodi im Zusammenhang mit Newlines

Modus	Für ^ und $ ist der Text ...	Punkt
Normal	ein einziger String, Newlines werden ignoriert	paßt nicht auf Newline
Einzeilenmodus	ein einziger String, Newlines werden ignoriert	*paßt auf jedes Zeichen*
Mehrzeilenmodus	*mehrere durch Newlines getrennte logische Zeilen*	(Wie im Normal-Modus)
Sauberer Mehrzeilenmodus	*mehrere durch Newlines getrennte logische Zeilen*	*paßt auf jedes Zeichen*

Ein genaueres Studium von Tabelle 7-5 zeigt, daß es hier *nur* darum geht, wie die drei Metazeichen Zirkumflex, Dollar und Punkt sich in bezug auf Newlines verhalten.

Normales Verhalten von Zirkumflex, Dollar und Punkt

Bei Perls Voreinstellung paßt das Zirkumflex nur auf den Anfang des Strings. Das Dollarzeichen paßt auf das Ende des Strings *oder* auf die Position gerade vor dem Newline am Ende des Strings. Das sieht etwas merkwürdig aus, ist aber bei vielen Perl-Programmen sehr sinnvoll. Sehr häufig liest ein Programm Zeile für Zeile, ohne daß das Newline am Ende entfernt wird, und darauf wird eine Regex angewandt. Weil der Punkt normalerweise nicht auf das Newline paßt, erlaubt es diese Regel, mit ⌈.*$⌋ alles bis zum Ende der Zeile zu erkennen – aber ohne das Newline. Ich nenne dies den *normalen Modus*.

/m und der schlecht benannte Mehrzeilenmodus

Mit dem /m-Modifier wird der *Mehrzeilenmodus* eingeschaltet. Damit paßt das Zirkumflex auf den Anfang jeder logischen Zeile (am Anfang des Strings und nach jedem Newline im String), und das Dollarzeichen paßt auf jedes logische Zeilenende (vor jedem Newline mitten im String, außerdem auf das String-Ende). Auf den Punkt hat /m keinerlei Auswirkung, er paßt noch immer auf alle Zeichen außer Newline. (Wir werden gleich sehen, daß man /m mit /s kombinieren kann und so zu einem »sauberen« Mehrzeilenmodus kommt.)

Nochmals:

   Der /m-Modifier beeinflußt *nur* die Art, wie ⌈^⌋ und ⌈$⌋ Newlines erkennen.

Der /m-Modifier beeinflußt nur das Verhalten von regulären Ausdrücken, und darin steuert er nur das Benehmen von Zirkumflex und Dollar. Er hat überhaupt nichts mit irgendwelchen anderen Dingen zu tun. Vielleicht wäre »Zeilenanker-bemerken-Newlines-zwischendrin-Modus« ein besserer Name für den Mehrzeilenmodus.

Das /m und der Mehrzeilenmodus sind wohl das Sprachelement von Perl, das am häufigsten mißverstanden wird. Sie erlauben daher, daß ich etwas eindringlich werde. Der /m-Modifier hat *nichts* damit zu tun,

- ob man mit Daten überhaupt arbeiten kann, die Newlines enthalten. Das kann man *immer.* ⌜\n⌟ erkennt immer ein Newline, ganz egal, ob der Mehrzeilenmodus benutzt wird oder nicht.

- ob der Punkt (oder etwas anderes) auf ein Newline paßt oder nicht. Der /s-Modifier (etwas weiter unten) beeinflußt die Interpretation des Punktes, aber der /m Modifier eben nicht. Er beeinflußt nur, ob die Zeilenanker *bei* einem Newline passen. Vom Konzept her sind die zwei Fälle natürlich ähnlich, daher summiere ich das normale Verhalten des Punktes unter den Ausdruck »Mehrzeilenmodus«, aber das ist mehr ein zufälliges Zusammenspiel.

- wie Daten mit Newlines entstehen. Der Mehrzeilenmodus wird oft im Zusammenhang mit anderen Features von Perl benutzt, die mit Mehrzeiligem zu tun haben, aber auch dieser Zusammenhang ist rein zufälliger Natur. Das typische Beispiel ist die Verwendung von $/, dem Trennsymbol für Eingabedatensätze. Wenn $/ auf den Leerstring gesetzt wird, liest das <> alles bis zur nächsten Leerzeile ein. Es gibt dabei einen ganzen Abschnitt (inklusive der folgenden Leerzeile) mit allen Newlines in einem einzigen String zurück. Wenn $/ undefiniert wird, dann liest <> gleich die ganze Datei (oder was noch davon übrig ist) in einen einzigen String ein.[22]

Es ist häufig praktisch, den Mehrzeilenmodus der Regex zusammen mit einem speziellen Wert für $/ zu benutzen, aber das eine setzt das andere nicht voraus.

Den /m-Modifier gibt es erst seit Perl5 – bei Perl4 wurde die jetzt veraltete Variable $* dazu benutzt, *alle* Matchings auf den Mehrzeilenmodus umzuschalten. Wenn $* *wahr* ist, verhalten sich Zirkumflex und Dollar wie mit dem /m-Modifier. Das ist etwas weniger praktisch und weniger übersichtlich als die explizite Angabe, daß ein Mehrzeilen-Matching gewünscht wird. Neue Programme sollten daher $* nicht verwenden. Neue Programme müssen aber davon ausgehen, daß schlecht geschriebene Bibliotheksfunktionen nach wie vor $* verändern. Wenn das verhindert werden soll, braucht man den /s-Modifier.

Einzeilenmodus

Der /s-Modifier bewirkt einerseits, daß Zirkumflex und Dollar nur die String-Enden erkennen, auch wenn $* gesetzt ist. Andererseits erkennt der Punkt dafür *alle* Zeichen, auch das Newline. Die Idee dahinter ist die: Wenn der String schon als eine einzige Zeile betrachtet werden soll, dann soll das Newline auch nicht besonders behandelt werden.

---

22 Eine Bemerkung, die nichts mit Regex zu tun hat: Ein häufiger Fehler ist der, daß angenommen wird, daß <> *alle* Eingabedaten und -dateien liest, wenn $/ undefiniert ist. Dem ist nicht so, es wird jedesmal nur eine Datei (oder der Rest der Datei) gelesen. Wenn man wirklich alle Eingabedateien aufs Mal in einen einzigen String einlesen will, muß **join('',<>)** benutzt werden.

Sauberer Mehrzeilenmodus

Wenn gleichzeitig /m und /s angegeben werden, entsteht das, was ich hier den »sauberen Mehrzeilenmodus« nenne. Das ist dasselbe wie der normale Mehrzeilenmodus mit /m, außer daß der Punkt nun auf alle Zeichen paßt (der Beitrag des /s). Nach meinem Gefühl ist das Verhalten klarer und eben sauberer, wenn der Punkt das Newline enthält: Daher der Name.

Explizite Anker für String-Anfang und -Ende

Zusätzlich kennt Perl5 die Anker ⌈\A⌋ und ⌈\Z⌋, die auf String-Anfang bzw. -Ende passen. Mit Newlines zwischendrin haben diese nie etwas zu tun. Sie verhalten sich im normalen Modus und mit dem /s-Modifier genauso wie Zirkumflex und Dollar, tun das aber auch mit dem /m-Modifier oder wenn $* *wahr* ist.

Sonderfall Newline

In einem Fall braucht das Newline jedoch eine Sonderbehandlung: Wenn es am Ende des Textes auftritt. Sowohl ⌈$⌋ als auch ⌈\Z⌋ passen in jedem Modus auf die Position gerade vor dem Newline als letztem Zeichen im String. In Perl4 kann man in einer Regex nicht ausdrücken, daß *wirklich* das Ende des Strings gemeint ist; in Perl5 geht das mit ⌈...(?!\n)$⌋. Wenn umgekehrt ein Newline am Ende des Strings gefordert ist, kann man mit jeder Perl-Version ⌈...\n$⌋ verwenden.

Warnungen über $* ausschalten

Die Variable $* sollte in neuen Perl-Skripten nicht mehr verwendet werden, aber manchmal müssen Programme so geschrieben werden, daß sie auch unter Perl4 laufen. Wenn unter Perl5 die Warnungen eingeschaltet sind (wie sie es sein sollten), dann beschwert sich Perl lauthals, wenn $* benutzt wird. Statt die Warnungen einfach abzuschalten, empfehle ich die Verwendung von

```
{ local($^W) = 0;  eval '$* = 1' }
```

Damit werden die Warnungen während des Gebrauchs von $* abgeschaltet, aber nach dem Verlassen des Blocks ist wieder alles wie vorher – ich habe diese Technik im Abschnitt zum dynamischen Scoping erläutert (☞ 217).

Vergleich: /m und (?m); /s und /m

Wie kurz auf Seite 236 erwähnt wurde, kann man bestimmte Modifier mit der Notation ⌈(?*Modifiers*)⌋ mitten in der Regex angeben, etwa ⌈(?m)⌋ statt /m. Es gibt hier keine besonderen Vorrangregeln: Ein /m oder ein (?m) (irgendwo in der Regex) schaltet den Mehrzeilenmodus für das gesamte Matching ein.

Man möchte vielleicht in der Regex mit etwas wie ⌈(?m)...(?s)...(?m)...⌋ die Modi »unterwegs« verändern – das geht nicht: Die Modi gelten immer für das ganze Matching. Es spielt keine Rolle, wie der Modus angegeben wird.

Tabelle 7-6: String-/Zeilenanker und Punkt in verschiedenen Modi

Modus	Eingeschaltet mit	^ $ \A, \Z	Punkt paßt auf Newline
Normal	weder /s noch /m, $* falsch	String String String	nein
Einzeilenmodus	/s ($* irrelevant)	String String String	*ja*
Mehrzeilenmodus	/m ($* irrelevant)	*Zeile Zeile* String	nein (wie Normal)
Sauberer Mehrzeilenmodus	/m und /s ($* irrelevant)	*Zeile Zeile* String	*ja*
Alter Mehrzeilenmodus	weder /s noch /m, $* wahr	*Zeile Zeile* String	nein (wie Normal)
		String – paßt nicht auf Newline mittendrin	
		Zeile – erkennt Newlines mittendrin	

Bei der Kombination von /s und /m hat für die Interpretation von Zirkumflex und Dollar der /m-Modifier Vorrang. Darauf, ob der Punkt das Newline erkennt oder nicht, hat /m aber keinen Einfluß, dafür ist nur /s zuständig. Deshalb kann man durch die Kombination der zwei Modifier einen »sauberen« Mehrzeilenmodus erreichen.

Alle diese Modi und Kombinationen davon sind etwas verwirrend, deshalb sind sie in Tabelle 7-6 noch einmal aufgeführt. Kurz zusammengefaßt lautet die Regel: »/m heißt Mehrzeilenmodus, /s bedeutet: Punkt paßt auf Newline«.

Alle anderen Konstrukte sind davon nicht berührt. Ein ⌈\n⌋ paßt immer auf ein Newline. Ein Zeichenklasse kann noch immer auf ein Newline passen oder es ausschließen. Eine negierte Zeichenklasse wie ⌈[^x]⌋ paßt immer auf ein Newline (außer \n ist explizit aufgeführt, natürlich). Das muß beachtet werden, wenn man etwa ⌈.*⌋ in das scheinbar restriktivere ⌈[^…]*⌋ ändert.

Der Anker für mehrfaches Matching

Mit Perl5 ist auch der Anker ⌈\G⌋ dazugekommen, der mit ⌈\A⌋ verwandt, aber auf die Verwendung zusammen mit dem /g-Modifier ausgerichtet ist. Er paßt an der Stelle, an der die letzte Iteration des /g aufgehört hat. Bei der ersten Iteration oder wenn /g nicht benutzt wird, ist er gleichbedeutend mit ⌈\A⌋.

Ein Beispiel mit **\G**

Wir betrachten ein längeres Beispiel, das etwas gesucht ist, aber ein paar wichtige Punkte sehr gut veranschaulicht. Nehmen wir an, die zu untersuchenden Daten seien eine Reihe von (neuen deutschen, fünfstelligen) Postleitzahlen, die alle zusammengeschrieben sind. Die Aufgabe ist es, alle Postleitzahlen zu finden, die mit 66 beginnen. Hier einige Beispieldaten, die gesuchten Postleitzahlen sind fett gedruckt:

038245316694116152136**6618**29503566**6706**752010217663235

Wir gehen zunächst von **@plz = m/\d\d\d\d\d/g;** aus, das erzeugt einen Array, bei dem jedes Element eine Postleitzahl ist (natürlich unter der Annahme, daß die Daten im Standardsuchraum $_ vorliegen). Der reguläre Ausdruck paßt bei jeder Iteration der

Regex auf eine Postleitzahl. Was sich gleich als wichtig erweisen wird: Die Regex paßt immer und sofort, bis die ganzen Daten erschöpft sind – das Getriebe muß nie ein Zeichen weiterschalten, weil alle Daten Ziffern sind (ich nehme hier an, daß die Daten den Spezifikationen entsprechen, eine Annahme, die in der Praxis manchmal stimmt – und häufig nicht).

Also ist es ziemlich klar, daß eine Änderung von ⌈\d\d\d\d\d⌋ zu ⌈66\d\d\d⌋ gar nichts bringt – sobald ein Fehlschlag auftritt, schiebt das Getriebe die Regex um ein Zeichen weiter, und die Maschinerie gerät außer Takt. Mit ⌈66\d\d\d⌋ fänden wir als ersten Treffer ···531**6694**116···, und das ist keine Postleitzahl.

Man könnte nun ein Zirkumflex oder ein ⌈\A⌋ vorne in der Regex einsetzen, aber das würde nur die allererste Postleitzahl erkennen. Wir müssen eine Methode finden, bei der die Regex im Takt bleibt, bei der aber unerwünschte Postleitzahlen ignoriert werden. Dazu müssen wir ganze Postleitzahlen »von Hand« überspringen – und nicht nur einzelne Ziffern, wie das das Getriebe automatisch tut.

Mit erwarteten Daten im Takt bleiben

Ich kann mir einige Methoden für dieses Überspringen von uninteressanten Postleitzahlen vorstellen. Jeder der folgenden Ausdrücke, vorne in die Regex eingefügt, hat den gewünschten Effekt:

⌈**(?:[^6]\d\d\d\d|\d[^6]\d\d\d)** *···⌋

Diese Methode überspringt Postleitzahlen, sofern sie mit etwas anderem als 66 beginnen (vorsichtiger wäre vielleicht ⌈[1235-9]⌋ statt ⌈[^6]⌋, aber ich nehme wie gesagt an, daß die Daten stimmen). Übrigens – ⌈**(?:[^6][^6]\d\d\d)** *⌋ würde nicht funktionieren, weil es unerwünschte Postleitzahlen wie 65432 nicht erkennt und damit nicht überspringt.

⌈**(?:(?!66)\d\d\d\d\d)** *···⌋

Diese Methode überspringt Postleitzahlen, sofern sie nicht mit 66 beginnen. Die deutsche Umschreibung klingt fast gleich wie bei der vorherigen Lösung, aber die regulären Ausdrücke unterscheiden sich ziemlich. In diesem Fall erzeugt eine erwünschte Postleitzahl (eine, die mit 66 beginnt) bei ⌈(?!66)⌋ einen Fehlschlag, und damit endet auch das Überspringen.

⌈**(?:\d\d\d\d\d)** *?···⌋

Bei dieser Methode werden Postleitzahlen nur übersprungen, wenn es nicht anders geht; das heißt, wenn es von einem später folgenden Unterausdruck, der passen *soll*, erzwungen wird. Aufgrund des minimalen Matchings wird ⌈**(?:\d\d\d\d\d)**⌋ überhaupt nur angewandt, wenn der darauf folgende Teil nicht paßt (dann allerdings mehrfach, bis eben dieser folgende Teil einen lokalen Treffer findet).

Die letzte Methode, kombiniert mit ⌈(66\d\d\d)⌋, ergibt:

```
@plz = m/(?:\d\d\d\d\d)*?(66\d\d\d)/g;
```

Das pickt die ›66*xxx*‹-er Postleitzahlen heraus und überspringt dazwischen aktiv (nicht durch das Getriebe bewirkt) die uninteressanten Zahlen (in einem Listenkontext liefert m/.../g eine Liste der Textstücke, die in allen Iterationen von einfangenden Klammerausdrücken erkannt wurden; ☞ 258).

Diese Regex funktioniert mit dem /g-Modifier, weil wir dafür gesorgt haben, daß die »aktuelle Position« nach jeder Iteration des /g eine am Anfang einer neuen Postleitzahl ist. Das ist ein ganz ähnliches Vorgehen wie beim CSV-Beispiel, auch dort mußte dafür gesorgt werden, daß die Regex »im Takt« mit den Daten bleibt (☞ 210).

Diese Methoden sind hoffentlich nützlich, aber wir haben noch immer nichts von ⌐\G⌐ gesehen, um das es ja eigentlich gehen sollte. Wir werden bei der weiteren Analyse des Problems schon noch darauf stoßen.

Den Takt auch bei Unerwartetem nicht verlieren

Haben wir wirklich sichergestellt, daß die Regex nur am Anfang einer Postleitzahl getestet wird? *Nein!* Wir überspringen zwar »von Hand« uninteressante Postleitzahlen *zwischen* jeweils zweien, die mit 66 beginnen, aber wenn die Regex bei der letzten interessanten PLZ angelangt ist, paßt sie nicht mehr. Dann wird, wie immer, das Getriebe ein Zeichen weiterschalten, und die Regex bei einer Position mitten in einer Postleitzahl anwenden! Das ist ein häufiges Problem, das uns auch schon beim Tcl-Programm zum Entfernen von C-Kommentaren in Kapitel 5 begegnet ist (☞ 177).

Betrachten wir noch einmal unsere Beispieldaten:

> 03824531669411615213**66182**9503**56670**6̲7̲5̲2̲0̲1̲0̲2̲1̲7**663235**

Hier sind die gefundenen Treffer fett gedruckt (der dritte davon ist falsch), die aktiv übersprungenen Postleitzahlen sind unterstrichen, und die durch das Weiterschalten des Getriebes erreichten Positionen markiert. Nach dem Treffer 66706 findet die eigentliche Regex keine weiteren Treffer mehr. Ist damit das Matching beendet? Nein, das Getriebe schaltet Zeichen für Zeichen weiter und setzt die Regex bei jedem Zeichen neu an; wir geraten also außer Takt mit den eigentlichen Postleitzahlen. Nach dem vierten Zeichen erkennt die Regex die »Postleitzahl« 66323.

Unsere Regex funktioniert zuverlässig, solange sie am Anfang einer Postleitzahl angesetzt wird, aber das Getriebe durchkreuzt dieses Verhalten. Hier kann ⌐\G⌐ Abhilfe schaffen:

```
@plz = m/\G(?:\d\d\d\d\d)*?(66\d\d\d)/g;
```

Das \G paßt auf die Position, bei der der Treffer der letzten Iteration geendet hat (oder beim ersten Durchgang auf den Anfang des Strings). Wenn die Regex paßt, wird der Treffer immer da enden, wo zwei Postleitzahlen sich berühren. Wenn das nächste Matching fehlschlägt, sind wir fertig: Das Getriebe kann nicht zum nächsten Zeichen gehen, weil das \G verlangt, daß ein möglicher Treffer an der Stelle beginnen muß, an der der letzte Treffer geendet hat. Mit anderen Worten verhindert das \G hier das Voranschreiten durch das Getriebe.

Das wird in diesem und ähnlichen Fällen sogar zur Optimierung ausgenutzt. Wenn ein Treffer mit \G beginnen muß, braucht das Getriebe gar nicht erst bemüht zu werden.

Die Optimierung kann aber auch versagen, wenn die Regex nicht einfach genug ist. Bei `\Gdies|\Gdas` wird die Optimierung nicht angewandt, obwohl das die gleiche Wirkung hat wie `\G(?:dies|das)` (bei dem die Optimierung stattfindet).

`\G` *im Zusammenhang*

`\G` wird nicht häufig verwendet, aber wenn, dann ist es oft unerläßlich. Obwohl wir an diesem Beispiel einiges gelernt haben, sehe ich doch einen Weg, das Problem auch ohne \G zu lösen. Nachdem eine 66*xxx*-Postleitzahl erkannt wurde, können wir einen der ersten zwei Ausdrücke für das Überspringen von uninteressanten Postleitzahlen benutzen, um auch *nach* dem Treffer unerwünschte Zahlen zu überspringen (die dritte Regex paßt nur, wenn sie dazu gezwungen wird; das ist in diesem Fall das ungeeignete Verhalten):

```
@plz = m/(?:\d\d\d\d\d)*?(66\d\d\d)(?:(?!66)\d\d\d\d\d)*/g;
```

Nachdem die letzte Postleitzahl, 66706, erkannt wurde, verbraucht die angefügte Regex alle Zeichen bis zum Ende des Strings, und die durch m/…/g erzeugte Schleife ist beendet.

Diese Methoden funktionieren, aber oft ist es tatsächlich einfacher und vielleicht sicherer, andere Mittel der Sprache zur Problemlösung zu verwenden. Diese zwei Lösungen sind wohl einfacher verständlich:

```
@plz = grep {defined} m/(66\d\d\d)|\d\d\d\d\d/g;
@plz = grep {m/^66/} m/\d\d\d\d\d/g;
```

In Perl4 funktionieren die Lösungen mit nur einer Regex *nicht*, weil einige der Konstrukte von Perl4 nicht unterstützt werden. Also muß in diesem Fall eine der Möglichkeiten mit Mitteln der Programmiersprache benutzt werden, die keine regulären Ausdrücke sind.

Startpunkt für /g setzen

Auch wenn \G nicht benutzt wird, kann der Punkt wichtig sein, der mit dem Ende des letzten Treffers erreicht wurde. In Perl4 ist diese Position mit einer bestimmten Regex verknüpft, in Perl5 dagegen mit dem Suchtext, dem String. Mit pos(…) kann auf diese Position zugegriffen werden. Das bedeutet, daß man mit einer Regex dort weiterfahren kann, wo das Matching einer anderen Regex geendet hat. Zwei Regex können sich also die Arbeit aufteilen. In einem einfachen Beispiel werden Zahlen aus dem String $daten herausgesucht und im Array @zahlen abgelegt:

```
@zahlen = $daten =~ m/\d+/g;
```

Nehmen wir an, in den Daten kommt als Markierung der String <xx> vor, und wir sind nur an den Zahlen nach dieser Marke interessiert. Durch Ausnützen der Position des letzten Treffers geht das sehr einfach:

```
$daten =~ m/<xx>/g;    # Startpunkt setzen. pos($daten) ist jetzt hinter <xx>.
@zahlen = $daten =~ m/\d+/g;
```

Das Matching mit <xx> ist in einem skalaren Kontext, also bewirkt das /g keine implizite Schleife (☞ 258). Die aktuelle Position, die Position nach dem letzten Treffer, wird aber trotzdem gespeichert und beim nächsten Matching mit /g und den gleichen Daten wieder benutzt; hier beim Matching mit m/\d+/g. Wenn aber das erste ⌈<xx>⌉ fehlschlägt, wird die Position nicht verschoben, und das folgende m/\d+/g beginnt ganz normal am Anfang des Strings.

Zwei Punkte bewirken, daß diese Technik funktioniert: Erstens muß das erste Matching im skalaren Kontext erfolgen. Im Listenkontext würde das ⌈<xx>⌉ wiederholt angewandt, bis es fehlschlägt, und ein Fehlschlag setzt die »Position des letzten Treffers« auf den Anfang des Strings zurück. Zweitens muß auch beim ersten Match-Operator /g benutzt werden, obwohl wir die Regex nur einmal anwenden. Nur bei /g wird pos angerührt.

pos ist nicht nur eine Funktion, die die aktuelle Position zurückgibt, sondern ein Operator, dem man auch eine Position zuweisen kann. Damit kann man den Startpunkt berechnen:

```
pos($daten) = $i if $i = index($daten,"<xx>"), $i > 0;
@zahlen = $daten =~ m/\d+/g;
```

Falls index ein <xx> im String findet, wird der Startpunkt für das nächste Matching mit den gleichen $daten gesetzt – hier auf den Anfang des <xx>, nicht auf das Ende wie vorhin. Das spielt in diesem Fall keine Rolle, weil <xx> keine Ziffern enthält.

Das ist eine einfache Anwendung, aber man kann sich vorstellen, daß diese Methode in bestimmten Fällen sehr nutzbringend eingesetzt werden kann. Man kann sich auch vorstellen, daß damit sehr undurchschaubare Programme geschrieben werden können, deren Wartung zum Alptraum werden kann.

Wort-Anker

Perl kennt keine Anker für *Wort-Anfang* und *Wort-Ende*, wie sie in anderen Programmen verfügbar sind (Tabelle 3-1 ☞ 67; Tabelle 6-1 ☞ 186). Statt dessen[23] unterstützt Perl Metazeichen für *Wortgrenze* und *Nicht-Wortgrenze*, ⌈\b⌉ und ⌈\B⌉ (in Zeichenklassen und quotierten Strings ist \b ein Abkürzungszeichen für Backspace). Eine Wortgrenze ist einfach eine Position, an der ein Zeichen, das auf ⌈\w⌉ paßt, mit einem zusammenkommt, das auf ⌈\W⌉ paßt. String-Anfang und -Ende gelten in diesem Zusammenhang als ⌈\W⌉. Im Gegensatz zu den meisten Werkzeugen gehört bei Perl der Unterstrich zu ⌈\w⌉; es können auch weitere Zeichen dazugehören, wenn es das gewählte Locale so vorsieht (☞ 69, 247).

---

23 Die zwei Möglichkeiten schließen sich nicht aus. GNU Emacs zum Beispiel unterstützt beide.

Eine Warnung zu ⌜\b⌟

Im Zusammenhang mit ⌜\b⌟ gibt es eine Falle, in die ich manchmal tappe.[24] Als Teil einer Schnittstelle zu einer Web-Suchmaschine war ein $suchwort vorhanden, und ich wollte nur nach ganzen Wörtern suchen und die eigentliche Regex-Suche mit m/\b\Q$suchwort\E\b/ ausführen. Mit einem Suchwort wie ›3.75‹ wird die Regex zu ⌜\b3\.75\b⌟, damit würden wie geplant Texte wie ›Preis: DM 3.75 inkl. Mwst.‹ gefunden.

Wenn das Suchwort allerdings ›$3.75‹ wäre, würde aus der Regex ⌜\b\$3\.75\b⌟. Weil das Dollarzeichen zu den Nicht-Wortbestandteilen gehört, kann diese Regex nur passen, wenn unmittelbar vorher ein Wortzeichen erscheint, und das ist kaum wahrscheinlich. Das \b hatte ich verwendet, weil ich annahm, daß das Suchwort mit einem Wort beginnt. In diesem Fall aber erweist sich das \b als Hindernis. Die Regex erkennt nicht einmal ›price is $3.75 plus tax‹.

Wenn das Suchwort mit einem \W-Zeichen beginnt, wollen wir nicht erzwingen, daß davor ein Wortbestandteil erscheinen muß. Eine Lösungsmöglichkeit ist das Anfügen des \b nur dann, wenn das Suchwort mit einem Zeichen beginnt, das auf \w paßt:

```
$regex = "\Q$suchwort\E";        # $suchwort »absichern«
$regex = '\b' . $regex           # Regex beginnt mit einem Wort...
        if $regex =~ m/^\w/;     #   Wortgrenze vorher erzwingen
$regex = $regex . '\b'           # Regex endet mit einem Wort...
        if $regex =~ m/\w$/;     #   Wortgrenze danach erzwingen
```

Damit ist sichergestellt, daß das ⌜\b⌟ in dem obigen Problemfall nicht eingesetzt wird; aber diese Situation (wenn also $suchwort mit einem \W-Zeichen beginnt oder endet) wird deswegen nicht besser behandelt. Zum Beispiel erkennt ein Suchwort wie -998 noch immer Texte wie ›800-998-9938‹. Wenn es egal ist, ob mehr Text als eigentlich notwendig erkannt wird (das ist häufig nicht gegeben, wenn die Regex Teil einer größeren ist oder wenn der /g-Modifier verwendet wird), können wir das einfache, aber wirksame ⌜(?:\W|^)\Q$suchwort\E(?!\w)⌟ verwenden.

Anker für Wort-Anfang und -Ende emulieren

Zunächst scheint es, daß Perl durch das Fehlen von Metazeichen für den Wort-Anfang und das Wort-Ende wirklich etwas Entscheidendes fehlt. Es zeigt sich jedoch, daß mit dem Gebrauch von ⌜\b⌟ in einer Regex die mögliche Zweideutigkeit meistens aufgelöst wird. Mir ist noch nie eine Situation untergekommen, bei der ein Anker für Wort-Anfang oder -Ende absolut notwendig gewesen wäre. Wenn es trotzdem so sein sollte, kann man sie mit ⌜\b(?=\w)⌟ und ⌜\b(?!\w)⌟ ersetzen. Zum Beispiel entfernt

```
s/\b(?!\w).*\b(?=\w)//
```

alles vor dem ersten Wort und nach dem letzten Wort im String. Zum Vergleich: Mit modernen Versionen von *sed*, die die Metazeichen \< und \> für Wortgrenzen kennen, würde man dies so schreiben: s/\>.*\</.

---

24 Letztes Mal, gerade bevor ich diesen Abschnitt geschrieben habe!

Abkürzungszeichen und andere Metazeichen

Wir haben bereits einige der Abkürzungszeichen von Perl benutzt. Tabelle 7-7 zeigt die ganze[25] Liste.

Tabelle 7-7: Regex-Abkürzungszeichen und andere Metazeichen

Notationen für Bytes	Maschinenabhängige Kontrollzeichen
Zahl Oktales Zeichen	
\\x*Zahl* Hexadezimales Zeichen	\\a Alarm (akustisches Signal)
\\c*Z* Kontrollzeichen (Ctrl-*Z*)	\\f Seitenvorschub (Formfeed)
Abkürzungen für häufige Klassen	\\e Escape (<ESC>)
\\d Ziffer [0-9]	\\n Newline
\\s Whitespace, meist [●\\f\\n\\r\\t]	\\r Carriage-Return
\\w Wortbestandteil, meist [a-zA-Z0-9_]	\\b Backspace (nur in Zeichenklassen)
\\D, \\S, \\W – Komplement zu \\d, \\s, \\w	\\t Tabulator

Zeichen wie ⌜\\n⌟ und auch andere sind sicher bekannt – diese maschinenabhängigen (☞ 77) Abkürzungen sind auch in quotierten Strings verfügbar. Ich finde es aber doch wichtig, darauf hinzuweisen, daß Regex-Metazeichen in Strings nicht verwendet werden können, und daß umgekehrt String-Metazeichen in Regex nichts zu suchen haben. In Perl wird *meistens* die gleiche Notation für diese verschiedenen Dinge gebraucht, deshalb ist die Unterscheidung etwas verwischt (☞ 43).

Wenn man m/(?:\\r\\n)+$/ mit

```
$regex = "(\r\n)+";
m/$regex$/;
```

vergleicht, findet man, daß beide dasselbe bewirken. Aber es *besteht* ein Unterschied. Wenn man diese Situation naiverweise auf "\\b[+\\055]/*]\\d+\\b" ausdehnt, kommen gleich mehrere Aha-Erlebnisse auf einen zu. Wenn man dies in einem String schreibt, wird es auch als String interpretiert, ganz egal, ob Sie später vorhaben, diesen String als Regex zu verwenden. Die zwei \\b hier sind wohl als Wortgrenzen *gemeint*, aber für einen quotierten String sind es Backspaces. Die Regex-Maschine wird nie ⌜\\b⌟ erhalten, sondern Backspaces (kein besonderes Zeichen in einer Regex – es paßt halt auf ein Backspace). Aha!

Sowohl Regex als auch Strings verwandeln \\055 in einen Bindestrich (055 ist der ASCII-Code für Bindestrich oder Minuszeichen), aber wenn die Regex die Konversion vornimmt, wird dieser Bindestrich nicht als Metazeichen erkannt. Wenn dagegen der quotierte String \\055 in ein Minus verwandelt und das resultierende [+-/*] später an die Regex-Maschine weitergibt, dann ist es plötzlich das Metazeichen für Bereiche in Zeichenklassen. Aha!

---

25 Das Phantom ⌜\\v⌟ (vertikaler Tabulator) fehlt. In der Manpage und in anderern Dokumentationen ist es während Jahren herumgegeistert, es wurde aber nie wirklich implementiert! Ich glaube nicht, daß es von vielen vermißt wird, da es nun endlich aus der Dokumentation gestrichen wurde.

Schließlich ist \d in Strings kein Metazeichen. Der Backslash wird einfach ignoriert. Die Regex wird zu ⌈d⌋. Aha!

Ich betone das, weil es für den Aufbau einer Regex aus Strings wichtig ist. Dabei *muß* man einfach wissen, was ein Metazeichen ist und was nicht, von welchen Teil von Perl es als Metazeichen interpretiert wird, und in welcher Reihenfolge das geschieht. Das kann zu Beginn schon verwirrend sein. Ein (sehr) ausführliches Beispiel dazu findet sich im Abschnitt »Prüfen einer E-Mail-Adresse« (☞ 300).

Perl und POSIX-Locales

Wie in »Unterstützung für Locales – durch die Hintertür!« (☞ 70) kurz angesprochen, hat Perl nur rudimentären Support für Locales. Es weiß nichts über POSIX-Kollationssequenzen und ähnliche Dinge, damit enthalten ASCII-basierende Zeichenklassen nie Zeichen aus dem Locale, die nicht auch ASCII-Zeichen sind. Auch String-Vergleiche und sort berücksichtigen Locales nicht.

Wenn Perl mit entsprechenden Funktionen aus der C-Bibliothek übersetzt wurde, benutzt es allerdings Funktionen wie »Ist das ein Buchstabe?« (isalpha, isupper usw.), außerdem die Funktionen für die Umwandlung von Groß- und Kleinbuchstaben. Das wirkt sich auf den /i-Modifier und auf die Sprach-Elemente aus, die in Tabelle 7-8 auf Seite 250 (☞ 250) aufgeführt sind. Auch \w, \W, \s, \S, und die Wortgrenzen berücksichtigen das gewählte Locale, nicht aber \d. (Die Geschmacksrichtung von Perl unterstützt dagegen [:digit:] nicht, auch keine der anderen POSIX-Klammerausdrücke von Seite 84.)

Verwandte Standardmodule

In der Standardbibliothek von Perl sind die Module POSIX und Jarkko Hietaniemi's I18N::Collate zu finden (*I18n* ist die übliche Abkürzung für *Internationalisation* – der Grund dafür ist eine kleine Denksportaufgabe[26]). Diese bieten zwar keine Unterstützung für reguläre Ausdrücke, aber sie sind doch hilfreich, wenn man mit Locales umgehen muß. Das POSIX-Modul ist sehr groß, aber kaum dokumentiert – es muß auf die Dokumentation zu den jeweiligen C-Routinen verwiesen werden oder vielleicht auf Donald Lewines Buch *POSIX Programmer's Guide* (O'Reilly & Associates).

Notation für Bytes

Perl kennt einige Möglichkeiten, um nackte Bytes einzugeben: Zwei- oder dreistellige oktale Escapes wie bei ⌈\33⌋ und ⌈\177⌋, und ein- oder zweistellige hexadezimale Escapes wie ⌈\xA⌋ und ⌈\xFF⌋.

In Strings sind auch einstellige oktale Escapes erlaubt, in regulären Ausdrücken meist nicht, weil etwas wie ⌈\1⌋ normalerweise als Rückwärtsreferenz interpretiert wird. Auch zweistellige Rückwärtsreferenzen gibt es, wenn in der Regex nur genügend Klammerpaare vorhanden sind. Also ist ⌈\12⌋ eine Rückwärtsreferenz, wenn die Regex zwölf oder mehr einfangende Klammerpaare hat, sonst ist es ein oktales Escape (für den

---

26 Und auch der Grund dafür, daß hier nicht »Internationalisierung« steht. (Anm. d.Ü.)

dezimalen Wert 10). Als Wayne Berke das Manuskript zu diesem Buch gelesen hat, hat er etwas vorgeschlagen, dem ich mich voll und ganz anschließen kann: Verwenden Sie nie zweistellige Oktalzahlen wie \12, sondern immer nur die dreistellige Variante \012. Warum? Perl wird \012 nie als Rückwärtsreferenz interpretieren, aber \12 kann plötzlich zu einer Rückwärtsreferenz werden, wenn die Anzahl der Klammern zunimmt.

Es gibt hier zwei Spezialfälle. Rückwärtsreferenzen sind in Zeichenklassen nicht zugelassen, daher sind ein- oder zweistellige oktale Escapes darin absolut harmlos (deshalb habe ich im vorhergehenden Abschnitt *normalerweise* geschrieben). Zweitens ist ⌈\0⌋ als oktale Darstellung des Nullzeichens überall erlaubt, weil es keine Rückwärtsreferenz sein kann.

Bytes und Zeichen, Newline und Linefeed

Wie im Abschnitt »Reguläre Ausdrücke: Terminologie« von Kapitel 1 erläutert, hängt es von der Umgebung ab, was diese Zeichen genau bedeuten. Oft ist die Umgebung einfach ASCII, aber der Benutzer oder die gegebenen Daten können eine andere Umgebung fordern. Verwandt mit diesem Problem ist die Tatsache, daß der Wert von Newline (\n) von Perl und den meisten Werkzeugen *nicht* vorgegeben wird, er ist maschinen- oder betriebssystemabhängig (☞ 77).

Zeichenklassen

Die Sprache in Zeichenklassen bei Perl ist einzigartig, weil sie Backslash-Escapes unterstützt. Zum Beispiel ist ⌈[\-\],]⌋ eine Zeichenklasse, die auf Bindestrich, schließende eckige Klammer und Komma paßt – man muß den Ausdruck ⌈[\-\],]⌋ möglicherweise zweimal lesen. Bei den meisten anderen Geschmacksrichtungen ist das unzulässig. Das ist schade, weil das Schützen von Metazeichen mit Backslashes in Zeichenklassen eine segensreiche und logische Erweiterung ist. Es ist außerdem ganz praktisch, wenn man Backslashes auch da angeben kann, wo sie nicht unbedingt nötig sind, das kann in bestimmten Fällen die Lesbarkeit erhöhen.[27]

Wie nun schon mehrfach erwähnt, sind Metazeichen in Zeichenklassen verschieden von denen sonstwo in der Regex. Perl ist hier keine Ausnahme, immerhin ist die Bedeutung von vielen Metazeichen in beiden Fällen gleich. Abgesehen von der gespaltenen Persönlichkeit von \b gilt alles in Tabelle 7-7 auch für Zeichenklassen, was ich als sehr angenehm empfinde.

Viele andere Regex-Metazeichen sind jedoch in Zeichenklassen entweder ganz normale Zeichen, oder sie haben eine ganz andere Bedeutung. Dinge wie Stern, Plus, Klammern, Punkt und der vertikale Strich für die Alternation haben keine besondere Bedeutung in Zeichenklassen. Wir haben eben gesehen, daß \b, \3 und ^ in Zeichenklassen eine besondere Bedeutung haben, die von der außerhalb sehr verschieden ist. Sowohl –

---

27 Zum Schreiben von Perl-Programmen benutze ich GNU Emacs und dessen cperl-mode, so daß automatisch eingerückt wird und die Sprachelemente farbig gekennzeichnet werden. Der cperl-mode versteht allerdings nicht, daß Anführungszeichen in einer Regex keine Strings sind. Dem kann ich mit einem Backslash vor dem Anführungszeichen abhelfen.

als auch] sind außerhalb normale Zeichen, innerhalb von Zeichenklassen sind sie (meistens) Spezialzeichen.

Zeichenklassen und Nicht-ASCII-Daten

Oktale und hexadezimale Escapes und besonders Bereiche von solchen sind in Zeichenklassen sehr praktisch. Beispielsweise wird für die Klasse der »druckbaren« ASCII-Zeichen (alles außer Whitespace und Kontrollzeichen) traditionell ⌈[!-~]⌋ verwendet (das Ausrufezeichen ist das erste druckbare Zeichen, die Tilde das letzte). Weniger kryptisch ist ⌈[\x21-\x7e]⌋. Wer bereits weiß, worum es geht, wird beides verstehen, aber wer zum erstenmal mit ⌈[!-~]⌋ konfrontiert wird, versteht wohl nur Bahnhof. Mit ⌈[\x21-\x7e]⌋ ist immerhin klar, daß es sich um einen Bereich in einem Zeichensatz handelt.

Weil Perl keine wirkliche Unterstützung für Locales hat, sind oktale und hexadezimale Escapes oft nützlich, wenn, wie meist bei der Web-Programmierung, der Zeichensatz *Latin-1* (ISO-8859-1) verwendet wird. Dabei will man oft akzentuierte Zeichen gleich behandeln wie das entsprechende »nackte« Zeichen, also etwa ù, ú, û oder ü (Zeichencodes \xf9 bis \xfc) gleich wie ein u. Auf alle diese paßt ⌈[u\xf9-\xfc]⌋. Wenn wir die entsprechenden Großbuchstaben dazunehmen (Codes \xd9 bis \xdc), erhalten wir ⌈[uU\xf9-\xfc\xd9-\xdc]⌋ für die Klasse, die alle Arten von Us erkennt (der /i-Modifier bezieht sich nur auf das ASCII-Zeichen u, es ist also eher einfacher, das U direkt in die Zeichenklasse aufzunehmen. Außerdem wird dadurch die Ineffizienz des /i vermieden; ☞ 283).

Beim Sortieren ist diese Methode oft angebracht. Normalerweise würde man zum Sortieren von Wörtern schlicht **sort @Woerter** schreiben, aber das sortiert rein nach den Byte-Werten und kümmert sich nicht um die Interpretation der Zeichen; u (ASCII-Code \x75) ist dabei weit weg von den Zeichen wie û usw. Hier machen wir von jedem Wort eine Kopie, die mit uc und dem obigen Ausdruck in eine »Normalform« (nur Kleinbuchstaben, keine akzentuierten Zeichen) gebracht wird. Wort und Normalform werden paarweise in einem assoziativen Array abgespeichert, dieser wird am Schluß nach Werten sortiert.

```
foreach $wort (@Woerter) {
  $norm = lc $wort;         # Wort in Kleinbuchstaben verwandeln
  $norm =~ s/[\xd9-\xdc\xf9-\xfc]/u/g;
                            # Alle üúûÜÚÛ... werden zu u
 ... analog mit anderen Buchstaben ...
  $paar{$wort} = $norm;     # Zu jedem Wort Normalform speichern
}

# Hash nach Werten sortieren
@SortierteWoerter = sort { $paar{$a} cmp $paar{$b} } keys %paar;
```

(lc ist ein Perl5-Feature und kann in Perl4 ohne weiteres durch ein tr/// ersetzt werden.) In der Praxis ist dies erst der Anfang einer Lösung, weil jede Sprache besondere

Sortierregeln kennt, aber es weist in die richtige Richtung.[28] Ein weiterer Schritt wäre die Verwendung des `I18N::Collate`-Moduls, wie auf Seite 247 angesprochen.

Textmodifikationen »unterwegs«: Lügengeschichten

Wenn man die Dokumentation zu Perls regulären Ausdrücken liest – auch den untersten Teil von Tabelle 7-1 – wird man die Zeichen \L, \E, \u und andere finden, wie sie hier in Tabelle 7-8 erscheinen. Nun, das sind *keine* Regex-Metazeichen. Die Regex-Maschine versteht, daß ›*‹ für »irgendeine Anzahl von« steht, und daß mit ›[‹ eine Zeichenklasse beginnt, aber sie kann mit ›\E‹ gar nichts anfangen. Warum sind diese denn hier aufgeführt?

Tabelle 7-8: Textmodifikationen »unterwegs« bei Strings und Regex-Operanden

Konstrukt im String	Bedeutung	Eingebaute Funktion
\L, \U	In Klein- bzw. Großbuchstaben verwandeln bis \E☆	lc(⋯), uc(⋯)
\l, \u	Nächstes Zeichen in Klein- bzw. Großbuchstaben verwandeln†	lcfirst(⋯) ucfirst(⋯)
\Q	Backslash vor nicht-alphabetische Zeichen bis \E☆	quotemeta(⋯)
Spezielle Kombinationen		
\u\L	Erstes Zeichen groß, dann Kleinbuchstaben bis \E☆	
\l\U	Erstes Zeichen klein, dann Großbuchstaben bis \E☆	

☆ Wenn kein \E vorhanden ist: Bis zum Ende von Regex oder String.
† Ignoriert innerhalb von \L ⋯\E und \U ⋯\E, außer unmittelbar nach \L oder \U.

In den meisten Fällen verhalten sich diese tatsächlich wie normale Regex-Metazeichen. Wenn sie in einem Regex-*Operanden* benutzt werden, werden sie beim interpolativen Parsing ausgewertet – in der Phase B von Abbildung 7-1. Damit erreichen sie die Regex-Maschine nicht. Weil es doch Fälle gibt, in denen das eine Rolle spielt, nenne ich die Zeichen aus Tabelle 7-8 *zweitklassige Metazeichen.*

Zweitklassige Metazeichen

Wenn sie in Regex-Operanden vorkommen, sind die Metazeichen in Tabelle 7-8 schon etwas besonderes, weil

- sie nur beim ersten Durchgang (Parsing) durch den Operanden evaluiert werden,
- sie nur auf Zeichen in der kompilierten Regex wirken.

Das liegt daran, daß diese Metazeichen nur in Phase B aus Abbildung 7-1 ausgewertet werden, nicht erst später, nachdem Variablen interpoliert wurden. Wenn das klar ist, sollten Sie auch einsehen, warum dies nicht funktioniert:

```
$Konv = $AllesGross ? '\U' : '\L';
if (m/$Konv$Rest_der_Regex/) {
        ⋮
```

---

28 Im Deutschen – nicht aber im `de_CH`-Locale! – würde man beispielsweise ein
`$norm = s/\xdf/ss/g` einbauen. (Anm. d. Ü.)

Weil das `\U` oder `\L` in der Variablen `$Konv` erscheint, wird es nicht als Spezialzeichen erkannt. In Phase B wird die Variable wohl interpoliert, aber der neu eingesetzte Text wird bis zur Phase C nicht mehr berührt. Die Regex-Maschine erkennt zwar den Backslash, aber die Kombination ⌈`\U`⌉ wird als unbekanntes Escape behandelt: Der Backslash wird ignoriert. Wenn `$Rest_der_Regex` den Wert `Path` hat und `$AllesGross` *wahr* ist, dann lautete die Regex ⌈`UPath`⌉ und nicht ⌈`PATH`⌉, wie das wohl beabsichtigt war.

Eine andere Auswirkung dieser frühen und einmaligen Auswertung ist, daß so etwas wie ⌈`m/([a-z])...\U\1`⌉ nicht funktioniert. Offensichtlich sollte damit erreicht werden, daß zunächst ein Kleinbuchstabe gesucht wird und später die Großbuchstaben-Version davon. Aber `\U` kann nur auf Zeichen aus der Regex wirken, und ⌈`\1`⌉ steht für *erkannten* Text. Dieser ist in der Phase B noch lange nicht verfügbar, sondern erst, wenn das Matching ausgeführt wird (was man als »Phase E« bezeichnen könnte).

Der Match-Operator

Das Matching ist der Kern der Regex-Operatoren bei Perl. Der Match-Operator ist glücklicherweise äußerst flexibel; unglücklicherweise heißt das auch, daß der Umgang damit gelernt sein will. Bei der Untersuchung, was `m/.../` zu bieten hat, gehe ich nach dem Prinzip »teile und herrsche« vor:

- Wie wird der Regex-Operand angegeben?
- Wie wird der Suchtext angegeben?
- Seiteneffekte des Matchings
- Der Rückgabewert des Operators
- Wie wird das Matching und der gefundene Treffer von außen beeinflußt?

Regex-Matching in Perl ist ein *Operator*, der auf zwei *Operanden* wirkt (den Suchtext, und den Regex-Operanden) und einen Resultatwert zurückgibt. Was für ein Wert das ist, hängt vom Kontext ab. Auch die optionalen *Modifier* können den Rückgabewert und das Matching als ganzes beeinflussen (in einem gewissen Sinn kann man die Modifier als weitere Operanden betrachten).

Begrenzungszeichen für den Regex-Operanden

Es ist üblich, für Begrenzer den Slash zu benutzen, aber es kann so ziemlich jedes Zeichen verwendet werden (genauer: jedes Zeichen außer alphanumerischen und Whitespace[6 ☞ *313*]). Das ist vielleicht einer der wunderlichsten Aspekte der Syntax von Perl, aber auch einer, der es erlaubt, Programme wesentlich lesbarer zu schreiben.

Um zum Beispiel die Regex ⌈`^/(?:[^/]+/)+Perl$`⌉ mit den Standard-Begrenzern zu verwenden, muß man `m/^\/(?:[^\/]+\/)+Perl$/` angeben. Wie aus Phase A in Abbildung 7-1 ersichtlich ist, muß dem End-Begrenzungszeichen ein Backslash vorangestellt werden, wenn es in der Regex auftaucht (hier fett gedruckt). Zeichen, die aus diesem Grund einen Backslash besitzen, gelangen ohne diesen Backslash zur Regex-Maschine.[7 ☞ *313*] Statt unter der Backslashitis zu leiden, ist es wohl angenehmer, andere Begrenzer zu benutzen – zwei Beispiele für die gleiche Regex sind m!^/(?:[^/]+/)+Perl$! und m,^/(?:[^/]+/)+Perl$,. Andere Begrenzer, die man häufig sieht, sind m|⋯|, m#⋯# und m%⋯%.

Es gibt aber auch Begrenzer mit besonderem Verhalten:

- Die vier Spezialfälle m(⋯), m{⋯}, m[⋯] und m<⋯> haben klammerartige, gepaarte Begrenzer; diese können verschachtelt benutzt werden.[8 ☞ 313] Weil runde und eckige Klammern in regulären Ausdrücken selbst häufig vorkommen, sind m(⋯) und m[⋯] nicht besonders attraktiv; die anderen schon. Zusammen mit dem /x-Modifier sind Formatierungen wie die folgende möglich:

```
m{
    Regex    # Kommentare
    hier     # hier
}x;
```

Wenn diese speziellen Begrenzer verschachtelt werden, brauchen die inneren »Klammern« nicht mit einem Backslash geschützt zu werden. Ein Ausdruck wie **m(^/((?:[^/]+/)+)Perl$)** ist legal, aber visuell verwirrend.

- Wenn die Regex in Hochkommas eingekleidet ist, wird sie nicht der normalen Variablen-Interpolation unterworfen, sondern sie wird wie ein String in Hochkommas behandelt. Das heißt, daß die Phase B aus Abbildung 7-1 übersprungen wird. Damit werden zum Beispiel die in Tabelle 7-8 aufgeführten Elemente inaktiv. Das kann ganz praktisch sein, wenn eine Regex viele literale $ oder @ besitzt, die sonst alle einen Backslash bräuchten.

- Mit Fragezeichen als Begrenzern verhält sich der Match-Operator sehr speziell.[9 ☞ 313] Normalerweise ist der Operator erfolgreich, wenn die Regex paßt. Wenn aber die Regex durch ? eingekleidet ist, tut er das nur beim ersten Mal in einer Schleife. Bei weiteren Iterationen liefert er *falsch* zurück, auch wenn die Regex eigentlich passen würde, bis im selben Paket reset aufgerufen wird.[10 ☞ 313] Globales Matching im Listenkontext mit dem /g-Modifier ist davon nicht betroffen. Es wird auch hier die ganze Liste aller Treffer zurückgegeben.

Das kann nützlich sein, wenn man an einem bestimmten Text in einer Schleife nur einmal interessiert ist. Wenn zum Beispiel ein E-Mail-Header gelesen wird, könnte in einer Schleife folgendes verwendet werden:

```
$betreff = $1 if m?^Subject: (.*)?;
```

Wenn die Betreff-Zeile einmal gefunden ist, braucht man nicht nach weiteren zu suchen. Wenn der Header aus irgendwelchen Gründen mehrere Betreff-Zeilen hätte, würden hier nach der ersten alle weiteren ignoriert. Mit m/⋯/ würden alle erkannt, und die Variable $betreff würde bei jeder überschrieben, so daß in diesem Fall die letzte Betreff-Zeile extrahiert würde.

Der Substitutionsoperator s/⋯/⋯/ kennt weitere spezielle Begrenzer, die später behandelt werden (☞ 260). Die hier vorgestellten beziehen sich nur auf den Match-Operator.

Wenn der Begrenzer entweder der übliche Slash oder das Fragezeichen ist, kann auf das m am Anfang verzichtet werden. Die Form /⋯/ mit Slashes und ohne m sieht man sehr häufig.

Schließlich wird auch die Form mit einer nackten Regex ohne Begrenzer und m unterstützt, aber nur in der Form *Suchtext =~ Ausdruck*. Der Ausdruck wird zunächst als normaler Perl-Ausdruck evaluiert, das Resultat wird als String interpretiert und der Regex-Maschine übergeben. Damit kann man direkt **$text =~ &RegexAufbauen()** schreiben, statt des längeren:

```
my $temp_regex = &RegexAufbauen();
··· $text =~ m/$temp_regex/ ···
```

Analog kann man **$text =~ "···*string*···"** benutzen, um sicherzustellen, daß die ganz normale Stringverarbeitung angewandt wird und nicht die modifizierte Regex-Variante der Stringverarbeitung. Offen gesagt – ich kann das nur bei Beiträgen für den »Obfuscated Perl Contest«[29] empfehlen.

Voreinstellung bei einem leeren Regex-Operanden

Wenn keine Regex angegeben ist wie in m// (oder in m/$regex/, wenn die Variable $regex leer oder nicht definiert ist), dann wird die zuletzt benutzte Regex *im gleichen dynamischen Geltungsbereich* verwendet.*[11 ☞ 313]* In diesem Fall werden alle angegebenen Modifier ignoriert, auch /g und /i. Es werden dann die gleichen Modifier wie beim letzten Matching benutzt. Diese voreingestellte Regex wird nie neu kompiliert, auch wenn sie am ursprünglichen Ort Variablen enthielt und der /o-Modifier nicht verwendet wurde. Es wird immer die bereits kompilierte Form verwendet. Das kann zur Ausarbeitung von effizienten Tests nützlich sein. Ein Beispiel dazu findet sich im Abschnitt zum /o-Modifier (☞ 275).

Modifier des Match-Operators

Der Match-Operator kennt eine Reihe von *Modifiern* (Optionen), die sein Verhalten steuern. Sie legen fest,

- wie der Regex-Operand interpretiert werden soll (/o ☞ 272; /x ☞ 228),
- wie die Maschine den Suchtext behandeln soll (/i ☞ 44; /m, /s ☞ 237),
- wie die Regex angewendet werden soll (/g ☞ 258).

Mehrere Modifier können zusammengeschrieben nach dem schließenden Begrenzer angegeben werden, die Reihenfolge spielt dabei keine Rolle.[30] Zum Beispiel wird bei **m/<code>/i** der reguläre Ausdruck ⌈<code>⌉ mit dem /i-Modifier angewendet, es ist also ein Matching ohne Rücksicht auf Groß- und Kleinschreibung. Der Slash gehört nicht zum Modifier – bei den äquivalenten Formulierungen **m|<code>|i** oder **m<code>i** oder sogar **m<<code>>i** tritt gar kein Slash auf. Wie erwähnt (☞ 236) können die Modifier /x, /i, /m und /s mit dem ⌈(?···)⌉-Konstrukt auch mitten in der Regex angegeben

---

29 Ein Wettbewerb für das unleserlichste Perl-Programm; nach dem Wettbewerb für C, den es schon seit Jahren gibt. (Anm. d. Ü.)

30 Weil Modifier in beliebiger Reihenfolge auftreten können, wird ein substantieller Teil wertvoller Programmierzeit dafür verschwendet, diese auf besonders neckische Art zu gruppieren. Zum Beispiel ist `heute/kein/smog` legales Perl (angenommen, eine Funktion namens `heute` existiert). Die Modifier des Match-Operators können außerdem wiederholt werden, ohne daß sich die Bedeutung ändert.

werden. Das ist sehr praktisch, wenn ein bestimmter Match-Operator sehr verschiedene reguläre Ausdrücke auswerten muß (meist entsteht diese Situation durch Variablen-Interpolation). Wenn /i benutzt wird, ignoriert *jede* Regex mit diesem Operator Groß- und Kleinschreibung; mit ⌈(?i)⌉ kann das in die Regex hineinprogrammiert werden, der Code ist so vielseitiger verwendbar.

Ein tolle Anwendung wäre eine Suchmaschine auf dem Web, die Perl-Regex als Such-wörter zuläßt; die meisten Suchmaschinen haben nur sehr eingeschränkte Suchmöglich-keiten. Bei so einer Maschine könnte der Benutzer im Suchstring ⌈(?i)⌉ und ähnliches angeben, und das CGI-Programm dahinter bräuchte sich nicht darum zu kümmern, ob nun Groß- und Kleinschreibung beachtet werden soll oder nicht.

m/···/g mit einer Regex, die auf »gar nichts« passen kann

Normalerweise startet ein Matching-Versuch unter /g dort, wo der letzte Treffer geendet hat. Was passiert, wenn die Regex zuvor den Nullstring erkannt hat? Ein zugegebener-maßen witzloses Beispiel ist m/^/g. Das paßt auf den String-Anfang, aber es verbraucht kein einziges Zeichen, also endet der erste Treffer genau da, wo er begonnen hat; am Anfang des Strings. Wenn der zweite Versuch wieder da beginnt, wird es ihm genauso ergehen. Beliebig lange wiederholen – ich denke, Sie sehen das Problem.

Die erste Perl5-Version (5.000) war diesbezüglich kaputt – sie wiederholte das Matching so lange, bis ihr die Elektronen ausgehen. Bei Perl4 und späteren Versionen von Perl5 funktioniert das, allerdings subtil unterschiedlich. Beide beginnen an der Position, an der der letzte Treffer geendet hat, *außer* der letzte Treffer hat den Nullstring erkannt. In diesem Fall schaltet das Getriebe ein Zeichen weiter, und der Versuch startet ein Zeichen weiter rechts im String. Damit ist garantiert, daß jeder durch das /g erzeugte Versuch mindestens ein Zeichen später als der vorhergehende startet, und die Gefahr einer unendlichen Schleife ist gebannt.

Außer beim Substitutionsoperator verbietet Perl5 zusätzlich auch Treffer, die am gleichen Ort enden wie der vorherige Treffer. Auch in diesem Fall wird ein Zeichen weitergeschal-tet. Dieser Unterschied zu Perl4 kann in bestimmten Fällen Auswirkungen haben – Ta-belle 7-9 zeigt ein paar einfache Fälle (die Tabelle ist nicht unbedingt leicht verständlich. Man muß sich schon etwas darin vertiefen). Beim Substitutionsoperator liegen die Din-ge anders, das verschieben wir auf den Abschnitt »Der Substitutions-Operator« (☞ 260).

Tabelle 7-9: Beispiele zu m/···/g *und Regex, die leere Treffer zulassen*

Regex:	⌈\d*⌉	Anzahl Treffer	⌈\d*⌉	Anzahl Treffer	⌈x|\d*⌉	Anzahl Treffer	⌈\d*|x⌉☆	Anzahl Treffer
Perl4	<u>123</u>‿	2	<u>123</u><u>x</u>‿	3	‿a<u>123</u>w<u>xyz</u>456‿	8	‿a<u>123</u>w<u>xyz</u>456‿	8
Perl5†	<u>123</u>	1	<u>123x</u>‿	2	‿a<u>123</u>w<u>xyz</u>456	5	‿a<u>123</u>w<u>xyz</u>456	6

(Normale Treffer sind unterstrichen, leere Treffer durch‿markiert)

☆ Nebenbei: ⌈\d*⌉ paßt *immer*, also wird ⌈\|x⌉ nie gebraucht und ist damit bedeutungslos.

† Perl Version 5.001 oder neuer.

Der Suchstring-Operand

Der Suchstring-Operand läßt sich einfacher behandeln als der Regex-Operand. Die normale Art zu sagen: »Das ist der Text, der abgesucht werden soll« ist die Verwendung von =~, also etwa **$zeile =~ m/···/**. =~ ist *nicht* ein Zuweisungsoperator, es ist auch keine Vergleichsrelation. Es ist nur eine Notation, die den Suchtext mit dem Match-Operator und damit mit der Regex verbindet. Die Notation ist von der bei *awk* inspiriert.

Weil das ganze Konstrukt »*Ausdruck* **=~ m/···/**« selber wieder ein Ausdruck ist, kann man es überall verwenden, wo ein Ausdruck zugelassen ist. Ein paar Beispiele (jeweils durch Wellenlinien getrennt):

```
$text =~ m/···/;     # Simples Matching, wahrscheinlich wegen der Seiteneffekte.

if ($text =~ m/···/) {
   # Wird ausgeführt, wenn ein Treffer gefunden wird.
   ⋮

$ok = ( $text   =~ m/···/ ); # $ok erhält das Resultat des Matchings.
$ok =   $text   =~ m/···/ ;  # Wie oben; =~ bindet stärker als = .

$resultat =   $text;                # Kopiere $text in $resultat...
$resultat              =~ m/···/ ; # ...wende Regex auf $resultat an.
( $resultat = $text ) =~ m/···/ ; # Beides in einem Ausdruck.
```

Wenn der Suchstring-Operand die Variable $_ ist, kann man das »**$_ =~**« gleich weglassen: $_ ist der Standardsuchraum, der voreingestellte Suchstring-Operand.

Ein Ausdruck wie **$zeile =~ m/*Regex*/** bedeutet: »Wende *Regex* auf den Text in $zeile an, ignoriere das Resultat, aber setze die Seiteneffekte trotzdem«. Wenn die ›~‹ vergessen wird, bedeutet das daraus entstandene **$zeile = m/*Regex*/**: »Wende *Regex* auf den Text in $_ an, und speichere das Resultat (wahr oder falsch) in $zeile«. Anders dargestellt sind diese zwei Zeilen äquivalent:

```
$zeile =        m/Regex/
$zeile = ($_ =~ m/Regex/)
```

Wenn !~ statt =~ verwendet wird, verkehrt sich der zurückgegebene Wahrheitswert ins Gegenteil (Rückgabewerte werden sehr bald behandelt). **$var !~ m/···/** ist also dasselbe wie **not ($var =~ m/···/)**. Alle Seiteneffekte wie $1, $&, $' usw. werden genau gleich gesetzt. Es ist nur eine praktische Notation für Situationen, in denen man ausdrücken will: »Wenn das nicht paßt, dann…«. Man kann !~ auch im Listenkontext benutzen, aber besonders sinnvoll ist das nicht.

Andere Seiteneffekte des Match-Operators

Oft sind die Seiteneffekte eines Matchings wichtiger als das eigentliche Resultat. Es kommt tatsächlich recht häufig vor, daß ein Match-Operator für sich allein steht, ohne daß das Resultat überprüft oder einer Variablen zugewiesen wird (der Standardkontext ist der skalare). Die meisten Seiteneffekte wurden schon diskutiert ($&, $1, $+ usw.; ☞ 221), hier sind nur noch wenige nachzutragen.

Bei zweien von ihnen geht es um einen »unsichtbaren Zustand«. Erstens wird bei einem erfolgreichen Matching mit m?…? diese Tatsache festgehalten, und ein weiteres Matching mit derselben Regex und dem gleichen String wird fehlschlagen, mindestens bis reset den Zustand zurücksetzt (☞ 252). Wenn man m?…? mit Absicht benutzt, ist dieser Seiteneffekt wahrscheinlich der Haupteffekt, an dem man interessiert ist. Zweitens wird nach jedem Matching die benutzte Regex zur voreingestellten Regex, bis der aktuelle dynamische Geltungsbereich verlassen wird oder bis eine andere nicht-leere Regex erfolgreich angewendet wird (☞ 253).

Schließlich wird bei erfolgreichen Matchings mit /g die position des Suchstrings nachgeführt. Sie zeigt auf die Stelle, an der der Treffer geendet hat (ein Fehlschlag dagegen setzt pos immer auf den Anfang des Strings zurück). Der nächste Matching-Versuch mit /g beginnt an dieser Stelle, es sei denn,

- der String wurde abgeändert (das setzt pos zurück),
- pos wäre etwas zugewiesen worden (das Matching beginnt an dieser Stelle),
- der vorherige Treffer habe den Nullstring erkannt.

Wie eben erklärt (☞ 254), wird bei einem leeren Treffer ein Zeichen weitergeschaltet, damit eine unendliche Schleife vermieden wird. pos behält dabei den Index des Zeichens, an dem der letzte Treffer geendet hat, und das Getriebe geht erst beim erneuten Matching-Versuch ein Zeichen weiter. Auch \G zeigt auf diese Stelle und wird durch das Weiterschalten nicht nachgeführt, es bezieht sich noch immer auf das Ende des vorherigen Treffers, und der neue Versuch kann nach dem Weiterschalten nicht erfolgreich sein. (Das ist die einzige Situation, in der \G nicht bedeutet: »Start des nächsten Versuchs«.)

Rückgabewert des Match-Operators

Der Match-Operator kann außer einer simplen wahr/falsch-Information noch viel mehr zurückgeben. (Wenn Sie nur an »paßt/paßt nicht« interessiert sind, geht das aber auch.) Was genau zurückgegeben wird, hängt von zwei Faktoren ab: dem *Kontext* und dem /g-Modifier.

Skalarer Kontext ohne /g-Modifier

Das ist die »normale« Situation, ein einfaches Matching. Bei einem Treffer wird ein (Boolesches) *wahr* zurückgegeben:

```
if ($suchtext =~ m/…/) {
    # Code für den Treffer-Fall,
    ⋮
} else {
    # Code für den Fall, wenn kein Treffer erzielt wird.
    ⋮
}
```

Bei einem Fehlschlag wird der leere String zurückgegeben, der in Perl eine der Arten ist, ein Boolesches *falsch* auszudrücken.

Listenkontext ohne /g-Modifier

Der Match-Operator ohne /g im Listenkontext wird benutzt, wenn man mit einer Regex aus einem String Informationen »herauspflücken« will. Der Rückgabewert ist die Liste der lokalen Treffer, die von den einfangenden Klammerausdrücken in der Regex erkannt wurde. So würde man beispielsweise die Zahlen für Jahr, Monat und Tag aus einem String der Art 69/8/31 herausholen:

```
($jahr, $monat, $tag) = $datum =~ m{^ (\d+) / (\d+) / (\d+) $}x;
```

Die drei gefundenen Zahlen sind jetzt in drei Variablen verfügbar (außerdem in $1, $2 und $3).[12 ☞ 314] Der Rückgabewert hat ein Element für jedes einfangende Klammerpaar oder die leere Liste, wenn kein Treffer erzielt wird. Es kann natürlich sein, daß ein Klammerpaar gar keinen Anteil am Treffer hat, wie zwingend bei **m/(dies)|(das)/** – in diesem Fall wird für das nicht passende Klammerpaar trotzdem ein Listenelement zurückgegeben, eines mit dem undefinierten Wert.[13 ☞ 314] Wenn in der Regex keine Klammern vorkommen, wird im Erfolgsfall die Liste (1) zurückgegeben, bei einem Fehlschlag die leere Liste.

Das Beispiel mit Jahr/Monat/Tag läßt sich mit einer Bedingung etwas erweitern:

```
if ( ($jahr, $monat, $tag) = $datum =~ m{^(\d+)/(\d+)/(\d+)$} ) {
    # Treffer: $jahr usw. haben neue Werte,
} else {
    # Fehlschlag: $jahr usw. haben jetzt den undefinierten Wert.
}
```

Die Zuweisung zu ($jahr, …) stellt für den Match-Operator einen Listenkontext bereit, er gibt daher eine Liste der lokalen Treffer zurück. Die if-Anweisung verlangt aber in ihrem Bedingungteil einen skalaren Wert und keine Liste. Daher wird zur Auswertung der Bedingung die Liste in einen skalaren Wert umgebogen, in diesem Falle zur Anzahl der Elemente der Liste. Die leere Liste hat kein Element, das wird in einer Bedingung als *falsch* interpretiert.

Listenkontext mit /g-Modifier

Seit Version 4.036 gibt es dieses nützliche Konstrukt. Der Rückgabewert ist hier nicht nur die Liste der Texte, die von den einfangenden Klammern erkannt wurden, sondern die Liste aller solcher Texte im String, die über alle Iterationen des /g gefunden werden. Wenn keine Klammern in der Regex vorhanden sind, wird die Liste aller Gesamttreffer zurückgegeben. Nehmen wir an, wir hätten in einem einzigen String den Inhalt einer ganzen Alias-Datei, wie sie bei Unix-Mailprogrammen üblich sind. Die logischen Zeilen in diesem String sehen etwa so aus:

```
alias  jeff      jfriedl@oreilly.com
alias  perlbug   perl5-porters@perl.org
alias  helmi     kohl@bundeskanzleramt.de
```

Mit einem regulären Ausdruck wie `m/^alias\s+(\S+)\s+(.+)/` kann man das Alias und die volle Adresse aus einer logischen Zeile herauspflücken. Das gibt eine Liste mit zwei Elementen zurück, für die erste Zeile also (`'jeff'`, `'jfriedl@oreilly.com'`). Mit /g geht das auch mit allen logischen Zeilen im String gleichzeitig, außerdem benutzen wir /m, damit das Zirkumflex den Anfang jeder logischen Zeile erkennt. So erhalten wir die Liste

```
( 'jeff', 'jfriedl@oreilly.com', 'perlbug', 'perl5-porters@perl.org',
   'helmi', 'kohl@bundeskanzleramt.de' )
```

In diesem Fall besteht die Liste aus Schlüssel/Wert-Paaren, und solche kann man direkt einem assoziativen Array zuweisen. Nach

```
%alias = $text =~ m/^alias\s+(\S+)\s+(.+)/mg;
```

enthält `$alias{'jeff'}` die volle Adresse von ›jeff‹.

Skalarer Kontext mit /g-Modifier

Die spezielle Version von m/…/g im skalaren Kontext unterscheidet sich deutlich von den drei anderen. Wie beim normalen m/…/ wird nur ein Treffer gesucht, aber es spielt wie beim m/…/g im Listenkontext eine Rolle, an welcher Stelle im String der letzte Treffer geendet hat. Bei jeder neuen Anwendung von m/…/g, meist in einer Schleife, wird der jeweils »nächste« Treffer gefunden. Wenn kein Treffer mehr gefunden wird, wird beim nächsten Mal wieder von vorne im String begonnen.

Das ist häufig sehr praktisch bei der Formulierung von `while`-Schleifen wie dieser:

```
while ($KonfigurationsDaten =~ m/^(\w+)=(.*)/mg) {
    my($schluessel, $wert) = ($1, $2);
        ⋮
}
```

Wie im Listenkontext werden alle Treffer gefunden, aber dazwischen (genauer: nach jedem erfolgreichen Treffer) wird eine Iteration der while-Schleife ausgeführt. Wenn ein Fehlschlag auftritt, ist der Rückgabewert *falsch*, und die Schleife wird beendet. Dann wird der »unsichtbare Zustand« des /g auf den Anfangswert gesetzt, und auch pos wird zurückgesetzt. Auch wenn der Suchtext während der Schleife verändert wird, wird pos auf Null zurückgesetzt.[14 ☞ 314]

Einflüsse von außen auf den Match-Operator

Wir haben gerade einige Zeit mit verschiedenen Optionen, Modifiern, Kontexten und Spezialfällen beim Matching verbracht. Manche von diesen sind nicht direkt mit dem Match-Operator verbunden, sie können an weit entfernten Stellen im Programm vorkommen. Diese »verborgenen« Einflüsse fasse ich hier zusammen:

- *Kontext* – Hat großen Einfluß darauf, wie das Matching vor sich geht, auf den Rückgabewert und auf die Seiteneffekte.

- pos(...) – Kann explizit durch Zuweisung oder implizit durch früheres Matching mit /g auf eine Position im String gesetzt werden, an der der nächste Match-Versuch starten soll. Siehe auch ⌐\G⌐ im Abschnitt »Anker für mehrfaches Matching« (☞ 240).

- $* – Ein Überbleibsel aus Perl4. Damit kann das Verhalten der Zirkumflex- und Dollar-Anker gesteuert werden. Siehe »String-Anker« (☞ 236).

- *Voreingestellte Regex* – Wird gebraucht, wenn der Regex-Operand leer ist (☞ 253).

- study – Hat keinen Einfluß auf die gefundenen Treffer oder den Rückgabewert, sondern nur darauf, wie schnell das Matching abläuft. Wenn der Suchstring mit study vorbehandelt wurde, kann das Matching schneller sein (oder auch langsamer). Siehe »Die ›study‹-Funktion« (☞ 293).

- m?...?/reset – Beeinflussen den »unsichtbaren Zustand«, der sich bei m?...? daran erinnert, ob damit bereits ein Treffer gefunden wurde (☞ 252).

Was ist das für ein Kontext?

Abschließend zum Abschnitt über den Match-Operator eine Übungsaufgabe: Besonders zwischen while-, if- und foreach-Kontrollstrukturen muß man sehr genau aufpassen, welchen Kontext man gerade benutzt. Was gibt das folgende Programmstück aus?

```perl
while ("Eene Meene Muh" =~ m/\w+/g) {
    print "WHILE raus ist $&.\n";
}
print "\n";

if ("Eene Meene Muh" =~ m/\w+/g) {
    print "IF raus ist $&.\n";
}
print "\n";
```

```
foreach ("Eene Meene Muh" =~ m/\w+/g) {
    print "FOREACH raus ist $&.\n";
}
```

Die Frage ist ein bißchen trickreich.❖ Zur Auflösung bitte umblättern.

Der Substitutions-Operator

Mit dem Substitutionsoperator von Perl, **s**/*Regex*/*Ersatztext*/, wird die Idee der Muster-erkennung auf ein »Suchen-und-Ersetzen« erweitert. Der Regex-Operand ist der gleiche wie beim Match-Operator, aber mit dem *Ersatztext-Operanden* kommen neue und sehr nützliche Möglichkeiten ins Spiel. Viele der Eigenschaften der Substitution sind gleich wie beim Match-Operator und wurden bei diesem besprochen (ab Seite 251). Neu dazu kommen die Themen:

- Der Ersatztext-Operand mit zusätzlichen Begrenzungszeichen,
- Der /e-Modifier,
- Kontext und Rückgabewert,
- Gebrauch von /g mit einer Regex, die auf »gar nichts« passen kann.

Der Ersatztext-Operand

Bei der üblichen Form s/.../.../ folgt der Ersatztext direkt auf den Regex-Operanden und wird mit einem dritten Begrenzungszeichen abgeschlossen. Wenn gepaarte Begrenzer für die Regex verwendet werden (wie etwa <...>), dann steht der Ersatztext in seinem eigenen, unabhängigen Paar von Begrenzern (also total vier Begrenzungszeichen). In diesem Fall können die Operanden durch Whitespace getrennt sein, oder auch durch Kommentar-Zeilen.[15 ☞ 314] Mit /x oder /e werden häufig geschweifte Klammern verwendet:

```
$test =~ s{
    ...Große Regex, mit eingestreuten Kommentaren...
} {
    ...Perl-Code, der evaluiert wird, das Resultat wird als Ersatztext verwendet...
}ex
```

Der Ersatztext wird normalerweise im »richtigen« interpolativen Kontext ausgewertet, nicht in dem modifizierten wie die Regex. Es gibt aber bei bestimmten Begrenzungs-zeichen ein paar Spezialfälle. Die Auswertung passiert erst, nachdem ein Treffer gefunden wurde (bei /g nach jedem Treffer), so können im Ersatztext Variablen wie $1 aus dem gerade gefundenen Treffer benutzt werden.

Begrenzungszeichen mit besonderem oder abweichendem Verhalten sind:

- Wie beim Match-Operator können Hochkommas für den Regex-Operanden verwendet werden,[16 ☞ 314] aber das ist schon fast ein eigenes Kapitel. Wenn beim ersten Operanden Hochkommas verwendet werden, müssen diese auch beim zweiten be-nutzt werden; umgekehrt gilt diese Einschränkung nicht.

- Die Begrenzer ?...? haben bei der Substitution keine besondere Bedeutung.

- Die Backticks (‹ ‹, accent grave) haben im Gegensatz zu Perl4 *keine* spezielle Funktion, auch wenn das in der Dokumentation zu frühen Perl5-Versionen behauptet wurde. In Perl4 wurde in diesem Fall der Operand als Shell-Befehl interpretiert, und die Ausgabe dieses Befehls lieferte den eigentlichen Ersatztext. Wenn so eine Konstruktion (selten wohl) gebraucht wird, kann sie mit dem /e-Modifier nachgebildet werden. Die folgenden Zeilen suchen den Namen eines Befehls im String $_ und ersetzen ihn durch die Versionsnummer, sofern der Befehl die Option --version kennt:

  Perl4:   `s‘Version von (\w+)‘$1 --version 2>&1‘g;`
  Perl4 und Perl5: `s/Version von (\w+)/‘$1 --version 2>&1‘/e;`

Der markierte Teil ist der Ersatz-Operand. Im ersten Fall wird er wegen der besonderen Bedeutung von ‹ als System-Befehl interpretiert. Im zweiten Fall haben die Backticks für die Substitution keine besondere Bedeutung, bis der Ersatz-Operand wegen dem /e als Perl-Ausdruck `evaluiert` wird (das wird in nächsten Abschnitt erklärt). Dann erst werden die Backticks als System-Befehl interpretiert.

Diese Behandlung des Ersatz-Operanden unterscheidet sich von der des Regex-Operanden, der nicht der normalen interpolativen Behandlung unterzogen wird, sondern einer besonderen, für reguläre Ausdrücke modifizierten. Der Regex-Operand hat außerdem seine eigenen Spezialfälle bei Begrenzern.

Der /e-Modifier

Der /e-Modifier ist nur bei der Substitution erlaubt. Hier bewirkt er, daß der Ersatz-Operand auf seine Syntax überprüft und ausgewertet wird, als ob er im Argument eines **eval {...}** stünde. Der Ersatztext wird vor diesem `eval` nicht bearbeitet, nicht einmal wie ein String in Hochkommas, außer daß seine lexikalische Ausdehnung natürlich bestimmt werden muß (Phase A in Abbildung 7-1). *[17 ☞ 314]* Das eigentliche `eval` wird aber bei jedem Treffer neu ausgeführt.

Im World Wide Web können in einem URL Spezialzeichen auf besondere Art kodiert werden: Ein %-Zeichen, gefolgt von zwei hexadezimalen Ziffern, dem numerischen Code des Zeichens im verwendeteten Zeichensatz. Um alle nicht-alphanumerischen Zeichen so zu kodieren, verwendet man etwa:

```
$url =~ s/([^a-zA-Z0-9])/sprintf('%%02x', ord($1))/ge;
```

und entsprechend zur Dekodierung:

```
$url =~ s/%([0-9a-f][0-9a-f])/pack("C",hex($1))/ige;
```

Die Funktion **pack("C",** *Zahl***)** verwandelt eine Zahl in ein Zeichen mit diesem numerischen Code, der Ausdruck **sprintf('%%02x', ord(***Zeichen***))** macht das Umgekehrte. Für genauere Angaben siehe die Perl-Dokumentation.

---

m/...̣/g und **while, foreach** *oder* **if**

❖ *Auflösung zum Problem von Seite 260.*

Die Resultate unterscheiden sich je nach der verwendeten Version von Perl:

Perl4	Perl5
WIIILⅅ raus ist Eene.	WHILE raus ist Eene.
WHILE raus ist Meene.	WHILE raus ist Meene.
WHILE raus ist Muh.	WHILE raus ist Muh.
IF raus ist Eene.	IF raus ist Eene.
FOREACH raus ist .	FOREACH raus ist Muh.
FOREACH raus ist .	FOREACH raus ist Muh.
FOREACH raus ist .	FOREACH raus ist Muh.

Wenn in der print-Anweisung der foreach-Schleife $_ statt $& ausgegeben würde, wäre das Resultat gleich wie bei der while-Schleife. In der gegebenen foreach-Schleife wird jedoch der Rückgabewert von m/...̣/g, die Liste ('Eene', 'Meene', 'Muh') nicht benutzt. Nur der Seiteneffekt $& wird ausgegeben – das weist auf einen Programmierfehler hin, weil die Seiteneffekte eines m/...̣/g im Listenkontext meist zu nichts nütze sind.

Wer interpretiert was?

Besonders beim /e-Modifier muß man sich schon überlegen, *wer* genau *was* interpretiert, und *wann*. Es ist nicht besonders schwierig, aber etwas Konzentration ist manchmal gefordert. Schon bei etwas Einfachem wie **s/.../`echo $$`/e** stellt sich die Frage, wer das $$ interpretiert – Perl oder die Shell? In Perl und den meisten Shells ist $$ die Prozeßnummer des laufenden Programms (das ist der Perl-Interpreter selbst oder, je nachdem, die Shell). Man muß mehrere Ebenen der Interpretation berücksichtigen. Zunächst wird der Ersatz-Operand vor dem eval in Perl5 nicht interpretiert; in Perl4 wird er behandelt, als wäre er ein String in Hochkommas. Dieser String wird evaluiert, die Backticks stellen dabei einen interpolativen Kontext bereit (hier interpretiert Perl das $$ – wenn die Shell das tun soll, muß jedem Dollarzeichen ein Backslash vorangestellt werden). Das Resultat wird der Shell zur Ausführung übergeben (wenn die Dollarzeichen maskiert waren, werden sie hier als Prozeßnummer interpretiert).

Etwas komplizierter wird die Sache beim /g-Modifier. Soll das `echo $$` nur einmal ausgewertet werden (und das Resultat für alle Treffer beibehalten werden), oder soll das nach jedem Treffer neu geschehen? Wenn $1 und Co. involviert sind, wird natürlich bei jedem Treffer ausgewertet. In anderen Fällen ist die Sache nicht so klar. Bei diesem Beispiel wertet Perl Version 5.000 nur einmal aus, alle früheren und späteren Versionen bei jedem Treffer.

/eieio

Vor allem für den »Obfuscated Perl Contest« interessant ist die Tatsache, daß der Ersatz-Operand wiederholt evaluiert wird, wenn mehrere /e-Modifier angegeben werden (das ist der einzige Modifier, bei dem das eine Rolle spielt). Dieses Verhalten wurde 1991 »entdeckt«, und Larry Wall hat dafür die schöne Bezeichnung »zufälliges Feature« geprägt. In der Diskussion darüber in comp.lang.perl hat Randal Schwartz eine seiner unnachahmlichen JAPH-Signaturen hinterlassen:[31]

```
$Old_MacDonald = q#print #; $had_a_farm = (q-q:Just another Perl hacker,:-);
s/^/q[Sing it, boys and girls...],$Old_MacDonald.$had_a_farm/eieio;
```

Das durch das erste /e induzierte eval sieht den String:

```
q[Sing it, boys and girls...],$Old_MacDonald.$had_a_farm
```

Wenn das ausgeführt wird, resultiert: ›print q:Just another Perl hacker,:‹, und das gibt Randals »Just another Perl hacker« aus, wenn es vom zweiten /e ausgeführt wird.

Dieses Konstrukt ist manchmal sogar nützlich. Bisweilen müssen Variablen in Strings »von Hand« interpoliert werden, beispielsweise, wenn eine Konfigurationsdatei gelesen wird. Ein simple Lösung dafür benutzt **$data =˜ s/(\\$[a-zA-Z_]\w*)/$1/eeg;**. Wenn dies auf ›option=$var‹ angewendet wird, findet die Regex den Treffer option=$var. Das erste eval sieht nur das $1 aus dem Ersatztext, dieses wird in $var expandiert. Wegen dem zweiten /e wird dieses Resultat gleich ein zweites Mal ausgewertet, diesmal kommt der Wert der Variablen $var heraus. Die Substitution ersetzt den Text ›$var‹ im String durch diesen Wert, es wurde also im Ganzen die Variable $var interpoliert.

Ich benutze tatsächlich solche Konstrukte bei meinen Web-Seiten – die meisten sind in einer Mischung von Perl und HTML geschrieben und werden von einem CGI-Skript verarbeitet, wenn sie von einem Benutzer angewählt werden. Damit kann ich bei jedem Aufruf bestimmte Dinge neu berechnen, wie zum Beispiel die Anzahl Tage, die übrigbleiben, um mir ein Geburtstagsgeschenk zu kaufen.[32]

Kontext und Rückgabewert

Der Match-Operator gibt je nach Kontext und An- oder Abwesenheit von /g verschiedene Dinge zurück. Beim Substitutionsoperator ist das einfacher, der Rückgabewert ist in allen diesen Fällen der gleiche.

Dieser Rückgabewert ist einfach die Anzahl der ausgeführten Substitutionen, oder, wenn gar keine ausgeführt wurde, der leere String. *[18 ☞ 314]* Wenn dieser Rückgabewert in

---

31 Dank an Hans Mulder für die Erläuterung des geschichtlichen Hintergrundes; und an Randal – Just Another Perl Hacker, mit einem Sinn für Humor.

32 Sollten auch Sie an der Anzahl der Tage bis zu meinem Geburtstag interessiert sein:
http://omrongw.wg.omron.co.jp/cgi-bin/j-e/jfriedl.html
oder eine der gespiegelten Sites (siehe Anhang A).

einem Booleschen Kontext (wie im Bedingungteil einer `if`-Anweisung) vorkommt, wird er praktischerweise als *wahr* interpretiert, wenn Ersetzungen vorgenommen wurden, und als *falsch*, wenn nicht.

Der /g-Modifier mit einer Regex, die auf »gar nichts« passen kann

Im vorigen Abschnitt haben wir beim Match-Operator die Auswirkungen einer Regex, die den Nullstring erkennen kann, genau untersucht. Verschiedene Perl-Versionen verhalten sich unterschiedlich, was die Übersicht erschwert. Glücklicherweise ist das bei der Substitution nicht so: Alle Perl-Versionen verhalten sich in diesem Fall genau gleich. Die in Tabelle 7-9 aufgeführten Daten für Perl5 gelten nur für den Match-Operator, für den Substitutionsoperator ist die Zeile »Perl4« anzuwenden.

Der Split-Operator

Der vielseitige Split-Operator (oft ungenau *Funktion* genannt) wird meist als Gegenstück zu einem m/…/g im Listenkontext gebraucht (☞ 258). Letzterer gibt die Textstücke zurück, auf die die Regex gepaßt hat; mit einem `split` mit der gleichen Regex erhält man die Textstücke *dazwischen*. Das Matching von **$Text =~ m/:/g** mit dem $Text ›IO.SYS:225558:95-10-03:-a-sh:optional‹ ergibt eine ziemlich uninteressante Liste mit vier Elementen:

```
(':',   ':', ':', ':')
```

Ein **split(/:/, $Text)** dagegen liefert diese Liste mit fünf Elementen:

```
('IO.SYS', '225558', '95-10-03', '-a-sh', 'optional')
```

Aus beiden Beispielen wird ersichtlich, daß die Regex ⌈:⌋ viermal gepaßt hat. Bei `split` wird eine Kopie des Suchtextes an diesen vier Stellen auseinandergeschnitten, die fünf Bruchstücke werden als Substrings zurückgegeben.

Bei dieser einfachsten Form ist das Verhalten von `split` sehr einfach zu verstehen und einfach anzuwenden. Bei raffinierteren Arten ist das nicht mehr unbedingt gegeben. Daher werden hier zunächst die Grundlagen behandelt.

Grundlegendes zu `split`

Der Split-Operator hat bis zu drei Operanden und sieht wie eine Funktion aus:

```
split( Match-Operand, Suchtext, Limit)
```

(Die Klammern sind in Perl5 fakultativ.) Für alle Operanden gibt es voreingestellte Werte.

Die einfache Form des Match-Operanden

Für diesen Operanden gibt es eine Reihe von Spezialfällen, aber im allgemeinen ist er einfach ein Pattern-Matching wie etwa /:/ oder m/\s*<P>\s*/i. Üblicherweise wird /…/ und nicht m/…/ benutzt, das spielt aber keine Rolle. Auch der /g-Modifier spielt hier keine Rolle, weil split selber die Funktion des Iterierens über alle Treffer übernimmt. Wenn ein /g angegeben wird, wird es ignoriert.

Für diesen Operanden gibt es eine Voreinstellung, die aber zu den komplizierteren Fällen gehört und weiter unten besprochen wird.

Der Suchtext-Operand

Der Suchtext wird von split nur abgesucht, aber nie geändert. Wenn kein Suchtext angegeben ist, wird der Standardsuchraum $_ benutzt.

Einfache Formen des Limit-Operanden

In seiner wichtigsten Funktion setzt der dritte Operand ein oberes Limit für die Anzahl der verlangten Bruchstücke. Bei unseren Beispieldaten würde split(/:/, $Text, 3) diese Liste zurückgeben:

```
('IO.SYS', '225558', '95-10-03:-a-sh:optional')
```

Das zeigt, daß split nach zwei gefundenen Treffern für /:/ aufhört und drei Elemente zurückgibt. Die Regex hätte vielleicht ein weiteres Mal gepaßt, aber das ist irrelevant, weil eine obere Grenze angegeben wurde. Es handelt sich nur um eine *obere* Grenze: Wenn aus den Daten weniger Bruchstücke als im Limit-Operanden angegeben entstehen, wird nicht etwa mit Leerstrings aufgefüllt. **split(/:/, $Text, 1234)** ergibt also nur fünf Bruchstücke. Trotzdem besteht zwischen **split(/:/, $Text)** und **split(/:/, $Text, 1234)** ein Unterschied, der hier allerdings nicht in Erscheinung tritt, und erst später behandelt wird.

Das angegebene Limit bezieht sich auf die Anzahl der *Bruchstücke*. Bei drei *Treffern* wäre im obigen Beispiel als Resultat

```
('IO.SYS', '225558', '95-10-03', '-a-sh:optional')
```

herausgekommen; das ist genau *nicht*, was passiert.

Eine Überlegung zur Effizienz: Nehmen wir an, Sie wollen nur die ersten drei Felder der Zeile:

```
($dateiname, $groesse, $datum) = split(/:/, $text)
```

Hier brauchen Sie *vier* Bruchstücke – Dateiname, Größe, Datum und »alles andere«. An diesem »anderen« sind Sie gar nicht interessiert, außer daran, daß es nicht im $datum auftaucht. Also würde man hier 4 für das Limit angeben, damit Perl sich nicht unnötig mit weiteren Treffern und Bruchstücken abmüht. Dieses Limit kann man angeben; wenn man es nicht tut, macht das aber gar nichts, weil Perl diese Optimierung selbst vornimmt. *[19 ☞ 315]*

Komplexes Splitting

Weil `split` ein Operator ist und nur aussieht wie eine Funktion, kann es seine Operanden auf magische Weise behandeln und interpretieren, wie es bei der normalen Art eines Funktionsaufrufs nicht möglich wäre. Zum Beispiel kann `split` herausfinden, daß das erste Argument nicht nur ein Match-Operator ist, sondern ein allgemeiner Ausdruck, der zuerst ausgewertet werden muß.

Die komplizierteren Formen des `split`-Operators sind nicht ganz einfach zu verstehen. Die wichtigen Punkte dabei sind:

- Der Match-Operand von `split` ist nicht genau derselbe wie der Match-Operator `m/.../`. Es gibt außerdem einige spezielle Formen dieses Operanden.

- Wenn der Match-Operand am Anfang oder am Ende oder mehrfach hintereinander auf den Suchtext paßt, wird meist ein Leerstring für das entsprechende Bruchstück zurückgegeben. Meist, aber nicht immer.

- Was passiert bei einer Regex, die auf den leeren String passen kann?

- `split` verhält sich anders, wenn die Regex einfangende Klammern enthält.

- Die jetzt veraltete Form von `split` in skalarem Kontext weist die Bruchstücke dem Array `@_` zu, statt sie im Rückgabewert unterzubringen.

Split kann leere Elemente zurückgeben

Grundsätzlich liefert `split` Textstücke zwischen Treffern. Wenn zwei Treffer aufeinanderfolgen, wird das »Garnichts« dazwischen als Element zurückgegeben: der leere String. Beim Beispieltext

```
:IO.SYS:225558:::95-10-03:-a-sh:
```

findet `m/.../` sieben Treffer (markiert). Bei `split` wird der Suchstring an der Position eines Treffers immer[33] aufgetrennt, auch wenn eines der Bruchstücke aus einem »Garnichts«, also dem leeren String besteht; in diesem Fall etwa der leere String vor dem ersten Doppelpunkt vor `'IO.SY...'`. Ganz ähnlich wird beim vierten Treffer zwischen zwei leeren Strings aufgeteilt. Im ganzen entstehen aus den sieben Treffern acht Bruchstücke:

```
('', 'IO.SYS', '225558', '', '', '95-10-03', '-a-sh', '')
```

Nur ist das eben *nicht*, was `split(/:/, $text)` zurückgibt. Erstaunt?

Leere Elemente am Ende werden (meist) nicht zurückgegeben

Wenn, wie es oft vorkommt, kein Limit-Operand angegeben wird, entfernt Perl die leeren Elemente am Schluß der Liste im Rückgabewert. (Warum? Schwer zu sagen, aber das Verhalten ist dokumentiert.) Nur die Elemente am Ende werden verschluckt, leere Elemente zwischen nicht-leeren werden immer zurückgegeben. Man kann das verhindern, indem man einen speziellen Limit-Operanden angibt.

---

33 Nicht wirklich immer – ein Spezialfall wird etwas weiter unten bei den komplexen Formen von `split` behandelt.

Ein zweiter Job für den Limit-Operanden

Wenn der Limit-Operand explizit angegeben und nicht Null ist, dann wird dieses Entfernen von leeren Elementen am Ende der Rückgabeliste verhindert. (Bei Null verhält sich `split` genauso wie ohne den dritten Operanden.)

Wenn die Anzahl der zurückgegebenen Elemente nicht eingeschränkt werden soll, aber das Entfernen der leeren Elemente am Ende doch verhindert werden soll, kann man einfach eine sehr große Zahl oder besser eine negative Zahl angeben: Negativ wird hier als »sehr groß« interpretiert. Mit `split(/:/, $Text, -1)` werden alle Elemente zurückgegeben, auch leere am Ende der Liste.

Wenn man als anderes Extrem *überhaupt* keine leeren Elemente will, auch die zwischendrin nicht, dann kann man vor dem `split` ein `grep {length}` anwenden. Das `grep` läßt nur die Elemente durch, die eine Länge größer als Null haben, also die nichtleeren Elemente.

Der Match-Operand bei komplexen Formen von `split`

Die Komplexität von `split` ist vor allem eine Folge der vielschichtigen Persönlichkeit des Match-Operanden. Er tritt in vier Verkleidungen auf:

- als Match-Operator,
- als spezieller Skalar '•' (ein einzelnes Leerzeichen),
- als genereller regulärer Ausdruck,
- als Voreinstellung, wenn kein Parameter angegeben ist.

`split` *mit einem Match-Operator*

Wie in allen bisher gezeigten Beispielen ist die häufigste Verwendung von `split` die mit dem Match-Operator als ersten Operanden. Es gibt hier aber ein paar wesentliche Unterschiede zum richtigen Match-Operator:

- Man darf zu diesem »Match-Operator« keinen Suchtext angeben (in manchen Perl-Versionen geht das gar nicht). Benutzen Sie nie =~ zusammen mit `split`, sonst geschehen ganz schreckliche Dinge. Bei `split` muß der Suchtext nach dem Match-Operator als zweiter Parameter angegeben werden.

- Wir haben die Verwicklungen bei regulären Ausdrücken, die auf den Nullstring passen können, bereits bei m/x*/ (☞ 254) und bei s/x*/…/ (☞ 264) eingehend diskutiert. Vielleicht deshalb, weil das Repetitive hier von `split` und nicht vom /g kommt, liegen die Dinge hier etwas einfacher.

  Die eine Unregelmäßigkeit ist ein Treffer auf »gar nichts« am Anfang des Suchtexts: Daraus entsteht *nicht* ein leeres Element. Wenn dagegen eine Regex, die den Nullstring erkennen kann, am Anfang des Strings *etwas* erkennt, wird natürlich ein leeres Element zurückgegeben. (Ein leerer Treffer am Ende des Strings führt zu einem leeren Element in der Rückgabe-Liste, aber nur, wenn der Limit-Operand groß genug oder negativ ist.)

Zum Beispiel paßt m/\W*/ auf den String ⌐Dies, "Das", Sonst!⌐ an den angegebenen Stellen (leere Treffer sind mit ⊥ markiert, andere unterstrichen). Aufgrund dieser Ausnahme wird der Treffer beim ersten ⊥ ignoriert; es bleiben zwölf Treffer und damit 13 Elemente:

```
('D', 'i', 'e', 's', 'D', 'a', 's', 'S', 'o', 'n', 's', 't', '')
```

Wenn kein Limit angegeben ist, wird das leere Element am Ende natürlich auch unterdrückt.

- Eine explizit angegebene, aber leere Regex bedeutet bei split nicht »benutze die voreingestellte Regex«, sondern: »Teile in einzelne Zeichen auf«. Zum Beispiel könnte man

  ```
  $text = join "\b_", split(//, $text, -1);
  ```

  benutzen, um jedem Zeichen eine Backspace-Unterstrich-Sequenz anzuhängen (**$text =~ s/(.)/$1\b_/g** ist aus verschiedenen Gründen besser, vor allem wohl leichter verständlich).

- Wenn in split eine Regex gebraucht wird, beeinflußt das die voreingestellte Regex nicht. Auch die Seiteneffekte $&, $', $1 usw. sind nach einer Regex innerhalb eines split nicht verfügbar, und überschreiben deren vorherige Werte nicht. Ein split ist bezüglich der Seiteneffekte völlig vom Rest des Programms isoliert.

- Der /g-Modifier ist im Zusammenhang mit split sinn-, aber auch harmlos.

- Die speziellen Begrenzungszeichen ?...? des Match-Operators sind bei split unspeziell.[20 ☞ 315]

Ein einzelnes Leerzeichen als Match-Operand

Wenn als Match-Operand ein Leerzeichen als *String* (nicht als Regex) angegeben wird, verhält sich split fast so wie bei /\s+/, außer daß Whitespace zu Anfang des Suchstrings ignoriert wird. (Damit wird das Verhalten von *awk* nachgebildet, das automatisch jede Eingabezeile auf diese Art zerlegt. Es erweist sich auch sonst oft als ganz nützlich.)

Zum Beispiel ergibt **split('●', "●●●Kraut●●●und●Rüben")** die Liste aus drei Elementen: ('Kraut', 'und', 'Rüben'). Mit m/\s+/ statt '●' würden die Leerzeichen am Anfang nicht übersprungen, es ergäben sich die vier Elemente ('', 'Kraut', 'und', 'Rüben').

Diese beiden Fälle unterscheiden sich deutlich von dem mit m/●/, hier wird jedes einzelne Leerzeichen als Treffer erkannt:

```
('', '', '', 'Kraut', '', '', 'und', 'Rüben')
```

Ein genereller regulärer Ausdruck als Match-Operand

Jeder andere Ausdruck als Match-Operator wird zunächst als String behandelt und dann als regulärer Ausdruck interpretiert. Beispielsweise bewirkt **split(/\s+/,** ... dasselbe wie **split('\s+',** ..., die erste Regex wird aber nur einmal kompiliert, die zweite bei jedem Aufruf von split.[21 ☞ 315]

Der voreingestellte Match-Operand

Wird bei Perl5 auch der erste Operand weggelassen, wird '•' angenommen (das ist ein Unterschied zur leeren Regex, // oder ''). Ein »nacktes« split ohne irgendwelche Parameter entspricht also **split('•', $_, 0)**.*[22 ☞ 315]*

split *im skalaren Kontext*

Perl4 kannte auch ein split im skalaren Kontext; der Rückgabewert war die Anzahl der Bruchstücke statt die Bruchstücke selbst. Als Seiteneffekt wurden die Bruchstücke dem Array @_ zugewiesen. Bei Perl5 ist das zur Zeit noch unterstützt, soll aber bei Gelegenheit abgeschafft werden. Perl5 gibt eine Warnmeldung aus, sofern die –w-Option benutzt wird (was immer der Fall sein sollte).

Der Match-Operand mit einfangenden Klammern

Wenn im Match-Operanden einfangende Klammern benutzt werden, zeigt sich split von einer ganz anderen Seite. Die Liste der zurückgegebenen Bruchstücke hat in diesem Fall auch noch den von den Klammern eingefangenen Text zwischen den eigentlichen Bruchstücken. Also wird hier Text, der normalerweise von split gestrichen wird, dennoch zurückgegeben.

Bei Perl4 war das eher störend als praktisch, weil man in einer Regex Klammern nicht benutzen konnte, ohne daß diese zusätzlichen Elemente zurückgegeben wurden. Wenn Klammern nur zum Gruppieren gebraucht werden, ist dieser Effekt durchaus unerwünscht. Mit Perl5 kann man in diesem Fall nicht-einfangende Klammern benutzen, und damit hat das Feature deutlich an Wert gewonnen. Ein Beispiel aus der Verarbeitung von HTML-Daten: split(/(<[^>]*>)/) verwandelt

```
...•und•<B>sehr•<FONT•color=red>sehr</FONT>•viel</B>•Mühe...
```

in

```
( '...•und•', '<B>', 'sehr•', '<FONT•color=red>',
  'sehr', '</FONT>', '•viel', '</B>', '•Mühe...' )
```

was einfacher weiterzuverarbeiten ist. Dieses Beispiel funktioniert auch mit Perl4, wenn aber die Regex mit ⌈"[^"]*"⌉ auch einfache Strings in Anführungszeichen richtig behandeln soll (bei richtigen HTML-Texten durchaus notwendig), dann entstehen Probleme mit einer Regex wie:[34]

```
⌈(<[^>"]*("[^"]*"[^>"]*)*>)⌉
```

---

34 Sie werden das als eine teilweise aufgebrochene Version von ⌈<("[^"]*"|[^>"])*>⌉ wiedererkennen. Die Teile *normal* und *speziell* sind ⌈[^>"]⌉ und ⌈"[^"]*"⌉. Man könnte *speziell* auch separat aufbrechen.

Das zusätzliche Paar einfangender Klammern erzeugt weitere Elemente in der Rückgabeliste; bei einem Text wie

Bitte <A HREF="test">noch heute</A> hier klicken

sind das (mit Erläuterungen):

(**'Bitte•'**,	*vor dem ersten Treffer*
'<A•HREF="test">', '"test"',	*erster Treffer*
'noch heute',	*dazwischen*
'</A>', '',	*aus dem zweiten Treffer*
'•**hier klicken**'	*nach dem letzten Treffer*
)	

Die zusätzlichen Elemente stören. Mit nicht-einfangenden Klammern ⌜(?:…)⌟ dagegen erhalten wir nur die Elemente, die wirklich interessieren:

(**'Bitte•'**,	*vor dem ersten Treffer*
'<A HREF="test">',	*erster Treffer*
'noch heute',	*dazwischen*
'</A>',	*aus dem zweiten Treffer*
'•**hier klicken**'	*nach dem letzten Treffer*
)	

Effizienz in Perl

Zum größten Teil sind Überlegungen zur Effizienz bei Perl die gleichen, die für jede traditionelle NFA-Maschine gelten. Die Methoden aus Kapitel 5 – interne Optimierungen, das »Schleifen aufbrechen«, und nicht zuletzt der Abschnitt »Denken!« – sind auf Perl genauso anwendbar.

Daneben gibt es natürlich Perl-spezifische Eigenheiten, wie der Gebrauch von nicht-einfangenden Klammern, wenn man den von Klammern erkannten Text nicht wirklich braucht. Es gibt auch umfangreichere Punkte dazu, und selbst das Thema der Klammern selbst ist umfangreicher, als es bei der Mikro-Optimierung in Kapitel 5 aussah (☞ 156). In diesem Unterkapitel wird es eingehender betrachtet (☞ 281), außerdem die folgenden Themen:

- **Viele Wege führen zum Ziel.** Perl ist ein großer Werkzeugkasten mit einer Fülle von Möglichkeiten, um ein bestimmtes Problem zu lösen. Wie man Probleme am besten mit Perl löst, und welche Werkzeuge man am vorteilhaftesten dazu verwendet: Das ist »The Perl Way« zu einem effizienten und verständlichen Programm. Manchmal sieht es aus, als ob sich Effizienz und Verständlichkeit gegenseitig ausschließen, deshalb hilft ein besseres Verständnis der Sprache, die gute Lösung zu finden.

- **Interpolation**. Die Interpolation von Variablen und die Kompilierung der Regex sind Gebiete, bei denen sich viel Zeit einsparen läßt. Mit dem /o-Modifier, den ich bisher kaum behandelt habe, lassen sich diese Schritte in Grenzen steuern.

- **Strafpunkte durch `$&`**. Die drei Seiteneffekt-Variablen $`, $& und $' sind häufig ganz praktisch, aber führen zu einem Effizienz-Nachteil bei jeder Regex in jedem Skript, in dem sie auftauchen. Sie müssen nicht einmal wirklich *benutzt* werden, es genügt schon, wenn sie irgendwo auftreten.

- **Strafpunkte durch `/i`**. Auch der Gebrauch des /i-Modifiers wird teuer erkauft. Besonders wenn er auf lange Strings angewendet wird, zahlt es sich aus, die Regex so umzuschreiben, daß auf /i verzichtet werden kann.

- **Substitution**. Sie können den Substitutionsoperator wirksamer einsetzen, wenn Sie wissen, wo optimiert wird, was der Gewinn daraus ist, und aus welchen Gründen diese Optimierungen verhindert werden.

- **Benchmarks**. Das schnellste Programm ist das, das zuerst fertig ist (banal, aber wahr). Ob es sich um ein kleines Programmstück, eine wichtige Funktion oder um ein ganzes Programm mit wirklichen Daten handelt – nur Benchmarks geben genaue Auskunft darüber, was wirklich schnell ist. In Perl sind Benchmarks recht einfach aufzustellen, aber auch hier gibt es natürlich verschiedene Wege. Ich stelle eine einfache Methode vor, die mir bei der Vorbereitung dieses Kapitels in Hunderten von Fällen gute Dienste geleistet hat.

- **`study`**. Seit Urzeiten kennt Perl die Funktion `study(…)`. Ihr Gebrauch soll reguläre Ausdrücke schneller machen, aber niemand scheint `study` zu verstehen. Wir werden schauen, ob wir dem auf den Grund gehen können.

- **Die `-Dr`-Option**. Diese Debugging-Option instruiert Perl, Auskunft über manche der Optimierungen zu geben, die die Regex-Maschine und das Getriebe vornehmen. Wir werden das analysieren und sehen, welche Geheimnisse Perl damit preisgibt.

»Viele Wege führen zum Ziel«

Weil es so viele Wege zur Lösung eines bestimmten Problems gibt, muß man mit allen Möglichkeiten vertraut sein, die Perl anbietet, um wirklich zwischen Lesbarkeit und Effizienz abwägen zu können. Wir betrachten hier ein einfaches Beispiel: Eine IP-Adresse wie 18.181.0.24 soll mit führenden Nullen geschrieben werden, so daß jede Zahl dreistellig wird, also wie 018.181.000.024. Eine einfache und leicht verständliche Lösung ist:

```
$ip = sprintf "%03d.%03d.%03d.%03d", split(/\./, $ip);
```

Das ist eine gute Lösung, aber es gibt zweifellos viele Arten, dasselbe zu erledigen. Ich behandle hier einige in der gleichen Art wie beim in der Fußnote von Seite 233 erwähnten Beispiel aus meinem Artikel in *The Perl Journal*. Die Aufgabe ist einfach und für sich selbst genommen nicht sehr »interessant«, aber sie steht für eine ganze Klasse von ähnlichen Textverarbeitungsaufgaben. Hier einige mögliche Lösungen:

1. ```$ip =~ s/(\d+)/sprintf("%03d", $1)/eg;```

2. ```$ip =~ s/\b(\d{1,2}\b)/sprintf("%03d", $1)/eg;```

3. ```$ip = sprintf("%03d.%03d.%03d.%03d", $ip =~ m/(\d+)/g);```

4. ```$ip =~ s/\b(\d\d?\b)/'0' x (3-length($1)) . $1/eg;```

5. ```$ip = sprintf("%03d.%03d.%03d.%03d",```
   ```$ip =~ m/^(\d+)\.(\d+)\.(\d+)\.(\d+)$/);```

6. ```$ip =~ s/\b(\d(\d?)\b)/$2 eq " ? "00$1": "0$1"/eg;```

7. ```$ip =~ s/\b(\d\b)/00$1/g;```
   ```$ip =~ s/\b(\d\d\b)/0$1/g;```

Jedes der Beispiele ergibt wie die ursprüngliche Lösung bei einer wohlgeformten IP-Adresse das richtige Resultat; wenn sie dagegen mit einer nicht-legalen Adresse konfrontiert werden, versagen sie auf recht verschiedene Arten. Wenn also Gefahr besteht, daß die Daten falsch sind, müssen diese auf anderen Wegen validiert werden. Abgesehen davon bestehen Unterschiede nur bei Effizienz und Lesbarkeit. In bezug auf die Lesbarkeit ist allen gemeinsam, daß sie zumindest kryptisch aussehen.

Und wie steht's mit der Effizienz? Ich habe alle Lösungen auf meiner Maschine mit Perl5.003 getestet und sie oben in der Reihenfolge von langsam bis schnell aufgeführt. Die ursprüngliche Lösung lag etwa zwischen den Punkten 4 und 5; die schnellste war 20% schneller, die schlechteste 60% langsamer.[35] Wenn aber Effizienz das *einzige* Kriterium ist, dann gibt es immer noch schnellere Methoden:

```
substr($ip,  0, 0) = '0' if substr($ip,  1, 1) eq '.';
substr($ip,  0, 0) = '0' if substr($ip,  2, 1) eq '.';
substr($ip,  4, 0) = '0' if substr($ip,  5, 1) eq '.';
substr($ip,  4, 0) = '0' if substr($ip,  6, 1) eq '.';
substr($ip,  8, 0) = '0' if substr($ip,  9, 1) eq '.';
substr($ip,  8, 0) = '0' if substr($ip, 10, 1) eq '.';
substr($ip, 12, 0) = '0' while length($ip) < 15;
```

Das ist doppelt so schnell wie das Original, aber in bezug auf Verständlichkeit mußte ein hoher Preis bezahlt werden. Sie entscheiden, welcher Version Sie den Vorzug geben. Es gibt wahrscheinlich auch noch andere Varianten – »Viele Wege führen zum Ziel«.

---

35 Mit Perl4 war aus mir nicht bekannten Gründen die ursprüngliche Lösung die schnellste. Die Werte für Lösungen mit /e waren allerdings nicht dabei, weil diese wegen eines Speicher-Allozierungsfehlers in Perl4 unbrauchbare Werte lieferten.

Effizienz bei der Kompilation und der /o-Modifier

Im Abschnitt »Interpolation von Variablen in Strings« hatten wir die verschiedenen Phasen untersucht, in denen Perl ein Skript verarbeitet. Die in Abbildung 7-1 (☞ 227) gezeigten Phasen können einige Zeit in Anspruch nehmen. Perl merkt sich immerhin, ob Variablen interpoliert werden mußten. Wenn das nicht der Fall ist, wird die kompilierte Form der Regex aufbewahrt und wiederverwendet. Diese Optimierung kann einiges an Aufwand einsparen.

Wenn die Regex aber Variablen enthält, ist es sicher sehr praktisch, daß Perl diese ohne irgendwelche Instruktionen jedesmal neu interpoliert. Das dauert länger, aber die Sprache wird dadurch deutlich flexibler; die Regex kann in einer Schleife mit jedem Gebrauch variieren. So nützlich das ist, kann dieser Aufwand trotzdem unnötig sein, wenn eine Regex zwar Variablen enthält, diese sich aber nie ändern, wie in diesem Beispiel:

```
$heute = (qw<Sun Mon Tue Wed Thu Fri Sat>)[(localtime)[6]];
# $heute enthält nun den Wochentag ("Mon", "Tue", usw.)
$regex = "^$heute:";
while (<LOGDATEI>) {
    if (m/$regex/) {
        ⋮
```

Der Variablen `$regex` wird nur einmal etwas zugewiesen, und zwar vor der Schleife. Sie wird beim Match-Operator innerhalb der Schleife wieder und wieder benutzt, für jede Zeile aus LOGDATEI. *Wir* sehen sofort, daß sich die Regex in diesem Skript nie ändert, aber Perl hat diesen Überblick nicht. Es weiß, daß im Regex-Operanden Variablen interpoliert wurden, und wertet den Operanden jedesmal neu aus.

Das heißt nicht, daß die Regex jedesmal von Grund auf neu kompiliert wird. Wenn Perl nach der Variablen-Interpolation erkennt, daß es sich um die gleiche Regex wie vorhin handelt, dann wird auch die bereits kompilierte Form wiederverwendet. Das spart zwar die eigentliche Kompilation ein, aber die Phasen B und C aus Abbildung 7-1 und der Vergleich von alter und neuer Regex müssen dennoch jedesmal ausgeführt werden.

Hier hilft der /o-Modifier. Er sagt Perl, daß die interne Form dieser Regex bedenkenlos immer wieder verwendet werden kann und daß alle Vergleiche mit vorherigen Iterationen unnötig sind. Das /o »verschweißt« sozusagen die Regex beim ersten Gebrauch mit dem entsprechenden Operator. Später wird immer das Resultat der ersten Kompilation der Regex benutzt; *auch* wenn darin enthaltene Variablen in der Zwischenzeit geändert wurden, kümmert sich Perl nicht darum. Normalerweise wird /o zur Effizienzsteigerung gebraucht, wenn sich Variablen in der Regex nicht ändern. Es muß aber betont werden, daß sich Perl mit dem /o-Modifier *nie* mehr um solche geänderten Variablen kümmert, egal ob die Änderung nun absichtlich oder aus Versehen erfolgt ist.

Betrachten wir folgende Situation:

```
while (…) {
    ⋮
    $regex = &Eingabe('Suche Wort: ');
    foreach $satz (@saetze) {
        if ($satz =~ m/$regex/o) { # /o aus Effizienzgründen, aber Oha!
            ⋮
        }
    }
    ⋮
}
```

Beim ersten Durchgang der inneren `foreach`-Schleife (das ist auch der erste Durchgang der äußeren `while`-Schleife) wird die Regex zum ersten Mal verwendet, Perl verwendet das Resultat der Kompilation für das Matching und speichert es ab. Weil der /o-Modifier angegeben ist, wird diese kompilierte Form für alle weiteren Matchings dieses Operators verwendet. Bei der zweiten Iteration der `while`-Schleife gibt der Benutzer eine neue Regex ein; die Absicht ist, daß alle Datensätze nach einem neuen Wort abgesucht werden sollen. Allein – das funktioniert nicht, mit dem /o-Modifier wird die Regex in einem bestimmten Operator nur genau einmal kompiliert. Der neu eingegebene Wert wird schlicht ignoriert.

Am einfachsten entfernt man den /o-Modifier. Dann funktioniert das Programm, aber vom Effizienz-Standpunkt her gesehen gibt es bessere Möglichkeiten. Auch wenn nach einem Vergleich der Resultate von Phase B und C klar ist, daß es sich um die gleiche Regex wie vorhin handelt, möchten wir doch den Aufwand für diese Interpolationsphasen nur dann aufwenden, wenn es notwendig ist.

Effizienz mit der voreingestellten Regex

Wenn wir sicherstellen können, daß mit einem erfolgreichen Treffer die Regex als *voreingestellte Regex* abgelegt wird, dann können wir später das Konstrukt m// verwenden, das die interne Form der voreingestellten Regex benutzt (☞ 253):

```
while (…) {
    ⋮
    $regex = &Eingabe('Suche Wort: ');
    # Regex installieren (muß erfolgreich sein, damit Voreinstellung klappt).
    if ($beispiel_text !~ m/$regex/) {
        die "Interner Fehler: Beispieltext paßt nicht!";
    }
    foreach $satz (@saetze) {
        if ($satz =~ m//) { # Voreingestellte Regex.
            ⋮
        }
    }
    ⋮
}
```

Nun ist es leider nicht ganz einfach, einen Beispieltext zu finden, der auf jede der vom Benutzer eingegebenen Regex paßt, wenn man diese nicht vorher kennt. Die verwendete Regex wird nur dann zur voreingestellten Regex, wenn ein Matching mit ihr *erfolgreich* ist. In modernen Perl-Versionen muß dieses Installieren der voreingestellten Regex außerdem im gleichen dynamischen Geltungsbereich auftreten wie ihr späterer Gebrauch.

Der /o-Modifier und eval

Es gibt auch dafür eine Lösung. Sie sieht zunächst komplex aus, aber mit dem zusätzlichen Aufwand können oft sehr effiziente Programme entstehen:

```
while (…) {
    ⋮
    $regex = &Eingabe('Suche Wort: ');
    eval 'foreach $satz (@saetze) {
                if ($satz =~ m/$regex/o) {
                        ⋮
                }
        }';

    # Wenn $@ definiert ist, ist im eval ein Fehler aufgetreten...
    if ($@) {
            ...Fehler aus eval ausgeben.
    }
    ⋮
}
```

Hier tritt die ganze `foreach`-Schleife innerhalb eines Strings auf, der als Argument von `eval` benutzt wird, in Hochkommas. Jedesmal, wenn der String evaluiert wird, wird er als neues Perl-Programmstück aufgefaßt, von Grund auf neu kompiliert und dann ausgeführt. Dieses Programmstück wird in genau der gleichen Umgebung wie das `eval` ausgeführt, hat also Zugang zu allen Variablen, die am Ort des `eval` vorhanden sind. Die Idee dahinter ist in diesem Fall, die Kompilation der Regex so lange hinauszuschieben, bis die Regex bekannt ist und sich für die Dauer des `eval` nicht ändert.

Bei einem `eval` wird das ganze Argument jedesmal neu kompiliert, nicht nur die Regex. Diese wird jedoch ganz von vorn kompiliert, beginnend mit Phase A aus Abbildung 7-1 (☞ 227). Innerhalb des `eval` wird die Regex wegen des /o-Modifiers nur einmal kompiliert, beim ersten Durchgang durch die `foreach`-Schleife. Nach dem `eval` geht das Programmstück verloren. Bei der nächsten Iteration ist zwar der *String* im Argument zu `eval` derselbe, aber nicht sein *Wert*, weil ja eine neue Regex eingegeben wurde. Wieder wird die Regex beim ersten Gebrauch innerhalb des Programmstücks komplett neu übersetzt, aber nur einmal für die Dauer des Programmstücks.

Natürlich braucht die Übersetzung des Arguments von `eval` seine Zeit. Rechtfertigt das den Gewinn, den wir uns von der Verwendung von /o versprechen? Wenn der Array `@saetze` klein ist, wahrscheinlich nicht, wenn er sehr groß ist, ergibt sich ein

Nettogewinn. Benchmarks (siehe etwas später) können hier Entscheidungsgrundlagen liefern.

Dieses Beispiel nutzt die Tatsache aus, daß Perl ein Programmstück in einem String-Argument von `eval` erst dann interpretiert, wenn das `eval` tatsächlich ausgeführt wird, und nicht schon beim Starten des Skripts. Es gibt aber auch die Form der `eval`-Anweisung, bei der das Argument ein Block ist.

eval mit einem Block als Argument

Der Operand von `eval` kann irgendein Ausdruck sein, also auch ein String in Hochkommas, wie wir ihn gerade benutzt haben. Er kann aber auch ein Block in der Form {…} sein, der ein Programmstück enthält. Bei der Block-Methode, etwa in

```
eval {foreach $satz (@saetze) {
              if ($satz =~ m/$regex/o) {
                        ⋮
              }
      }};
```

wird der darin enthaltene Code nur genau einmal übersetzt, beim Starten des Skripts. Die Absicht ist hier Effizienz (weil nicht bei jedem Aufruf von `eval` neu kompiliert wird), aber in unserem Beispiel würde damit der ganze Effekt zerschlagen. Wir verlassen uns darauf, daß das ganze Programmstück im String jedesmal neu kompiliert wird; deshalb können wir hier die Block-Methode nicht verwenden.

Das Neukompilieren ist ein häufiger Verwendungszweck von `eval`, ein anderer ist das Abfangen von Fehlern. Laufzeitfehler können mit beiden Methoden abgefangen werden, Fehler zur Kompilationszeit nur mit der String-Methode. (Ein Beispiel dazu haben wir mit $* auf Seite 239 gesehen.) Das Abfangen von Laufzeitfehlern (um beispielsweise das Vorhandensein eines Features in der vorliegenden Version von Perl zu überprüfen) oder das Abfangen von `warn`, `die`, `exit` usw. sind eigentlich die einzigen Gründe, die ich mir für die Block-Methode **eval {…}** ausdenken kann.

Ein dritter Verwendungszweck von `eval` ist das dynamische Aufbauen von Code zur späteren Ausführung mitten im Programm. Das folgende Programmbeispiel zeigt einen bekannten Trick:

```
sub PruefFunktion_aufbauen
{
    my @R = @_;             # Argumente sind eine oder mehrere Regex.
    my $prog = '';          # In dieser Variablen bauen wir das Programmstück auf.
    foreach $regex (@R) {
        $prog .= "return 1 if m/$regex/;";       # Auf jede Regex testen.
    }
    my $sub = eval "sub { $prog; return 0 }"; # Anonyme sub erzeugen.
    die $@ if $@;
    $sub; # Erzeugte Funktion als Resultat zurückgeben.
}
```

Bevor ich dazu Einzelheiten erkläre, zunächst ein Beispiel für den Gebrauch dieser Funktion: Nehmen wir an, es besteht ein Array `@Regexes` mit regulären Ausdrücken als Elementen, die alle auf einen Text angewandt werden sollen:

```
# Funktion zur Prüfung von vielen regulären Ausdrücken erzeugen.
$Pruef_Funktion = PruefFunktion_aufbauen(@Regexes);

while (<>) {
    # Erzeugte Funktion auf $_ anwenden.
    if (&$Pruef_Funktion) {
        ...Zeile wurde von einer der Regex erkannt...
    }
}
```

Mit einer Liste von regulären Ausdrücken (genauer: Mit einer Liste von Strings, die später als reguläre Ausdrücke verwendet werden sollen) erzeugt `PruefFunktion_aufbauen` eine Funktion, die testet, ob mindestens einer der regulären Ausdrücke den Text in `$_` erkennt. Diese anonyme Funktion (sie hat keinen Namen) wird als Resultatwert zurückgegeben.

Der Grund, so etwas zu tun, ist Effizienz. Wenn wir die regulären Ausdrücke schon im voraus kennen würden, wäre all dies unnötig. Weil sie aber erst zur Laufzeit bekannt sind, kann man auch einfach das Folgende schreiben:

```
$regex = join('|', @Regexes); # Monströse Regex zusammensetzen.

while (<>) {
    if (m/$regex/o) {
        ...Zeile wurde von einer der Alternativen erkannt...
    }
}
```

Das ist aber wegen der Alternation sehr ineffizient (außerdem funktioniert es nicht, wenn eine Regex außer der ersten Rückwärtsreferenzen enthält). Man könnte auch eine Schleife über den Array von regulären Ausdrücken schreiben:

```
while (<>) {
    foreach $regex (@Regexes) {
        if (m/$regex/) {
            ...Zeile wurde von einer der Regex erkannt...
            last;
        }
    }
}
```

Auch das ist ineffizient, sehr ineffizient sogar, weil jede Regex bei jedem Gebrauch neu verarbeitet *und* kompiliert werden muß. Also kann sich eine Investition von Zeit und Arbeit am Ende schon auszahlen.

Wenn die zu überprüfenden regulären Ausdrücke die Strings `dies`, `das` und `sonst` sind, dann gibt die Routine `PruefFunktion_aufbauen` dieses Programmstück zurück:

```
sub {
  return 1 if m/dies/;
  return 1 if m/das/;
  return 1 if m/sonst/;
  return 0
}
```

Bei jedem Aufruf dieser anonymen Funktion werden alle Regex auf `$_` angewandt, und die Funktion gibt sofort `1` (*wahr*) zurück, sobald eine paßt.

Das ist eine schöne Idee, aber leider hat sie in der Art, wie sie oft verwendet wird (das gilt auch für das Beispiel weiter oben), ihre Macken. Übergeben Sie der Funktion `PruefFunktion_aufbauen` einen String, der Zeichen wie `$` oder `@` enthält, die im `eval` bei der Variablen-Interpolation eine Bedeutung haben, und Sie werden Ihr blaues Wunder erleben. Eine erste Lösung wäre die Verwendung von Hochkommas als Begrenzer der Regex:

```
$prog .= "return 1 if m'$regex';"; # auf jede Regex testen.
```

Aber so entsteht nur ein weiteres Problem. Was ist, wenn eine Regex Hochkommas enthält (oder was immer wir als Begrenzer wählen)? Die Regex ⌈`das ist's`⌋ hängt

```
return 1 if m'das ist's';
```

an das Programmstück an, und das wiederum erzeugt einen Syntax-Fehler bei der Evaluation. Man könnte `\xff` oder sonst ein ungebräuchliches Zeichen als Begrenzer wählen, aber eine Gefahr besteht auch dann. Hier ist meine Lösung für das Problem:

```
sub PruefFunktion_aufbauen
{
    my @R = @_;
    my $expr = join '||', map { "m/\$R[$_]/o" } (0..$#R);
    my $sub = eval "sub { $expr }"; # Anonyme Funktion erzeugen.
    die $@ if $@;
    $sub; # Erzeugte Funktion als Resultat zurückgeben.
}
```

Die Analyse überlasse ich Ihnen. Aber hier ist eine Aufgabe, die damit zusammenhängt: Was passiert, wenn in dieser Funktion `local` statt `my` für den Array `@R` verwendet wird? ❖ Zur Auflösung bitte umblättern.

Das asoziale $& und seine Kumpane

Die Variablen $&, $' und $` enthalten nach einem erfolgreichen Matching den Text des Treffers, den Text davor und den danach (☞ 221). Auch wenn sich der Suchtext später ändert, bleiben die Werte dieser Variablen erhalten. Auch wenn in einer Substitution der Suchstring praktisch während des Matchings verändert wird oder wenn wir unmittelbar nach einem Matching den String verändern, müssen sich $1, $& usw. nach wie vor auf den ursprünglichen Text beziehen (mindestens bis zum nächsten erfolgreichen Matching oder bis der Block verlassen wird). Nun, wie erinnert sich Perl an den ursprünglichen Text, wenn er doch geändert werden kann?

Perl legt eine Kopie an. Alle genannten Variablen beziehen sich in Wirklichkeit auf diese interne Kopie und nicht auf den ursprünglichen String. Kopie bedeutet aber immer auch mehr Speicherverbrauch. Wenn der Suchstring sehr groß ist, ist es das Duplikat auch. Aber der String muß kopiert werden, wenn diese Variablen den letzten Treffer widerspiegeln sollen, da gibt es keine andere Möglichkeit. Oder doch?

Interne Optimierungen

Wenn die Variablen nie gebraucht werden, ist das Anlegen eines Duplikates offensichtlich unnötig; das Vermeiden der Kopie kann viel Speicherplatz und Zeit einsparen. Das Problem ist, daß Perl nicht ohne weiteres herausfinden kann, ob Sie nun eine der Variablen später einmal brauchen werden oder nicht. Manchmal funktioniert das allerdings. Wenn man diese Situation erreichen kann, werden nicht nur Speicherplatz und Zeit eingespart, zudem arbeitet der Substitutionsoperator effizienter – ein zusätzlicher Bonus (das wird in einem späteren Abschnitt behandelt).

Achtung: Die hier behandelten Situationen und Tricks beschreiben die *internen* Vorgänge bei Perl. Es ist gut und schön, wenn man Programme schneller machen kann, aber diese Methoden sind nicht in der Spezifikation[36] von Perl enthalten und *können sich in zukünftigen Versionen ändern* (ich beschreibe hier Version 5.003). Wenn diese Optimierungen plötzlich wegfallen, ist nur die Effizienz betroffen – die Programme erzeugen noch immer dieselben Resultate.

Es gibt drei Situationen, die bei einem erfolgreichen Matching oder bei einer Substitution diese Kopie erzwingen: *[23 ☞ 315]*

- Die Verwendung von $`, $& oder $' *irgendwo* im Skript,
- Einfangende Klammern in der Regex,
- Der Gebrauch des /i-Modifiers ohne gleichzeitigen /g-Modifier.

Außerdem können folgende Umstände *weitere* interne Kopien des Suchstrings verursachen:

- Der Gebrauch des /i-Modifiers (bei irgendeinem Matching oder Substitution),
- Die meisten Substitutionsoperatoren, aber nicht alle.

---

36 Naja, sie *wären* nicht Teil der Spezifikation, wenn es eine solche *gäbe*.

Vergleich: `local` *und* `my`

❖ *Auflösung zum Problem von Seite 278.*

Vor der eigentlichen Auflösung zunächst ein paar Worte zum *Binding*. Wenn Perl ein Programmstück kompiliert, sei es beim Starten des Skripts oder bei einem `eval`, werden die Variablen darin mit diesem Stück Code »verkettet« oder daran gebunden. Die *Werte* dieser Variablen werden nicht berührt – am Anfang haben die Variablen noch gar keine Werte. Werte kommen erst ins Spiel, wenn die Variablen benutzt werden.

`my` `@R` erzeugt eine neue, private Variable, die von allen anderen Variablen im Programm völlig unabhängig ist. Wenn das Programmstück in der anonymen Funktion evaluiert wird, wird die Variable `@R` an diesen Code gebunden. Jeder Gebrauch von »`@R`« in diesem Code meint nun diese Variable. Sie wird noch nicht *gebraucht*, das passiert erst, wenn der Code in der anonymen Funktion ausgeführt wird.

Wenn die Funktion `PruefFunktion_aufbauen` terminiert, würde `@R` normalerweise verschwinden. Weil aber die anonyme Funktion noch immer existiert, bleibt die Variable mit ihren Werten erhalten, weil sie an dieses Programmstück gebunden ist. Sie ist allerdings nur dem Code in der Funktion zugänglich; wenn irgendwo sonst im Programm ein »`@R`« auftaucht, bezieht sich das auf eine globale Variable gleichen Namens. Wenn die anonyme Funktion aufgerufen wird, ist darin die private Variable `@R` mit ihren Werten vorhanden.

`local` `@R` andererseits speichert nur eine Kopie der globalen Variablen `@R`, bevor sie mit den Werten aus `@_` überschrieben wird. Vielleicht gibt es gar nichts abzuspeichern, aber irgendein Programmteil könnte ja vorher das globale `@R` benutzt haben, deshalb wird eine Sicherungskopie erzeugt. Wenn das Programmstück evaluiert wird, wird »`@R`« an diese globale Variable gebunden – es gibt keine private, mit `my` erzeugte Variable dieses Namens. (Dieses Binding hat keinerlei Bezug zum `local` vorhin – ob die Variable nun mit `local` kurz vorher einen neuen dynamischen Geltungsbereich bekommen hat oder nicht, ist dabei irrelevant, entscheidend ist der Geltungsbereich zum Zeitpunkt der *Ausführung* der anonymen Funktion.)

Wenn `PruefFunktion_aufbauen` terminiert, wird dieser Geltungsbereich verlassen, und die Variable bekommt wieder ihre alten Werte. Es ist noch immer dieselbe globale Variable wie im `eval` und auch die gleiche, die an das Programmstück in der anonymen Funktion gebunden ist, nur ihr *Inhalt* ist wieder der alte. In `PruefFunktion_aufbauen` wurden `@R` zwar neue Werte zugewiesen, aber diese wurden nie gebraucht! Die anonyme Funktion erwartet in der Variablen `@R` eine Liste von regulären Ausdrücken, aber diese Strings gingen beim Verlassen von `PruefFunktion_aufbauen` eben verloren. Wenn die Funktion aufgerufen wird, erhält sie, was immer die globale Variable `@R` enthält – wahrscheinlich keine regulären Ausdrücke – oder jedenfalls nicht die, die wir beabsichtigt hatten.

Hmm, es gibt doch noch einen Ausweg: Wenn wir vor dem Verlassen des Unterprogramms `PruefFunktion_aufbauen` die anonyme Funktion *benutzen* (mit einem String in `$_`, auf den keiner der Regex paßt), dann würden wegen dem `/o` die internen Darstellungen der Regex gespeichert. Bei späteren Aufrufen der anonymen Funktion wäre es völlig egal, was für Werte die globale Variable `@R` hätte, weil diese wegen dem `/o` ignoriert würden. Das kann eine attraktive Technik sein – `@R` wird nur so lange gebraucht, bis die Regex kompiliert sind, nachher wird kein Speicherplatz mehr für die Strings verbraucht. Im ersten Fall werden `@R` und die Strings so lange aufbewahrt, wie der Code der anonymen Funktion existiert.

Für $\`$, $\&$ oder $\'$ wird der Suchstring kopiert

Damit $\`$, $\&$ und $\'$ benutzt werden können, muß Perl eine Kopie des Suchstrings anlegen. Meist werden diese Variablen nach dem Matching gar nicht gebraucht, es wäre daher günstig, wenn in diesen Fällen das Kopieren eingespart werden könnte. Weil diese Variablen aber einen dynamischen Geltungsbereich haben, kann der Ort der Verwendung sehr weit weg von der Regex liegen. Theoretisch könnte Perl wohl das Skript sehr eingehend analysieren und herausfinden, daß jede Verwendung dieser Variablen nichts mit der gerade untersuchten Regex zu tun haben kann, und dann die Kopie weglassen. Perl tut das jedoch nicht. Also muß es bei jedem erfolgreichen Treffer während der ganzen Programmlaufzeit jedesmal eine Kopie des Suchstrings anlegen.

Perl merkt immerhin, wenn im ganzen Programm (mit allen Bibliotheksfunktionen!) *nirgends* eine der Variablen $\`$, $\&$ oder $\'$ benutzt wird. Wenn diese nicht vorkommen, geht Perl davon aus, daß auf das Kopieren des Suchstrings verzichtet werden kann. Wenn Sie also sicherstellen können, daß Ihr Code und alle benutzten Module nie eine der Variablen $\`$, $\&$ oder $\'$ verwenden, erleidet Ihr Programm die angesprochene Leistungseinbuße nicht, wenn nicht einer der anderen zwei Fälle eintritt.

Einfangende Klammern erfordern eine Kopie

Wenn in einer Regex einfangende Klammern vorkommen, nimmt Perl an, daß der eingefangene Text später gebraucht wird, und legt deshalb eine Kopie des Suchstrings an (ob $1 *wirklich* gebraucht wird, spielt hier keine Rolle, Perl kopiert auf jeden Fall, sobald es einfangende Klammern sieht). In Perl4 gibt es keine anderen als einfangende Klammern, also wird jedes Perl4-Skript für die Verwendung von Klammern bestraft. Mit Perl5 und `(?:⋯)` braucht man nicht mehr Text einzufangen, der später gar nicht benutzt wird.[37] Wenn Sie jedoch $1, $2 usw. wirklich brauchen, hat Perl eine Kopie des Textes dafür angelegt.

`m/⋯/i` *erzwingt eine Kopie*

Bei einem Match-Operator mit `/i`, aber ohne `/g`, wird eine Kopie des Suchstrings angelegt. Warum? Offen gesagt: Ich weiß es nicht. Meine Untersuchung des Quelltextes von Perl sagt mir, daß die Kopie völlig unnötig ist, aber ich bin auf diesem Gebiet sicher kein Experte. Wie dem auch sei, es gibt einen weiteren, wichtigeren Effizienz-Strafpunkt beim Gebrauch von `/i`. Darauf komme ich gleich zurück, ich möchte mit einigen Benchmarks illustrieren, wie groß der Effekt des Kopierens für $\&$ ist.

Ein Beispiel im Härtetest

Als ganz einfachen Benchmark habe ich `m/c/` auf die gut 50 000 Zeilen des Perl-Quelltextes angewandt. Dieser Test untersucht nur jede Zeile, ob darin ein `c` vorkommt – diese Information wird aber nicht weiter gebraucht, der einzige Zweck liegt darin, die Leistungseinbuße bei dem Kopieren des Suchtextes zu messen. Ich habe den Test auf

---

37 Einfangende Klammern werden auch für Rückwärtsreferenzen benötigt, man braucht deshalb unter Umständen einfangende Klammern, auch wenn $1, $2 usw. nicht benutzt werden. Das scheint aber in der Praxis selten vorzukommen.

zwei Arten durchgeführt: Einmal stellte ich sicher, daß keine Kopien gemacht werden, und einmal erzwang ich das Kopieren. Ein Leistungsunterschied ist also allein dem zusätzlichen Kopieren des Suchtextes zuzuschreiben.

Der Versuch mit dem zusätzlichen Kopieren dauerte mehr als 35 % länger. Dies entspricht einem »durchschnittlichen schlechten Fall«. Je mehr Arbeit das Programm sonst verrichtet, desto kleiner wird der negative Effekt. Der Benchmark tut aber sonst gar nichts, also wird die Leistungseinbuße überhöht dargestellt.

In einem wirklich katastrophalen Fall kann die Arbeit durch das Kopieren des Suchstrings alles andere überdecken. Ich habe den gleichen Test auf die gleichen Daten angewandt, diesmal aber als *eine einzige Zeile* (mehr als ein Megabyte) statt etwa 50 000 Zeilen vernünftiger Länge. So kann die relative Leistung bei einem einzigen Matching getestet werden. Der Test ohne Kopieren war beinahe sofort beendet, weil nur das erste ›c‹ in der riesengroßen Zeile gefunden werden mußte. Im zweiten Test mußte dagegen eine Kopie dieser Zeile angelegt werden. Mit dieser mehr als ein Megabyte großen Zeile dauerte das mehr als 700mal länger! Wenn man diese Einflüsse kennt, kann man sie beim Programmieren auch umgehen.

Schlußfolgerung und Empfehlung zum Gebrauch von $&

Es wäre schön, wenn Perl die Absicht des Programmierers kennen und nur dann den Suchtext kopieren würde, wenn es wirklich nötig ist. Diese Kopien sind aber nicht an sich »schlecht« – das ist eine der Eigenschaften, weshalb wir eben Perl benutzen, und nicht etwa C oder Assembler. Einer der Hauptgründe zur Entwicklung von Perl war ja gerade der, daß sich der Programmierer nicht um jedes Detail kümmern muß, sondern sich auf die eigentliche Problemlösung konzentrieren kann.

In Perl kann man ein Problem auf vielerlei Arten lösen. Wenn man Perl-Programme so schreibt, wie man es in anderen Sprachen wie etwa C tun würde, führt das fast immer zu ineffizienten und umständlichen Lösungen; das habe ich schon mehrfach erwähnt. Die der Sprache gemäße Lösung – *The Perl Way* – führt auf die richtige Spur, aber wie bei jedem Handwerk bringt auch hier besondere Sorgfalt bessere Resultate. Sicher, das Erzeugen von Kopien ist nicht an sich »schlecht«, aber vermeiden will man es nach Möglichkeit trotzdem. Dazu kann man einige Schritte unternehmen.

Zunächst gilt es natürlich, den Gebrauch von $`, $& und $' irgendwo im Programm zu vermeiden. Das heißt auch, das Modul `English.pm` zu vermeiden und alle Module, die dieses oder die Variablen selber verwenden. Tabelle 7-10 ist eine Liste der Standardmodule von Perl Version 5.003, die auf irgendeine Art diese »unartigen« Variablen verwenden. Es fällt auf, daß die meisten Module nur deshalb beeinträchtigt sind, weil sie das Modul `Carp.pm` benutzen. In dieser Bibliotheksdatei gibt es nur genau eine unartige Variable:

```
$eval =~ s/[\\\']/\\$&/g;
```

Wenn diese in

```
$eval =~ s/([\\\'])/\\$1/g;
```

Tabelle 7-10: Unartige Module in der Standardbibliothek (die $_ usw. benutzen)

C AutoLoader	C Fcntl	+C Pod::Text
C AutoSplit	+ File::Basename	C POSIX
C Benchmark	C File::Copy	C Safe
C Carp	C File::Find	C SDBM_File
C DB_File	C File::Path	C SelectSaver
+CE diagnostics	C FileCache	C SelfLoader
C DirHandle	C FileHandle	C Shell
+ dotsh.pl	C GDBM_File	C Socket
+ dumpvar.pl	+ Getopt::Long	C Sys::Hostname
C DynaLoader	C IPC::Open2	C Syslog
+ English	+C IPC::Open3	C Term::Cap
+CB ExtUtils::Install	C lib	C Test::Harness
+CB ExtUtils::Liblist	C Math::BigFloat	C Text::ParseWords
C ExtUtils::MakeMaker	C MM_VMS	C Text::Wrap
+CB ExtUtils::Manifest	+CL newgetopt.pl	C Tie::Hash
C ExtUtils::Mkbootstrap	C ODBM_File	C Tie::Scalar
C ExtUtils::Mksymlists	+ open2.pl	C Tie::SubstrHash
+CB ExtUtils::MM_Unix	+ open3.pl	C Time::Local
C ExtUtils::testlib	+ perl5db.pl	C vars

Unartig durch Benutzung von: +: $& usw.   C: Carp   B: File::Basename   E: English   L: Getopt::Long

(In Perl 5.004 sind nur noch unartig: English, Getopt::Long, newgetopt.pl, Pod::Html)

geändert wird, werden die meisten der Module in der Standardbibliothek zu wohlerzogenen Kindern. Warum wurde das nicht getan? Ich weiß es auch nicht, hoffe aber, daß es in zukünftigen Versionen von Perl geändert wird.[38]

Wenn Sie sicherstellen, daß diese Variablen nicht benutzt werden, wird nur noch eine Kopie des Suchstrings erzeugt, wenn einfangende Klammern benutzt werden oder das bösartige m/⋯/i. Bestimmte reguläre Ausdrücke müssen dafür möglicherweise umgeschrieben werden. $` kann oft durch ein ⌜(.*?)⌝ am Anfang der Regex ersetzt werden, $& durch eine Klammerung der Regex und $′ durch ein ⌜(?=(.*))⌝ am Ende der Regex.

Wenn es die Situation erlaubt, kann auch auf andere Methoden zurückgegriffen werden, die ohne reguläre Ausdrücke auskommen. Zum Beispiel kann man index(⋯) benutzen, um nach festen Zeichenketten zu suchen. Im Vergleich zu den obengenannten Benchmarks, auch dem ohne das Kopieren des Suchstrings, war die Lösung mit index fast 20 % schneller.

Leistungseinbuße durch den /i-Modifier

Ein Matching, bei dem Groß- und Kleinschreibung ignoriert wird, erfordert mehr Arbeit und damit mehr Zeit: das ist nur plausibel. Sie könnten aber erstaunt sein, *wieviel* mehr Arbeit dahintersteckt.

---

38 In Perl Version 5.004 wurde das getan.

Ein Programm auf Kontamination mit $& testen

Besonders wenn Bibliotheksfunktionen benutzt werden, ist es nicht immer einfach zu wissen, ob ein Programm nun $&, $` oder $' benutzt oder nicht. Ich habe meine Version von Perl so modifiziert, daß eine Warnung ausgegeben wird, wenn eine dieser Variablen zum ersten Mal benutzt wird. (Wenn Sie das selber tun wollen: Suchen Sie in *gv.c* nach der Variable sawampersand und bauen Sie jeweils einen passenden Aufruf von warn ein.)[a]

Vielleicht einfacher ist ein Test zur Laufzeit, ob die Effizienzeinbuße tatsächlich auftritt – er sagt Ihnen allerdings nicht, *wo* im Programm die unartige Variable vorkommt. Hier eine Funktion, die ich dazu verwendet habe:

```
sub Knigge                 # Test auf Gutartigkeit.
{
    local($_) = 'x' x 10000; # Nicht-triviale Datenmenge.

    # Zeit für die leere Schleife ermitteln.
    local($start) = (times)[0];
    for ($i = 0; $i < 5000; $i++)            {       }
    local($leer) = (times)[0] - $start;

    # Zeit für die gleiche Anzahl Matchings ermitteln.
    $start = (times)[0];
    for ($i = 0; $i < 5000; $i++)            { m/^/; }
    local($delta) = (times)[0] - $start;

    # Faktor 10 ist nur Pi mal Handgelenk.
    printf "Ihr Programm ist %s (Leerschleife=%.2f, Delta=%.2f)\n",
        ($delta > $leer*10) ? "unartig" : "brav", $leer, $delta;
}
```

Die Routine ist natürlich nicht für den produktiven Einsatz in einem Programm gedacht. Für Testzwecke fügt man sie am Anfang des Skripts ein (vielleicht unmittelbar gefolgt von einem exit). Wenn Sie wissen, daß Ihr Programm in bezug auf $& »brav« ist, wird sie wieder entfernt. Weil ein eval mitten im Programm ebenfalls $& verwenden kann, ohne daß dies beim Starten des Skripts bekannt ist, kann es außerdem von Nutzen sein, den Test noch einmal ganz am Ende des Programms durchzuführen.

---

a   Eine der Verbesserungen bei Perl, die durch dieses Buch angeregt wurden: Wenn Perl Version 5.004 mit der –DDEBUGGING-Option übersetzt wird, ist eine solche Warnung bereits eingebaut. Sie wird beim Aufruf von Perl mit der Option –Dr aktiviert. (Anm. d. Ü.)

Bevor Perl mit einem Matching oder einer Substitution mit dem /i-Modifier beginnt, legt es zunächst einmal eine Kopie des gesamten Suchstrings an. Das ist eine zusätzliche Kopie zu der, die für $& und seine Kumpane bereitgestellt wird. Diese wird nur nach einem erfolgreichen Treffer angelegt, jene aber vor dem Matching, also in jedem Fall. Bei dieser Kopie werden alle Groß- in Kleinbuchstaben verwandelt, die Maschine geht also noch einmal den ganzen Suchstring durch.

Etwa gleichzeitig werden auch alle Großbuchstaben in der Regex in Kleinbuchstaben umgewandelt, also auch hier zusätzliche Arbeit.

Nach diesen zwei Schritten wird mit der Kopie des Suchstrings und der kleinbuchstabigen Regex ein ganz normales Matching durchgeführt – die eigentliche Regex-Maschine braucht gar nichts über den /i-Modifier zu wissen. Das ist ein sehr sauberes und klares Vorgehen, aber gleichzeitig ein unerhört ineffizientes; wahrscheinlich die ineffizienteste Stelle in Perl.

Groß- und Kleinschreibung ignorieren: Implementierungen

Es gibt (mindestens) zwei Algorithmen, die zum Ignorieren von Groß- und Kleinschreibung eingesetzt werden. Den eben beschriebenen nenne ich *string-orientiert* (zusätzlich zu »unerhört ineffizient«). Den anderen, den ich für wesentlich besser halte, nenne ich *regex-orientiert*. Er benutzt den ursprünglichen String mit gemischter Groß- und Kleinschreibung, und nur die Regex-Maschine allein erledigt die zusätzliche Aufgabe.

Viele Unterausdrücke (manchmal auch ganze reguläre Ausdrücke) brauchen hier keine spezielle Behandlung: das CSV-Programm zu Anfang dieses Kapitels (☞ 209), das Dreiergruppen-Beispiel für große Zahlen (☞ 233) und auch die riesige, 4724 Bytes große Regex am Ende dieses Kapitels kommen ohne besondere Berücksichtigung von Groß- und Kleinschreibung aus. Wenn hier die Option zur Gleichbehandlung von Groß- und Kleinbuchstaben angegeben wird, *sollte* dies keinen Einfluß auf die Geschwindigkeit haben.

Auch bei einer Zeichenklasse mit Buchstaben sollte kein negativer Einfluß zu bemerken sein. Der jeweils andere Buchstabe (groß oder klein) kann nämlich zur Kompilationszeit zu der Klasse hinzugefügt oder, bei einer negierten Klasse, entfernt werden (die Anzahl der Zeichen in einer Zeichenklasse hat keinen Zusammenhang mit deren Effizienz; ☞ 119). Also entsteht nur bei literalen Zeichen in der Regex zusätzliche Arbeit, außerdem bei Rückwärtsreferenzen. Diese können sicher auf bessere Art behandelt werden als durch das Kopieren des ganzen Strings.

Übrigens – ich hatte vergessen zu erwähnen, daß im Falle des /g-Modifiers bei *jeder Iteration* eine Kopie gemacht wird. Immerhin beginnen die Kopien an der aktuellen Position – mit m/.../ig werden die Kopien kürzer, je weiter die implizite Schleife voranschreitet.

Einige Benchmarks mit dem /i-Modifier

Ich habe mit /i-Regex einige Laufzeit-Messungen durchgeführt, ähnlich denen von Seite 281, und zwar wieder mit den 52 011 Zeilen und 1 192 395 Bytes, die den C-Quelltext von Perl ausmachen.

Als unfairen und gemeinen ersten Test habe ich die ganzen Daten in einen einzigen String eingelesen und **1 while m/./g** sowie **1 while m/./gi** darauf angewandt. Der

Punkt kümmert sich mit Sicherheit nicht um Groß- und Kleinschreibung, also sollte hier kein Unterschied festzustellen sein. Auf meiner Maschine dauerte der Test im ersten Fall knappe zwölf Sekunden. Mit dem /i-Modifier (der hier gar keine Bedeutung besitzt) wurde das *vier Größenordnungen langsamer* und dauerte mehr als anderthalb Tage.[39]

Nach meinen Berechnungen kopiert Perl dabei 647 585 *Megabytes* in meiner CPU hin und her. Das ist besonders unglücklich, weil es eigentlich trivial ist festzustellen, daß sich die Regex ⌈.⌋ nicht um Groß- und Kleinschreibung kümmert.

Dieser wenig realistische Test stellt wirklich den größten anzunehmenden Unfall dar. Ein sehr großer String wird wohl eher nach etwas abgesucht, das weniger häufig passen wird als der Punkt. Also habe ich die zwei Regex **m/\bwhile\b/gi** und **m/\b[wW][hH][iI][lL][eE]\b/g** mit dem gleichen String getestet. Hier versuche ich, die regex-orientierte Methode durch Ausformulieren der Regex nachzuahmen. Das wäre für eine wirkliche regex-orientierte Implementierung ein äußerst naives Vorgehen,[40] also können wir die /i-Variante gut mit dieser schlechten regex-orientierten Methode vergleichen. Das Aufspalten jedes Buchstabens von ⌈while⌋ in je eine Zeichenklasse in ⌈[wW][hH][iI][lL][eE]⌋ verhindert eine von Perls internen Optimierungen, den Test auf simple Strings (☞ 159). Auch wird damit die Verwendung von study wirkungslos (☞ 293). Wir erwarten also eine wirklich schlechte Laufzeit, aber weit gefehlt, auch diese Regex ist noch immer etwa 50mal schneller als die /i-Variante!

Vielleicht ist der Test noch immer unfair – die Arbeit für das Kopieren am Anfang des Matchings und nach allen 412 Treffern war doch sehr groß (zur Erinnerung: Der String ist mehr als ein Megabyte groß). Also habe ich **m/^int/i** mit **m/^[iI][nN][tT]/** verglichen, diesmal aber Zeile für Zeile (über 50 000 Zeilen). In diesem Fall muß zwar von jeder Zeile eine Kopie gemacht werden, aber die Kopien sind vergleichsweise klein. Damit war die /i-Version nur noch 77 % langsamer. Bei den 148 Treffern sind übrigens auch die unnötigen Kopien dabei, die durch die Unterstützung von $& verursacht werden – auch wenn diese Variable nirgends auftritt, wird bei einem m/…/i ohne /g-Modifier trotzdem immer eine Kopie gemacht.

Abschließendes zur Leistungseinbuße mit /i

Die späteren Resultate zeigen, daß die Verwendung von /i nicht immer so verdammenswert ist, wie es nach dem ersten Test aussah. Aber es ist doch ein Problem, das man im Auge behalten sollte, und ich hoffe sehr, daß künftige Perl-Versionen das korrigieren werden.[41]

Also: Der /i-Modifier sollte nur dann benutzt werden, wenn er wirklich notwendig ist. Ihn blindlings an jede Regex anzuhängen, verheizt unnötig CPU-Leistung. Insbesondere bei langen Suchstrings kann es *sehr* viel bringen, die Regex in der Art der regex-

---

39 Ich habe nicht so lange gewartet. Aus Daten von anderen Tests habe ich das Ergebnis auf 36,4 Stunden hochgerechnet. Sie dürfen das aber gern wirklich nachvollziehen.

40 Immerhin, das ursprüngliche *grep*-Programm hat diese Methode verwendet!

41 Perl Version 5.004 kopiert den Suchtext bei /i nicht mehr. (Anm. d. Ü.)

orientierten Methode umzuformulieren, wie ich das bei den letzten zwei Tests getan habe.

Effizienz bei der Substitution

Wie erwähnt bin ich kein Experte für Perls Innenleben. Wenn es darum geht, zu untersuchen, wie Perl bei einer Substitution intern Strings herumschiebt – dann bin ich komplett verloren. Der Quelltext und die darin verwendete Logik sind nichts für zarte Gemüter.

Ein bißchen davon habe ich jedoch verstanden[42] und ein paar Faustregeln entwickelt, die ich hier weitergeben möchte. Zunächst eine Warnung: Man kann dieses Thema nicht in einem Satz zusammenfassen. Perl optimiert intern oft in kleinen Schritten, und die vielen Spezialfälle rund um den Substitutionsoperator bieten dafür reichlich Gelegenheit. Wie sich herausstellt, werden alle diese Optimierungen beim Gebrauch von `$&` und Konsorten wirkungslos; also gibt es einen weiteren Grund, diese Variablen aus Ihrem Repertoire zu streichen.

Wir beginnen mit dem am wenigsten effizienten Fall.

Der normale Kriechgang des Substitutionsoperators

Im schlimmsten anzunehmenden Fall baut der Substitutionsoperator einfach eine neue Version des Strings parallel zu alten auf, und am Schluß wird der alte String mit dem neuen überschrieben. Ein Beispiel dafür ist der Fahrenheit-Celsius-Einzeiler von der ersten Seite dieses Kapitels:

```
s[(\d+(\.\d*)?)F\b]{sprintf "%.0fC", ($1-32) * 5/9}eg
```

Die Regex darin erkennt die markierten Stellen in diesem Beispiel-String:

```
Wasser siedet bei 212F und friert bei 32F.
```

Sobald ein erster Treffer gefunden wird, erzeugt Perl einen temporären String und kopiert alles bis zum ersten Treffer in diesen (›Wasser•siedet•bei•‹). Dann wird der Ersatztext ermittelt (hier ›100C‹) und an diesen String angefügt. (Übrigens: An diesem Punkt würde die von `$&` induzierte Kopie angelegt, wenn Unterstützung für `$&` gefordert wäre.)

Beim nächsten Treffer (`/g` ist angegeben) wird der Text vom Ende des vorigen bis zum Anfang des neuen Treffers kopiert, gefolgt vom neu berechneten Ersatztext, ›0C‹. Wenn keine weiteren Treffer gefunden werden, wird der Rest des alten Strings (in diesem Fall nur der Punkt am Schluß) an den temporären String angehängt. Wir erhalten so:

```
Wasser siedet bei 100C und friert bei 0C.
```

---

42 Ich habe meine Perl-Version so modifiziert, daß sie viele farbig kodierte Meldungen ausgibt, wenn bestimmte Dinge behandelt werden. So habe ich einen Überblick vom Geschehen als Ganzem erhalten, ohne jede Einzelheit verstehen zu müssen.

Der ursprüngliche Suchtext $_ wird nun weggeworfen und durch den temporären String ersetzt. (Der alte String könnte nach meiner Sicht der Dinge für die Unterstützung von $1, $& usw. wiederverwendet werden, aber Perl macht das nicht so – dafür wird, wenn nötig, eine separate Kopie angefertigt.)

Diese Methode des schrittweisen Aufbaus des Resultates scheint vernünftig, weil sie für einen allgemeinen Fall wie diesen tatsächlich gut funktioniert. Wie ist es aber bei etwas ganz Einfachem, wie etwa s/\s+$//, das Leerzeichen am String-Ende entfernt? Muß wirklich der ganze, möglicherweise riesige String kopiert werden, nur um ein paar Leerzeichen am Ende abzuknipsen? Theoretisch sicher nicht, und Perl tut das in der Praxis auch nicht. Meistens nicht.

$& und Kumpane verhindern Optimierungen bei Substitutionen

Perl ist schlau genug, um den Ausdruck s/\s+$// zu optimieren; es wird nur gerade die Länge des Suchstrings angepaßt und keinerlei Kopien müssen erzeugt werden. Das geht sehr schnell. Aus Gründen, die ich nicht durchschaue, wird aber diese Optimierung (und alle anderen, die ich hier erwähne) verhindert, sobald zur Unterstützung von $& usw. eine Kopie angelegt werden muß. Warum? Ich weiß es nicht, aber die Auswirkung ist die, daß wir einen neuen Fall gefunden haben, bei dem sich $& negativ auf die Effizienz des Programms auswirkt.

Diese Kopie wird auch erzeugt, wenn in der Regex einfangende Klammern vorkommen. In diesem Fall ist die Kopierarbeit wenigstens zu etwas nütze, weil diese Kopie auch der Unterstützung von $1 dient. Auch einfangende Klammern verhindern alle Optimierungen bei der Substitution, aber wenigstens nur bei den regulären Ausdrücken, bei denen sie gebraucht werden, und nicht gleich bei allen Ausdrücken im Programm, wie das bei $& der Fall ist.

Zu großer Ersatztext verhindert Optimierung

Das Beispiel s/\s+$// gehört zu einer besonderen Klasse von Substitutionen: der Ersatztext ist kürzer oder gleich lang wie der Text, der vom Match-Operanden erkannt wurde. In diesem Fall kann der neue Text direkt in den ursprünglichen String hineinkopiert werden, und es braucht keine Kopie angelegt zu werden. Abbildung 7-2 zeigt einen Teil des Beispiels von Seite 48: s/<VORNAME>/Tom/ wird auf den String ›Lieber•<VORNAME>,⬚‹ angewandt. Der neue Text überschreibt die ersten Zeichen des gerade gefundenen Treffers, und der Rest des Strings wird nach links kopiert, um die Lücke zu füllen.

Im vorigen Fall mit s/\s+$// gab es keinen Ersatztext, und weil der Treffer am Ende des Strings gefunden wurde, mußte auch nichts nach links nachrücken. Nur die String-Länge mußte angepaßt werden. Sehr schnell. Eine ähnliche Optimierung wird am Anfang des Strings verwendet.

Wenn der Ersatztext gleich lang ist wie der Treffer, sollte man denken, daß Perl etwas weiter optimiert und den Schritt »nach links nachrücken« wegläßt, weil es ja gar keine Lücke gibt. Aus irgendwelchen Gründen ist das aber nicht so. Immerhin kopiert der Algorithmus nie mehr als die Hälfte des Strings beim Kopieren des Restes, er ist schlau genug, immer nur von der kürzeren Seite her nachzurücken.

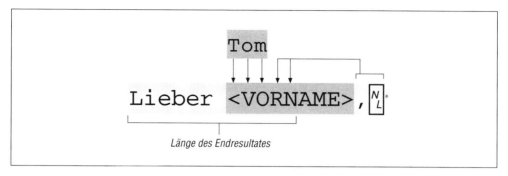

Abbildung 7-2: Substitution `s/<VORNAME>/Tom/` *angewandt auf* `Lieber●<VORNAME>,`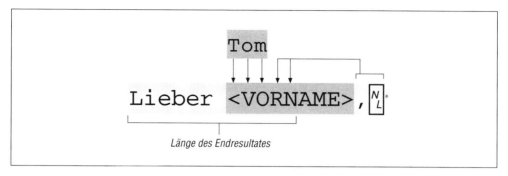

Bei einer Substitution mit /g wird noch ein bißchen mehr gemacht: Das Nachrücken geschieht erst, wenn bekannt ist, wieviel Text verschoben werden muß (also erst, wenn der nächste Treffer gefunden ist). In diesem Fall wird das unnötige »Ausfüllen« einer Null-Lücke tatsächlich unterlassen.

Nur Substitutionen mit festem Ersatztext werden optimiert

Diese Optimierungen haben nur einen Sinn, wenn Perl weiß, wie groß der Ersatztext ist, *bevor* das eigentliche Matching in Angriff genommen wird. Damit fallen alle Substitutionen außer Betracht, bei denen $1, $2 usw. im Ersatztext vorkommen.[43] Bei der Interpolation von anderen Variablen dagegen braucht das nicht der Fall zu sein. Beim Beispiel vorhin war die ursprüngliche Substitutionen diese:

```
$vorn = 'Tom';
$brief =~ s/<VORNAME>/$vorn/g;
```

Im Ersatztext werden hier die Variablen interpoliert, *bevor* das Matching beginnt, also kann die Länge des Ersatztextes ermittelt werden.

Bei jeder Substitution mit dem /e-Modifier ist natürlich die Länge des Ersatztextes erst bekannt, *nachdem* ein Treffer gefunden und der Ersatztext als Perl-Ausdruck evaluiert wurde. Also kann auch hier diese Optimierung nicht benutzt werden.

Abschließendes zu Optimierungen bei der Substitution

Bei all diesen Optimierungen ist der Spruch »wie immer ohne Gewähr« angebracht. Es gibt viel mehr Einzelheiten und Spezialfälle, als ich hier aufgezählt habe, und es kann als sicher gelten, daß sich einiges am Innenleben von Perl in künftigen Versionen verändern wird. Wenn aber Optimierungen wichtig sind, dann ist es erst recht das Austesten von Programmen.

---

43 Die Aussage »$1 im Ersatztext verhindert die Optimierung« ist insofern redundant, da Substitutionen mit einfangenden Klammern ohnehin die Optimierungen unterbinden. Der Gebrauch von $1 ohne einfangende Klammern ist sinnlos, weil garantiert ist, daß $1 in einem solchen Fall auf den undefinierten Wert gesetzt wird (☞ 221).

Benchmarks

Wer sich wirklich um die Effizienz seiner Programme sorgt, wird sie austesten. In Perl5 kann man dazu das Benchmark-Modul verwenden, aber dieses ist mit dem Makel des $& behaftet. Das ist für unsere Zwecke tragisch, weil die damit erzeugte Ineffizienz die Benchmark-Resultate wertlos machen kann. Ich bevorzuge hier einfache Lösungen und verpacke den zu untersuchenden Code in ein Programmstück wie dieses:

```
$start = (times)[0];
   ⋮
$delta = (times)[0] - $start;
printf "%.1f Sekunden\n", $delta;
```

Ein wichtiger Punkt in bezug auf Benchmarks hat mit der Auflösung der Echtzeituhr zu tun (bei vielen Systemen nur ein Sechzigstel[44] oder ein Hundertstel einer Sekunde). Daher ist es wichtig, daß ein Test mindestens ein paar Sekunden dauert, damit nicht Rundungsfehler entstehen. Wenn der Code zu schnell ist, muß er in einer Schleife mehrfach ausgeführt werden. Von dem zu messenden Programmabschnitt soll auch alles ferngehalten werden, was nicht unbedingt dazugehört. Besser als diese Lösung:

```
$start = (times)[0]; # Los! Uhr wird gestartet.
  $anzahl = 0;
  while (<>) {
     $anzahl++ while m/\b(?:char\b|return\b|void\b)/g;
  }
  print "$anzahl Schlüsselwörter gefunden.\n";
$delta = (times)[0] - $start; # Fertig. Uhr stoppen.
printf "%.1f Sekunden.\n", $delta;
```

ist diese:

```
$anzahl = 0;          # (Gehört nicht zum Test-Code, also vor dem Start der Uhr.)
@zeilen= <>;          # Aller I/O hier, damit die langsame Disk nicht stört.
$start = (times)[0]; # Datei eingelesen, Uhr starten.
  foreach (@zeilen) {
     $anzahl++ while m/\b(?:char\b|return\b|void\b)/g;
  }
$delta = (times)[0] - $start;                    # Fertig. Uhr stoppen.
print "$anzahl Schlüsselwörter gefunden.\n"; # (Gehört nicht zum Test.)
printf "%.1f Sekunden.\n", $delta;
```

Der wesentliche Unterschied ist der, daß alle I/O-Operationen jetzt außerhalb der »Stoppuhr«-Schleife liegen. Das geht nur so lange gut, wie die Daten in den Speicher passen. Wenn der Prozeß in den Swap-Bereich ausgelagert werden muß, wird das

---

44 Auch in Europa! (Anm. d. Ü.)

Problem nur an einen anderen Ort verlagert. Man kann dann größere Datensätze durch mehrfache Durchläufe mit entsprechend kleineren Datensätzen simulieren:

```
for ($i = 0; $i < 10; $i++) {
    foreach (@zeilen) {
        $anzahl++ while m/\b(?:char\b|return\b|void\b)/g;
    }
}
```

Es kann einige Zeit in Anspruch nehmen, bis man mit Benchmark-Methoden vernünftig umgehen kann; aber die Resultate können erhellend sein und einiges einbringen.

Debug-Informationen zu regulären Ausdrücken

Perl verwendet eine phänomenale Anzahl von internen Optimierungen, um Treffer so schnell wie möglich zu finden; manche der weniger exotischen sind im Abschnitt »Interne Optimierungen« von Kapitel 5 beschrieben (☞ 158). Wenn Ihr Perl Debug-Unterstützung hat (indem es mit der –DDEBUGGING-Compileroption übersetzt wurde), dann ist die –D-Option verfügbar. Mit der –Dr-Option (–D512 bei Perl4) gibt Perl Informationen darüber aus, wie jeder reguläre Ausdruck intern verarbeitet wird.

Vieles von dem, was dabei ausgegeben wird, sprengt den Rahmen dieses Buches, anderes ist ziemlich einfach verständlich. Betrachten wir einen einfachen Fall (ich benutze hier Perl 5.003):

```
❶ jfriedl@tubby> perl -cwDr -e '/^Subject: (.*)/'
❷ rarest char j at 3
❸ first 14 next 83 offset 4
❹  1:BRANCH(47)
❺  5:BOL(9)
❻  9:EXACTLY(23) <Subject: >
❼ 23:OPEN1(29)
     ⋮
❽ 47:END(0)
❾ start 'Subject: ' anchored minlen 9
```

Bei ❶ wird *perl* von der Befehlszeile aufgerufen. Ich benutze die Optionen –c (»Check-only«, Skript nur kompilieren, aber nicht ausführen), –w (»Warnings«, Perl gibt Warnungen über fragwürdige Konstrukte aus – sollte aus Prinzip benutzt werden), –Dr (Debug-Informationen zu regulären Ausdrücken) und –e (Skript folgt als String auf der Befehlszeile).

Diese Kombination ist die geeignete für die Untersuchung von regulären Ausdrücken direkt von der Befehlszeile aus. Die eigentliche Regex, ⌜^Subject: ● (.*)⌟, haben wir in diesem Buch schon mehrfach angetroffen.

Die Zeilen ❹ bis ❽ geben die interne Form der Regex nach der Kompilation wieder. Das meiste interessiert hier nicht, aber was in Zeile ❻ passiert, ist leicht zu erkennen.

Erkennen von literalem Text

Viele von Perls Optimierungen sind davon abhängig, ob in der Regex literale Textstücke vorhanden sind, die bei jedem Treffer gefunden werden müssen. In diesem Beispiel ist der literale Text ›Subject:•‹. Viele Regex haben aber keinen literalen Text, oder er ist zu gut versteckt, als daß ihn Perl erkennen könnte. (Auf diesem Gebiet ist die Regex-Maschine von Emacs der von Perl bei weitem überlegen; ☞ 202.) Perl findet bei diesen Regex keinen literalen Text: ⌈-?([0-9]+(\.[0-9]*)?|\.[0-9]+)⌋, ⌈^\s*⌋, ⌈^(?\d)(\d{3})⌋, nicht einmal bei ⌈int|void|while⌋.

Eine genauere Betrachtung von ⌈int|void|while⌋, zeigt, daß in jedem Treffer ein ›i‹ vorkommen muß. Manche NFA-Maschinen können diese Tatsache aus der Regex deduzieren (ein DFA »weiß« das ohnehin), aber Perl gehört leider nicht zu diesen. In der Debug-Information erscheinen die Strings int, void und while auf Zeilen in der Art von ❻, aber das bezieht sich auf lokale Unterausdrücke. Um literalen Text zu erkennen, braucht Perl Teilstrings, die sich auf die ganze Regex beziehen, es kann solche nicht aus Alternationen herausholen.

Viele Ausdrücke, etwa ⌈<CODE>(.*?)</CODE>⌋, besitzen mehr als ein literales Textstück. In diesen Fällen wählt (etwas Magie ist hier im Spiel) Perl eines oder zwei davon aus und gibt sie an die Optimierungsroutinen weiter. Die ausgewählten Textstücke werden in der Art von Zeile ❾ ausgegeben.

Mit -Dr ausgegebene Optimierungen

Bei Zeilen wie ❾ werden je nachdem viele verschiedene Dinge ausgegeben. Auf solchen Zeilen können etwa auftreten:

start `*Textstück*'
: besagt, daß ein Treffer mit *Textstück* beginnen muß, das ist eines der Textstücke, die durch die Suche nach literalen Strings entdeckt wurden. Damit kann Perl Optimierungen wie den *Test auf simple Strings* oder den *Test auf das erste Zeichen* anwenden, die in Kapitel 5 beschrieben wurden.

must have "*Textstück*" back *Zahl*
: gibt an, daß wie oben bei start ein Textstück vorkommen muß, aber diesmal nicht am Anfang des Treffers. Wenn *Zahl* nicht –1 ist, weiß Perl, daß ein Treffer so viele Zeichen vor diesem Textstück beginnen muß. Zum Beispiel wird bei ⌈[Tt]ubby⌋ die Zeile ›must have "ubby" back 1‹ ausgegeben. Wenn der String ubby im Suchtext gefunden wird, muß also mit dem eigentlichen Matching ein Zeichen früher begonnen werden.

: Dagegen ist bei einer Regex wie ⌈.*tubby⌋ die Position nicht wichtig, weil ein Treffer, der tubby enthält, irgendwo früher im String beginnen kann; also ist die *Zahl* –1.

stclass ':*Sorte*'
: besagt, daß ein Treffer mit einem Zeichen aus einer speziellen Zeichenklasse beginnen muß. Bei ⌈\s+⌋ wird *Sorte* als SPACE ausgegeben, bei ⌈\d+⌋ als DIGIT. Bei einer allgemeinen Zeichenklasse wie bei ⌈[Tt]ubby⌋ wird *Sorte* zu ANYOF.

`plus`

zeigt an, daß das vorangehende `start`-Zeichen oder die `stclass`-Zeichenklasse von einem Pluszeichen quantifiziert wird. Die Routine, die die »Erstes-Zeichen«-Optimierung behandelt, kann damit gleich den ganzen Bereich des Pluszeichens abdecken; die vollständige (aber langsamere) eigentliche Regex-Maschine hat dann weniger Arbeit zu erledigen.

`anchored`

besagt, daß die Regex mit einem Zirkumflex-Anker beginnt. Damit wird die Optimierung »String-/Zeilenanker« aktiviert (☞ 162).

`implicit`

Perl hat entdeckt, daß ein Treffer am String-Anfang beginnen muß, weil die Regex mit ⌈.*⌉ beginnt, also einen impliziten Zeilenanker enthält (☞ 162).

Seltene Zeichen

Mit der Erkennung von literalen Strings eng verbunden ist die Funktion `study`, die im nächsten Abschnitt behandelt wird. Perl sucht sich einigermaßen willkürlich aus den erkannten Textstücken ein »seltenes« Zeichen aus. Wenn ein String mit `study` behandelt wird, weiß Perl schon vor dem eigentlichen Matching, ob dieses seltene Zeichen darin vorkommt. Wenn nicht, ist kein Treffer möglich, und die Regex-Maschine braucht gar nicht erst angeworfen zu werden. Das ist eine schnelle Methode, um »unmögliche« Treffer gar nicht erst zu testen. Das ausgewählte seltene Zeichen wird bei ❷ ausgegeben.

Details: Nach Perls Auffassung ist das seltenste Zeichen \000, gefolgt von \001, \013, \177 und \200. Die seltensten druckbaren Zeichen sind ~, Q, z, ? und @. Die häufigsten Zeichen sind e, das Leerzeichen und t (nach der Dokumentation wurde diese Reihenfolge durch Analyse von C-Programmen und englischen Texten ermittelt).

Die »study«-Funktion

Im Gegensatz zu Optimierungen in der *Regex* befaßt sich `study(...)` genauer mit dem *Suchstring*, und versucht, daraus Informationen zu gewinnen, die zur Optimierung ausgenutzt werden können. Eine (oder mehrere) Regex kann diese Informationen benutzen, wenn sie auf den String angesetzt wird. Was `study` eigentlich macht, ist einfach zu verstehen, aber es ist nicht immer einfach, zu entscheiden, ob `study` in einem bestimmten Fall nützlich ist oder nicht. Auf das gefundene Resultat hat `study` keinen Einfluß[45] – die einzigen Unterschiede sind, daß Perl mehr Speicher braucht, und daß die Laufzeit des Programms zunimmt, gleich bleibt oder (das wäre der gewünschte Effekt) abnimmt.

Wenn ein String mit `study` behandelt wird, investiert Perl einiges an Zeit und Speicherplatz und erstellt eine Liste der im String vorkommenden Zeichen und der Positionen, an denen sie auftreten. Auf den meisten Systemen ist diese Liste viermal so groß wie der

---

45 Es *sollte* keinen Einfluß haben. Aber Perl Version 5.003 enthält einen Fehler, der unter gewissen Umständen dazu führt, daß Treffer nicht erkannt werden. Das wird am Ende dieses Abschnitts diskutiert.

String selbst; immerhin wird der Speicherplatz bei weiteren Aufrufen von study wieder verwendet. Eine Regex kann diese Liste benutzen, aber nur, bis der String verändert wird. Mit jeder Änderung des Strings wird die Liste ungültig, außerdem wird sie überschrieben, wenn ein anderer String studyert wird.

Die eigentliche Regex-Maschine benutzt die Liste nicht, sondern nur das Getriebe. Es nimmt sich die Information vor, die mit der –DR-Option unter start und must have ausgegeben wird (☞ 292), und sucht sich wie im vorigen Abschnitt beschrieben ein *seltenes Zeichen* aus. Wenn dieses Zeichen in der study-Liste nicht vorkommt, braucht der String nicht nach möglichen Treffer-Anfängen abgesucht zu werden, es ist kein Treffer möglich.

Wenn das seltene Zeichen in der Liste vorkommt, und wenn das Zeichen im Treffer vorkommen *muß* (wie bei ⌈..dies⌉, aber nicht bei ⌈.?dies⌉), dann muß das Getriebe nicht Zeichen für Zeichen weiterschalten, sondern es kann direkt zu der Position aus der Liste springen. Damit kann unter Umständen ein langer Teil eines Strings einfach übersprungen werden.[46]

Wann soll man *study* nicht benutzen?

- Benutzen Sie study nicht bei kurzen Suchstrings. Hier sollte die normale Optimierung »Test auf simple Strings« genügen.

- Der Aufwand für study lohnt sich nicht, wenn mit dem String nur wenige Matchings gemacht werden oder wenn der String gleich wieder modifiziert wird. Bessere Leistung ist vor allem dann zu erwarten, wenn der Aufwand durch viele Matching-Operationen mit dem String wieder hereingeholt werden kann. Bei nur wenigen Matchings überwiegt der Arbeitsaufwand für study die Einsparungen beim Matching.

  Bei der aktuellen Implementierung gilt m/…/g als nur ein Matching: Die study-Liste wird nur für den ersten Treffer konsultiert. Genauer: bei einem m/…/g im skalaren Kontext wird die Liste bei *jedem* Matching ausgewertet, aber es kommt immer die gleiche Position zurück – für alle Matchings außer dem ersten liegt diese Position *vor* der aktuellen Position, also ist das ganze nur Zeitverschwendung.

- Benutzen Sie study nicht, wenn die Regex keine Zeichen enthält, die von Perl als literaler Text erkannt werden (☞ 292). Ohne ein Zeichen, das in jedem Treffer vorkommen muß, ist der Gebrauch von study sinnlos.

Wo kann *study* wirklich helfen?

study wird mit Vorteil benutzt, wenn ein großer Suchstring wieder und wieder abgesucht werden muß, ohne daß er dazwischen verändert wird. Ein gutes Beispiel ist das Filterprogramm, das ich beim Erstellen dieses Buches benutzt habe. Ich habe das Buch in einer selbstgezimmerten Sprache geschrieben, die durch diesen Filter in SGML übersetzt

---

46 In der aktuellen Implementierung gibt es einen Fehler, der diese Optimierung verhindert, wenn der literale Text am Anfang der Regex vorkommt. Das ist sehr unglücklich, denn gerade von solchen regulären Ausdrücken nimmt man an, daß sie am meisten von study profitieren könnten.

wird (das SGML wird danach in *troff* und schließlich in PostScript umgesetzt). In diesem Filter wird jedes Kapitel zu einem einzigen String (dieses Kapitel ist etwa 650 Kilobyte groß). Auf diesen String wird eine große Anzahl von Tests angewandt, die ungültige Formatierungen erkennen sollen. Diese Tests verändern den Text nicht, sie prüfen nur; und sie suchen meist nach literalen Strings – das ist die Situation, die auf `study` zugeschnitten ist.

`study` in der Praxis

Mit `study` ist es wie verhext. Zunächst wird die Funktion von vielen Programmierern nicht verstanden. Dann hatten die Perl-Versionen 5.000 und 5.001 einen Fehler, der `study` völlig unbrauchbar machte. Dieser Fehler wurde zwar bei neueren Versionen behoben, aber es trat ein anderer auf, der dazu führt, daß gewisse Treffer in `$_` nicht gefunden werden (auch Treffer, die gar nichts mit dem String zu tun haben, der mit `study` behandelt wurde). Ich habe diesen Fehler gefunden, als ich gemerkt habe, daß mein eben beschriebener Filter nicht richtig funktionierte. Dies passierte, als ich gerade an diesem Abschnitt über `study` war – das war fast ein wenig unheimlich.

Der Fehler kann umgangen werden, indem der String, der mit `study` behandelt wurde, *explizit* mit einer Zuweisung oder mit `undef` überschrieben wird, wenn er nicht mehr gebraucht wird. Die automatische Zuweisung in einem ›while (<>)‹ genügt dazu nicht.

Mit `study` wird also oft nicht das erreicht, was man sich davon verspricht – entweder aufgrund schlichter Programmierfehler in Perl oder vielleicht, weil es nicht wie der Rest von Perl immer wieder verbessert wurde. Bei dieser Lage der Dinge muß ich empfehlen, `study` gar nicht zu verwenden, außer Sie haben eine ganz bestimmte, auf `study` zugeschnittene Situation. Wenn Sie `study` mit `$_` benutzen, stellen Sie sicher, daß `$_` nach Gebrauch explizit undefiniert wird.

Das Puzzle zusammensetzen

In diesem Kapitel wurden die kleinsten Einzelheiten von Perls regulären Ausdrücken und seinen Operatoren behandelt. An diesem Punkt mögen Sie sich fragen, was das Ganze soll – es kann einige Zeit dauern, bis all die Detailinformationen »verdaut« sind.

Nehmen wir uns noch einmal das CSV-Problem vor. Hier ist meine Lösung in Perl5. Sie ist, wie Sie sicher bemerken, von der von Seite 209 ziemlich verschieden:

```
@felder = ();
push(@felder, $+) while $text =~ m{
    "([^"\\]*(?:\\.[^"\\]*)*)",?       # Quotierter String, evtl. mit Komma,
  | ([^,]+),?                          # alles andere, evtl. mit Komma,
  | ,                                  # ein einzelnes Komma.
}gx;
```

```
# Bei Komma am Ende ein leeres Feld anhängen.
push(@felder, undef) if substr($text,-1,1) eq ',';
```

Wie bei der ersten Version wird hier ein m/…/g im skalaren Kontext benutzt, und die while-Schleife iteriert über die Treffer im String. Damit die Regex im Takt bleibt, muß sichergestellt sein, daß mindestens eine der Alternativen immer dort passen wird, wo ein möglicher Treffer beginnt. Es gibt drei Typen von Feldern, die auf drei Alternativen in der Regex abgebildet werden.

Bei Perl5 können wir zwischen einfangenden und nicht-einfangenden Klammern wählen und so sicherstellen, daß bei einem Treffer die Variable $+ genau den Text enthält, an dem wir interessiert sind. Bei Feldern, die auf die dritte Alternative passen, hat $+ garantiert den undefinierten Wert, auch das ist, was wir in diesem Fall wollen. (undef ist nicht dasselbe wie der leere String – wenn wir diese zwei Werte für ein leeres Feld und für "" benutzen, bleiben mehr Informationen erhalten.)

Mit dem push am Ende wird der Fall abgedeckt, wenn ein String mit einem Komma endet, also mit einem leeren Feld. Ich benutze nicht mehr m/,$/ wie im ersten Beispiel. Dort ging es um Beispiele zu regulären Ausdrücken, jetzt benutze ich schnellere Methoden, wenn es um einfache Dinge wie das Testen auf ein einzelnes Zeichen am Ende geht.

Es gibt eine ganze Reihe von Fragen wie das CSV-Problem, die in den Perl-Newsgruppen wieder und wieder auftauchen. Der Rest dieses Kapitels befaßt sich mit einigen von diesen häufigen Problemen.

Leerzeichen am Anfang und am Ende entfernen

Die mit Abstand beste Lösung für dieses Problem ist die einfache und offensichtliche:

```
s/^\s+//;
s/\s+$//;
```

Aus welchen Gründen auch immer scheint es *die* Herausforderung zu sein, eine Lösung zu finden, die beides in einem Schritt erledigt. Ich empfehle so etwas nicht, aber es ist aufschlußreich zu sehen, wie solche Lösungsansätze funktionieren, und warum sie nicht zu empfehlen sind.

s/\s*(.*?)\s*$/$1/

> wird häufig als Musterbeispiel für die nicht-gierigen Quantifier benutzt, die in Perl5 neu dazugekommen sind. Das Beispiel ist allerdings nicht besonders gut, weil es deutlich (bei meinen Tests etwa dreimal) langsamer ist als die anderen Methoden. Das liegt daran, daß bei jedem Zeichen getestet werden muß, ob das auf *? Folgende passen kann. Das bedeutet Backtracking, und zudem noch Backtracking von der Sorte, bei der dauernd Klammern verlassen und wieder betreten werden (☞ 155).

s/^\s*(.*\S)?\s*$/$1/

> ist wesentlich klarer. Das ⌈^\s*⌋ am Anfang kümmert sich um führende Leerzeichen im String, bevor mit den einfangenden Klammern begonnen wird. Dann paßt ⌈.*⌋ zunächst bis ans Ende des Strings, und das \S erzwingt ein Backtracking, bis das letzte Nicht-Whitespace-Zeichen gefunden wird. Wenn der ganze String nur aus

Whitespace besteht, ist das auch gut: ⌜(.*\s)?⌟ paßt nicht (macht nichts), und das folgende ⌜\s*⌟ verbraucht alle Leerzeichen bis zum Ende des Strings.

`$_ = $1 if m/^\s*(.*\S)?/`

Diese bedeutet mehr oder weniger dasselbe wie vorhin, nur wird diesmal ein Matching und eine Zuweisung statt einer Substitution verwendet. Bei meinen Tests etwa 10% schneller.

`s/^\s*|\s*$//g`

Eine häufig vorgeschlagene Lösung: Nicht falsch, aber die Alternation verhindert eine Reihe von sonst möglichen Optimierungen. Der /g-Modifier wird benutzt, damit beide der Alternativen passen können, aber /g scheint mir etwas übertrieben, wenn wir wissen, daß höchstens zwei Treffer mit der jeweils anderen Alternative möglich sind. Auch diese Lösung ist ziemlich langsam.

Die Geschwindigkeit dieser Methoden ist oft von der Art der Daten abhängig. In seltenen Fällen, bei sehr langen Strings mit wenig Whitespace an beiden Enden, ist **s/^\s+//; s/\s+$//** tatsächlich nur halb so schnell wie **$_ = $1 if m/^\s*(.*\S)?/**. Ich benutze trotzdem **s/^\s+//; s/\s+$//**, weil es fast immer schneller ist und weil es zweifellos die Absicht viel klarer ausdrückt.

Große Zahlen in Dreiergruppen aufteilen

Nicht nur in Italien wird oft gefragt, wie man große Zahlen wie bei 12 345 678 in Dreiergruppen aufteilt. Die Perl-FAQ empfiehlt ungefähr[47] diese Lösung:

```
1 while s/^(-?\d+)(\d{3})/$1•$2/;
```

Diese sucht mit ⌜\d+⌟ zunächst alle aufeinanderfolgenden Ziffern. Bei drei Backtrackings muß das Pluszeichen drei Ziffern zurückgeben, damit ⌜\d{3}⌟ passen kann. Mit dem Ersatztext ›$1•$2‹ wird dann ein Leerzeichen eingefügt. Weil der Algorithmus von rechts nach links vorgeht, kann der /g-Modifier hier nicht benutzt werden. Eine while-Schleife muß benutzt werden, damit alle Dreiergruppen erwischt werden.

Die Lösung kann mit einer Optimierung aus Kapitel 5 (☞ 160) verbessert werden: ⌜\d{3}⌟ wird durch ⌜\d\d\d⌟ ersetzt. Warum soll die Regex-Maschine zählen, wenn wir den Unterausdruck leicht ausschreiben können? Mit dieser einen Änderung konnte ich bei Tests eine Leistungssteigerung von *satten drei Prozent* erreichen! (Wer den Pfennig nicht ehrt…)

Eine andere Verbesserung betrifft den Anker für den String-Anfang. Wenn dieser entfernt wird, können im String mehrere Zahlen in Dreiergruppen aufgeteilt werden. Außerdem kann dann das ⌜-?⌟ wegfallen, dessen einzige Funktion es war, die erste Ziffer an den Anker anzubinden. Das kann aber auch gefährlich sein, wenn die zu verarbeitenden Daten nicht bekannt sind: 3.14159265 könnte zu 3.14 159 265 umgeformt werden. Wenn bekannt ist, daß der Suchstring nur aus Zahlen besteht, ist die Version mit dem Anker auf jeden Fall besser.

---

47 Die FAQ-Lösung trennt die Dreiergruppen mit Kommas, wie es amerikanischen Gepflogenheiten entspricht. Der Unterschied ist trivial. (Anm. d. Ü.)

Ich zeige hier eine völlig andere und doch irgendwie ähnliche Lösung, die eine einzige Substitution mit /g benutzt:

```
s<
    (\d{1,3})          # Vor einem Leerzeichen: eine bis drei Ziffern,
    (?=                # gefolgt von (gehört aber nicht zum Treffer)...
        (?:\d\d\d)+     #   einer Anzahl Dreiergruppen...
        (?!\d)          #   ...die nicht von weiteren Ziffern gefolgt sind
    )                  # (die mit anderen Worten die Zahl beenden).
><$1●>gx;
```

Wegen den Kommentaren und der Formatierung sieht das zunächst wesentlich komplizierter aus als die Lösung aus der FAQ, aber in Wirklichkeit ist das nicht so schlimm, und diese Variante ist ein volles Drittel schneller. Weil hier kein Anker verwendet wird, besteht auch hier das Problem mit 3.14159265. Damit auch das funktioniert und das Programm dasselbe erledigt wie die Lösung aus der FAQ, ersetzen wir das ⌈(\d{1,3})⌉ durch ⌈\G((?:^-)?\d{1,3})⌉. Der \G-Anker bewirkt zunächst, daß die Regex als Ganzes am Anfang des Strings passen muß. Bei weiteren Iterationen des /g verankert er den Treffer für eine Dreiergruppe am Ende des letzten Treffers. Das ⌈(?:^-)?⌉ erlaubt ein Minuszeichen am Anfang, genau wie in der FAQ-Lösung. Mit diesen Änderungen läuft das Programm etwas langsamer, aber immer noch 30 % schneller als die Lösung aus der FAQ.

Kommentare aus C-Programmen entfernen

Irgendwie ist es eine Herausforderung, Kommentare so elegant wie möglich aus einem C-Programm zu entfernen. In Kapitel 5 sind wir nach langen Vorarbeiten bei dem allgemeinen regulären Ausdruck ⌈/*[^*]**+([^/*][^*]**+)*/⌉ angelangt, der solche Kommentare erkennt, und hatten ein Tcl-Programm aufgebaut, das sie entfernt. Nun werden wir sehen, wie man das gleiche in Perl ausdrückt.

In Kapitel 5 ging es um NFA-Maschinen im allgemeinen, also funktioniert unsere Regex auch in Perl. Zur Effizienzsteigerung benutze ich nicht-einfangende Klammern, und das ist auch schon die einzige wirkliche Änderung. Die einfachere Lösung ⌈/*.*?*/⌉ aus der FAQ ist keinesfalls unvernünftig – die Methode aus Kapitel 5 ist wohl schneller, aber ⌈/*.*?*/⌉ ist bei Anwendungen vollauf genügend, bei denen die Laufzeit eine untergeordnete Rolle spielt. Sie ist sicher einfacher verständlich, und deshalb benutzte ich sie beim ersten Entwurf für unseren »Dekommentator«:

```
s{
    # Zunächst die Textstücke, die wir erkennen und behalten wollen:
    (
        " (?:\\.|[^"\\])* "    # String in Anführungszeichen
    |                          # -oder-
        ' (?:\\.|[^'\\])* '    # Konstante in Hochkommas.
    )
|   # ODER...
```

```
        # ...wir finden einen Kommentar. Weil der nicht im ersten Klammerpaar steht,
        # verschwindet er, wenn der Ersatztext nur aus $1 besteht.
        /\*   .*?   \*/              # Normale C-Kommentare
        |                           # -oder-
        //[^\n]*                    # C++-Kommentare.
    }{$1}gsx;
```

Die gleichen Verbesserungen wir im Tcl-Beispiel werden angewendet, und die zwei Unterausdrücke für die Kommentare werden zu einer einzigen Alternative der äußeren Alternation (das geht hier problemlos, weil die Regex direkt geschrieben wird und nicht aus zwei Komponenten wie $KOMM und $KOMM2 zusammengesetzt wird). Damit erhalten wir die Perl-Version:

```
s{
        # Zunächst die Textstücke, die wir erkennen und behalten wollen:
        (
          [^"'/]+                               # Anderes
          |                                     # -oder-
          (?:"[^"\\]*(?:\\.[^"\\]*)*"  [^"'/]*)+  # String in "...".
          |                                     # -oder-
          (?:'[^'\\]*(?:\\.[^'\\]*)*'  [^"'/]*)+  # Konstante in '...'.
        )
      | # ODER...
        # ...wir finden einen Kommentar. Weil der nicht im ersten Klammerpaar steht,
        # verschwindet er, wenn der Ersatztext nur aus $1 besteht.
        / (?:                             # (alle Kommentare beginnen mit / )
          \*[^*]*\*+(?:[^/*][^*]*\*+)*/   # Normale C-Kommentare
          |                              # -oder-
          /[^\n]*                        # C++-Kommentare.
        )
    }{$1}gsx;
```

Für die gleichen Daten wie in Kapitel 5 braucht diese Regex etwa 1,45 Sekunden. (Zum Vergleich: Tcl – 2,3 Sekunden, die erste Perl-Version – 12 Sekunden, die erste Tcl-Version – 36 Sekunden.)

Um die Substitution zu einem ganzen Programm zu erweitern, wird sie hier eingefügt:

```
undef $/;               # Datei in einem Aufwasch reinziehen.
$_ = join('', <>);      # Mit join(...) werden gleich alle Eingabedateien gelesen.
   ... Hier die Substitution von oben einfügen ...
print;
```

Und das ist schon ein vollständiges Programm.

Prüfen einer E-Mail-Adresse

Zum Abschluß möchte ich ein längeres Beispiel behandeln, das viele der Methoden aus den letzten Kapiteln aufnimmt und zeigt, wie komplexe reguläre Ausdrücke mit Hilfe von Variablen aus kleinen Bauteilen aufgebaut werden können.

Das Prüfen einer Internet-E-Mail-Adresse auf korrekte Syntax ist ein Thema, das immer wieder auftritt. Leider ist das wegen der Komplexität des Standards[48] alles andere als einfach. Im Prinzip ist es mit einem regulären Ausdruck sogar unmöglich, weil die Kommentare in Adressen beliebig tief verschachtelt sein dürfen. (O ja, E-Mail-Adressen können Kommentare enthalten: Texte in Klammern sind Kommentare.) Wenn wir das soweit einschränken, daß wir nur Kommentare erster Ordnung (also nur eine Verschachtelungstiefe – das gilt für alle Adressen, die mir je untergekommen sind) zulassen, dann sollte es auch mit einer Regex gehen. Versuchen wir's.

Trotz dieser Einschränkung ist das kein Projekt für zarte Gemüter – die Regex wird am Ende *4 724* Zeichen lang sein! Zunächst würde man denken, daß etwas einfaches wie ⌜\w+\@[.\w]+⌟ funktionieren müßte, aber das Problem ist *viel* komplizierter. Eine Adresse wie

```
Jeffy <"Der lange Lulatsch"@oreilly.com (Adresse funktioniert nicht)>
```

ist völlig korrekt, was die Syntax-Spezifikation angeht.[49] Also – was ist denn eine syntaktisch richtige Adresse? Tabelle 7-11 beschreibt die Spezifikation von Internet-E-Mail-Adressen in einer Mischung der BNF- und Regex-Notation, die weitgehend selbsterklärend sein sollte. Zusätzlich sind zwischen den meisten Elementen Kommentare (Punkt 22) und Whitespace (Leerzeichen und Tabulator) erlaubt. Unsere Aufgabe ist es, diese Spezifikation mit der genannten Einschränkung in eine Regex zu übersetzen. Wir werden dazu jede Methode verwenden müssen, die wir aufbringen können; aber es ist möglich.[50]

Verschiedene Interpretationsebenen

Wenn eine Regex aus Variablen aufgebaut wird, muß dem Quoting, der Interpolation von Variablen und den Escapes mit Backslash davor besondere Beachtung geschenkt werden. Zum Beispiel könnte man naiverweise versuchen, die Regex ⌜^\w+\@[.\w]+$⌟ wie folgt aus Elementen zusammenzusetzen:

```
$username = "\w+";
$hostname = "\w+(\.\w+)+";
$email    = "^$username\@$hostname$";
   ⋮
… m/$email/o …
```

---

48 Internet RFC 822, erhältlich u. a. bei `ftp://ftp.ds.internic.net/rfc/rfc822.txt`

49 Sie ist natürlich nicht korrekt in dem Sinne, daß eine Mail an diese Adresse auch ankommen würde – das ist ein ganz anderes Thema.

50 Das hier entwickelte Programm ist von meiner Home Page abrufbar – Siehe Anhang A.

Tabelle 7-11: Eine einigermaßen formale Syntax für E-Mail-Adressen

	Element	Beschreibung
1	mailbox	addr-spec | phrase route-addr
2	addr-spec	local-part @ domain
3	phrase	(word)+
4	route-addr	< (route)? addr-spec >
5	local-part	word (. word)*
6	domain	sub-domain (. sub-domain)*
7	word	atom | quoted-string
8	route	@ domain (, @ domain)* :
9	sub-domain	domain-ref | domain-literal
10	atom	(ein Zeichen außer specials, space oder ctl)+
11	quoted-string	" (qtext | quoted-pair)* "
12	domain-ref	atom
13	domain-literal	[(dtext | quoted-pair)*]
14	char	Ein ASCII-Zeichen (oktal 000-177)
15	ctl	Ein ASCII-Kontrollzeichen (oktal 000-037)
16	space	Leerzeichen (ASCII 040)
17	CR	Carriage-Return (Wagenrücklauf, ASCII 015)
18	specials	Eins der Zeichen ()<>@,;:\"".[]
19	qtext	Ein char außer ", \ oder CR
20	dtext	Ein char außer [,], \ oder CR
21	quoted-pair	\ char
22	comment	((ctext | quoted-pair | comment)*)
23	ctext	Ein char außer (,), \ oder CR

So einfach geht das nicht. Im interpolativen Kontext der String-Zuweisung werden die Backslashes zwar erkannt, da sie aber nicht zu gültigen Metazeichen bei Strings führen, werden sie einfach weggelassen. Die Variable $email am Ende enthält bei Perl4 `^w+@w+(.w+)+$`. Bei Perl5 würde das nicht einmal funktionieren, Perl5 beschwert sich über das Dollarzeichen am Ende. Entweder braucht jedes Escape einen zusätzlichen Backslash, damit es bis zur Regex-Maschine erhalten bleibt, oder es werden Strings in Hochkommas benutzt. Diese sind aber nicht in allen Fällen anwendbar – in der dritten Zeile *sollen* Variablen interpoliert werden:

```
$username = '\w+';
$hostname = '\w+(\.\w+)+';
$email    = "^$username\@$hostname\$";
```

Wir beginnen mit dem Aufbau der eigentlichen Regex mit Element 16, dem Leerzeichen. Ein simples **$space = "●"** ist ungenügend, weil es außerhalb von Zeichenklassen ignoriert wird, wenn der /x-Modifier angewandt wird (was wir durchaus im Sinn haben). Wir können ein Leerzeichen auch mit `\040` beschreiben (40 oktal ist der ASCII-Code des Leerzeichens) und der Variablen $space den Wert "\040" zuweisen. Das wäre ein Fehler, denn bei der Verarbeitung von Strings in Anführungszeichen wird das \040 durch ein Leerzeichen ersetzt.

Die Regex-Maschine bekommt nur ein Leerzeichen zu sehen, wir sind also genauso weit wie vorher. Wir wollen, daß das \040 erst von der Regex-Maschine als Leerzeichen interpretiert wird, also müssen wir entweder "\\040" oder '\040' verwenden.

Einen Backslash bis zur Regex-Maschine durchzubringen ist noch etwas schwieriger, weil er in vielen Regex-Metazeichen benutzt wird. Um nach einem literalen Backslash zu suchen, muß man in der Regex \\ schreiben. Um dies einer Variablen wie $esc zuzuweisen, würden wir gern '\\' benutzen, aber \\ ist sogar in Strings in Hochkommas speziell[51] Wir brauchen also **$esc = '\\\\'**, um einen einzigen literalen Backslash in die Regex zu bekommen. Wir werden das mehrfach benutzen. Dies sind die Hilfsvariablen, die auf diese Art erzeugt werden:

```
# Hilfsvariablen zur Vermeidung von späterer Backslashitis
$esc       = '\\\\';          $Period    = '\.';
$space     = '\040';          $tab       = '\t';
$OpenBR    = '\[';            $CloseBR   = '\]';
$OpenParen = '\(';           $CloseParen = '\)';
$NonASCII  = '\x80-\xff';     $ctl       = '\000-\037';
$CRlist    = '\n\015';  # Sollte eigentlich nur \015 sein.
```

$CRlist erfordert noch eine Erklärung: Nach der Spezifikation ist hier nur das Carriage-Return (015 oktal) zulässig. In der Praxis wird aber eine solche Regex oft erst dann angewandt, wenn die E-Mail-Meldung bereits in das system-spezifische Format von Textdateien umgewandelt wurde, und hier steht \n für das Zeilen-Endzeichen. Das kann Carriage-Return sein (zum Beispiel bei MacOS) oder auch nicht (unter Unix; ☞ 77). Deshalb habe ich hier beide berücksichtigt, etwas willkürlich vielleicht.

Die grundlegenden Datentypen

Die Tabelle 7-11 von unten her durchgehend, werden hier einige Zeichenklassen aufgebaut, die den Elementen 19, 20 und 21 entsprechen, außerdem ist ein erster Ansatz für das Element 10 enthalten:

```
# Elemente 19, 20, 21
$qtext = qq/[^$esc$NonASCII$CRlist"]/;            # Zeichen innerhalb "..."
$dtext = qq/[^$esc$NonASCII$CRlist$OpenBR$CloseBR]/; # Zeichen innerhalb [...]
$quoted_pair = qq< $esc [^$NonASCII] >; # Escape, Zeichen mit Backslash

# Element 10: atom
$atom_char = qq/[^($space)<>\@,;:".$esc$OpenBR$CloseBR$ctl$NonASCII]/;
$atom = qq<
    $atom_char+    # Eine Anzahl von »Atom«-Zeichen...
    (?!$atom_char) # ...gefolgt von einem Nicht-Atom-Zeichen.
>;
```

---

51 In Perls Strings in Hochkommas sind \\ und der abschließende Begrenzer mit einem Backslash davor (meist \') speziell. Alle anderen Backslashes werden im Gegensatz zu Strings in Anführungszeichen nicht berührt, daher bleibt \040 ein \040.

Das letzte Element, $atom, erfordert einige Erläuterungen. An sich würde hier $atom_char+ genügen, aber betrachten wir vorausschauend phrase, das Element 3 aus Tabelle 7-11. Die Kombination führt zu ⌜($atom_char+)+⌟, ein schönes Beispiel für ein ewiges Matching (☞ 148). Gerade wenn man eine Regex aus Teilen aufbaut, ist diese Gefahr besonders groß, weil man die Regex kaum je als Ganzes sieht. Aus diesem Grunde habe ich weiter oben **$NonASCII = '\x80-\xff'** benutzt. **"\x80-\xff"** ginge auch, aber ich wollte bei der Programmentwicklung die ganze Regex zu Testzwecken ausgeben können. Im zweiten Fall enthielte die Regex die nackten Bytes dieser Spezialzeichen – der Regex-Maschine ist das egal, aber bei der Ausgabe käme der Bildschirm durcheinander.

Zurück zu ⌜($atom_char+)+⌟ und zur Vermeidung des ewigen Matchings. ⌜\b⌟ ist unbrauchbar, weil Perls Vorstellung von einem »Wort« sehr verschieden von der Definition eines atoms in einer E-Mail-Adresse ist. Zum Beispiel ist ›--genki--‹ ein zulässiges atom, aber ⌜\b$atom_char+\b⌟ würde das nicht erkennen. Ich benutze (?!…), damit sichergestellt ist, daß kein lokaler Treffer für $atom_char+ infolge Backtrackings mitten in einem atom endet. (Dies ist eine Situation, bei der ich wirklich ganz gerne die *geizigen Quantifier* aus der Fußnote von Seite 116 benutzen würde.)

Obwohl dies Strings in Anführungszeichen sind, benutze ich trotzdem die freie Formatierung und benutze Leerzeichen und Newlines (außer in Zeichenklassen), weil diese Strings später in einer Regex mit /g-Modifier verwendet werden. Ich achte aber darauf, daß Kommentare mit Newlines abgeschlossen werden, damit nicht eigentlicher Code in Kommentaren verlorengeht (☞ 228).

Kommentare in E-Mail-Adressen

Kommentare nach der Spezifikation von RFC 822 können mit regulären Ausdrücken nicht zufriedenstellend behandelt werden, weil sie beliebig tief verschachtelt sein dürfen, und das ist mit regulären Ausdrücken unmöglich. Man kann sie bis zu einer bestimmten Verschachtelungstiefe behandeln. Für $comment in diesem Beispiel lasse ich innerhalb eines Kommentars eine weitere verschachtelte Ebene zu:

```
# Elemente 22 und 23, Kommentare.
# Mit Regex eigentlich unmöglich; hier wird eine Verschachtelungsebene zugelassen.
$ctext    = qq< [^$esc$NonASCII$CRlist()] >;
$Cnested  = qq< $OpenParen (?: $ctext | $quoted_pair )* $CloseParen >;
$comment  = qq< $OpenParen
                        (?: $ctext | $quoted_pair | $Cnested )*
                $CloseParen >;
$sep      = qq< (?: [$space$tab] | $comment )+ >; # Obligatorisches Trennzeichen.
$X        = qq< (?: [$space$tab] | $comment )* >; # Optionales Trennzeichen.
```

In der Tabelle ist comment, das Element 22, nur einmal und isoliert aufgeführt. Die Tabelle erklärt nicht, daß Kommentare in Wirklichkeit zwischen den meisten Elementen vorkommen dürfen. Hier steht die Variable $X für optionale Trennzeichen (Leerzeichen, Tabs oder Kommentare) zwischen anderen Elementen und $sep für die gleichen Trennzeichen, die an manchen Orten obligatorisch sind.

Der große, aber eigentlich einfache Hauptteil

Die meisten Elemente aus Tabelle 7-11 lassen sich ohne große Umschweife direkt ins Regexische übersetzen. Ein Trick dabei ist der, das Trennsymbol $X dort zu verwenden, wo es wirklich notwendig ist, aber nicht häufiger – um der Effizienz willen. Ich verwende $X nur zwischen Elementen mit einem einzigen Unterausdruck. Die meisten noch nicht behandelten Elemente werden hier definiert:

```
# Element 11: String in Anführungszeichen, Backslash-Escapes erlaubt.%
$quoted_str = qq<
        " (?:                    # Öffnendes Anführungszeichen...
            $qtext              #   Alles außer Backslash und Quotes
            |                   #    oder
            $quoted_pair        #    Backslash-und-etwas, (etwas != CR)
                        )* "  # Schließendes Anführungszeichen.
>;


# Element 7: ›word‹ ist ein ›atom‹ oder ein String in Anführungszeichen.
$word = qq< (?: $atom | $quoted_str ) >;


# Element 12: ›domain-ref‹ ist schlicht ein ›atom‹.
$domain_ref = $atom;


# Element 13: ›domain-literal‹ ist wie ein quotierter String, aber mit [...] statt "...".
$domain_lit = qq<  $OpenBR                        #

                    (?: $dtext | $quoted_pair )* #    Irgendwas
                    $CloseBR                      #                    ]
>;


# Element 9: ›sub-domain‹ ist entweder ›domain-ref‹ oder ›domain-literal‹.
$sub_domain = qq< (?: $domain_ref | $domain_lit ) >;


# Element 6: ›domain‹ ist eine punkt-separierte Liste von Subdomains.
$domain = qq< $sub_domain                        # Erste Subdomain,
            (?:                                   #
                $X $Period                        # wenn Punkt...
                $X $sub_domain                    #   ...dann auch weitere.
            )*
>;


# Element 8: ›route‹. Eine Anzahl von ›@ $domain‹, durch Kommas getrennt,
#                      mit Doppelpunkt abgeschlossen.
$route = qq< \@ $X $domain
            (?: $X , $X \@ $X $domain )*    # Weitere, falls Komma davor...
            :                                # Doppelpunkt am Ende.
>;


# Element 5: ›local-part‹ ist eine punkt-separierte Liste von $words.
$local_part = qq< $word                          # Erstes Wort...
            (?: $X $Period $X $word )*   # weitere, falls Punkt davor.
>;
```

```
# Element 2: ›addr-spec‹ ist ›local@domain‹.
$addr_spec  = qq< $local_part $X \@ $X $domain >;

# Element 4: ›route-addr‹ ist ›<route? addr-spec>‹.
$route_addr = qq[ < $X                       # < am Anfang
                    (?: $route $X )?         #    Optionale Route
                    $addr_spec               #    Eigentliche Adresse
                               $X >  #            > am Ende
];
```

Element 3 – `phrase`

Das Element `phrase` verursacht einige Schwierigkeiten. Nach Tabelle 7-11 besteht es einfach aus mehreren Wörtern (`word`), aber wir können nicht einfach **(?:$word)+** benutzen, weil zwischen den Wörtern auch Kommentare und Leerzeichen (`$sep`) zugelassen sind. **(?:$word|$sep)+** ist auch nicht das Richtige, weil es kein Wort *erfordert*, sondern nur welche *erlaubt*. Wir könnten **$word(?:$word|$sep)*** versuchen, aber hier kann es gefährlich werden; wir müssen das genau analysieren. Vergegenwärtigen wir uns, wie `$sep` aufgebaut wurde. Ein Teil davon, der Leerzeichen-Teil, ist `[$space$tab]+`, und wenn wir das in `(…)*` verpacken, dann haben wir wieder die Konstellation für ein ewiges Matching (☞ 170). Auch das Element `$atom` innerhalb von `$word` könnte suspekt sein, hätten wir da nicht mit `(?!…)` die Situation entschärft. Wir könnten bei `$sep` genau gleich vorgehen, aber ich habe eine bessere Idee.

In einer `phrase` sind vier Dinge zulässig: Strings in Anführungszeichen, Atome, Leerzeichen und Kommentare. Atome sind einfach Sequenzen von Zeichen der Zeichenklasse `$atom_char`. Wenn eine solche Sequenz von Leerzeichen unterbrochen wird, erhalten wir einfach mehrere Atome in Folge. Wir müssen ja nicht einzelne Atome identifizieren, es reicht, wenn wir eine ganze Sequenz von Atomen erkennen. Also können wir folgendes verwenden:

```
$word (?: [$atom_char$space$tab] | $quoted_string | $comment )+
```

Diese Zeichenklasse funktioniert so aber nicht, weil `$atom_char` bereits eine Zeichenklasse (mit eckigen Klammern) ist; wir müssen also die entsprechende Klasse von Null aufbauen und den Inhalt von `$atom_char` imitieren, nur ohne Leerzeichen und Tab (dies sind *negierte* Zeichenklassen, wenn wir von der Liste darin Zeichen wegnehmen, bedeutet das, daß die Klasse nun auf diese Zeichen paßt):

```
# Element 3: phrase
$phrase_ctl = '\000-\010\012-\037'; # Wie ctl, aber ohne Tab.

# Wie ›atom-char‹, aber ohne das Leerzeichen und mit ›phrase_ctl‹ statt ›ctl‹.
# Negierte Klasse, die das gleiche erkennt wie ›atom_char‹, zusätzlich Tab und Leerzeichen.
$phrase_char = qq/[^()<>\@,;:".$esc$OpenBR$CloseBR$NonASCII$phrase_ctl]/;
```

```
$phrase = qq< $word                    # Genau ein Wort, gefolgt von...
            (?:
                $phrase_char   |       # ›atom‹- und ›space‹-Teilen, oder...
                $comment       |       # Kommentaren, oder...
                $quoted_str            # Strings in Anführungszeichen
            )*
    >;
```

Anders als alle bisherigen erkennt dieses Konstrukt auch angehängten Whitespace oder Kommentare. Dagegen ist nichts einzuwenden, aber wir müssen aus Effizienzgründen aufpassen, daß wir danach nicht mit $X noch einmal zusätzlichen Whitespace und Kommentare erlauben.

Endlich: `mailbox`

Zuletzt können wir Element 1 zusammensetzen:

```
# Element #1: ›mailbox‹ ist entweder ›addr_spec‹ oder ›phrase/route_addr‹.
$mailbox = qq< $X                      # Optionaler Kommentar am Anfang,
            (?: $addr_spec             # Adresse
            |                          #  oder
                $phrase  $route_addr   # Name und Adresse,
            ) $X                       # Optionaler Kommentar am Ende.
    >;
```

Puh, fertig!

Wir können die Regex nun benutzen:

```
die "Ungültige Adresse [$addr]\n" if $addr !~ m/^$mailbox$/xo;
```

(Bei einer Regex wie dieser darf der /o-Modifier *wirklich* nicht vergessen werden.)[52]

Wie sieht nun die Regex aus, der Inhalt von $mailbox? Nach dem Entfernen von Leerzeichen und Kommentaren und dem Umformatieren für das Ausdrucken sehen Sie hier die ersten von etwa 60 Zeilen:

```
(?:[\040\t]|\((?:[^\\\x80-\xff\n\015()]|\\[^\x80-\xff]|\((?:[^\\\x80-\xff\n\015(
)]|\\[^\x80-\xff])*\))*\))*(?:(?:[^(\040)<>@,;:".\\\[\]\000-\037\x80-\xff]+(?![^
(\040)<>@,;:".\\\[\]\000-\037\x80-\xff])|"(?:[^\\\x80-\xff\n\015"]|\\[^\x80-\xff
])*")(?:(?:[\040\t]|\((?:[^\\\x80-\xff\n\015()]|\\[^\x80-\xff]|\((?:[^\\\x80-\xf
f\n\015()]|\\[^\x80-\xff])*\))*\))*\.(?:[\040\t]|\((?:[^\\\x80-\xff\n\015()]|\\[
^\x80-\xff]|\((?:[^\\\x80-\xff\n\015()]|\\[^\x80-\xff])*\))*\))*(?:[^(\040)<>@,;
:".\\\[\]\000-\037\x80-\xff]+(?![^(\040)<>@,;:".\\\[\]\000-\037\x80-\xff])|"(?:[
```

---

52 Aus eigener Erfahrung: Beim Testen dieser Regex war ich erstaunt, weil die optimierte Version (siehe etwas später) langsamer lief als die normale. Ich war völlig verwirrt, bis ich merkte, daß ich die /o-Option vergessen hatte! Dadurch wurde die gesamte, riesige Regex bei jedem Matching neu verarbeitet. Die optimierte Version war nochmal um einiges größer, und durch die zusätzliche Verarbeitungszeit wurde der Gewinn bei der Laufzeit mehr als kompensiert. Mit /o war die optimierte Version nicht nur schneller als die ursprüngliche, sondern auch eine Größenordnung schneller als ohne /o.

Puh. Kann eine gigantische Regex wie diese überhaupt effizient sein? Die Größe einer Regex hat mit der Effizienz wenig zu tun, viel größeren Einfluß hat die Anzahl der Backtrackings, die sie erzeugt. Gibt es Stellen mit vielen Alternationen? Möglichkeiten für ein ewiges Matching? Nein – wie ein gut trainiertes Team von Platzanweisern Ihren Platz in einem Megaplex-Kino mit 20 Leinwänden problemlos findet, kann auch eine sehr große Regex den Weg zum Treffer oder eben Nicht-Treffer sehr schnell finden.

Unzulänglichkeiten erkennen

Um eine Regex wie diese zu benutzen, muß man auch ihre Unzulänglichkeiten kennen. Zum Beispiel erkennt sie nur Internet-Adressen, aber keine lokalen Adressen. Auf meiner Maschine ist `jfriedl` eine absolut zulässige Adresse, aber eben keine Internet-Adresse (das ist nicht eigentlich ein Problem der Regex, mehr einer ihrer Verwendung). Natürlich können syntaktisch richtige Adressen immer noch falsch sein, wie das »lange Lulatsch«-Beispiel von vorhin. Manche dieser Adressen könnten ausgeschlossen werden, indem gefordert wird, daß alle Adressen mit einem der zwei- oder dreibuchstabigen Domainnamen wie .com oder .jp enden müssen. Man könnte einfach `$esc . $atom_char {2,3}` an $domain anhängen, oder etwas spezifischer:

```
$esc . (?: com | edu | gov | … | ca | de | jp | u[sk] … )
```

Im Grunde gibt es aber *absolut keine Möglichkeit*, um zu prüfen, ob eine Adresse einem tatsächlichen Adressaten entspricht oder nicht. Keine. Das Abschicken einer Test-Meldung ist ein guter Indikator; man kann auch ein `Return-Receipt-To` in den Header einbauen – das veranlaßt das Zielsystem, eine kurze Eingangsbestätigung zurückzuschicken.

Optimierungen – Schleifen aufbrechen

Ich hoffe, daß Ihnen beim Aufbau der Regex einige Möglichkeiten für Optimierungen aufgefallen sind. Mit den Resultaten von Kapitel 5 läßt sich unser alter Bekannter, der String in Anführungszeichen, leicht mit der »Schleife aufbrechen«-Technik behandeln:

```
$quoted_str = qq< "                          # Anführungszeichen am Anfang,
            $qtext *                         #   Führendes ›normal‹
            (?: $quoted_pair $qtext * )*     # ( ›speziell‹ ›normal‹* )*
            "                                # Anführungszeichen am Ende.
    >;
```

$phrase wird mit der gleichen Methode zu:

```
$phrase = qq< $word                     # Wort am Anfang,
            $phrase_char *              # ›normale‹ Atome oder Leerzeichen,
        (?:
            (?: $comment | $quoted_str )  # ›spezielle‹ Kommentare oder Strings,
            $phrase_char *              #   weitere ›normale‹ Elemente.
        )*
    >;
```

Die Elemente `$Cnested`, `$comment`, `$phrase`, `$domain_lit` und `$X` können ähnlich behandelt werden – aber bei manchen ist Vorsicht geboten! Zum Beispiel das `$sep` aus dem Abschnitt über Kommentare: es *erfordert* mindestens einen lokalen Treffer, aber die normale Methode des Schleifen-Aufbrechens erzeugt eine Regex, die auch auf »gar nichts« paßt.

Beim typischen Fall der »Schleifen aufbrechen«-Methode (☞ 168) kann man mindestens ein *speziell* erzwingen, indem man das äußere (…)* durch ein (…)+ ersetzt. Aber das ist nicht, was hier bei `$sep` gefragt ist. Wir wollen ein »Etwas«, aber dieses Etwas kann beides sein, *speziell* oder *normal*.

Es ist einfach, einen aufgebrochenen Ausdruck zu formulieren, der von einem bestimmten Element mindestens eines fordert. Wenn wir mindestens eines von zweien wollen, können wir die Alternation benutzen:

```
$sep = qq< (?:
            [$space$tab]+                        # Leerzeichen zuerst
            (?: $comment [$space$tab]* )*
          |
            (?: $comment [$space$tab]* )+        # Kommentar zuerst
          )
     >;
```

Dies enthält zwei modifizierte Versionen des Musters ⌈*normal* * (*speziell normal* *) *⌉, dabei ist die Zeichenklasse für Leerzeichen *normal*, die Kommentare sind *speziell*. Bei der letzten Alternative könnte man auch die umgekehrte Zuordnung wählen und erhielte:

```
$comment (?: [$space$tab]+ $comment )*
```

Das sieht zunächst ganz vernünftig aus, aber das Pluszeichen ist gerade die Quintessenz des ewigen Matchings. Ohne das Pluszeichen ist dieses Problem zwar beseitigt, aber die Regex wendet nun den gesamten Unterausdruck bei jedem Leerzeichen neu an – das ist zweifellos nicht besonders effizient.

Eigentlich aber brauchen wir uns um `$sep` gar nicht zu kümmern – es wurde nur in einem ersten Ansatz zu `$phrase` verwendet und taucht später in der Regex gar nicht mehr auf. Ich habe es nur wegen der Diskussion der Optimierung bis hierhin mitgeschleppt, weil es eine häufige Variation des Musters beim »Schleifen aufbrechen« ist.

Optimierung bei Leerzeichen

Eine andere Möglichkeit zur Optimierung betrifft `$X`, die optionalen Leerzeichen. Untersuchen wir, wie der `$route`-Teil unserer Regex auf ›@•gateway•:‹ paßt. Manchmal paßt der optionale Teil nicht, aber erst, nachdem für eines oder mehrere der `$X` zwischendrin ein lokaler Treffer gefunden wurde.

Hier nochmal die Definitionen von `$domain` und `$route`:

```
# Element 6: ›domain‹ ist eine punkt-separierte Liste von Subdomains.
$domain = qq< $sub_domain              # Erste Subdomain,
             (?:                       #
                 $X $Period            # wenn Punkt...
                 $X $sub_domain        #    ...dann auch weitere.
             )*
>;


# Element 8: ›route‹. Eine Anzahl von ›@ $domain‹, durch Kommas getrennt,
#                     mit Doppelpunkt abgeschlossen.
$route = qq< \@ $X $domain
             (?: $X , $X \@ $X $domain )*   # Weitere, falls Komma davor,
                 :                          # Doppelpunkt am Ende.
>;
```

Nachdem `$route` das ›@ gateway : ‹ erkannt hat und das erste `$sub_domain` aus `$domain` auf ›@ gateway : ‹ paßt, sucht die Regex nach einem Punkt, gefolgt von einer weiteren `$sub_domain` (bei jeder Nahtstelle ist dabei ein `$X` zulässig). Beim ersten Versuch zu diesem Unterausdruck **`$X $Period $X $sub_domain`** findet das `$X` am Anfang das Leerzeichen bei ›@ gateway : ‹, aber der Unterausdruck als ganzes schlägt fehl, weil auf das Leerzeichen kein Punkt folgt. Damit erfolgt das Backtracking aus den einfassenden Klammern heraus, dieser Versuch mit `$domain` ist damit beendet.

Das Element `$route` sucht nach diesem ersten `$domain` eine zweite `$domain` mit einem Doppelpunkt davor. Innerhalb des Unterausdrucks **`$X , $X \@`**... erkennt das erste `$X` wieder das gleiche Leerzeichen, das schon einmal gepaßt hat und das wieder zurückgegeben werden mußte. Auch hier schlägt der Versuch sofort danach fehl.

Es erscheint ineffizient, nach `$X` zu suchen, wenn der Unterausdruck durch das darauf in der Regex Folgende fehlschlägt. Weil `$X` fast überall paßt, ist es besser, nur dann danach zu suchen, wenn der damit verkoppelte Unterausdruck auch passen muß.

Beim folgenden sind nur die Positionen der `$X` geändert:

```
$domain = qq<
    $sub_domain $X
    (?:
        $Period $X $sub_domain $X
    )*
>;


$route = qq<
    \@ $X $domain
    (?: , $X \@ $X $domain )*
    : $X
>;
```

Die Rolle von $X ist jetzt eine andere: Vorher hieß es »Benutze $X zwischen jedem Element eines Unterausdrucks«; jetzt bedeutet es »Stelle sicher, daß nach jedem Unterausdruck auch folgendes $X verbraucht wird«. Diese Art von Änderung hat Auswirkungen darauf, wo $X in vielen der Unterausdrücke auftaucht.

Nach diesen Änderungen ist die entstandene Regex fast 50% länger (nach Entfernung von Leerzeichen und Kommentaren), aber bei meinen Tests auch 9-19% schneller (9% bei Adressen, die meist fehlschlagen, 19% bei solchen, die passen). Wieder ist die Verwendung von /o sehr wichtig. Die End-Version dieser Regex ist im Anhang B wiedergegeben.

Eine Regex aus Variablen aufbauen - Zusammenfassung

Dieses lange Beispiel hat einige wesentliche Punkte beleuchtet. Der Aufbau eines komplexen regulären Ausdrucks aus Variablen ist eine wertvolle Methode, aber sie muß mit Umsicht und Geschick angewendet werden. Einige Merkpunkte dazu:

- Geben Sie darauf acht, was von wem interpretiert wird, und wann das geschieht. Spezielles Augenmerk verdient der Backslash in seinen verschiedenen Bedeutungen.

- Seien Sie vorsichtig beim Gebrauch von Alternationen, die nicht in Klammern eingefaßt sind. Ein Fehler wie

```
$word        = qq< $atom | $quoted_str >;
$local_part  = qq< $word (?: $X $Period $X $word) * >;
```

kann leicht passieren und ist schwierig zu erkennen. Benutzen Sie lieber ein Klammerpaar zuviel als eines zuwenig, und benutzen Sie (?:···), wenn es geht. Wenn Sie den Fehler oben nicht erkennen, überlegen Sie, was hier der Variablen $zeile zugewiesen wird:

```
$feld  = "Subject|From|Date";
$zeile = "^$feld: (.*)";
```

Der Ausdruck ⌜^Subject|From|Date:●(.*)⌟ ist sehr verschieden von ⌜^(Subject|From|Date):●(.*)⌟, und nicht halb so brauchbar.

- Der Modifier /x wirkt nicht in Zeichenklassen; innerhalb von diesen können Leerzeichen und Kommentare nicht benutzt werden.

- Kommentare mit # innerhalb einer Regex enden mit dem Zeilenende oder mit dem Ende der Regex. Das hier ist ein Fehler:

```
$domain_ref = qq< $atom  # nur ein einfaches Atom >;
$sub_domain = qq< (?: $domain_ref | $domain_lit ) >;
```

Nur weil die *Variable* $domain_ref endet, heißt das noch lange nicht, daß auch ein in ihr enthaltener Kommentar das tut. Der Kommentar geht weiter bis zum Ende der *Regex* oder bis zum nächsten Newline. In diesem Beispiel geht der Kommentar über das Ende von $domain_ref hinaus, er enthält die Alternation, den ganzen Inhalt von $sub_domain und alles weitere bis zum Ende der Regex. Dies kann vermieden werden, indem man jeden Kommentar mit einem expliziten Newline abschließt (☞ 228):

```
$domain_ref = qq< $atom  # nur ein einfaches Atom\n >;
```

- Es ist oft sehr angenehm, beim Ausprobieren die Regex herausschreiben zu können. Das geht besser, wenn man statt `"\0xff"` etwas wie `'\0xff'` verwendet.

- Es ist wichtig, die Unterschiede zwischen den drei Formen

```
$quoted_pair = qq< $esc[^$NonASCII] >;
$quoted_pair = qq< $esc_[^$NonASCII] >;
$quoted_pair = qq< ${esc}[^$NonASCII] >;
```

zu verstehen. Die erste Variante ist *sehr* verschieden von den anderen zwei. Sie wird als Element des Arrays `@esc` interpretiert, was fast ganz sicher nicht das ist, was gemeint war (☞ 226).

Abschließende Bemerkungen

Ich denke, es ist offensichtlich geworden, daß ich Perls Art von regulären Ausdrücken sehr mag, und das mit gutem Grund, wie ich zu Anfang des Kapitels gesagt habe. Larry Wall, der Autor von Perl, hat sich offenbar von gesundem Menschenverstand und von großem Erfindergeist leiten lassen. Sicher, die Implementierung hat ihre Macken, aber ich genieße noch immer den Reichtum der Regex-Sprache von Perl.

Ich bin aber kein blinder Fanatiker – Perl besitzt einige Features nicht, die ich mir wünsche. Das offensichtlichste Versäumnis ist das Fehlen einer Index-Funktion, wie sie Tcl, Python und GNU Emacs kennen, mit der man herausfinden kann, wo im String ein Treffer (und $1, $2 usw.) beginnt und endet. Mit Klammern kann man eine Kopie dieser Treffer erhalten, nicht aber deren Position im ursprünglichen Suchstring. Ein einfaches Beispiel, bei dem das Problem zutage tritt, wäre ein Regex-Lernprogramm. Man möchte den ursprünglichen String ausgeben und dazu einen Kommentar wie: »Das erste Klammerpaar paßt hier, das zweite hier usw.«, aber das ist mit Perls jetzigen regulären Ausdrücken unmöglich.

Ein anderes Feature, das ich ab und zu brauchen könnte, wäre ein Array (**$1, $2, $3, ...**) ähnlich wie Emacs' `match-data` (☞ 199). Ich kann etwas Ähnliches von Hand konstruieren:

```
$parens[0] = $&;
$parens[1] = $1;
$parens[2] = $2;
$parens[3] = $3;
$parens[4] = $4;
    ⋮
```

aber es wäre praktischer, wenn diese Funktionalität eingebaut wäre.

Und dann wären da noch die *geizigen Quantifier*, die ich in der Fußnote auf Seite 116 angesprochen habe. Mit diesen könnten viele reguläre Ausdrücke wesentlich effizienter geschrieben werden.

Es gibt noch viele exotische Features, von denen ich träumen könnte (und träume). Eines hatte ich sogar für meine Zwecke implementiert: Eine spezielle Notation, mit der die

Regex *während des Matchings* auf einen assoziativen Array zugreifen kann, ⌈\1⌋ usw. diente als Index. Damit war es möglich, einen Ausdruck wie ⌈(['"]).*?\1⌋ auf <…>, … und Ähnliches zu erweitern.

Ein anderes Feature, das ich gerne in Perl sehen würde, sind benannte Unterausdrücke ähnlich den *symbolischen Gruppen-Namen* von Python. Das sind einfangende Klammerausdrücke, die irgendwie mit Variablen verkoppelt sind, die nach einem Treffer die Werte aus den Klammerausdrücken annehmen. Man könnte zum Beispiel eine Telefonnummer nach folgender Art dekodieren (ich erfinde hier eine ad-hoc-Notation mit ⌈(?<*var*>…)⌋):

```
⌈(?<$land>\d+)-(?<$vorwahl>\d+)-(?<$num>\d+)⌋
```

Ich glaube, es ist besser, ich höre auf, bevor ich zu weit abschweife. Als Summe dieser Überlegungen nur soviel: Ich glaube keineswegs, daß Perl die ideale Sprache für reguläre Ausdrücke ist.

Aber es ist sehr nahe dran.

Anmerkungen zu Perl4

Soweit reguläre Ausdrücke betroffen sind, ist der Übergang von Perl4 zu Perl5 fast völlig unproblematisch. Das größte Problem in bezug auf Rückwärtskompatibilität ist wahrscheinlich, daß @ jetzt in einer Regex interpoliert wird (abgesehen davon auch in Strings in Anführungszeichen). Trotzdem muß auf bestimmte subtile (und nicht so subtile) Punkte geachtet werden:

Anmerkung 1 zu Perl4

Seite 221. Die Spezialvariablen $&, $1 usw. können verändert werden, in Perl5 sind sie *read-only*. Obwohl das nützlich sein könnte, ändert sich der ursprüngliche Suchstring dabei jedoch nicht. Es sind im wesentlichen Variablen mit dynamischem Geltungsbereich, die ihren Wert nach jedem erfolgreichen Matching ändern.

Anmerkung 2 zu Perl4

Seite 221. In Perl4 bezieht sich $' manchmal tatsächlich auf den Anfang des Matchings (nicht auf den Anfang des Strings). Ein Fehler (korrigiert in neueren Versionen) bewirkte, daß $' jedesmal zurückgesetzt wurde, wenn die Regex neu kompiliert wurde. Wenn im Regex-Operand Variablen interpoliert werden und dieser in einem m/…/g in skalarem Kontext auftritt, beispielsweise in einer while-Schleife, findet diese Neukompilierung bei jeder Iteration statt. Damit wird auch $' bei jeder Iteration zurückgesetzt.

Anmerkung 3 zu Perl4

Seite 222. In Perl4 wird $+ auf magische Weise zu einer Kopie von $&, wenn in der Regex keine Klammern vorkommen.

Anmerkung 4 zu Perl4

Seite 224. Bei Perl4 wird `$Monatsname[…]` nur dann als Array-Element interpoliert, wenn der Array `@Monatsname` bekannt ist. Perl5 macht das immer so.

Anmerkung 5 zu Perl4

Seite 226. Bei Perl4 wird der Backslash vor einem schließenden Begrenzer *nicht* entfernt wie in Perl5. Das spielt eine Rolle, wenn der Begrenzer ein Metazeichen ist. Die (ziemlich konstruierte) Substitution `s*2\*2*4*` funktioniert in Perl5 nicht so, wie man es erwartet.

Anmerkung 6 zu Perl4

Seite 251. Perl4 erlaubt Whitespace als Begrenzungszeichen für den Match-Operanden. Das Newline war manchmal ganz praktisch, aber sonst dient es nur der Erhöhung der Unleserlichkeit oder dem »Obfuscated Perl Contest«.

Anmerkung 7 zu Perl4

Seite 251. In Perl4 werden *alle* Escapes an die Regex-Maschine weitergegeben. (Siehe auch Anmerkung 5.)

Anmerkung 8 zu Perl4

Seite 252. Perl4 unterstützt die gepaarten, speziellen Begrenzer wie `m{…}` beim Match-Operator nicht; bei der Substitution wohl.

Anmerkung 9 zu Perl4

Seite 252. Perl4 unterstützt die spezielle Form des Match-Operators mit ?, aber nur bei ?…?. m?…? ist kein spezielles Matching.

Anmerkung 10 zu Perl4

Seite 252. Bei Perl4 setzt ein `reset` alle Matchings mit ? zurück, bei Perl5 nur die im aktuellen Paket.

Anmerkung 11 zu Perl4

Seite 253. Wenn der Match-Operator in Perl4 die leere Regex als Operanden hat, wird die zuletzt erfolgreich gebrauchte Regex ohne Rücksicht auf den Geltungsbereich benutzt. In Perl5 wird die letzte Regex *im aktuellen dynamischen Geltungsbereich* benutzt, die einen Treffer erzielt hat. Ein Beispiel sollte das klar machen:

```
"5" =~ m/5/;        # 5 wird neue voreingestellte Regex.
{                   # neuer dynamischer Geltungsbereich...
    "4" =~ m/4/;    # 4 wird neue aktuelle Regex...
}                   # ...dynamischer Geltungsbereich wird verlassen.
"45" =~ m//;        # Voreingestellte Regex findet je nachdem 4 oder 5.
print "Dies ist Perl $&\n";
```

Perl4 gibt den String ›Dies ist Perl 4‹ aus, Perl5 dagegen ›Dies ist Perl 5‹.

Anmerkung 12 zu Perl4

Seite 257. In beiden Versionen gibt ein m/…/g im Listenkontext die Liste der Texte aus, die auf die Klammerausdrücke gepaßt haben. In Perl4 werden in diesem Fall $1, $2 usw. nicht gesetzt. Perl5 macht beides.

Anmerkung 13 zu Perl4

Seite 257. Listenelemente aus m/…/g, die sich auf Klammern beziehen, die nicht am Treffer teilhaben, werden in Perl5 als undefinierte Werte zurückgegeben. In Perl4 sind es leere Strings. Als Wahrheitswert gelten beide als ›falsch‹, sonst sind sie deutlich verschieden.

Anmerkung 14 zu Perl4

Seite 259. Wenn in Perl5 der Suchstring eines m/…/g in skalarem Kontext geändert wird, wird auch das entsprechende pos zurückgesetzt. In Perl4 ist das /g mit dem *Regex-Operanden* verkoppelt. Also hat die Änderung des Suchstrings keine Auswirkung auf die Position des /g (je nach Betrachtungsweise ist das ein Fehler oder ein Feature). In Perl5 ist die /g-Position an den *Suchstring* gekoppelt, also wird bei einer Änderung pos modifiziert.

Anmerkung 15 zu Perl4

Seite 260. Der Match-Operator von Perl4 erlaubt keine gepaarten Begrenzer wie m[…], der Substitutionsoperator schon. Wie in Perl5 können der Match- und der Ersatztext-Operand verschiedene Begrenzer haben. In Perl5 kann dazwischen Whitespace auftreten, nicht aber in Perl4 (weil Whitespace in Perl4 ein erlaubtes Begrenzungszeichen ist).

Anmerkung 16 zu Perl4

Seite 260. In Perl4 wird bei **s'…'…'** der Regex-Operand der gleichen Behandlung unterworfen wie Strings in Hochkommas, *der Ersatztext-Operand dagegen nicht* – er wird merkwürdigerweise wie ein String in Anführungszeichen behandelt.

Anmerkung 17 zu Perl4

Seite 261. In Perl4 wird der Ersatztext-Operand in diesem Fall tatsächlich wie ein String in Hochkommas behandelt, also wird bei \' und \\ der erste Backslash entfernt, bevor sie an eval übergeben werden. In Perl5 bekommt das eval den unbehandelten String.

Anmerkung 18 zu Perl4

Seite 263. Perl5 gibt den leeren String zurück, wenn keine Substitution erfolgt ist. Bei Perl4 wird die Zahl Null zurückgegeben (beide Rückgabewerte werden als Boolesches ›falsch‹ interpretiert).

Anmerkung 19 zu Perl4

Seite 265. Die Voreinstellung für den Limit-Operanden bei

```
($dateiname, $groesse, $datum) = split(…)
```

beeinflußt den Wert, der dem Array `@_` zugewiesen wird, wenn für den Match-Operanden die Form `?…?` benutzt wird. Bei Perl5 ist das irrelevant, weil `split` in Perl5 nicht den Array `@_` als Voreinstellung benutzt.

Anmerkung 20 zu Perl4

Seite 268. Perl4 unterstützt `split` mit einem speziellen Match-Operanden: Wenn als Begrenzer des Operanden im Listenkontext `?…?` (nicht aber `m?…?`) benutzt wird, werden die von `split` erzeugten Teilstücke im Array `@_` abgelegt, genau wie im skalaren Kontext. Perl5 kennt dieses Feature nicht, obwohl die Dokumentation etwas anderes behauptet.

Anmerkung 21 zu Perl4

Seite 268. Wenn ein Ausdruck in Perl4 den Wert »einzelnes Leerzeichen« hat und als Match-Operator von `split` benutzt wird, wird er genauso behandelt wie ein explizit angegebenes einzelnes Leerzeichen als String. In Perl5 wird nur ein literales Leerzeichen so behandelt.

Anmerkung 22 zu Perl4

Seite 269. In Perl4 ist der voreingestellte Match-Operand `m/\s+/`, nicht `' '`. Das hat Auswirkungen darauf, wie Whitespace am Anfang des Strings behandelt wird.

Anmerkung 23 zu Perl4

Seite 279. In Perl4 scheint auch die Existenz eines `eval` irgendwo im Programm dafür zu genügen, daß nach jedem erfolgreichen Matching eine Kopie gemacht wird. Pech.

A

Online-Informationen

Dieser Anhang enthält Hinweise auf Online-Informationen und zu Bezugsquellen von Werkzeugen. Jede gedruckte Liste von World-Wide-Web-Adressen läuft Gefahr, schnell zu veralten, deshalb habe ich als erstes meine eigene Web-Seite angegeben, die ich immer auf dem neuesten Stand zu halten gedenke. Sie ist an vier Orten erhältlich:[1]

```
http://www.wg.omron.co.jp/cgi-bin/j-e/jfriedl.html
http://www.itc.omron.com/cgi-bin/j-e/jfriedl.html
http://enterprise.ic.gc.ca/cgi-bin/j-e/jfriedl.html
http://www.gsquare.or.jp/cgi-bin/jfriedl/j-e/jfriedl.html
```

Ich bin außerdem per E-Mail erreichbar über `jfriedl@oreilly.com`. Ich freue mich auf Ihre Reaktionen!

Allgemeine Informationen

Zum Buch »Reguläre Ausdrücke«

Abgesehen von aktuellen Informationen zu regulären Ausdrücken finden Sie auf meiner Home Page außerdem einiges, das mit diesem Buch zu tun hat:

- Eine Liste von Druck- und anderen Fehlern
- Die größeren und schwierigeren Beispiele aus diesem Buch
- Einen Online-Index

Wenn Sie einen Fehler finden oder etwas nicht finden können, von dem Sie glauben, daß es verfügbar sein sollte – zögern Sie nicht, mir das mitzuteilen.

---

1 Dank an Omron Corporation für die Bereitstellung von Platz für die ersten zwei Sites, an William F. Maton für die dritte und G-square für die vierte.

O'Reilly & Associates

O'Reilly & Associates ist *der* Laden für Bücher über Informatik und Computer. Sie können online im Katalog herumstöbern, auf `http://www.oreilly.de/` (mehrheitlich deutsch) oder `http://www.oreilly.com/` (englisch). O'Reilly hat Bücher zu vielen der in diesem Buch behandelten Werkzeuge, sei es Awk, Emacs, Expect, Perl, Python oder Tcl.

Die virtuelle Software-Bibliothek von OAK Archive

`http://castor.acs.oakland.edu/cgi-bin/vsl-front` ist ein *riesiges* Software-Archiv, das jedes Stück Software enthält, das je geschrieben wurde. Okay, vielleicht nicht ganz alles, aber eine ganze Menge. Die Betreiber behaupten, das VSL (Virtual Software Library) sei »die beste Suchmaschine für Shareware und Software auf dem Internet«, und ich stimme dem zu!

Mit dem Experten-Suchmodus (›power search‹) kann man nach Kategorien suchen, unter anderem Amiga, Atari, DOS, MacOS, Novell, OS/2, Unix und Windows. Mit der Archiv-Suche (›archive search‹) werden mehr als 200 einzelne Archive abgesucht, viele davon mit Namen, die auf `-mac`, `-msdos`, `-os2`, `-unix` und `-win95` enden. Mit der *browse*-Option kann man sich nach eigenen Kriterien sortierte Seiten zusammenstellen lassen.

Das GNU-Archiv

Der Hauptverteilungspunkt für GNU-Software ist:

```
ftp://prep.ai.mit.edu/pub/gnu
```

Yahoo!

Yahoo! (oft nur *Yahoo* oder aber `http://www.yahoo.com/`) ist ein erstklassiger Ort, um thematisch nach Informationen zu suchen. Ein guter Startpunkt ist

```
http://www.yahoo.com/Computers_and_Internet/
```

und darunter die Kategorien `Software` und `Programming_Languages`.

Andere Web-Links

In diesem Abschnitt führe ich Bezugsquellen in Form von URLs für einige Werkzeuge auf. Das OAK VSL und Yahoo sind immer gute Ausgangspunkte, ich wiederhole sie hier nicht. Hier führe ich vor allem Programme auf, die als Quelltext (source) verfügbar sind. Entsprechende übersetzte Programme (binaries) für DOS, MacOS, OS/2 und Windows findet man oft ohne weiteres im OAK VSL. Kursiv gesetzte Dateinamen und Versionsnummern sind solche, die sich ab und zu ändern; gemeint ist jeweils die aktuelle Version.

Awk

`gawk-`*`3.0.0`*`.tar.gz`   (im GNU-Archiv)
> Quelltext von GNU *awk*. (Dokumentation auf `gawk-`*`3.0.0`*`-doc.tar.gz`)

`http://netlib.bell-labs.com/cm/cs/who/bwk/`
> Die Home Page von Brian Kernighan enthält Quelltext für seinen *One True Awk*.

`http://www.mks.com/`
> Der MKS-Toolkit enthält nebst vielem anderen ein POSIX-*awk* für Win95/NT.

Regex-Pakete in C

`ftp://ftp.zoo.toronto.edu/pub/bookregexp.shar`
> Das Originalpaket von Henry Spencer.

`ftp://ftp.zoo.toronto.edu/pub/regex.shar`
> Henrys neuestes Paket.

`rx-`*`1.0`*`.tar.gz`   (im GNU-Archiv)
> Das rx-Paket von GNU.

`regex-`*`0.12`*`.tar.gz`   (im GNU-Archiv)
> Das ältere `regex`-Paket von GNU.

Regex-Klassenbibliothek in Java

`http://www.cs.umd.edu/users/dfs/java/`
> Ein frei benutzbares Paket von Daniel Savarese, das sowohl eine DFA- als auch eine NFA-Maschine enthält (mit einer perligen Geschmacksrichtung).

Egrep

`grep-`*`2.0`*`.tar.gz`   (im GNU-Archiv)
> Quelltext für *egrep* und *grep* von GNU.

Im OAK VSL finden sich viele, viele andere.

Emacs

`emacs-19.34b.tar.gz` (im GNU-Archiv)
Quelltext für GNU Emacs (Dokumentation in anderen Dateien, die mit `emacs-`
beginnen).

`http://www.eecs.nwu.edu/emacs/emacs.html`
Die FAQ und andere Informationen zu Emacs.

`http://www.diku.dk/~terra/emacs.html`
Emacs für DOS von Morten Welinder.

`ftp://ftp.cs.cornell.edu/pub/parmet/`
Emacs für MacOS.

Flex

`flex-2.5.3.tar.gz` (im GNU-Archiv)
Quelltext und Dokumentation zu *flex*.

Perl

`http://www.perl.com/perl/index.html`
Home Page der Programmiersprache Perl.

`http://www.tpj.com/`
The Perl Journal.

`http://www.xs4all.nl/~jvromans/perlref.html`
Der *Perl Reference Guide* von Johan Vromans. Sie mögen vielleicht die gedruckte
Version lieber, *Perl 5 Schnellübersicht* (deutsch) oder *Perl 5 Desktop Reference*
(englisch) von O'Reilly. Bereits gebunden, was für den Leser ohne doppelseitigen
Drucker eine Zeitersparnis bringt.

`http://www.wg.omron.co.jp/~jfriedl/perl/index.html`
Meine eigene Perl-Seite (einige Programme, die nützlich sein können).

Python

`http://www.python.org/`
Die Home Page für die Programmiersprache Python.

Tcl

`http://www.sunlabs.com/research/tcl/`
Die Home Page für die Programmiersprache Tcl.

B

Die E-Mail-Regex

Hier ist die optimierte Version der Regex zum Prüfen von Internet-E-Mail-Adressen aus dem Abschnitt »Prüfen einer E-Mail-Adresse« (☞ 300). Sie ist auch online abrufbar, siehe Anhang A.

```
# Hilfsvariablen zur Vermeidung von späterer Backslashitis
$esc        = '\\\\';              $Period     = '\.';
$space      = '\040';             $tab        = '\t';
$OpenBR     = '\[';               $CloseBR    = '\]';
$OpenParen  = '\(';               $CloseParen = '\)';
$NonASCII   = '\x80-\xff';        $ctl        = '\000-\037';
$CRlist     = '\n\015';  # Sollte eigentlich nur \015 sein.

# Elemente 19, 20, 21
$qtext = qq/[^$esc$NonASCII$CRlist"]/;                 # Zeichen innerhalb "…"
$dtext = qq/[^$esc$NonASCII$CRlist$OpenBR$CloseBR]/; # Zeichen innerhalb […]
$quoted_pair = qq< $esc [^$NonASCII] >; # Escape, Zeichen mit Backslash

# Elemente 22 und 23, Kommentare.
# Mit Regex eigentlich unmöglich; hier wird eine Verschachtelungsebene zugelassen.
$ctext     = qq< [^$esc$NonASCII$CRlist()] >;

# $Cnested erkennt einen nicht-verschachtelten Kommentar.
# Schleife aufgebrochen, $ctext ist ›normal‹, $quoted_pair ist ›speziell‹.
$Cnested = qq<
    $OpenParen                          #   (
        $ctext*                         #     normal*
        (?: $quoted_pair $ctext* )*     #     (speziell normal*)*
    $CloseParen                         #                          )
>;

# $comment erlaubt eine Ebene von verschachtelten Klammern.
# Schleife aufgebrochen, $ctext ist ›normal‹, ($quoted_pair|$Cnested) ist ›speziell‹.
$comment = qq<
    $OpenParen                          #   (
        $ctext*                         #     normal*
        (?:                             #     (
            (?: $quoted_pair | $Cnested ) #      speziell
            $ctext*                     #       normal*
        )*                              #                )*
    $CloseParen                         #                  )
>;
```

```
# $X ist optionaler Whitespace oder Kommentar.
$X = qq<
    [$space$tab]*                    # Whitespace verschlucken.
    (?: $comment [$space$tab]* )*    # Nach Kommentar Whitespace zulassen.
>;
```

```
# Element 10: atom
$atom_char = qq/[^($space)<>\@,;:".$esc$OpenBR$CloseBR$ctl$NonASCII]/;
$atom = qq<
  $atom_char+                       # Eine Anzahl von »Atom«-Zeichen...
  (?!$atom_char)                     # ...gefolgt von einem Nicht-Atom-Zeichen.
>;
```

```
# Element 11: String in Anführungszeichen, Schleife aufgebrochen.
$quoted_str = qq<
        "                           # "
        $qtext *                    #   normal*
        (?: $quoted_pair $qtext * )* #  ( speziell normal* )*
        "                           #                      "
>;
```

```
# Element 7: ›word‹ ist ein ›atom‹ oder ein String in Anführungszeichen.
$word = qq<
    (?:
        $atom                       # Atom
        |                           #  oder
        $quoted_str                 # String in Anführungszeichen.
    )
>;
```

```
# Element 12: ›domain-ref‹ ist schlicht ein ›atom‹.
$domain_ref  = $atom;
```

```
# Element 13: ›domain-literal‹ ist wie ein quotierter String, aber mit [...] statt "...".
$domain_lit  = qq<
    $OpenBR                         # [
    (?: $dtext | $quoted_pair )*    #     Irgendwas
    $CloseBR                        #                   ]
>;
```

```
# Element 9: ›sub-domain‹ ist entweder ›domain-ref‹ oder ›domain-literal‹.
$sub_domain  = qq<
  (?:
    $domain_ref
    |
    $domain_lit
  )
    $X # optionaler Whitespace oder Kommentar am Ende.
>;
```

```
# Element 6: ›domain‹ ist eine punkt-separierte Liste von Subdomains.
$domain = qq<
    $sub_domain
    (?:
        $Period $X $sub_domain
    )*
>;
```

```
# Element 8: ›route‹. Eine Anzahl ›@ $domain‹, komma-separiert, Doppelpunkt am Ende.
$route = qq<
    \@ $X $domain
    (?: , $X \@ $X $domain )*        # Weitere ›domains‹.
    :
    $X # optionaler Whitespace oder Kommentar am Ende
>;


# Element 5: ›local-part‹ ist eine punkt-separierte Liste von $words.
$local_part = qq<
    $word $X
    (?:
        $Period $X $word $X          # Weitere ›words‹.
    )*
>;


# Element 2: ›addr-spec‹ ist ›local@domain‹.
$addr_spec  = qq<
  $local_part \@ $X $domain
>;


# Element 4: ›route-addr‹ ist  ›<route? addr-spec>‹.
$route_addr = qq[
    < $X                         # <
        (?: $route )?            #     Optionale Route
        $addr_spec               #     Eigentliche Adresse
    >                            #                    >
];


# Element 3: phrase........
$phrase_ctl = '\000-\010\012-\037'; # Wie ctl, aber ohne Tab.


# Wie ›atom-char‹, aber ohne das Leerzeichen und mit ›phrase_ctl‹ statt ›ctl‹.
# Negierte Klasse, die das gleiche erkennt wie ›atom_char‹, zusätzlich Tab und Leerzeichen.
$phrase_char =
    qq/[^()<>\@,;:".$esc$OpenBR$CloseBR$NonASCII$phrase_ctl]/;


# Die Elemente $word, $comment und $quoted_str sind so aufgebaut,
# daß sie kein $X verbrauchen, weil wir uns ›von Hand‹ darum kümmern.
$phrase = qq<
    $word                        # Wort am Anfang,
    $phrase_char *               # ›normal‹: Atome oder Leerzeichen,
    (?:
        (?: $comment | $quoted_str ) # ›speziell‹: Kommentar oder quotierte Strings,
        $phrase_char *               #   mehr ›normal‹es.
    )*
>;


# Element #1: ›mailbox‹ ist entweder ›addr_spec‹ oder ›phrase/route_addr‹.
$mailbox = qq<
    $X                           # Optionaler Kommentar am Anfang,
    (?:
            $addr_spec           # Adresse
            |                    #   oder
            $phrase  $route_addr # Name und Adresse.
    )
>;
```

Wir können mit

```
$mailbox =~ s/#.*//g;
$mailbox =~ s/\s+//g;
```

Whitespace und Kommentare aus der Regex entfernen (weil wir sichergestellt haben, daß in Zeichenklassen weder Leerzeichen noch # vorkommen) und erhalten so eine 6598 Bytes große Regex. Diese ist dennoch schneller als die 4724 Zeichen lange aus Kapitel 7. Falls Sie die Regex lieber direkt eintippen wollen – hier ist sie abgedruckt

```
[\040\t]*(?:\([^\\\x80-\xff\n\015()]*(?:(?:\\.|\([^\\\x80-\xff]|\([^\\\x80-\xff\n\015()]*(?:\\.[^\\\x80-\
xff\n\015()]*)*\))[^\\\x80-\xff\n\015()]*)*\)[\040\t]*)*(?:(?:[^(\040)<>@,;:".\\\[\]\000-\037\x80-\xff]+(?![^(\
\040)<>@,;:".\\\[\]\000-\037\x80-\xff])|"[^\\\x80-\xff\n\015"]*(?:\\.[^\\\x80-\xff\n\015"]*)*")(?:[\04
0\t]*(?:\([^\\\x80-\xff\n\015()]*(?:(?:\\.|\([^\\\x80-\xff]|\([^\\\x80-\xff\n\015()]*(?:\\.[^\\\x80-\xff\
n\015()]*)*\))[^\\\x80-\xff\n\015()]*)*\))[\040\t]*)*(?:\.[\040\t]*(?:\([^\\\x80-\xff\n\015()]*(?:(?:\\\x80-\
xff]|\([^\\\x80-\xff\n\015()]*(?:\\.[^\\\x80-\xff][^\\\x80-\xff\n\015()]*)*\))[^\\\x80-\xff\n\015()]*)*\))[\040\t]
*)*(?:[^(\040)<>@,;:".\\\[\]\000-\037\x80-\xff]+(?![^(\040)<>@,;:".\\\[\]\000-\037\x80-\xff])|"[^\\\x80-\xff\n
\015"]*(?:\\.[^\\\x80-\xff][^\\\x80-\xff\n\015"]*)*")[\040\t]*(?:\([^\\\x80-\xff\n\015()]*(?:(?:\\.|\([\
[^\\\x80-\xff\n\015()]*(?:\\.[^\\\x80-\xff][^\\\x80-\xff\n\015()]*)*\))[^\\\x80-\xff\n\015()]*)*\))[\040\t]*)*@[
\040\t]*(?:\([^\\\x80-\xff\n\015()]*(?:(?:\\.|\([^\\\x80-\xff]|\([^\\\x80-\x
ff\n\015()]*)*\))[^\\\x80-\xff\n\015()]*)*\))[\040\t]*)*(?:[^(\040)<>@,;:".\\\[\]\000-\037\x80-\xff]+(?![^(\040
)<>@,;:".\\\[\]\000-\037\x80-\xff])|\[(?:[^\\\x80-\xff\n\015\[\]]|\\[^\x80-\xff])*\])[\040\t]*(?:\([^\\\x80-\x
ff\n\015()]*(?:(?:\\.|\([^\\\x80-\xff]|\([^\\\x80-\xff\n\015()]*(?:\\.[^\\\x80-\xff][^\\\x80-\xff\n\015()]*)*\))[^\\\x8
0-\xff\n\015()]*)*\))[\040\t]*)*(?:\.[\040\t]*(?:\([^\\\x80-\xff\n\015()]*(?:(?:\\.|\([^\\\x80-\xff]|\([^\\\x80-\xff\
n\015()]*(?:\\.[^\\\x80-\xff][^\\\x80-\xff\n\015()]*)*\))[^\\\x80-\xff\n\015()]*)*\))[\040\t]*)*(?:[^(\040)<>@,;:"
.\\\[\]\000-\037\x80-\xff]+(?![^(\040)<>@,;:".\\\[\]\000-\037\x80-\xff])|\[(?:[^\\\x80-\xff\n\015\[\]]|\\[^\x8
0-\xff])*\])[\040\t]*(?:\([^\\\x80-\xff\n\015()]*(?:(?:\\.|\([^\\\x80-\xff]|\([^\\\x80-\xff\n\015()]*(?:\\.[^\\\x80-\xf
f][^\\\x80-\xff\n\015()]*)*\))[^\\\x80-\xff\n\015()]*)*\))[\040\t]*)*)*(?:[^(\040)<>@,;:".\\\[\]\000-\037\x80-\
xff]+(?![^(\040)<>@,;:".\\\[\]\000-\037\x80-\xff])|"[^\\\x80-\xff\n\015"]*(?:\\.[^\\\x80-\xff][^\\\x80-\xff\n\01
5"]*)*")[^()<>@,;:".\\\[\]\x80-\xff\000-\010\012-\037]*(?:(?:\([^\\\x80-\xff\n\015()]*(?:(?:\\.|\([
[^\\\x80-\xff\n\015()]*(?:\\.[^\\\x80-\xff][^\\\x80-\xff\n\015()]*)*\))[^\\\x80-\xff\n\015()]*)*\))[^\\\x80-\xff\
n\015"]*(?:\\.[^\\\x80-\xff][^\\\x80-\xff\n\015"]*)*")[^()<>@,;:".\\\[\]\x80-\xff\000-\010\012-\037]*)*<[\040\t]*
(?:\([^\\\x80-\xff\n\015()]*(?:(?:\\.|\([^\\\x80-\xff]|\([^\\\x80-\xff\n\015()]*(?:\\.[^\\\x80-\xff][^\\\x80-\xff\n\015
()]*)*\))[^\\\x80-\xff\n\015()]*)*\))[\040\t]*)*(?:@[\040\t]*(?:\([^\\\x80-\xff\n\015()]*(?:(?:\\.|\([^\\\x80-\xff]|\
\([^\\\x80-\xff\n\015()]*(?:\\.[^\\\x80-\xff][^\\\x80-\xff\n\015()]*)*\))[^\\\x80-\xff\n\015()]*)*\))[\040\t]*)*(?:
[^(\040)<>@,;:".\\\[\]\000-\037\x80-\xff]+(?![^(\040)<>@,;:".\\\[\]\000-\037\x80-\xff])|\[(?:[^\\\x80-\xff\n\0
15\[\]]|\\[^\x80-\xff])*\])[\040\t]*(?:\([^\\\x80-\xff\n\015()]*(?:(?:\\.|\([^\\\x80-\xff]|\([^\\\x80-\xff\n\015()]*
(?:\\.[^\\\x80-\xff][^\\\x80-\xff\n\015()]*)*\))[^\\\x80-\xff\n\015()]*)*\))[\040\t]*)*(?:\.[\040\t]*(?:\([^\\\x80
-\xff\n\015()]*(?:(?:\\.|\([^\\\x80-\xff]|\([^\\\x80-\xff\n\015()]*(?:\\.[^\\\x80-\xff][^\\\x80-\xff\n\015()]*)*\))[^\\
\x80-\xff\n\015()]*)*\))[\040\t]*)*(?:[^(\040)<>@,;:".\\\[\]\000-\037\x80-\xff]+(?![^(\040)<>@,;:".\\\[\]\000-\
037\x80-\xff])|\[(?:[^\\\x80-\xff\n\015\[\]]|\\[^\x80-\xff])*\])[\040\t]*(?:\([^\\\x80-\xff\n\015()]*(?:(?:\\[
^\x80-\xff]|\([^\\\x80-\xff\n\015()]*(?:\\.[^\\\x80-\xff][^\\\x80-\xff\n\015()]*)*\))[^\\\x80-\xff\n\015()]*)*\))[
\040\t]*)*)*(?:,[\040\t]*(?:\([^\\\x80-\xff\n\015()]*(?:(?:\\.|\([^\\\x80-\xff]|\([^\\\x80-\xff\n\015()]*(?:\\.[^\\\x80
-\xff][^\\\x80-\xff\n\015()]*)*\))[^\\\x80-\xff\n\015()]*)*\))[\040\t]*)*@[\040\t]*(?:\([^\\\x80-\xff\n\015()]*
(?:(?:\\.|\([^\\\x80-\xff]|\([^\\\x80-\xff\n\015()]*(?:\\.[^\\\x80-\xff][^\\\x80-\xff\n\015()]*)*\))[^\\\x80-\xff\n\015
()]*)*\))[\040\t]*)*(?:[^(\040)<>@,;:".\\\[\]\000-\037\x80-\xff]+(?![^(\040)<>@,;:".\\\[\]\000-\037\x80-\xff])|
\[(?:[^\\\x80-\xff\n\015\[\]]|\\[^\x80-\xff])*\])[\040\t]*(?:\([^\\\x80-\xff\n\015()]*(?:(?:\\.|\([\
[^\\\x80-\xff\n\015()]*(?:\\.[^\\\x80-\xff][^\\\x80-\xff\n\015()]*)*\))[^\\\x80-\xff\n\015()]*)*\))[\040\t]*)*(?:\.
[\040\t]*(?:\([^\\\x80-\xff\n\015()]*(?:(?:\\.|\([^\\\x80-\xff]|\([^\\\x80-\xff\n\015()]*(?:\\.[^\\\x80-\
xff\n\015()]*)*\))[^\\\x80-\xff\n\015()]*)*\))[\040\t]*)*(?:[^(\040)<>@,;:".\\\[\]\000-\037\x80-\xff]+(?![^(\04
0)<>@,;:".\\\[\]\000-\037\x80-\xff])|\[(?:[^\\\x80-\xff\n\015\[\]]|\\[^\x80-\xff])*\])[\040\t]*(?:\([^\\\x80-\
xff\n\015()]*(?:(?:\\.|\([^\\\x80-\xff]|\([^\\\x80-\xff\n\015()]*(?:\\.[^\\\x80-\xff][^\\\x80-\xff\n\015()]*)*\))[^\\\x
80-\xff\n\015()]*)*\))[\040\t]*)*)*:[\040\t]*(?:\([^\\\x80-\xff\n\015()]*(?:(?:\\.|\([^\\\x80-\xff]|\([^\\\x80-\xff
\n\015()]*(?:\\.[^\\\x80-\xff][^\\\x80-\xff\n\015()]*)*\))[^\\\x80-\xff\n\015()]*)*\))[\040\t]*)*)?(?:[^(\040)<>@,
;:".\\\[\]\000-\037\x80-\xff]+(?![^(\040)<>@,;:".\\\[\]\000-\037\x80-\xff])|"[^\\\x80-\xff\n\015"]*(?:\\.[^\\\x80-\
xff\n\015()]*)*")[\040\t]*(?:\([^\\\x80-\xff\n\015()]*(?:(?:\\.|\([^\\\x80-\xff]|\([^\\\x80-\xff\n\015()]*(?:\\.[^\\\x80-\xff][^\\\x80-\xff\n\01
5()]*)*\))[^\\\x80-\xff\n\015()]*)*\))[\040\t]*)*(?:\.[\040\t]*(?:\([^\
\\x80-\xff\n\015()]*(?:(?:\\.|\([^\\\x80-\xff]|\([^\\\x80-\xff\n\015()]*(?:\\.[^\\\x80-\xff][^\\\x80-\xff\n\015()]*)*\))[^\\\x80-\xff\n\015()]*)*\)
)[^\\\x80-\xff\n\015()]*)*\)[\040\t]*)*(?:[^(\040)<>@,;:".\\\[\]\000-\037\x80-\xff]+(?![^(\040)<>@,;:".\\\[\]\
000-\037\x80-\xff])|"[^\\\x80-\xff\n\015"]*(?:\\.[^\\\x80-\xff][^\\\x80-\xff\n\015"]*)*")[\040\t]*(?:\([^\\\x80-\
xff\n\015()]*(?:(?:\\.|\([^\\\x80-\xff]|\([^\\\x80-\xff\n\015()]*(?:\\.[^\\\x80-\xff][^\\\x80-\xff\n\015()]*)*\))[^\\\x
80-\xff\n\015()]*)*\))[\040\t]*)*@[\040\t]*(?:\([^\\\x80-\xff\n\015()]*(?:(?:\\.|\([^\\\x80-\xff]|\([^\\\x80-\xff\n
\015()]*(?:\\.[^\\\x80-\xff][^\\\x80-\xff\n\015()]*)*\))[^\\\x80-\xff\n\015()]*)*\))[\040\t]*)*(?:[^(\040)<>@,;:".
\\\[\]\000-\037\x80-\xff]+(?![^(\040)<>@,;:".\\\[\]\000-\037\x80-\xff])|\[(?:[^\\\x80-\xff\n\015\[\]]|\\[^\x80
-\xff])*\])[\040\t]*(?:\([^\\\x80-\xff\n\015()]*(?:(?:\\.|\([^\\\x80-\xff]|\([^\\\x80-\xff\n\015()]*(?:\\.[^\\\x80-\xff
][^\\\x80-\xff\n\015()]*)*\))[^\\\x80-\xff\n\015()]*)*\))[\040\t]*)*(?:\.[\040\t]*(?:\([^\\\x80-\xff\n\015()]*(?:
?:(?:\\.|\([^\\\x80-\xff]|\([^\\\x80-\xff\n\015()]*(?:\\.[^\\\x80-\xff][^\\\x80-\xff\n\015()]*)*\))[^\\\x80-\xff\n\015(
)]*)*\))[\040\t]*)*(?:[^(\040)<>@,;:".\\\[\]\000-\037\x80-\xff]+(?![^(\040)<>@,;:".\\\[\]\000-\037\x80-\xff])|\
[(?:[^\\\x80-\xff\n\015\[\]]|\\[^\x80-\xff])*\])[\040\t]*(?:\([^\\\x80-\xff\n\015()]*(?:(?:\\.|\([^
\\\x80-\xff\n\015()]*(?:\\.[^\\\x80-\xff][^\\\x80-\xff\n\015()]*)*\))[^\\\x80-\xff\n\015()]*)*\))[\040\t]*)*)*>)
```

Viel Spaß!

Index

❖   *siehe* Aufgaben

✓   77, 83

✔   77, 80, 83, 86, 186

▲   77, 79, 80

✚   77, 82

●   xxii

▧   xxii, 81, 178, 186, 187, 198, 288
        siehe auch \n

▨   xxii, 42, 44, 191, 202
        siehe auch \t

\   *siehe* Escape

\\\\   80, 137, 225, 302

\(···\)   *siehe* Klammern

\<   *siehe* Wort-Anker

\>   *siehe* Wort-Anker

\+   *siehe* Plus

\?   *siehe* Fragezeichen

*   *siehe* Stern

\| *siehe* Alternation

\1   39, 223, 231, 247, 251, 277, 285, 312
        siehe auch Rückwärtsreferenz; oktales
            Escape

\9   78, 87
    in *awk*   190

\A   240

\a (Alarm)   76, 246

\B (Nicht-Wortgrenze)   244–246, 303

\b (Backspace)   76
    Doppelbedeutung in Emacs   80
    Doppelbedeutung in Python   80
    in Perl   44, 80, 226, 244–246, 303

\d (Ziffer)   82, 232, 246, 292

\D (Nicht-Ziffer)   82, 246

\E   225, 245, 250

\e (Escape)   76, 246

\f (Formfeed, Seitenvorschub)   76, 246

\G   240, 256

\L   250, 251

\l   250

\n (Newline)   77, 238–240, 246, 302
    ▧   xxii
    Maschinenabhängigkeit   77
    unklare Bedeutung in Tcl   193

\Q   225, 245, 250

\r (Carriage-Return, Wagenrücklauf)   77,
        246
    Maschinenabhängigkeit   77
    unklare Bedeutung in Tcl   193

\S (Nicht-Whitespace)   82, 246

\s (Whitespace)   82, 246, 292
    Einführung   44
    entsprechende Zeichenklasse   61
    und POSIX   247

\s*Zeichen* (Whitespace Syntaxklassen)   82

\t (Tabulator)   77
    ▨   xxii

\U   250, 251

\u   250

\v (Vertikaler Tabulator)   77, 246

\v99   81

\W (Nicht-Wortbestandteil)   82, 234, 244,
        246
    und POSIX   247

\w (Wort-Bestandteil)   82, 234, 244, 246
    in Emacs   82
    und POSIX-Locale   70, 244, 247
    viele verschiedene Interpretationen   68

\x   *siehe* hexadezimales Escape

\Z   240

/…/
   in *awk*   191
   in Perl   *siehe* Perl, Match-Operator
/e   *siehe* Perl, Modifier: Eval
/eieio   263
/g   *siehe* Perl, Modifier: Globales Matching
/i   *siehe* Perl, Modifier:
         Groß/Kleinschreibung ignorieren
/m   *siehe* Perl, Modifier: Mehrzeilenmodus
/o   *siehe* Perl, Modifier:
         Kompilations-Cache
/s   *siehe* Perl, Modifier: Einzeilenmodus
/smog   253
/x   *siehe* Perl, Modifier: Freie Form
--   195
-all   73, 177, 179, 194
-DDEBUGGING   159, 291
-indices   140, 195, 311
-nocase   73, 194, 195
<>   51, 236, 238, 290, 295, 299
   und $_   58
$ *siehe* Dollar; Zeilenanker
$'   *siehe* Perl, $&, $' und $`
$+   *siehe* Perl, $+
$/   33, 57, 236, 238, 299
$$ 262
$&   *siehe* Perl, $&, $' und $`
$_   58, 240, 255, 265, 278, 288
   Fehler bei study   295
$*   238–239, 259
   Warnungen abschalten   239
**$`**   *siehe* Perl, $&, $' und $`
$0   222
$1   *siehe* Perl, $1
*   *siehe* Stern
+   *siehe* Plus
?…?   252, 256, 259, 261, 315
   in Perl4   313, 315
?   *siehe* Fragezeichen
(?!…)   *siehe* Lookahead, negatives
(?=…)   *siehe* Lookahead
(…)   *siehe* Klammern
[.….]   *siehe* POSIX
[:…:]   *siehe* POSIX
[=…=]   *siehe* POSIX
[^…]   *siehe* Zeichenklasse, negierte
[…]   *siehe* Zeichenklasse
{…,…}   *siehe* Intervall
=~   36, 225, 252, 255, 267

!~
   in *awk*   191
   in Perl   41, 255
~   191
| *siehe* Alternation
.   *siehe* Punkt
.*   Achtung bei   53
^   *siehe* Zirkumflex; Zeilenanker;
         Zeichenklasse, negierte

A

Adobe Systems   xxv
Aho, Alfred   66, 94, 108, 188
Aktienkurse, Beispiel   49, 115
Alarm   *siehe* \a
alphanumerische Sequenz   14
Alternation   11, 89
   Aufbau einer Regex aus Variablen   310
   und Backtracking   152
   Effizienz   144, 145, 147, 152, 159, 168,
         181, 183, 277, 297, 307
   falsche   117
   Gier   116–118
   und Klammern   12
   nicht-gierige nützlicher als gierige   118
   Reihenfolge ist wichtig   116, 134,
         145–147, 183
      für die Effizienz   135
      für korrektes Matching   118, 129, 134
   und Zeichenklassen   13, 119
amerikanische Uhrzeiten   23
Analogie
   Auto
      Beschreibung des Motors   91–92
      DFA und NFA   93
      fahren lernen   28
      Getriebe   96–97, 150, 155, 158, 162,
         183
      konstruieren   28
      Kraftstoff-Additive   98
      POSIX Standard   93
      Rennwagen   90
      Spaß-Mobil   90
      Turbolader   159
      Zierleisten   75
   Backtracking
      Brotbröcklein   106–107
      Tellerstapel   107

Batterien aufladen   122

Huhn und Ei   208

Klarsichtfolien und Perls `local`   218

künstlerische Neigungen   105, 112, 117

Maschine   *siehe* Analogie, Auto

Regex

   zu Dateinamen   4

   Dialekt   21

   Geschmacksrichtung   21

   zu natürlichen Sprachen   4

   als Sprache   25

regex-gesteuertes Matching   102

Regex-Operanden kochen   206

Reguläre Ausdrücke lernen

   autofahren   28

   Autos konstruieren   28

   Pascal   34

   Rummy   30

rollender Ball   166

schmutziger Ball   166

Tischstaubsauger   122

Wer zuerst kommt, mahlt zuerst   100,
   102

»zwischen«   xix

Anker   *siehe* Zeilenanker, Wort-Anker

Annahmen   56, 59, 129, 132, 136, 172, 176,
   241

ANSI-Escape-Sequenzen   59

Aoyama, Kenji   xxv

青山健治   xxv

Array-Kontext   *siehe* Perl, Listenkontext

ASCII   26, 70, 78, 247

   Carriage-Return und Linefeed   77, 302

Asiatische Zeichen   25

AT&T Bell Labs   66, 188

Aufgaben

   Regex wie ⌈`^ding$`⌋, ⌈`^$`⌋… lesen   8

   ›Qantas‹ und ›Iraq‹, ⌈`q[^u]`⌋   10

   `<HR>`-Tag ohne `size`   18

   24-Stunden-Uhrzeiten   24

   ⌈`[•▨]*`⌋ und ⌈`(•*|▨*)`⌋   43

   Prüfung auf `c` oder `C`   45

   `$var =~ s/\bJeff\b/Jeff/i`   48

   ⌈`[0-9]*`⌋ und ›eine 1234 Zahl‹   111

   ⌈`zucker|zu|zuckerhut`⌋ und
     ⌈`zu(cker(hut)?)?`⌋?   117

   Kalenderdaten zerstückeln   118

   Einfache Änderung mit ⌈`[^"\\]+`⌋   145

   Positives und negatives Lookahead   233

`m/⋯/g` und `while`, `foreach` oder `if`
   260

`local` im Vergleich mit `my`   278

außer Takt geraten   177, 241

`AutoLoader`-Modul   283

`AutoSplit`-Modul   283

awk   188–192

   Geschmacksrichtung (Tabelle)   186, 189

   `/⋯/`   191

   `!~`-Operator   191

   `~`-Operator   191

   `\9`   190

   AT&T   78, 188

   Feld-Trennzeichen (FS)   191

   Geschichte   188

   GNU   94, 189

     und Alternation   124

     `gensub`   125, 191

     `--posix`   189

     Quelltext, URL   319

     `--re-interval`   189

     Tabelle mit Abkürzungen   77

   `gsub`   72, 191

   hexadezimale Escapes   189

   leere Regex   190

   mawk   94, 165, 189

     Optimierung   162, 165

   MKS   189, 319

   Mortice Kern Systems   189

   `\n`, Vergleich mit *egrep*   188

   nawk   188

   und Nullzeichen   190

   oawk   188

   oktale Escapes   190

   One True Awk   189

     Quelltext, URL   319

   Quelltext, URL   319

   Regex-Begrenzungszeichen   191

   Regex-Maschine, Typ   94

   `split`   191, 192

   Strings als Regex   191

   `sub`   72, 191

   `\t`, Vergleich mit *egrep*   188

   Vergleich mit `split` bei Perl   268

   Zeichenklassen

     Escape in   190

   Zeilenanker   86

B

Backtracking 106–111

    und Alternation 152

    Auswählen von Möglichkeiten 107

    gespeicherte Zustände 108–112

    global betrachtet 149

    LIFO 107

    POSIX-NFA, Beispiel 151

    Pseudo Backtracking 110

    »Unmatching« 111, 113

Barwise, J. 65

Basename-Modul 283

Basic Regular Expressions *siehe* POSIX

Beard, Paul xxv

Begrenzungszeichen *siehe*

    Regex, Begrenzungszeichen

Beispiel

    `^(.*)/(.*)$` 139

    `^.*(.*)` 102

    `"([^"\\]|\\.)*"` 172, 209

    `"([^"]|\\")*"` 134

    `"(\\.|[^"\\])*"` 81, 135, 144, 166

    `".*"!` 151

    `".*"` 149, 154, 159

    `".*"` 113, 130

    `"[^"]*"` 22

    `"\"\"\""` 167

    `(?!0+\.0+\.0+\.0+$)` 129

    `07[-./]04[-./]76` 11

    `^.*([0-9]+)` 102

    `^.*([0-9][0-9])` 101, 111

    `\$[0-9]+(\.[0-9][0-9])?` 23

    9.0500000037272 49, 115

    `[aa-a](b|b{1}|b)c` 105

    `a*((ab)*|b*)` 117

    ‹<ARMLEUCHTER>› 48

    `[a-zA-Z_][a-zA-Z_0-9]*` 22

    `<B>.*</B>` 113

    `B[iu]rma` 8

    `Bolte|Leben|Feder|Witwe` 96

    `(\.\d\d[1-9]?)\d*` 49, 115, 117

    `(dies|das|)` 190

    Federvieh 96

    `^(From|Subject):•` 3, 6

    `^(From|Subject|Date):•` 13

    `<H[123456]>` 9

    ›hot•tonic•tonight!‹ 106

    `<HR•+SIZE•*=•*[0-9]+)?•*>` 20

    `<HR•+SIZE•*=•*[0-9]+•*>` 17, 18

    `Jan•[0123][0-9]` 117

    ›Jeffreyrey•Friedl‹ 47

    `July?•(fourth|4(th)?)` 16

    makudonarudo 113, 146–149, 152, 168

    ›megawatt•computing‹ 21

    ›M.I.T.‹ 87

    `motor(rad)?(radfahren)?` 120, 121

    `[.\n]` 135

    ›NE14AD8‹ 87

    `ora\x2Ecom` 189

    `ora\x2Ecom` 79, 190

    ›ResetSize‹ 34

    `^Subject:•` 99

    `[•▨]*` und `(•*|▨*)` 42

    `to(nite|knight|night)` 103, 104, 106

    `topologisch` 121

    `[Tt]ubby` 162

    `^\w+=.*(\\\n.*)*` 126

    `\x0x`*ddd* 193

    `X(.+)+X` 165

    `/x([^x]|x+[^/x])*x+/` 175

    `zu(cker(hut)?)?` 116

    `zucker|zu|zuckerhut` 116

    Aktienkurse 115

    amerikanische Uhrzeiten 23

    Bezugsquellen über WWW 317

    C-Funktionen 130–131

    CSV-Text 208–212, 232, 235, 295

    Datei- und Pfadnamen 136–140

    dynamischer Geltungsbereich 218

    E-Mail

        Adresse prüfen 300–311, 321

        Inhaltsverzeichnis erstellen 3, 6

    ernüchterndes 144–149

    Fließkommazahlen 131

    HTML 1, 9, 17, 18, 74, 113, 131, 133, 233, 269

    IP 5, 127–129, 171, 271

    `normal*(speziell normal*)*` 168, 169, 308

    Postleitzahlen 240–244

    Serienbrief 48–49

    Temperatur-Umwandlung 35–45, 203, 287

    Variablennamen 22

    Verarbeitung von E-Mail 50–57

verdoppelte Wörter
    Beschreibung des Problems   1
    Lösung in Emacs   73
    Lösung in Perl   33, 57
    Lösung in Python   60
    Lösung mit *egrep*   20
    Lösung mit *grep*   65
    Verwendung von $+   296
    Whitespace entfernen   288, 296–297
    Zahlen in Dreiergruppen   297
Benchmark-Modul   283
Benchmarks   148, 149, 156–158, 160, 172, 179, 183, 202, 233, 272, 281, 283–285, 310
    in Emacs   201
    in Perl   290–291
    time-now   201
Bereich
    in Zeichklassen   *siehe* Zeichenklasse
    von Treffern   *siehe* Intervall
Bereich von Quantifiern limitieren   16
Berke, Wayne   xxiv, 248
Berkeley   66
Bezeichner
    finden   22
BigFloat-Modul   283
Biggar, Mark   xxiv
Bindestrich   *siehe* Zeichenklasse, Bereich
Boyer-Moore-Algorithmus   159
bracket expression (POSIX)   84
BRE   *siehe* POSIX
Brennan, Michael   94, 162, 189
Brotbröcklein, Analogie   106, 107
Buchstabe   *siehe* Zeichen
    Groß- und Kleinschreibung   *siehe* Groß- und Kleinschreibung
Byte   *siehe* Zeichen

C

C (Programmiersprache)
    Bibliotheken mit POSIX-Locales   70
    Kommentare entfernen   177, 298–299
    Kommentare erkennen   175–180
Cap-Modul   283
Caret (^)   *siehe* Zeichenklasse, negierte
Carp-Modul   282, 283
Carriage-Return   *siehe* \r
case-fold-search   196

cast   215
Celsius und Fahrenheit   *siehe* Temperatur-Umwandlung
Chachich, Mike   xxv
Chinesische Textverarbeitung   26
Christiansen, Tom   xxiv
Collate-Modul   247, 250
COMMAND.COM   7
compile   60, 74, 100, 164
Compilers – Principles, Techniques, and Tools   108
Config-Modul   220
Constable, Robert   xxiv, 65
Copy-Modul   283
Couch, Norris   xxv
cperl-mode (Emacs)   198
Cruise, Tom   48
CSV Text   208–212, 232, 235, 295

D

Dach (^)   *siehe* Zeichenklasse, negierte
Dateiglobs   4
Dateinamen
    Dateiglobs   4
    einer Zeile voranstellen   59
    extrahieren   136–140
DB_File-Modul   283
define-key (Emacs)   74
Delphi   125
describe-syntax (Emacs)   198
Deterministischer Finiter Automat   *siehe* DFA
Deutsch und Regexisch   175
DFA   105
    Einführung   93
    Effizienz   122
    »Erstes Zeichen«-Optimierung   158
    keine Rückwärtsreferenzen   98, 124, 125
    lazy evaluation   123
    Maschinentyp bestimmen   149, 164–166
    schnell, konsistent und langweilig   105
    Schwierigkeit der Implementierung   124
    theoretisch gleich wie NFA   108
    Vergleich mit NFA   104, 123–125, 146, 149, 164–166
diagnostics-Modul   283
DirHandle-Modul   283

Dollar
bewirkt manchmal
Variablen-Interpolation   278
gebrochene Geldbeträge   23
bei Perl-Variablen   35
und Perls Zeilenmodus   236–240
Zeilenanker   8, 87
DOS   7
`dot.sh.pl`-Paket   283
Dougherty, Dale   7
`dumpvar.pl`-Paket   283
`DynaLoader`-Modul   283

E
E-Mail
Adresse prüfen   300–311, 321
Inhaltsverzeichnis erstellen
Aufgabe   3
Lösung   6
EBCDIC   26, 78
eckige Klammern   *siehe* Zeichenklasse
eckige Klammern (POSIX)   84
ed   xxiv, 65
Effizienz
Alternation   144, 145, 147, 152, 159,
168, 181, 183, 277, 297, 307
Backtracking   122
DFA   122
Klammern   111, 154–157, 281, 288
nicht gierige Quantifier   156, 160, 230
in Perl   270–295
POSIX-NFA   122
Quantifier   147, 159, 160, 230
regex-gesteuertes Matching   122
textgesteuertes Matching   122
egrep   6
entfernt Zeilenende   12
Geschichte   66, 188
Geschmacksrichtung
Einführung   29
Tabelle   186
GNU   125
und Rückwärtsreferenzen   98
Tabelle mit Abkürzungen   77
Groß- und Kleinschreibung ignorieren
19
kümmert sich nur um Match oder
Nicht-Match   23

\n, Vergleich mit *awk*   188
Regex-Maschine, Typ   94
\t, Vergleich mit *awk*   188
Eingabezeilen-Trennzeichen (*input record
separator*)   33, 57, 236, 238, 299
eingefaßter Text   133–136
allgemeine Formulierung   133
Einzeilenmodus   *siehe*
Perl, Modifier: Einzeilenmodus
Emacs   94, 195–202
\b, Doppelbedeutung   80
Benchmarks   201
`case-fold-search`   196
`cperl-mode`   198
`define-key`   74
`describe-syntax`   198
für DOS   320
elisp   81, 196
entfernt Backslash bei unbekannten
Escapes   81
erste Unix-Version   xxiv
»Erstes Zeichen«-Optimierung   183
Geschmacksrichtung (Tabelle)   186, 198
Groß- und Kleinschreibung ignorieren
196
`isearch-forward`   196
`isearch-forward-regexp`   165, 196
`looking-at`   200
für MacOS   320
`match-data`   199–200, 311
`match-String`   199, 200
neuere Versionen, Cache   202
Optimierung
»Erstes Zeichen«-Optimierung   158,
182, 202
Kompilations-Caching   164, 202
und Perl, Geschichte   212
und POSIX-Locales   70
`posix-search-forward`   165
`regexp-quote`   196
`replace-match`   199, 200
`re-search-forward`   73
Strings als Regex   73, 80
Suchen von Strings in
Anführungszeichen   81
Syntaxklassen   82
und `isearch-forward`   197
Übersicht (Tabelle)   199
Tabelle mit Abkürzungen   77

time-now 201

Zeilenanker 86

Embodiments of Mind 64

Encoding *siehe* Zeichensatz

English-Modul 282, 283

ERE *siehe* POSIX

Errata (für dieses Buch) 317

Ersetzen *siehe* Substitution

»Erstes Zeichen«-Optimierung 155, 183, 195, 202

   Diskussion 158

   bei DFA 158

   in Emacs 158, 182, 202

   in Perl 292

Escape 21

   ASCII-Zeichen *siehe* \e

   Definition 24

   nicht maskierbares in Perl 235

   in Zeichenklassen 83, 135

      awk 190

EUC-JP-Zeichensatz 26

eval 226, 239, 261, 284, 289, 315

   siehe auch Perl, Modifier: Eval

   und /o 275

   Block als Argument 276

ewiges Matching 148, 164, 166, 179, 303, 305, 308

   Vermeidung 168–170

Expect 94

   Geschmacksrichtung (Tabelle) 186

expr 94

Extended Regular Expressions *siehe* POSIX

ExtUtils::Install-Modul 283

ExtUtils::Liblist-Modul 283

ExtUtils::MakeMaker-Modul 283

ExtUtils::Manifest-Modul 283

ExtUtils::Mkbootstrap-Modul 283

ExtUtils::Mksymlists-Modul 283

ExtUtils::MM_Unix-Modul 283

ExtUtils::testlib-Modul 283

F

Fahrenheit und Celsius *siehe* Temperatur-Umwandlung

falsche Alternation 117

faule Quantifier *siehe* Quantifier, nicht gierige

faules Matching 88

Fcntl-Modul 283

de Fermat, Pierre 90

File::Basename-Modul 283

FileCache-Modul 283

File::Copy-Modul 283

File::Find-Modul 283

FileHandle-Modul 283

File::Path-Modul 283

find 94

Find-Modul 283

flex xxiv, 78, 94

   Quelltext, URL 320

   Regex-Maschine, Typ 94

   Tabelle mit Abkürzungen 77

Fließkommazahlen 131

foreach und **while** und **if** 262

Format 38

Fortsetzungszeilen 120, 126

Fragezeichen 16

   als \? 88

   nicht gieriges 88

frei fließende Regex 177, 178

Fremdsprachen *siehe* POSIX, Locale

Friedl

   Alfred 118

   Brüder 30

   Eltern xxiii

   Jeffrey (Home Page) 317

   Liz 30

G

gawk *siehe* GNU *awk*

GDBM_File-Modul 283

gebrochene Geldbeträge finden 23

geizige Quantifier 116, 303, 311

Geltungsbereich

   dynamischer 218

   lexikalischer und dynamischer 221

Geschichte

   AT&T Bell Labs 66, 188

   awk 188

   Berkeley 66

   ed, historische Details 65

   egrep 66, 188

   grep 64

      Groß- und Kleinschreibung ignorieren 286

   Perl 212, 263

   regulärer Ausdrücke 64–67

Geschmacksrichtung   21
   Auswahlkriterien   67, 185, 189
   Perl   229–251
   Python ähnelt Emacs   74
   Übersicht (Tabelle)
      Allgemein   67, 186
      awk   186, 189
      egrep   29, 186
      Emacs   186, 198
      Expect   186
      grep   186, 187
      lex   186
      Perl   186, 206, 207, 229, 237, 240, 246, 250
      Python   186
      sed   186
      Tcl   186, 193
      vi   186
   veränderbare (Python)   74
   versteckte Features   188
   Vielfalt   67, 185–187, 189
geschweifte Klammern   *siehe* Intervall
Getopt::Long-Modul   283
Getriebe   96–97, 150, 155, 158, 162, 183
   siehe auch Backtracking
   und Pseudo-Backtracking   110
   im Takt bleiben   210, 242, 296
   und study   294
Gier   98
   und Alternation   116–118
   beugt sich übergeordneten Zielen   101, 135, 174, 230, 234
   lokale und globale   124
   regex-gesteuerte   110
   Rücksichten auf globales Matching   116
   Wer zuerst kommt, mahlt zuerst   100, 102
   zu gierig   101
GNU
   awk   94, 189
      und Alternation   124
      gensub   125, 191
      --posix   189
      Quelltext, URL   319
      --re-interval   189
      Tabelle mit Abkürzungen   77
   egrep   125
      und Rückwärtsreferenzen   98
      Tabelle mit Abkürzungen   77

find   94
grep   94, 186
   Geschmacksrichtung (Tabelle)   187
   der »kürzeste früheste Treffer«   125, 162
   Software-Archiv   318
GNU **Emacs**   *siehe* Emacs
Gosling, James   xxiv, 212
Götz von Berlichingen, 3. Akt, 4. Szene   14
grep   94
   Erklärung des Namens   65
   Geschichte   64
   Geschmacksrichtung   65
      Tabelle   186, 187
      Vielfalt   186
   GNU   94, 186
      Geschmacksrichtung (Tabelle)   187
      der »kürzeste früheste Treffer«   125, 162
   Groß- und Kleinschreibung ignorieren   286
   Regex-Maschine, Typ   94
   SCO   186
   -y-Option   66
grep (Operator in Perl)   243
Groß- und Kleinschreibung ignorieren   18
   mit *egrep*   19
   in Emacs   196
   Fehler   186
   grep, Geschichte   286
   Implementierung   285
   Latin-1-Zeichensatz   249
   in Perl   45, 236, 254
   im POSIX-Locale   70
   Punkt   286
   in Python   74
   in Tcl   73, 194, 195
group(1)   61, 74, 88, 100
Gruppieren   *siehe* Klammern
gsub
   in *awk*   72, 191
   in Python   61

H

Haertel, Mike   94
Haight, Dick   94
Halpern, Jack   xxiii–xxv, 3
Harness-Modul   283

Hash-Modul   283
häufige Muster   167
Hervorheben
    mit ANSI-Escape-Sequenzen   59
hexadezimale Escapes   79
    in *awk*   189
    in Perl   246, 247, 249, 261
    in Tcl   193
Hietaniemi, Jarkko   247
Horizontal Rule (<HR>)   17
Hostname-Modul   283
HTML   1, 9, 17, 18, 74, 113, 131, 133, 233,
    269
Hütchen (^)   *siehe* Zeichenklasse, negierte

I

I18N::Collate-Modul   247, 250
IBM
    370 und EBCDIC   78
    7094 Maschinencode   65
    ThinkPad   xxv
if
    kurze Verzweigung zuerst   41
    und while und foreach   262
im Takt bleiben   210, 242, 296
Implementierung
    DFA   124
    Groß- und Kleinschreibung ignorieren
        285
    NFA   124
implizite Zeilenanker (Optimierung)   137,
    195
    Diskussion   162
    in Perl   293
Install-Modul   283
Internationalisation   247
Interpolation
    in Perl   236, 250, 253, 261, 271, 289,
        301, 311, 312, 314
Intervall   18, 88
    nicht gieriges   88
    ⌜x{0,0}⌟   88
invertierte Zeichenklasse   *siehe*
        Zeichenklasse, negierte
IP (Internet Protocol)
    Adresse   5, 127–129, 271
    Hostnamen erkennen   171
IPC::Open2-Modul   283

IPC::Open3-Modul   283
Iraq   10
Irving, John   64
isearch-forward (Emacs)   196
ISO-2022-JP-Zeichensatz   26
ISO-8859-1-Zeichensatz   26, 249

J

Japanisch
    Schriftzeichen   xxv, 26
    正規表現は簡単だよ   5
    Textverarbeitung   26
JAPH   263
JIS-Zeichensatz   26
Joy, Bill   94
Just Another Perl Hacker   263

K

Keisler, H. J.   65
Kernighan, Brian   xxiv, 94, 188, 189, 319
Klammern   12, 74, 87–88
    siehe auch Perl, $+; Perl, $1
    als \(···\)   61, 65
    eckige   *siehe* Zeichenklasse
    Effizienz   154–157
    einfangende   222, 231, 296
        und DFAs   98, 124
        gespeicherter Zustand   154
        nur   99, 155
        in Perl   39
        Zustand abspeichern   111
    gepaarte   130–131
    geschweifte   *siehe* Intervall
    Klammerpaare zählen   19, 47
    limitieren den Bereich von Quantifiern
        16
    und m/···/   257, 258
    und m/···/g   242
    Mechanismus des Matchings   98
    und negatives Lookahead   233
    nicht einfangende   156, 231
    nur gruppierende   231
    und split   269
    verhindern Optimierungen   160
    verschachtelte   16, 42, 101
        Beispiel   54
    zählende   101, 233
Klasse   *siehe* Zeichenklasse
Kleene, Stephen   64

Kleene-Symposium 65

Kleinedler, Steve xxiv

Knigge 284

小林劍 xxiii–xxv, 26

Kollationssequenz 70, 85

Kommentare

C-Kommentare erkennen 172–180

in E-Mail Adressen 303

in Pascal erkennen 169

in regulären Ausdrücken 235

Kompilations-Caching 195

Diskussion 162

in Emacs 164, 202

in Perl 228, 272–278

in Tcl 164

Konversion von Datentypen 215

Koreanische Textverarbeitung 26

Kunen, K. 65

»kürzester frühester Treffer« *siehe* »längster
frühester Treffer«

L

Längenerkennung (Optimierung) 202

Diskussion 161

»längster frühester Treffer« 95, 120, 121,
123, 189, 196

»kürzester frühester Treffer« 125, 162

und POSIX 121

langweiliger DFA 105

Latin-1-Zeichensatz 26, 70, 74, 249

lazy evaluation 123

lc 46, 249, 250

lcfirst 250

leere Regex

in *awk* 190

in Perl 264

Leerzeichen *siehe* Whitespace

Lesk, Mike xxiv, 94

less 94

Lewine, Donald 247

lex xxiv, 66, 94

flex xxiv, 77, 78, 94, 320

Geschichte 188

Geschmacksrichtung (Tabelle) 186

und *trailing context* 124

Zeilenanker 86, 89

lib-Modul 283

Libes, Don xxiv, 93, 94

Liblist-Modul 283

Life With Unix xxiv, 93

LIFO, beim Backtracking 107

Listenkontext 214

siehe auch Perl, Kontext

Literale 4

erkennen, Optimierung in Perl 292,
294

local 216, 278, 280

Local-Modul 283

Locale *siehe* POSIX, Locale

lokaler Fehlschlag und Backtracking 109

Long-Modul 283

Lookahead 134, 232–234

$& 232

und DFAs 124

negatives 129, 175

und Klammern 233

Lookbehind 134, 175, 234

mit Anker 234

looking-at (Emacs) 200

Lord, Tom 124

Lunde, Ken xxiii–xxv, 26

M

m/···/ *siehe* Perl, Match-Operator

MacOS 77, 193

Emacs 320

MakeMaker-Modul 283

Manifest-Modul 283

Maschine *siehe* Analogie

maschinenabhängige Zeichen 77

Masuda, Keith xxv

増田清 xxv

match-data (Emacs) 199–200, 311

Matching *siehe auch* Perl, Match-Operator

amerikanische Uhrzeiten 23

Bereich

egrep kümmert sich nicht darum 23

Bezeichner in Programmiersprachen 22

C-Kommentare 175–180

DFA und NFA 123–125, 146

E-Mail-Adresse 300–311, 321

RFC 822 300

Effizienz 122

eingefaßter Text 133–136

ewiges 148, 164, 166, 179, 303, 305,
308

Vermeidung 168–170

Fließkommazahlen 131
Fortsetzungszeilen 120, 126
gebrochene Geldbeträge 23
Geschwindigkeit 123
HTML 1, 9, 17, 18, 74, 113, 131, 133,
    233, 269
im Takt bleiben 210, 242, 296
in einem String 24
Mechanismus
    Anker 97
    einfache Klammern 98
    Literale 97
    Zeichenklassen und Punkt 97
minimales 88
        siehe auch Quantifier, nicht gierige
nicht gieriges *siehe* Quantifier, nicht
    gierige
regex-gesteuertes 102, 105, 106, 112,
    143
    Alternation 127
    Effizienz 122
    und Gier 110
    Kontroll-Vorteile 103
    und Rückwärtsreferenzen 223
Seiteneffekte 183
    Benutzung 139
    verschachtelte Regex 42
Strings in Anführungszeichen
    in Emacs 81
textgesteuertes 102, 103
    Aussehen einer Regex 105, 110
    Effizienz 122
nicht auf Wort-Basis 7
match-String (Emacs) 199, 200
Math::BigFloat-Modul 283
Maton, William F. xxiv, 34
mawk 94, 165, 189
    Optimierung 162, 165
McCulloch, Warren 64
McMahon, Lee 94
Mehrzeilenmodus *siehe*
        Perl, Modifier: Mehrzeilenmodus
Metasequenz 24
Metazeichen 4
    Konflikt zwischen String und Regex
        278
    in verschiedenen Kontexten 9, 43
    vollwertige 66, 87, 89
    in Zeichenklassen 83

MIFES 124
minimales Matching *siehe* Quantifier, nicht
    gierige, 88
minlen 159
Minuszeichen *siehe*
        Zeichenklasse, Bereich
Mkbootstrap-Modul 283
MKS 79, 94, 165, 189, 319
Mksymlists-Modul 283
MM_Unix-Modul 283
MM_VMS-Modul 283
Modifier *siehe* Perl, Modifier
more 94
Mortice Kern Systems 79, 94, 165, 189
Motto (von Perl) 205, 271, 272
Mulder, Hans 263
Multibyte-Zeichensätze 25, 26
must have 292, 294
my 215, 216, 278, 280

N

Navigator 17
nawk 188
Neeracher, Matthias xxvii
negatives Lookahead 129, 175
    und Zeichenklassen 232
negierte Zeichenklasse *siehe*
        Zeichenklasse, negierte
Nerode, Anil xxiv
Nervensystem
    und reguläre Ausdrücke 64
Netscape 17
Neurophysiologie
    frühe Regex-Studie 64
newgetopt.pl-Paket 283
Newline
    \n 77, 238–240, 246, 302
    und negierte Zeichenklassen 84
    und Perls Zeilenmodus 230, 236–240,
        253, 258
    und Punkt 135, 162
    und Zeilenanker 162
    wird von *egrep* ignoriert 12
NFA 105
    Einführung 93
    und Alternation 116
    Backtracking 106
    frei fließende Regex 177, 178

künstlerische Neigungen 105, 112, 117
Maschinentyp bestimmen 149, 164–166
nicht-deterministisches Verhalten 148,
 170
  Kontrollpunkt 169
 Schwierigkeit der Implementierung 124
 Theorie 108
 Vergleich mit DFA 104, 123–125, 146,
  149, 164–166
Nicht-deterministischer Finiter Automat
 siehe NFA
nicht-einfangende Klammern 156, 231
nicht-gieriges Verhalten
 Alternation 118
 Quantifier 88, 114, 229
 und negierte Zeichenklassen 231
nichtreguläre Mengen 108
normal *siehe* Schleife aufbrechen
Nudelman, Mark 94
Nullzeichen
 in *awk* 190
 und *awk* 190
 und POSIX 83
 und Zeichenklasse »Punkt« 83
 und Tcl 193
Numerieren von Klammerpaaren 101

O

OAK Archive 318
oawk 188, 189
 Quelltext, URL 319
Obfuscated Perl Contest 253, 263, 313
Objekte
 Regex als 74
ODBM_File-Modul 283
oktale Escapes 78
 in *awk* 190
 in Perl 226, 246, 247, 301
 in Tcl 193
Omron Corporation xxv
オムロン株式会社 xxv
One True Awk 189
 Quelltext, URL 319
Open2-Modul 283
open2.pl-Paket 283
Open3-Modul 283
open3.pl-Paket 283

Optimierung 158–164
 \G 242
 Boyer-Moore-Algorithmus 159
 Einfache Repetition 195, 202
  Diskussion 159
 »Erstes Zeichen«-Optimierung 155, 183,
  195, 202
  Diskussion 158
  bei DFA 158
  in Emacs 158, 182, 202
  in Perl 292
 frühes Erkennen des längsten Treffers
  161, 165
 implizite Zeilenanker 137, 195
  Diskussion 162
  in Perl 293
 Irrungen und Wirrungen 181
 durch Klammern ausgeschaltet 160
 Kompilations-Caching 195
  Diskussion 162
  in Emacs 164, 202
  in Perl 228, 272–278
  in Tcl 164
 Längenerkennung 202
  Diskussion 161
 lazy evaluation 123
 in *mawk* 162, 165
 in Python 157
 String-/Zeilenanker 97, 123
  Diskussion 162
 Substitution in Perl 287–289
 Test auf simple Strings 181, 183, 195
  Diskussion 159
  in Perl 286, 292, 294
 unnötige kleine Quantifier 160
optionales Element *siehe*
  Quantifier, Fragezeichen
Oram, Andy xxiii, xxiv, 5
O'Reilly & Associates
 Mastering Regular Expressions
  Online-Information 317
 日本語情報処理 26
 Perl 5 Desktop Reference 204, 320
 Perl 5 Schnellübersicht 204, 320
 POSIX Programmer's Guide 247

Programmieren mit Perl 206
Programming Perl 206
sed & awk 7
*Understanding CJKV Information
    Processing* 26
*Understanding Japanese Information
    Processing* xxiii, 26
O'Reilly, Tim xxv
Orwant, Jon xxv
Ousterhout, John 94, 193

P

ParseWords-Modul 211, 283
Pascal 34, 56, 125
    Kommentare 169
patch xxiv
Path-Modul 283
Paxson, Vern xxiv, 94
Perl 94
    \1 39, 223, 231, 247, 251, 277, 285, 312
        und Substitution 222, 231, 247, 251,
        312
    \A 240
    \B 244–246, 303
    \b 226, 244–246, 303
        doppelte Bedeutung 44, 80
    \E 225, 245, 250
    \G 240
        nicht der Anfang eines
        Matching-Versuchs 256
    \L 250, 251
    \l 250
    \Q 225, 245, 250
    \s (Whitespace) 82, 246, 292
        Einführung 44
        entsprechende Zeichenklasse 61
        und POSIX 247
    \U 250, 251
    \u 250
    \Z 240
    -DDEBUGGING 159, 291
    <> 51, 236, 238, 290, 295, 299
        und $_ 58
    $+ 220–222, 262, 288, 289
        und !~ 255
        beeinträchtigt Effizienz 279–283,
        287, 288
        Beispiel 225, 296

    und Benchmark 290
    und Lookahead 232
    und Perl4 312, 314
    und split 268
    Wunschliste 311
    $/ 33, 57, 236, 238, 299
    $_ 58, 240, 255, 265, 278, 288
        Fehler bei study 295
    $* 238–239, 259
        Warnung abschalten 239
    $&, $' und $` 220–222, 262, 288, 289
        und !~ 255
        beeinträchtigen Effizienz 279–283,
        287, 288
        und Benchmark 290
        Knigge 284
        und Lookahead 232
        und Perl4 312, 314
        und split 268
        Wunschliste 88, 311
    $0 222
    $1 220–223, 262, 288, 289
        Einführung 39
        und !~ 255
        beeinträchtigt Effizienz 279–283,
        287, 288
        und Benchmark 290
        und Lookahead 232
        und Perl4 314
        und split 268
        Wunschliste 311
    ?...? 252, 256, 259, 261, 315
        in Perl4 313, 315
    =~ 225, 252, 255
        Einführung 36
        und split 267
    !~ 41, 255
    Abkürzungen 77, 246
    allgemeiner Ausdruck als Regex 252
    anchored 293
    Anker für mehrfaches Matching (\G)
        221, 240–244, 298
    ANYOF 292
    cperl-mode, in Emacs 198
    Dollar, Variablen-Interpolation 226
    doublequotish processing 224
    Effizienz 270–295
        und Klammern 281, 288
        Substitution 287–289

Eingabezeilen-Trennzeichen (*input
  record separator*)   33, 57, 236, 238,
  299
Ersatztext-Operand
  Strings in Anführungszeichen   260
  Strings in Anführungszeichen (Perl4)
  314
Escape
  nicht maskierbares Element   235
eval   226, 239, 261, 284, 289, 315
  und /o   275
  Block als Argument   276
foreach und while und if   262
ganze Datei auf einmal lesen   238
Geltungsbereich
  dynamischer   215–221
  lexikalischer und dynamischer   221
Geschichte   212, 263
Geschmacksrichtung (Tabelle)   186
Getriebe und study   294
grep (Operator)   267
größte Schwächen   207
hexadezimale Escapes   246, 247, 249,
  261
Home Page   320
if und while und foreach   262
implizite   293
Interpolation   35, 223, 236, 250, 253,
  261, 271, 289, 301, 311, 312, 314
Interpolativer Kontext   223–229
  und \Q usw.   250
  und $ 236
  Ersatztext-Operand   261
  vermeiden   252
Just Another Perl Hacker   263
Klammern   231–236
  einfangende   231, 296
  einfangende, Effizienz   281, 288
  und m/···/   257, 258
  und m/···/g   242
  und negatives Lookahead   233
  nicht einfangende   231
  nur gruppierende   231
  und split   269
an Klassen gebundene Variablen   221
Knigge   284
Kommentare in regulären Ausdrücken
  235
Kontext   214–215, 257–260

Anpassung an   214
Listenkontext   214
Listenkontext und skalarer Kontext
  262
Standardkontext beim Matching   256
zurechtbiegen   215
lc   46, 249, 250
lcfirst   250
literalen Text erkennen   292, 294
local   216, 278, 280
m/···/   *siehe* Perl, Match-Operator
Match-Operator   163, 251–259
  Einführung   36
  ?···?   252, 256, 259, 261, 315
  ?···? (Perl4)   313, 315
  allgemeiner Ausdruck   252
  Identifizierung der Regex   226
  Kontext   214–215, 256–260, 262
  Rückgabewert   256
  Seiteneffekte   256
  und split   267
  Standardkontext   256
  Suchstring-Operand   255
  voreingestellte Regex   253
  voreingestellte Regex (split)   269
  voreingestellte Regex (Perl4)   313
minlen   159
Modifier   253
  Diskussion   253–254
  Einführung   45
  /eieio   263
  /smog   253
  im (?···)-Konstrukt   236
Modifier: Einzeilenmodus (/s)   230,
  236–240, 253
Modifier: Eval (/e)   260, 261
  Diskussion   261–263
  Effizienz bei der Substitution   261,
  289
  Fehler in Perl4   272
Modifier: Freie Form (/x)   213, 225,
  236, 253, 260, 310
  Aufbau der Regex aus Strings   301
  und Begrenzer   252
  und Kommentare   235
  Verarbeitung   228

Modifier: Globales Matching (/g)   210,
    257–259, 297
    und \G   240–244
    und $`   221
    und $1   222, 252
    Effizienz bei der Substitution   288
    und Kontext   256–260
    und leere Treffer   254, 264
    Leistungseinbuße mit /i   285
    Leistungseinbuße mit $&   281
    und pos   243, 256
    und pos (Perl4)   314
    und split   265, 268
    Vergleich mit while-Schleife   297
Modifier: Groß/Kleinschreibung
    ignorieren (/i)   45, 236, 254
    und Nicht-ASCII-Daten   249
    beeinträchtigt Effizienz   283–287
    Benchmarks   285
    Leistungseinbuße mit $_   281
    und POSIX   247
Modifier: Kompilations-Cache (/o)   225,
    229, 253, 271
    Diskussion   272–278
    und eval   275
    Strafe für vergessenen   306
Modifier: Mehrzeilenmodus (/m)
    236–240, 253, 258
    kombiniert mit /s (sauberer
      Mehrzeilenmodus)   239–240
Modul
    Carp   282, 283
    Collate   247, 250
    English   282, 283
    I18N::Collate   247, 250
    ParseWords   211, 283
    POSIX   247, 283
    Text::ParseWords   211, 283
    unartige Module   283
Motto   205, 271, 272
must have   292, 294
my   215, 216, 278, 280
nicht-gierige Quantifier   88, 210
oktale Escapes   226, 246, 247, 301
    vs. Rückwärtsreferenzen   247
Optimierung
    \G   242
    »Erstes Zeichen«-Optimierung   292
    implizite Zeilenanker   293

Kompilations-Caching   228, 272–278
Test auf simple Strings   286, 292, 294
Option
    -0   34
    -c   291
    -D   159, 291
    -e   34, 49, 291
    -n   34
    -p   49
    -w   36, 217, 291
The Perl Way   205, 218, 270, 282
Perl4, Vergleich mit Perl5   212, 222, 230,
    238, 239, 243, 249, 254, 261, 262,
    269, 272, 281, 291, 301, 312–315
plus   293
pos   243, 256, 259
    Perl4   314
und POSIX-Locales   70, 244, 247
    \w und \s   247
Probleme bei Version 5.000   254, 262,
    295
Probleme bei Version 5.001   295
Punkt statt Zeichenklasse   230
Quantifier   88, 229–231
    nicht gierige   296
quotemeta   250
Regex
    $1 im Regex-Operanden   223
    Begrenzungszeichen   36, 46, 58,
      224, 226, 227, 235, 251–253,
      260–261, 268, 313–315
    Begrenzungszeichen (Perl4)   313,
      314
    in Hochkommas   227, 252, 262, 314
    komplizierte Form   291
    voreingestellte   253, 274
    voreingestellte (split)   269
    voreingestellte (Perl4)   313
Rückgabewert
    Match-Operator   256
    Substitution   263
    Substitution (Perl4)   314
Rückwärtsreferenzen
    vs. oktale Escapes   247
    in Zeichenklassen   231, 248
s/⋯/⋯/   *siehe* Perl, Substitution
Saarland, Postleitzahl   233, 242, 243
sawampersand   284

Seiteneffekte 38
    Match-Operator 256
seltene Zeichen 293
split 208, 232, 264–271
    und ⟨•⟩ 268
    und einfangende Klammern 269
    und Seiteneffekte eines Matchings
        268
start 292, 294
stclass 292
Strings als Regex 223–229
Strings in Anführungszeichen 246, 301
    Variablen darin 35, 223, 312
    Verarbeitung 226
study 159, 259, 286, 293–295
    Fehler 295
    und das Regex-Getriebe 294
Substitution 260–264
    Einführung 47
    und \1 222, 231, 247, 251, 312
    und /e 261
    und /g 223
    und /i 283
    und $1 222
    Begrenzungszeichen 260–261
    Begrenzungszeichen (Perl4) 313,
        314
    Effizienz 287–289
    Ersatztext-Operand 260
    Identifizierung der Regex 226
    und leere Treffer 254
    leere Regex 264
    Rückgabewert 263
    Rückgabewert (Perl4) 314
tied variables 221
uc 250
ucfirst 250
unleserliches 253, 263, 313
Variable
    globale und private 215–220
    Interpolation 236, 250, 253, 261,
        271, 289, 301, 311, 312, 314
    Vermeidung der Interpolation 273
Warnungen
    $^W (Variable) 217, 239
    -w-Option 36, 217, 291
    ausgeben 36
    vorübergehend abschalten 217, 239
while und foreach und if 262

Wort-Anker 47, 244–245
Zeichenklassen 248–250, 285
    und \n 240
    und /i 286
    und /x 228, 301, 310
    Abkürzungen 77, 246
    und Rückwärtsreferenzen 231, 248
    statt Punkt 230
    und negatives Lookahead 232
Zeilenanker 86, 236–240, 293, 297, 298
Zeilenmodus
    und /m 236–240, 253, 258
    und /s 230, 236–240, 253
zufälliges Feature 263
zweitklassige Metazeichen 250–251
Perl 5 Desktop Reference 204, 320
Perl 5 Schnellübersicht 204, 320
The Perl Journal 207, 230, 233, 271, 320
perl5db.pl-Paket 283
Personen
    Aho, Alfred 66, 94, 108, 188
    Aoyama, Kenji xxv
    青山健治 xxv
    Barwise, J. 65
    Beard, Paul xxv
    Berke, Wayne xxiv, 248
    Biggar, Mark xxiv
    Brennan, Michael 94, 162, 189
    Chachich, Mike xxv
    Christiansen, Tom xxiv
    Constable, Robert xxiv, 65
    Couch, Norris xxv
    Cruise, Tom 48
    Dougherty, Dale 7
    de Fermat, Pierre 90
    Friedl
        Alfred 118
        Brüder 30
        Eltern xxiii
        Jeffrey (Home Page) 317
        Liz 30
    von Goethe, Joh. W. *siehe* Götz
    Gosling, James xxiv, 212
    Haertel, Mike 94
    Haight, Dick 94
    Halpern, Jack xxiii–xxv, 3
    春遍雀來 xxiii–xxv, 3
    Hietaniemi, Jarkko 247
    Irving, John 64

Joy, Bill   94

Keisler, H. J.   65

Kernighan, Brian   xxiv, 94, 188, 189, 319

Kleene, Stephen   64

Kleinedler, Steve   xxiv

小林劍   xxiii–xxv, 26

Kunen, K.   65

Lesk, Mike   xxiv, 94

Lewine, Donald   247

Libes, Don   xxiv, 93, 94

Lord, Tom   124

Lunde, Ken   xxiii–xxv, 26

Masuda, Keith   xxv

増田清   xxv

Maton, William F.   xxiv, 34

McCulloch, Warren   64

McMahon, Lee   94

Mulder, Hans   263

Neeracher, Matthias   xxvii

Nerode, Anil   xxiv

Nudelman, Mark   94

Oram, Andy   xxiii, xxiv, 5

O'Reilly, Tim   xxv

Orwant, Jon   xxv

Ousterhout, John   94, 193

Paxson, Vern   xxiv, 94

Pitts, Walter   64

Reilley, Chris   xxv

Ressler, Sandy   93

Robbins, Arnold   94, 188

Rochkind, Marc   188

van Rossum, Guido   94

Schienbrood, Eric   94

Schwartz, Randal   233, 263

Sethi, Ravi   108

Spencer, Henry   xxiv, xxv, 67, 124, 125, 192, 212, 319

Stallman, Richard   xxiv, 94, 202

Steinbach, Paul   79

Stok, Mike   xxv

Takasaki, Yukio   xxv

高崎敬雄   xxv

Thompson, Ken   xxiv, 65, 83, 94

Tubby   162–164, 169, 222, 291, 292

Ullman, Jeffrey   108

Vromans, Johan   320

Wall, Larry   xxiv, xxv, 35, 89, 94, 114, 207, 212, 213, 229, 263, 311

Weinberger, Peter   94, 188

Welinder, Morten   320

Wine, Hal   78

Wood, Tom   xxiv

Pfadnamen extrahieren   136–140

Pitts, Walter   64

Plus   16

als \+   88

nicht gieriges   88

Pod::Text-Modul   283

Portable Operating System Interface   *siehe* POSIX

POSIX   68–70

[.···.]   85

[:···:]   84

[=···=]   85

Basic Regular Expressions (BRE)   69

bracket expression   84

Escapes sind Literale   79

Extended Regular Expressions (ERE)   69

fehlende Unterstützung   70, 186

Kollationssequenz   70, 85

Locale   84

Überblick   69

Groß- und Kleinschreibung ignorieren   70

in Perl   70, 244, 247

Unterstützung in der C-Bibliothek   70, 247

und \w (Wort-Bestandteil)   70, 244, 247

NFA   *siehe* POSIX-NFA

Notation mit eckigen Klammern   84

Nullzeichen   83

Standard für Programme   93

Zeichen-Äquivalente   85

Zeichenklassen   84

und Locale   84

»Punkt«   83

POSIX-Modul   247, 283

POSIX-NFA

Backtracking, Beispiel   151

und Effizienz   122

frühe Treffererkennung, Optimierung   161

Maschinentyp bestimmen   149, 164–166

POSIX Programmer's Guide   247

Postleitzahl
  Beispiel 240–244
  Perl im Saarland 233, 242, 243
Prozeßnummer 262
Programmieren mit Perl 206
Programming Perl 206
PruefFunktion_aufbauen 276, 278
Pseudo-Backtracking 110
Publikationen
  Bulletin of Math. Biophysics 64
  Communications of the ACM 65
  *Compilers – Principles, Techniques, and
    Tools* 108
  Embodiments of Mind 64
  Kleene-Symposium 65
  Life With Unix xxiv, 93
  »A logical calculus of the ideas
    immanent in nervous activity« 64
  O'Reilly & Associates
    日本語情報処理 26
    Perl 5 Desktop Reference 204, 320
    Perl 5 Schnellübersicht 204, 320
    POSIX Programmer's Guide 247
    Programmieren mit Perl 206
    Programming Perl 206
    sed & awk 7
    *Understanding CJKV Information
      Processing* 26
    *Understanding Japanese Information
      Processing* xxiii, 26
  The Perl Journal 207, 230, 233, 271,
    320
  Regular Expression Search Algorithm
    65
  »The Role of Finite Automata in the
    Development of Modern
    Computing Theory« 65
Punkt 11, 82
  und Ignorieren von Groß- und
    Kleinschreibung 286
  Mechanismus des Matchings 97
  und Newline 135, 162
  und Perls Zeilenmodus 236–240
  POSIX-Zeichenklasse 83
Python 94
  \b, Doppelbedeutung 80
  benannte Unterausdrücke 312
  compile 60, 74, 100, 164
  Fehler 169

Format 38
Geschmacksrichtung
  Übersicht (Tabelle) 186
  ähnelt Emacs 74
  ändern 74
  Groß-/Kleinschreibung ignorieren 74
  group(1) 61, 74, 88, 100
  gsub 61
  Optimierung 157
  Programmstück
    Datei- und Pfadnamen 137
    HTML-Tags 74
    Subject 100
    "[Tt]ubby" 164
    verdoppelte Wörter, Beispiel 60
  Rückwärtsreferenzen 74, 81
  Strings als Regex 80
  Tabelle mit Abkürzungen 77
  übergibt unbekannte Escapes der
    Regex-Maschine 81
  \v99 81
  Zeilenanker 61, 86

Q

Qantas 10
qed 65
Quantifier 88–89
  「(…✶)✶」 170
  und Backtracking 110
  Effizienz 147, 159, 160, 230
  Fragezeichen 16
  geizige 116, 303, 311
  gieriges Verhalten *siehe* Gier
  Intervall 18, 88
  und Klammern 16
  kleinster vorausgehender Unterausdruck
    25
  minimales Matching 88
  nicht gierige 88, 114, 229
    Effizienz 156, 160, 230
    Fallen bei Alternationen 117
    Fragezeichen 88
    Intervall 88
    in Perl 88, 210, 296
    Plus 88
    Stern 88
    und negierte Zeichenklassen 230
  in Perl 88, 229–231

Plus   16
Stern   16
verschachtelte   170
quotemeta   250
quotewords-Routine   211
quotierte Strings   *siehe* Strings in
    Anführungszeichen

R

Regex
Aufbau aus Variablen
    und Alternation   310
    in Perl   301
Begrenzungszeichen   65, 71–73
    in *awk*   191
    in Perl   36, 46, 58, 224, 226, 227,
    235, 251–253, 268, 313–315
als Denkweise   5
Vergleich mit der deutschen Sprache
    175
Generelles Konzept (Beschreibung)   4
Geschmacksrichtung
    Auswahlkriterien   67, 185, 189
    Perl   229–251
    Python ähnelt Emacs   74
    veränderbare   74
    versteckte Features   188
    Vielfalt   67, 185–187, 189
gieriges Verhalten   *siehe* Gier
Kommentare   235
Kompilierung   122, 123, 159
»längster frühester Treffer«   95, 120, 121,
    123, 189, 196
    »kürzester frühester Treffer«   125, 162
    und POSIX   121
Maschine   24
    hybride Formen   125
    Schwierigkeit der Implementierung
    124
    Typen und Programme, Tabelle   94
    Typus bestimmen   149, 164–166
Matching
    als Funktion implementiert   163
als Objekte   74
Odyssee   xxiii
Regel 1: Der früheste Treffer gewinnt
    95
Regel 2: Manche Metazeichen sind gierig
    98, 116

regex-gesteuertes Matching   102, 105,
    106, 112, 143
    Alternation   127
    Effizienz   122
    und Gier   110
    Kontroll-Vorteile   103
    und Rückwärtsreferenzen   223
als String aufgefaßt   73, 80, 191, 192,
    197, 223–229
Terminologie   24
textgesteuertes Matching   102, 103
    Aussehen einer Regex   105, 110
    Effizienz   122
Trennzeichen   7
Unterausdruck
    benannter (Python)   312
    Definition   25
    Klammerpaare zählen   47
regex-gesteuertes Matching   102, 105, 106,
    112, 143
    Alternation   127
    Effizienz   122
    und Gier   110
    Kontroll-Vorteile   103
    und Rückwärtsreferenzen   223
Regex-Maschine   24
    hybride Formen   125
    Schwierigkeit der Implementierung   124
    Typen und Programme, Tabelle   94
    Typus bestimmen   149, 164–166
**Regex-orientiertes Ignorieren von Groß- und
    Kleinschreibung**   285
regexp   140, 163, 192, 194
regexp-quote   196
regsub   72, 192, 194
Regular Expression Search Algorithm   65
Reguläre Ausdrücke   *siehe* Regex
    Herkunft des Namens   64
reguläre Mengen   64
Reilley, Chris   xxv
replace-match (Emacs)   199, 200
re-search-forward (Emacs)   73
Ressler, Sandy   93
RFC 822   300
rn (Newsreader)   xxiv
Robbins, Arnold   94, 188
Rochkind, Marc   188
van Rossum, Guido   94

Rückwärtsreferenz
  Einführung (mit *egrep*)   19–20
  erinnert sich an Text   19
  nicht möglich bei DFA   98, 124, 125
  in Perl   247
Rummy   30
rx (Regex-Paket für C)   124

§

s/···/···/   *siehe* Perl, Substitution
Safe-Modul   283
sawampersand   284
Scalar-Modul   283
Schaffkopf   30
Schienbrood, Eric   94
Schleife aufbrechen   166–176, 179, 269,
      307
  ⌈*normal*⋆ (*speziell normal*⋆) ⋆⌋   168, 308
Schraubendingsbumsflansch als
      Fachausdruck   75
Schwartz, Randal   233, 263
SCO
  grep   186
    Geschmacksrichtung (Tabelle)   187
  Unix   188
SDBM_File-Modul   283
isearch-forward-regexp (Emacs)   165,
      196
sed   94
  Geschmacksrichtung (Tabelle)   186
  Zeilenanker   86
sed & awk   7
SelectSaver-Modul   283
SelfLoader-Modul   283
seltene Zeichen (Optimierung)   293
Serienbrief, Beispiel   48–49
Sethi, Ravi   108
Shell   7
Shell-Modul   283
skalarer Kontext   *siehe* Perl, Kontext
Socket-Modul   283
Software
  Bezugsquellen   317
Spencer, Henry   xxiv, xxv, 67, 124, 125,
      192, 212, 319
speziell   *siehe* Schleife aufbrechen
split
  in *awk*   191, 192

in Perl   208, 232, 264–271
  und ›•‹   268
  und einfangende Klammern   269
  und Seiteneffekte eines Matchings
      268
Sprache
  Analogie zu Regex   25
  Bezeichner   22
  Zeichenklassen als   13
  ß   70, 85
Stallman, Richard   xxiv, 94, 202
Standards   *siehe* POSIX
start   292, 294
stclass   292
Steinbach, Paul   79
Stern   16
  kann *immer* passen   112
  nicht gieriger   88
Stok, Mike   xxv
String   *siehe auch* Zeile
String-/Zeilenanker-Optimierung   97, 123
  Diskussion   162
String-Anker   *siehe* Zeilenanker
String-orientiertes Ignorieren von Groß- und
      Kleinschreibung   285
Strings als Regex
  in *awk*   191
  in Emacs   73, 80
  in Perl   223–229
  in Python   80
  in Tcl   80, 197
Strings in Anführungszeichen
  ernüchterndes Beispiel   144–149
  finden   22, 209
  geschützte Anführungszeichen zulassen
      133
  Matching   225, 298
  Matching in Emacs   81
  Perl   246, 301
    Variablen darin   35, 223, 312
    Verarbeitung   226
study   159, 259, 286, 293–295
  Fehler   295
  und das Regex-Getriebe   294
Substitution
  siehe auch sub; gsub; regsub;
      replace-match
  in Perl   *siehe* Perl, Substitution

Teil eines Matchings entfernen 49
um Text zu entfernen 115
SubstrHash-Modul 283
Suchen und Ersetzen *siehe* Substitution
Syntaxklassen (Emacs) 82
und `isearch-forward` 197
Übersicht (Tabelle) 199
Sys::Hostname-Modul 283
Syslog-Modul 283

T

Tabulator *siehe* \t
Takasaki, Yukio xxv
高崎敬雄 xxv
Tcl 94, 192–195
\1 194
\9 193
-- 195
-all 73, 177, 179, 194
Backslash-Substitution 193
`Format` 38
Geschmacksrichtung (Tabelle) 186, 193
Groß- und Kleinschreibung ignorieren
73, 194, 195
hexadezimale Escapes 193
-indices 140, 195, 311
\n, unklare Bedeutung 193
nicht-interpolierende Strings 180
-nocase 73, 194, 195
Nullzeichen 193
oktale Escapes 193
Optimierung 195
Kompilations-Caching 164
und POSIX-Locales 70
Programmstück
C-Kommentare entfernen 177–180
Datei- und Pfadnamen 137–140
`Subject` 100
⌈[Tt]ubby⌋ 162
Regex sind Strings 192
`regexp` 140, 163, 192, 194
`regsub` 72, 192, 194
Strings als Regex 80, 197
Tabelle mit Abkürzungen 77
\x0x*ddd* 193
Zeilenanker 86
Tellerstapel, Analogie 107
Temperatur-Umwandlung 35–45, 203, 287

Term::Cap-Modul 283
Terminologie 24
Test auf simple Strings (Optimierung) 181,
183, 195
Diskussion 159
in Perl 286, 292, 294
Test::Harness-Modul 283
testlib-Modul 283
Text einfangen *siehe* Klammern
Text-Modul 283
textgesteuertes Matching 102, 103
Aussehen einer Regex 105, 110
Effizienz 122
Text::ParseWords-Modul 211, 283
Text::Wrap-Modul 283
Theorie zu NFAs 108
Thompson, Ken xxiv, 65, 83, 94
Tie::Hash-Modul 283
Tie::Scalar-Modul 283
Tie::SubstrHash-Modul 283
Time::Local-Modul 283
time-now 201
Tischstaubsauger 122
tortilla 70, 85
TPJ *siehe* Publikationen, *The Perl Journal*
trailing context, bei *lex* 124
Tubby 162–164, 169, 222, 291, 292

U

uc 250
ucfirst 250
Ullman, Jeffrey 108
Umrechnung, Temperaturen *siehe*
Temperatur-Umwandlung
unartige Perl-Module 283
unbekannte Escapes, String-Verarbeitung
81
*Understanding CJKV Information
Processing* 26
*Understanding Japanese Information
Processing* xxiii, 26
unendliches Matching 148, 164, 166, 179,
303, 305, 308
Unicode-Zeichensatz 26
unkontrolliert 108
Unterausdruck
benannter (Python) 312
Definition 25

Klammerpaare zählen 47
Numerierung 47
URL Web-Seiten herunterladen 78

V

Variablen
globale und private 215–220
Interpolation 236, 250, 253, 261, 271,
    289, 301, 311, 312, 314
Namen 22
in Strings in Anführungszeichen 35
Vermeidung der Interpolation 273
vars-Modul 283
verdoppelte Wörter, Beispiel
Beschreibung des Problems 1
Lösung in Emacs 73
Lösung in Perl 33, 57
Lösung in Python 60
Lösung mit *egrep* 20
Lösung mit *grep* 65
Vergleich von Regex-Maschinentypen
    siehe DFA
verschachtelte Klammern 16, 42, 101
Beispiel 54
vertikaler Strich *siehe* Alternation
Verwirrung
^ in Python 61
⌜[●👤]*⌟ und ⌜(●*|👤*)⌟ 42
=~ und == und = 36
Fortsetzungszeilen 126
gepaarte Klammern 130–131
Metazeichen in verschiedenen
    Kontexten 9, 43
Nicht-gieriges Verhalten und negierte
    Zeichenklassen 231
Perls print und Fließkommazahlen 37
Punkt und Zeichenklasse 84
/s Modifier (Perl) 230
unerwarteter Text 131, 135
Wort und alphanumerische Sequenz 14
⌜x{0,0}⌟ 88
\x0x *ddd*··· 193
Zeichenklasse und Alternation 13
vi 94
Geschmacksrichtung (Tabelle) 186
Vietnamesische Textverarbeitung 26
Virtual Software Library (AOK VSL) 318
vollwertige Metazeichen 66, 87, 89

voreingestellte Regex 253
in Perl4 313
bei **split** 269
Vromans, Johan 320

W

Wall, Larry xxiv, xxv, 35, 89, 94, 114, 207,
    212, 213, 229, 263, 311
Warnungen
$^W (Variable) 217, 239
–w-Option 36
über $* vermeiden 239
vorübergehend abschalten 217, 239
Web-Seiten herunterladen 78
webget 78
Weinberger, Peter 94, 188
Welinder, Morten 320
while und **foreach** und **if** 262
Whitespace 1
und *awk* 192
in E-Mail-Adressen 300
entfernen 288, 296–297
erlauben 42
als Regex-Begrenzungszeichen 313
und **split** 268, 315
zusätzlichen erlauben 17
Windows-NT 189
Wine, Hal 78
Wood, Tom xxiv
World Wide Web
CGI-Sprache 35
HTML 1, 9, 17, 18, 74, 113, 131, 133,
    233, 269
Seiten herunterladen 78
Wort-Anfang *siehe* Wort-Anker
Wort-Anker 14
Beispielzeile mit markierten Positionen
    14
als lookbehind 234
Mechanismus des Matchings 97
in Perl 47, 244–245
Wort-Ende *siehe* Wort-Anker
Wrap-Modul 283
WWW *siehe* World Wide Web

Y

Yahoo! 318

Z

zählende Klammern   101
Zahnstocher, verstreute   73, 197
Zeichen
   Abkürzungen   82
     Tabelle   77
   im Gegensatz zu Byte   25, 248
   maschinenabhängige   77
Zeichen-Äquivalente (POSIX)   85
Zeichenklasse   8, 83
   Abkürzungen   82
   und Alternation   13, 119
   Bereich   9, 83
   als eigene Sprache   9, 44
   Escapes in   83, 135
     awk   190
   Mechanismus des Matchings   97
   Metazeichen   83
   negierte   9, 83
     muß trotzdem passen   12, 30, 175
     und Newline   84
     und nicht-gierige Elemente   230, 231
     verbraucht ein Zeichen   10
   in Perl   248–250, 285
     und \n   240
     und /i   286
     und /x   228, 301, 310
     Abkürzungen   77, 246
     und Rückwärtsreferenzen   231, 248
     statt Punkt   230
     und negatives Lookahead   232
   positive Behauptung   83
   bei POSIX-Klammerausdrücken   84
   Tabelle mit Abkürzungen   77

Zeichensatz
   ASCII   26, 70, 78, 247
   EBCDIC   26, 78
   EUC-JP   26
   ISO-2022-JP   26
   ISO-8859-1   26, 249
   JIS   26
   Latin-1   26, 70, 74, 249
   Multibyte-Zeichensätze   25, 26
   Unicode   26
Zeile
   egrep entfernt das Ende   12
   im Gegensatz zu Strings   52, 86–87
Zeilenanker   86, 236–240, 293, 297, 298
   Dollar   8, 87
   Implementierungen   66, 89, 186
   in *lex*   89
   als Lookbehind   234
   Mechanismus des Matchings   97
   und Newline   162
   Optimierung   97, 123
     Diskussion   162
   und Perls /m   236–240, 253, 258
   und Perls /s   230, 236–240, 253
   Python   61, 86
     Überraschungen   61
   Tabelle   86, 237, 240
   Zirkumflex   8, 86
Zeilenvorschub   *siehe* Newline
Zirkumflex
   siehe auch Zeichenklasse, negierte
   und Perls Zeilenmodus   236–240
   Zeilenanker   8, 86
zufälliges Feature in Perl   263

Über den Autor

Jeffrey Friedl ist auf dem Land, in Rootstown, Ohio, aufgewachsen und wollte eigentlich Astronom werden, bis er in einer Ecke des Chemielabors einen unbenutzten TRS-80 Model I entdeckte (mit *vollen* 16 k RAM, immerhin). 1980 entdeckte er Unix und damit die regulären Ausdrücke. Nach Abschlüssen in Computer Science (Informatik) an der Kent State University (B. S.) und der University of New Hampshire (M. S.) arbeitete er als Ingenieur bei Omron Corporation, Kyoto, Japan.

Jeffrey wendet seine Kenntnisse von regulären Ausdrücken an, um die Welt für die Leute einfacher zu machen, die nicht perfekt zweisprachig im Englischen und Japanischen sind. Er hat einen Englisch-Japanisch-Wörterbuch-Server (*http://www.itc.omron.com/cgi-bin/j-e*) für das World Wide Web geschaffen und unterhält ihn auch. Er ist in einer Reihe von Sprach-Projekten engagiert, sowohl im geschriebenen Sektor als auch auf dem Netz.

Wenn es um das schwierige Problem geht, was er mit all seiner freien Zeit anfangen soll, liebt es Jeffrey, mit seiner Honda CB-1 durch die Landschaft zu fahren. Mit dreißig entschloß er sich, daß seine 193 cm Körpergröße doch zu etwas nütze sein könnten, und spielte seitdem Basketball in der Firmenmannschaft von Omron. Während dem Abschluß des Manuskripts zu *Mastering Regular Expressions* spielte er in seinem ersten Spiel und erzielte in neun Minuten fünf Punkte, was er selbst als verdammt gut für einen Hacker einstuft. Wenn er seine Familie besucht, tanzt er gerne Two-Step mit seiner Mutter, poliert mit seinem Vater alte Münzen oder spielt mit seinen Brüdern und Schwestern Schaffkopf.

Einige Monate nach Erscheinen des Buches zog Jeffrey nach Santa Clara, Kalifornien, wo er für Yahoo! Inc. arbeitet (`http://www.yahoo.com/` oder, in Deutsch, `http://www.yahoo.de/`). Er wendet seine Kentnisse von regulären Ausdrücken für die Verarbeitung von Finanzdaten und -Meldungen an, die für die Informationsseiten für Finanzen und Aktien verwendet werden.

Über den Übersetzer

Andreas Karrer wurde 1957 bei Zürich geboren und lebt in Zürich. Nach einem Chemiestudium (ETH Zürich) mit den üblichen akademischen Folgeerscheinungen (Doktorat, Post-Doc in den USA und beim Max-Planck-Institut für Biochemie) hat er sich völlig auf die Arbeit am Computer, vorzüglich solcher der Sorte Unix, verlegt. Er arbeitet als Systemadministrator an der ETH, schreibt Programme für Hobby-Web-Sites und gibt Kurse über Perl. Dies ist seine erste Übersetzungsarbeit, was nach Jeffrey Friedl nur folgerichtig ist – es ist ja auch sein erstes Buch.

Andreas fährt BMW, allerdings analog zu Jeffrey Friedls Honda die richtige Version, die mit zwei Rädern. Der Citroën SM wird höchstens ab und zu bewegt, nicht wirklich gefahren.

Kolophon

Die Vögel auf dem Buchumschlag sind Eulen einer nicht genau bestimmbaren Art, die man im Deutschen unwissenschaftlich als Käuze bezeichnet. Von den Eulen gibt es zwei Familien und etwa 180 Arten, sie kommen auf allen Erdteilen außer der Antarktis vor. Die meisten Arten sind nächtliche Jäger, die sich ausschließlich von lebenden Tieren ernähren, von Insekten bis zu Hasen.

Weil die großen, nach vorne gerichteten Augen relativ unbeweglich sind, müssen Eulen den Kopf drehen, um sich umzusehen. Das können sie in der Tat bis zu 270 Grad, und manche können den Kopf komplett von oben nach unten umdrehen. Zu den körperlichen Anpassungen, die die Leistungsfähigkeit der Eulen als Jäger erhöhen, gehört die extreme Empfindlichkeit für Tonhöhe und -richtung. Viele Arten haben asymmetrisch angeordnete Ohren, mit denen sie ihre Beute auch im Dunkeln gut orten können. Aufgrund ihrer weichen Federn können sie die Beutetiere im geräuschlosen Anflug überraschen.

Viele Greifvögel wurden in der Mythologie als kalte und grausame Kreaturen vermenschlicht, Eulen dagegen als Personifizierung der Weisheit, wahrscheinlich, weil die großen Augen einen Anschein von Intellekt geben. Käuze gelten im Deutschen dagegen als verschrobene Geschöpfe.

Edie Friedman entwarf den Umschlag und das ganze Unix-Bestiarium der Nutshell-Handbook-Reihe. Sie verwendete dafür einen Stich aus dem Dover Pictorial Archive.

Der Text der Originalausgabe wurde von Jeffrey Friedl in einer selbstgebastelten Sprache erstellt, einer Mischung von SGML, *troff*, PostScript und eigenen Elementen. Ein selbstgeschriebener Filter übersetzte letztere in die eigentlichen Formatierungsbefehle. Diese wurden mit einer modifizierten Version der SGML-Werkzeuge von O'Reilly in *gtroff* übersetzt. (Dieser Schritt brauchte nur für Kapitel 7 satte 75 Megabyte Speicher und dauerte mehr als eine Stunde!) Das Resultat wurde mit einer modifizierten Version von James Clarks *gtroff* in belichtungsbereites PostScript umgewandelt.

Der Text wurde von Jeffrey Friedl mit Mule (Multilingual Emacs) auf einem IBM ThinkPad 755 CX unter Linux und X geschrieben, der von Omron Corporation zur Verfügung gestellt wurde. Seine notorisch schlechte Orthographie hat er mit *ispell* und dem Interface zu Emacs ausgebügelt. Für Testausdrucke wurde Ghostscript (von Aladdin Enterprises, Menlo Park, Kalifornien) benutzt, außerdem ein Apple Color LaserWriter 12/600 PS von Omron. Testausdrucke mit 1270 dpi wurden dankenswerterweise von Ken Lunde bei Adobe Systems mit einer Linotronic L300-J erstellt. Ken Lunde hat auch eigens für dieses Buch spezielle Zeichen entworfen und die Schrift *Heisei Mincho W3* von Adobe zur Verfügung gestellt.

Die Abbildungen wurden zunächst von Jeffrey mit *xfig* gezeichnet, außerdem mit *gnuplot* von Thomas Williams und Colin Kelley. Sie wurden dann von Chris Reilley entscheidend verbessert, er benutzte dazu Macromedia Freehand. Der Text ist in der Garamond light von ITC gesetzt, die Programmbeispiele in Constant Willison, die Legenden in den Abbildungen in Helvetica Black.

3-930673-**14-2**

UNIX in a Nutshell
Deutsche Ausgabe für System V bis Release 4 und Solaris 2.0

3-930673-**15-0**

SCO UNIX in a Nutshell
Deutsche Ausgabe für SCO UNIX und Open Desktop

Diese beiden Nachschlagewerke sind komplette Referenzen aller Kommandos und Optionen, die ausführlich beschrieben und durch viele Beispiele in ihrer Anwendung illustriert werden. Hier ist alles zusammengefaßt, was Sie zur Benutzung von UNIX V bzw. SCO UNIX wissen müssen.

Bibl. Angaben

Autor	Daniel Gilly u.a.
Preis	39,- DM
Seiten	464
ISBN	3-930673-14-2

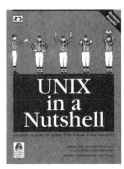

Bibl. Angaben

Autor	Ellie Cutler,
	Daniel Gilly u.a.
Preis	39,- DM
Seiten	608
ISBN	3-930673-15-0

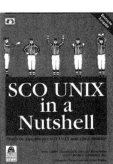

3-930673-**18-5**

LINUX -
Wegweiser für Netzwerker

Wer mit Linux arbeitet, wird auf Dauer nicht auf Netzwerkarbeit verzichten wollen und bekommt hierfür mit diesem Buch eine wertvolle Hilfe in die Hand. Es ist eines der erfolgreichsten Bücher des Linux Documentation Project.

Die Themen umfassen:
* *Einführung in TCP/IP*
* *Konfiguration der Hardware*
* *Domain Name Service (DNS)*
* *SLIP und PPP*
* *NFS und NIS*
* *Taylor-UUCP*
* *E-Mail, smail und Sendmail+IDA*
* *Administration von News*

Bibl. Angaben

Autor	Olaf Kirch
Preis	59,- DM
Seiten	392
ISBN	3-930673-18-5

3-930673-**28-2**

TCP/IP
Netzanbindung von PCs

Craig Hunt, der Autor des Bestsellers "TCP/IP Netzwerk Administration", zeigt Ihnen, wie Sie auf der Grundlage von TCP/IP ein einfach zu handhabendes Netzwerk aufbauen, das Ihre PCs mit einbindet. Behandelt werden folgende Themen:

- *Konfiguration von TCP/IP unter DOS, Windows, Windows NT, Windows 95 und Novell NetWare*
- *Probleme, die PCs bei der Verwaltung eines Netzwerkes verursachen*
- *Hard- und Software-Tools*
- *Rechnerkonfiguration mittels RARP, BOOTP und DHCP*
- *Einrichtung von POP-Servern und -Clients*
- *Gemeinsame Benutzung von Druckern und Dateien*

3-930673-**02-9**

TCP/IP
Netzwerk Administration

Die Protokolle der TCP/IP-Familie sind der "Leim", der die meisten Unix-Netzwerke verbindet, und zugleich der Grundstein des Internets. Dieses Buch gehört daher auf den Schreibtisch eines jeden Systemverwalters. Hier erfahren Sie alles, was Sie über die Administration eines Unix-Netzwerks wissen müssen:

- *Grundlegende Konzepte*
- *Anschluß an das Internet*
- *Rechnerkonfiguration*
- *SLIP und PPP*
- *Adressierung und Routing*
- *Name Service, DNS/BIND*
- *r-Programme, NFS und NIS*
- *sendmail*
- *anonymous ftp*
- *Netzwerksicherheit*

Bibl. Angaben

Autor Craig Hunt

Preis 69,- DM

Seiten 460

ISBN 3-930673-28-2

Bibl. Angaben

Autor Craig Hunt

Preis 69,- DM

Seiten 484

ISBN 3-930673-02-9